专利代理师资格考试
考前培训系列教材

ACPAA

相关法律知识分册

（第3版）

中国知识产权培训中心
中华全国专利代理师协会　组织编写

张广良　主编

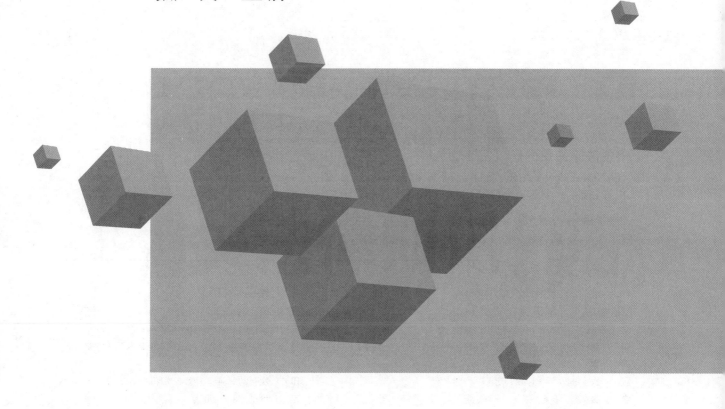

知识产权出版社
全国百佳图书出版单位
—北京—

图书在版编目（CIP）数据

专利代理师资格考试考前培训系列教材. 相关法律知识分册/张广良主编. —3 版. —北京：知识产权出版社，2020.9（2022.9重印）

ISBN 978 - 7 - 5130 - 7112 - 3

Ⅰ.①专… Ⅱ.①张… Ⅲ.①专利—代理（法律）—中国—资格考试—教材 Ⅳ.①D923.42

中国版本图书馆 CIP 数据核字（2020）第 151337 号

内容提要

本书在第 2 版的基础上，根据新修订的相关法律法规及司法解释，如《民事诉讼法》及其相关司法解释、《行政诉讼法》及其相关司法解释、《商标法》、《反不正当竞争法》等，对原内容进行了大量修改，整体修订内容＞50％，采用理论分析和法条内容相结合的方式，系统详细地讲解了专利代理师资格考试中相关法律知识的考点，力图为考生提供通关必需的相关法律知识。

责任编辑：卢海鹰　王瑞璞　　　　　责任校对：潘凤越

执行编辑：崔思琪　　　　　　　　　　责任印制：刘译文

‖专利代理师资格考试考前培训系列教材‖

相关法律知识分册（第 3 版）
XIANGGUAN FALÜ ZHISHI FENCE
中国知识产权培训中心
中华全国专利代理师协会　组织编写

张广良　主编

出版发行：知识产权出版社 有限责任公司　　　网　　址：http://www.ipph.cn

社　　址：北京市海淀区气象路 50 号院　　　　邮　　编：100081

责编电话：010 - 82000860 转 8116　　　　　　责编邮箱：wangruipu@cnipr.com

发行电话：010 - 82000860 转 8101/8102　　　发行传真：010 - 82000893/82005070/82000270

印　　刷：三河市国英印务有限公司　　　　　经　　销：新华书店、各大网上书店及相关专业书店

开　　本：889mm×1194mm　1/16　　　　　　印　　张：26.75

版　　次：2020 年 9 月第 1 版　　　　　　　　印　　次：2022 年 9 月第 2 次印刷

字　　数：745 千字　　　　　　　　　　　　定　　价：108.00 元

ISBN 978 - 7 - 5130 - 7112 - 3

《专利代理师资格考试考前培训系列教材》
编 委 会

主　任：贺　化

副主任：宋建华　马　放　李建蓉

编　委：高　康　葛　树　胡文辉

王　澄　李永红　卜　方

张清奎　郑慧芬　崔伯雄

毕　囡　林笑跃　曾志华

张茂于　雷春海　吴观乐

《相关法律知识分册》

主　编：张广良

编写人员：（按姓名笔画排列）

刘晓军　李　剑　迟晓燕　张广良

陈　勇　周云川　胡安琪　姜丹明

郭　琛　彭文毅　董葆霖　蒋利玮

审稿人员：（按姓名笔画排列）

刘晓军　李　剑　杨　梧　余　刚

张广良　陈文平　武　汉　林柏楠

姜丹明

前言（第 1 版）

专利代理是专利制度有效运转的重要支撑，是专利工作的重要内容，是知识产权中介服务体系的核心组成部分。专利代理服务贯穿于知识产权的创造、管理、运用、保护各个环节。专利代理人作为从事专利申请、企业专利战略和政策咨询、专利法律服务等相关业务的专业人员，是专利代理服务的具体承担者，其执业水平的高低直接影响着专利代理业务的质量与服务效果，而专利代理人资格考试是检验应试人员是否具备执业所需知识水平和工作能力的重要途径。

多年以来，全国专利代理人资格考试一直缺乏一套系统、完整的考前培训教材，致使广大考生复习备考存在着诸多不便。随着我国专利代理人资格考试制度的日趋完善，广大考生对于考前培训教材的科学性和系统性要求逐步提高。为加强对全国专利代理人资格考试考前培训的指导，规范培训组织，提高培训效果，提升专利代理行业整体水平，形成高质量的考前培训基础性教学资源，中国知识产权培训中心、中华全国专利代理人协会组织来自国家知识产权局近 20 个相关业务部门以及全国法院系统、专利代理机构、相关高校及行业协会的业务骨干和专家、学者，历时一年多时间，编写了本套全国专利代理人资格考试考前培训系列教材。本套考前培训系列教材根据全国专利代理人资格考试相关科目的安排，分为三个分册，分别为《专利代理实务分册》《专利法律知识分册》和《相关法律知识分册》。本套考前培训系列教材以"2011 年全国专利代理人资格考试大纲"为依据，以 2008 年修改的《专利法》为基础，同时适当兼顾 2008 年修改前的《专利法》，旨在指导广大考生根据"2011 年全国专利代理人资格考试大纲"的具体要求，认真学习、理解和掌握《专利法》《专利法实施细则》《专利审查指南 2010》等专利法律法规规章知识、与专利相关的法律法规知识以及专利代理实务所必需的基本知识，顺利通过全国专利代理人资格考试。

本套考前培训系列教材充分结合了专利代理行业特点，着眼于对专利代理人基本能力的要求，立足基本知识，详略得当，对于考试大纲的重点难点予以突出说明。希望广大参加全国专利代理人资格考试的考生根据自身实际需要，选择相关教材复习、备考。衷心祝愿广大考生取得理想的考试成绩！

第 3 版修订说明

专利代理师资格考试考前培训系列教材之《相关法律知识分册（第 2 版）》自 2014 年 8 月出版以来，我国新颁布施行了较多法律及司法解释，例如《民法总则》（2017 年颁布施行）、《最高人民法院关于适用〈中华人民共和国民事诉讼法〉的解释》（2015 年施行）、《最高人民法院关于适用〈中华人民共和国行政诉讼法〉的解释》（2018 年施行），而现有法律法规及司法解释也进行了较大幅度的修改，例如《民事诉讼法》（2017 年修正）、《行政复议法》（2017 年修正）、《行政诉讼法》（2017 年修正）、《商标法》（2019 年修正）、《反不正当竞争法》（2017 年修订、2019 年修正）、《刑法》（2015 年、2017 年修正）、《技术进出口管理条例》（2019 年修订）、《知识产权海关保护条例》（2018 年修订）、《最高人民法院关于民事诉讼证据的若干规定》（2019 年修正）。为了更好地开展专利代理师资格考试考前培训工作，进一步提升培训效果，便于广大考生复习备考，中国知识产权培训中心与中华全国专利代理师协会组织原编者对《相关法律知识分册（第 2 版）》进行了相应修订。

特此说明。

第 2 版修订说明

全国专利代理人资格考试考前培训系列教材之《相关法律知识分册》自 2011 年 6 月出版以来，我国《民事诉讼法》《商标法》及《商标法实施条例》《著作权实施条例》《计算机软件保护条件》《信息网络传播权保护条件》及《植物新品种保护条例》等均有不同程度的修改。为了更好地开展全国专利代理人资格考试考前培训工作，进一步提升培训效果，便于广大考生复习备考，中国知识产权培训中心与中华全国专利代理人协会组织原编者对《相关法律知识分册》进行了相应修订。

特此说明。

目　录

第一编　相关基本法律法规

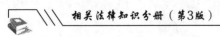

第二编　相关知识产权法律法规

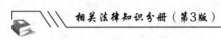

第三编　相关国际公约

第一编
相关基本法律法规

第一章　民法总则和民法通则

【提要】本章主要围绕《中华人民共和国民法通则》（以下简称《民法通则》）、《中华人民共和国民法总则》（以下简称《民法总则》）、《最高人民法院关于贯彻执行〈中华人民共和国民法通则〉若干问题的意见（试行）》和《最高人民法院关于适用〈中华人民共和国民法总则〉诉讼时效制度若干问题的解释》等法律规定及司法解释，阐述民法的基本概念、原则、调整对象、民事主体、民事权利、民事法律行为、民事责任、诉讼时效及涉外民事关系的法律适用等内容。

需要特别指出的是，《民法总则》施行后，《民法通则》并未废止。因此，《民法通则》有规定而《民法总则》作出了不同规定的，原则上以《民法总则》的规定为依据，如有关普通民事诉讼时效的规定、限制民事行为能力的年龄标准等。如果《民法通则》有规定而《民法总则》未作规定或者未作不同规定的，依然可以适用《民法通则》的规定。

第一节　民法的基本概念、原则与调整对象

一、民法的概念

（一）民法的起源

现代民法起源于古罗马法中的"市民法"。"市民法"是调整具有完整法律人格的市民之间的平等法律关系的法律，尤以调整这些平等主体之间的财产关系和人身关系为主。古罗马法在经历了中世纪的暗淡后，随着资本主义的萌芽而被重新发掘和定义，并被赋予了崭新的含义，成为调整市场经济和商品社会的重要法律体系。

（二）民法的本质

在我国，民法是调整平等主体的自然人、法人和非法人组织之间的人身关系和财产关系的法律规范的总称。民法的本质是私法。私法是调整私人关系的法律，民法是调整平等民事主体的某些私人法律关系的法律。在私法概念起源的早期，民法曾经是唯一的私法，民法的概念和私法的概念曾经一度等同使用，民事权利也同样被等同为私权。随着商法等同样调整私人关系的法律的兴盛，民法不再是唯一的私法，尤其在盛行民商分立的国家，商法也是一种重要的私法。当然，民法始终是私法的基本法，是最为重要的私法类型。

二、民法的调整对象

法律的调整对象是指被法律所调整的某种社会关系，不同的法律往往有不同的调整对象。调整对象对部门法的区分具有重要意义。在我国的法律体系中，大多数法律是以其调整对象进行区分的，即调整对象的不同往往会影响到甚至决定着相关法律部门的区分。

民法的调整对象是财产关系和人身关系，但并不是所有的财产关系和人身关系均由民法调整。《民法总则》第 2 条规定："民法调整平等主体的自然人、法人和非法人组织之间的人身关系和财产关系。"这表明，我国民法的调整对象是平等民事主体之间的财产关系和人身关系，而非平等主体之间的财产关系和人身关系（如国家机关与其工作人员之间可能存在的财产关系和人身

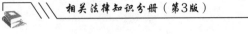

关系）以及平等民事主体之间的非财产关系、非人身关系均不受民法的调整。而所谓平等主体，是指民事主体之间地位平等，不存在高低、相互领导或者服从关系。因此，民法的调整对象是平等人身关系和平等财产关系。

（一）平等人身关系

民法调整的平等人身关系是平等民事主体之间的人身关系，主要是指除了财产关系以外的关于人格、身份方面的权利和义务关系，其重要特征是主体的平等性和关系的人身性。主体的平等性是指这种人身关系的主体是平等的，任何一方都不享有剥夺、限制对方人身自由的权力；关系的人身性是指这种关系与权利主体的人身密不可分，如婚姻关系属于一种平等人身关系，应受民法的调整。

（二）平等财产关系

民法调整的平等财产关系是指民事主体之间财产的所有、交换、流转、继承等权利和义务关系，其重要特征是主体的平等性和关系的财产性。民法调整的平等财产关系较为广泛。物权关系、债权关系传统上是最为重要的平等财产关系，也是民法重点调整的财产关系。随着现代社会的发展，一些新型财产关系越来越显示出其重要性，并受到了民法的重视，如由于知识产权主要被视为财产权，尤其是专利权、商标权等著作权之外的知识产权已经被作为一种财产权对待，著作权即使具有一定的人身权属性，其所具有的财产权属性也不容小觑，因此，知识产权法所调整的社会关系也主要被视为平等财产关系。

三、民法的基本原则

法律原则体现了法律的价值，在法律条文可能有不同含义时，法律原则可以用于调适并使法律条文在逻辑和体系上趋于统一。法律的基本原则是法律原则中最为基本、最为重要的原则，它不仅实现对法律普通条文的调适与纠偏，还能对某些非基本的法律原则实现调适与纠偏。民法基本原则的意义在于指导民事立法和指引民事活动，也是进行民事解释和填补法律漏洞的依据。

（一）平等原则

平等原则是最为重要的民法基本原则之一，主要含义是指民事主体之间的平等性，任何人在从事民事活动时，不得将自己的意志强加给对方，也不得以任何方式剥夺、限制其他民事主体的意志。《民法总则》第4条规定："民事主体在民事活动中的法律地位一律平等。"平等原则最集中地反映了民法所调整的社会关系的本质特征，是民法区别于其他部门法的主要标志❶

民法中的平等原则包括民事主体资格平等、民事主体地位平等和民事法律保护平等内容。民事主体资格平等是指任何人因出生而当然平等享有权利能力并成为民事主体，尤其是不得因身份、性别、地位和其他原因而有所区别。民事主体地位平等是指民事主体在民事活动中的法律地位一律平等，平等地享有法律权利，任何人都不得享有特权。民事法律平等保护是指民事主体所平等享有的民事权利都受到民事法律的平等保护，民事主体的合法权益受到侵害时都可以寻求民事法律的保护，民事法律不因权利主体的不同而予以差别对待。

（二）自愿原则

自愿原则又称自治原则，是指民事主体依据自己的意愿从事民事活动。《民法总则》第5条规定："民事主体从事民事活动，应当遵循自愿原则，按照自己的意思设立、变更、终止民事法

---

❶ 梁慧星. 民法总则［M］. 北京：法律出版社，1996：42.

律关系。"由于民事主体平等性，任何一方民事主体都不得强迫其他民事主体从事民事活动，故任何民事主体从事民事活动都应基于其自身的决定，而不是基于其他民事主体的不当压力。如果民事主体不是基于其自身的意愿从事民事活动，如基于其他民事主体的欺诈、胁迫，则相应民事行为并不必然具有完整法律行为的全部效力。

自愿原则体现了对民事主体自主意愿的尊重，它要求民事主体在民事活动中充分表达真实意志，根据自己的意志和利益决定是否参加某种民事法律关系，决定是否变更和终止某种民事法律关系。民事权利可以由当事人在法定范围内依据自身意志取得，也可依法自主地转移和抛弃。自愿原则赋予了民事主体充分的自治权，使其可以自主决定是否从事某种民事活动、是否变更或终止某种民事活动。同时，自愿原则也是民事主体承担民事责任的逻辑基础，民事主体基于自愿原则从事某种民事行为损害了他人的合法权益，就应当承担相应的法律责任。

（三）公平原则

公平原则要求民事主体在从事民事活动时，应本着公平正义的理念正当行使权利和履行义务，在从事民事活动时不仅要实现自己的合法权益，也要兼顾其他民事主体的正当利益。《民法总则》第6条规定："民事主体从事民事活动，应当遵循公平原则，合理确定各方的权利和义务。"公平原则体现了法律对各方当事人利益的平衡，体现了权利与义务、收益与风险的一致性。

公平正义始终是人类追求的目标，但不同时期人们对公平正义具有不同的理解。当前我国民法中的公平原则是社会主义道德规范的法律化，是人们在道德领域的公平正义观念的法律表达。同时，公平正义观念又具有一定的具体性或现实性，它反映了特定时期和特定区域内人与人之间的某种利益关系，在不同的社会制度下具有不同的内容。我国民法中的公平原则有助于实现公正交易和维护公平竞争的社会主义市场经济秩序，同时也有利于弘扬社会主义道德风尚。

（四）诚信原则

诚信原则是指民事主体从事民事活动时应当诚实信用。《民法总则》第7条规定："民事主体从事民事活动，应当遵循诚信原则，秉持诚实，恪守承诺。"诚信原则要求民事主体在从事民事活动时，应当以善意方式行使权利和履行义务，在追求、实现自己利益的同时尊重其他民事主体的合法权益，尊重社会公德，维护社会公共利益。诚信原则曾被誉为民法的帝王规则，其意为诚信原则是民法原则中的原则，或者说是民法基本原则中的基本原则。但事实上，诚信原则与公平原则一样，都是社会主义道德规范的法律化，它并不必然具有比民法的其他基本原则更高的效力。

诚信原则具有较大的弹性，是解释某些法律规定的依据，也是填补某些法律漏洞的重要依据，目前我国多部法律均规定了诚信原则。《中华人民共和国民事诉讼法》（以下简称《民事诉讼法》）第13条第1款规定："民事诉讼应当遵循诚实信用原则。"《中华人民共和国商标法》（以下简称《商标法》）第7条第1款规定："申请注册和使用商标，应当遵循诚实信用原则。"某些法律规定的诚信原则甚至在某些情形可成为司法裁决直接援引的法律依据。如《中华人民共和国反不正当竞争法》（以下简称《反不正当竞争法》）第2条第1款规定："经营者在生产经营活动中，应当遵循自愿、平等、公平、诚信的原则，遵守法律和商业道德。"其中的诚信原则，通常认为直接源自民法中的诚信原则，目前已经成为认定某些行为是否构成不正当竞争行为的重要法律依据。

（五）守法和公序良俗原则

守法是指民事主体应当遵守民事法律的规定。这里重点谈谈公序良俗原则。公序良俗是公共秩序和善良风俗的简称。民法要求民事主体从事民事活动时应当符合公序良俗。《民法总则》第

8条规定："民事主体从事民事活动，不得违反法律，不得违背公序良俗。"公序良俗具有地域性和时间性，某些地区的公序良俗在另一些地区未必就是公序良俗，某一时期的公序良俗在另一时期未必就一定是公序良俗。因此，公序良俗依赖于特定时期、特定区域的人们的基本共识。我国幅员辽阔，又是多民族国家，不同民族、不同地区、不同宗教之间的风俗习惯差异较大，在认定民事主体从事的民事活动是否符合公序良俗时，一定要注意考虑各方面的因素。

公序良俗原则同民法的其他基本原则有较大的不同。其他原则似乎离法律行为的效力较远，符合或者不符合这些原则一般不直接影响法律行为的效力。但公序良俗原则以直接否定法律行为的效力为目的，违反公序良俗的法律行为通常为无效的法律行为。此外，公序良俗原则与诚信原则似乎具有一定的互补性，如果说民法要解决权利如何产生、行使及保护的问题，那么公序良俗主要适用于权利的产生阶段，违反公序良俗的法律行为将被宣告为无效行为从而不产生权利或者不产生有效权利；诚信原则主要适用于权利的行使阶段，有效的民事权利必须诚信行使，违反诚信原则行使权利的行为不得产生法律效力。

（六）绿色原则

相对于我国已有的民事立法特别是《民法通则》来说，绿色原则是《民法总则》增加规定的内容，在《民法总则》的制定过程中备受争议但最终仍得以保留。《民法总则》第9条规定："民事主体从事民事活动，应当有利于节约资源、保护生态环境。"绿色原则作为《民法总则》明文规定的基本原则之一，主要体现了环保理念，对解决我国面临的日益严重的资源短缺和环境污染问题具有重要意义，其不仅应为民事主体从事民事活动所遵循，在司法实践中进行法律适用、法律解释、法律漏洞填补以及在利益冲突时的价值判断和选择，也应充分考量，用以指导审判。

绿色原则不仅是民法回应环境问题挑战的一个鲜明标志，也是中国制定面向生态文明新世纪的民法典的应有态度。绿色原则的确立，标志着民法中引入了可持续发展理念，承认环境资源的生态价值、人格利益属性，为建立专门的环境资源准物权制度、环境合同制度、环境人格权制度以及环境侵权行为制度留下空间，适应了经济全球化、资源环境逐渐恶化以及风险社会的时代特征，回应了当前人民群众对清新空气、干净饮水、安全食品、优质环境的迫切需求。实践绿色发展理念，有利于促进生态文明建设、促进人与自然共处，实现现代公平。

四、民事法律关系

（一）民事法律关系的概念

民事法律关系是由民法规范某种社会关系后形成的法律关系，也是由民法确认和保护的社会关系。社会关系是复杂的关系总体，民法所调整的社会关系只是社会关系的一部分。民事法律关系是民法调整某些社会关系的结果。具体说来，民法所调整的社会关系是平等民事主体之间的财产关系和人身关系，民事法律关系也就是民法在调整平等民事主体之间的财产关系和人身关系时形成的法律关系。

（二）民事法律关系的特征

1. 平等性

民事法律关系的特征主要取决于民法所调整的社会关系的特征。由于民法所调整的是平等民事主体之间的财产关系和人身关系，故平等性民事法律关系具有特征，既包括民事法律关系主体的法律地位具有平等性，也包括民事法律关系的主体应当平等地享有民事权利和履行民事义务，民事权利主体的合法权益都平等地受到法律保护。

2. 自治性

自治性是民事法律关系的主体有权决定是否从事、变更、终止某种民事活动，尤其是有权自主决定是否从事某种民事活动。对于已经从事某种民事活动的民事主体来说，其在决定变更、终止该民事活动时，还应当考虑对方当事人的利益，应与对方当事人协商确定，否则应承担相应的法律后果（如擅自不履行合同应承担相应的违约责任）。

3. 等价有偿性

等价有偿性是民事法律关系的主要特征。对于财产型民事法律关系来说，等价有偿性是其基本特征，财产自身所具有的经济价值使财产型民事法律关系天然地具有有偿性，同时民事法律关系的平等性要求财产型民事法律关系具有等价性，否则可能违背公平原则。对于人身型民事法律关系来说，虽然人身权难以用具体的经济价值来衡量，但人身权对民事主体所具有的价值是不言而喻的，在人身型民事法律关系中，对某些人身权利的利用或侵害在适用人身型民事法律关系的某些特有的法律规范时，也要适当坚持等价有偿性，充分认识到以经济手段保护人身权的重要意义。

（三）民事法律关系的分类

按照不同的标准，民事法律关系可以分为不同的类别。但需要注意的是，民事法律关系具有复杂性和多样性，无论按照哪种标准分类，可能都无法涵盖全部的民事法律关系。

1. 财产型民事法律关系和人身型民事法律关系

按照调整对象的不同，民事法律关系可以分为财产型民事法律关系和人身型民事法律关系。

财产型民事法律关系是平等民事主体之间因财产关系或主要因财产关系形成的民事法律关系，如物权法律关系、债权法律关系等。

人身型民事法律关系是平等民事主体之间因人身关系或主要因人身关系形成的民事法律关系，如婚姻法律关系、名誉权法律关系等。

2. 绝对型民事法律关系和相对型民事法律关系

按照义务人范围的不同，民事法律关系可以分为绝对型民事法律关系和相对型民事法律关系。

绝对型民事法律关系是指义务人是权利人以外的所有不特定人的民事法律关系。在这种民事法律关系中，权利人可以径行行使及实现其权利，义务人主要是负有消极的不作为义务，即义务人只要不实施某种积极行为妨碍权利人行使及实现其权利即可。典型的绝对型民事法律关系如物权法律关系、知识产权法律关系等。

相对型民事法律关系是指与权利人相对应的义务人是特定具体的民事主体的民事法律关系。在这种法律关系中，权利人不能径行行使其权利，权利人实现其权利往往依赖于特定义务人配合实施某种积极行为，如合同权利的实现依赖于相对人对合同义务的履行。典型的相对型民事法律关系是债权法律关系、配偶之间的婚姻法律关系。

3. 单一型民事法律关系和复合型民事法律关系

按照涉及权利的多少，民事法律关系可以分为单一型民事法律关系和复合型民事法律关系。

单一型民事法律关系是指涉及民事权利较为单一的民事法律关系，如租赁合同法律关系、所有权法律关系。

复合型民事法律关系是指涉及多个民事权利或多种民事权利的民事法律关系，如著作权法律关系既涉及财产型民事法律关系，也涉及人身型民事法律关系。

4. 支配型民事法律关系和请求型民事法律关系

按照民事权利实现方式的不同，民事法律关系可以分为支配型民事法律关系和请求型民事法律关系。

支配型民事法律关系是指权利人可以直接支配权利标的以实现其权利内容的法律关系，物权、知识产权都是典型的支配型民事法律关系。

请求型民事法律关系是指权利的实现需权利人请求特定相对人实施特定行为予以配合的民事法律关系。典型的请求型民事法律关系是合同法律关系，合同权利人要实现其合同权利，必须请求合同义务人履行合同义务，只有合同义务的履行才能保障合同权利的实现。

（四）民事法律关系的要素

民事法律关系的要素是指构成民事法律关系的必要因素。❶ 民事法律关系的要素是民事法律关系的组成部分，任何要素的缺失都不能形成完整的民事法律关系。民事法律关系包括三个要素，即民事法律关系的主体、民事法律关系的内容和民事法律关系的客体。

1. 民事法律关系的主体

民事法律关系的主体（以下简称为"民事主体"），是指民事法律关系的参加者，也是在民事活动中享有权利并承担义务的人。目前，我国的民事主体主要包括自然人、法人和非法人组织。个体工商户、农村承包经营户、普通民事合伙的权利义务终究是由相应的自然人承担，尚难构成独立的权利主体。依法设立的合伙企业的最终责任虽然也由合伙人承担，但由于其主体性质为法人，故可以成为法人民事主体的一种。除了自然人和法人外，在某些特定情形中，国家也可能成为民事主体，如在某些国家赔偿责任中，国家承担的赔偿责任就是一种民法中的损害赔偿责任。此外，在自然人和法人之外，某些非法人的特定组织也可能成为民事主体。

从在民事法律关系中的分工来看，民事主体可以分为权利主体和义务主体。权利主体是指在民事法律关系中享有权利的民事主体，义务主体是指在民事法律关系中负有义务的民事主体。在某些民事法律关系中，权利主体只享有权利，义务主体只履行义务，但这样的民事法律关系并不多。在绝大部分民事法律关系中，同一民事主体往往既是权利主体又是义务主体。如在租赁合同关系中，出租人作为权利主体享有收取租金的权利，作为义务主体负有交付租赁物的义务；承租人作为义务人负有交付租金的义务，作为权利人享有使用租赁物的权利。

从主体数量来看，大多数民事法律关系的主体都是双方的，如买卖关系的主体为出卖人和买受人，普通租赁关系的主体为出租人和承租人，但也有部分民事法律关系的主体可能是多方的，如合伙人可能是多方的，融资租赁合同关系的当事人包括出租人、承租人和出卖人。此外，任何一方民事主体既可以是单数，也可以是复数。如承揽合同的承揽人或定作人既可以是一人，也可以由多人共同组成。

2. 民事法律关系的内容

民事法律关系的内容是民事法律关系的民事权利和民事义务，即在民事法律关系中权利人所享有的权利和义务人所负有的义务的总和。如在专利许可合同法律关系中，许可人享有的权利是按照约定收取使用费，承担的义务是保证该专利的有效性并容忍被许可人在约定的时间和地域范围内以约定的方式实施该专利，有时还可能承担合同约定的技术指导义务；被许可人的义务是按照约定支付使用费，享有的权利是在约定的时间和地域范围内以约定的方式实施该专利，并可根据合同约定接受许可人的技术指导。许可人和被许可人的上述全部权利义务内容构成了专利许可

---

❶ 佟柔. 中国民法 [M]. 北京：法律出版社，1990：34.

合同法律关系的内容。

在民事法律关系中，权利和义务是相对而言的，而且往往是一致的和统一的，一方当事人享有的权利就是对方当事人负有的义务，或者说一方当事人应当履行的义务恰恰就是对方当事人享有的权利。因此，同一民事法律关系中的权利和义务具有共生性和共存性，即二者往往是同时产生、同时变更和同时消灭的，二者所指的对象也往往是同一的。

3.民事法律关系的客体

民事法律关系的客体是指民事法律关系中权利义务所指向的对象。具体来说，民事法律关系的客体主要包括物、人身利益和行为。

（五）民事法律事实

民事法律事实是指依法能够引起民事法律关系产生、变更或消灭的客观现象。民事法律事实是一种客观存在的社会生活事实，而不能是深藏于民事主体的内心而未外化的主观意思，它能够引起一定的民事法律后果，主要是能够引起民事法律关系的产生、变更或消灭的法律后果。民事法律事实可以分为事件和行为两大类。

事件是指与民事主体的意志无关但能够引起民事法律后果的客观现象，如自然灾害导致财产的绝对灭失，从而引起基于该财产的物权的消灭。

行为是指民事主体有意识的活动，是基于民事主体内心意思而外化的特定行为，它又可以分为事实行为和民事行为。事实行为是指与民事主体的主观意志无关或者主要不是依赖于民事主体的主观意志的行为，如拾到他人的遗失物。民事行为是指以确立、变更或消灭民事法律关系为目的的行为。其中在客观上实现了民事主体确立、变更或消灭民事法律关系目的的民事行为为合法的民事行为，也称为民事法律行为；不能实现民事主体确立、变更或消灭民事法律关系目的的民事行为为非法的民事行为，也称为无效民事行为。

第二节　民事主体

一、民事主体的概念和分类

（一）民事主体的概念

民事主体是参与民事法律关系并享有民事权利和承担民事义务的人。民事主体的资格是由法律规定的，任何人或组织只有具备法律规定的民事主体资格才能成为民事主体。我国民事主体资格是由《民法总则》规定的，凡是具备该法所规定的民事权利能力的人都具备民事主体资格并成为民事主体。

民事主体资格不是民事主体与生俱来的，而是由法律明确规定的。法律主要是通过对民事主体的民事权利能力、民事行为能力和民事责任能力的规定来设定民事主体制度的。民事权利能力是指法律赋予民事主体从事民事活动、取得民事权利并承担民事义务的资格；民事行为能力是法律规定的民事主体能够以自己的独立行为取得民事权利、履行民事义务的资格；民事责任能力是法律规定的民事主体能够对自己的民事行为承担法律后果，尤其是为自己的违法民事行为承担民事法律责任的资格。

（二）民事主体的分类

民事主体可以分为一般民事主体和特殊民事主体。一般民事主体是指自然人、法人等常见的民事主体；特殊民事主体是指国家、不具备法人资格的非自然人单位等民事主体，如《民法总则》规定的非法人组织。

二、自然人

自然人是指具有生物学意义和社会学意义的每一个具体的人。《民法通则》在规定自然人的民事主体资格时，还以括号的形式标注为公民。应当注意的是，公民和自然人是不同的概念，自然人通常是从社会学意义和生物学意义对个人的描述，每个单个的人都是自然人，而公民通常是政治学上的用语，是指具有某国国籍的自然人。凡是具有我国国籍的自然人，都是我国的公民。因此，具有民事主体资格的自然人，既包括我国公民，也包括外国人和无国籍人。我国公民以其户籍所在地的居住地为住所，经常居住地与住所不一致的，经常居住地视为住所。《民法总则》则直接规定为自然人，不再以括号的形式标注为公民，表明立法者已经清醒地认识到自然人与公民是两个截然不同的概念，体现了我国民事立法的进步。

（一）自然人的民事权利能力

1. 自然人民事权利能力的概念

自然人的民事权利能力同时也是自然人的民事义务能力，是指作为民事主体的自然人享有民事权利和承担民事义务的能力。自然人的民事权利能力具有平等性，《民法总则》第14条规定："自然人的民事权利能力一律平等。"自然人的民事权利能力是自然人取得民事主体资格的前提和基础，是自然人享有民事权利和承担民事义务的前提。

2. 自然人民事权利能力的开始

自然人的民事权利能力始于出生。《民法总则》第13条规定："自然人从出生时起到死亡时止，具有民事权利能力，依法享有民事权利，承担民事义务。"我国法律规定自然人的民事权利能力始于自然人的出生具有重要意义，体现了民法的平等性，有利于有效保护自然人的合法权益。

自然人的出生是指自然人脱离母体而独立存活之初。根据《民法总则》第15条的规定，自然人的出生时间以出生证明记载的时间为准；没有出生证明的，以户籍登记或者其他有效身份登记记载的时间为准。有其他证据足以推翻以上记载时间的，以该证据证明的时间为准。出生标志着自然人民事权利能力的开始，但出生必须具备两个条件，即"出"和"生"。所谓"出"，是指完整脱离母体，未脱离母体的生命尚谓胎儿，其人格多为母体所吸纳而难成立独立人格；所谓"生"，脱离母体之时为存活之生命，如果出而未"生"，则视为自始不享有民事权利能力。

虽然自然人的民事权利能力始于出生，未出生的胎儿一般不具有民事权利能力，但为保护胎儿的合法权益，在某些情形法律也会为胎儿的利益预留保护。如根据《中华人民共和国继承法》（以下简称《继承法》）第28条的规定，遗产分割时，应当保留胎儿的继承份额。《民法总则》第16条规定："涉及遗产继承、接受赠与等胎儿利益保护的，胎儿视为具有民事权利能力。但是胎儿娩出时为死体的，其民事权利能力自始不存在。"当然，对胎儿利益的保护正是一种预期利益的保护，以胎儿的活着出生为条件，如果胎儿未能活着出生，则为胎儿预留保护的利益应依法处理，不再视为胎儿的利益。胎儿活着出生是指胎儿出生时是存活的生命体，与胎儿存活时间的长短无关，即使胎儿出生后很快就失去生命，为胎儿预留保护的利益也将视为胎儿的遗产并按法律规定予以处理。

3. 自然人民事权利能力的终止

自然人民事权利能力终止于死亡。民法中的死亡有两种：自然死亡和法定死亡。

自然死亡是自然人生命的终极消灭，我国关于自然人死亡的时间标准多采用医学标准，一般以呼吸停止、心脏停跳并经医学临床诊断为依据。根据《民法总则》第15条的规定，自然人的死亡时间，以死亡证明记载的时间为准；没有死亡证明的，以户籍登记或者其他有效身份登记记载的时间为准。有其他证据足以推翻以上记载时间的，以该证据证明的时间为准。对于数人同时遇难但无法确定其具体死亡时间的，通常采用推定制度。如相互有继承关系的几个人在同一事故中死亡的，如果不能确定死亡的先后时间，推定没有继承人的人先死亡；都有继承人的，推定长辈先死亡；辈分相同的，推定同时死亡并互不继承。

法定死亡也称宣告死亡，是指因特定原因需要终止某个自然人的民事权利能力宣告其死亡的法律制度。宣告死亡同自然死亡一样会引起某些法律后果，如婚姻关系的消灭、遗产继承的开始、债权债务的清偿等。法定死亡只是一种推定死亡，如果被宣告死亡的自然人重新出现的，某些已经变更的法律关系是不能再恢复的。如配偶再婚且该再婚关系有效存在的，则该再婚关系依然有效。

（二）自然人的民事行为能力

1. 自然人民事行为能力的概念

自然人的民事行为能力是指自然人能够以自己的独立行为取得民事权利、履行民事义务的资格。虽然自然人的民事权利能力始于出生，但并不是自然人一出生就能参与民事活动。自然人要在民事活动中取得民事权利并承担民事义务，还必须具备相应的民事行为能力。

2. 自然人民事行为能力的划分

随着年龄、智识的不同，自然人的民事行为能力是不同的。民事行为能力也被划分为完全民事行为能力、限制民事行为能力和无民事行为能力。

（1）完全民事行为能力

完全民事行为能力通常是以成年来衡量的；对于某些虽未达到法定成年年龄，但拥有自己的劳动收入并以此为主要生活来源的自然人，也可视为拥有完全民事行为能力。《民法总则》第17条规定："十八周岁以上的自然人为成年人。不满十八周岁的自然人为未成年人。"第18条规定："成年人为完全民事行为能力人，可以独立实施民事法律行为。十六周岁以上的未成年人，以自己的劳动收入为主要生活来源的，视为完全民事行为能力人。"一般认为，16周岁以上不满18周岁的自然人已经参加工作并有相对稳定的收入，能够维持当地群众的一般生活水平的，可以认定为以自己的劳动收入为主要来源。但需要注意的是，虽然是否成年是判断是否具有完全民事行为能力的重要依据，但某些成年人也可能因疾病等原因被认定为限制民事行为能力人或无民事行为能力人。

（2）限制民事行为能力

限制民事行为能力是指具有一定的民事行为能力但其具有的民事行为能力受到一定限制。限制民事行为能力主要是基于年龄、智识和疾病因素的考虑，《民法总则》第19条规定："八周岁以上的未成年人为限制行为能力人，实施民事法律行为由其法定代理人代理或者经其法定代理人同意、追认，但是可以独立实施纯获利益的民事法律行为或者与其年龄、智力相适应的民事法律行为。"第22条规定："不能完全辨认自己行为的成年人为限制民事行为能力人，实施民事法律行为由其法定代理人代理或者经其法定代理人同意、追认，但是可以独立实施纯获利益的民事法律行为或者与其智力、精神健康状况相适应的民事法律行为。"限制行为能力人只能进行与其年龄、智识、精神健康状况相适应的民事活动，其他民事活动应由其法定代理人代理或征得其法定代理人的同意。限制行为能力人从事了与其年龄、智识、精神健康状况不相适应的民事活动时，其法定代理人应及时追认或者否认，相对人也享有催告权，以催促限制民事行为能力人的法

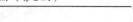

定代理人对限制民事行为能力人所从事的该民事行为及时表态。

（3）无民事行为能力

无民事行为能力是指不具有独立参加民事活动并承担民事义务的能力。无民事行为能力也主要是基于年龄、智识和疾病因素的考虑。《民法总则》第20条规定："不满八周岁的未成年人为无民事行为能力人，由其法定代理人代理实施民事法律行为。"第21条规定："不能辨认自己行为的成年人为无民事行为能力人，由其法定代理人代理实施民事法律行为。八周岁以上的未成年人不能辨认自己行为的，适用前款规定。"无民事行为能力人的民事活动应由其法定代理人代理，其独立从事的民事活动应当无效，例外通常只是两种情形：其一是无民事行为能力人的法定代理人同意或追认；其二是无民事行为能力人从事的是纯受益或主要是受益的民事行为，如接受捐赠等。1988年4月2日发布的《最高人民法院关于贯彻执行〈中华人民共和国民法通则〉若干问题的意见（试行）》第6条规定："无民事行为能力人、限制民事行为能力人接受奖励、赠与、报酬，他人不得以行为人无民事行为能力、限制民事行为能力为由，主张以上行为无效。"

无民事行为能力人、限制民事行为能力人通常需要法定代理人代理其实施民事法律行为。《民法总则》第23条规定："无民事行为能力人、限制民事行为能力人的监护人是其法定代理人。"其中限制民事行为能力人从事与其民事行为能力相适应的民事行为时，可以不用其法定代理人代理其实施民事法律行为，但从事与其民事行为能力不相适应的民事行为时，应由其法定代理人代理。

3. 无民事行为能力或限制行为能力的认定与恢复

对于大多数自然人来说，通常可以根据其年龄状况推定其民事行为能力状况，如其未满8周岁为无民事行为能力人，满8周岁未满18周岁为限制民事行为能力人，满18周岁为完全民事行为能力人。

某些自然人虽然年满18周岁，但也可能由于智识、疾病等原因，不能辨认或者不能完全辨认自己的行为，也应被认定为限制民事行为能力人或无民事行为能力人。需要注意的是，成年人是否应为限制民事行为能力人或无民事行为能力人，通常需要由人民法院依法认定。同样，依法被认定为限制民事行为能力人或无民事行为能力人的成年人恢复民事行为能力的，也需要由人民法院来认定。《民法总则》第24条规定："不能辨认或者不能完全辨认自己行为的成年人，其利害关系人或者有关组织，可以向人民法院申请认定该成年人为无民事行为能力人或者限制民事行为能力人。被人民法院认定为无民事行为能力人或者限制民事行为能力人的，经本人、利害关系人或者有关组织申请，人民法院可以根据其智力、精神健康恢复的状况，认定该成年人恢复为限制民事行为能力人或者完全民事行为能力人。本条规定的有关组织包括：居民委员会、村民委员会、学校、医疗机构、妇女联合会、残疾人联合会、依法设立的老年人组织、民政部门等。"一般说来，人民法院并不主动认定或者恢复民事行为能力，通常需要利害关系人或者有关组织申请人民法院认定或恢复自然人的民事行为能力。

（三）自然人的民事责任能力

自然人的民事责任能力通常是指自然人的财产能力，尤其是对于财产责任来说，拥有财产就等于拥有责任能力。对于非财产责任来说，自然人的民事责任能力一般应与其民事行为能力相称。

（四）监护制度

1. 监护的概念

监护是对不具备完全民事行为能力的自然人设立照管保护人的法律制度。监护制度主要是针对无民事行为能力人和限制行为能力人的，主要内容包括对被监护人的财产权益和人身权益的照

第一编

管保护。监护人可以是一人，也可以是数人。

2. 监护的分类

监护可以分为法定监护、意定监护和指定监护等。

（1）未成年人的监护

无民事行为能力人、限制民事行为能力人的监护人是他的法定代理人。对于未成年人的法定监护，未成年人的父母是首要监护人。夫妻离婚后，与子女共同生活的一方无权取消对方对该子女的监护资格，但未与该子女共同生活的一方对该子女有犯罪行为、虐待行为或者对该子女明显不利的，人民法院可以取消其监护资格。如果未成年人的父母已经死亡或者没有监护能力的，根据《民法总则》第27条第2款规定，由下列人员中有监护能力的人担任监护人：①祖父母、外祖父母；②兄、姐；③其他愿意担任监护人的个人或者组织，但是须经未成年人住所地的居民委员会、村民委员会或者民政部门同意。没有上述监护人的，由民政部门担任监护人，也可以由具备履行监护职责条件的被监护人住所地的居民委员会、村民委员会担任监护人。

（2）无民事行为能力或限制行为能力的成年人的监护

对于无民事行为能力或限制民事行为能力的成年人的法定监护，根据《民法总则》第28条规定，由下列有监护能力的人按顺序担任监护人：①配偶；②父母、子女；③其他近亲属；④其他愿意担任监护人的个人或者组织，但是须经被监护人住所地的居民委员会、村民委员会或者民政部门同意。没有上述监护人的，可由民政部门担任监护人，也可以由具备履行监护职责条件的被监护人住所地的居民委员会、村民委员会担任监护人。

（3）遗嘱监护

遗嘱监护是指通过遗嘱的方式确定监护人的方式。由于监护具有多种形态，并不是每一种监护都可以通过遗嘱的方式确定监护人。《民法总则》第29条规定："被监护人的父母担任监护人的，可以通过遗嘱指定监护人。"这就是说，只有被监护人的父母担任监护人时，被监护人的父母才能通过遗嘱的方式指定被监护人的监护人，同时无论被监护人是否为成年人，只要被监护人的父母担任监护人，被监护人的父母就可以通过遗嘱的方式指定被监护人的监护人。这就是说，如果监护人不是被监护人的父母，就不能适用遗嘱监护的模式。

（4）意定监护

意定监护是指被监护人与具有监护资格的某些人进行协商以确定监护人的监护制度。《民法总则》第33条规定："具有完全民事行为能力的成年人，可以与其近亲属、其他愿意担任监护人的个人或者组织事先协商，以书面形式确定自己的监护人。协商确定的监护人在该成年人丧失或者部分丧失民事行为能力时，履行监护职责。"意定监护具有一定的补充性，通常来说成年人出于某种原因担心自己将来某天会丧失全部或部分民事行为能力，于是与具有监护资格的某些人协商，以确定如果自己将来某天真的丧失全部或部分民事行为能力的监护人。意定监护的参与者往往都是成年人，确定监护人的目的是以备将来被监护人丧失全部或部分民事行为能力时适用。例如，军人上前线、士兵抗洪救灾、医护人员抗击病毒、消防人员英勇救火之前，均可以通过意定监护的方式以备不测。

（5）协议监护

协议监护是指由数个有监护资格的人通过协商确定监护人的监护制度。《民法总则》第30条规定："依法具有监护资格的人之间可以协议确定监护人。协议确定监护人应当尊重被监护人的真实意愿。"《最高人民法院关于贯彻执行〈中华人民共和国民法通则〉若干问题的意见（试行）》第15条规定："有监护资格的人之间协议确定监护人的，应当由协议确定的监护人对被监护人承担监护责任。"如未成年人的父母已经死亡或者没有监护能力，由祖父母、外祖父母担任监护人，祖父母、外祖父母可以协商确定监护人。协议监护不同于意定监护的是，协议监护是具有监护资格的人之间协商，意定监护是被监护人与具有监护资格的数人之间的协商，且参与协商者都是成年人。

（6）指定监护

指定监护是监护人的确定有争议时由有关部门指定监护人的制度。《民法总则》第31条规定："对监护人的确定有争议的，由被监护人住所地的居民委员会、村民委员会或者民政部门指定监护人，有关当事人对指定不服的，可以向人民法院申请指定监护人；有关当事人也可以直接向人民法院申请指定监护人。居民委员会、村民委员会、民政部门或者人民法院应当尊重被监护人的真实意愿，按照最有利于被监护人的原则在依法具有监护资格的人中指定监护人。依照本条第一款规定指定监护人前，被监护人的人身权利、财产权利以及其他合法权益处于无人保护状态的，由被监护人住所地的居民委员会、村民委员会、法律规定的有关组织或者民政部门担任临时监护人。监护人被指定后，不得擅自变更；擅自变更的，不免除被指定的监护人的责任。"

指定监护是解决监护争议的方式，主要是为了防止具有监护资格的人相互推诿或争抢监护资格。依法指定监护人时要坚持有利于被监护人的原则。如果被监护人具有一定的意识，还可以适当听取被监护人的意见。监护人被指定后，应当依法履行监护职责，不得擅自推卸监护责任，也不得擅自变更监护人。未被指定为监护人的，不得擅自争夺监护人资格，不得损害监护人、被监护人的利益。

3. 监护人的职责

监护人应当履行监护职责，保护被监护人的人身、财产及其他合法权益，除为被监护人的利益外，不得处理被监护人的财产。具体说来，监护人的监护职责包括：保护被监护人的身体健康，照顾被监护人的生活，管理和保护被监护人的财产，代理被监护人实施民事法律行为，保护被监护人的人身权利、财产权利以及其他合法权益，对被监护人进行管理和教育，代理被监护人进行诉讼。监护人依法履行监护的权利，受法律保护。

监护人应当按照最有利于被监护人的原则履行监护职责。监护人除为维护被监护人利益外，不得处分被监护人的财产。未成年人的监护人履行监护职责，在作出与被监护人利益有关的决定时，应当根据被监护人的年龄和智力状况，尊重被监护人的真实意愿。成年人的监护人履行监护职责，应当最大程度地尊重被监护人的真实意愿，保障并协助被监护人实施与其智力、精神健康状况相适应的民事法律行为。对被监护人有能力独立处理的事务，监护人不得干涉。监护人不履行监护职责或者侵害被监护人的合法权益的，应当承担责任；给被监护人造成财产损失的，应当赔偿损失，其他有监护资格的人或者单位可以向人民法院起诉，要求监护人承担民事责任或者要求变更监护关系，人民法院也可以根据有关人员或者有关单位的申请，撤销监护人的资格。

监护人可以将监护职责部分或者全部委托给他人，监护人将监护职责部分或者全部委托给他人后，因被监护人的侵权行为需要承担民事责任的，应当由监护人承担，但监护人与被委托人另有约定的除外；被委托人确有过错的，也应承担相应的民事责任。

4. 监护人资格的撤销和恢复

监护人资格的撤销，是指监护人无法或不宜履行监护职责时停止其监护人资格的法律制度。《民法总则》第36条规定："监护人有下列情形之一的，人民法院根据有关个人或者组织的申请，撤销其监护人资格，安排必要的临时监护措施，并按照最有利于被监护人的原则依法指定监护人：（一）实施严重损害被监护人身心健康行为的；（二）怠于履行监护职责，或者无法履行监护职责并且拒绝将监护职责部分或者全部委托给他人，导致被监护人处于危困状态的；（三）实施严重侵害被监护人合法权益的其他行为的。本条规定的有关个人和组织包括：其他依法具有监护资格的人，居民委员会、村民委员会、学校、医疗机构、妇女联合会、残疾人联合会、未成年人保护组织、依法设立的老年人组织、民政部门等。前款规定的个人和民政部门以外的组织未及时向人民法院申请撤销监护人资格的，民政部门应当向人民法院申请。"监护人资格的撤销必须具有法定事由并遵循法定程序，并由人民法院依申请撤销。撤销前应安排必要的临时监护措施以维护被监护人的利益。撤销后应按照最有利于被监护人的原则重新确定监护人。依法负担被监护人抚养费、赡养费、扶养费的父母、子女、配偶等，被人民法院撤销监护人资格后，应当继续履行负担的义务。

监护人资格的恢复，是指被撤销监护人资格后又依法恢复其监护人资格的法律制度。《民法总则》第 38 条规定："被监护人的父母或者子女被人民法院撤销监护人资格后，除对被监护人实施故意犯罪的外，确有悔改表现的，经其申请，人民法院可以在尊重被监护人真实意愿的前提下，视情况恢复其监护人资格，人民法院指定的监护人与被监护人的监护关系同时终止。"监护人由于丧失部分民事行为能力被撤销监护资格后，如果其民事行为能力完全恢复，也可以恢复其监护人资格。

5. 监护的终止

监护的终止是指监护关系的终止。《民法总则》第 39 条规定："有下列情形之一的，监护关系终止：（一）被监护人取得或者恢复完全民事行为能力；（二）监护人丧失监护能力；（三）被监护人或者监护人死亡；（四）人民法院认定监护关系终止的其他情形。监护关系终止后，被监护人仍然需要监护的，应当依法另行确定监护人。"

监护的终止分为绝对终止和相对终止。监护的绝对终止是指因被监护的对象死亡或取得完全民事行为能力导致的监护终止，如未成年人因长大成人导致监护的终止，精神病人因完全康复导致的监护终止。监护的相对终止是指某一监护人监护资格的终止，它并不意味着被监护人取得了完全民事行为能力。因此，监护的相对终止通常伴随的监护人的变更，变更前的监护人的监护职责因监护的变更而终止，变更后监护人接替变更前的监护人成为新的监护人。

（五）自然人民事能力的宣告

自然人民事能力的宣告制度直接影响到自然人的民事权利能力和民事行为能力。《民法总则》规定了与自然人民事能力相关的四种宣告制度，包括宣告失踪、宣告死亡、宣告限制民事行为能力、宣告无民事行为能力。

1. 宣告失踪

（1）宣告失踪的概念

宣告失踪是指自然人下落不明达到法定期限，经利害关系人申请由人民法院依法宣告其为失踪人的法律制度。自然人失踪后，与其相关的财产关系悬而未决，不利于相关法律关系的稳定，也不利于维护相关利害关系人的利益。设立宣告失踪制度，并为失踪者的财产设立相应管理人，既保护了失踪者与利害关系人的合法权益，也有力地维护了社会关系的稳定。

（2）宣告失踪的条件

首先，宣告失踪必须以被申请人下落不明达到法定期限为前提。《民法总则》第 40 条规定："自然人下落不明满二年的，利害关系人可以向人民法院申请宣告该自然人为失踪人。"下落不明一般是指公民离开最后居住地后没有音信的状况。对于在我国台湾地区或者在国外无法正常通信联系的，不得以下落不明宣告死亡。自然人的失踪是指相对于申请人来说该自然人已经失踪，其失踪期限通常从其失去音信之日起计算。战争期间下落不明的，下落不明的时间自战争结束之日或者有关机关确定的下落不明之日起计算。

其次，宣告失踪需经利害关系人申请。宣告失踪直接影响到利害关系人的利益，故应由利害关系人申请，无利害关系人申请宣告失踪时，人民法院不得主动宣告某个自然人失踪。申请宣告失踪的利害关系人包括被申请宣告失踪人的配偶、父母、子女、兄弟姐妹、祖父母、外祖父母、孙子女、外孙子女以及其他与被申请人有民事权利义务关系的人。申请宣告失踪的利害关系人对是否申请宣告失踪未达成一致意见的，任何一方利害关系人申请宣告失踪，人民法院均应受理该申请。

最后，宣告失踪须经人民法院判决宣告。宣告失踪涉及被申请人的财产利益和人身利益，对被申请人及利害关系人关切重大，故是否宣告被申请人失踪应由人民法院依法决定，其他任何人均无权宣告某个自然人失踪。申请宣告某个自然人失踪的，应当向该申请人最后居住地的基层法院提出申请，并提供该自然人失踪的相关证据，尤其是与该自然人最后一次联系的证据。人民法院受理该申请后，应当查明该自然人的财产情况，指定临时管理人或者采取诉讼保全制度，并发出相关公告，公告期为3个月。公告期满后该自然人未出现的，应判决宣告其为失踪人，并指定相应的财产代管人；公告期间或者人民法院判决前该自然人出现的，则应终结审理。

（3）宣告失踪的法律后果

宣告失踪的主要法律后果是为失踪人的财产设立代管人。失踪人的财产由其配偶、成年子女、父母或者其他愿意担任财产代管人的人代管。无民事行为能力人、限制民事行为能力人失踪的，其监护人即为财产代管人。代管有争议，没有前述代管人，或者前述人员无代管能力的，由人民法院指定的人代管。人民法院应当根据有利于保护失踪人财产的原则指定失踪人的财产代管人，必要时可以指定其他公民或者有关组织为失踪人的财产代管人。

设立财产代管人后，财产代管人应当妥善管理失踪人的财产，维护其财产权益。财产代管人应当用失踪人的财产支付失踪人所欠税款、债务和应付的其他费用，这里的"其他费用"包括赡养费、扶养费、抚育费和因代管财产所需的管理费等必要的费用。失踪人的财产代管人拒绝支付失踪人所欠的税款、债务和其他费用，债权人提起诉讼的，人民法院应当将代管人列为被告，判决从代管财产中支付。

失踪人的财产代管人负有维护失踪人财产的义务，有权要求失踪人的债务人偿还债务。失踪人的财产代管人向失踪人的债务人要求偿还债务或者代管财产受到他人侵犯的，可以作为原告提起诉讼，要求偿还债务或者赔偿损失。同时，失踪人的财产代管人应当忠实履行财产代管职责，失踪人的财产代管人不履行代管职责或者侵犯失踪人财产权益的，或者因故意或者重大过失造成失踪人财产损失的，均应当承担赔偿责任。这里特别强调的是，宣告失踪主要是涉及财产性后果，与失踪人有关的人身法律关系保持不变，如与失踪人的婚姻关系、子女关系并不因为被宣告失踪而解除或消灭。

（4）财产代管人的变更

失踪人的财产代管人应当尽职尽责地履行财产代管责任，最大限度地保护失踪人的财产。财产代管人不履行代管职责、侵害失踪人财产权益或者丧失代管能力的，失踪人的利害关系人可以向人民法院申请变更财产代管人。同时，财产代管人有正当理由的，如丧失代管能力，可以向人民法院申请变更财产代管人。人民法院变更财产代管人的，变更后的财产代管人有权要求原财产代管人及时移交有关财产并报告财产代管情况。

（5）宣告失踪的撤销

宣告失踪的判决作出后，被宣告失踪的人重新出现或者确知他的下落，经本人或者利害关系人申请，人民法院应当撤销对他的失踪宣告。失踪宣告被撤销后，失踪人的财产代管人的资格也同归消灭，代管人应当向该自然人归还相关财产及收益。

2. 宣告死亡

（1）宣告死亡的概念

宣告死亡是指自然人失踪达到法定期限后，经利害关系人的申请由人民法院判决宣告其死亡的法律制度。自然人长期失踪后，与该自然人相关的财产关系、人身关系长期处于悬而未决的状态，尽管该自然人可能还活着，但从法律上推定该自然人已经死亡，有利于保护利害关系人的合法财产权益和人身权益，保持和促进社会秩序的和谐稳定。

（2）宣告死亡的条件

首先，宣告死亡必须是自然人失踪已达法定期限。一般情况下，自然人下落不明满 4 年的可申请宣告死亡，下落不明的起算时间从公民音信消失之次日起算；但因意外事件下落不明，从意外事件发生之日起满 2 年的，可被申请宣告死亡；因意外事件下落不明且经有关机关证明该自然人不可能生存的，申请宣告死亡不受 2 年时间的限制。例如，爬山时遇到雪崩，满 2 年可申请宣告死亡，但经当地政府部门证明不可能生还的，则可以随时申请宣告死亡。与宣告失踪相同的是，自然人下落不明是指该自然人离开最后居住地后没有音信的状况，对于在国外无法正常通信联系的，不得以下落不明宣告死亡。

其次，宣告死亡必须由利害关系人申请。申请宣告死亡的利害关系人具有顺序性，具体说来，申请宣告死亡的利害关系人的顺序是：①配偶；②父母、子女；③兄弟姐妹、祖父母、外祖父母、孙子女、外孙子女；④其他有民事权利义务关系的人。一般说来，顺序靠前的利害关系人与被宣告死亡人的关系更为密切，故顺序靠前的利害关系人不申请宣告死亡的，在后顺序的利害关系人不得抢先申请宣告死亡；同一顺序的利害关系人，有的申请宣告死亡，有的不同意宣告死亡，则应当宣告死亡。

再次，对同一自然人，有的利害关系人申请宣告死亡，有的利害关系人申请宣告失踪，符合民法规定的宣告死亡条件的，人民法院应当宣告死亡；如果不符合宣告死亡条件但符合宣告失踪条件的，则应宣告失踪。被宣告死亡的人，人民法院宣告死亡的判决作出之日视为其死亡的日期，但因意外事件下落不明宣告死亡的，意外事件发生之日视为其死亡的日期。

最后，宣告死亡应由人民法院判决宣告。自然人下落不明达法定期限后，利害关系人可以向下落不明人的最后住所地基层人民法院申请宣告死亡，住所地与居住地不一致的，应当向下落不明人的最后居住地基层法院申请宣告死亡，并应提供被申请人下落不明已达法定期限的证据。人民法院受理该申请后，应当查明相关事实，发出寻找下落不明人的公告，公告期一般为 1 年，但对于因意外事故下落不明并经有关机关证明该被申请人不可能生还的，公告期为 3 个月。公告期满后被申请人仍未出现或者仍无音信的，应当判决宣告被申请人死亡，判决书中应当确定被申请人死亡的日期，未确定该日期的，应以判决宣告之日为被申请人的死亡日期。宣告死亡的判决书除发给申请人外，还应当在被宣告死亡人的住所地和人民法院所在地公告。

（3）宣告死亡的法律后果

自然人宣告死亡的法律后果等同于自然死亡，主要体现在财产性后果和人身性后果上。宣告死亡的财产性后果是指被宣告死亡的人的财产自判决确定的死亡之日起成为可继承财产，各继承人可依法继承。宣告死亡的人身性后果是指与被宣告死亡的人的婚姻关系等某些人身性法律关系一并消灭。

但应注意的是，宣告死亡毕竟是一种推定死亡，《民法总则》第 49 条规定："自然人被宣告死亡但是并未死亡的，不影响该自然人在被宣告死亡期间实施的民事法律行为的效力。"因此，有民事行为能力人在被宣告死亡期间实施的民事法律行为有效；被宣告死亡和自然死亡的时间不一致的，被宣告死亡所引起的法律后果应当有效，其自然死亡前实施的民事法律行为与被宣告死亡引起的法律后果相抵触的，则以其实施的民事法律行为为准。

（4）宣告死亡的撤销

宣告死亡是推定死亡，并不意味着被宣告死亡的人确已死亡。如果被宣告死亡的人重新出现，经本人或者利害关系人申请，人民法院应当撤销死亡宣告。申请撤销死亡宣告的利害关系人不受顺序限制，任何利害关系人均可申请撤销死亡宣告。

宣告死亡的判决被撤销后，被撤销死亡宣告的人有权请求依照继承法取得其财产的民事主体返还财产；无法返还的，应当给予适当补偿。利害关系人隐瞒真实情况，致使他人被宣告死亡取得其财产的，除应当返还财产外，还应当对由此造成的损失承担赔偿责任。

被宣告死亡的人的婚姻关系，自死亡宣告之日起消灭。死亡宣告被撤销的，婚姻关系自撤销死亡宣告之日起自行恢复，但是其配偶再婚或者向婚姻登记机关书面声明不愿意恢复的除外，同时其配偶再婚后又离婚或者再婚后配偶又死亡的，则不得认定夫妻关系自行恢复。被宣告死亡的人在被宣告死亡期间，其子女被他人依法收养的，在死亡宣告被撤销后，不得以未经本人同意为由主张收养关系无效。

（5）宣告失踪与宣告死亡的关系

宣告失踪和宣告死亡都是基于自然人失踪达一定期限、由利害关系申请并经人民法院判决宣告的法律制度，二者都有利于稳定社会关系，保护被宣告的自然人及利害关系人的合法权益。但二者的区别也是明显的：首先，宣告失踪不是宣告死亡的必经程序，公民下落不明，符合申请宣告死亡的条件，利害关系人可以不经申请宣告失踪而直接申请宣告死亡，但利害关系人只申请宣告失踪的，应当宣告失踪。其次，二者要求被宣告人失踪的期限不同。最后，二者的法律后果及撤销宣告的法律后果也不同。

3. 宣告为限制民事行为能力人或无民事行为能力人

成年人不具有完全的民事行为能力时，应由人民法院依照《民事诉讼法》规定的特别程序予以宣告。人民法院在宣告被申请人是否为限制民事行为能力人或无民事行为能力人时，应当基于被申请人不能辨认或者不能完全辨认自己的行为及利害关系人的申请，其中在判断被申请人是否属于不能辨认或者不能完全辨认自己的行为时，应当根据医学鉴定结论或参照医院的诊断鉴定。在不具备诊断、鉴定条件的情况下，可以参照当地群众公认且利害关系人也无异议的标准。被宣告为限制民事行为能力人或无民事行为能力人后，可以根据其健康恢复状况，经本人或利害关系人的申请，由人民法院宣告其为完全民事行为能力人或限制民事行为能力人。

（六）自然人的住所

住所，是指一个人经常待的地方。法律意义上的自然人住所，通常是指自然人的户籍登记地、身份登记地等其经常所在的地方。《民法总则》第25条规定："自然人以户籍登记或者其他有效身份登记记载的居所为住所；经常居所与住所不一致的，经常居所视为住所。"需要注意的是，自然人的住所通常仅指其户籍登记或者其他有效身份登记记载的居所。自然人的经常居所与住所不一致的，经常居所虽可视为住所，但其终究不可等同于住所。

自然人的住所具有重要的法律意义。例如它往往同自然人的身份证号码相关，会影响到某些公序良俗的认定。法律文书送达到住所通常即视为有效送达。住所往往还同自然人的出生地相关，并关系到自然人后代的籍贯的认定。

（七）自然人的民事主体形式

1. 自然人

自然人直接以自己的名义从事民事活动，就是自然人形式的民事主体。

2. 个体工商户

个体工商户是自然人的一种民事主体形式。个体工商户是自然人在法律允许的范围内经合法登记从事工商业经营的个体经济单位。《民法总则》第 54 条规定："自然人从事工商业经营，经依法登记，为个体工商户。个体工商户可以起字号。"在个体工商户起字号后，其可以该字号的形式从事民事活动，也可以该字号参加民事诉讼活动，但作为其业主的自然人仍然对个体工商户的经营活动及诉讼活动承担完全的法律责任。个体工商户的债务，个人经营的，以个人财产承担；家庭经营的，以家庭财产承担；无法区分的，以家庭财产承担。

3. 农村承包经营户

农村承包经营户是指农村集体经济组织的成员，在法律允许的范围内，按照承包合同规定从事商品经营的、以家庭为单位的经济单位。《民法总则》第 55 条规定："农村集体经济组织的成员，依法取得农村土地承包经营权，从事家庭承包经营的，为农村承包经营户。"农村承包经营户也是自然人的民事主体形式。农村承包经营户的债务，以从事农村土地承包经营的农户财产承担；事实上由农户部分成员经营的，以该部分成员的财产承担。

三、法　人

（一）法人的概念和特征

1. 法人的概念

法人是自然人以外最重要的一类民事主体。《民法总则》第 57 条规定："法人是具有民事权利能力和民事行为能力，依法独立享有民事权利和承担民事义务的组织。"法人应当有自己的名称、组织机构、住所、财产或者经费，并应依法成立。《民法通则》第 37 条规定："法人应当具备下列条件：（一）依法成立；（二）有必要的财产或者经费；（三）有自己的名称、组织机构和场所；（四）能够独立承担民事责任。"

与自然人一样，法人拥有自己的民事权利能力和民事行为能力，能够以自己的名义独立开展民事活动，享有相应的民事权利并承担相应的民事义务。此外，法人可以依法设立分支机构。法律、行政法规规定分支机构应当登记的，依照其规定。分支机构以自己的名义从事民事活动，产生的民事责任由法人承担；也可以先以该分支机构管理的财产承担，不足以承担的，由法人承担。

2. 法人的特征

首先，法人是一种社会组织。法人通常是自然人的集合，也可以是自然人与法人或非法人组织的集合，但终究是自然人的集合。这些集合的自然人不是以各自的名义，而是以一个集合体的名义参加民事活动，这个集合体就是法人。因此，法人应具有一定的组织机构和章程规范。

其次，法人拥有自己的独立财产。拥有独立的财产是法人参与民事活动的重要条件，而法人的财产主要来源于自然人的出资和自身的积累。在设立法人特别是营利性法人时，一般都要求设立人承担出资义务，法律一般也会规定营利性法人的注册资本标准。如《中华人民共和国公司法》（以下简称《公司法》）规定了各种类型的公司的注册资本标准。法人成立后，自身的经营活动也会为自身创造价值，无论是法人设立者或其他自然人的投资，还是法人自己创造的效益，都属于法人的独立财产。

最后，法人有自己的独立人格。独立人格是法人成为民法中的"人"，即民事主体的前提，只有具有独立人格的人才能以自己的名义参与民事活动。凡是依法设立的法人都具有独立的法律人格，拥有自己的民事权利能力和民事行为能力，并能够独立参加民事活动。如果法人的合法权益受到侵害，法人有权以自己的名义，通过和解、诉讼、仲裁等各种方式维护自己的权益。

（二）法人的分类

1. 公法人与私法人

根据是否行使公权力，法人可以分为公法人和私法人。公法人是指以行使公权力为主要目的和内容的法人，如各种政府机构和各级政府组织。私法人是指不行使公权力的法人，如各种有限责任公司、股份公司等。

2. 社团法人与财团法人

根据成立基础的不同，法人可以分为社团法人和财团法人。社团法人是指基于或主要基于人的集合而成立的法人，如企业法人。财团法人主要是指基于或主要基于特定财产形成的法人，如基于特定财产成立的各种基金会等。

3. 公益法人与私益法人

按照设立目的的不同，法人可以分为公益法人和私益法人。公益法人是指以维护公共利益或主要以维护公共利益为目的的法人，如一些以慈善为目的的法人。私益法人是指满足和维护法人自身及其成员私人利益的法人，如各种有限责任公司、股份公司等。

4. 营利法人和非营利法人

按照是否营利为目的，法人可以分为营利法人和非营利法人。营利法人是指以追求自身利益尤其是经济利益为目的或主要目的的法人，如各种企业法人都属于营利法人。非营利法人是指不以或者主要不以追求自身利益为目的的法人，如各种具有法人资格的基金会、慈善机构。

5. 企业法人和非企业法人

企业法人和非企业法人是我国学者对法人最为常见的分类，企业法人是指以企业形式设立的法人，其主要目的是通过从事各种工商业活动获取利益。非企业法人是指非以企业形式设立的法人，如政府机关、具有法人资格的事业单位。企业法人和非企业法人虽然是一种常见的分类形式，但这种分类是不够严谨的，企业只是一种社会组织形式法人，只是一种法定的民事主体形式。企业可以是法人，也可以不是法人，法人也当然不限于企业。

（三）法人的民事权利能力、民事行为能力和民事责任能力

任何民事主体都应具有民事权利能力和民事行为能力。法人作为一种法律规定的民事主体形式，当然具有民事权利能力和民事行为能力。此外，法人还应具有民事责任能力。法人的民事权利能力是指法律赋予法人享有民事权利和承担民事义务的资格，而法人的民事行为能力是指法人通过自己的独立行为取得民事权利并承担民事义务的资格。法人的民事责任能力是法人以自己的名义独立承担民事责任的能力，如法人的不法行为侵害他人合法权益，法人的独立财产可以保障其承担相应的侵权责任。

与自然人不同的是，自然人的民事权利能力和民事行为能力并不是同时产生的，二者的范围也是不一致的。法人的民事权利能力、民事行为能力和民事责任能力都始于其合法成立之日，终于其法人资格终止之日。《民法总则》第59条规定："法人的民事权利能力和民事行为能力，从法人成立时产生，到法人终止时消灭。"法人的民事权利能力、民事行为能力是一致的，均以其登记范围为准，法人的民事责任能力与其财产能力是一致的。《民法总则》第60条规定："法人以其全部财产独立承担民事责任。"这里明确是以法人的独立财产而不是其他财产来承担责任。

（四）法定代表人

法定代表人是指依法代表法人行使民事权利，履行民事义务的主要负责人。《民法总则》第61条第1款规定："依照法律或者法人章程的规定，代表法人从事民事活动的负责人，为法人的法定代表人。"法定代表人制度是我国大陆法系特别是东亚法系特有的法人制度，英美法系中的公司企业基本上没有固定的法定代表人，但我国法律及日韩法律制度中均有法定代表人的规定。

法定代表人通常由法人主要负责人兼任，如企业的总裁、董事长、总经理、执行董事等。法定代表人是法人的对外代表，体现法人的对外关系，如对外代表企业行使民事权利，履行民事义务等。对法人内部来说，法定代表人通常并不是一个职位，法定代表人通常是以其在法人内部职位，如总裁、总经理等进行活动的。

法定代表人对外可以代表法人，但其并不等同于法人。实务中通常将法定代表人简称为法人，这是不准确的。法定代表人与法人是不同的法律主体，法定代表人只有以法人名义从事的民事活动，其法律后果才由法人承受。法定代表人因执行职务造成他人损害的，由法人承担民事责任，但法人承担民事责任后，依照法律或者法人章程的规定，可以向有过错的法定代表人追偿。需要注意的是，法人章程或者法人权力机构对法定代表人代表权的限制，不得对抗善意相对人。

（五）法人的住所

如同自然人一样，法人也必须有其住所。《民法总则》第63条规定："法人以其主要办事机构所在地为住所。依法需要办理法人登记的，应当将主要办事机构所在地登记为住所。"法人的住所对法人具有重要意义，是法人设立的条件之一，也是法人主要办事机构所在地，同时也是各种法律文件的有效送达地。因此，法人住所的变更必须依法登记并公示。在专利、商标业务中，法人住所变更必须依法及时通知相关行政机关，否则由此造成的失权等法律后果将由其自行承担。

（六）法人的变更和终止

法人的变更是指法人的章程、住所、法定代表人、注册资本、经营范围等重要事项的变更。法人的变更必须依法履行登记手续。《民法总则》第64条规定："法人存续期间登记事项发生变化的，应当依法向登记机关申请变更登记。"登记机关应当依法及时公示法人登记的有关信息。法人如果未履行依法变更登记手续，造成法人的实际情况与登记的事项不一致的，不得对抗善意相对人。法人的合并、分立也应依法登记。法人合并的，其权利和义务由合并后的法人享有和承担；法人分立的，其权利和义务由分立后的法人享有连带债权，承担连带债务，但是债权人和债务人另有约定的除外。

法人的终止是指法人民事主体资格的终止。《民法总则》第68条规定："有下列原因之一并依法完成清算、注销登记的，法人终止：（一）法人解散；（二）法人被宣告破产；（三）法律规定的其他原因。法人终止，法律、行政法规规定须经有关机关批准的，依照其规定。"法人的终止通常分为主观终止和客观终止。主观终止是指出于法人的主观意志而终止，如因法人合并或者分立需要解散。客观终止是指出现了法人意志以外的因素导致法人不得不终止，如法人因违法经营被勒令解散。

法人解散是法人终止的情形之一。《民法总则》第69条规定："有下列情形之一的，法人解散：（一）法人章程规定的存续期间届满或者法人章程规定的其他解散事由出现；（二）法人的权力机构决议解散；（三）因法人合并或者分立需要解散；（四）法人依法被吊销营业执照、登记证书、被责令关闭或者被撤销；（五）法律规定的其他情形。"法人章程可明确规定法人解散的情形，法人也可出于自身意志主动解散。

法人终止的，一般应成立清算组织进行清算，主要是盘点法人的债权债务关系。《民法总则》第70条第1款规定："法人解散的，除合并或者分立的情形外，清算义务人应当及时组成清算组进行清算。"一般说来，法人的董事、理事等执行机构或者决策机构的成员为清算义务人。法人被宣告破产的，依法进行破产清算并完成法人注销登记时，法人终止。清算期间法人存续，但是不得从事与清算无关的活动。法人清算后的剩余财产，根据法人章程的规定或者法人权力机构的决议处理，但法律另有规定的，依照其规定。清算结束并完成法人注销登记时，法人终止；依法不需要办理法人登记的，清算结束时，法人终止。法人终止后清算义务人应当合理安排法人的债权债务，维护员工的合法权益。清算义务人未及时履行清算义务，造成损害的，应当承担民事责任；主管机关或者利害关系人可以申请人民法院指定有关人员组成清算组进行清算。

（七）营利法人

营利法人是指以取得利润并分配给股东等出资人为目的成立的法人。营利法人经依法登记成立，设立营利法人应当依法制定法人章程。依法设立的营利法人，由登记机关发给营利法人营业执照，营业执照签发日期为营利法人的成立日期。营利法人的最大特点就是要通过生产经营活动为出资人赚取利润。当然，营利法人的"营利"是指以"营利"为目的，并不考察其在实际的生产经营活动中是否盈利。即便客观上营利法人并未能够通过生产经营活动赚取到利润，但只要其以取得利润并分配给股东等出资人为目的，就依然是营利法人。

营利法人主要包括有限责任公司、股份有限公司两种企业法人组织形式。营利法人应当设权力机构、执行机构和监督机构。营利法人的权力机构通常是股东会或者股东大会，权力机构行使修改法人章程，选举或者更换执行机构、监督机构成员，以及法人章程规定的其他职权。营利法人的执行机构通常是董事会或者执行董事，相应地董事长、执行董事或者经理按照法人章程的规定担任法定代表人，未设董事会或者执行董事的，法人章程规定的主要负责人为其执行机构和法定代表人；执行机构行使召集权力机构会议、决定法人的经营计划和投资方案、决定法人内部管理机构的设置以及法人章程规定的其他职权。营利法人的监督机构通常是监事会或者监事，依法行使检查法人财务，监督执行机构成员、高级管理人员执行法人职务的行为，以及法人章程规定的其他职权。

营利法人从事经营活动，应当遵守商业道德，维护交易安全，接受政府和社会的监督，承担社会责任。营利法人的出资人不得滥用出资人权利损害法人或者其他出资人的利益；营利法人的出资人不得滥用法人独立地位和出资人有限责任损害法人的债权人利益，营利法人的控股出资人、实际控制人、董事、监事、高级管理人员不得利用其关联关系损害法人的利益。滥用出资人权利给法人或者其他出资人造成损失的，应当依法承担民事责任；滥用法人独立地位和出资人有限责任，逃避债务，严重损害法人的债权人利益的，应当对法人债务承担连带责任；利用关联关系给法人造成损失的，应当承担赔偿责任。

（八）非营利法人

非营利法人是指为公益目的或者其他非营利目的成立，不向出资人、设立人或者会员分配所取得利润的法人，包括事业单位、社会团体、基金会、社会服务机构等。

1. 事业单位

事业单位是指具备法人条件并提供公益服务的法人。有的事业单位需要经依法登记成立才能取得事业单位法人资格，如一些慈善组织、环保组织；有的事业单位依法不需要办理法人登记的，从成立之日起即具有事业单位法人资格。需要经依法登记成立的事业单位法人一般应设理事会作为其决策机构，法定代表人依照法律、行政法规或者法人章程的规定产生。

2. 社会团体

社会团体通常是指具备法人条件，基于会员共同意愿，为公益目的或者会员共同利益等非营利目的的设立的法人。有的社会团体须经依法登记成立才能取得社会团体法人资格；有的社会团体依法不需要办理法人登记的，从成立之日起即具有社会团体法人资格。设立社会团体法人应当依法制定法人章程，社会团体法人应当设会员大会或者会员代表大会等权力机构，并设理事会等执行机构。理事长或者会长等负责人按照法人章程的规定担任法定代表人。

3. 捐助法人

捐助法人是指具备法人条件，经依法登记成立并出于公益目的、以捐助财产设立的基金会、社会服务机构等法人。依法设立的宗教活动场所具备法人条件的，也可以申请法人登记并取得捐助法人资格。设立捐助法人应当依法制定法人章程。捐助法人应当设理事会、民主管理组织等决策机构，并设执行机构即监事会等监督机构，捐助法人理事长等负责人按照法人章程的规定担任法定代表人。捐助人有权向捐助法人查询捐助财产的使用、管理情况，并提出意见和建议，捐助法人应当及时、如实答复。为公益目的成立的非营利法人终止时，不得向出资人、设立人或者会员分配剩余财产，剩余财产应当按照法人章程的规定或者权力机构的决议用于公益目的；无法按照法人章程的规定或者权力机构的决议处理的，由主管机关主持转给宗旨相同或者相近的法人，并向社会公告。

（九）特别法人

根据《民法总则》第 96 条的规定，特别法人是除营利法人和非营利法人之外某些特殊类型的法人，主要是机关法人、农村集体经济组织法人、城镇农村的合作经济组织法人、基层群众性自治组织法人。从概念的角度来看，《民法总则》规定了营利法人和非营利法人，应该把所有类型的法人都概括进去，但从对营利法人和非营利法人的定义来看，某些类型的法人确实无法被列为营利法人或者非营利法人。故《民法总则》只能将这些类型的法人规定为独立于营利法人和非营利法人之外的一种特殊类型的法人，并命名为特别法人。

1. 机关法人

机关法人是指有独立经费的机关和承担行政职能的法定机构。机关法人主要是指行政机关，其从成立之日起就具有机关法人资格，并可以从事为履行职能所需要的民事活动。如各级人民政府机关可以作为独立的法人单位购买办公用品。机关法人被撤销的，法人终止，其民事权利和义务由继任的机关法人享有和承担；没有继任的机关法人的，由作出撤销决定的机关法人享有和承担。

2. 农村集体经济组织法人

农村集体经济组织法人是指农村集体依法设立并取得法人资格的经济组织。农村集体经济组织法人依法采取企业法人制的，如依法改制为公司制企业的，则构成营利法人，不再是农村集体经济组织法人。

3. 合作经济组织法人

合作经济组织法人是指城镇居民或农业居民出于互助合作的需要成立并依法取得法人资格的经济组织，如各种合作社。合作经济组织法人多在组织内部开展活动。当然，合作经济组织法人依法采取企业法人制的，如依法改制为公司制企业的，则构成营利法人，不再是合作经济组织法人。

4. 基层群众性自治组织法人

基层群众性自治组织法人是指居民委员会、村民委员会等基层群众性自治组织。法律赋予基

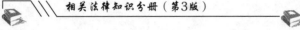

层群众性自治组织法人资格，其可以从事为履行职能所需要的民事活动。

四、非法人组织

非法人组织是不具有法人资格，但是能够依法以自己的名义从事民事活动的组织。非法人组织包括个人独资企业、合伙企业、不具有法人资格的专业服务机构等。一些律师事务所、专利代理机构、商标代理机构就属于非法人组织。非法人组织是自然人、法人之外的第三种民事主体，作为一种组织，非法人组织显然不同于自然人，但由于其不具有法人资格，故其也不同于法人。但是，非法人组织又能够以自己的名义从事民事活动，故《民法总则》将这类组织统称为非法人组织，并赋予其民事主体的法律地位。

非法人组织应当依照法律的规定登记，设立非法人组织，法律、行政法规规定须经有关机关批准的，依照其规定。例如，律师事务所是指中华人民共和国律师执行职务，进行业务活动的工作机构，律师事务所在组织上受司法行政机关和律师协会的监督和管理。目前，我国的律师事务所主要有合伙所、个人所和国资所三种组织形式。合伙律师事务所可以采用普通合伙或者特殊的普通合伙形式设立。合伙律师事务所的合伙人按照合伙形式对该律师事务所的债务依法承担责任。根据《中华人民共和国律师法》（以下简称《律师法》）第14条规定："律师事务所是律师的执业机构。设立律师事务所应当具备下列条件：（一）有自己的名称、住所和章程；（二）有符合本法规定的律师；（三）设立人应当是具有一定的执业经历，且三年内未受过停止执业处罚的律师；（四）有符合国务院司法行政部门规定数额的资产。"

非法人组织可以确定一人或者数人代表该组织从事民事活动。非法人组织的财产不足以清偿债务的，其出资人或者设立人承担无限责任，但法律另有规定的除外。非法人组织有下列情形之一的应当解散：①章程规定的存续期间届满或者章程规定的其他解散事由出现；②出资人或者设立人决定解散；③法律规定的其他情形。非法人组织解散的，应当依法进行清算。

第三节 民 事 权 利

一、民事权利的概念、特征、行使和分类

（一）民事权利的概念

权利是民法中最重要的概念之一，通常表达的是权利主体的某种资格或能力。民事权利就是民法规范赋予民事主体为实现法律所保护的利益而实施某种行为的资格。民事权利是民事法律关系的重要构成因素，它与民事义务共同构成民事法律关系的内容。

民事权利的本质是一种法律之力。它一方面体现在民事主体依法实现、维护民事权利受到法律保护，任何人均不得非法干涉他人实现、维护其民事权利；另一方面也体现在任何民事主体的民事权利受到他人非法干涉时，都有权要求他人停止非法干涉行为并承担相应的法律责任。

（二）民事权利的特征

首先，民事权利意味着民事主体一定程度或者一定范围内的意思自由。民事权利主体实现其民事权利的途径主要是基于其意思表示，而意思表示通常可以被视为某种法律行为。大多数民事权利的实现是基于民事权利主体的法律行为，而民事权利主体实施的民事法律行为受到其自身意思的控制，即民事权利主体可以基于自己的意思从事或不从事某种民事法律行为，故民事权利本身就体现了权利主体的意思自由，即只要在法定范围内，民事权利主体可以基于自己的意志自由

决定是否实现其民事权利。

其次，民事权利意味着民事主体在一定程度上或者一定范围内的行为自由。意思自由只是权利主体形成意思的自由，已经形成的意思或者正在形成中的意思自由表达出来才具有法律上的意义。民事权利主体内心意思的表达或者外化就体现为权利主体的行为，即意思决定行为，行为体现意思。民事权利主体的意思自由决定了其行为的自由，同时民事权利主体的行为自由也体现了其意思的自由。因此，在法定范围内，民事权利主体享有是否行使权利的自由、选择权利行使途径的自由、处分非专属性民事权利的自由、选择权利救济途径的自由。

最后，民事权利意味着民事主体的意思自由或行为自由受到法律保护。民事权利指向法律所保护的类型化的某种利益，法律对这种类型化的利益的保护主要体现为对民事权利主体的意思自由和行为自由的保护，即民事权利主体可以自由地形成及表达其权利意思，包括权利的行使、处分和保护方面的意思。因此，法律保护民事权利主体的意思表示自由，对于不自由的意思表示，如基于欺诈、胁迫或受其他不正当影响形成的意思表示，民法赋予了权利人专门的救济途径，如《民法总则》第151条规定："一方利用对方处于危困状态、缺乏判断能力等情形，致使民事法律行为成立时显失公平的，受损害方有权请求人民法院或者仲裁机构予以撤销。"

（三）民事权利的行使

民事权利的行使就是民事权利的实现，即民事权利主体通过实施民事法律行为或者基于某种法定方式实现其民事权利。《民法总则》第130条规定："民事主体按照自己的意愿依法行使民事权利，不受干涉。"民事权利的行使并不是孤立的，还必须照顾到其他人的合法利益。

首先，民事权利的行使必须符合国家法律的规定。民事权利是已经类型化利益的法律化，它体现了民事权利主体的意思自由和行为自由，但这种自由是受到一定限制的，法律的某些强制性规定就是对民事权利行使的限制。如《民法总则》第8条规定："民事主体从事民事活动，不得违反法律，不得违背公序良俗。"民事权利主体只有在法律规定的范围内才能自由地行使权利，以违反法律的强制性规定的方式实现的民事权利可能不受法律保护。

其次，民事权利的行使不得损害社会公共利益。社会公共利益体现了某一社会区域内多数人的共同利益。作为民事权利类型化的利益与其他社会利益具有千丝万缕的联系，民事权利的类型化并不意味着民事权利所保护的利益可以凌驾于其他社会利益之上。《民法总则》第132条规定："民事主体不得滥用民事权利损害国家利益、社会公共利益或者他人合法权益。"故民事权利的行使应当尊重社会公共利益。

最后，民事权利的行使应当遵守诚实信用的基本原则，权利人不得滥用其民事权利。《民法总则》第7条规定："民事主体从事民事活动，应当遵循诚信原则，秉持诚实，恪守承诺。"诚实信用是民法的基本原则，民事权利的行使也应当遵守诚实信用的原则，主要是指权利人不得滥用其民事权利，尤其是不得以损害他人合法利益为目的或者主要是以损害他人合法利益为目的行使其民事权利。权利不得滥用的最高法律依据是《中华人民共和国宪法》（以下简称《宪法》）的有关规定。

（四）民事权利的分类

民事权利是民法的基石性概念。民事权利体系也是一个庞杂的权利体系，对民事权利的归类有利于深入研究民事权利的本质特征。根据不同的标准，民事权利可以分为不同的类别：

1．财产权、人身权和综合性的民事权利

按照权利的性质和内容的不同，民事权利可以分为财产权、人身权和综合性民事权利。

财产权是指以财产利益为直接和主要内容的民事权利。它具有可让渡性，可以在不同民事主体之间转让流通。最典型的财产权是物权和债权。人身权是指以人身利益为直接和主要内容的民事权利。由于人身权与民事主体的人身和人格有关，并直接以民事主体的身体存在为物质载体，故人身权具有专属性，一般不得流通转让。人身权主要包括人格权和身份权。综合性民事权利是指某些同时兼具财产属性和人身属性的民事权利。如著作权、继承权、某些股权同时具备了财产权和人身权的属性，不能将其单纯地确定为财产权或人身权，故将其认定为综合性民事权利。

2. 绝对权利和相对权利

按照权利效力所及的民事义务主体的范围的不同，民事权利分为绝对权利和相对权利。绝对权利简称绝对权，是指权利人之外的任何人均可成为义务主体且权利的实现通常无需该义务主体实施积极行为的民事权利，典型的绝对权利是物权。相对权利简称相对权，是指权利人与义务人均为特定的民事主体且权利的实现通常需要义务主体实施某种积极行为的民事权利，典型的相对权利是债权。

3. 支配权、请求权、形成权和抗辩权

按照权利的作用或效力方式的不同，民事权利可分为支配权、请求权、形成权和抗辩权。支配权是指权利主体可以直接支配权利对象并通过该支配行为实现其权利利益的民事权利，典型的支配权是物权、专利权、商标权等。请求权是指权利人需要请求相对人履行特定义务来实现其权利利益的民事权利，典型的相对权是债权。形成权是指民事主体的单方行为可以导致法律关系的产生、变更或消灭的民事权利，典型的形成权是合同解除权。形成权对相对人的利益影响巨大，故法律往往会设立除斥期间以敦促形成权的行使，而且除斥期间通常是不变期间。抗辩权是对抗对方的请求或否认对方权利主张的权利，典型的抗辩权如保证人的先诉抗辩权。

4. 主权利和从权利

按照权利之间的从属或依附关系，民事权利可以分为主权利和从权利。主权利是指在彼此具有一定关联关系的权利中居于主导地位，不依赖于其他民事权利就可以独立存在和实现的民事权利；从权利则是指在彼此具有一定关联关系的权利中居于依附地位，其存在及行使均依赖于主权利的民事权利。如在担保物权法律关系中，被担保的主债权是主权利，担保该主债权的担保物权是从权利。

5. 既得权利和期待权利

按照权利要件是否全部具备，民事权利可以分为既得权利和期待权利。既得权利也称现实权利，是指权利要件已经全部具备的民事权利。大多数民事权利都是既得权利。期待权利是指尚不具备全部权利要件的民事权利。如继承权就是一种期待权利，继承权的产生既可以是基于某种客观事实，也可以基于法律行为，但继承权的实现需具备被继承人死亡等要件。此外，附条件、附期限的法律行为所设定的民事权利也是一种期待权，只有所附条件满足或期限届满，其所设立的民事权利才能转化为既得权利。既得权利与期待权利的联系主要体现在期待权利在具备全部要件后可以转化为既得权利，故有一部分既得权利是由期待权利转化而来的。当然，也有部分期待权利因种种原因未能具备全部要件，从而未能转化为既得权利。

二、财产所有权和与财产所有权有关的财产权

财产权是针对财产所享有的民事权利，大陆法系中的财产权主要是针对有体物享有的民事权利。财产所有权只是财产权的一种，它是指针对财产的占有、使用、收益和处分的权利。与财产有关的财产所有权主要是担保物权和用益物权。财产权可以有偿或无偿转移，也可以被继承。财产权可以由一个民事主体所有，也可以由多个民事主体共同所有。物权是最重要的财产权。

（一）物权

1. 物权的概念、特征、对象和种类

（1）物权的概念

物权是指权利人依法对特定的物享有直接支配和排他的权利，包括所有权、用益物权和担保物权。《民法总则》第 114 条规定："民事主体依法享有物权。物权是权利人依法对特定的物享有直接支配和排他的权利，包括所有权、用益物权和担保物权。"物权包括两个方面的内容：其一是支配权能，即物权人对物的支配；其二是排他权能，即物权人排除他人对其行使物权的支配。

（2）物权的特征

首先，物权是一种支配权。支配权是直接支配权利对象的权利。所谓"支配"是指权利人可以根据其意思直接实现对权利对象的利用或处置，而无须依赖或取决于他人的意思。物权是最典型的支配权。

其次，物权是一种绝对权。绝对权是指权利效力及于权利人之外的所有人的权利，即权利人行使权利，其他任何人都负有不得干涉权利人行使其权利的义务。物权是一种典型的绝对权，物权人行使其物权时，任何人都负有不作为的义务，即不得实施某种积极行为干涉物权人实现其物权利益。

最后，物权是一种排他性权利。物权的排他性包括两方面的内容：一方面，物权具有排除他人侵害、干涉、妨碍物权行使的特性，即物权人依法行使其物权应受到尊重，不受任何人的非法干涉和侵害，物权人可以采取必要手段制止他人对其行使权利的妨碍和侵害；另一方面，物权的排他性还体现为在同一物权对象上不得同时存在相互排斥的两项物权，如在同一物上不得同时存在两个所有权，即"一物不容二主"。

（3）物权的对象

物权的对象也被称为物权的客体。物权的对象是物。作为物权对象的物范围极为广泛，原则上人身之外能够为人所控制并具有一定经济价值的客观存在都可能成为物权的对象，甚至人身权的某些对象，或者说人体上的某些器官一旦脱离人体，也可能称为物权的对象，如头发、鲜血离开人体后都可以称为独立的物权对象。

（4）物权的类型

按照不同的标准，物权可以分为多种类型。本书仅介绍以下两种分类方法：

第一，根据物权人对物的支配范围的不同，物权可以分为完全物权和限制物权，这种分类也被称为所有权与他物权。完全物权是最全面的物权，最典型的完全物权是所有权。所有权是所有人依法对物享有占有、使用、收益和处分的权利，可以在法定范围内对物实现永久、全面的支配并排除他人的干涉。限制物权也称定限物权或他物权，是在完全物权的基础上形成的对物进行直接控制的某些权能。限制物权又可分为担保物权和用益物权，担保物权是以担保他人权利实现为主要目的的物权，用益物权是以实现对他人物的利用为主要目的的物权。

第二，根据物权对象是动产还是不动产，物权可以分为动产物权和不动产物权。动产物权是以动产为权利对象的物权，不动产物权则是以不动产为权利对象的物权。

2. 所有权

所有权是所有人依法对其物的全面控制支配，独立享有其利益并排除他人干涉的权利。财产所有权是指所有人依法对自己的财产享有占有、使用、收益和处分的权利。所有权是自物权，即是所有权人对其自己之物享有的权利。所有权具有无期性，只要权利对象和权利主体存在，基于该权利对象的所有权就可以永远存在。所有权具有回复性，基于所有权可以产生他物权，一旦这些他物权消灭，其权能内容就重回所有权。如设定在物上的用益物权因期限届满而消灭，相应的权能内容自然回归到所有权。

所有权的权能分为占有、使用、收益和处分。所有权的占有权能是指所有权人对自己所有的物进行事实上的管理和支配的权能，占有是所有权人对其物进行使用、收益的前提。所有权的使用权能是指所有权人对物进行利用的权能。所有权的收益权能是指所有权人获得其物孳息的权能。所有权的处分权能是指所有权人对物的变更、消灭、转让等处置的权能。

3. 担保物权

担保物权是指以特定财产设立的确保特定债权实现的物权，担保物权所担保的债权相对于无担保的债权享有优先受偿权。《中华人民共和国物权法》（以下简称《物权法》）第 170 条规定："担保物权人在债务人不履行到期债务或者发生当事人约定的实现担保物权的情形，依法享有就担保财产优先受偿的权利，但法律另有规定的除外。"担保物权具有如下几个特征：首先，担保物权是一种物权，这意味着担保物权具有物权的基本特征，如担保物权是一种绝对权和支配权；其次，担保物权的主要作用是担保其他权利的实现，或者说担保债权的实现是设立担保物权的目的，体现了担保物权的本质；再次，担保物权是一种限制物权，这是因为担保物权是在具有所有权的担保物上设定的物权，故不仅担保权构成了对所有权的限制，担保物权本身也受到了所有权的限制；最后，担保物权的担保功能主要是通过担保物的价值来实现的，故设立担保物权时通常需要对担保物的价值进行评估，担保物转让后其转让价值仍应对其所担保的债权起担保作用。

担保物权主要有抵押权、质权和留置权三种。

抵押权通常是指将该抵押物抵押给债权人但不转移财产的占有，债务人不履行到期债务或者发生当事人约定的实现抵押权的情形，债权人有权就该抵押物优先受偿的担保物权。《物权法》第 179 条规定："为担保债务的履行，债务人或者第三人不转移财产的占有，将该财产抵押给债权人的，债务人不履行到期债务或者发生当事人约定的实现抵押权的情形，债权人有权就该财产优先受偿。前款规定的债务人或者第三人为抵押人，债权人为抵押权人，提供担保的财产为抵押财产。"

质权分为动产质权和权利质权。动产质权是指以动产出质的质权。《物权法》第 208 条规定："为担保债务的履行，债务人或者第三人将其动产出质给债权人占有的，债务人不履行到期债务或者发生当事人约定的实现质权的情形，债权人有权就该动产优先受偿。前款规定的债务人或者第三人为出质人，债权人为质权人，交付的动产为质押财产。"权利质权是指以特定权利出质的质权。《物权法》第 223 条规定："债务人或者第三人有权处分的下列权利可以出质：（一）汇票、支票、本票；（二）债券、存款单；（三）仓单、提单；（四）可以转让的基金份额、股权；（五）可以转让的注册商标专用权、专利权、著作权等知识产权中的财产权；（六）应收账款；（七）法律、行政法规规定可以出质的其他财产权利。"

留置权是指债权人合法占有债务人的动产时，债务人不履行到期债务，债权人依法享有留置该财产，并以该财产折价或者以拍卖、变卖该财产的价款优先受偿的权利。《物权法》第 230 条规定："债务人不履行到期债务，债权人可以留置已经合法占有的债务人的动产，并有权就该动产优先受偿。前款规定的债权人为留置权人，占有的动产为留置财产。"

4. 用益物权

用益物权是指对他人所有物在一定范围内行使占有、使用和收益的他物权。用益物权的主要作用就是"用""益"，即利用他人之物并获取相应的收益。《物权法》第 117 条规定："用益物权人对他人所有的不动产或者动产，依法享有占有、使用和收益的权利。"用益物权具有如下几个特征：首先，用益物权是一种物权，即用益物权具有物权的基本特征，如用益物权是一种绝对权和支配权；其次，用益物权的主要作用就是"用""益"，即利用他人之物并获取相应的收益；最后，用益物权是他物权，即用益物权是对他人之物的"用""益"。《物权法》规定了四种典型的用益物权，即土地承包经营权、建设用地使用权、宅基地使用权和地役权。

（二）债权

1. 债权的概念、特征

（1）债的概念

债是一种法律关系，这种法律关系的主体分为债权人和债务人，债权人是享有债权的权利人，债务人是负有履行债务的义务人。债的内容是债务人履行债务和债权人接受债务人履行的债务。债主要基于法律规定或者法律行为而产生。债具有如下几个特征：首先，债是一种相对法律关系，即是在特定当事人之间的民事法律关系中，无论是债权人还是债务人都是相对确定的；其次，债是债权人得请求债务人为特定行为，而债务人应根据债权人的请求为特定行为的民事法律关系；最后，债是一种财产关系，债权是积极财产，债务则是消极财产。

（2）债权的概念

债权是债权人所享有的权利，即债权人所享有的请求债务人履行债务的权利。《民法总则》第118条第2款规定："债权是因合同、侵权行为、无因管理、不当得利以及法律的其他规定，权利人请求特定义务人为或者不为一定行为的权利。"债权是一种请求权，即债权的实现需要债权人请求债务人履行特定债务。债权是一种相对权，即债权人只能请求特定的相对人履行债务。

（3）债务的概念

债务是债务人所负有的向债权人履行特定行为的义务。债务表现为债务人应履行的特定行为。债务是与债权相对而言的，同一债中，债权人享有的权利即为债务人履行的义务，债权的实现有赖于债务的履行，而债务的履行也有赖于债权人的接受。

2. 债的分类

按照不同的标准，债可以分为不同的种类。

（1）单一之债和多数人之债

根据债的主体数量的不同，债可以分为单一之债和多数人之债。单一之债是指债权人和债务人均为一人的债，而多数人之债是指债权人和债务人至少有一方不只一人的债。多数人之债又可以分为按份之债和连带之债。按份之债是指债的一方或双方当事人不只一人时，各自按约定或法定的份额享有权利或承担义务的债。连带之债是指任何一个债权人都有权请求对方履行全部债务，或者任何一个债务人都有义务履行全部债务的债。

（2）简单之债与选择之债

根据债的标的有无选择性，债可以分为简单之债与选择之债。简单之债是指当事人只能按照约定的标的实现债权和履行债务的债，而选择之债是指当事人有权在多种标的中选择履行标的的债。既然选择之债具有可选择性，故选择权的行使是履行债务和实现债权的前提，而选择权的行使通常需要当事人的约定或者基于法律的某些规定。选择权属于形成权，选择权一经行使，选定的标的即为履行标的。

（3）种类之债和特定之债

根据债的标的是否具有可替代性，债可以分为种类之债和特定之债。种类之债是债的标的为种类物的标的。种类之债的标的具有可替代性，故其一般不会发生履行不能。特定之债是标的具体确定并不能被替代的债。特定之债的标的为特定物，债务人只能以给付该特定物来履行其债务。

3. 债的发生

债可以基于因合同、侵权行为、无因管理、不当得利以及法律的其他规定而发生。

（1）合同之债

合同之债是基于合同产生的债。合同是一种民事法律关系。根据《中华人民共和国合同法》（以下简称《合同法》）第2条第1款的规定，合同是平等主体的自然人、法人、其他组织之间设立、变更、终止民事权利义务关系的协议。当事人可以通过合同约定某些债权债务，由此产生的债即为合同之债。

（2）侵权之债

侵权之债是基于侵权行为发生的债。侵权行为是指侵犯他人合法权益的非法行为。根据《中华人民共和国侵权责任法》（以下简称《侵权责任法》）第2条第2款的规定，民事权益包括生命权、健康权、姓名权、名誉权、荣誉权、肖像权、隐私权、婚姻自主权、监护权、所有权、用益物权、担保物权、著作权、专利权、商标专用权、发现权、股权、继承权等人身、财产权益。《民法总则》第120条规定："民事权益受到侵害的，被侵权人有权请求侵权人承担侵权责任。"侵权人承担的民事责任有多种形式，损害赔偿是其中最常见和最重要的民事责任。因侵权行为导致侵权人应向受害人或其近亲属等利害关系人承担的特定义务，就是侵权之债。

（3）不当得利之债

根据不当得利产生的债务即为不当得利之债。不当得利是指没有法律依据造成他人损失而使自己获得利益的事实状态。《民法总则》第122条规定："因他人没有法律根据，取得不当利益，受损失的人有权请求其返还不当利益。"不当得利发生后，即在不当得利的受益人与受损人之间产生了债权债务关系，受益人负有返还其不当得利的债务，受损人则享有请求受益人返还其不当得利的权利。

（4）无因管理之债

无因管理是指没有法定或约定义务，为避免他人利益的损失而管理他人事务的行为。《民法总则》第121条规定："没有法定的或者约定的义务，为避免他人利益受损失而进行管理的人，有权请求受益人偿还由此支出的必要费用。"如果管理人在进行无因管理时支付了相关的合理费用或者自己的利益因之受到了损害，则其有权请求受益人予以补偿，受益人也负有补偿义务。这种发生在无因管理的管理人与受益人之间的法律关系就是无因管理之债。

4. 债的履行

债的履行是指债务人履行其债务的行为。债的履行通常是债务人的单方行为，但往往也需要债权人的配合。当债权人不配合债务人履行债务时，债务人可以通过提存的方式履行其债务。

不同种类的债有不同的履行方式。例如，对于合同之债来说，债务履行就是根据合同约定完成合同义务。对于不当得利之债来说，债务履行就返回不当得利。对于侵权之债来说，主要是承担损害赔偿责任。

5. 债的担保

债的担保主要是为债务人履行债务进行担保。债的担保既可以是人的担保，也可以是财产担保。人的担保主要是保证担保，即由担保人担保债务人会履行债务，在债务人未履行债务时由担保人的财产来担保债权的实现。财产担保是指用特定财产担保债务人会履行债务，如果债务人不履行债务，则会用该特定财产来担保债权的实现。

6. 债的消灭

债的消灭是指债务法律关系因一定事由而不复存在的现象。债的消灭事由一般有债的履行、抵销、提存、免除、混同等原因。债的履行是指债务人按照合同约定或者法律规定全面履行自己的债务。抵消是指双方当事人相互负有同种类的债务并将二者相互冲抵的现象。提存是指债务人因债权人的原因难以向债权人履行债务时，以公证形式或者经人民法院裁定将标的物提交特定机关的行为。免除是指债权人放弃债务的行为，债务人应承担的债务因债权人的免除而不复存在。混同是债权人、债务人因主体资格的整合而使债务消灭的现象，如同为企业法人的债权人、债务人合并为同一企业法人时，其相互之间的债权债务关系自然消灭，作为自然人的债权人、债务人也可能因为缔结婚姻关系而使其间的债权债务关系消灭。

（三）知识产权

1. 知识产权的概念

关于知识产权的概念，有不同的表述方式，如采取下定义的方法，或采取完全列举知识产权保护对象的方法。采用下定义的方法，知识产权可界定为人们对其智力创造成果依法所享有的权利。采用完全列举保护对象的方法表述知识产权的概念，《建立世界知识产权组织公约》第2条第8款的规定具有代表性，该款划定的知识产权的范围为：①与文学、艺术及科学作品有关的权利；②与表演艺术家的活动、与录音制品及广播有关的权利；③与人类创造性劳动的一切领域内的发明有关的权利；④与科学发现有关的权利；⑤与工业品外观设计有关的权利；⑥与商品商标、服务商标、商号及其他商业性标记有关的权利；⑦与制止不正当竞争有关的权利；⑧一切其他来自工业、科学及文学艺术领域的智力活动所产生的权利。《民法总则》第123条规定："民事主体依法享有知识产权。知识产权是权利人依法就下列客体享有的专有的权利：（一）作品；（二）发明、实用新型、外观设计；（三）商标；（四）地理标志；（五）商业秘密；（六）集成电路布图设计；（七）植物新品种；（八）法律规定的其他客体。"

2. 知识产权的特征

（1）知识产权是排他性权利

知识产权的排他性，体现在权利人可以自己行使权利，也可以通过转让或许可的方式行使权利。除了法律另有规定的，任何人擅自行使了他人的知识产权，便构成侵权。

（2）知识产权主要是财产权

知识产权能够为权利人创造经济效益，知识产权的财产权属性是无可质疑的事实。无论是专利权、商标权，还是著作权或其他知识产权，都可以帮助权利人及利害关系人实现一定的经济利益。当然，知识产权体系中的部分权利还具有某些人身权属性，如著作权中的发表权、署名权、修改权和保护作品完整权在大陆法系传统上一直被赋予人身权属性。

（3）知识产权是具有地域性的权利

知识产权的地域性，是指某一类型的知识产权只能依据一定国家的法律产生，且只能在其依法产生的地域范围内有效。除此之外，该种类型知识产权的权利范围、侵权判定标准及侵权救济方式，也仅能依据该地域的法律而定。例如，某发明创造仅在我国申请了专利，故其只能在我国受到保护，他国民众在其所在国可自由使用该发明创造。

（4）知识产权是具有时间性的权利

知识产权的时间性，是指知识产权依法具有一定的保护期，即其是仅在某段期限内存在的权利。在保护期届满之后，该知识产权保护的客体进入公有领域。例如，根据《中华人民共和国专利法》（以下简称《专利法》）的规定，发明专利的保护期为20年，自申请日起算。若发明专利的保护期届满，则任何人可自由使用该发明创造。知识产权的时间性亦有例外。例如，对于注册商标专用权，若权利人一直在商业过程中真实、有效地使用该商标，且按照《商标法》的规定进行续展，则权利人对该商标享有的权利其实是无期限的。

3. 知识产权的对象

知识产权的对象都是创造活动的产物，故知识产权的对象可以在不同程度上被抽象为创造成果。也正是从这个意义上讲，知识产权是对创造成果所享有的权利。

创造是设计、制造、创作出前所未有的事物。知识产权的对象是前所未有的，是权利人独立创造出来的一种客观存在。专利权之技术方案的创造性体现在其必须与在先的技术方案不同，这种不同表达的就是创造性；著作权之作品的独创性体现在其必须是作者独立创作完成的，不能是对已有作品的抄袭；商标权之创造性体现在商标权人创造了商标与特定商品或者服务之间的商业联系，相关公众可以通过该商标寻找到特定的商品或服务。不同类型的知识产权对象的创造性是不同的，或者说不同类型的知识产权对其权利对象的创造性的要求是不同的。知识产权对象的创造性既体现在创造过程的创造性上，也体现在创造成果的创造性上，还可以体现在对创造成果的利用方式的创造性上。

4. 知识产权的种类

知识产权具有法定性，目前知识产权的种类也是法律明确规定的，传统的知识产权包括专利权、商标权和著作权。此外，知识产权还包括植物新品种权、集成电路布图设计专有权以及一些与知识产权有关的权益，如域名、商业秘密、产地名称或地理标志等。

（1）专利权

专利权是保护具有创造性的发明创造的一种知识产权。《民法通则》第95条规定："公民、法人依法取得的专利权受法律保护。"我国《专利法》保护的发明创造是指发明、实用新型和外观设计。其中，发明是指对产品、方法或者其改进所提出的新的技术方案。实用新型是指对产品的形状、构造或者其结合所提出的适于实用的新的技术方案。外观设计是指对产品的形状、图案或者其结合以及色彩与形状、图案的结合所作出的富有美感并适于工业应用的新设计。

（2）商标权

商标是区分商品或服务来源的商业标记。商标可以分为注册商标和未注册商标，任何能够将自然人、法人或者其他组织的商品与他人的商品区别开的标志，包括文字、图形、字母、数字、三维标志、颜色组合和声音等，以及上述要素的组合，均可以作为商标申请注册。商标权是对商业标记所享有的权利。商标权也可以分为注册商标权和未注册商标权。商标最重要的功能是标记商品或服务的来源，既可以将消费者指引到特定的商品或服务，也可以将特定的商品或服务指引给消费者。商标凝聚了商誉，能够为商标权人带来经济利益。

（3）著作权

著作权是基于文学、艺术和科学作品依法所产生的权利。《民法通则》第94条规定："公民、法人享有著作权（版权），依法有署名、发表、出版、获得报酬等权利。"在我国，著作权与版权系同一语。《著作权法》第3条规定："作品，包括以下列形式创作的文学、艺术和自然科学、社会科学、工程技术等作品：（一）文字作品；（二）口述作品；（三）音乐、戏剧、曲艺、舞蹈、杂技艺术作品；（四）美术、建筑作品；（五）摄影作品；（六）电影作品和以类似摄制电影的方法创作的作品；（七）工程设计图、产品设计图、地图、示意图等图形作品和模型作品；（八）计算机软件；（九）法律、行政法规规定的其他作品。"

（4）地理标志

地理标志又称原产地标志（或原产地名称），它是表明某一种商品来源于一成员方地域内，或此地理内的一地区，并且该产品的特定品质、信誉或其他特征，主要与该地理来源相关联的标志。《与贸易有关的知识产权协定》第 22 条第 1 款将其定义为："其标志出某商品来源于某成员地域内，或来源于该地域中的地区或某地方，该商品的特定质量、信誉或其他特征主要与该地理来源有关"。根据我国《商标法》第 16 条第 2 款规定，地理标志是指标示某商品来源于某地区，该商品的特定质量、信誉或者其他特征，主要由该地区的自然因素或人为因素所决定的标志。

（5）商业秘密

根据我国《反不正当竞争法》第 9 条规定，商业秘密是指不为公众所知悉、具有商业价值并经权利人采取相应保密措施的技术信息、经营信息等商业信息。商业秘密是企业的财产权利，关乎企业的竞争力，对企业的发展至关重要。经营者不得实施下列侵犯商业秘密的行为：①以盗窃、贿赂、欺诈、胁迫、电子侵入或者其他不正当手段获取权利人的商业秘密；②披露、使用或者允许他人使用以前项手段获取的权利人的商业秘密；③违反保密义务或者违反权利人有关保守商业秘密的要求，披露、使用或者允许他人使用其所掌握的商业秘密；④教唆、引诱、帮助他人违反保密义务或者违反权利人有关保守商业秘密的要求，获取、披露、使用或者允许他人使用权利人的商业秘密。

（6）集成电路布图设计

集成电路是指半导体集成电路，即以半导体材料为基片，将至少有一个是有源元件的两个以上元件和部分或者全部互连线路集成在基片之中或者基片之上，以执行某种电子功能的中间产品或者最终产品。集成电路布图设计（以下简称"布图设计"）是指集成电路中至少有一个是有源元件的两个以上元件和部分或者全部互连线路的三维配置，或为制造集成电路而准备的上述三维配置。受保护的布图设计应当具有独创性，即该布图设计是创作者自己的智力劳动成果，并且在其创作时该布图设计在布图设计创作者和集成电路制造者中不是公认的常规设计。对布图设计的保护通常不延及思想、处理过程、操作方法或者数学概念等。布图设计权利人享有下列专有权：①对受保护的布图设计的全部或者其中任何具有独创性的部分进行复制；②将受保护的布图设计、含有该布图设计的集成电路或者含有该集成电路的物品投入商业利用。

（7）植物新品种

植物新品种，是指经过人工培育的或者对发现的野生植物加以开发，具备新颖性、特异性、一致性和稳定性并有适当命名的植物品种。品种权的保护期限，自授权之日起，藤本植物、林木、果树和观赏树木为 20 年，其他植物为 15 年。

三、人身权

（一）人身权的概念

人身权是指民事主体为维护其独立人格所必备并专有的、以人身利益为对象的固有权利。

（二）人身权的特征

1. 人身权是民事主体固有的民事权利

人身权的固有性是指人身权与民事主体同在，是民事主体与生俱来的权利。对于自然人来说，人身权始于民事主体的出生这一客观事实，消亡于民事主体的死亡；对于非自然人的法人或其他民事主体来说，人身权始于法人或其他民事主体的依法成立，消亡于法人或其他民事主体的主体资格依法终止之日。人身权的存在独立于民事主体的意志，即无论民事主体是否意识到人身权的存在，人身权都是客观存在的。

2. 人身权是民事主体专有的民事权利

人身权的专有性是指人身权由民事主体所专有，人身权不得放弃、转让、抛弃、继承，也不受他人的侵犯，并且只能由民事主体所独享。民事主体放弃、转让、抛弃、继承人身权的行为均为无效行为，非法限制、干涉民事主体享有和行使人身权应承担相应的法律责任。在自然人的人身权保护方面，法律还为出生前或死亡后的某些人身权设立了特殊的保护规则，如对胎儿继承份额的保留，对已经死亡的自然人的名誉、肖像等人身利益受到侵犯时其近亲属可以寻求侵权法的保护。

3. 人身权是以人身利益为主要内容的民事权利

人身利益是涉及利益较多的多种利益的组合，人身权是一个权利体系，可以分为多种具体的法定权利，如姓名权、名称权、名誉权、荣誉权等。

4. 人身权是维护民事主体独立人格必备的民事权利

人身权的目的就是维护民事主体作为法律上的人所必须具备的基本人格，保障民事主体的独立性。一方面民事主体只有享有人身权，才能具备民事主体资格；另一方面民事主体如果丧失了人身权，就丧失了民事主体资格。人身权可以使民事主体意识到自己的独立民事主体资格，充分尊重其他民事主体的人身权。

5. 人身权是支配权和绝对权

人身权的主要内容是对人身利益的支配并排除他人对这种支配的非法干涉，故人身权是一种支配权。同时，人身权的行使要求其他任何人都应予以尊重，其他任何人都负有不得非法干预民事主体行使其人身权的义务，即人身权具有对世性，是一种绝对权。

（三）几种典型的人身权

1. 生命权

生命权是以自然人的生命安全为主要保护对象的人身权。生命是公民作为权利主体而存在的物质前提，公民依法享有的生命不受非法侵害。生命权一旦被剥夺，其他权利就无从谈起，故生命权是最基本的人权，也是最重要的人身权。

2. 身体权

身体权是指以自然人的身体为保护对象的人身权。身体是生命的物质载体，是生命得以产生和延续的最基本条件，由此决定了身体权对自然人至关重要。自然人有权保持其身体组织完整并支配其肢体、器官和其他身体组织，并有权保护自己的身体不受他人违法侵犯。身体权为公民的基本人身权之一，是自然人对自己的身体所具有的完整性的支配权。

3. 健康权

健康权是公民依法享有的身体健康不受非法侵害的权利。健康权是公民享有的一项最基本人权。身体健康是公民参加社会活动和从事民事活动的重要保证。保护公民的健康权，就是保障公民身体的机能和器官不受非法侵害。健康权的内容主要包括健康保持权和特定情形下的健康利益支配权。对于不法侵害公民健康权的行为，不仅要追究其民事责任，有时还要追究其刑事责任。

4. 姓名权

姓名权是以自然人的姓名为对象的人身权，其主要内容是自然人有权设定、变更和使用其姓名。自然人享有姓名权，有权决定、使用和依照规定改变自己的姓名，禁止他人干涉、盗用、假冒。对于有多个姓名的自然人来说，多个姓名都可以获得法律的保护。

5. 名称权

名称权是非自然人的民事主体对其主体名称所享有的权利。这些非自然人的民事主体对其主体名称同样享有设立、变更和使用的权利，同时在特定情形还可以转让其名称。法人、个体工商户、个人合伙享有名称权。企业法人、个体工商户、个人合伙有权使用、依法转让自己的名称。

6. 肖像权

肖像权是自然人对其个体肖像所享有的人身权，包括形成肖像、使用肖像和许可他人使用其肖像的权利。自然人享有肖像权，未经本人同意，不得以营利为目的使用自然人的肖像。

7. 名誉权

名誉权是民事主体对其自身所获得的社会评价所享有的保有和维护的权利。自然人、法人享有名誉权，自然人的人格尊严受法律保护，禁止用侮辱、诽谤等方式损害自然人、法人的名誉。对于侵犯名誉权的行为，权利人可以追究侵权人的法律责任。权利人不复存在的，利害关系人可以追究侵权人的法律责任。

8. 荣誉权

荣誉权是民事主体对其获得的荣誉所享有的权利。自然人、法人享有荣誉权，禁止非法剥夺自然人、法人的荣誉称号。荣誉权往往能够给权利人带来精神利益，也可能给权利人带来某些物质利益，民事主体有权制止任何侵犯其荣誉权的行为。

9. 隐私权

隐私就是私事。隐私权就是自然人享有的对其个人信息、私人活动和私有领域进行支配的一种人身权。自然人享有的私人生活安宁与私人信息秘密依法受到保护，不被他人非法侵扰、知悉、收集、利用和公开，权利主体对他人在何种程度上可以介入自己的私生活，对自己的隐私是否向他人公开以及公开的人群范围和程度等具有决定权。隐私权是一种基本人格权利。隐私权主要包括个人生活自由权、隐私权情报保密权、隐私权个人通信秘密权、隐私权个人隐私利用权。隐私权保护的重要课题是其与公众知情权的平衡，特别是对于公众人物、公共人物、官员的隐私与公众知情权的平衡保护，是隐私权的重要内容。

10. 婚姻自主权

婚姻自主权，是指民事主体有权自主决定其婚姻的权利。《民法通则》第103条规定："公民享有婚姻自主权，禁止买卖、包办婚姻和其他干涉婚姻自由的行为。"

四、继承权

（一）继承权的概念

继承权是继承人享有的取得被继承人财产的民事权利。在继承法律关系中，死亡后留下遗产的人为被继承人，有权继承被继承人留下的遗产的人为继承人，被继承人死亡后留下的财产为遗产。《继承法》第3条规定："遗产是公民死亡时遗留的个人合法财产，包括：（一）公民的收入；（二）公民的房屋、储蓄和生活用品；（三）公民的林木、牲畜和家禽；（四）公民的文物、图书资料；（五）法律允许公民所有的生产资料；（六）公民的著作权、专利权中的财产权利；（七）公民的其他合法财产。"

（二）继承权的特征

1. 继承权是一种期待权

继承人取得了继承资格后，并不能立即继承被继承人的财产。故在继承开始前，继承人取得的继承权仅仅是一种期待权；只有在继承开始后，继承权才能转化为一种现实的权利，而且继承结束后继承权也就随之消灭。

2. 继承权是一种财产权

在现代社会，继承主要是对财产的继承，并不包括对身份的继承。因此，继承权主要是一种财产权。

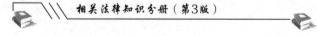

3. 继承权具有一定相对性

继承关系是发生在继承人与被继承人之间的法律关系，继承权主要表现为继承人继承被继承人的财产，从这个意义上讲，继承权具有一定的相对性。

4. 继承权具有一定对世性

继承权虽然是发生在继承人和被继承人之间的权利，但继承权具有一定对世性，即任何人不得侵犯该继承权。

（三）继承的种类

1. 遗嘱继承和法定继承

按照被继承人是否留有遗嘱，继承可以分为遗嘱继承和法定继承。遗嘱继承是指被继承人死后留有有效遗嘱并按该遗嘱所进行的继承，法定继承是指被继承人死后未留有效遗嘱在法律规定的继承人范围内依法进行的继承。

2. 本位继承和代位继承

按照继承人是否亲自继承遗产，继承可以分为本位继承和代位继承。本位继承是指继承人本人直接继承被继承人的遗产的继承，代位继承是指由继承人的继承人代其继承被继承人的遗产的继承，如被继承人的子女先于被继承人死亡的，由被继承人的子女的晚辈直系血亲代位继承。代位继承人一般只能继承他的父亲或者母亲有权继承的遗产份额。

3. 后位继承和补充继承

后位继承和补充继承是遗嘱继承中的两种继承方式。后位继承是指被继承人指定继承人在特定条件具备或期限到来时将特定遗产转移给其他继承人的继承，补充继承是指被继承人在指定继承人时明确该继承人未能继承其遗产时相关遗产转由他人继承的继承。

（四）法定继承人的范围及继承份额的划分

继承人应当本着互谅互让、和睦团结的精神，协商处理继承问题。遗产分割的时间、办法和份额，由继承人协商确定。在法定继承中，遗产按照下列顺序继承：第一顺序：配偶、子女、父母；第二顺序：兄弟姐妹、祖父母、外祖父母。这里的"子女"包括婚生子女、非婚生子女、养子女和有扶养关系的继子女；"父母"包括生父母、养父母和有扶养关系的继父母；"兄弟姐妹"包括同父母的兄弟姐妹、同父异母或者同母异父的兄弟姐妹、养兄弟姐妹、有扶养关系的继兄弟姐妹。此外，丧偶儿媳对公、婆，丧偶女婿对岳父、岳母，尽了主要赡养义务的，应作为第一顺序继承人。

继承权男女平等。继承开始后，由第一顺序继承人继承的，第二顺序继承人不继承。没有第一顺序继承人继承的，由第二顺序继承人继承。同一顺序继承人继承遗产的份额，一般应当均等，但继承人协商同意的，也可以不均等。对生活有特殊困难的缺乏劳动能力的继承人，分配遗产时应当予以照顾；对被继承人尽了主要扶养义务或者与被继承人共同生活的继承人，分配遗产时可以多分；有扶养能力和有扶养条件的继承人不尽扶养义务的，分配遗产时应当不分或者少分。此外，对继承人以外的依靠被继承人扶养的缺乏劳动能力又没有生活来源的人，或者继承人以外的对被继承人扶养较多的人，可以分配给他们适当的遗产。

（五）继承权的开始和消灭

继承权开始于被继承人的死亡。被继承人死亡，无论是自然死亡还是宣告死亡，都会导致继承权的行使。

继承权的消灭可以分为绝对消灭和相对消灭。继承权的绝对消灭是指继承权彻底消灭，不存在其他人继承的情形。典型情形如遗产已经依照遗嘱被继承完毕。继承权的相对消灭是指特定继承人的继承权消灭，如某个继承人死亡且其无继承人的情形。

（六）继承权的丧失

继承权的丧失是指具有继承资格的继承人因法定事由丧失其继承人资格。《继承法》第7条规定："继承人有下列行为之一的，丧失继承权：（一）故意杀害被继承人的；（二）为争夺遗产而杀害其他继承人的；（三）遗弃被继承人的，或者虐待被继承人情节严重的；（四）伪造、篡改或者销毁遗嘱，情节严重的。"

第四节　民事法律行为

一、民事法律行为的概念

（一）民事法律行为的概念

民事法律行为简称法律行为，是指民事主体实施的以设立、变更、终止民事权利义务为目的，以意思表示为基本要素的合法行为。《民法总则》第133条规定："民事法律行为是民事主体通过意思表示设立、变更、终止民事法律关系的行为。"民事法律行为是一种意思表示行为，民事法律行为制度就是以意思表示为核心要素，规范民事主体的意思表示及其相应法律后果的民事法律制度。

（二）民事法律行为的特征

1. 民事法律行为是意思表示行为

意思表示是民事法律行为的核心要素，意思表示表明了民事主体的内心意思及其所追求的法律后果。民事主体只有将其内心意思表达出来，才可能产生相应的法律后果。如果民事主体未能清楚、完整、准确地表达其内心意思，或者说其表达出来的意思与其内心意思不一致，则可能不产生其所追求的民事法律后果。

2. 民事法律行为包含了民事主体所追求的法律后果

民事法律行为不仅仅是将民事主体的内心意思表示出来的意思表示行为，而且还将产生相应的法律后果。这就是说，民事法律行为不仅仅是一种意思表示行为，还是一种产生民事主体所追求的法律后果的法律行为。如订立民事合同的民事法律行为不仅表达了民事主体行为订立合同的内心意思，而且还使合同双方当事人都受到已经表达出来的内心意思的约束，双方当事人都应遵循合同约定，实施合同约定的义务，同时享有合同约定的权利。因此，民事法律行为对民事主体产生了法律效力，这种法律效力既保障民事主体实现其权利，也约束民事主体履行其义务。

3. 民事法律行为具有合法性

民事法律行为是具有合法性的民事行为。民事行为是民事主体所实施的能够产生民事后果的行为，能够产生民事主体所追求的民事法律后果的民事行为是合法的民事行为，也就是民事法律行为。除了民事法律行为外，民事行为还包括无效民事行为、效力待定的民事行为等。民事法律行为具有合法性，即其行为主体、意思表示、民事主体所追求的法律后果都具有合法性。民事法律行为不仅仅是民事主体的意思表示行为，而且能够产生法律约束力，而民事主体的意思表示之所以能够产生法律约束力，正是因为当事人的意思表示符合国家法律的意志，具有合法性，故国

---

❶　李开国，张玉敏. 中国民法学 [M]. 北京：法律出版社，2002：188.

家赋予当事人意思表示以法律约束力。

（三）民事法律行为的形式

民事法律行为的形式，是指民事主体意思表示的方式。民事法律行为采用什么样的形式，关系到民事主体意思表示是否清楚、完整、准确，是否产生民事主体所追求的法律后果。《民法总则》第135条："民事法律行为可以采用书面形式、口头形式或者其他形式；法律、行政法规规定或者当事人约定采用特定形式的，应当采用特定形式。"

1. 口头形式

口头形式是指民事主体以口述的方式表达其内心意思的意思表示方式。口头形式具有随意性和便捷性，民事主体几乎可以随时、随地表达其内心意思。如农贸市场上的交易，绝大部分都是以口头形式表示的民事法律行为。对于大多数即时履行的民事法律行为来说，口头形式不仅效率高，而且简便快捷。口头形式的缺陷是在发生纠纷时取证难，容易陷入"公说公有理，婆说婆有理"的僵局。

2. 书面形式

书面形式是指民事主体以文字、图形或其他符号将其内心意思记录在某种物质载体的意思表示方式，如用文字记录于电子文档、用专门的合同用纸记录合同内容等。书面形式在一定程度上限制了民事主体意思表示的随意性，但增强了民事主体的意思表示的可靠性，尤其是在发生争执时，书面文本是解释民事主体的意思表示的有效证据。对于重大的民事法律行为，一般都要采取书面形式，某些时候法律也会明确规定采用书面形式。如《专利法》第12条规定："任何单位或者个人实施他人专利的，应当与专利权人订立实施许可合同，向专利权人支付专利使用费。"这就是说，专利许可实施合同应当采用法律明确规定的书面形式。

3. 其他形式

口头形式和书面形式是民事法律行为的两种主要形式。除此之外，如果法律对某些民事法律行为还规定了其他的特殊形式，这些民事法律行为还必须依法采用这些特殊形式。如《继承法》第17条规定："公证遗嘱由遗嘱人经公证机关办理。自书遗嘱由遗嘱人亲笔书写，签名，注明年、月、日。代书遗嘱应当有两个以上见证人在场见证，由其中一人代书，注明年、月、日，并由代书人、其他见证人和遗嘱人签名。以录音形式立的遗嘱，应当有两个以上见证人在场见证。遗嘱人在危急情况下，可以立口头遗嘱。口头遗嘱应当有两个以上见证人在场见证。危急情况解除后，遗嘱人能够用书面或者录音形式立遗嘱的，所立的口头遗嘱无效。"《继承法》第18条规定："下列人员不能作为遗嘱见证人：（一）无行为能力人、限制行为能力人；（二）继承人、受遗赠人；（三）与继承人、受遗赠人有利害关系的人。"其中对公证遗嘱、自书遗嘱、代书遗嘱、录音遗嘱、口头遗嘱形式要件的规定，就属于法律特别规定的遗嘱这种民事法律行为须具备的特殊形式要件。

（四）民事法律行为的分类

1. 单方法律行为、双方法律行为和多方法律行为

按照法律行为的主体数量的不同，民事法律行为分为单方法律行为、双方法律行为和多方法律行为。单方法律行为是指一方民事主体的意思表示就能产生法律效果的民事法律行为，如抛弃物权的行为、立遗嘱的行为、行使合同单方解除权的行为等。双方法律行为是指双方当事人意思表示一致才能有效成立的民事法律行为，如订立买卖合同、租赁合同等各种民事合同的行为。多方法律行为也称协定行为、共同行为，是指基于三个或三个以上的共同的意思表示一致而成立的民事法律行为，如公司股东协商修改公司章程、合伙人协商修订合伙合同的行为。

2. 有偿法律行为和无偿法律行为

按照法律行为的双方当事人是否需要进行互为对价的给付，民事法律行为可以分为有偿法律行为和无偿法律行为。有偿法律行为是指民事法律行为的双方当事人互负互为对价的给付义务的法律行为，如买卖合同的出卖人负有交付出卖物的义务，享有收取对价的权利，而买受人负有支付买受物对价的义务，享有获得买受物的权利。无偿法律行为是指一方当事人负有给付义务，对方当事人在取得该给付利益时并不承担支付对价的义务的法律行为。典型的无偿法律行为是赠与行为，一方在接受赠与时并不负有支付对价的义务。无偿法律行为只是一方当事人不负有支付对价的义务，但并不是说其不负有任何义务。如在无偿借用他人财产的无偿法律行为中，借用人仍负有妥善保管、善意使用并及时归还的义务。

3. 要式法律行为和非要式法律行为

按照民事法律行为是否必须具备一定的形式要件，尤其是按照法律是否特别规定了民事法律行为要件的不同，民事法律行为可以分为要式法律行为和非要式法律行为。要式法律行为是指法律规定了民事法律行为的形式要件，因而必须具备这些形式要件才能有效成立的民事法律行为，如《合同法》第238条第2款规定："融资租赁合同应当采用书面形式。"《商标法》第43条规定："商标注册人可以通过签订商标使用许可合同，许可他人使用其注册商标。许可人应当监督被许可人使用其注册商标的商品质量。被许可人应当保证使用该注册商标的商品质量。经许可使用他人注册商标的，必须在使用该注册商标的商品上标明被许可人的名称和商品产地。许可他人使用其注册商标的，许可人应当将其商标许可报商标局备案，由商标局公告。商标使用许可未经备案不得对抗善意第三人。"因此，融资租赁合同因法律规定了书面形式而成为要式合同，商标许可使用合同因法律规定了书面形式和备案程序而成为要式合同。非要式法律行为是指法律未规定形式，当事人可以采取任意形式的民事法律行为。

4. 诺成法律行为和实践法律行为

按照法律行为的有效成立是否需要交付特定标的物，民事法律行为可以分为诺成法律行为和实践法律行为。诺成法律行为是指无需交付特定标的物，只需当事人意思表示即可成立的民事法律行为。实践法律行为是指除了当事人意思表示一致外，还需要交付特定标的物才能有效成立的民事法律行为。典型的实践法律行为如车站、宾馆的小件寄存或保管合同，只有将寄存物交给了保管人，寄存合同或保管合同才能有效成立。诺成法律行为和实践法律行为都需要当事人的一致意思表示，二者的主要区别在于其有效成立的时间不同，诺成法律行为一般自双方当事人达成一致意思表示时即有效成立，而实践法律行为则自双方当事人达成一致意思表示且实际交付特定标的物时有效成立。

5. 有因法律行为和无因法律行为

按照法律行为是否以原因的存在为有效要件，民事法律行为可以分为有因法律行为和无因法律行为。有因法律行为是指需要以原因行为的有效存在为有效成立要件的民事法律行为。有因法律行为多为财产给付行为，以财产给付原因合法有效为合法有效要件的民事法律行为，如果欠缺财产给付原因，则财产给付行为不能有效成立。无因法律行为是指不以原因行为的有效存在为有效成立要件的民事法律行为，如票据行为通常为无因行为。

二、民事法律行为的成立要件

民事法律行为的成立是指民事法律行为具备其构成要件的客观事实状态。民事法律行为的成立要件是指民事法律行为称其为民事法律行为必须具备的构成要件。《民法总则》第134条规定：

"民事法律行为可以基于双方或者多方的意思表示一致成立，也可以基于单方的意思表示成立。法人、非法人组织依照法律或者章程规定的议事方式和表决程序作出决议的，该决议行为成立。"民事法律行为的成立是民事法律行为生效的前提和基础，只有有效成立的民事法律行为，才可能发生法律效力，发生法律效力的民事法律行为应当是有效成立的民事法律行为。民事法律行为的成立要件一般包括主体要件、意思表示要件和标的物要件，对于法律有特别规定的某些民事法律行为来说，成立要件还应包括形式要件等法律特别规定的成立要件。

（一）主体要件

主体要件是指民事法律行为必须是民事主体的行为。民事法律行为是通过意思表示实施的行为，意思表示的主体必须是民事主体。非民事主体的某些行动，如经过训练的猴子创作图画的行为不是法律行为。

（二）意思表示

意思表示是民事主体将其内心意思外化出来的方式或形式。意思表示是民事法律行为的核心要素，欠缺意思表示就不可能成立民事法律行为。行为人可以明示或者默示作出意思表示，但沉默只有在有法律规定、当事人约定或者符合当事人之间的交易习惯时，才可以视为意思表示。行为人已经作出的意思表示可以撤回，但撤回意思表示的通知应当在意思表示到达相对人前或者与意思表示同时到达相对人，否则视为未撤回。

（三）标的物的确定和可能

民事法律行为通常都会指向特定的标的物。这种标的物成为民事法律行为的标的物应当是确定的和可能的，如这种标的物根本不可能成为民事法律行为的标的物，则民事主体的意思表示因欠缺有效的标的物要件而不能有效成立。

（四）其他特别要件

其他特别要件并不是所有民事法律行为必须具备的要件，而是法律明确规定的某些民事法律行为必须具备的要件。如法律规定应当是书面形式的，则民事法律行为应当采用书面形式。

三、民事法律行为的生效要件

民事法律行为的生效要件，是指已经成立的民事法律行为发生法律效力的法律要件。《民法总则》第143条规定："具备下列条件的民事法律行为有效：（一）行为人具有相应的民事行为能力；（二）意思表示真实；（三）不违反法律、行政法规的强制性规定，不违背公序良俗。"据此，一般说来民事法律行为应当具备三项生效要件。

（一）行为人具有相应的民事行为能力

民事行为能力是民事主体以自己的行为实施民事法律行为的能力。民事行为能力一般分为三种，即完全民事行为能力、限制民事行为能力和无民事行为能力。完全民事行为能力人有权以自己的名义实施民事法律行为，且通常不得以民事行为能力为由否认其民事法律行为的效力。限制民事行为能力人实施的纯获利益的民事法律行为或者与其年龄、智力、精神健康状况相适应的民事法律行为有效；实施的其他民事法律行为经法定代理人同意或者追认后有效。相对人可以催告法定代理人自收到通知之日起1个月内予以追认，法定代理人未作表示的，视为拒绝追认。民事法律行为被追认前，善意相对人有撤销的权利，但撤销应当以通知的方式作出。无民事行为能力人一般不得独立实施民事法律行为，或者说其独立实施的法律行为通常为无效民事行为，但其纯获收益的某些法律行为，如接受赠与并不负担任何义务的法律行为，则可为有效法律行为。

（二）意思表示真实

意思表示真实是指民事主体表示出来的意思与其内心的真实意思一致。民事法律行为的核心要素是意思表示，只有将内心真实意思清楚、完整准确地表示出来，民事法律行为才可能有效成立。《民法总则》第146条第1款规定："行为人与相对人以虚假的意思表示实施的民事法律行为无效。"如果行为人未能真实、完整、准确地表达出其内心意思，特别是行为人因受到非法干涉未能真实、完整、准确表达其真实内心意思，其意思表示并不能当然地转化为合法有效的民法律行为。以对话方式作出的意思表示，相对人知道其内容时生效；以非对话方式作出的意思表示，到达相对人时生效。以非对话方式作出的采用数据电文形式的意思表示，相对人指定特定系统接收数据电文的，该数据电文进入该特定系统时生效；未指定特定系统的，相对人知道或者应当知道该数据电文进入其系统时生效。当事人对采用数据电文形式的意思表示的生效时间另有约定的，按照其约定。以公告方式作出的意思表示，公告发布时生效。无相对人的意思表示，表示完成时生效，但如法律另有规定的，则从其规定。

意思表示不真实的，可以依法行使撤销权。如基于重大误解实施的民事法律行为，行为人有权请求人民法院或者仲裁机构予以撤销。一方以欺诈手段，使对方在违背真实意思的情况下实施的民事法律行为，受欺诈方有权请求人民法院或者仲裁机构予以撤销。第三人实施欺诈行为，使一方在违背真实意思的情况下实施的民事法律行为，对方知道或者应当知道该欺诈行为的，受欺诈方有权请求人民法院或者仲裁机构予以撤销。一方或者第三人以胁迫手段，使对方在违背真实意思的情况下实施的民事法律行为，受胁迫方有权请求人民法院或者仲裁机构予以撤销。一方利用对方处于危困状态、缺乏判断能力等情形，致使民事法律行为成立时显失公平的，受损害方有权请求人民法院或者仲裁机构予以撤销。行为人应依法积极行使撤销权，自民事法律行为发生之日起五年内没有行使撤销权的，撤销权消灭。有下列情形之一的，撤销权消灭：①当事人自知道或者应当知道撤销事由之日起1年内、重大误解的当事人自知道或者应当知道撤销事由之日起3个月内没有行使撤销权；②当事人受胁迫，自胁迫行为终止之日起1年内没有行使撤销权；③当事人知道撤销事由后明确表示或者以自己的行为表明放弃撤销权。

（三）不违反法律或者社会公共利益

法律对某些民事法律行为有特别规定的，尤其是法律有强制性或禁止性规定的，民事法律行为不得违反法律的强制性或禁止性规定，违反法律的强制性或禁止性规定的民事行为应当被认定为无效行为。《民法总则》第153条规定："违反法律、行政法规的强制性规定的民事法律行为无效，但是该强制性规定不导致该民事法律行为无效的除外。违背公序良俗的民事法律行为无效。"社会公共利益一般是指与社会全体或大多数成员有关的利益。虽然社会公共利益有一个大体的标准，但具体确定社会公共利益的内容却是十分复杂的，法律也不便作更具体的规定。因此，是否违反社会公共利益，除了有一些大致的标准外，还有赖于法官的自由裁量。对于违反法律和社会公共利益的民事行为，应当认定为无效行为，不产生民事法律行为的法律效力。

根据《民法总则》第154～157条的规定，行为人与相对人恶意串通，损害他人合法权益的民事法律行为无效。无效的或者被撤销的民事法律行为自始没有法律约束力。民事法律行为部分无效，不影响其他部分效力的，其他部分仍然有效。民事法律行为无效、被撤销或者确定不发生效力后，行为人因该行为取得的财产，应当予以返还；不能返还或者没有必要返还的，应当折价补偿。有过错的一方应当赔偿对方由此所受到的损失；各方都有过错的，应当各自承担相应的责任。法律另有规定的，依照其规定。

（四）其他特别生效要件

《民法总则》第143条规定的民事法律行为的生效要件只是民事法律行为应当具备的一般生效要件，对于某些民事法律行为，法律还可能规定特别的生效要件。凡是法律规定了特别生效要件的民事法律行为，除了应具备上述一般生效要件外，还应具备法律特别规定的生效要件。如遗嘱的生效以被继承人死亡为生效要件。

四、非完整效力的民事行为

非完整效力的民事行为是相对于具备完整效力的民事行为而言的，典型的具备完整效力的民事行为就是民事法律行为，一些非完整效力的民事行为在具备特定要件后也可能转化为完整效力的民事行为。非完整效力的民事行为是指虽已成立但不能当然发生完整的法律效力的民事行为。一般说来，非完整效力的民事行为主要是指无效民事行为，效力待定的民事行为和附条件、附期限的民事行为。

（一）无效民事行为

无效民事行为是指虽然已经成立，但因其内容违反了法律、行政法规的强制性规定和公序良俗而应当被宣告无效的民事行为。❶ 无效民事行为因违反了法律、行政法规的强制性规定和公序良俗而被确定为无效，故无效民事行为自始无效、当然无效和确定无效，并不得履行。民事行为被确认为无效或者被撤销后，当事人因该行为取得的财产，应当返还给受损失的一方。有过错的一方应当赔偿对方因此所受的损失，双方都有过错的，应当各自承担相应的责任。双方恶意串通，实施民事行为损害国家的、集体的或者第三人的利益的，应当追缴双方取得的财产，收归国家、集体所有或者返还第三人。但应注意的是，民事行为部分无效，不影响其他部分的效力的，其他部分仍然有效。

（二）效力待定民事行为

效力待定民事行为是指因不具备民事法律行为的全部生效要件不能当然发生完整的法律效力，但也因不具备民事行为的法定无效要件不能当然无效，故其是否发生法律效力尚待确定的民事行为。效力待定民事行为的最大特点就是其效力的不确定性，既不能当然地转化为具有完整法律效力的民事法律行为，也不能当然地被确定为无效民事行为，而是有待于其在成立后能否进一步具备产生完整法律效力的尚欠缺的法律要件。效力待定民事行为并不能永远处于效力待定状态，必须转化为民事法律行为或者无效民事行为。

1. 可变更、可撤销行为

可变更、可撤销行为是指当事人有权请求撤销的民事行为。根据《民法总则》的相关规定，虚假意思表示行为、重大误解实施的民事法律行为、以欺诈手段实施的民事法律行为、第三人欺诈的民事法律行为、以胁迫手段实施的民事法律行为、显失公平的民事法律行为的效力均属于可变更、可撤销行为。

2. 无权处分行为

无权处分行为是指行为人并不具备处分权却实施了相应处分权的行为。《合同法》第51条规定："无处分权的人处分他人财产，经权利人追认或者无处分权的人订立合同后取得处分权的，该合同有效。"这就是说，根据《合同法》的规定，无权充分行为为效力待定行为，无权处分人

---

❶ 王利民，杨立新，王轶，等. 民法学［M］. 北京：法律出版社，2008：111.

取得处分权或者权利人的追认是无权处分行为转化为民事法律行为的条件，否则无权处分行为将转化为无效民事行为。

3. 无权代理行为

无权代理行为是指没有代理权限却以他人名义实施的代理行为。无权代理主要有三种情形：没有代理权、超越代理权或者代理权终止后以被代理人名义实施的代理行为。无权代理行为只有在无权代理人取得代理权或者被代理人追认后才能转化为民事法律行为。当然，根据《合同法》第48条第2款的规定，无权代理的相对人可以催告被代理人在1个月内予以追认，被代理人未作表示的，视为拒绝追认，合同被追认之前，善意相对人有撤销的权利，撤销应当以通知的方式作出。此外，对于表见代理行为，即行为人没有代理权、超越代理权或者代理权终止后以被代理人名义订立合同，相对人有理由相信行为人有代理权的，该代理行为有效。

4. 限制民事行为能力人实施的超越其行为能力范围的行为

限制民事行为能力人应当在其民事行为能力范围内实施民事行为。对于超越其民事行为能力实施的民事行为，《民法总则》第145条第1款规定："限制民事行为能力人实施的纯获利益的民事法律行为或者与其年龄、智力、精神健康状况相适应的民事法律行为有效；实施的其他民事法律行为经法定代理人同意或者追认后有效。"《合同法》第47条第1款规定："限制民事行为能力人订立的合同，经法定代理人追认后，该合同有效，但纯获利益的合同或者与其年龄、智力、精神健康状况相适应而订立的合同，不必经法定代理人追认。"故限制民事行为能力人实施的超越其行为能力范围的行为获得其法定代理人的追认是其生效要件，或者限制民事行为能力人在获得完全民事行为能力后的追认也可使其生效。当然，对于限制民事行为能力人实施的超越其行为能力范围的行为，相对人可以催告法定代理人在1个月内予以追认，法定代理人未作表示的，视为拒绝追认；合同被追认之前，善意相对人有撤销的权利。

（三）附条件、附期限的法律行为

附条件、附期限的法律行为是指法律行为有效成立后附有生效条件或期限的法律民事行为。《民法总则》第158条规定："民事法律行为可以附条件，但是按照其性质不得附条件的除外。附生效条件的民事法律行为，自条件成就时生效。附解除条件的民事法律行为，自条件成就时失效。"民事行为既可以附条件，也可以附期限，还可以既附条件又附期限。

附条件的民事法律行为在条件成就时生效。附条件的法律行为可以分为附停止条件的法律行为和附解除条件的法律行为。附停止条件的法律行为是指附限制法律行为发生效力的条件，故停止条件又称延缓条件或生效条件。附停止条件的法律行为虽然已经成立，但暂不发生法律效力，待所附条件成就时，该法律行为即发生法律效力。附解除条件的法律行为是指法律行为已经产生法律效力，但如果所附条件成就，则解除其法律效力。附条件的法律行为所附的条件必须是将来可能发生的事实，而且应具备合法性要件。附条件的民事法律行为，当事人为自己的利益不正当地阻止条件成就的，视为条件已成就；不正当地促成条件成就的，视为条件不成就。

附期限的法律行为是指以将来必然发生的事实作为决定法律行为效力的条件。《民法总则》第160条规定："民事法律行为可以附期限，但是按照其性质不得附期限的除外。附生效期限的民事法律行为，自期限届至时生效。附终止期限的民事法律行为，自期限届满时失效。"附期限的法律行为所附的期限构成对法律行为效力的限制，该期限在客观上是相对固定并必然要到来的期限。附期限的法律行为所附的期限可以分为生效期限和终止期限，也可以分为确定期限和不确定期限。其中，附生效期限的法律行为是指法律行为成立后并不生效，待该期限到来后始生效的法律行为；附终止期限的法律行为是指法律行为成立后即生效，该期限到来后效力终止的法律行为。

五、代　理

（一）代理的概念、特征和分类

1. 代理的概念

代理是指代理人以被代理人的名义实施的且法律效果归属于被代理人的民事行为。在代理关系中，以他人名义直接实施代理行为的人为代理人，授权他人以自己名义实施代理行为的人为被代理人。

在代理关系中，委托人有权确定和变更代理事务，有权更换代理人，但其应接受代理事务的法律后果，并应向代理人支付约定报酬。代理人负有忠实履行代理事务的义务，但其有权要求被代理人支付约定的报酬。代理人在代理权限内，以被代理人名义实施的民事法律行为，对被代理人发生效力。代理人不履行或者不完全履行职责，造成被代理人损害的，应当承担民事责任。代理人和相对人恶意串通，损害被代理人合法权益的，代理人和相对人应当承担连带责任。被代理人也可终止该代理关系。

执行法人或者非法人组织工作任务的人员，就其职权范围内的事项，以法人或者非法人组织的名义实施民事法律行为，对法人或者非法人组织发生效力。法人或者非法人组织对执行其工作任务的人员职权范围的限制，不得对抗善意相对人。

2. 代理的特征

（1）代理涉及三方法律关系

代理中的三方法律关系是指代理人与被代理人之间的代理关系、代理人与代理行为相对人之间的关系和被代理人与代理行为相对人之间的法律关系。

（2）代理人应以被代理人的名义进行代理活动

在代理中，代理人以被代理人的名义进行代理活动，故代理人在代理过程中应时刻表明被代理人的名义，并应告知代理行为的相对人相关代理的法律后果将归属于被代理人。

（3）代理人主要是为被代理人利益实施代理行为

代理人实施代理行为无论是源于被代理人的授权还是法律的特别规定或有权机关的指定，代理人实施代理行为均应是为了被代理人的利益。在授权范围内，代理人可以独立实施民事行为，代理人不履行职责而给被代理人造成损害的，应当承担民事责任。代理人知道被委托代理的事项违法仍然进行代理活动的，或者被代理人知道代理人的代理行为违法不表示反对的，由被代理人和代理人负连带责任。

（4）代理的法律效果归属被代理人

由于代理人只是代理被代理人实施代理行为，而且在代理过程中已经表明了被代理人的名义，故代理人在代理权限范围内实施的代理行为所产生的法律效果应归于被代理人，包括因代理行为产生的收益及相应的法律义务及民事责任。

3. 代理的种类

（1）有权代理和无权代理

按照有无代理权限，代理可以分为有权代理和无权代理。有权代理是指合法取得代理权限的代理，无权代理是指未合法取得代理权限的代理。

（2）委托代理、法定代理、指定代理

按照代理产生依据的不同，代理可以分为委托代理、法定代理和指定代理。委托代理是基于被代理人的授权而产生的代理，如通过合同授权他人代理特定事项的代理；法定代理是指基于法律的明确规定而产生的代理，如父母对未成年子女的代理；指定代理由人民法院或其他单位依法指定的代理，如人民法院指定监护人后监护人对被监护人某些事务的代理。

（3）单独代理和共同代理

根据代理人数量的多少，代理可以分为单独代理和共同代理。单独代理是指仅有一个代理人的代理；共同代理是指多个代理人共同代理被代理人从事同一代理事务的代理。

（4）本代理与转代理

根据代理人产生的不同，代理可以分为本代理与转代理。本代理是指由代理人亲自进行代理的代理；转代理是指受代理人的委托实施代理事务的代理。代理人一般应亲自实施代理行为，委托代理人为被代理人的利益需要转托他人代理的，应当事先取得被代理人的同意。事先没有取得被代理人同意的，应当在事后及时告诉被代理人。如果被代理人不同意，由代理人对自己所转托的人的行为负民事责任，但在紧急情况下，为了保护被代理人的利益而转托他人代理的除外。无论是本代理还是转代理，其代理后果均由被代理人承担。

（二）委托代理

委托代理是基于委托人对代理人的委托产生的代理关系。委托代理授权可以采用书面形式，授权委托书一般应当载明代理人的姓名或者名称、代理事项、权限和期间，并由被代理人签名或者盖章。委托人也可以委托多人共同代理，委托多人代理的应当明确每位代理人的代理权限，未明确的，通常由多位代理人共同行使代理权。

委托代理中，代理人不得以被代理人的名义与自己实施民事法律行为，但是被代理人同意或者追认的除外；代理人不得以被代理人的名义与自己同时代理的其他人实施民事法律行为，但是被代理的双方同意或者追认的除外。代理人接受委托后，需要转委托第三人代理的，应当取得被代理人的同意或者追认。转委托代理经被代理人同意或者追认的，被代理人可以就代理事务直接指示转委托的第三人，代理人仅就第三人的选任以及对第三人的指示承担责任。转委托代理未经被代理人同意或者追认的，代理人应当对转委托的第三人的行为承担责任，但是在紧急情况下代理人为了维护被代理人的利益需要转委托第三人代理的除外。

（三）表见代理

1. 表见代理的概念

表见代理是指不具备代理的实质条件但因具备代理的形式要件而被认定为有效的代理。《民法总则》第172条规定："行为人没有代理权、超越代理权或者代理权终止后，仍然实施代理行为，相对人有理由相信行为人有代理权的，代理行为有效。"从本质上讲，表见代理属于无权代理的一种，但与无权代理不同的是，表见代理可以产生有效的法律后果。

2. 表见代理的特征

（1）表见代理是一种无权代理

表见代理的代理人并没有合法取得代理权限，因此，表见代理实质上是一种无权代理。

（2）表见代理具备有权代理的形式要件

表见代理虽然是一种无权代理，但表见代理的相对人有合理理由相信代理人拥有合法的代理权限。这些合理理由包括代理人与被代理人的特殊身份关系、代理行为发生的特定场所，或者被代理人明知代理行为的存在而不置可否或故意不予否定等。

（3）表见代理的相对人应为善意

表见代理的相对人并不知道代理人并无代理权限的事实，他只是基于代理人从事代理行为的形式外观合理地推定代理人具有代理权。如果代理的相对人明知代理人无代理权限仍与其进行代理活动的，则不构成表见代理。

3. 表见代理的法律效果

对于被代理人和代理相对人来说，表见代理将发生如同有权代理的法律效果，被代理的行为将在被代理人与代理相对人之间发生法律效力。如《合同法》第49条规定："行为人没有代理权、超越代理权或者代理权终止后以被代理人名义订立合同，相对人有理由相信行为人有代理权的，该代理行为有效。"当然，被代理人与表见代理人之间就代理后果的法律承担，将根据其相互的过失程度予以确定。

（四）代理关系的消灭

代理的终止消灭是指因法定或约定事由的出现代理人与被代理人之间代理关系终止。

1. 委托代理的终止

委托代理的终止是指委托代理中代理人与被代理人之间的委托代理关系的消灭。委托代理的终止事由包括被代理人单方解除代理权、代理人单方辞去代理权或其他事由。有下列情形之一的，委托代理终止：①代理期间届满或者代理事务完成；②被代理人取消委托或者代理人辞去委托；③代理人死亡；④代理人丧失民事行为能力；⑤作为被代理人或者代理人的法人终止。

2. 法定代理或指定代理的终止

法定代理或者指定代理的终止是指法定代理或者指定代理中代理人与被代理人代理关系的消灭。有下列情形之一的，法定代理或者指定代理终止：①被代理人取得或者恢复民事行为能力；②被代理人或者代理人死亡；③代理人丧失民事行为能力；④指定代理的人民法院或者指定单位取消指定；⑤由其他原因引起的被代理人和代理人之间的监护关系消灭。

（五）无权代理及其法律后果

无权代理是指代理人没有合法代理权限而从事的代理行为。无权代理通常被视为效力待定的法律行为，如果无权代理人取得代理权或者无权代理得到了被代理人的追认，则无权代理将转化为有权代理，其法律后果将归属于被代理人。《民法总则》第171条规定："行为人没有代理权、超越代理权或者代理权终止后，仍然实施代理行为，未经被代理人追认的，对被代理人不发生效力。相对人可以催告被代理人自收到通知之日起一个月内予以追认。被代理人未作表示的，视为拒绝追认。行为人实施的行为被追认前，善意相对人有撤销的权利。撤销应当以通知的方式作出。行为人实施的行为未被追认的，善意相对人有权请求行为人履行债务或者就其受到的损害请求行为人赔偿，但是赔偿的范围不得超过被代理人追认时相对人所能获得的利益。相对人知道或者应当知道行为人无权代理的，相对人和行为人按照各自的过错承担责任。"

如果无权代理人未获得代理权，也未获得被代理人对其代理行为的追认，则无权代理的法律后果将根据不同情形确定：首先，如果无权代理构成表见代理，则无权代理的后果仍将归属被代理人。其次，如果无权代理的产生是由于被代理人的授权委托书对代理权限的授权不明，则被代理人应当向第三人承担民事责任，代理人负连带责任。再次，没有代理权、超越代理权或者代理权终止后的行为，只有经过被代理人的追认，被代理人才承担民事责任；未经追认的行为，由行为人承担民事责任，但本人知道他人以本人名义实施民事行为而不作否认表示的，视为同意。最后，代理相对人知道行为人没有代理权、超越代理权或者代理权已终止还与行为人实施民事行为给他人造成损害的，由代理相对人和无权代理人承担连带责任；代理人和代理相对人串通、损害被代理人的利益的，由代理人和代理相对人承担连带责任。

第五节　民　事　责　任

一、民事责任的概念及构成要件

（一）民事责任的概念

民事责任是指民事主体因不当履行法律规定或者合同约定的民事义务而应承担的民事法律后果。《民法总则》第176条规定："民事主体依照法律规定和当事人约定，履行民事义务，承担民事责任。"

首先，民事责任是一种民法后果，而不是刑法或行政法意义上的法律后果，也不是公法上的法律后果。

其次，民事责任是民事主体因不当履行其民事义务应承担的法律后果。民事义务具有应当履行性，民事主体应当履行其承担的民事义务，否则将可能承担相应的民事责任。从这个意义上讲，民事责任是民事义务的补充，只有在民事义务未被恰当履行时，才可能导致民事责任的承担。

再次，民事主体应履行而未履行的民事义务源于法律规定或合同约定。法律规定和合同约定是民事义务产生的两种最主要的方式，而无论是哪种方式产生的民事义务，民事主体都应予以履行。

最后，民事主体不当履行其民事义务包括未履行其民事义务、未完全履行其民事义务及未恰当履行其民事义务。未履行其民事义务是指民事主体根本就未采取实际行动履行其民事义务；未完全履行其民事义务是民事主体只是部分履行了其民事义务，尚未完整地履行其民事义务；未恰当地履行其民事义务是指民事主体履行的民事义务不符合法律规定和合同约定，如未按合同约定的时间、地点、方式履行其给付义务。

（二）民事责任的构成要件

民事责任的构成要件是指行为承担民事责任应当具备什么样的法定条件。不同的民事责任具有不同的构成要件，如违约责任的构成要件就不同于侵权责任的构成要件。同时，即便是违约责任，不同的责任方式可能具有不同的构成要件，如《合同法》中的损害赔偿通常需要以违约行为造成守约方的实际损失为适用前提，而违约金通常不以实际损失为适用前提。同样，侵权责任的构成要件也有差别，有的构成要件需要考虑行为人的主观过错，有的就无须考虑行为人的主观过错。在考虑行为人的主观过错时，有的是需要证明行为人具有主观过错，有的是直接推定行为人具有主观过错，但可以由行为人证明自己没有主观过错从而得到免责。

二、民事责任的分类

按照不同的分类标准，民事责任可以分为不同的种类。按照民事主体违反民事义务所损害的民事权利的不同，民事责任可以分为侵权责任和合同责任，如《民法通则》第106条第1款规定："公民、法人违反合同或者不履行其他义务的，应当承担民事责任。"但民法中的法律责任却不限于侵权责任和合同责任。

（一）侵权责任

侵权责任是侵犯绝对权利所承担的民事责任。民事权利可以分为绝对权利和相对权利，绝对权利是具有对世效力的民事权利，如物权、人身权、知识产权等。侵犯物权、人身权、知识产权等绝对权利，应当承担的民事责任即为侵权责任。如《民法总则》第185条规定："侵害英雄烈士等的姓名、肖像、名誉、荣誉，损害社会公共利益的，应当承担民事责任。"

（二）合同责任

合同责任又称违约责任，是指违反合同义务的民事责任。合同义务与合同权利具有相对性，即仅在合同当事人之间产生合同权利和合同义务，合同当事人在享有合同权利的同时，应当履行其合同义务。当合同当事人未依法或未根据合同约定履行合同义务时，应当承担的责任即为合同责任。

（三）民法中的其他法律责任

虽然民事责任主要是指侵权责任和合同责任，但民法中的法律责任并不限于侵权责任和合同责任。如《民法通则》第134条第3款规定："人民法院审理民事案件，除适用上述规定外，还可以予以训诫、责令具结悔过、收缴进行非法活动的财物和非法所得，并可以依照法律规定处以罚款、拘留。"民事主体在民事诉讼中承担的上述责任方式不是民事责任，但却是由民法所规定的法律责任。其中，上述规定中"依照法律规定处以罚款、拘留"的含义，是指人民法院审理民事案件，国家法律规定人民法院对违反民事法律的当事人可以处以罚款、拘留的，人民法院才可以处以罚款、拘留；法律规定由有关行政部门处以罚款、拘留的，应由有关行政部门予以处罚。

除了上述分类方式外，民事责任还可以分为按份责任和连带责任。按份责任是指二人以上依法承担按份责任，能够确定责任大小的，各自承担相应的责任；难以确定责任大小的，平均承担责任。连带责任是指二人以上依法承担连带责任的，权利人有权请求部分或者全部连带责任人承担责任。连带责任人的责任份额根据各自责任大小确定；难以确定责任大小的，平均承担责任。实际承担责任超过自己责任份额的连带责任人，有权向其他连带责任人追偿。连带责任，由法律规定或者当事人约定。如《侵权责任法》第8条规定："二人以上共同实施侵权行为，造成他人损害的，应当承担连带责任。"

三、共同侵权

共同侵权是指二人或二人以上共同实施造成他人损害的侵权行为。共同侵权一般要求数个侵权人都具有侵权故意，且其各自实施的侵权行为共同构成一个完整的侵权行为。共同侵权人应当承担连带侵权责任。传统的共同侵权包括共同故意、共同行为、共同损害和共同责任四大要件。

教唆、帮助他人实施侵权行为的人，为共同侵权人，应当承担连带民事责任。教唆、帮助无民事行为能力人、限制民事行为能力人实施侵权行为的，应当承担侵权责任；该无民事行为能力人、限制民事行为能力人的监护人未尽到监护责任的，应当承担相应的责任。

四、承担民事责任的方式及适用

（一）承担民事责任的方式

承担民事责任的方式，是指行为人具体应承担什么样的民事责任。《民法总则》第179条规定："承担民事责任的方式主要有：（一）停止侵害；（二）排除妨碍；（三）消除危险；（四）返还财产；（五）恢复原状；（六）修理、重作、更换；（七）继续履行；（八）赔偿损失；（九）支付违约金；（十）消除影响、恢复名誉；（十一）赔礼道歉。法律规定惩罚性赔偿的，依照其规定。本条规定的承担民事责任的方式，可以单独适用，也可以合并适用。"

（二）当事人承担民事责任的方式

民事主体承担民事责任的方式通常有两种，即主动承担和被动承担。

（1）主动承担

主动承担是指在确定民事责任后，民事主体积极自动履行了其民事责任。如在人民法院判决确定了当事人的民事责任后，当事人在该判决生效后及时自动履行相应民事责任。

（2）被动承担

被动承担是指在确定民事责任后，民事主体因未积极主动履行其民事责任而被强制执行的情形，如人民法院生效裁判确定了当事人的民事责任后，其仍拒不履行相应的民事责任，人民法院根据对方当事人的申请可以强制其履行相应的民事责任。

（三）责任竞合

民法中的责任竞合一般是指同一行为因损害了不同权益需承担侵权责任或违约责任。通常来说，责任竞合虽然符合承担侵权责任或违约责任，但实际上行为只需承担其中一种责任即可。《民法总则》第186条规定："因当事人一方的违约行为，损害对方人身权益、财产权益的，受损害方有权选择请求其承担违约责任或者侵权责任。"此外，民事主体因同一行为应当承担民事责任、行政责任和刑事责任的，承担行政责任或者刑事责任不影响承担民事责任；民事主体的财产不足以支付的，优先用于承担民事责任。

五、民事责任的归责原则

归责是指在损害发生后确定行为人承担法律责任的依据。它确定了行为人对损害后果承担法律责任的标准和依据，体现了法律的价值判断。归责原则就是在损害发生后确定行为人承担法律责任的一般原则，而民事责任的归责原则就是指损害后果发生后确定行为人承担民事责任的一般原则或标准。我国民法中民事责任的归责原则一般包括过错责任原则、无过错责任原则、过错推定责任原则和公平责任原则。

（一）过错责任原则

过错责任原则是以行为人的过错确定民事责任的归责原则，即指行为人只对其过错行为造成的损害才承担民事责任，或者说行为人承担民事责任是因为其具有主观过错。过错责任原则是最为常见的民事责任归责原则。《民法通则》第106条第2款规定："公民、法人由于过错侵害国家的、集体的财产，侵害他人财产、人身的应当承担民事责任。"《侵权责任法》第6条第1款规定："行为人因过错侵害他人民事权益，应当承担侵权责任。"过错通常可以分为故意和过失两种情形，故意是指行为人明知其实施的侵权行为及其损害后果仍实施该侵权行为的主观心理状态，过失是指行为人虽不知道但理应知道其实施的侵权行为及其损害后果仍实施该侵权行为，以及行为人虽然知道其实施的侵权行为及其损害后果但轻信能够避免该损害后果的主观心理状态。

（二）无过错责任原则

无过错责任原则是指不以行为人是否具有主观过错来确定民事责任，只要行为人实施了造成损害后果的行为，就应承担相应的民事责任。《民法通则》第106条第3款规定："没有过错，但法律规定应当承担民事责任的，应当承担民事责任。"《侵权责任法》第7条也规定："行为人损害他人民事权益，不论行为人有无过错，法律规定应当承担侵权责任的，依照其规定。"无过错责任原则并不是说行为人在实施造成损害后果的侵权行为时没有过错，而是说在确定民事责任时不考虑行为人的主观过错，即无论行为人是否具有主观过错，都应承担相应的民事责任。《侵权责任法》第65条规定："因污染环境造成损害的，污染者应当承担侵权责任。"这表明环境污染造成他人损害的行为人应承担的民事责任不以其是否具有主观过错为归责原则，即采用的是无过错归责原则。

（三）过错推定责任原则

过错推定原则是指在发生损害后果后，推定行为人应承担相应的民事责任，但行为人如果能够证明其对损害后果的发生没有过错的，则不承担相应的民事责任。《侵权责任法》第6条第2款规定："根据法律规定推定行为人有过错，行为人不能证明自己没有过错的，应当承担侵权责任。"严格说来，过错推定原则仍然是一种过错归责原则，仍然以行为人的过错确定民事责任的承担。但与过错归责原则稍有不同的是，过错归责原则需要受害人证明行为人具有过错，而过错推定责任原则首先推定行为人具有过错，并将行为人不具有过错的举证责任分配给行为人，如果行为人能够证明其不具有主观过错，则不承担侵权责任；相反，如果行为人不能证明其不具有主观过错，则应承担侵权责任。因此，过错推定责任原则和过错责任原则的差别主要是举证责任的分配不同。我国民法广泛采用过错推定责任原则，如《侵权责任法》第38条规定："无民事行为能力人在幼儿园、学校或者其他教育机构学习、生活期间受到人身损害的，幼儿园、学校或者其他教育机构应当承担责任，但能够证明尽到教育、管理职责的，不承担责任。"这里采用的就是过错推定责任原则。

（四）公平责任原则

公平责任原则是指在损害后果发生后根据社会公认的公平理念确定责任承担的归责原则。《侵权责任法》第24条规定："受害人和行为人对损害的发生都没有过错的，可以根据实际情况，由双方分担损失。"公平责任原则主要适用于行为人与受害人对损害的发生均无过错的情形，损害后果也由行为人和受害人共同承担。

六、侵权行为与侵权责任

（一）侵权行为

1. 侵权行为的概念

侵权行为是指行为人因侵害他人合法权益应承担相应法律责任的行为。

首先，侵权行为是一种违法行为。侵权行为是侵害他人合法权益的行为，而且行为人应承担相应的法律责任。

其次，侵权行为包括作为和不作为两种方式。侵权行为必须是一种客观的行为，行为人实施的既可能是某种积极行为，如殴打他人侵犯其人身权的行为就是积极行为，也可采用消极的不作为方式，如负有实施某种积极行为的人未实施该积极行为造成损害后果的，亦应承担侵权责任。

再次，侵权行为侵害的是他人的民事权益。《侵权责任法》第2条规定："侵害民事权益，应当依照本法承担侵权责任。本法所称民事权益，包括生命权、健康权、姓名权、名誉权、荣誉权、肖像权、隐私权、婚姻自主权、监护权、所有权、用益物权、担保物权、著作权、专利权、商标专用权、发现权、股权、继承权等人身、财产权益。"

最后，侵权行为是应当承担民事责任的行为。侵权行为侵害了他人的民事权益，并具有可归责性，故侵权行为是应当承担民事责任的行为，行为人应当就其侵权行为承担相应的法律责任。

2. 侵权行为的种类

（1）一般侵权行为和特殊侵权行为

一般侵权行为与特殊侵权行为的划分是相对的，按照不同的标准可以划分不同的一般侵权行为和特殊侵权行为。通常，按照归责原则的不同确定一般侵权行为和特殊侵权行为。一般侵权行为通常是指基于故意或过失的侵权行为，大多数基于故意和过失侵犯他人人身权或财产权的行为都属于一般侵权行为。特殊侵权行为是指非基于过错归责原则的某些侵权行为，如从事高空、高压、易燃、易爆、剧毒、放射性、高速运输工具等对周围环境有高度危险的作业造成他人损害的，应当承担民事责任；如果能够证明损害是由受害人故意造成的，不承担民事责任。

（2）单独侵权行为和共同侵权行为

按照实施侵权行为的主体数量的多少，侵权行为可以分为单独侵权行为和共同侵权行为。单独侵权行为是指侵权人为单一民事主体的侵权行为，共同侵权行为主要是指数个民事主体基于共同的侵权过错实施的侵权行为。

（3）自然人实施的侵权行为和非自然人实施的侵权行为

按照侵权人是否为自然人，侵权行为可以分为自然人实施的侵权行为和非自然人实施的侵权行为。自然人实施的侵权行为是指侵权人为自然人的侵权行为，非自然人实施的侵权行为是指侵权人为法人或其他非自然人的民事主体的侵权行为。

（4）直接侵权行为和间接侵权行为

按照侵权行为是否由侵权人直接实施，侵权行为可以分为直接侵权行为和间接侵权行为。直接侵权行为是指侵权人以自己的行为直接实施的侵权行为；间接侵权行为是指侵权人借助他人实施的侵权行为，如教唆、帮助他人实施侵权行为的人，构成间接侵权，被教唆、帮助者实施的侵权行为构成直接侵权行为。在责任承担上，直接侵权人和间接侵权人通常应当承担连带民事责任。

（二）侵权责任

1. 侵权责任的概念

侵权责任是指侵权行为发生后行为人应当承担的民事法律责任。侵权责任与违约责任构成民法责任体系中的两大主要责任类型。侵权责任是侵犯具有对世性的绝对民事权利而应承担的法律责任。

2. 侵权责任的构成要件

侵权责任的构成要件是指行为人在实施了侵权行为后承担侵权责任的应具备的法律要件。一般说来，由于归责原则的不同，侵权责任的构成要件也有所不同。

对于基于过错归责原则和过错推定归责原则的侵权责任来说，构成要件主要包括违法行为、损害事实、因果关系和主观过错。其中违法行为是指行为人实施的造成损害后果且应依法承担法律责任的行为；损害事实是指行为人实施的行为造成损害后果的客观事实；因果关系是指违法行为与损害事实之间的因果关系，即违法行为造成了损害后果，损害后果是由违法行为造成的；主观过错则是行为人对其实施的行为及造成的损害后果存在主观过错。当然，基于过错归责原则的侵权责任需要由受害人证明行为人具有主观过错；基于过错推定归责原则的侵权责任无需受害人证明行为人具有主观过错，因为直接由法律推定行为人具有主观过错，当然，行为人可以通过证明自己没有过错来免除侵权责任的承担。

对于基于无过错归责原则和公平责任原则的侵权责任来说，构成要件包括违法行为、损害事实和因果关系。

3. 侵权责任的分类

（1）自己责任和替代责任

按照责任主体是否基于自己的直接侵权行为承担侵权责任，侵权责任可以分为自己责任和替代责任。自己责任是指责任人为自己直接实施的侵权行为承担的侵权责任，即责任主体与行为主体是相同的民事主体。替代责任是指责任人为他人实施的侵权行为承担的侵权责任，即责任主体与行为主体是不同的民事主体。大多数侵权责任都属于自己责任；替代责任通常需要法律的特别规定，而且替代责任通常是基于行为主体与责任主体之间的特殊关系，将行为主体实施的侵权行为视为责任主体间接实施的侵权行为，故由不同于行为主体的责任主体承担侵权责任。如无民事行为能力人、限制民事行为能力人造成他人损害的，由监护人承担侵权责任；或者用人单位的工作人员因执行工作任务造成他人损害的，由用人单位承担侵权责任。

（2）单方责任和双方责任

按照受害人对侵权行为的发生是否应承担责任，侵权责任分为单方责任和双方责任。单方责任是指仅由行为人承担的侵权责任，双方责任则是由行为人与受害人共同承担损害后果的侵权责任。由于双方责任的承担通常是受害人对损害后果的发生也具有过错，故在确定双方责任时应适用过失相抵原则。所谓过失相抵原则，是指受害人对损害后果的发生也有过错的，应当在受害人的过错范围内减轻行为人的侵权责任。如《侵权责任法》第26条规定："被侵权人对损害的发生也有过错的，可以减轻侵权人的责任。"行为人被减轻的侵权责任，实际上就是由受害人承担的侵权责任。

（3）单独责任和共同责任

按照承担侵权责任的主体数量的不同，侵权责任可以分为单独责任和共同责任。单独责任是指仅由单一的民事主体承担的侵权责任，如侵权人仅为单一的民事主体且受害人对损害的发生没有过错的，侵权责任就由造成损害后果的该单一民事主体承担。共同责任是指由多个民事主体共同承担的民事责任，如多人的共同行为造成侵权后果的，由该多人共同承担侵权责任，如《侵权责任法》第8条规定："二人以上共同实施侵权行为，造成他人损害的，应当承担连带责任。"

需要注意的是，按照承担侵权责任的主体的不同，共同责任可以分为由多个侵权人承担的共同责任和由侵权人与受害人承担的共同责任。由多个侵权人承担的共同责任是指侵权责任仅在多个侵权人之间分配的共同侵权责任，由侵权人和受害人承担的共同责任是指侵权责任在侵权人和受害人之间分配的共同侵权责任，如过失相抵就是由侵权人和受害人承担的共同责任。按照侵权人承担侵权责任方式、范围的不同，多个侵权人承担的共同责任又可以分为共同连带责任、共同区分责任和共同独立责任。共同连带责任是指每个侵权人都可承担全部侵权责任并在承担全部侵权责任后有权向其他侵权人就其应承担的侵权责任要求追偿的共同责任，共同区分责任是指数个侵权人按其份额共同承担侵权责任但彼此不负连带义务的共同责任，共同独立责任是指数个侵权人都可以单独承担全部侵权责任但其承担全部侵权责任后不得向其他侵权人追偿的共同责任。

4. 侵权责任的形式

侵权责任的形式，是指侵权人因其侵权行为应承担的责任方式。《侵权责任法》第15条第1款规定了承担民事责任的主要方式："承担侵权责任的方式主要有：（一）停止侵害；（二）排除妨碍；（三）消除危险；（四）返还财产；（五）恢复原状；（六）赔偿损失；（七）赔礼道歉；（八）消除影响、恢复名誉。"需要注意的是，以上承担民事责任的方式，可以单独适用，也可以合并适用。

七、违约行为与违约责任

（一）违约行为

1. 违约行为的概念

违约行为是指违反合同约定义务的行为。合同是当事人通过一致意思表示来设定合同当事人的权利和义务的法律行为，故合同当事人应当信守承诺，及时履行合同约定的义务，同时享有合同约定的权利。当合同当事人违反合同约定没有及时、恰当履行合同义务时，就构成了违约。

首先，违约行为是合同当事人的行为。合同具有相对性，仅在合同当事人之间有效，通常仅为合同当事人设定权利和义务，即只有合同当事人才能成为合同义务人。即使某些合同可能涉及合同当事人之外的民事主体的权利义务，这些非合同当事人的民事主体如未按合同约定履行相应义务，也应视为合同当事人的违约行为。

其次，违约行为以合同成立并有效为前提。合同成立是合同有效的前提，合同有效是合同成立的效力演化结果，而合同生效意味着当事人达成的一致意思表示对当事人约束力的开始，故只有合同生效后当事人，才能履行合同义务或享有合同权利。这也就是说，只有合同生效后才能发生当事人未按合同约定履行合同义务的情形，故违约行为应以合同成立并生效为前提。

再次，违约行为是对合同义务的违反。合同是设定当事人权利义务的一致意思表示，只有当事人在未按合同约定履行合同义务，才构成违约行为。如果当事人违反的不是合同设定的义务，则其行为不构成违约行为。

最后，违约行为是承担违约责任的前提。责任是违反合同义务的效力延续，当一方当事人未履行合同义务时，对方当事人可以追究其未履行合同义务的法律责任。因此，承担违约责任应以违约行为为前提。

2. 违约行为的分类

按照不同的标准，违约行为可以有不同的分类。一般来说，根据履行期限是否到来，违约行为可以分为预期违约和实际违约。

（1）预期违约

预期违约是指在合同约定的实际履行期到来之前，当事人无正当理由明确表示其在合同履行期到来后将不履行合同，或者以其实际行为表明其在合同履行期到来后将不履行合同。《合同法》第108条规定："当事人一方明确表示或者以自己的行为表明不履行合同义务的，对方可以在履行期限届满之前要求其承担违约责任。"

预期违约的特点在于：首先，预期违约尚未直接违反合同约定的义务，因为合同约定的义务尚未到履行期；其次，预期违约是发生在合同约定的履行期到来之前的违约行为；再次，预期违约是当事人表明其可能不履行合同义务的某些行为；最后，预期违约行为与合同履行期限到来之后的实际违约行为可能导致的违约责任不同，这是因为预期违约行为使合同相对方能够更早地采取措施避免或减少损失，这至少可以减轻违约方的损害赔偿责任。

预期违约可以分为明示毁约与默示毁约。明示毁约是指在合同履行期限到来之前，合同义务人无正当理由明确地表示其在合同履行期限到来之后将不履行合同的违约行为。默示毁约是指在履行期到来之前，一方以自己的行为表明其在履行期到来后将不履行合同的违约行为。

（2）实际违约

实际违约是指合同履行期到来后当事人不履行或不恰当履行合同义务的违约行为。相对于预期违约来说，实际违约是发生在合同约定的履行期到来之后的违约行为。由于合同履行期的到来，合同约定的合同义务对合同义务人具有实际约束力，合同当事人均应按照约定履行合同义务，任何一方未按照合同约定履行义务的，就构成实际违约。

实际违约可以分为拒绝履行、迟延履行和不完全履行。拒绝履行是指合同履行期到来后，一方当事人无正当理由拒绝履行全部合同义务，拒绝履行通常构成根本违约。迟延履行是指当事人履行合同义务超出了合同约定的期限。不完全履行是指当事人未完全按照合同约定的标的物、质量、数量等要求履行其合同义务。

（二）违约责任

1. 违约责任的概念

违约责任是指合同当事人违反合同义务应承担的民事法律责任。违约责任以合同有效为前提。违约责任既可以适用法律的规定，也可以适用当事人的约定。当事人在签订合同时，或者在签订合同后，都可以约定具体违约责任。任何一方当事人违约，应优先适用当事人约定的违约责任。当然，如果当事人没有就违约责任作出特别约定，则应适用法律规定的违约责任。

2. 违约责任的构成要件

相对于侵权责任的构成要件来说，违约责任的构成要件要简单得多。一般说来，只要存在违约行为且并不存在不可抗力等免责条件，就应当承担一定的违约责任，一般不再要求损害后果或主观过错等要件。当然，不同的违约责任需要具备的具体构成要件有可能不同，如损害赔偿责任一般需要有损害后果的构成要件，但违约责任一般都不要求有损害后果的构成要件。

3. 违约责任的形式

违约责任的形式一般包括实际履行责任、损害赔偿责任、违约金责任及定金责任等责任形式。这些责任形式既可以单独适用，也可以合并适用。

实际履行责任是指在拒绝履行和不完全履行时，违约方应承担的按照约定履行合同义务的违约责任。损害赔偿责任是较为常见的违约责任形式，即由违约方就自己的违约行为给对方当事人造成的损失予以赔偿的责任。违约金责任是指在发生违约行为时，违约方应当支付给守约方合同中约定的一定数额的金钱的责任。定金责任是指根据合同约定一方当事人向对方当事人支付一定数额的金钱，当定金支付方违约时定金不予返还，当收取定金的一方违约时应双倍返还的责任形式。

八、减轻或免除民事责任的情形

（一）不可抗力

不可抗力通常是指不能预见、不能避免并不能克服的客观情况。《民法总则》第180条第1款规定："因不可抗力不能履行民事义务的，不承担民事责任。法律另有规定的，依照其规定。"《侵权责任法》第29条规定："因不可抗力造成他人损害的，不承担责任。法律另有规定的，依照其规定。"《合同法》第117条第1款规定："因不可抗力不能履行合同的，根据不可抗力的影响，部分或者全部免除责任，但法律另有规定的除外。当事人迟延履行后发生不可抗力的，不能免除责任。"当事人一方因不可抗力不能履行合同的，应当及时通知对方，以减轻可能给对方造成的损失，并应当在合理期限内提供证明。因此，无论是侵权责任还是违约责任，不可抗力都是免责事由，法律有特别规定或者当事人有特别约定的，也可从其约定。

（二）正当防卫

正当防卫是指为防止国家、集体、社会、本人利益遭受他人正在或即将实施的侵害而采取的必要防卫措施。《民法总则》第181条规定："因正当防卫造成损害的，不承担民事责任。正当防卫超过必要的限度，造成不应有的损害的，正当防卫人应当承担适当的民事责任。"正当防卫主要是针对侵权人采取的必要防卫措施，虽然可能给侵权人造成一定损害或损失，但因其具有正当性，故可不承担法律责任。《侵权责任法》第30条规定："因正当防卫造成损害的，不承担责任。正当防卫超过必要的限度，造成不应有的损害的，正当防卫人应当承担适当的责任。"正当防卫必须要有正当性和必要性，不得超过必要的限度。

（三）紧急避险

紧急避险是指为防止国家、集体、社会、本人或他人利益遭受正在或即将发生的侵害而采取牺牲另一利益的正当行为。《民法总则》第 182 条规定："因紧急避险造成损害的，由引起险情发生的人承担民事责任。危险由自然原因引起的，紧急避险人不承担民事责任，可以给予适当补偿。紧急避险采取措施不当或者超过必要的限度，造成不应有的损害的，紧急避险人应当承担适当的民事责任。"《侵权责任法》第 31 条规定："因紧急避险造成损害的，由引起险情发生的人承担责任。如果危险是由自然原因引起的，紧急避险人不承担责任或者给予适当补偿。紧急避险采取措施不当或者超过必要的限度，造成不应有的损害的，紧急避险人应当承担适当的责任。"

（四）受害人过错

受害人过错是指受害人对损害后果的发生具有过错，可以减轻或者免除行为人的责任。受害人过错可以分为受害人故意和受害人过失，一般说来，如果受害人故意可以导致行为人责任的免除，而受害人的过失可以导致行为人责任的减轻。《民法通则》第 131 条规定："受害人对于损害的发生也有过错的，可以减轻侵害人的民事责任。"《侵权责任法》第 26 条规定："被侵权人对损害的发生也有过错的，可以减轻侵权人的责任"；第 27 条规定："损害是因受害人故意造成的，行为人不承担责任。"如饲养的动物造成他人损害的，动物饲养人或者管理人应当承担民事责任，但如果受害人的损害是由其自身的过错造成的，则动物饲养人或者管理人不承担民事责任。《合同法》第 119 条规定："当事人一方违约后，对方应当采取适当措施防止损失的扩大；没有采取适当措施致使损失扩大的，不得就扩大的损失要求赔偿。当事人因防止损失扩大而支出的合理费用，由违约方承担。"

（五）自愿救助

自愿救助是指行为人自愿为受害人实施的某种帮助行为，如受害人突然发病倒地，行为人施以紧急帮助行为。《民法总则》第 184 条规定："因自愿实施紧急救助行为造成受助人损害的，救助人不承担民事责任。"法律规定自愿救助行为不承担法律责任，主要是为了弘扬社会主义道德风尚、鼓励乐于助人的良好社会风气。当然，如果行为人以自愿救助为名故意损害受害人的合法权益的，应当承担一定的法律责任。

第六节　诉讼时效和期间

一、诉讼时效的概念

（一）时效的概念

时效就是时间的法律效力，即某种事实状态在一定期限经过后发生的法律后果，或者说时效就是一定的事实状态在经过一定期间即在法律上产生一定后果的事实。某种客观事实经过一定期限后必然对社会关系产生一定的影响，法律为维护业已产生的社会秩序的稳定，必然对已经形成的客观事实作出认定。这就是诉讼时效的基本作用。

（二）时效的分类

1. 取得时效和消灭时效

按照法律后果的不同，时效一般分为取得时效和消灭时效。

取得时效是指经过一定期限后取得某种权利或利益的法律制度，如善意占有他人之物超过一定期限即可取得该物的物权。我国法律目前尚未完全承认取得时效制度，但在商标领域，擅自使用他人商标 3 年以上可以取得对抗他人侵权指控的法律后果，这在一定程度上具有取得时效的影子。

消灭时效又称诉讼时效，是指经过一定期限对诉讼的影响，这种影响通常是丧失某种权利或利益的制度。诉讼时效必然要求某种事实状态经过一定的期间，这个期间就是诉讼时效的期间，是诉讼时效发挥作用必然需要经历的一段时间。诉讼时效又分为广义的诉讼时效和狭义的诉讼时效，广义的诉讼时效包括民事诉讼时效和其他诉讼时效，狭义的诉讼时效就是民事诉讼时效。本章中的诉讼时效如未作特别说明，也是指民事诉讼时效。

2. 一般时效和特别时效

按照法律对时效制度是否有特别的规定，时效可以分为一般时效和特别时效。一般时效和特别时效的差别主要体现在诉讼时效期间的不同。

一般时效是指适用于大多数民事权利及民事诉讼的时效制度，《民法总则》第 188 条第 1 款规定："向人民法院请求保护民事权利的诉讼时效期间为三年。法律另有规定的，依照其规定。"这里"三年"的规定就是一般时效的期间。需要注意的是，《民法通则》第 135 条规定一般诉讼时效为 2 年，不同于《民法总则》的上述规定。根据后法优先于前法的法律适用规则，目前应适用《民法总则》有关一般诉讼时效的规定。

特别时效是指法律有特别规定的时效，这种特别规定主要体现在对时效期间的特别规定。如《民法总则》第 188 条第 2 款规定："诉讼时效期间自权利人知道或者应当知道权利受到损害以及义务人之日起计算。法律另有规定的，依照其规定。但是自权利受到损害之日起超过二十年的，人民法院不予保护；有特殊情况的，人民法院可以根据权利人的申请决定延长。"根据《民法通则》第 136 条的规定，身体受到伤害要求赔偿的诉讼时效为 1 年，这就是特别时效。

（三）诉讼时效的作用

1. 督促当事人尽快保护其合法权益

时效制度明确了当事人未在法定期限内行使权利的后果：如果权利人享有权利却怠于行使权利，可能导致其行使权利不受诉讼保护的法律后果。当事人为实现其权利，就应在法律规定的时效期限内行使其权利。诉讼时效制度保护了积极行使权利的人，同时构成对怠于行使权利者的督促。如果其怠于行使权利超过法定期限，则其权利将不受保护。

2. 稳定社会经济秩序，保护交易安全

在现代社会中，一定的事实状态在经过一定期限后，可能会产生多种状态，使当事人不敢放心地从事交易等民事行为，已经实施的民事行为的效力也可能处于不确定的状态。这显然不利于社会秩序的和谐稳定。诉讼时效制度就是督促当事人尽快行使权利，并在当事人未及时行使其权利时重新分配相关的权利，从而实现稳定经济秩序和保障交易安全的目的。当然，超过诉讼时效当事人自愿履行的，可不受诉讼时效限制。义务人履行义务后，又以超过诉讼时效为由翻悔的，不予支持。

3. 方便诉讼

某种事实状态经历的时间越久，相关的证据就越容易灭失，也就越难查清其真实状态及变迁过程。这不仅造成当事人难以举证的困难，也给诉讼程序造成困难。诉讼时效制度督促当事人尽快行使权利，同时也就是督促当事人及时收集相关证据，以便人民法院依法查清相关事实，及时保护当事人的合法权利。

二、期间和期限

(一) 期间和期日

期间是指具有法律意义的一段时间。如某种事实状态经过一定期间后可以产生某种法律效果，民事主体失踪一定期限后可以被宣告失踪或宣告死亡，这个期限就是具有法律意义的期间。期间届满之日就是期日，期日的确定既可能是基于法定期限的届满，也可能是基于约定或指定期间的届满。

按照期间的长短可否变化，期间可以分为不变期间和可变期间。不变期间是指不可变更的期间，除斥期间是不变期间。所谓除斥期间是指法律规定的某种权利的存续期间，如限制民事行为能力人订立的合同，相对人可以催告法定代理人在1个月内予以追认，这"1个月"就是除斥期间。可变期间是指可以变更的期间，诉讼时效是可变期间。《民法总则》第152条规定："有下列情形之一的，撤销权消灭：（一）当事人自知道或者应当知道撤销事由之日起一年内、重大误解的当事人自知道或者应当知道撤销事由之日起三个月内没有行使撤销权；（二）当事人受胁迫，自胁迫行为终止之日起一年内没有行使撤销权；（三）当事人知道撤销事由后明确表示或者以自己的行为表明放弃撤销权。当事人自民事法律行为发生之日起五年内没有行使撤销权的，撤销权消灭。"前述规定中的"一年""三个月"均为可变期间，"五年"则为不变期间，即"一年""三个月"虽为可变期间，但无论其如何变化均不能超过"五年"的最长期限。

按照确定期间依据的不同，期间可以分为法定期间、约定期间和指定期间。法定期间是指由法律规定的期间，诉讼时效、除斥期间一般都是法定期间。约定期间是指由民事主体自行约定的期间，如合同约定的履行期限。指定期间是指由人民法院或其他有权组织指定的期间，如人民法院指定的举证期限。

(二) 期限的确定方式

期限的确定方式一般包括：以日历上的某一时刻为期限的届满时；规定某一期限，如半年；以某一事实发生为限，如以大楼建成之日为限；以有人提出请求之日为限，如以票据持有人提示为限。

根据《民法总则》第十章的规定，除法律另有规定或者当事人另有约定外，期间的计算方法如下：

（1）民法所称的期间按照公历年、月、日、小时计算。

（2）按照年、月、日计算期间的，开始的当日不计入，自下一日开始计算。

（3）按照小时计算期间的，自法律规定或者当事人约定的时间开始计算。

（4）按照年、月计算期间的，到期月的对应日为期间的最后一日；没有对应日的，月末日为期间的最后一日；期间的最后一日是法定休假日的，以法定休假日结束的次日为期间的最后一日。

（5）期间的最后一日的截止时间为24时；有业务时间的，停止业务活动的时间为截止时间。

此外，民法所称的"以上""以下""以内""届满"，包括本数；所称的"不满""以外"，不包括本数。

三、诉讼时效的期间

(一) 一般诉讼时效期间

一般诉讼时效是相对于特殊诉讼时效而言的，二者的主要差别在于时效期间的不同，一般诉讼时效的期间为 3 年，法律没有特别规定的期限均应适用一般诉讼时效。《民法总则》第 188 条第 1 款规定："向人民法院请求保护民事权利的诉讼时效期间为三年。法律另有规定的，依照其规定。"

（二）特殊诉讼时效期间

特殊诉讼时效就是《民法总则》第 188 条第 1 款"法律另有规定的除外"的情形，其特殊之处在于诉讼时效期间不是 3 年，可能比一般诉讼时效期间长，也可能比一般诉讼时效期间短，故相对于一般诉讼时效的 3 年期限，特殊诉讼时效又可以分为短期诉讼时效和长期诉讼时效。

1. 短期诉讼时效

短期诉讼时效是指短于一般诉讼时效 3 年期限的诉讼时效。如《民法通则》第 136 条规定的 1 年诉讼时效，即"下列的诉讼时效期间为一年：（一）身体受到伤害要求赔偿的；（二）出售质量不合格的商品未声明的；（三）延付或者拒付租金的；（四）寄存财物被丢失或者损毁的。"

2. 长期诉讼时效

长期诉讼时效是指长于一般诉讼时效 3 年期限的诉讼时效。如《合同法》第 129 条规定："因国际货物买卖合同和技术进出口合同争议提起诉讼或者申请仲裁的期限为四年，自当事人知道或者应当知道其权利受到侵害之日起计算。因其他合同争议提起诉讼或者申请仲裁的期限，依照有关法律的规定。"这里的"四年"即为长期诉讼时效。

长期诉讼时效的最长期间一般不得超过 20 年。《民法总则》第 188 条第 2 款规定："诉讼时效期间自权利人知道或者应当知道权利受到损害以及义务人之日起计算。法律另有规定的，依照其规定。但是自权利受到损害之日起超过二十年的，人民法院不予保护；有特殊情况的，人民法院可以根据权利人的申请决定延长。"

还需要注意的是，在《民法通则》规定"二年"的一般诉讼时效基础上，某些法律规定的"三年"诉讼时效也构成长期诉讼时效。如《中华人民共和国环境保护法》（以下简称《环境保护法》）第 66 条规定："提起环境损害赔偿诉讼的时效期限为三年，从当事人知道或应当知道受到损害的时间算起。"《中华人民共和国海商法》（以下简称《海商法》）第 265 条规定，船舶发生油污损害的请求权，时效期间为 3 年，自损害发生之日起计算；但是，时效期间不得超过自损害发生之日起 6 年。在《民法总则》将一般诉讼时效调整为 3 年后，原有法律规定的 3 年诉讼时效将不再构成长期诉讼时效。

四、诉讼时效的计算

（一）诉讼时效的起点

诉讼时效的起点是指诉讼时效期限的计算起点。根据《民法通则》第 137 条的规定，诉讼时效期间从知道或者应当知道权利被侵害时起计算，但是，从权利被侵害之日起超过 20 年的，人民法院不予保护。人身损害赔偿的诉讼时效期间，伤害明显的，从受伤害之日起算；伤害当时未曾发现，后经检查确诊并能证明是由侵害引起的，从伤势确诊之日起算。此外，当事人约定同一债务分期履行的，诉讼时效期间自最后一期履行期限届满之日起计算；无民事行为能力人或者限制民事行为能力人对其法定代理人的请求权的诉讼时效期间，自该法定代理终止之日起计算；未成年人遭受性侵害的损害赔偿请求权的诉讼时效期间，自受害人年满 18 周岁之日起计算。

（二）诉讼时效的延长

诉讼时效的延长是指在特殊情况下延长诉讼时效的法定期限。根据《民法通则》第 137 条的规定："诉讼时效期间从知道或者应当知道权利被侵害时起计算。但是，从权利被侵害之日起超过二十年的，人民法院不予保护。有特殊情况的，人民法院可以延长诉讼时效期间。"《民法总则》第188条第2款规定："诉讼时效期间自权利人知道或者应当知道权利受到损害以及义务人之日起计算。法律另有规定的，依照其规定。但是自权利受到损害之日起超过二十年的，人民法院不予保护；有特殊情况的，人民法院可以根据权利人的申请决定延长。"这里的"二十年"是不变期间，不得中止、中断，但可以延长，而诉讼时效的延长必须是有特殊情况并由人民法院决定。这种特殊情况主要是指权利人由于客观的障碍在法定诉讼时效期间不能行使请求权且不予保护确有不公的情形。

（三）诉讼时效的中止

诉讼时效的中止是指在诉讼时效期间因法定事由诉讼时效期间停止计算，待该法定事由消灭后再重新计算的诉讼计算方式。《民法通则》第139条规定："在诉讼时效期间的最后六个月内，因不可抗力或者其他障碍不能行使请求权的，诉讼时效中止。从中止时效的原因消除之日起，诉讼时效期间继续计算。"

根据《民法总则》第194条规定，在诉讼时效期间的最后6个月内，因下列障碍，不能行使请求权的，诉讼时效中止：①不可抗力；②无民事行为能力人或者限制民事行为能力人没有法定代理人，或者法定代理人死亡、丧失民事行为能力、丧失代理权；③继承开始后未确定继承人或者遗产管理人；④权利人被义务人或者其他人控制；⑤其他导致权利人不能行使请求权的障碍。自中止时效的原因消除之日起满6个月，诉讼时效期间届满。

首先，诉讼时效中止的法定事由是不可抗力或其他无法行使请求权的障碍，这些事由必须导致请求权人无法请求对方履行相应义务。如果没有达到阻碍请求权人行使请求权的程度，则不发生诉讼时效的中止。当然，是否达到阻碍请求权人行使请求权的程度，需依一般观念或标准定之。

其次，诉讼时效的中止必须发生在诉讼时效期间的最后6个内。如果中止事由的发生时诉讼时效尚未到最后6个月，或者诉讼时效期间已经届满，则无论是否发生不可抗力或其他无法行使请求权的障碍，均不发生诉讼时效中止的法律后果。

最后，诉讼时效中止的法律后果是保留原有已经进行的诉讼时效期间，待中止事由消亡后重新计算剩余的诉讼时效，而不是重新计算全部诉讼时效期间。剩余诉讼时效计算的开始时间是中止原因消除之日。当然，重新计算诉讼时效期间再次发生应中止的事由的，诉讼时效仍可再次中止。

（四）诉讼时效的中断

1. 诉讼时效中断的概念

诉讼时效的中断是指诉讼时效期间因发生特定事由重新计算诉讼时效期间，已经发生的诉讼时效期间不包括在重新计算的诉讼时效期间内。

2. 诉讼时效中断与诉讼时效中止

诉讼时效的中止与中断都是诉讼时效期间的计算方式，二者都是在诉讼时效期间发生了特定事由诉讼时效无法继续计算，但二者的区别也是明显的：首先，诉讼时效的中断可以发生在诉讼时效期间的任何时间点，而诉讼时效的中止事由必须发生在诉讼时效期间的最后6个月。其次，诉讼时效的中断将导致已经经过的诉讼时效期间作废，中断事由消亡后将重新计算新的全部诉讼时效期间，而诉讼时效的中止事由消亡后将重新计算剩余的诉讼时效期间，而不是全部诉讼时效期间。最后，诉讼时效中断的事由也不同于诉讼时效中止的事由。

3. 诉讼时效的中断事由

诉讼时效的中断事由是指可以导致诉讼时效中断计算的特定事由。《民法总则》第195条规定："有下列情形之一的，诉讼时效中断，从中断、有关程序终结时起，诉讼时效期间重新计算：（一）权利人向义务人提出履行请求；（二）义务人同意履行义务；（三）权利人提起诉讼或者申请仲裁；（四）与提起诉讼或者申请仲裁具有同等效力的其他情形。"其中，"与提起诉讼或者申请仲裁具有同等效力的其他情形"一般包括有效投诉情形，如寻求行政保护的投诉以及向消费者权益保护机关、行业协会等机构进行的有效投诉。

此外，《民法通则》第140条规定："诉讼时效因提起诉讼、当事人一方提出要求或者同意履行义务而中断。从中断时起，诉讼时效期间重新计算。"根据《最高人民法院关于贯彻执行〈中华人民共和国民法通则〉若干问题的意见（试行）》的规定，诉讼时效中断包括下列期限：①诉讼时效因权利人主张权利或者义务人同意履行义务而中断后，权利人在新的诉讼时效期间内，再次主张权利或者义务人再次同意履行义务的，可以认定为诉讼时效再次中断，权利人向债务保证人、债务人的代理人或者财产代管人主张权利的，可以认定诉讼时效中断；②权利人向人民调解委员会或者有关单位提出保护民事权利的请求，从提出请求时起，诉讼时效中断，经调处达不成协议的，诉讼时效期间即重新起算；如调处达成协议，义务人未按协议所定期限履行义务的，诉讼时效期间应从期限届满时重新起算；③诉讼时效因提起诉讼、当事人一方提出要求或者同意履行义务而中断。

五、民法总则与民法通则中诉讼时效的适用

我国《民法总则》和《民法通则》均规定了诉讼时效，总体来看《民法总则》是在《民法通则》规定的基础上对诉讼时效制度作了进一步的调整和完善。这主要体现在以下几个方面：

（1）将一般诉讼时效由2年调整为3年。

（2）明确人民法院不得主动适用诉讼时效的规定。

（3）明确了诉讼时效中止和中断的法定情形。

（4）明确诉讼时效期间届满的，义务人可以提出不履行义务的抗辩，但诉讼时效期间届满后义务人同意履行的，不得以诉讼时效期间届满为由抗辩；义务人已自愿履行的，不得请求返还。

（5）明确下列请求权不适用诉讼时效的规定：①请求停止侵害、排除妨碍、消除危险；②不动产物权和登记的动产物权的权利人请求返还财产；③请求支付抚养费、赡养费或者扶养费；④依法不适用诉讼时效的其他请求权。

需要注意的是，鉴于《民法总则》有关诉讼时效的规定是对《民法通则》中诉讼时效规定的适当调整和完善，为正确适用《民法总则》关于诉讼时效制度的规定，保护当事人的合法权益，最高人民法院结合审判实践，于2018年7月制定了《最高人民法院关于适用〈中华人民共和国民法总则〉诉讼时效制度若干问题的解释》，并自2018年7月23日起施行。根据该司法解释的规定，《民法总则》施行后诉讼时效期间开始计算的，应当适用《民法总则》第188条关于3年诉讼时效期间的规定；《民法总则》施行之日，诉讼时效期间尚未满《民法通则》规定的2年或者1年，应适用《民法总则》关于3年诉讼时效期间的规定；《民法总则》施行前，《民法通则》规定的2年或者1年诉讼时效期间已经届满，不适用《民法总则》关于3年诉讼时效期间的规定；《民法总则》施行之日，中止时效的原因尚未消除的，应当适用《民法总则》关于诉讼时效中止的规定；该解释施行后，案件尚在一审或者二审阶段的，适用该解释；该解释施行前已经终审，当事人申请再审或者按照审判监督程序决定再审的案件，不适用该解释。

正是因为《民法总则》的诉讼时效制度规定是对《民法通则》诉讼时效制度的调整和完善，故需要特别强调的是，只有在《民法总则》有关诉讼时效的规定不同于《民法通则》有关诉讼时效的规定时，才适用《民法总则》有关民事诉讼时效的规定，否则有关诉讼时效的司法实践仍需遵循《民法通则》和《民法总则》的规定。上述司法解释实际上也是针对《民法总则》与《民法通则》在诉讼时效部分有不同规定时的适用作出的规定，对于二者并无不同规定的，实际上该司法解释并不起多大作用。事实上，虽然《民法总则》已经生效，但《民法通则》目前并未失效，故在其明确失效前，《民法通则》中与《民法总则》不相矛盾的规定，仍然应得到遵守。那种认为《民法总则》已经生效故《民法通则》当然失效的认识和做法目前都是错误的。当然，《中华人民共和国民法典》（以下简称《民法典》）实施后，则应根据《民法典》的相关规定来处理。

第七节　涉外民事关系的法律适用

一、涉外民事关系法律适用的原则

（一）涉外民事法律关系的概念

涉外民事法律关系是指具有涉外因素的民事法律关系。民事法律关系的要素有主体、内容和客体（对象），只要其中任一要素具有涉外因素，该民事法律关系即为涉外民事法律关系。《最高人民法院关于贯彻执行〈中华人民共和国民法通则〉若干问题的意见（试行）》第178条第1款规定：“凡民事关系的一方或者双方当事人是外国人、无国籍人、外国法人的；民事关系的标的物在外国领域内的；产生、变更或者消灭民事权利义务关系的法律事实发生在外国的，均为涉外民事关系。”涉外民事法律关系可以包括涉外婚姻、继承、扶养、合同、侵权等多种民事法律关系。

（二）涉外民事法律关系法律适用的原则

涉外民事法律关系法律适用的一个原则是：我国缔结或者参加的国际条约同我国的民事法律有不同规定的，适用国际条约的规定，但我国声明保留的条款除外；我国法律和我国缔结或者参加的国际条约没有规定的，可以适用国际惯例，但无论是适用外国法律还是适用国际惯例，均不得违背中华人民共和国的社会公共利益；当事人规避我国强制性或者禁止性法律规范的行为，不发生适用外国法律的效力。

（三）涉外法律的查明

涉外法律的查明是指在确定涉外民事法律关系是否及如何适用国际条约及非我国法律时，对相关国际条约、非我国法律的查明，包括对其效力、内容、适用范围等各种期限的查明。《最高人民法院关于贯彻执行〈中华人民共和国民法通则〉若干问题的意见（试行）》第193条规定：“对于应当适用的外国法律，可通过下列途径查明：（1）由当事人提供；（2）由与我国订立司法协助协定的缔约对方的中央机关提供；（3）由我国驻该国使领馆提供；（4）由该国驻我国使馆提供；（5）由中外法律专家提供。”

如果通过以上途径仍不能查明相关国际条约、非我国法律的，适用我国的法律规定。此外，还应注意的是，依法应当适用的外国法律，如果该外国不同地区实施不同的法律的，依据该国法律关于调整国内法律冲突的规定，确定应适用的法律，该国法律未作规定的，直接适用与该民事关系有最密切联系的地区的法律。

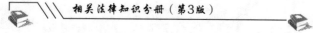

二、对涉外民事法律关系民事法律行为能力的法律适用

（一）对我国民事主体的民事行为能力的法律适用

我国公民定居国外的，他的民事行为能力可以适用定居国法律。具体说来，定居国外的我国公民的民事行为能力，如其行为是在我国境内所为，适用我国法律；在定居国所为，可以适用其定居国法律。

（二）对非我国民事主体的民事行为能力的法律适用

外国人在我国领域内进行民事活动，如依其本国法律为无民事行为能力，而依我国法律为有民事行为能力，应当认定为有民事行为能力。无国籍人的民事行为能力，一般适用其定居国法律；如未定居的，适用其住所地国法律。有双重或多重国籍的外国人，以其有住所或者与其有最密切联系的国家的法律为其本国法。

（三）民事主体住所地的法律适用

涉外民事法律关系中，当事人的住所不明或者不能确定的，以其经常居住地为住所。当事人有几个住所的，以与产生纠纷的民事关系有最密切联系的住所为住所。外国法人以其注册登记地国家的法律为其本国法，法人的民事行为能力依其本国法确定，但外国法人在我国领域内进行的民事活动，必须符合我国的法律规定。当事人有两个以上营业所的，应以与产生纠纷的民事关系有最密切联系的营业所为准；当事人没有营业所的，以其住所或者经常居住地为准。

三、涉外不动产的法律适用

土地、附着于土地的建筑物及其他定着物、建筑物的固定附属设备为不动产。不动产的所有权、买卖、租赁、抵押、使用等民事关系，均应适用不动产所在地法律。不动产的所在地通常以不动产的权属证书有效法律文件记载的所在地为准，当不动产的权属证书有效法律文件记载的所在地相互矛盾，或与不动产的实际所在地不相符的，应以不动产的实际所在地为准。

四、涉外合同争议的法律适用

合同是当事人意思表示一致的产物，当事人可以就合同内容进行协商，包括涉外合同发生争议时应适用的法律进行协商，但法律另有规定的除外。这就是说，合同当事人选择适用的法律只要没有违反我国法律的强制性规定，就可以适用其选择的法律。如果当事人选择适用依据我国法律不应适用的法律，如其选择适用的是我国明确保留的有关国际条约的规定，则不能适用当事人选择适用的法律。此外应注意的是，涉外合同的当事人没有选择的，适用与合同有最密切联系的国家的法律。

五、涉外侵权纠纷的法律适用

（一）侵权行为认定的法律适用

侵权行为认定的法律适用是指在认定某一行为是否属于侵权行为时应选择适用的法律。对于发生在我国领域外的行为，只有在我国法律与他国法律都认为某一行为是侵权行为时，才能认定为侵权行为。《民法通则》第146条第2款规定："中华人民共和国法律不认为在中华人民共和国领域外发生的行为是侵权行为的，不作为侵权行为处理。"这就是说，对于发生在我国领域外的行为，如果我国法律认为不是侵权行为，则在我国不能按侵权行为处理。

（二）侵权损害赔偿的法律适用

涉外侵权行为的损害赔偿，原则上适用侵权行为地法律。侵权行为地包括侵权行为实施地和侵权结果发生地，故涉外侵权损害赔偿适用的侵权行为地法律包括侵权行为实施地法律和侵权结果发生地法律。如果侵权行为实施地法律和侵权结果发生地法律不一致，人民法院可以选择适用。但是，如果涉外侵权损害赔偿的双方当事人国籍相同或者在同一国家有住所的，也可以适用当事人本国法律或者住所地法律。

六、涉外婚姻的法律适用

我国公民和外国人结婚适用婚姻缔结地法律，离婚适用受理案件的法院所在地法律。因此，我国法院受理的涉外离婚案件，离婚以及因离婚而引起的财产分割，均应适用我国法律，但对婚姻效力的判断，即认定其婚姻是否有效，应适用婚姻缔结地法律。

七、涉外扶养的法律适用

涉外扶养关系适用与被扶养人有最密切联系的国家的法律。父母子女相互之间的扶养、夫妻相互之间的扶养以及其他有扶养关系的人之间的扶养，应当适用与被扶养人有最密切联系国家的法律。扶养人和被扶养人的国籍、住所以及供养被扶养人的财产所在地，均可视为与被扶养人有最密切的联系。涉外监护关系的设立、变更和终止，适用被监护人的本国法律，但被监护人在我国境内有住所的，适用我国的法律。

八、涉外继承的法律适用

遗产的法定继承，动产适用被继承人死亡时住所地法律，不动产适用不动产所在地法律。在我国境内死亡的外国人，遗留在我国境内的财产如果无人继承又无人受遗赠的，依照我国法律处理，但我国同该国缔结或者参加的国际条约另有规定的除外。

第二章　合　同　法

【提要】本章主要围绕《合同法》及相关司法解释的规定，结合历年《合同法》考试大纲及真题考点，讲解《合同法》总则的一般规定、分则中技术合同和委托合同等规定，帮助考生理解要约和承诺、合同订立、合同的成立、合同的效力等基本规定，掌握合同的履行、变更、终止及违约责任等规定。

《民法总则》已于 2017 年 10 月 1 日施行。由于《民法总则》与《合同法》存在规定不一致的情形，应当依照《中华人民共和国立法法》（以下简称《立法法》）有关上位法优于下位法、新的规定优于旧的规定、特别规定优于一般规定等法律适用规则，处理《民法总则》与《民法通则》《合同法》等法律之间的关系问题。

关于《民法总则》与《合同法》的关系及其适用问题，2019 年 7 月 3 日召开的全国法院民商事审判工作会议上明确：《民法总则》与《合同法》总则之间并非特别规定与一般规定的关系，而是新的规定与旧的规定的关系。当《合同法》总则的相关规定与《民法总则》的规定不一致的，根据新的规定优先于旧的规定的法律适用规则，应当适用《民法总则》的规定。实践中，应注意以下几个方面：一是可变更合同不再适用。《民法总则》未规定可变更合同，应当认为废止了《合同法》有关可变更合同的规定。二是"以合法形式掩盖非法目的"被虚伪意思表示中的隐藏行为所代替。在"以合法形式掩盖非法目的"中，既可能是两个行为，也可能是一个行为，但无论是两个还是一个，行为都是无效的；但在隐藏行为中，虚伪意思表示尽管因其并非当事人的真实意思表示而无效，但被隐藏的行为则要根据法律行为的一般有效要件来判断，实践中可能是有效的。三是关于欺诈、胁迫问题。《合同法》仅规定发生在合同当事人之间的欺诈、胁迫可撤销，而《民法总则》规定第三人实施欺诈、胁迫行为也可撤销。在合同效力问题上，《合同法》视欺诈、胁迫行为所损害的利益的不同对合同效力作出不同规定：损害合同当事人利益的，属于可撤销或者可变更合同；损害国家利益的，则属于无效合同。《民法总则》规定此类合同一概属于可撤销合同。四是关于显失公平问题。《合同法》将显失公平和乘人之危作为两类不同的可撤销或可变更合同事由，而《民法总则》只规定了显失公平制度，没有规定乘人之危制度。《合同法》分则所规定的内容，应当根据《民法总则》第 11 条的规定，采用特别规定优于一般规定的法律适用规则处理二者之间的规范冲突。❶

第一节　合同法的适用范围和基本原则

一、合同法的适用范围

《合同法》适用于平等主体的自然人、法人、其他组织之间设立、变更、终止民事权利义务关系的协议。婚姻、收养、监护等有关身份关系的协议，适用其他法律的规定。

---

❶　节选自最高人民法院审判委员会刘贵祥 2019 年 7 月 3 日在全国法院民商事审判工作会议上的讲话第三部分。

（一）合同的含义

1. 合同的概念

合同，又称合意或者契约，是平等主体的自然人、法人、其他组织之间设立、变更、终止民事权利义务关系的协议。

2. 合同的法律特征

（1）合同是一种民事法律行为。民事法律行为是民事主体实施的能够引起民事法律关系产生、变更和终止的合法行为。[1] 合同当事人作出的一致意思表示符合法律规定，才具有法律约束力；若合同当事人作出的一致意思表示违反法律规定，则不能产生合同的效力。

（2）合同目的是设立、变更、终止平等主体之间的民事权利义务关系。设立权利义务关系，是指当事人订立合同的目的在于形成特定的民事法律关系；变更权利义务关系，是指当事人订立合同的目的在于改变原有合同约定的当事人权利义务关系——但是，此变更不应当构成实质性变更，如果变更导致原有合同权利义务关系终止，则不属于变更，而属于重新设立新的合同关系。

（3）合同主体的意思表示是一致的。合同是当事人双方在平等自愿的基础上达成合意的结果。

（二）合同法的适用范围

我国《合同法》调整法律地位平等的自然人、法人和其他组织之间的合同关系，即债权债务关系及具有财产内容的其他民事权利义务关系。法人与其内部职能部门的管理关系，不是平等主体间的关系，不适用《合同法》；政府与企业的经济管理关系，属于行政管理关系，也不适用《合同法》；涉及婚姻、收养、监护等有关身份关系的协议，适用于《中华人民共和国婚姻法》（以下简称《婚姻法》）、《中华人民共和国收养法》（以下简称《收养法》）等其他法律规定，不适用《合同法》。

二、合同法的基本原则

《合同法》的基本原则是《合同法》的主旨和根本准则，其为交易行为提供了抽象的行为准则，是正确理解具体条文的关键，是当事人进行合同交易的指导原则，也是指导审判人员适用《合同法》解决纠纷的重要原则；当《合同法》针对某些问题缺乏具体规定时，当事人可以根据基本原则来解释合同，审判机关也可以根据基本原则解决纠纷。

（一）平等原则

1. 平等原则的含义

《合同法》第3条规定，合同当事人的法律地位平等，一方不得将自己的意志强加给另一方。

2. 平等原则的法律特征

（1）合同当事人的法律地位一律平等。

（2）合同中的权利义务对等，即当事人享有权利的同时还应承担义务，双方当事人的权利义务大体相当，不要求绝对等值，一般适用主观等值原则，在胁迫、欺诈等情况下，适用客观等值原则。

（3）合同当事人就合同条款充分协商一致，任何一方当事人不得强迫对方接受自己的意志。

---

[1] 李国光. 中国合同法条文释解 [M]. 北京：新华出版社，1999：36.

（二）自愿原则

1. 自愿原则的含义

《合同法》第 4 条规定，当事人依法享有自愿订立合同的权利，任何单位和个人不得非法干预。

2. 自愿原则的法律特征

（1）当事人有订立与不订立合同的自由。

（2）当事人有决定与谁订合同的自由。

（3）当事人有决定合同内容的自由。

（4）当事人有变更合同的自由。

（5）当事人有解除合同的自由。

（6）当事人有追究违约责任以及选择违约处理方式的自由。

3. 自愿原则的法律限制

但是，自愿原则既是法律赋予的自由，也是受法律限制的自由，是在法律规定范围内的"自愿"。法律的限制主要体现在：

（1）程序法方面，法律、行政法规规定合同生效、变更、解除应当办理批准、登记。❶ 如我国单位或者个人向外国人转让专利申请权或者专利权的合同，须经国务院有关主管部门批准；❷ 有的法律规定办理登记手续后，财产所有权才能转移，❸ 如房产、车辆的过户登记。

（2）实体法方面，合同内容不得违反法律法规强制性规定。比如毒品买卖；《合同法》明确规定损害社会公共利益的合同无效；国家根据需要下达指令性任务或者国家订货任务的，有关法人、其他组织之间应当依照有关法律、行政法规规定的权利和义务订立合同。

（三）公平原则

1. 公平原则的含义

《合同法》第 5 条规定，当事人遵循公平原则确定各方权利和义务。

公平原则不仅要求当事人确定合同的权利义务要公平合理，还要求当事人公平合理地分担合同风险，公平合理地承担违约后果。

2. 公平原则的法律特征

（1）合意阶段，合同条款应当公平合理，显失公平的合同可以变更或撤销。❹

（2）合同履行阶段，《合同法》有关合同无效或被撤销的责任承担、不安抗辩权、违约责任承担、违约金过高或过低可以请求法院或者仲裁机构增加或酌减、防止损失扩大、不可抗力的责任减免等，❺ 均是履约阶段公平原则的体现。

（3）合同的权利义务终止阶段，当事人仍然应当根据交易习惯履行通知、协助、保密等附随义务。❻

---

❶ 见《合同法》第 44 条第 2 款、第 77 条第 2 款、第 96 条第 2 款。

❷ 见《专利法》第 10 条。

❸ 见《最高人民法院关于适用〈中华人民共和国合同法〉若干问题的解释（一）》（文中简称《合同法解释（一）》）第 9 条。

❹ 见《合同法》第 54 条第 1 款第 2 项。

❺ 见《合同法》第 58 条、第 68 条、第 111 条、第 113 条第 1 款、第 114 条第 2 款、第 117 条、第 119 条。

❻ 见《合同法》第 92 条。

（四）诚实信用原则

1. 诚实信用原则的含义

《合同法》第6条规定，当事人行使权利、履行义务应当遵循诚实信用原则。

诚实信用原则贯穿合同交易全过程，在洽商、订立合同、解释合同、行使合同权利、履行合同约定和合同权利义务终止后的附随义务等方面，均要求当事人对待合同相对方要诚实，讲信用，不得有欺诈或其他违背诚实信用的行为。

2. 诚实信用原则的法律特征

（1）合同的缔约阶段，当事人不得假借缔约恶意谈判，如利用合同谈判达到其不正当牟利的目的；不得隐瞒重要事实或者提供虚假事实，如隐瞒标的物的质量瑕疵、夸大自己的履约能力等；不得泄露或不正当使用洽商过程中知悉的对方商业秘密；当事人应当遵循其发出的要约，否则应当承担对方基于信赖利益导致的损失。❶

（2）合同的履行阶段，当事人应当依约履行合同约定义务，并根据合同的性质、目的和交易习惯履行通知、协助、保密、提供履约必要条件、防止损失扩大等附随义务；因欺诈订立的合同无效或者可以撤销；❷ 当事人对合同条款的理解有争议的，应当按照合同使用的词句、合同的有关条款、合同的目的、交易习惯以及诚实信用原则，确定该条款的真实意思。❸

（3）合同的权利义务终止阶段，当事人应当恪守商业道德，根据交易习惯履行通知、协助、保密等附随义务。❹

（五）遵守公益原则

1. 遵守公益原则的含义

《合同法》第7条规定，当事人订立、履行合同，应当遵守法律、行政法规，尊重社会公德，不得扰乱社会经济秩序，损害社会公共利益。公序良俗、公共秩序对于维持国家、社会一般利益及社会道德至关重要。

2. 遵守公益原则的法律特征

（1）合同订立阶段，当事人签订的合同条款不得损害社会公共利益，不得违背公序良俗，不得破坏公共道德。

（2）合同履行阶段，当事人履行的合同内容或者方式不得损害社会公共利益，不得违背公序良俗，不得破坏公共道德。

（3）违反公益原则的合同不受法律保护。我国法律规定，损害社会公共利益的合同无效❺，如因赌博形成的债权债务关系不受法律保护。

（六）效力原则

1. 效力原则的含义

《合同法》第8条第1款规定，依法成立的合同，对当事人具有法律约束力。效力原则的目的在于维护当事人的交易稳定及安全。

---

❶ 见《合同法》第42条、第43条。
❷ 见《合同法》第52条第1项、第54条第2款。
❸ 见《合同法》第125条。
❹ 见《合同法》第92条。
❺ 见《合同法》第52条第4项。

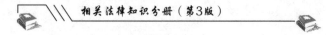

2. 效力原则的法律特征

（1）相对于合同当事人而言，效力原则要求当事人依约履行自己的义务，不得擅自变更或者解除合同，违反约定应当承担违约责任。

（2）相对于行政机关而言，效力原则要求行政机关尊重当事人依法订立的合同，不得违法变更甚至撕毁当事人订立的合同。

第二节　合同的订立

一、合同的形式

合同的形式，是当事人合意的外部表现形式，是合同内容的载体。合同的形式有书面形式、口头形式和其他形式，其中书面形式是合同当事人采用的主要形式。

（一）书面形式

1. 概念及特点

《合同法》第 11 条规定，书面形式是指合同书、信件和数据电文（包括电报、电传、传真、电子数据交换和电子邮件）等可以有形地表现所载内容的形式。

数据电文是指经由电子、光学或类似方式生成、储存或传递的信息，这些方式包括但不限于电报、电传、传真、电子数据交换和电子邮件。电子数据交换通过计算机通信网络将贸易、运输、保险、银行和海关等行业信息，用一种国际公认的标准格式，实现各有关部门或公司与企业之间的数据交换与处理，并完成以贸易为中心的全部过程。❶

书面形式的特点是合同有据可查，便于管理和监督合同履行情况；发生纠纷时容易取证，便于分清责任。

2. 相关法律规定

《合同法》第 10 条第 2 款规定，法律、行政法规规定采用书面形式的，应当采用书面形式。当事人约定采用书面形式的，应当采用书面形式。

《合同法》第 36 条规定，法律、行政法规规定或者当事人约定采用书面形式订立合同，当事人未采用书面形式但一方已经履行主要义务，对方接受的，该合同成立。

需要强调的是，依法或约定应当采用书面形式但未采用的，只要合同的双方当事人均承认合同内容，或者有其他证据能够证明双方当事人对合同内容协商一致的，该合同成立。

（二）口头形式

1. 概　念

口头形式是指以语言作为合同当事人达成合意的形式。

2. 特　点

口头形式的特点在于简便易行，在日常生活中被普遍采用，如现货交易、商店零售买卖等即时清结合同一般采用口头形式，但是，发生纠纷时难以取证，不易分清责任。所以，交易数额较大、法律关系复杂、不能即时清结的合同，不宜采用口头形式。

---

❶　李国光. 中国合同法条文释解［M］. 北京：新华出版社，1999：51.

（三）其他形式

1. 概　念

其他形式，也称为默示形式，是指以当事人的行为或者其他特定情形推定合同当事人达成合意的形式。

2. 相关法律规定

《合同法》第 26 条第 1 款规定，承诺通知到达要约人时生效。承诺不需要通知的，根据交易习惯或者要约的要求作出承诺的行为时生效。第 36 条规定，法律、行政法规规定或者当事人约定采用书面形式订立合同，当事人未采用书面形式但一方已经履行主要义务，对方接受的，该合同成立。第 37 条规定，采用合同书形式订立合同，在签字或者盖章之前，当事人一方已经履行主要义务，对方接受的，该合同成立。

《最高人民法院关于适用〈中华人民共和国合同法〉若干问题的解释（二）》（以下简称《合同法解释（二）》）第 2 条规定，当事人未以书面形式或者口头形式订立合同，但从双方从事的民事行为能够推定双方有订立合同意愿的，人民法院可以认定是以《合同法》第 10 条第 1 款中的"其他形式"订立的合同。但法律另有规定的除外。

实际上，上述《合同法》条款明确规定了一种独立于口头形式和书面形式之外的默示合同形式，它是顺应交易形式的发展习惯而制定的。现实生活中存在大量通过默示方式达成合意的情形，如自动售货机、自动售票车、房屋租赁合同的自动延期等。需要强调的是，默示形式包括积极的作为和消极的不作为两种行为。

二、合同的一般条款

合同的一般条款，是指一般合同应当具备的主要内容，用以明确合同当事人双方权利义务的条款。根据合同自愿原则，当事人可以根据双方所要订立的合同性质、具体情况，自愿地确定合同的内容。主要包括以下内容：

（1）合同当事人的情况。包括当事人名称或姓名、住所、联系方式等具体情况。

（2）合同标的情况。包括标的名称、数量、质量等。标的是合同权利义务指向的对象。

（3）合同价款或者报酬。价款是取得标的物的对价，报酬是获得服务的对价。

（4）履行期限、地点和方式。履行期限可以规定为即时履行、定时履行或者在一定期限内分期履行。如果是分期履行，还应写明每期的准确时间。履行地点是确定标的物所有权是否移转、何时移转的依据，有时还是人民法院确定诉讼管辖的依据。履行方式是指合同标的通过何种方式进行交付，是一次交付还是分期分批交付，是交付实物还是交付标的物的所有权凭证等。

（5）违约责任。违约责任是指当事人违反合同约定所应当承担的责任。我国《合同法》规定的违约责任主要有继续履行、采取补救措施、赔偿损失、定金罚则、支付违约金等。

（6）解决争议的方式。《合同法》第 57 条规定，合同无效、被撤销或者终止的，不影响合同中独立存在的有关解决争议方法的条款的效力。解决争议方法的条款主要有：

① 仲裁条款。仲裁条款有排除诉讼管辖的效力，但仲裁条款应当明确约定仲裁机构的名称，否则该条款无效。《中华人民共和国仲裁法》（以下简称《仲裁法》）第 19 条第 1 款规定，仲裁协议独立存在，合同的变更、解除、终止或者无效，不影响仲裁协议的效力。

② 诉讼管辖条款。《民事诉讼法》第 34 条规定，合同当事人可以书面协议选择被告住所地、合同履行地、合同签订地、原告住所、标的物所在地等与争议有实际联系的地点的人民法院管辖，但不得违反《民事诉讼法》对级别管辖和专属管辖的规定。

③ 选择检验、鉴定机构条款。合同当事人可以约定，就标的物质量发生的争议可将标的物送交双方认可的机构检验或鉴定，以检验或鉴定结论作为解决争议的依据。

④ 法律适用条款。涉外合同当事人可以选择解决争议所适用的法律，但对于中国具有专属管辖权的合同（如中外合资经营合同等）与我国的社会公共利益、主权、安全等密切相关的合同只能适用中国法律。

⑤ 协商解决争议条款。合同当事人可以约定协商解决争议的方法，但不具有排除诉权的效力。

三、要 约

（一）要约邀请的含义

要约邀请，又称要约引诱，是希望他人向自己发出要约的意思表示。寄送的价目表、拍卖公告、招标公告、招标说明书、商业广告等为要约邀请。

要约邀请的目的是吸引他人向自己发出要约，对象可以是特定主体，也可以是不特定主体。如拍卖公告是关于拍卖以及拍卖物的宣传介绍，其性质为要约邀请，拍卖中竞买人的叫价为要约。要约邀请是当事人订立合同的准备行为，目的在于使对方发出要约，但其本身并不构成要约，要约邀请人不受要约邀请约束。

《合同法》第15条第2款规定，商业广告的内容符合要约规定的，视为要约。原则上，商业广告是要约邀请，而不是要约。但是，如果商业广告中明确注明了是要约，或者含有广告者希望与他人订立合同的意思表示，且内容具体确定并注明只要相对人承诺自己即受该承诺约束，则其为要约，而非要约邀请。如超市宣传单上注明了某洗发水的质量、规格、价格及优惠期限，该内容具有符合要约规定的构成要件，应视为要约。

（二）要约的含义

要约，是要约人希望与他人订立合同的意思表示，该意思表示明示或默示地表明经受要约人承诺，要约人即受该意思表示约束。要约是订立合同所必须经过的程序。

（三）要约的构成要件

1. 意思表示的内容要具体确定

要约应当至少包括合同的主要条款，条款内容清楚明确，受要约人一旦承诺，要约人无需再进行意思表示，合同即告成立。

2. 表明经受要约人承诺，要约人即受该意思表示约束

要约人具有订立合同的意旨，只要一经受要约人承诺，要约人和受要约人即达成合意，要约人受其发出要约的意思表示的约束。这一构成要件也是区别要约与要约邀请的关键。

（四）要约与要约邀请的区别

正确区分要约与要约邀请，对判断合同是否成立，合同当事人是否应当承担合同上的义务和责任等实践问题具有重大意义。实践中，我们可以通过如下方面来判断订约建议的性质：

（1）根据法律规定区分。如《合同法》第15条第1款规定，寄送的价目表、拍卖公告、招标公告、招标说明书、商业广告等为要约邀请。但是，我国法律不可能对所有缔约行为的性质都作出规定，只对一些特殊行为的性质作出规定，况且根据法律规定来区分，还应分析订约建议的具体内容。

（2）根据当事人的意愿区分。当事人特别声明其发出的内容是要约还是要约邀请的，取决于

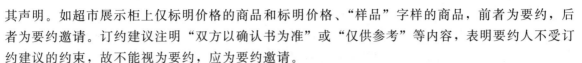

其声明。如超市展示柜上仅标明价格的商品和标明价格、"样品"字样的商品，前者为要约，后者为要约邀请。订约建议注明"双方以确认书为准"或"仅供参考"等内容，表明要约人不受订约建议的约束，故不能视为要约，应为要约邀请。

（3）根据订约建议是否包含合同的主要条款区分。要约包含合同标的的名称、价格、质量、规格等主要条款，才能因受要约人的承诺而使合同成立。如商业广告中提出了商品名称、价款、型号、性能等内容，即包含了合同的主要条款，应为要约；不具备合同基本条款的订约建议，则是要约邀请。

（4）根据行业交易惯例或者当事人双方的交易习惯区分。所谓交易习惯，是指在交易行为当地或者某一领域、某一行业通常采用并为交易对方订立合同时所知道或者应当知道的做法，或者当事人双方经常使用的习惯做法。❶ 如当事人之间存在多次买卖交易，始终未改变买卖的货物品种和价格，根据双方的多次交易习惯，买方仅向卖方提出购买数量，可以视为要约。

（五）要约效力

1. 要约生效

《合同法》第16条规定，要约到达受要约人时生效。采用数据电文形式订立合同，收件人指定特定系统接收数据电文的，该数据电文进入该特定系统的时间，视为到达时间；未指定特定系统的，该数据电文进入收件人的任何系统的首次时间，视为到达时间。

我国《合同法》采用要约到达生效的原则。只要要约到达受要约人的控制范围即生效，如信箱，不管受要约人是否知晓其内容。要约生效时间，不仅关系到要约人受要约约束的起始时间，还关系到受要约人对要约的承诺问题。只有在要约到达时，受要约人才有承诺的权利。

2. 要约失效

《合同法》第20规定，有下列情形之一的，要约失效：①拒绝要约的通知到达受要约人；②要约人依法撤销要约；③承诺期限届满，受要约人未作出承诺；④受要约人对要约的内容作出实质性变更。

拒绝能够消灭要约效力。受要约人拒绝要约的方式包括明示拒绝和默示拒绝。如受要约人对要约的内容作出实质性变更，视为默示拒绝。受要约人的答复仅仅是询问要约的条款是否有选择的余地，如"价格是否能商量"或者"能否提前几天交货？"正常情形下不视为受要约人拒绝承诺。要约人撤销要约、受要约人对要约未予承诺、要约人死亡等其他原因也能够消灭要约效力。

（六）要约撤回、撤销

1. 要约撤回

《合同法》第17条规定，要约可以撤回。撤回要约的通知应当在要约到达受要约人之前或者与要约同时到达受要约人。

要约的撤回，是指要约人在发出要约后，到达受要约人之前，有权宣告取消要约。任何一项要约都是可以撤回的，只要撤回的通知先于或同时与要约到达受要约人，都能产生撤回的效力。如甲上午向乙发出购买某商品的信函，下午即与丙签订某商品购销合同，甲随即发传真给乙要求撤回要约，传真早于信函到达乙，要约被撤回。

2. 要约撤销

《合同法》第18条规定，要约可以撤销。撤销要约的通知应当在受要约人发出承诺通知之前

---

❶　见《合同法解释（二）》第7条。

到达受要约人。

要约的撤销，是指要约人在要约生效以后，将该项要约取消，从而使要约的效力归于消灭。任何一项要约都是可以撤销的，只要撤销的通知先于受要约人发出承诺通知到达受要约人。

3. 要约撤回与要约撤销的区别

要约撤回与要约撤销都是在承诺作出之前实施的，旨在取消要约。但要约撤回与要约撤销存在一定区别，要约撤回发生在要约生效之前，而要约撤销发生在要约生效之后但受要约人承诺作出之前。

4. 要约撤销的限制

《合同法》第19条规定，有下列情形之一的，要约不得撤销：①要约人确定了承诺期限或者以其他形式明示要约不可撤销；②受要约人有理由认为要约是不可撤销的，并已经为履行合同作了准备工作。

四、承 诺

（一）承诺的含义

承诺，是指受要约人同意要约的意思表示。❶"同意"可以是书面声明，也可以是其他能够被合理推定为"同意"的行为，如预付货款、开始供货等履约行为。原则上，缄默或者不作为不能视为承诺，因为受要约人对要约有承诺、拒绝或者不理会的自由。但是，如果缄默构成承诺是双方当事人的约定，或者符合双方当事人的交易惯例的，则可视为承诺。

（二）承诺的效力

《合同法》第26条规定，承诺通知到达要约人时生效。承诺不需要通知的，根据交易习惯或者要约的要求作出承诺的行为时生效。采用数据电文形式订立合同的，承诺到达的时间适用《合同法》第16条第2款的规定。

我国《合同法》采用承诺到达生效的原则。只要承诺的意思表示到达要约人的控制范围即生效，不管要约人是否知晓其内容。承诺生效时间，关系到合同的成立时间。

（三）承诺的构成要件

（1）承诺必须由受要约人或者受要约人授权的代理人作出。只有受要约人才能作出承诺，第三人非受要约人不能作出承诺。

（2）承诺必须在合理期限内向要约人作出。《合同法》第23条规定，承诺应当在要约确定的期限内到达要约人。要约没有确定承诺期限的，承诺应当依照下列规定到达：①要约以对话方式作出的，应当即时作出承诺，但当事人另有约定的除外；②要约以非对话方式作出的，承诺应当在合理期限内到达。

合理期限的确定应当考虑具体情况，包括要约到达受要约人的必要时间、受要约人考虑是否承诺的必要时间、承诺到达要约人所需必要时间。如果承诺人超过了规定的期限作出承诺，则视为承诺迟到，或称为逾期承诺。一般而言，逾期的承诺在《合同法》上被视为一项新的要约，而不是承诺。需要强调的是，对于根据交易习惯或者要约表明可以通过行为作出承诺的，也适用《合同法》第23条的规定。

（3）承诺的内容必须与要约的内容一致。受要约人对要约的内容作出实质性变更的，为新要

---

❶ 见《合同法》第21条。

约。有关合同标的、数量、质量、价款或者报酬、履行期限、履行地点和方式、违约责任和解决争议方法等的变更，是对要约内容的实质性变更。❶ 承诺对要约的内容作出非实质性变更的，除要约人及时表示反对或者要约表明承诺不得对要约的内容作出任何变更的以外，该承诺有效，合同的内容以承诺的内容为准。❷

（4）承诺必须表明受要约人决定与要约人订立合同。❸ 承诺必须清楚明确地表明订约，否则不产生承诺的效力。诸如"原则上同意""同意考虑"等意思表示，均不是明确的订约表示。

（四）承诺的撤回和延迟

1. 承诺撤回

《合同法》第27条规定，承诺可以撤回。撤回承诺的通知应当在承诺通知到达要约人之前或者与承诺通知同时到达要约人。

承诺撤回与要约撤回适用同样的原则，即任何一项承诺都是可以撤回的，只要撤回的通知先于或同时与要约到达要约人，都能产生撤回的效力。

2. 承诺延迟

承诺延迟有两种情形：一是主观逾期，受要约人发出承诺的时间已经超过承诺期限。二是客观逾期，受要约人在承诺期限内发出承诺，且按常理能够及时到达要约人，但因其他原因到达要约人时已经超过承诺期限。前种情形，除非要约人及时通知受要约人该承诺有效，否则视为新要约；后种情形，除非要约人及时通知受要约人因承诺超过期限不接受该承诺，否则该承诺有效。

五、合同的成立

合同的成立，是指订约当事人就合同的主要条款形成合意。

《合同法解释（二）》第1条规定，当事人对合同是否成立存在争议，人民法院能够确定当事人名称或者姓名、标的和数量的，一般应当认定合同成立。但法律另有规定或者当事人另有约定的除外。对合同欠缺的前款规定以外的其他内容，当事人达不成协议的，人民法院依照《合同法》第61条、第62条、第125条等有关规定予以确定。

（一）合同成立的时间

（1）有效的承诺通知到达要约人的时间为合同成立时间。

（2）承诺不需要通知的，受要约人根据交易习惯或者要约的要求作出承诺行为的时间为合同成立时间。

（3）当事人采用合同书形式订立合同的，双方当事人签字或者盖章的时间为合同成立时间；签字或者盖章不在同一时间的，以最后签字或者盖章的时间为合同成立时间。

（4）采用数据电文形式订立合同的，该数据电文进入收件人指定特定系统或者收件人的任何系统（收件人未指定系统）的首次时间为合同成立时间。

（5）采用信件、数据电文等形式订立合同的，当事人在合同成立之前要求签订确认书，以签订确认书的时间为合同成立时间。

（二）合同成立的地点

（1）承诺通知到达地点为合同成立的地点，即要约人所在地。

---

❶ 见《合同法》第30条。

❷ 见《合同法》第31条。

❸ 徐炳. 买卖法［M］. 北京：经济科学出版社，1991：100.

 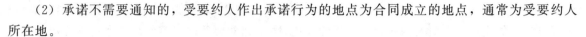

（2）承诺不需要通知的，受要约人作出承诺行为的地点为合同成立的地点，通常为受要约人所在地。

（3）采用数据电文形式订立合同，当事人有约定的，以其约定确定合同成立地。

（4）采用数据电文形式订立合同，当事人没有约定的，通常以收件人的主营业地为合同的成立地点；没有主营业地的，以其经常居住地作为合同成立的地点。

（5）采用合同书包括确认书形式订立合同的，双方当事人签字或者盖章的地点为合同成立的地点；签字或者盖章不在同一地点的，通常最后签字或者盖章的地点为合同成立的地点。

（三）合同成立的特殊情形

1. 未按法律规定采用书面形式而合同成立的情形

《合同法》第10条第2款规定，法律、行政法规规定采用书面形式的，应当采用书面形式。

《合同法》第36条规定，法律、行政法规规定或者当事人约定采用书面形式订立合同，当事人未采用书面形式但一方已经履行主要义务，双方接受的，该合同成立。

根据《合同法》第10条第2款的强制性规定，当事人在签订此类合同时，应当按照该规定采用书面形式。没有采用书面形式的，一般来讲，合同不产生法律效力。但是，在现实经济生活中，当事人虽然没有采用书面形式，但是合同规定的主要义务已经履行的，也应当认定合同成立。

2. 采用合同书订立合同没有签字或者盖章而合同成立的情形

《合同法》第32条规定，当事人采用合同书形式订立合同的，自双方当事人签字或者盖章时合同成立。

《合同法》第37条规定，采用合同书形式订立合同，在签字或者盖章之前，当事人一方已经履行主要义务，对方接受的，该合同成立。

根据《合同法》第32条规定，双方当事人签字或者盖章，是采用书面形式订立合同成立的要件之一。如果当事人不签字或者盖章，通常来讲，合同不能算作成立。但是，如果没有签字的当事人已经履行了合同的主要义务，虽然合同在形式上存在欠缺，也应当认定合同成立。

六、格式条款

（一）含　义

格式条款，又称定式条款、标准条款，是指当事人为了重复使用而预先拟定，并在订立合同时未与对方协商，对方只能表示全部同意或者不同意的条款。格式条款广泛使用于供水、供电、贷款、保险、房屋预售及租赁等合同。

（二）订立规则

1. 格式条款合同确定的权利和义务应当公平合理

通常，格式条款合同的提供方利用其经济方面的绝对优势，设立一些免除自己责任、限制对方权利的条款，如免责条款、法院管辖地条款等，从而加大对方的合同义务和风险。我国《合同法》规定，提供格式条款的一方应当遵循公平原则确定当事人之间的权利和义务。

2. 提供格式条款的一方有提示和说明的义务

一般情况下，格式合同文字晦涩冗长，难以理解，不利条款不易被发现，因此，我国《合同法》规定，提供格式条款的一方应当采取合理的方式提请对方注意免除或者限制其责任的条款，并按照对方的要求，对该条款予以说明。

《合同法解释（二）》第6条规定，提供格式条款的一方对格式条款中免除或者限制其责任的内容，在合同订立时采用足以引起对方注意的文字、符号、字体等特别标识，并按照对方的要求对该格式条款予以说明的，人民法院应当认定符合《合同法》第39条所称"采取合理的方式"。提供格式条款一方对已尽合理提示及说明义务承担举证责任。

（三）格式条款的效力

1. 格式条款的无效情形

《合同法》第40条规定，格式条款具有《合同法》第52条和第53条规定情形的，或者提供格式条款一方免除其责任、加重对方责任、排除对方主要权利的，该条款无效。

具体无效情形：①《合同法》第52条的法定无效情形；②《合同法》第53条的免责条款无效情形；③免除造成对方人身伤害的责任的内容；④免除因故意或者重大过失造成对方财产损失的责任的内容；⑤提供格式条款一方当事人免除自己的责任；⑥提供格式条款一方当事人加重对方责任；⑦提供格式条款一方当事人排除对方主要权利。上述格式条款严重损害对方利益，无论提供方是否作出提示和说明，均为无效。

2. 格式条款的可撤销情形

《合同法解释（二）》第9条规定，提供格式条款的一方当事人违反《合同法》第39条第1款关于提示和说明义务的规定，导致对方没有注意免除或者限制其责任的条款，对方当事人申请撤销该格式条款的，人民法院应当支持。但是，《合同法解释（二）》第10条规定，提供格式条款的一方当事人违反《合同法》第39条第1款的规定，并具有《合同法》第40条规定的情形之一的，人民法院应当认定该格式条款无效。

（四）格式条款的解释

《合同法》第41条规定，对格式条款的理解发生争议的，应当按照通常理解予以解释。对格式条款有两种以上解释的，应当作出不利于提供格式条款一方的解释。格式条款和非格式条款不一致的，应当采用非格式条款。

解释格式条款，首先应当遵循前述合同解释的基本原则；其次应当遵循《合同法》关于格式条款的特殊原则。其特殊原则主要体现在：

1. 通常解释原则

双方当事人对格式条款的理解有争议的，按通常理解予以解释。格式条款的解释，应当依照相对方的一般认识或理解来解释。

2. 不利于条款提供方原则

对格式条款存在两种以上不同的合理解释时，应当作出不利于条款提供方的解释，以防止条款提供方玩弄文字游戏。

3. 非格式条款优先原则

特别约定优于普通约定，格式合同中存在格式条款和非格式条款不一致的情况的，非格式条款的效力高于格式条款。格式条款与非格式条款相抵触的，采用非格式条款。

七、缔约过失责任

（一）概 念

缔约过失责任，是指在订立合同过程中，因缔约一方故意或过失合同不成立或者未生效所应承担的责任。

缔约过失责任是违反先合同义务时依法应当承担的民事责任。所谓先合同义务，是指在合同缔约过程中，双方相互接触、磋商而逐渐产生的附随义务，包括互相协助、照顾、保护、通知、诚实信用等义务。这些义务以诚实信用原则为基础。《合同法》第43条规定，当事人在订立合同过程中知悉的商业秘密，无论合同是否成立，不得泄露或者不正当地使用。泄露或者不正当地使用该商业秘密给对方造成损失的，应当承担损害赔偿责任。

（二）成立要件

（1）缔约一方违反先合同义务；

（2）未违反合同义务的缔约方基于信赖关系受到经济损失；

（3）违反先合同义务与经济损失存在因果关系；

（4）违反先合同义务的缔约方主观上存在过错。

（三）承担缔约过失责任的法定情形❶

1. 假借订立合同，恶意进行磋商

一方没有缔结合同的真实意思，其洽商目的在于限制、妨碍竞争对手的经营活动，只要造成对方损害结果的发生，其应当承担损害赔偿责任。

2. 故意隐瞒与订立合同有关的重要事实或者提供虚假情况

以假充真、以次充好、夸大自己的履约能力等，使对方作出违背真实意愿的意思表示或者准备行为造成损失的，过错方应当承担损害赔偿责任。

3. 违反保密义务

当事人在订立合同过程中知悉的商业秘密，无论合同是否成立，不得泄露或者不正当地使用。泄露或者不正当地使用该商业秘密给对方造成损失的，应当承担损害赔偿责任❷。

4. 有其他违背诚实信用原则的行为

诚实信用原则是先合同义务的基础，起到兜底作用。如，法律、行政法规规定应当办理批准手续的合同，当事人之间基于诚实信用原则应该相互协助，因一方当事人不履行协助义务使合同未被批准生效的，应当承担损害赔偿责任。

第三节　合同的效力

一、合同的生效

（一）合同生效的法律特征

合同的生效，是指已成立的合同在当事人之间产生一定的法律约束力。❸ 其法律特征在于：

（1）当事人之间基于合同产生民事权利和义务关系。

（2）合同具有法律强制约束力。主要体现在：

① 合同依法成立即生效，当事人双方都必须遵守，严格按照合同规定的标的、数量、质量、履行地点、履行期限和方式等全面地履行其所承担的义务。

② 不得擅自变更或解除合同。在合同生效后，发生新的情况需要变更或者解除合同时，应当依照法律规定的变更或解除条件及程序进行，任何一方不得擅自变更或解除。

③ 违反合同应当承担相应的违约责任。除法律规定的情况之外，合同当事人不履行或者不完全履行合同时，都需要承担违反合同的法律责任，即违约责任。

---

❶ 见《合同法》第42条、第43条。

❷ 见《合同法》第43条。

❸ 李国光. 中国合同法条文释解［M］. 北京：新华出版社，1999：89.

（3）合同条款是处理合同纠纷的依据。合同条款是确定当事人的权利、义务和责任的证据。

（二）合同的一般生效要件

《合同法》第 44 条第 1 款规定，依法成立的合同，自成立时生效。《民法总则》第 143 条的规定既是民事法律行为的有效要件，也是合同的一般生效要件。

合同的一般生效要件为：

（1）合同当事人具有相应的民事行为能力；

（2）合同当事人的意思表示真实；

（3）合同内容不违反法律、行政法规的强制性规定，不违背公序良俗。

（二）合同的特殊生效要件

1. 法定生效要件

法律、行政法规规定应当办理批准、登记等手续生效的，自批准、登记时生效。如，我国法律规定，中外合作经营合同必须经过有关部门的审批后，才具有法律效力。

《合同法解释（一）》第 9 条第 1 款规定，法律、行政法规规定合同应当办理批准手续，或者办理批准、登记等手续才生效，在一审法庭辩论终结前当事人已经办理批准手续的，人民法院应当认定该合同已生效；法律、行政法规规定合同应当办理登记手续，但未规定登记后生效的，当事人未办理登记手续不影响合同的效力。

2. 约定生效要件

（1）附生效条件的合同，自条件成就时生效。当事人为自己的利益不正当地阻止条件成就的，视为条件已成就。不正当地促成条件成就的，视为条件不成就。

（2）附生效期限的合同，自期限届至时生效。

二、合同的效力

（一）效力待定的合同

1. 概念及特点

效力待定的合同，是指合同已经成立，但不完全符合有关生效要件的规定，须经权利人追认才能生效的合同。

2. 种 类

（1）限制行为能力人订立的合同

《合同法》第 47 条第 1 款规定，限定民事行为能力人订立的合同，经法定代理人追认后，该合同有效，但纯获利益的合同或者与其年龄、智力、精神健康状况相适应而订立的合同，不必经法定代理人追认。

限制民事行为能力人，是指 8 周岁以上不满 18 周岁的未成年人和不能完全辨认自己行为的精神病人。限制民事行为能力人签订的合同，并不是都必须经过法定代理人的追认。

① 限制民事行为能力人实施的单方民事行为，如抛弃财产，则其行为当然无效。

② 限制民事行为能力人与他人订立合同，经法定代理人追认后，该合同有效。法定代理人不予追认，则该合同无效。

③ 纯利益的合同，如接受遗赠、赠与，或者与其年龄、智力、精神健康状况相适应而订立的合同，如未成年人购买文具，则不必经法定代理人追认。

（2）无权代理人订立的合同

《合同法》第 48 条第 1 款规定，行为人没有代理权、超越代理权或代理权已被终止后以被代理人名义订立的合同，未经被代理人追认，对被代理人不发生效力，由行为人承担责任。

《民法总则》第171条第3款规定，行为人实施的行为未被追认的，善意相对人有权要求行为人履行债务或者就其受到的损害请求行为人赔偿，但是赔偿的范围不得超过被代理人追认时相对人所能获利的利益。

在权利人承认或行为人取得代理权之前，该合同处于效力待定状态。未得到权利人的追认，或者无权代理人在合同成立后没有取得代理权，合同对被代理人不发生效力，由行为人承担债务履行或赔偿责任。

（3）无权处分合同

《合同法》第51条规定，无处分权的人处分他人财产，经权利人追认或者无处分权的人在订立合同后取得处分权的，该合同有效。

《最高人民法院关于审理买卖合同纠纷案件适用法律问题的解释》第3条规定："当事人一方以出卖人在缔约时对标的物没有所有权或者处分权为由主张合同无效的，人民法院不予支持。出卖人因未取得所有权或者处分权致使标的物所有权不能转移，买受人要求出卖人承担违约责任或者要求解除合同并主张损害赔偿的，人民法院应予支持。"

在权利人承认或行为人取得财产所有权之前，该合同处于效力待定状态。未得到权利人的追认，或者无权处分人在合同成立后没有取得财产所有权，不影响买卖合同的效力。例如，甲把手表借给乙，乙将手表卖给丙，乙丙之间的买卖合同属于因无权处分而订立的合同。如果该买卖合同未得到甲的追认，该买卖合同依然有效，丙可以要求乙承担违约责任，或者要求解除该买卖合同并主张损害赔偿。

3. 催告权和撤销权

效力待定合同的相对人享有催告权和撤销权。

催告权，是指合同相对人催促法定代理人/被代理人/处分权人在1个月内明确答复是否承认该合同，如果法定代理人/被代理人/处分权人未作表示的，则视为拒绝追认。

撤销权，是指善意相对人在合同未被追认之前，可撤回对限制行为能力人/无权代理人/无权处分人作出的意思表示。撤销应当以通知的方式作出。

善意相对人，是指合同相对人在签订合同时不知道或者不可能知道对方是限制行为能力人/无权代理人/无处分权人。相对人明知对方是限制行为能力人/无权代理人/无处分权人，而仍然与对方订立合同，或者未催告权利人追认而实际履行合同，构成恶意，不享有撤销权。

4. 合同追认

《合同法解释（二）》第11条规定，根据《合同法》第47条、第48条的规定，追认的意思表示自到达相对人时生效，合同自订立时起生效。

《合同法解释（二）》第12条规定，无权代理人以被代理人的名义订立合同，被代理人已经开始履行合同义务的，视为对合同的追认。

权利人对效力待定合同的承认是无条件的，是对合同全部条款的承认，而不是只承认部分条款。权利人只承认部分合同条款，相对人表示同意的，可使合同部分有效，而其余部分确认无效。权利人的承认应当以明示方式作出，并且通知相对人。

（二）可撤销的合同

《合同法》第54条对合同的可变更和可撤销情形作出了规定，但《民法总则》第147～151条仅保留了可撤销的民事法律行为，未规定可变更的民事法律行为，应当认为废止了《合同法》有关可变更合同的规定。因此，本教材不再阐述《合同法》规定的可变更合同。关于可撤销合同的相关问题，应适用《民法总则》的相关规定。

合同成立后，发生法律规定的事由，当事人有权请求人民法院或者仲裁机构撤销。所谓撤销，是指经过法定机关或者程序使合同不再具有法律效力。

1. 可撤销合同的具体情形

（1）因重大误解订立的合同

所谓重大误解，是指误解者作出意思表示时，对涉及合同法律效果的重要事项存在认识上的显著缺陷，其后果是使误解者的利益受到较大的损失，或者达不到误解者订立合同的目的。误解的对象包括合同性质、合同当事人、合同标的物种类、合同标的物质量等足以影响合同目的或者重大利益的内容。误解既可以是单方面的误解，如出卖人误将某一标的物当作另一物；也可以是双方的误解，如买卖双方误将本为复制品的油画当成真品买卖。

《民法总则》第147条规定，基于重大误解实施的民事法律行为，行为人有权请求人民法院或者仲裁机构予以撤销。

根据上述规定，因重大误解订立的合同，只要是合同当事人均有撤销权。

（2）因欺诈订立的合同

所谓欺诈，是指行为人故意告知对方虚假情况，或者隐瞒真实情况，诱使对方当事人作出错误意思表示的行为。在实践中，欺诈大都表现为故意陈述虚伪事实或故意隐瞒真实情况使他人陷入错误的行为。所谓故意隐瞒真实情况，是指行为人有义务向他方如实告知某种真实的情况而故意不告知。

沉默能否构成欺诈？关键在于确定行为人是否有义务向对方陈述某种事实真相。一般来说，法律规定的陈述义务是基于诚实信用产生的义务。例如，《中华人民共和国产品质量法》（以下简称《产品质量法》）第26条规定，销售者出售存在使用性能瑕疵的产品，应当事先向消费者或用户作出说明。否则，销售者应当承担民事责任。此项义务虽然属于法律规定的陈述义务，但从另一角度看，也属于基于诚实信用产生的义务。

《民法总则》第148条规定，一方以欺诈手段，使对方在违背真实意思的情况下实施的民事法律行为，受欺诈方有权请求人民法院或者仲裁机构予以撤销。

《民法总则》第149条规定，第三人实施欺诈行为，使一方在违背真实意思的情况下实施的民事法律行为，对方知道或者应当知道该欺诈行为的，受欺诈方有权请求人民法院或者仲裁机构予以撤销。

根据上述规定，因欺诈订立的合同，实施欺诈的行为人既包括合同相对方，也包括第三人。因行为人的欺诈，受欺诈方缔结了违背真实意思表示的合同，受欺诈方才有撤销权。

（3）因胁迫而订立的合同

所谓胁迫，是指行为人以将要发生的损害或者以直接实施损害相威胁，使对方产生恐惧而作出违背其真意的意思表示。

《民法总则》第150条规定，一方或者第三人以胁迫手段，使对方在违背真实意思的情况下实施的民事法律行为，受胁迫方有权请求人民法院或者仲裁机构予以撤销。

因胁迫订立的合同，只有受胁迫方才有撤销权。

（4）乘人之危订立的显失公平合同

《民法总则》第151条规定，一方利用对方处于危困状态、缺乏判断能力等情形，致使民事法律行为成立时显失公平的，受损害方有权请求人民法院或者仲裁机构予以撤销。

《民法总则》第151条将原《合同法》第54条规定的乘人之危合同与显失公平合同两种可撤

销合同的构成要件合二为一，规定因乘人之危订立的显失公平合同为可撤销合同，完善了该类合同可撤销应当具备的主观要件与客观要件。

根据上述规定，因乘人之危订立的显失公平合同，主观要件表现为一方利用他方危困状态、急迫情况、无经验、缺乏判断能力或者显著意志薄弱，即为乘人之危；客观要件表现为一方的给付对价明显对处于危困或急迫状态、缺乏判断能力的另一方有重大不利，即为显失公平。只有同时具备这两项条件，方才构成因乘人之危订立的显失公平合同。如出租车司机借抢救危重病人急需租车之机，提高十倍的车价，属于乘人之危订立的显失公平合同。

乘人之危订立的显失公平合同，只有受损害方才有撤销权。

2. 撤销权及其撤销权消灭

《民法总则》第152条修正并精细化了《合同法》第55条对撤销权消灭的规定，对撤销权的除斥期间规定得更为详细。因此，关于撤销权消灭的相关问题，应适用《民法总则》的相关规定。

撤销权，是指合同相对人撤回其订立合同的意思表示。撤销应当以通知的方式作出。

根据《民法总则》第152条的规定，撤销权消灭的具体情形为：

（1）当事人自知道或者应当知道撤销事由之日起1年内、重大误解的当事人自知道或者应当知道撤销事由之日起3个月内没有行使撤销权。

（2）当事人受胁迫，自胁迫行为终止之日起1年内没有行使撤销权。

（3）当事人知道撤销事由后明确表示或者以自己的行为表明放弃撤销权。

（4）当事人自民事法律行为发生之日起5年内没有行使撤销权的，撤销权消灭。

（三）表见代理合同

《合同法》第49条规定，行为人没有代理权、超越代理权或者代理权终止后以被代理人名义订立合同，相对人有理由相信行为人有代理权的，该代理行为有效。

《合同法解释（二）》第13条规定，被代理人依照《合同法》第49条的规定承担有效代理行为所产生的责任后，可以向无权代理人追偿因代理行为而遭受的损失。

我国《合同法》设立表见代理制度的目的是保护善意相对人的信赖利益和交易安全。

表见代理的构成要件：

（1）行为人未获得被代理人的授权即以被代理人名义签订合同。

（2）合同相对人是善意的，主观上不存在过失。但相对人明知行为人无权代理、超越代理权或者代理权已终止，仍与行为人签订合同，主观存在恶意，则不构成表见代理。

（3）合同相对方有理由相信行为人具有代理权。

（四）因代表行为订立的合同

《合同法》第50条规定，法人或者其他组织的法定代表人、负责人超越权限订立的合同，除相对人知道或者应当知道其超越权限的以外，该代表行为有效。

法定代表人或者其他组织的负责人是代表法人或者其他组织行使职权的，其执行职务的行为效力及于法人或者其他组织，即一切后果由法人或者其他组织承担。但相对人明知法定代表人或者负责人超越权限仍与其签订合同，主观存在恶意，其法人或其他组织未予追认的，合同无效。

（五）无效合同

《民法总则》第144条明确规定无民事行为能力人作出的民事法律行为无效，第146条第2款规定了当事人通谋虚伪的民事法律行为无效，填补了《合同法》第52条的漏洞。《民法总则》

第 153 条第 1 款在继续规定违反法律法规强制性规定的民事法律行为无效之外，增设了"但是该强制性规定不导致该民事法律行为无效的除外"的但书条款，即根据强制性规定的法律规范目的来判断是否影响违反该民事法律行为的法律效力，减少了民事法律行为被认定无效的概率。此外，《民法总则》第 153 条第 2 款规定违背公序良俗的民事法律行为无效，不再使用"公共利益"的表述，增强了民法的科学性。

1. 概念及特点

无效合同，是指不具有法律约束力和不发生履行效力的合同。

无效合同具有合同内容违法、自始无效、当然无效、人民法院或仲裁机构依职权主动审查合同效力等特点。

2. 种　类

（1）无民事行为能力人订立的合同

《民法总则》第 144 条规定，无民事行为能力人实施的民事法律行为无效。

无民事行为能力人，是指不满 8 周岁的未成年人、8 周岁以上不能辨认自己行为的未成年人以及不能辨认自己行为的成年人。

（2）虚假意思表示的合同

《民法总则》第 146 条规定，行为人与相对人以虚假的意思表示实施的民事法律行为无效。以虚假的意思表示隐藏的民事法律行为的效力，依照有关法律规定处理。

所谓虚假表示，亦称假装行为，是指合同双方当事人所作虚假的意思表示。双方当事人明知该法律行为是虚假的，都不想使该法律行为发生效力。例如甲欠乙巨额债务，为逃避债务，甲与丙签订房屋买卖合同，将甲名下房屋过户给丙。丙并无买房的真实意愿，买卖合同为虚假表示的合同。

所谓隐藏行为，是指虚假表示所掩盖的真实的法律行为。隐藏行为的法律效力取决于隐藏行为本身是否符合相关法律法规规定的有效要件。例如张某有两儿子，有意将房屋留给小儿子，但恐大儿子有意见，张某与小儿子签订房屋买卖合同，实则将房屋赠与小儿子。房屋买卖为虚假行为，房屋赠与为隐藏行为，但因张某拥有该房屋产权，其赠与行为不违反相关法律规定，应属有效行为。

《民法总则》第 146 条第 2 款所述的"以虚假的意思表示隐藏的民事法律行为"，包括《合同法》第 52 条第 3 项规定的"以合法形式掩盖非法目的"合同无效情形。因虚假意思表示并非当事人的真实意思表示应为无效，但被隐藏行为的效力则应当根据相关法律的具体规定进行判断，在实践中可能是有效的。

（3）恶意串通，损害他人合法权益的合同

《民法总则》第 154 条规定，行为人与相对人恶意串通，损害他人合法权益的民事法律行为无效。

判断合同是否属于上述规定的情形，应当审查合同当事人是否具备通谋损害他人合法权益的主观要件，以及合同目的是否具备损害国家、集体或第三人的合法权益的客观要件。

（4）违反法律、行政法规强制性规定的合同

《民法总则》第 153 条第 1 款规定，违反法律、行政法规的强制性规定的民事法律行为无效，但是该强制性规定不导致该民事法律行为无效的除外。

《合同法解释（一）》第 4 条规定，《合同法》实施以后，人民法院确认合同无效，应当以全国人大及其常委会制定的法律和国务院制定的行政法规为依据，不得以地方性法规、行政规章为

依据。

法律、行政法规的强制性规定，是指效力性强制性规定❶，即法律、行政法规中有关人们必须为某种行为或者不得为某种行为的规定。判断违反法律法规强制性规定的合同是否无效，关键在于该强制性规定是否足以影响该合同的法律效力。

（5）违背公序良俗的合同

《民法总则》第153条第2款规定，违背公序良俗的民事法律行为无效。

（6）非法垄断技术、妨碍技术进步或者侵害他人技术成果的技术合同

《合同法》第329条规定，非法垄断技术、妨碍技术进步或者侵害他人技术成果的技术合同无效。

非法垄断技术、妨碍技术进步，是指限制对方在技术合同标的技术的基础上进行新的研究开发，限制对方从其他渠道吸收技术，限制对方在生产和科研中采用第三方的竞争性技术。

非法垄断技术、妨碍技术进步的6种情形❷：

① 限制当事人一方在合同标的技术基础上进行新的研究开发或者限制其使用所改进的技术，或者双方交换改进技术的条件不对等，包括要求一方将其自行改进的技术无偿提供给对方、非互惠性转让给对方、无偿独占或者共享该改进技术的知识产权；

② 限制当事人一方从其他来源获得与技术提供方类似技术或者与其竞争的技术；

③ 阻碍当事人一方根据市场需求，按照合理方式充分实施合同标的技术，包括明显不合理地限制技术接受方实施合同标的技术生产产品或者提供服务的数量、品种、价格、销售渠道和出口市场；

④ 要求技术接受方接受并非实施技术必不可少的附带条件，包括购买非必需的技术、原材料、产品、设备、服务以及接收非必需的人员等；

⑤ 不合理地限制技术接受方购买原材料、零部件、产品或者设备等的渠道或者来源；

⑥ 禁止技术接受方对合同标的技术知识产权的有效性提出异议或者对提出异议附加条件。

侵害他人技术成果，是指一方当事人侵害对方或者第三方知识产权和其他技术权益的行为，主要包括2种情形：

① 侵害对方或者第三方的专利权、专利申请权、专利实施权，计算机软件版权，植物新品种权，以及技术秘密和含技术秘密的技术成果使用权和转让权；

② 侵害对方或者第三方完成科学技术成果的个人的发明权、发现权以及其他科技成果权等精神权利。

（六）无效免责条款

《合同法》第53条规定，合同中的下列免责条款无效：①造成对方人身伤害的；②因故意或者重大过失造成对方财产损失的。

我国《合同法》禁止免除对人身伤害的侵权行为责任；根据过错程度控制免责条款的效力，即禁止免除因故意或者重大过失造成对方财产损失的损害赔偿责任。这也是各国的立法通例。

（七）合同争议解决条款

1. 合同争议解决条款的效力

《合同法》第57条规定，合同无效、被撤销或者终止的，不影响合同中独立存在的有关解决

❶ 见《合同法解释（二）》第14条。

❷ 见《最高人民法院关于审理技术合同纠纷案件适用法律若干问题的解释》第10条。

争议方法的条款的效力。

2. 合同争议解决条款的种类

（1）仲裁条款：我国对合同争议采取或仲或审制度，有效的仲裁条款有排除诉讼管辖的效力，即合同当事人约定仲裁解决纠纷的，双方发生争议时，不得向人民法院提起诉讼。

（2）选择受诉法院的条款：合同当事人可以在书面合同协议中选择被告住所地、合同履行地、合同签订地、原告住所地、标的物所在地人民法院管辖，但不得违反《民事诉讼法》对级别管辖和专属管辖的规定。当事人选择受诉法院的条款，不受其他条款的效力影响。

（3）选择检验、鉴定机构的条款：当事人对合同标的物的质量等发生争议的，约定由双方认可的机构进行检验、鉴定的条款，不受其他条款的效力影响。

（4）法律适用条款：具有涉外因素的合同当事人可以选择解决合同争议所适用的法律，但是，对于中国具有专属管辖权的合同（如中外合资经营合同等），与我国的社会公共利益、主权、安全等密切相关的合同只能适用中国的法律。

（5）关于协商解决争议的条款：当事人约定协商解决，不产生排除诉讼解决的效力。

（八）合同无效或被撤销的效力及法律后果

1. 合同无效或撤销的效力

（1）无效合同或者被撤销合同自始无效

《合同法》第 56 条规定，无效的合同或者被撤销的合同自始没有法律约束力。合同部分无效，不影响其他部分效力的，其他部分仍然有效。《民法总则》第 155 条、第 156 条对此也有相同的规定。

（2）不影响独立存在的解决争议条款的效力

《合同法》第 57 条规定，合同无效被撤销或者终止的，不影响合同中独立存在的有关解决合同争议方法的条款的效力。

2. 合同无效、合同被撤销或被确认不生效的法律后果

《合同法》第 58 条、第 59 条对合同无效或被撤销的法律后果有相应规定，《民法总则》第 157 条对无效、被撤销或被确定不生效的民事法律行为有相似规定。

根据上述规定，合同无效、被撤销或确定不生效的法律后果如下：

（1）返还财产：返还因合同取得的财产，不能返还的或者没有必要返还的，应当折价赔偿。

（2）赔偿损失：有过错的一方应当赔偿对方因此所受到的损失，双方都有过错的，应当各自承担相应的责任。

（3）收归国家所有或者返还集体、第三人：当事人恶意串通，损害国家、集体或者第三人利益的，因此取得的财产收归国家所有或者返还集体、第三人。

第四节 合同的履行

一、合同履行原则

合同履行原则，是指导当事人履行合同的基本准则。

合同的履行是《合同法》的核心所在，《合同法》中许多规则、原则都是围绕着合同履行规定的。合同的成立是合同履行的前提；合同的法律效力是合同履行的依据；合同的担保是合同履行的保障。正如有的学者说的："合同履行是其他一切合同法律制度的归宿或延伸。"

（一）全面履行原则

《合同法》第60条第1款规定，当事人应当按照约定全面履行自己的义务。

全面履行原则，是指合同当事人应当全面履行合同的约定义务，即有关标的及其质量、数量、履行期限、履行地点、履行方式等合同条款明确约定的义务。

（二）诚实信用原则

《合同法》第60条第2款规定，当事人应当遵循诚实信用原则，根据合同的性质、目的和交易习惯履行通知、协助、保密等义务。

诚实信用原则，是指合同当事人基于诚实信用原则履行法定的附随义务，如通知、协助、提供必要条件、防止损失扩大、保守商业秘密或技术秘密等义务。

二、合同的解释

《合同法》第125条第1款规定，当事人对合同条款的理解有争议的，应当按照合同所使用的词句、合同的有关条款、合同的目的、交易习惯以及诚实信用原则，确定该条款的真实意思。

《民法总则》第142条规定，有相对人的意思表示的解释，应当按照所使用的词句，结合相关条款、行为的性质和目的、习惯以及诚信原则，确定意思表示的含义。无相对人的意思表示的解释，不能完全拘泥于所使用的词句，而应当结合相关条款、行为的性质和目的、习惯以及诚信原则，确定行为人的真实意思。

合同解释，是对合同当事人意思表示的解释。由于合同当事人的知识、经验、语言表达等自身能力不同，而且语言本身就具有多义、不确定的特点，合同当事人对合同文本的理解也会不尽相同，从而当事人发生争议。因此，需要通过合同解释，确定合同当事人的真实意思表示。

（一）合同解释的基本原则

1. 文义解释

文义解释，是指对合同所使用的文字、词句含义解释，确定当事人的真实意思。

但是，语言本身的多义特点、当事人对语言文字的驾驭能力，可能导致合同条款的词句含义模糊，不能清楚表达当事人的真实意思。因此，使用文义解释原则进行合同解释，不能仅从字词本身的含义来解释，还需要从语法、逻辑的角度解释合同。

2. 整体解释

整体解释，是指对合同全部条款作相互解释，以确定争议条款在整个合同中所具有的正确意思。

通常，合同条款之间存在密切关联，孤立地理解单个条款，容易偏离当事人的真实意思，因此，应当将单个条款与整体合同相结合理解其含义，确定当事人的真实意思。

3. 目的解释

目的解释，是指通过对合同目的的解释，确定当事人的真实意思。

《合同法》第125条第2款规定，合同文本采用两种以上文字订立并约定具有同等效力的，对各文本使用的词句推定具有相同含义。各文本使用的词句不一致的，应当根据合同的目的予以解释。

合同目的是当事人通过合同所追求的目的，通常表现为经济利益。因此，当事人就合同条款产生歧义时，可以通过其合同目的来推定当事人的真实意思。但是，采取目的解释方法确定当事人的意思表示，应当考虑双方当事人的共同目的，或者为对方当事人已知或者应知的一方当事人的目的。单方当事人不为对方所知晓的目的，不能作为解释的依据。

4. 习惯解释

习惯解释，是指按照行业的交易惯例或者当事人之间的交易习惯，确定当事人的意思表示。

我国《合同法》规定，在当事人对合同内容没有约定或者约定不明确时，交易习惯是对其予以明确的重要原则，因此，交易习惯同样应当作为合同解释的重要原则。

5. 诚信解释

诚信解释，是指遵循诚实信用的原则，确定当事人的意思表示。

诚实信用是贯穿合同订立、履行、终止等整个过程的基本原则，必然是合同解释的重要原则。

（二）合同的补充

《合同法》第61条规定，合同生效后，当事人就质量、价款或者报酬、履行地点等内容没有约定或者约定不明确的，可以协议补充；不能达成补充协议的，按照合同有关条款或者交易习惯确定。

合同内容体现当事人的权利义务，合同条款明确、具体、全面才能确保当事人的正确履行。但是，基于种种原因，合同条款欠缺、条款不明确致使合同难以履行的情况仍然存在。因此，需要进行合同的补充来确定这些合同内容。

1. 协议补充

双方当事人协商一致，就原来欠缺的合同内容达成合意；对约定不明确的条款，协商明确条款的相关内容。

2. 补充性法律规定

对于欠缺的条款内容或者条款约定不明但不影响其效力的合同，基于公平原则，法律直接作出的用以弥补当事人没有约定或者约定不明确的意思表示的不足，使合同内容合理、确定并便于履行。

（1）一般性规则

当事人就质量、价款或者报酬、履行地点等内容没有约定或者约定不明确，且不能达成补充协议的，按照合同有关条款或者交易习惯确定。

（2）特殊规则❶

① 质量要求不明确的，按照国家标准、行业标准履行；没有国家标准、行业标准的，按照通常标准或者符合合同目的的特定标准履行。

② 价款或者报酬不明确的，按照订立合同时履行地的市场价格履行；依法应当执行政府定价或者政府指导价的，按照规定履行。

③ 履行地点不明确，给付货币的，在接受货币一方所在地履行；交付不动产的，在不动产所在地履行；其他标的，在履行义务一方所在地履行。

④ 履行期限不明确的，债务人可以随时履行，债权人也可以随时要求履行，但应当给对方必要的准备时间。

⑤ 履行方式不明确的，按照有利于实现合同目的的方式履行。

⑥ 履行费用的负担不明确的，由履行义务一方负担。

---

❶ 见《合同法》第62条。

三、合同履行的抗辩权

抗辩权，是指双务合同的当事人一方有依法对抗对方要求或否认对方权利主张的权利。

（一）同时履行抗辩权

1. 概　念

《合同法》第66条规定，当事人互负债务，没有先后履行顺序的，应当同时履行。一方在对方履行之前有权拒绝其履行要求。一方在对方履行债务不符合约定时，有权拒绝其相应的履行要求。

同时履行抗辩权，是指双务合同的双方互负义务且无先后履行顺序，一方当事人在对方未履行债务或者履行不符合约定时，有权拒绝履行相应的义务。

2. 适用条件

（1）同一双务合同且互负债务。单务合同仅一方负有义务，不能行使同时履行抗辩权。当事人不能以对方未履行其他双务合同的义务而拒绝履行本合同履行义务。适用同时履行抗辩权的前提，必须是双方当事人基于同一双务合同且互相负有债务。

（2）双方的义务是清偿期已届满的对等义务，且没有先后履行顺序。如"一手交钱，一手交货"，一方不付钱，另一方可以拒绝交货；反之，亦然。

（3）对方未履行债务或未提出履行债务或履行债务不符合约定。对方已经履行债务，或者虽未履行但提出履行债务，不能主张同时履行抗辩权；履行债务不符合约定，如迟延履行、不适当履行等，另一方可以拒绝履行相应的义务，而非合同约定的所有义务。也就是说，"拒绝"理由不应违反诚实信用原则。如买卖合同中标的物部分存在细微瑕疵，付款方拒绝支付所有货款，付款方拒绝履行的显然不是相应义务。

（4）对方尚有履行相应义务的可能。如果对方不能履行相应义务，则可以依法要求解除合同，不必再主张同时履行抗辩权。如对方明确表示不履行合同义务，另一方的合同目的肯定无法得以实现，主张同时履行抗辩权已无意义，可以直接要求解除合同。

（二）顺序履行抗辩权

1. 概　念

《合同法》第67条规定，当事人互负债务，有先后履行顺序，先履行一方未履行的，后履行一方有权拒绝其履行要求。先履行一方履行债务不符合约定的，后履行一方有权拒绝其相应的履行要求。

顺序履行抗辩权，是指按照合同约定或者法律规定，先履行义务的一方在履行期限届满时未履行义务或者履行义务不符合约定，后履行义务的一方有权拒绝履行相应的义务。

2. 适用条件

（1）同一双务合同且互负债务。

（2）双方的义务是对等义务，且有先后履行顺序。如约定先支付50%货款，收到款项3日内付货，余款于收到货物后7日内付清。一方给付50%货款是另一方交付货物的前提条件，二者存在先后履行顺序，前者未付50%货款，后者即可拒绝付货。

（3）先履行义务的一方未履行债务或未提出履行债务或履行债务不符合约定。先履行义务一方已经履行债务，或者虽未履行但提出履行债务，后履行义务一方不能主张顺序履行抗辩权；履行债务不符合约定，如迟延履行、部分履行或者瑕疵履行等不适当履行等。双务合同的双方互负义务必须是对等义务，一方未履行约定义务或履行不符合约定，另一方可以拒绝履行相应的义务，而非合同约定的所有义务。也就是说，"拒绝"理由应当未违反诚实信用原则。如买卖合同中标的物存在细微瑕疵，付款方拒绝支付所有货款，付款方拒绝履行的显然不是相应义务。

（4）对方尚有履行相应义务的可能。如果对方不能履行相应义务，则可以依法要求解除合同，不必再主张顺序履行抗辩权。如对方明确表示不履行合同义务，另一方的合同目的肯定无法得以实现，主张顺序履行抗辩权已无意义，可以直接要求解除合同。

（三）不安抗辩权

1. 概 念

《合同法》第 68 条规定，应当先履行债务的当事人，有确切证据证明对方有下列情形之一的，可以中止履行：①经营状况严重恶化；②转移财产、抽逃资金，以逃避债务；③丧失商业信誉；④有丧失或者可能丧失履行债务能力的其他情形。当事人没有确切证据中止履行的，应当承担违约责任。

不安抗辩权，是指具有先履行义务的一方当事人，当对方财产明显减少，不能保证对待给付的，拒绝履行义务的权利。

2. 适用条件

（1）同一双务合同且互负债务，双方履行义务有先后顺序。

（2）只有先履行义务的一方当事人，才有权行使不安抗辩权。不安抗辩权的目的是保证交易安全。本来，先履行义务就存在对方不能对待给付的风险，当有证据证明这种风险即将成为现实，法律赋予先履行义务一方可以行使不安抗辩权来中止自己的履行。

（3）对方有丧失或者可能丧失履行债务能力的情形。先履行义务一方行使不安抗辩权，必须有确切证据表明对方已无履约能力或者存在丧失履约能力的情形，即《合同法》第 68 条规定的 4 种情形。注意，无证据即中止履行的，先履行义务一方应当承担违约责任。

（4）后履行义务一方当事人没有提供担保。在合同签订时，后履行义务的一方当事人提供了适当的担保来确保合同履行的，先履行义务的一方当事人不享有不安抗辩权。先履行义务一方通知对方自己行使不安抗辩权的，对方及时提供适当担保或者合理期限内恢复履行能力的，合同恢复履行。

四、合同履行的保全

根据合同相对性原则，合同之债主要在合同当事人之间产生法律效力，不能及于合同之外的第三人。但是，为了保障债权人的利益，特殊情况下，法律赋予债权的对外效力，即确认债权对第三人产生效力，允许债权人向次债务人或者第三人行使代位权和撤销权。

（一）代位权

《合同法》第 73 条规定，因债务人怠于行使其到期债权，对债权人造成损害的，债权人可以向人民法院请求以自己的名义代位行使债务人的债权，但该债权专属于债务人自身的除外。代位权的行使范围以债权人的债权为限。债权人行使代位权的必要费用，由债务人负担。

1. 代位权的含义

代位权，是指债权人以自己的名义代替债务人行使本属于债务人的债权的权利。

2. 代位权的行使条件

（1）债权人对债务人的债权合法。

（2）债务人怠于行使其到期债权，对债权人造成损害。

《合同法解释（一）》第 13 条规定，《合同法》第 73 条规定的"债务人怠于行使其到期债权，对债权人造成损害的"，是指债务人不履行其对债权人的到期债务，又不以诉讼方式或者仲裁方式向其债务人主张其享有的具有金钱给付内容的到期债权，致使债权人的到期债权未能实现。次债务人（即债务人的债务人）不认为债务人有怠于行使其到期债权情况的，应当承担举证责任。

（3）债务人的债权已到期。

（4）债务人的债权不是专属于债务人自身的债权。

《合同法解释（一）》第 12 条规定，《合同法》第 73 条第 1 款规定的专属于债务人自身的债权，即基于扶养关系、抚养关系、赡养关系、继承关系产生的给付请求权和劳动报酬、退休金、养老金、抚恤金、安置费、人寿保险、人身伤害赔偿请求权等权利。

（5）代位权行使的范围应以债权人的债权为限。

《合同法解释（一）》第 21 条规定，在代位权诉讼中，债权人行使代位权的请求数额超过债务人所负债务额或超过次债务人对债务人所负债务额的，对超过部分法院不予支持。

债权人代位行使债务人的一项债权已足以保全自己的债权，则不应就债务人的其他债权行使代位权。

3. 代位权诉讼的程序问题

（1）管　辖

代位权诉讼由被告住所地人民法院管辖。

根据《合同法解释（二）》第 17 条规定，债权人以境外当事人为被告提起的代位权诉讼，对在中国领域内没有住所的被告提起的诉讼，如果合同在中国领域内签订或者履行，或者诉讼标的物在中国领域内，或者被告在中国领域内有可供扣押的财产，或者被告在中国领域内设有代表机构，可以由合同签订地、合同履行地、诉讼标的物所在地、可供扣押财产所在地、代表机构所在地人民法院管辖。

（2）受　理

债权人向人民法院起诉债务人以后，又向同一人民法院对次债务人提起代位权诉讼，符合《合同法解释（一）》第 13 条的规定和《民事诉讼法》规定的起诉条件的，应当立案受理；不符合《合同法解释（一）》第 13 条的规定的，告知债权人向次债务人住所地人民法院另行起诉。

（3）合并审理

两个或者两个以上债权人以同一次债务人为被告，就同一标的提起代位权诉讼的，人民法院可以合并审理。

（4）中　止

代位权成立的前提条件是债权人对债务人的债权合法，因此，债权人与债务人之间的诉讼裁决发生法律效力以前，即债权人与债务人之间的债权债务关系处于不定状态，代位权诉讼应当中止审理。

（5）诉讼主体

债权人以次债务人为被告向人民法院提起代位权诉讼，未将债务人列为第三人的，人民法院可以追加债务人为第三人。

4. 代位权诉讼的实体问题

（1）次债务人对债务人的抗辩，可以向债权人主张。

（2）债务人在代位权诉讼中对债权人的债权提出异议，经审查异议成立的，人民法院应当裁定驳回债权人的起诉。

（3）债权人行使代位权的必要费用，由债务人负担。

（4）人民法院认定代位权成立的，由次债务人向债权人履行清偿义务，债权人与债务人、债务人与次债务人之间相应的债权债务关系即予消灭。

（5）债权人行使代位权的请求数额超过债务人所负债务额或者超过次债务人对债务人所负债务额的，对超出部分人民法院不予支持。

（6）债权人胜诉的，诉讼费由次债务人负担，从实现的债权中优先支付。

（二）撤销权

《合同法》第74条规定，因债务人放弃其到期债权或者无偿转让财产，对债权人造成损害的，债权人可以请求人民法院撤销债务人的行为。债务人以明显不合理的低价转让财产，对债权人造成损害，并且受让人知道该情形的，债权人也可以请求人民法院撤销债务人的行为。撤销权的行使范围以债权人的债权为限。债权人行使撤销权的必要费用，由债务人负担。

1. 撤销权的含义

撤销权，是指债务人实施了危害债权人债权的行为，债权人可以请求人民法院撤销债务人的行为。

2. 撤销权的行使条件

（1）债权人对债务人的债权合法。

（2）债务人实施的行为主要以财产为标的。不以财产为标的的行为，即使产生减少债务人财产的后果，也不得撤销。如离婚、拒绝赠与等行为。

（3）债务人实施的行为，危害了债权人的债权，如放弃到期债权、无偿转让财产、以明显不合理的低价转让财产等。

《合同法解释（二）》第19条规定，对于《合同法》第74条规定的"明显不合理的低价"，人民法院应当以交易当地一般经营者的判断，并参考交易当时交易地的物价部门指导价或者市场交易价，结合其他相关因素综合考虑予以确认。转让价格达不到交易时交易地的指导价或者市场交易价70％的，一般可以视为明显不合理的低价；对转让价格高于当地指导价或者市场交易价30％的，一般可以视为明显不合理的高价。债务人以明显不合理的高价收购他人财产的，人民法院可以根据债权人的申请，参照《合同法》第74条的规定予以撤销。

（4）债务人和第三人主观上具有恶意。即债务人和第三人明知债务人实施的行为有害于债权人的债权。第三人基于善意取得财产，即不知道或者不应当知道债务人的行为有害于债权人的债权，债权人不能对债务人与第三人的行为行使撤销权。

3. 撤销权诉讼的程序问题

（1）管 辖

撤销权诉讼由被告住所地人民法院管辖。

（2）合并审理

两个或者两个以上债权人以同一债务人为被告，就同一标的提起撤销权诉讼的，人民法院可以合并审理。

（3）中 止

撤销权成立的前提条件是债权人对债务人的债权合法，因此，债权人与债务人之间的诉讼裁决发生法律效力以前，即债权人与债务人之间的债权债务关系处于不定状态，撤销权诉讼应当中止审理。

（4）诉讼主体

债权人以债务人为被告向人民法院提起撤销权诉讼，未将受益人或者受让人列为第三人的，人民法院可以追加该受益人或者受让人为第三人。

4. 撤销权诉讼的实体问题

（1）撤销权的行使范围以债权人的债权为限。

（2）债权人请求人民法院撤销债务人放弃债权或转让财产的行为，人民法院应当就债权人主张的部分进行审理，依法撤销的，该行为自始无效。

（3）债权人行使撤销权所支付的律师代理费、差旅费等必要费用，由债务人负担；第三人有过错的，应当适当分担。

（4）债务人放弃其未到期的债权或者放弃债权担保，或者恶意延长到期债权的履行期，对债权人造成损害，债权人提起撤销权诉讼的，人民法院应当支持。❶

（5）撤销权自债权人知道或者应当知道撤销事由之日起1年内行使。自债务人的行为发生之日起5年内没有行使撤销权的，该撤销权消灭。

第五节　合同的变更和转让

一、合同的变更

（一）含　义

合同的变更，是指合同内容的变更，即当事人经过协商对合同内容进行修改和补充。

（二）条　件

1. 当事人之间已经存在有效的合同关系

合同的变更是在原合同的基础上通过当事人的协商进行的内容变更。

2. 合同的变更须依据当事人的约定或者法律规定

（1）约定变更，当事人协商一致，可以变更合同。

（2）法定变更，因重大误解订立的合同，在订立时显失公平的合同，以欺诈、胁迫的手段或者乘人之危违背当事人真实意思的合同，当事人有权请求人民法院或者仲裁机构变更。

3. 合同内容必须发生非实质性变化

合同的变更是指非实质性条款的变更，如数量增减、改变履行方式等，不导致原合同关系的消灭和新合同关系的产生。

4. 合同的变更必须遵守法定的形式

《合同法》第77条第2款规定，法律、行政法规规定变更合同应当办理批准、登记等手续的，依照其规定。

按照法律规定，应当采用书面形式订立的合同，如不动产转让合同、涉外合同、技术合同，变更也应当采用书面形式。法律规定应当办理批准、登记等手续才能成立生效的合同，变更也应按规定办理批准、登记等手续；否则，该合同的变更无效。

（三）合同变更内容不明确的处理

《合同法》第78条规定，当事人对合同变更的内容约定不明确的，推定为未变更。

当事人对合同变更的内容约定不明确，难以判断合同所变更的内容与原合同内容存在区别，

---

❶　见《合同法解释（二）》第18条。

推定为未变更。

（四）合同变更的效力

合同一经变更即产生如下法律效力：

（1）就合同变更部分发生债权债务关系消灭的后果，同时，原合同未变更部分仍保持原有的状态。

（2）合同变更仅对未履行部分发生法律效力，对已履行部分没有溯及力，当事人不得主张对已履行完毕的债权债务关系按变更后的内容重新履行。

二、合同的转让

（一）含　义

合同的转让，是指合同当事人一方依法将其合同的权利和义务全部或者部分地转让给第三人。

（二）具体情形

合同的转让可分为合同权利的转让、合同义务的转移、合同权利和义务的概括转让。

1. 合同权利的转让

合同权利的转让，是指合同债权人通过协议将其合同权利全部或者部分转让给第三人。

（1）合同权利的转让限制

① 根据合同性质不得转让的合同权利。根据合同性质，如果债权属于特定的债权人或者依附于主债权的从权利，该权利转让会违背当事人的合同目的或者权利设立的目的，则不能转让，如合伙合同、保证债权等。

② 按照当事人约定不得转让的合同权利。如果合同约定，禁止任何一方转让合同权利，且该约定不违反法律禁止性规定和社会公共利益，则该约定对当事人产生法律约束力。

③ 依照法律规定不得转让的合同权利。如依照法律规定应当由国家批准的合同，合同权利的转让亦需经原批准机关批准。

（2）合同权利转让的效力

① 从权利转移。《合同法》第81条规定，债权人转让权利的，受让人取得与债权有关的从权利，但该从权利专属于债权人自身的除外。

② 抗辩权转移。《合同法》第82条规定，债务人接到债权转让通知后，债务人对让与人的抗辩，可以向受让人主张。

③ 抵销权转移。《合同法》第83条规定，债务人接到债权转让通知时，债务人对让与人享有债权，并且债务人的债权先于转让的债权到期或者同时到期的，债务人可以向受让人主张抵销。

（3）合同权利转让的程序

《合同法》第80条规定，债权人转让权利的，应当通知债务人。未经通知，该转让对债务人不发生效力。债权人转让权利的通知不得撤销，但经受让人同意的除外。

一般情况下，合同权利转让的通知到达债务人，合同权利转让即对债务人发生效力，债务人应当向受让人履行债务。合同权利的转让，无需征得债务人同意。债权人与债务人依照法律规定或者合同约定确定债权转让不需要通知债务人的，从其法律规定或者约定，如无记名债券的转让。

《合同法》第87条规定，法律、行政法规规定转让权利或者转移义务应当办理批准、登记等手续的，依照其规定。

（4）合同权利转让纠纷的诉讼主体

《合同法解释（一）》第27条规定，债权人转让合同权利后，债务人与受让人之间因履行合同发生纠纷诉至人民法院，债务人对债权人的权利提出抗辩的，可以将债权人列为第三人。

2. 合同义务的转移

合同义务的转移，是指合同债务人通过协议将其合同义务全部或者部分转移给第三人。

（1）合同义务转移的效力

① 从债务转移。《合同法》第86条规定，债务人转移义务的，新债务人应当承担与主债务有关的从债务，但该从债务专属于原债务人自身的除外。

不是所有的从债务都随着主债务当然移转，有些从债务必须经过利害关系人的同意，否则主债务转移，该从债务消灭。如保证债务。《中华人民共和国担保法》（以下简称《担保法》）第23条规定，保证期间，债权人许可债务人转让债务的，应当取得保证人书面同意，保证人对未经其同意转让的债务，不再承担责任。

② 抗辩权转移。《合同法》第85条规定，债务人转移义务的，新债务人可以主张原债务人对债权人的抗辩。

（2）合同义务转移的程序

《合同法》第84条规定，债务人将合同的义务全部或者部分转移给第三人的，应当经债权人同意。

《合同法》第87条规定，法律、行政法规规定转让权利或者转移义务应当办理批准、登记等手续的，依照其规定。

（3）合同义务转移纠纷的诉讼主体

《合同法解释（一）》第28条规定，经债权人同意，债务人转移合同义务后，受让人与债权人之间因履行合同发生纠纷诉至人民法院，受让人就债务人对债权人的权利提出抗辩的，可以将债务人列为第三人。

3. 合同权利和义务的概括转让

合同权利和义务的概括转让，是指合同当事人一方，将其合同的权利和义务一并转移给第三人，由第三人概括地承接合同全部权利和义务。

（1）合同权利和义务的概括转让，需要遵守《合同法》关于合同权利转让和合同义务转移的相关规定。

（2）合同权利和义务的概括转让的程序——征得合同相对方同意。《合同法》第88条规定，当事人一方经对方同意，可以将自己在合同中的权利和义务一并转让给第三人。

（3）合同权利和义务的概括转让纠纷的诉讼主体。《合同法解释（一）》第29条规定，合同当事人一方经对方同意将其在合同中的权利义务一并转让给受让人，对方与受让人因履行合同发生纠纷诉至人民法院，对方就合同权利义务提出抗辩的，可以将出让人列为第三人。

第六节　合同的终止

合同的终止，又称合同的权利义务终止或者合同的消灭，是指合同关系客观上不复存在，合同的债权和债务归于消灭。

一、合同终止的法定事由

（一）债务已经按照约定履行

债务已经按照约定履行，使债权人的债权得以实现，满足了双方签订合同的目的，导致合同关系随债权消灭而消灭。

（二）合同解除

合同解除，是指合同成立生效后，因当事人一方的意思表示，或者双方的协议，使合同的债权债务关系归于消灭的行为。

（三）债务相互抵销

抵销，是指合同当事人互负债务，在对等数额内双方相互清偿债务，使双方债权同时消灭的法律行为。

（四）债务人依法将标的物提存

提存，是指债务人将无法清偿的标的物交有关部门保存以消灭合同关系的行为。

（五）债权人免除债务

免除，是指债权人以消灭债为目的而抛弃债权的意思表示。

（六）债权债务同归于一人

混同，即债权债务归于一人。

（七）法律规定或者当事人约定终止的其他情形

除上述原因以外的其他可以作为合同解除原因的情形，如合同主体已经不存在而又无继受者、合同撤销、合同的有效期届满等情形。

二、合同终止的后合同义务

（一）后合同义务的含义

后合同义务，是指在合同终止后，当事人根据诚实信用原则而应当履行的通知、协助、保密等义务。

《合同法》第92条规定，合同的权利义务终止后，当事人应当遵循诚实信用原则，根据交易习惯履行通知、协助、保密等义务。

（二）后合同义务的特点

（1）后合同义务多数不是合同直接规定的，而是基于诚实信用原则和交易习惯产生的义务。

（2）后合同义务是合同终止后，当事人应当履行的义务。

（3）后合同义务的目的是维护交易安全或者妥善处理合同终止事宜。

（三）后合同义务的种类

1. 通知义务

当事人应当将合同终止的有关事宜告知对方。

2. 协助义务

当事人应当帮助、配合对方处理合同终止的善后事宜。

3. 保密义务

当事人在合同终止后仍然不得泄露对方的秘密。

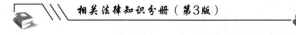

（四）违反后合同义务的法律后果

《合同法解释（二）》第 22 条规定，当事人一方违反《合同法》第 92 条规定的义务，给对方当事人造成损失，对方当事人请求赔偿实际损失的，人民法院应当支持。当事人一方违反后合同义务，另一方可以请求损害赔偿。

三、合同解除

（一）合同解除的概念

合同解除，是指合同成立生效后，因当事人一方的意思表示，或者双方的协议，使合同的债权债务关系归于消灭的行为。合同解除有约定解除和法定解除两种。

（二）合同解除的种类

1. 协议解除

《合同法》第 93 条规定，当事人协商一致，可以解除合同。当事人可以约定一方解除合同的条件。解除合同的条件成就时，解除权人可以解除合同。

2. 法定解除

我国《合同法》第 94 条规定了合同解除的 5 种法定情形，具体为：

（1）因不可抗力致使不能实现合同目的

不可抗力，是指不能预见、不能避免并且不能克服的客观情况，如重大的自然灾害（地震、台风、洪水等）、突发的社会事件（战争、恐怖活动等）。

因不可抗力致使合同目的无法实现的，合同当事人双方均享有合同的解除权。

（2）预期违约，包括明示毁约和默示毁约

明示毁约，是指在履行期限届满之前，当事人一方明确表示不履行主要债务。

默示毁约，是指在履行期限届满之前，当事人一方以自己的行为表明不履行主要债务。

因预期违约解除合同的，守约方享有法定的合同解除权。

（3）当事人一方迟延履行主要债务，经催告后在合理期限内仍未履行

当事人一方迟延履行主要债务，对方当事人应当催告其履行，并给予其合理的宽限期；宽限期内，如果债务人仍未履行债务，则表明债务人具有严重的过错，债务人有权解除合同。

《最高人民法院关于审理技术合同纠纷案件适用法律若干问题的解释》第 15 条规定，技术合同当事人一方迟延履行主要债务，经催告后在 30 日内仍未履行，另一方依据《合同法》第 94 条第 3 项的规定主张解除合同的，人民法院应当认定该履行期限为《合同法》第 94 条第 3 项规定的合理期限。

（4）当事人一方迟延履行债务或者有其他违约行为致使不能实现合同目的

当事人一方未按约履行合同义务，严重影响对方当事人实现其合同目，违约方的行为构成根本性违约。守约方享有法定的合同解除权。

（5）法律规定的其他情形

如《合同法》第 268 条规定，定作人可以随时解除承揽合同，造成承揽人损失的，应当赔偿损失。

（三）合同解除权的行使期限

《合同法》第 95 条规定，法律规定或者当事人约定解除权行使期限，期限届满当事人不行使的，该权利消灭。法律没有规定或者当事人没有约定解除权行使期限，经对方催告后在合理期限内不行使的，该权利消灭。

（四）合同解除的程序

《合同法》第96条规定，当事人一方依照该法第93条第2款、第94条的规定主张解除合同的，应当通知对方。合同自通知到达对方时解除。对方有异议的，可以请求人民法院或者仲裁机构确认解除合同的效力。法律、行政法规规定解除合同应当办理批准、登记等手续的，依照其规定。

（五）合同解除的法律后果

《合同法》第97条规定，合同解除后，尚未履行的，终止履行；已经履行的，根据履行情况和合同性质，当事人可以要求恢复原状，采取其他补救措施，并有权要求赔偿损失。

《合同法》第98条规定，合同的权利义务终止，不影响合同中结算和清理条款的效力。

1. 终止履行

终止履行，是指合同关系彻底消灭，合同义务不再履行。合同解除后，尚未履行的，终止履行。

2. 恢复原状

恢复原状，是指当事人应恢复到合同订立前的状态。合同解除后，已经履行的，根据履行情况和合同性质，当事人可以要求恢复原状。

恢复原状的规则：

（1）原物存在的，应当返还原物；

（2）原物不存在的，原物是可替代的，可以返还种类物；

（3）原物因毁损、灭失或者其他事由不能返还的，应当按合同解除时该物的价款返还；

（4）原物在给付后产生孳息的，孳息应随原物一并返还；

（5）应返还的物已经支出了必要或有益的费用，在所得利益范围内有权请求返还。

3. 采取其他补救措施

合同解除后，已经履行的，根据履行情况和合同性质，不能恢复原状的，只能采取其他补救措施。

4. 赔偿损失

合同解除后，有损失的，有权要求赔偿损失。

（六）合同解除的异议权

（1）当事人约定异议期限的，在异议期限届满后提出异议并向人民法院起诉，人民法院不予支持。

（2）当事人没有约定异议期限的，在解除合同通知到达之日起3个月后才向人民法院起诉，人民法院不予支持。

四、合同抵销

（一）法定抵销

1. 含义

法定抵销，是指由法律规定抵销的条件成就时，依当事人一方的意思表示即可发生效力，双方当事人在对等数额内的债权债务相互消灭。

2. 相关法律规定

《合同法》第99条规定，当事人互负到期债务，该债务的标的物种类、品质相同的，任何一方可以将自己的债务与对方的债务抵销，但依照法律规定或者按照合同性质不得抵销的除外。当

事人主张抵销的，应当通知对方。通知自到达对方时生效。抵销不得附条件或者附期限。

3. 适用条件

（1）当事人互负到期债务，互享到期债权。

（2）当事人之间的债权债务关系必须是合法有效的。

（3）当事人互负的债务种类、品质相同，且不属于不能抵销的债务。

不能抵销的债务包括依照法律规定不得抵销的债务和按照合同性质不得抵销的债务两种。依照法律规定不得抵销的债务有以行为、智力成果为标的的债务等。按照合同性质不得抵销的债务有因侵权行为所负的债务（侵权损害赔偿金）、法律禁止扣押的债权（劳动报酬、抚恤金）、约定应向第三人给付的债务等。

（4）主张抵销的当事人应当通知对方。

（5）抵销不得附条件或者附期限。

（二）约定抵销

1. 含 义

约定抵销，是指当事人双方协商一致而发生的抵销。

2. 相关法律规定

《合同法》第100条规定，当事人互负债务，标的物种类、品质不相同的，经双方协商一致，也可以抵销。

3. 适用条件

（1）当事人互负到期债务，互享到期债权。

（2）当事人之间的债权债务关系必须是合法有效的。

（3）当事人互负的债务不属于不能抵销的债务。

（4）当事人双方对债务的抵销协商一致。

（三）合同抵销的异议权

（1）当事人约定异议期限的，在异议期限届满后提出异议并向人民法院起诉，人民法院不予支持。

（2）当事人没有约定异议期限的，在债务抵销通知到达之日起3个月后才向人民法院起诉，人民法院不予支持。

五、合同提存

（一）含 义

提存，是指债务人将无法清偿的到期债务标的物交有关部门保存，以消灭合同关系的行为。

（二）相关法律规定

《合同法》第101条规定，有下列情形之一，难以履行债务的，债务人可以将标的物提存：①债权人无正当理由拒绝受领；②债权人下落不明；③债权人死亡未确定继承人或者丧失民事行为能力未确定监护人；④法律规定的其他情形。标的物不适于提存或者提存费用过高的，债务人依法可以拍卖或者变卖标的物，提存所得的价款。

（三）适用条件

（1）受领迟延。债权人对于债务人提供的给付，无正当理由拒绝受领或者不能受领。

（2）债权人下落不明。债权人的住所地和居住地不固定或者不被外人所知。

（3）债权人死亡未确定继承人或者丧失民事行为能力未确定监护人。

（4）法律规定的其他情形。

（四）提存机关

1995 年司法部颁布的《提存公证规则》全面规定了提存制度，规定公证处是提存机关。

（五）提存的成立

《合同法解释（二）》第 25 条第 1 款规定，依照《合同法》第 101 条的规定，债务人将合同标的物或者标的物拍卖、变卖所得价款交付提存部门时，人民法院应当认定提存成立。

（六）通知义务

《合同法》第 102 条规定，标的物提存后，除债权人下落不明的以外，债务人应当及时通知债权人或者债权人的继承人、监护人。

（七）法律后果

（1）提存成立的，视为债务人在其提存范围内已经履行债务。

（2）标的物提存后，毁损、灭失的风险由债权人承担。提存期间，标的物的孳息归债权人所有。提存费用由债权人负担。

（3）债权人可以随时领取提存物，但债权人对债务人负有到期债务的，在债权人未履行债务或者提供担保之前，提存部门根据债务人的要求应当拒绝其领取提存物。

（4）债权人领取提存物的权利，自提存之日起 5 年除斥期间不行使而消灭，提存物扣除提存费用后归国家所有。

六、合同的免除

《合同法》第 105 条规定，债权人免除债务人部分或者全部债务的，合同的权利义务部分或者全部终止。

免除，是指债权人免除债务人部分或者全部债务，即债权人抛弃债权，以消灭合同关系的行为。

七、合同混同

《合同法》第 106 条规定，债权和债务同归于一人的，合同的权利义务终止，但涉及第三人利益的除外。

混同，是指债权和债务同归于一人，使合同的权利和义务归于消灭。债权涉及第三人利益的，该债权不因混同而消灭。

第七节 违 约 责 任

一、违约行为

（一）预期违约

《合同法》第 108 条规定，当事人一方明确表示或者以自己的行为表明不履行合同义务的，对方可以在履行期限届满之前要求其承担违约责任。

1. 概 念

预期违约，又称先期违约，是指合同履行期限届满前，一方当事人无正当理由明确表示或者以自己的行为表示将不履行合同义务。

2．表现形式

（1）明示毁约，即合同履行期届满前，一方当事人明确表示不履行合同义务。

（2）默示毁约，即合同履行期届满前，一方当事人以自己的行为表示不履行合同义务。

（二）实际违约

1．概　念

实际违约，又称即期违约，是指合同履行期届满后，一方当事人仍未履行合同义务或者履行合同不符合约定。

《合同法》第107条规定，当事人一方不履行合同义务或者履行合同义务不符合约定的，应当承担继续履行、采取补救措施或者赔偿损失等违约责任。

2．表现形式

（1）完全不履行

① 拒绝履行，是指明确表示或者以自己的行为表明不履行合同义务的违约行为。

② 根本性违约，是指导致不能实现合同目的的违约行为。

（2）履行不符合约定

① 迟延履行，包括债务人迟延履行和债权人迟延受领两种行为。

② 不适当履行，包括瑕疵给付和加害给付两种行为。

③ 其他不完全履行的行为，如部分履行、履行方法不当、履行地点不当或者其他违反合同义务的行为。

二、违约责任的概念及特征

（一）概　念

违约责任，是指当事人违反合同约定的义务而依法应当承担的继续履行、采取补救措施或者赔偿损失等民事责任。

（二）特　征

（1）违约责任是当事人不履行合同义务或者履行合同义务不符合约定所产生的民事责任。

（2）违约责任是违约的一方当事人向对方承担的财产责任。

（3）违约责任可以由当事人约定；在法律规定的范围内，当事人可以事先约定违约方的违约责任，还可以设定免责条款及其限制，如违约金数额或者损害赔偿额的计算方法。

三、违约责任的归责原则

（一）概　念

违约责任的归责原则，是指确定违约当事人的民事责任的法律原则。❶ 违约责任的归责原则决定违约责任的构成要件、举证责任的内容、免责事由及损害赔偿的范围。

（二）种　类

1．严格责任

严格责任又称无过错责任。无论当事人主观上是否有过错，只要其违反合同约定，就应当承

---

❶ 王利明，崔建远. 合同法新论·总则［M］. 北京：中国政法大学出版社，1996：670.

担违约责任。

2. 过错责任

违约当事人主观上有过错的，应当承担违约责任，无过错的则不承担违约责任。

（三）《合同法》的相关规定

《合同法》第107条规定，当事人一方不履行合同义务或者履行合同义务不符合约定的，应当承担继续履行、采取补救措施或者赔偿损失等违约责任。

我国《合同法》适用严格责任，即当事人不履行合同义务或者履行合同义务不符合约定的，就应当承担违约责任，法定免责的除外。

（四）严格责任的例外情形

1. 因过错造成对方损失的，应承担损害赔偿责任

无偿赠与合同、无偿保管合同、无偿委托合同，赠与人、保管人或委托人主观上存在故意或者重大过失的，应当承担损害赔偿责任。对赠与的财产毁损、灭失主观上没有故意或者重大过失的，赠与人不承担损害赔偿责任。

在旅客运输合同中，对旅客自带物品的损失，承运人只有在有过错的条件下，才承担损害赔偿责任。

因托运人托运货物时的过错造成多式联运经营人损失的，托运人应承担损害赔偿责任。

2. 因对方过错造成损害的，违约方不承担责任

运输过程中旅客出现伤亡，若证明系旅客故意、重大过失造成的，承运人不承担赔偿责任。

因收货人的过错造成托运货物损毁的，承运人不承担赔偿责任。

居间人故意隐瞒与订立合同有关的重要事实或者提供虚假情况，损害委托人利益的，委托人不承担支付报酬的责任。

（五）免责事由

1. 法定事由

不可抗力，是人力所不能抗拒的力量，包括某些自然现象，如地震、台风、洪水、海啸等，也包括某些社会现象，如战争，是独立于人的行为之外，并且不受当事人的意志所支配的客观现象。不可抗力是法定免责事由。

《合同法》第117条规定，因不可抗力不能履行合同的，根据不可抗力的影响，部分或者全部免除责任，但法律另有规定的除外。当事人迟延履行后发生不可抗力的，不能免除责任。该法所称不可抗力，是指不能预见、不能避免并不能克服的客观情况。

《合同法》第118条规定，当事人一方因不可抗力不能履行合同的，应当及时通知对方，以减轻可能给对方造成的损失，并应当在合理期限内提供证明。

2. 约定事由

约定事由是指合同明确约定的免除违约方违约责任的事由。

四、违约责任的承担主体

（一）双方违约的责任承担

《合同法》第120条规定，当事人双方都违反合同的，应当各自承担相应的责任。违约行为分为单方违约和多方违约，从而产生单方责任和混合责任。混合责任，是指当事人各方均有违约行为，各自承担相应的责任。

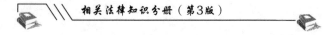

（二）因第三人的原因造成违约的责任承担

《合同法》第121条规定，当事人一方因第三人的原因造成违约的，应当向对方承担违约责任。当事人一方和第三人之间的纠纷，依照法律规定或者按照约定解决。

合同具有相对性，因第三人原因造成合同一方当事人违约的，违约方应向对方承担违约责任。违约方承担的违约责任，可依照法律或者按照约定另行要求第三人承担。

五、违约责任的承担方式

（一）继续履行

继续履行，是指当事人一方不履行合同义务或者履行合同义务不符合约定时，另一方当事人可要求其继续按照合同约定完成履行。

（1）金钱债务的违约责任。《合同法》第109条规定，当事人一方未支付价款或者报酬的，对方可以要求其支付价款或者报酬。

（2）非金钱债务的违约责任。《合同法》第110条规定，当事人一方不履行非金钱债务或者履行非金钱债务不符合约定的，对方可以要求履行，但有下列情形之一的除外：①法律上或者事实上不能履行；②债务的标的不适于强制履行或者履行费用过高；③债权人在合理期限内未要求履行。

（二）采取补救措施

采取补救措施，即当事人一方不履行合同义务的，另一方当事人应当采取补救措施避免损失扩大；当事人一方履行合同义务不符合约定的，另一方当事人应当采取补救措施使其履行符合约定。

《合同法》第111条规定，质量不符合约定的，应当按照当事人的约定承担违约责任。对违约责任没有约定或者约定不明确，依照该法第61条的规定仍不能确定的，受损害方根据标的的性质以及损失的大小，可以合理选择要求对方承担修理、更换、重作、退货、减少价款或者报酬等违约责任。

（三）赔偿损失

《合同法》第113条规定，当事人一方不履行合同义务或者履行合同义务不符合约定，给对方造成损失的，损失赔偿额应当相当于因违约所造成的损失，包括合同履行后可以获得的利益，但不得超过违反合同一方订立合同时预见到或者应当预见到的因违反合同可能造成的损失。经营者对消费者提供商品或者服务有欺诈行为的，依照《中华人民共和国消费者权益保护法》（以下简称《消费者权益保护法》）的规定承担损害赔偿责任。

我国强调损失赔偿的补偿性，而非惩罚性。损失包括现实损失和可得利益。

《合同法》第119条规定，当事人一方违约后，对方应当采取适当措施防止损失的扩大；没有采取适当措施致使损失扩大的，不得就扩大的损失要求赔偿。当事人因防止损失扩大而支出的合理费用，由违约方承担。

（四）违约金

违约金，是指根据合同约定，在合同债务人不履行或不适当履行合同义务时，向对方当事人支付的一定数额的金钱。

《合同法》第114条规定，当事人可以约定一方违约时应当根据违约情况向对方支付一定数额的违约金，也可以约定因违约产生的损失赔偿额的计算方法。约定的违约金低于造成的损失的，当事人可以请求人民法院或者仲裁机构予以增加；约定的违约金过分高于造成的损失的，当

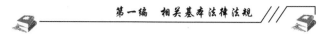

事人可以请求人民法院或者仲裁机构予以适当减少。当事人就迟延履行约定违约金的，违约方支付违约金后，还应当履行债务。

赔偿损失与违约金的区别：

（1）赔偿损失适用过错原则，无过错不产生赔偿责任；违约金适用无过错原则，只要存在违约事实即承担违约责任，无论主观上有无过错。

（2）赔偿损失适用实际发生原则，赔偿金额相当于实际发生的损失金额；违约金则按照当事人的约定或法律直接规定，只有在违约金过高或过低的情况下，当事人可以请求法院酌减或酌增，也就是说，违约金可以略带惩罚性质。

（五）定　金

定金，是指根据法律规定，合同约定一方当事人向另一方当事人给付一定数额的金钱作为定金来保证债权的实现。它是债的一种担保方式，具有惩罚性。

《合同法》第 115 条规定，当事人可以依照《担保法》约定一方向对方给付定金作为债权的担保。债务人履行债务后，定金应当抵作价款或者收回。给付定金的一方不履行约定的债务的，无权要求返还定金；收受定金的一方不履行约定的债务的，应当双倍返还定金。

需要强调的是，违约金和定金依法不能同时适用，只能选择适用。

《合同法》第 116 条规定，当事人既约定违约金，又约定定金的，一方违约时，对方可以选择适用违约金或者定金条款。

六、责任竞合

《合同法》第 122 条规定，因当事人一方的违约行为，侵害对方人身、财产权益的，受损害方有权选择依照《合同法》要求其承担违约责任或者依照其他法律要求其承担侵权责任。

行为人的行为违背两种以上法律规范，引发两种以上法律责任，两种以上法律责任重迭相斥的，构成法律责任的竞合。数种法律责任并存不相排斥，不构成法律责任的竞合。当一方当事人的违约行为同时构成侵权时，构成违约责任与侵权责任的竞合，受损害方有选择适用法律责任的权利。

第八节　技术合同概述

一、概　念

《合同法》第 322 条规定，技术合同是当事人就技术开发、转让、咨询或者服务订立的确立相互之间权利和义务的合同。

二、种　类

（1）技术开发合同，是指当事人之间就新技术的研究开发所达成的权利与义务的协议。

（2）技术转让合同，是指当事人之间就现有的、特定的并且知识产权化的技术成果的转移所达成的权利与义务协议。由于技术转让合同的标的可以是某项技术，也可以是某项技术与设备、某项产品工艺流程、专利申请权或专利实施权等，故此类合同一般涉及多种法律，如《专利法》《中华人民共和国著作权法》（以下简称《著作权法》）、《反不正当竞争法》等。

（3）技术咨询合同，是指当事人之间就科学决策所订立的合同。当事人依据合同提交的工作

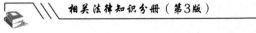

成果是对技术项目的分析、论证、评价、调查和预测的报告。

（4）技术服务合同，是指当事人之间就通过专业技术工作解决特定技术问题，提高经济效益和社会效益订立的合同。当事人之间就提供专业技术培训、技术中介等特殊的社会服务，为实现预期的经济、技术目的所订立的合同也属于技术服务合同。

三、合同形式

当事人订立合同的形式，有书面形式、口头形式和其他形式。依据《合同法》的规定，技术开发合同、技术转让合同应当采用书面形式；简单的、即时清结的技术咨询合同、技术服务合同，可以采取口头形式或其他形式。

四、订立的特殊原则

《合同法》第323条规定，订立技术合同，应当有利于科学技术的进步，加速科学技术成果的转化、应用和推广。

订立技术合同，应当遵循订立合同的原则和订立技术合同的特殊原则，也就是说，既要遵循平等、自愿、公平、诚实信用、遵守公益、效力等一般原则，还要遵循有利于科学技术的进步，加速科学技术成果的转化、应用和推广的特殊原则。

五、一般性条款

（一）项目名称
项目名称应当反映合同的技术特征和法律特征，应当与技术合同的内容相符。

（二）标的的内容、范围、要求
不同的技术合同，其标的内容、范围、要求也不相同。

（1）技术开发合同标的：约定研究开发的技术成果，应载明所属技术领域和项目内容、技术构成、科技水平和经济效益的目标。

（2）技术转让合同标的：签约时已有的成果，包括拥有工业产权的技术成果或有效拥有和控制的技术秘密。

（3）技术咨询合同标的：对特定技术项目进行分析、论证、评价、预测和调查等决策服务项目，应载明咨询项目的内容、咨询报告和意见的要求。

（4）技术服务合同标的：为解决特定技术问题，提高经济效益和社会效益的专业服务项目，应载明技术服务项目的内容、工作成果和技术要求。

需要强调的是，合同标的涉及专利的，应当注明发明创造的名称、专利申请人和专利权人、申请日期、申请号、专利号以及专利权的有效期限。

（三）履行计划、进度、期限、地点、地域和方式
合同履行期限是指技术合同从订立到履行完毕或者提交技术成果的时间。期限较长的技术合同应载明总体计划、年度计划和执行步骤。合同履行期限与合同有效期限是两个不同的概念，有效期限应该等于或长于履行期限，否则合同失效，也就不存在继续履行合同。一般而言，技术开发、转让、咨询合同的履行期限短于合同有效期限，而服务合同的履行期限则与合同有效期限相同。

关于合同履行方式，技术开发合同一般通过新技术、新材料、新产品、新工艺的研制和开发、样品、样机的试制，成套技术设备的试制、生产等多种方式来完成；技术转让合同一般通过让与人提交技术图纸、计算机软盘、磁盘、磁带、工艺或者材料配方、工艺规程、样品、样机、

成套技术设备、动植物新品种、微生物菌种等形式完成；技术咨询合同一般通过受托人向委托人提交可行性论证、技术预测、专题技术调研以及分析报告等方式完成；技术服务合同一般通过工艺产品结构的设计、新产品或者新材料性能的测试分析、新型或者复杂生产线的调试、非标准化的测试分析以及利用新技术和经验为特定项目服务等方式完成。

合同履行地，在双方没约定诉讼管辖法院的情况下，是确定管辖法院的因素之一。技术合同的履行地点由当事人约定，约定不明确的，当事人可以通过协商解决。协商不成的，技术开发合同在研究开发人所在地履行，技术转让合同在受让人所在地履行，技术咨询服务合同在受托人所在地履行，技术服务合同在委托人所在地履行。

（四）技术情报和资料的保密

（1）内容涉及国家安全和重大利益需要保密的技术合同，应载明国家秘密事项的范围、密级和保密期限以及各方的责任。

（2）当事人一方要求对方承担保密义务的商业秘密事项，应列出涉及技术秘密的资料、样品、信息、数据和其他秘密事项的清单，保密期限以及违反保密义务需要承担的责任。

（3）当事人可以约定不论本合同是否变更、解除或者终止，合同保密条款不受其限制而继续有效，各方均应继续承担保密的义务和责任。

（五）风险责任的承担

在履行技术合同过程中，可能存在无法克服的技术困难，使合同最终无法履行，合同目的无法实现，特别是技术开发合同。一旦发生风险，当事人约定有风险责任的，可以依照约定解决；当事人没有约定或者约定不明确的，风险责任由当事人合理分担。

（六）技术成果的归属和收益的分成办法

合同当事人就履行技术合同过程中所产生的技术成果的归属、使用权、转让权、利益分配办法和改进技术的分享办法等问题约定明确，即明确知识产权和技术权益归谁所有、如何使用和转让，以及由此产生的利益怎样分配。

（七）验收标准和方法

技术合同的验收标准既可以是技术合同标的所约定的各项内容，也可以是当事人约定的国家标准、行业标准、企业标准或者其他验收标准。技术合同的验收方法，可以采用技术鉴定会、专家论证会等方法，也可以是由委托方或者受让方单方认可即为验收的方法。最终，应当由验收方出具验收证明或者文件，作为合同验收通过的依据。

基于验收时的方法及认知水平导致质量缺陷未产生或被发现，验收不能视为客户对项目或设备的内在质量缺陷不持异议，只能视为产品达到当时的检验标准。但如果验收（合理）期限内，接收方未通知对方验收，则视为产品质量合格。

（八）价款、报酬或者使用费及其支付方式

《合同法》第325条规定，技术合同价款、报酬或者使用费的支付方式由当事人约定，可以采取一次总算、一次总付或者一次总算、分期支付，也可以采取提成支付或者提成支付附加预付入门费的方式。约定提成支付的，可以按照产品价格、实施专利和使用技术秘密后新增的产值、利润或者产品销售额的一定比例提成，也可以按照约定的其他方式计算。提成支付的比例可以采取固定比例、逐年递增比例或者逐年递减比例。约定提成支付的，当事人应当在合同中约定查阅有关会计账目的办法。

当事人协商确定技术合同的价款、报酬或者使用费，一般需要考虑的因素如下：

（1）技术商品的转让次数；转让次数越多，范围也就越广，价格也就越低。

（2）技术商品的研究开发成本，包括直接成本和间接成本；直接成本，如劳务费、材料及专用设备费、资料费、咨询费、培训费等；间接成本，如房屋租赁费、水电气使用费等。

（3）技术商品的成熟程度；成熟技术价格高于未成熟技术。

（4）技术商品的使用期限；使用期限越长，获利越多，价格也就越高。

（5）技术商品价款等费用的支付方式；一般情况下，采取多次支付或提成支付的方式，技术商品的价格高于一次性总付的价格。涉及技术维护服务或其他售后服务的，应当将尾款转换为质量保证金，确保对方及时提供服务。

（6）技术商品的经济效益；经济效益越好，利润越大，风险责任越小，价格也就越高。

（7）技术商品的使用范围、风险责任大小、技术后续改进回授等因素。

《最高人民法院关于审理技术合同纠纷案件适用法律若干问题的解释》第14条规定，对技术合同的价款、报酬和使用费，当事人没有约定或者约定不明确的，人民法院可以按照以下原则处理：①对于技术开发合同和技术转让合同，根据有关技术成果的研究开发成本、先进性、实施转化和应用的程度，当事人享有的权益和承担的责任，以及技术成果的经济效益等合理确定；②对于技术咨询合同和技术服务合同，根据有关咨询服务工作的技术含量、质量和数量，以及已经产生和预期产生的经济效益等合理确定。技术合同价款、报酬、使用费中包含非技术性款项的，应当分项计算。

（九）违约金或者损害赔偿额的计算方法

当事人在技术合同中约定违约金的，违约金就视为违反技术合同的损害赔偿额，违约金不得超过合同的价款、报酬或者使用费的总额。损害赔偿额的计算方法，不能显失公平。

一般情况下，违约方支付违约金后，不再计算和赔偿损失。但是，如果合同特别约定违约方给对方造成的损害超过违约金时，应当补偿违约金不足部分的除外。当事人没有约定违约金和损害赔偿计算方法的，应当根据违约方的违约情况及其给对方造成的实际损失，由违约方承担对方的实际损失。

（十）争议解决的办法

争议的解决办法包括：①协商解决；②仲裁解决；③诉讼解决。

如果采取仲裁方式解决争议，当事人应当在合同中约定仲裁条款，仲裁机构应当明确其具体名称；当事人没有签订书面仲裁协议或者仲裁条款约定不明的，仲裁条款无效。《仲裁法》第17条、第18条明确规定了仲裁协议无效的情形。

（十一）名词和术语的解释

由于技术合同专业性很强，为避免对关键词和术语的理解发生歧义引起争议，可对合同涉及的重要概念、关键用语和定义、不特定的表述进行特别的界定，确保当事人准确实施技术合同。

（十二）合同附件

附件部分可包括：有关的技术资料、可行性论证和技术评价报告、项目任务书和计划书、技术标准、技术规范、原始设计和工艺文件，以及其他技术文档、表格、数据和照片等。凡当事人约定有关附件作为合同的组成部分的，与正文一样，具有法律约束力。

六、职务技术成果和非职务技术成果

（一）技术成果的概念

技术成果，是指利用科学技术知识、信息和经验作出的涉及产品、工艺、材料及其改进等的技

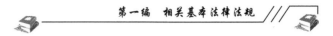

术方案，包括专利、专利申请、技术秘密、计算机软件、集成电路布图设计、植物新品种等。❶

（二）职务技术成果

1. 概 念

《合同法》第326条第2款规定，职务技术成果是执行法人或者其他组织的工作任务，或者主要是利用法人或者其他组织的物质技术条件所完成的技术成果。

《最高人民法院关于审理技术合同纠纷案件适用法律若干问题的解释》第2条规定，《合同法》第326条第2款所称"执行法人或者其他组织的工作任务"，包括：①履行法人或者其他组织的岗位职责或者承担其交付的其他技术开发任务；②离职后1年内继续从事与其原所在法人或者其他组织的岗位职责或者交付的任务有关的技术开发工作，但法律、行政法规另有规定的除外。法人或者其他组织与其职工就职工在职期间或者离职以后所完成的技术成果的权益有约定的，人民法院应当依约定确认。

《最高人民法院关于审理技术合同纠纷案件适用法律若干问题的解释》第3条规定，《合同法》第326条第2款所称"物质技术条件"，包括资金、设备、器材、原材料、未公开的技术信息和资料等。

《最高人民法院关于审理技术合同纠纷案件适用法律若干问题的解释》第4条规定，《合同法》第326条第2款所称"主要利用法人或者其他组织的物质技术条件"，包括职工在技术成果的研究开发过程中，全部或者大部分利用了法人或者其他组织的资金、设备、器材或者原材料等物质条件，并且这些物质条件对形成该技术成果具有实质性的影响；还包括该技术成果实质性内容是在法人或者其他组织尚未公开的技术成果、阶段性技术成果基础上完成的情形。但下列情况除外：①对利用法人或者其他组织提供的物质技术条件，约定返还资金或者交纳使用费的；②在技术成果完成后利用法人或者其他组织的物质技术条件对技术方案进行验证、测试的。

2. 使用权和转让权的归属

《合同法》第326条第1款规定，职务技术成果的使用权、转让权属于法人或者其他组织的，法人或者其他组织可以就该项职务技术成果订立技术合同。法人或者其他组织应当从使用和转让该项职务技术成果所取得的收益中提取一定比例，对完成该项职务技术成果的个人给予奖励或者报酬。法人或者其他组织订立技术合同转让职务技术成果时，职务技术成果的完成人享有以同等条件优先受让的权利。

《最高人民法院关于审理技术合同纠纷案件适用法律若干问题的解释》第5条规定，个人完成的技术成果，属于执行原所在法人或者其他组织的工作任务，又主要利用了现所在法人或者其他组织的物质技术条件的，应当按照该自然人原所在和现所在法人或者其他组织达成的协议确认权益。不能达成协议的，根据对完成该项技术成果的贡献大小由双方合理分享。

（三）非职务技术成果

1. 概 念

非职务技术成果是个人利用自己的物质技术条件所完成的技术成果。

2. 使用权和转让权的归属

《合同法》第327条规定，非职务技术成果的使用权、转让权属于完成技术成果的个人，完

---

❶ 见《最高人民法院关于审理技术合同纠纷案件适用法律若干问题的解释》第1条第1款。

成技术成果的个人可以就该项非职务技术成果订立技术合同。

（四）完成技术成果的个人所拥有的权利

1. 界定完成技术成果的个人

《最高人民法院关于审理技术合同纠纷案件适用法律若干问题的解释》第6条规定，《合同法》第326条、第327条所称完成技术成果的"个人"，包括对技术成果单独或者共同作出创造性贡献的人，也即技术成果的发明人或者设计人。人民法院在对创造性贡献进行认定时，应当分解所涉及技术成果的实质性技术构成。提出实质性技术构成并由此实现技术方案的人，是作出创造性贡献的人。提供资金、设备、材料、试验条件，进行组织管理，协助绘制图纸、整理资料、翻译文献等人员，不属于完成技术成果的个人。

2. 完成技术成果的个人所拥有的权利

《合同法》第328条规定，完成技术成果的个人有在有关技术成果文件上写明自己是技术成果完成者的权利和取得荣誉证书、奖励的权利。

（1）精神权利——身份权和荣誉权，即表明自己是技术成果完成者的权利和取得荣誉证书的权利。技术成果完成者对技术成果拥有的身份权、荣誉权等，不因成果转让而转让，也不因他人侵犯而丧失。

（2）经济权利——取得奖励的权利。完成职务技术成果的个人，有权要求法人或者其他组织从使用和转让该项职务技术成果所取得的收益中提取一定比例给予奖励或者报酬。

（3）优先受让权。法人或者其他组织订立技术合同转让职务技术成果时，职务技术成果的完成人享有以同等条件优先受让的权利。

（五）技术成果的权属及利益分配

（1）当事人以技术成果向企业出资但未明确约定权属，接受出资的企业享有该技术成果。但是，该技术成果价值与该技术成果所占出资额比例明显不合理损害出资人利益的除外。

（2）当事人对技术成果的权属约定有比例的，视为共同所有，其权利使用和利益分配，按共有技术成果的有关规定处理，但当事人另有约定的，从其约定。

（3）当事人对技术成果的使用权约定有比例的，可以视为当事人对实施该项技术成果所获收益的分配比例，但当事人另有约定的，从其约定。

（4）当事人对技术转让合同中约定实施专利、使用技术秘密后续技术成果的权属和分享办法有约定的，从其约定。没有约定或者约定不明确，依法仍不能确定的，一方后续改进的技术成果，其他各方无权分享。

七、可变更可撤销技术合同特别事由

当事人一方采取欺诈手段，就其现有技术成果作为研究开发标的与他人订立委托开发合同收取研究开发费用，或者就同一研究开发课题先后与两个或者两个以上的委托人分别订立委托开发合同重复收取研究开发费用的，受损害方可以依据《合同法》的规定请求变更或撤销合同，但属于《合同法》规定应当对合同作无效处理的除外。

八、无效的技术合同

《合同法》第329条规定，非法垄断技术、妨碍技术进步或者侵害他人技术成果的技术合同无效。

非法垄断技术、妨碍技术进步，是指限制对方在技术合同标的技术的基础上进行新的研究开发，限制对方从其他渠道吸收技术，限制对方在生产和科研中采用第三方的竞争性技术。

侵害他人技术成果，是指一方当事人侵害对方或者第三方知识产权和其他技术权益的行为。

（一）无效技术合同的特别事由

1. 非法垄断技术、妨碍技术进步的技术合同无效❶

（1）限制当事人一方在合同标的技术基础上进行新的研究开发或者限制其使用所改进的技术，或者双方交换改进技术的条件不对等，包括要求一方将其自行改进的技术无偿提供给对方、非互惠性转让给对方、无偿独占或者共享该改进技术的知识产权。

（2）限制当事人一方从其他来源获得与技术提供方类似技术或者与其竞争的技术。

（3）阻碍当事人一方根据市场需求，按照合理方式充分实施合同标的技术，包括明显不合理地限制技术接受方实施合同标的技术生产产品或者提供服务的数量、品种、价格、销售渠道和出口市场。

（4）要求技术接受方接受并非实施技术必不可少的附带条件，包括购买非必需的技术、原材料、产品、设备、服务以及接收非必需的人员等。

（5）不合理地限制技术接受方购买原材料、零部件、产品或者设备等的渠道或者来源。

（6）禁止技术接受方对合同标的技术知识产权的有效性提出异议或者对提出异议附加条件。

2. 侵害他人技术成果的技术合同无效

（1）侵害对方或者第三方的专利权、专利申请权、专利实施权，计算机软件版权，植物新品种权，以及技术秘密和含技术秘密的技术成果使用权和转让权。

（2）侵害对方或者第三方完成科学技术成果的个人的发明权、发现权以及其他科技成果权等精神权利。

（二）无效或者被撤销技术合同法律后果的特别规定

1. 后续改进技术成果的权利归属和利益分享

技术合同无效或者被撤销后，因履行合同所完成新的技术成果或者在他人技术成果基础上完成后续改进技术成果的权利归属和利益分享，当事人不能重新协议确定的，人民法院可以判决由完成技术成果的一方享有。❷

2. 损失金额的确定

技术合同无效或者被撤销后，技术开发合同研究开发人、技术转让合同让与人、技术咨询合同和技术服务合同的受托人已经履行或者部分履行了约定的义务，并且造成合同无效或者被撤销的过错在对方的，对其已履行部分应当收取的研究开发经费、技术使用费、提供咨询服务的报酬，人民法院可以认定为因对方原因导致合同无效或者被撤销给其造成的损失。❸

3. 非善意取得技术秘密方的法律责任

（1）当事人双方恶意串通或者一方知道或者应当知道另一方侵权仍与其订立或者履行合同的，属于共同侵权，侵权人承担连带赔偿责任和保密义务，因此取得技术秘密的当事人不得继续使用该技术秘密。

（2）使用技术秘密的当事人应当向权利人支付已使用期间的使用费。使用人已向无效合同的

---

❶　见《最高人民法院关于审理技术合同纠纷案件适用法律若干问题的解释》第10条。

❷❸　见《最高人民法院关于审理技术合同纠纷案件适用法律若干问题的解释》第11条。

让与人支付的使用费，应当由让与人负责返还权利人。

4. 善意取得技术秘密方的法律责任

（1）侵害他人技术秘密的技术合同被确认无效后，除法律、行政法规另有规定的以外，善意取得该技术秘密的一方当事人可以在其取得时的范围内继续使用该技术秘密，但应当向权利人支付合理的使用费并承担保密义务。

（2）善意取得技术秘密方与权利人就使用费支付发生纠纷的，当事人任何一方都可以请求人民法院予以解决。

（3）善意取得技术秘密方继续使用技术秘密但又拒不支付使用费的，权利人可以请求人民法院判令使用人停止使用。

（4）确定使用费，可以根据权利人通常对外许可该技术秘密的使用费或者使用人取得该技术秘密所支付的使用费，并考虑该技术秘密的研究开发成本、成果转化和应用程度以及使用人的使用规模、经济效益等因素合理确定。

（5）使用技术秘密的当事人应当向权利人支付已使用期间的使用费。使用人已向无效合同的让与人支付的使用费，应当由让与人负责返还。

第九节　技术合同的种类

一、技术开发合同

（一）概　念

技术开发合同，是指当事人之间就新技术、新产品、新工艺或者新材料及其系统的研究开发所订立的合同。❶

新技术、新产品、新工艺、新材料及其系统，包括当事人在订立技术合同时尚未掌握的产品、工艺、材料及其系统等技术方案，但对技术上没有创新的现有产品的改型、工艺变更、材料配方调整以及对技术成果的验证、测试和使用除外。❷

（二）法定形式

技术开发合同应当采用书面形式。

（三）种　类

（1）委托开发合同，是指当事人一方委托另一方进行研究开发所订立的合同。

（2）合作开发合同，是指当事人共同进行研究开发所订立的合同。

（3）科技成果转化合同，是指合同当事人之间就具有实用价值但尚未实现工业化应用的科技成果（包括阶段性技术成果），以实现该科技成果工业化应用为目标，约定后续试验、开发和应用等内容的合同。

（四）合同当事人的权利和义务

以下主要介绍委托开发合同和合作开发合同当事人的权利和义务。

---

❶　见《合同法》第 330 条第 1 款。

❷　见《最高人民法院关于审理技术合同纠纷案件适用法律若干问题的解释》第 17 条。

1. 委托开发合同

（1）委托人的主要权利

① 检查研究开发人的履行合同情况和研究开发经费使用情况，但不得妨碍研究开发人的正常工作。

② 接受研究开发成果。

③ 研究开发人取得研究开发成果的专利权的，委托人有权免费实施该专利。

④ 研究开发人就其发明创造转让专利申请权的，委托人有权以同等条件优先受让。

（2）委托人的主要义务

① 按照合同约定支付研究开发经费和报酬。

② 按照合同约定提供技术资料、原始数据。

③ 按照合同约定完成协作事项。

④ 按照合同约定期限接受研究开发成果。

（3）研究开发人的主要权利

① 接受委托人支付的研究开发经费。

② 要求委托人提供必要的背景资料和数据。

③ 委托开发所完成的发明创造，除合同另有约定的除外，研究开发人有权申请专利。

（4）研究开发人的主要义务

① 按照合同约定制定和实施研究开发计划。

② 按照合同约定合理使用研究开发经费。

③ 按照合同约定期限完成研究开发工作，交付研究开发成果。

④ 按照合同约定提供有关的技术资料和必要的技术指导，帮助委托人掌握该项研究开发成果。

2. 合作开发合同

（1）当事人的主要权利

① 合作开发完成的发明创造，除当事人另有约定的除外，申请专利的权利属于合作开发的当事人共有。

② 当事人一方转让其共有的专利申请权的，其他各方享有以同等条件优先受让的权利。

③ 当事人一方声明放弃其共有的专利申请权的，可以由另一方单独申请或者由其他各方共同申请。

④ 申请人取得专利权的，放弃专利申请权的一方可以免费实施该专利。

（2）当事人的主要义务

① 按照合同约定进行投资。当事人既可以以实物和货币形式进行投资，也可以以技术进行投资。但以技术投资的，应当约定发生技术权益纠纷时技术投资方承担的责任；还应对投入的技术评估作价，最好由技术中介机构和技术专家参加作价。

② 按照合同约定分工参与研究开发工作。分工参与研究开发工作，包括当事人按照约定的计划和分工，共同或者分别承担设计、工艺、试验、试制等工作。当事人一方仅提供资金、设备、材料等物质条件或者承担辅助协作事项，另一方进行研究开发工作的，属于委托开发合同。

③ 与其他各方协作配合研究开发工作。

第
一
编

（五）风险责任的负担

1. 技术开发风险的概念

技术开发的风险，是指在研究开发过程中，虽经当事人一方或者双方主观努力，因受现有科技知识、认识水平和试验条件等因素的限制，确实存在现有科学技术水平无法克服的技术上的困难，导致研究开发失败或者部分失败。

2. 技术开发的风险责任认定条件

（1）研究开发课题本身在国际和国内现有技术水平下具有足够的难度；

（2）当事人在研究开发工作中已经尽了最大努力并已取得实质性进展；

（3）同行业专家认为该研究开发失败属于合理的失败。

3. 风险责任的负担

（1）当事人有约定的从约定。

（2）当事人没有约定或者约定不明确，依照《合同法》第61条仍不能确定的，风险责任由当事人合理分担。

（3）当事人一方发现可能致使研究开发失败或者部分失败的情形时，应当及时通知另一方并采取适当措施减少损失。没有及时通知并采取适当措施，致使损失扩大的，应当就扩大的损失承担责任。

（六）开发完成的技术成果归属和分享

（1）委托开发完成的发明创造，除当事人另有约定的以外，申请专利的权利属于研究开发人。研究开发人取得专利权的，委托人可以免费实施该专利。研究开发人转让专利申请权的，委托人享有以同等条件优先受让的权利。

（2）合作开发完成的发明创造，除当事人另有约定的以外，申请专利的权利属于合作开发的当事人共有。当事人一方转让其共有的专利申请权的，其他各方享有以同等条件优先受让的权利。当事人一方声明放弃其共有的专利申请权的，可以由另一方单独申请或者由其他各方共同申请。申请人取得专利权的，放弃专利申请权的一方可以免费实施该专利。合作开发的当事人一方不同意申请专利的，另一方或者其他各方不得申请专利。

（3）委托开发或者合作开发完成的技术秘密成果的使用权、转让权以及利益的分配办法，由当事人约定。没有约定或者约定不明确，依照《合同法》第61条的规定仍不能确定的，当事人均有使用和转让的权利，即当事人均有不经对方同意而自己使用或者以普通使用许可的方式许可他人使用技术秘密，并独占由此所获利益的权利。

但是，委托开发的研究开发人不得在向委托人交付研究开发成果之前，将研究开发成果转让给第三人。

（七）违约责任

1. 委托人违反约定造成研究开发工作停滞、延误或者失败的，应当承担违约责任❶

委托人的违约行为主要有：①迟延支付研究开发经费；②未按合同约定提供技术资料、原始数据和协作事项；③逾期接受研究开发成果；④拒绝接受研究开发成果。

委托人迟延履行主要义务，经催告在合理期限内仍未履行的，研究开发人有权解除合同。委托人应当返还技术资料，补交应付的报酬，赔偿因此给研究开发人所造成的损失。

---

❶ 见《合同法》第333条。

2. 研究开发人违反约定造成研究开发工作停滞、延误或者失败的，应当承担违约责任❶

研究开发人的违约行为主要有：①未按期实施研究开发计划，包括迟延实施或不实施研究开发计划；②挪用研究开发经费，将研究开发经费用于履行合同以外的目的；③研究开发工作失败和研究开发成果不符合约定条件。

研究开发人未按计划实施研究开发工作的，委托人有权要求其实施研究开发计划并采取补救措施。研究开发人经催告在合理期限内仍未实施研究开发计划的，或者迟延实施研究开发计划致使技术开发合同目的无法实现的，委托人有权解除合同。研究开发人应当返还研究开发经费，赔偿因此给委托人所造成的损失。

3. 合作开发合同的当事人违反约定造成研究开发工作停滞、延误或者失败的，应当承担违约责任❷

当事人一方迟延履行合同约定的主要义务，经催告在合理期限内仍不履行约定义务的，对方或者其他各方有权解除合同，当事人一方应当赔偿因此给对方或者其他各方所造成的损失。

（八）解除技术开发合同的特别事由

《合同法》第 337 条规定，因作为技术开发合同标的的技术已经由他人公开，致使技术开发合同的履行没有意义的，当事人可以解除合同。

由于技术开发合同的标的是新技术、新产品、新工艺或者新材料及其系统，即当事人在订立技术开发合同时尚未掌握的产品、工艺、材料及其系统等技术方案，因此，如果作为技术开发合同标的的技术在履行技术开发合同过程中已经向社会公开，技术开发合同则失去了继续履行和存在的必要，当事人任何一方可以通知对方解除技术开发合同。

二、技术转让合同

（一）概 念

技术转让合同，是指合法拥有技术的权利人，包括其他有权对外转让技术的人，将现有特定的专利、专利申请、技术秘密的相关权利让与他人，或者许可他人实施、使用所订立的合同。但就尚待研究开发的技术成果或者不涉及专利、专利申请或者技术秘密的知识、技术、经验和信息所订立的合同除外。

技术转让合同中关于让与人向受让人提供实施技术的专用设备、原材料或者提供有关的技术咨询、技术服务的约定，属于技术转让合同的组成部分。因此发生的纠纷，按照技术转让合同处理。当事人以技术入股方式订立联营合同，但技术入股人不参与联营体的经营管理，并且以保底条款形式约定联营体或者联营对方支付其技术价款或者使用费的，视为技术转让合同。

技术转让合同的特点：①技术转让合同的客体即合同标的是一个相对完整的技术方案；②通过技术转让合同转移的技术方案是订立合同时现有的技术成果；③技术转让合同的标的必须是已经权利化的技术成果，或者说，必须是具有知识产权属性的技术成果。

（二）法定形式

技术转让合同应当采用书面形式。

---

❶ 见《合同法》第 334 条。
❷ 见《合同法》第 336 条。

（三）种　类

1. 专利申请权转让合同

专利申请权转让合同，是指转让人将其就特定的发明创造申请专利的权利移交给受让人，受让人支付约定价款所订立的合同。

职务发明创造，申请专利的权利属于该单位；非职务发明创造，申请专利的权利属于发明人或者设计人。两个以上单位协作或者一个单位接受其他单位委托的研究、设计任务所完成的发明创造，除另有协议的以外，申请专利的权利属于完成或者共同完成的单位。专利申请权的转让必须遵守上述规定。

2. 专利权转让合同

专利权转让合同，是指专利权人将其拥有的发明创造专利的所有权或者持有权移交给受让人，受让人支付约定价款所订立的合同。

《专利法》所称的发明创造，是指发明、实用新型和外观设计。因此，专利权转让合同包括发明专利权转让合同、实用新型专利权转让合同和外观设计专利权转让合同。

3. 专利实施许可合同

专利实施许可合同，是指专利权人或者其授权的人作为转让人许可受让人在约定范围内实施专利，受让人支付约定使用费所订立的合同。

约定的实施专利的范围，包括实施专利的期限、地区、目的、方式和相互权益安排。

合同没有载明实施期限的，应视为在整个专利权存续期间的实施许可。

合同没有载明实施地区的，视为在我国全境内的实施许可。

实施目的，是指对于可以为多个目的和用途实施的专利，当事人可以仅约定一个或几个目的和用途的专利实施许可。合同没有载明实施目的、用途的，视为全部目的和用途的实施许可。

实施方式，是指当事人可以约定专利实施许可采取下列类型和方式：对于发明或者实用新型的专利产品，实施专利指以生产经营目的制造、使用、销售和进口专利产品。专利实施许可合同约定的实施方式，可以是制造许可、使用许可、销售许可、进口许可，也可以是包含制造、使用、销售等实施权的产品实施许可。对于方法发明专利，可以约定在多个领域或有多种用途的实施许可，也可以约定仅限于某一个或几个领域或用途的实施许可。对于权利要求中包括独立权利要求和若干个从属权利要求的专利，可以在整个权利要求范围内订立专利实施许可合同，也可以分别就不同从属权利要求订立专利实施许可合同。

专利实施许可包括以下方式：

（1）独占实施许可，是指让与人在约定许可实施专利的范围内，将该专利仅许可一个受让人实施，让与人依约定不得实施该专利。

（2）排他实施许可，是指让与人在约定许可实施专利的范围内，将该专利仅许可一个受让人实施，但让与人依约定可以自行实施该专利。排他实施许可合同让与人不具备独立实施其专利的条件，以一个普通许可的方式许可他人实施专利的，可以认定为让与人自己实施专利，但当事人另有约定的除外。

（3）普通实施许可，是指让与人在约定许可实施专利的范围内许可他人实施该专利，并且可以自行实施该专利。当事人对专利实施许可方式没有约定或者约定不明确的，认定为普通实施许可。专利实施许可合同约定受让人可以再许可他人实施专利的，认定该再许可为普通实施许可，但当事人另有约定的除外。

（4）指定许可，国有企事业单位的发明专利，对国家利益或公共利益具有重大意义的，经国务院批准，国务院主管部门、省区直辖市人民政府可以决定在批准的范围内推广应用，允许指定的单位实施，由实施单位按国家规定向专利权人支付使用费。

需要强调的是，发明专利申请公开以后、授权以前，参照适用专利实施许可合同的有关规定。

4. 技术秘密转让合同

技术秘密转让合同，是指让与人将拥有的技术秘密成果提供给受让人，明确相互之间技术秘密成果的使用权、转让权，受让人支付约定使用费订立的合同。

当事人之间就申请专利的技术成果所订立的许可使用合同，专利申请公开以前，适用技术秘密转让合同的有关规定。技术秘密转让合同的一方当事人不得限制对方使用技术秘密的期限，因为对于技术秘密成果，只要尚未进入公有领域，将始终处于受保护的状态。技术秘密许可包括独占实施许可、排他实施许可、普通实施许可。技术秘密转让合同的让与人与受让人之间还应当明确当事人双方的保密义务。

5. 技术进出口合同

技术进出口合同，即技术进口合同和技术出口合同，实质上是技术转让合同。

目前，我国技术进出口实行统一的管理制度，国务院各有关部门分工负责，协调管理。有关的技术进口合同、技术出口合同须经向外经贸主管部门申请注册、登记生效。不同类型的技术进出口活动，应分别适用《合同法》中相应的规定；法律、行政法规对技术进出口合同另有规定的，依照其规定。

技术进出口合同的种类：

（1）工业产权的转让、许可。适用专利权转让、专利实施许可合同的规定，但仅涉及商标权转让的除外。

（2）专有技术的许可。相当于技术秘密成果的许可，应适用技术秘密转让合同。

（3）技术咨询、技术服务。适用《合同法》中技术咨询合同、技术服务合同的有关规定。

（4）计算机软件的转让或许可。适用著作权转让、许可的有关规定。

（5）高技术产品的进出口。

（6）为实施技术而进出口的成套设备、生产线、大型设备、关键设备，除适用《合同法》一般规定外，还可依据《合同法》中买卖合同、运输合同等相关合同的规定办理。

（7）其他形式的技术转让。

6. 其他技术转让合同

其他技术转让合同，例如，植物新品种权转让合同、植物新品种许可合同等，可以参照《合同法》关于技术转让合同的规定。

技术转让合同中关于让与人向受让人提供实施技术的专用设备、原材料或者提供有关的技术咨询、技术服务的约定，属于技术转让合同的组成部分。因此发生的纠纷，按照技术转让合同处理。

当事人以技术入股方式订立联营合同，但技术入股人不参与联营体的经营管理，并且以保底条款形式约定联营体或者联营对方支付其技术价款或者使用费的，视为技术转让合同。

（四）合同当事人的权利和义务

（1）专利实施许可合同的让与人应当按照约定许可受让人实施专利，交付实施专利有关的技术资料，提供必要的技术指导；受让人应当按照约定实施专利，不得许可约定以外的第三人实施该专利，并按照约定支付使用费。

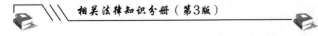

（2）技术秘密转让合同的让与人应当按照约定提供技术资料，进行技术指导，保证技术的实用性、可靠性，承担保密义务；受让人应当按照约定使用技术，支付使用费，承担保密义务。

（3）技术转让合同的让与人应当保证自己是所提供的技术的合法拥有者，并保证所提供的技术完整、无误、有效，能够达到约定的目标；受让人应当按照约定的范围和期限，对让与人提供的技术中尚未公开的秘密部分，承担保密义务。

（五）涉及专利的技术转让合同相关规定

（1）中国单位或者个人向外国人、外国企业或者外国其他组织转让专利申请权或者专利权的，应当依照有关法律、行政法规的规定办理手续。

（2）转让专利申请权或者专利权的，当事人应当订立书面合同，并向国务院专利行政部门登记，由国务院专利行政部门予以公告。专利申请权或者专利权的转让自登记之日起生效。

（3）宣告专利权无效的决定，对已经履行的专利实施许可合同和专利权转让合同，不具有追溯力。但是因专利权人的恶意给他人造成的损失，应当给予赔偿。如果不返还专利侵权赔偿金、专利使用费、专利权转让费，明显违反公平原则的，应当全部或者部分返还。

（六）违约责任

（1）让与人未按照约定转让技术的，应当返还部分或者全部使用费，并应当承担违约责任；实施专利或者使用技术秘密超越约定的范围的，违反约定擅自许可第三人实施该项专利或者使用该项技术秘密的，应当停止违约行为，承担违约责任；违反约定的保密义务的，应当承担违约责任。

（2）受让人未按照约定支付使用费的，应当补交使用费并按照约定支付违约金；不补交使用费或者支付违约金的，应当停止实施专利或者使用技术秘密，交还技术资料，承担违约责任；实施专利或者使用技术秘密超越约定的范围的，未经让与人同意擅自许可第三人实施该专利或者使用该技术秘密的，应当停止违约行为，承担违约责任；违反约定的保密义务的，应当承担违约责任。

（3）受让人按照约定实施专利、使用技术秘密侵害他人合法权益的，由让与人承担责任，但当事人另有约定的除外。

（4）因让与人的原因，未按时支付年费造成专利权被终止，或者因某种原因造成专利权被宣布无效时，让与人应当承担责任。

（5）专利申请被驳回或者授予专利权后被宣布无效的，除合同另有约定外，受让人不得请求返还价款，但让与人侵害他人专利权或者专利申请权的情况除外；对于专利权转让合同，除合同另有约定外，受让人获得的专利权如被宣布无效的，应当返还价款。

三、技术咨询合同和技术服务合同

（一）概　念

技术咨询合同，是指当事人一方为另一方就特定技术项目提供可行性论证、技术预测、专题技术调查、分析评价报告所订立的合同。

技术服务合同，是指当事人一方以技术知识为另一方解决特定技术问题所订立的合同，不包括建设工程合同和承揽合同。

（二）合同当事人的权利和义务

（1）技术咨询合同的委托人应当按照约定阐明咨询的问题，提供技术背景材料及有关技术资

料、数据；接受受托人的工作成果，支付报酬。

（2）技术咨询合同的受托人应当按照约定的期限完成咨询报告或者解答问题；提出的咨询报告应当达到约定的要求。

（3）技术服务合同的委托人应当按照约定提供工作条件，完成配合事项；接受工作成果并支付报酬。

（4）技术服务合同的受托人应当按照约定完成服务项目，解决技术问题，保证工作质量，并传授解决技术问题的知识。

（三）违约责任

（1）技术咨询合同的委托人未按照约定提供必要的资料和数据，影响工作进度和质量，不接受或者逾期接受工作成果的，支付的报酬不得追回，未支付的报酬应当支付。

（2）技术咨询合同的受托人未按期提出咨询报告或者提出的咨询报告不符合约定的，应当承担减收或者免收报酬等违约责任。

（3）技术咨询合同受托人发现委托人提供的资料、数据等有明显错误或者缺陷，未在合理期限内通知委托人的，视为其对委托人提供的技术资料、数据等予以认可。委托人在接到受托人的补正通知后未在合理期限内答复并予以补正的，发生的损失由委托人承担。

（4）当事人对技术咨询合同受托人进行调查研究、分析论证、试验测定等所需费用的负担没有约定或者约定不明确的，由受托人承担。

（5）技术服务合同的委托人不履行合同义务或者履行合同义务不符合约定，影响工作进度和质量，不接受或者逾期接受工作成果的，支付的报酬不得追回，未支付的报酬应当支付。

（6）技术服务合同的受托人未按照合同约定完成服务工作的，应当承担免收报酬等违约责任。

（7）技术服务合同受托人发现委托人提供的资料、数据、样品、材料、场地等工作条件不符合约定，未在合理期限内通知委托人的，视为其对委托人提供的工作条件予以认可。委托人在接到受托人的补正通知后未在合理期限内答复并予补正的，发生的损失由委托人承担。

（四）技术咨询合同和技术服务合同的特殊规定

（1）技术咨询合同的委托人按照受托人符合约定要求的咨询报告和意见作出决策所造成的损失，由委托人承担，但当事人另有约定的除外。

（2）当事人一方以技术转让的名义提供已进入公有领域的技术，或者在技术转让合同履行过程中合同标的技术进入公有领域，但是技术提供方进行技术指导、传授技术知识，为对方解决特定技术问题符合约定条件的，按照技术服务合同处理，约定的技术转让费可以视为提供技术服务的报酬和费用，但是法律、行政法规另有规定的除外。技术转让费视为提供技术服务的报酬和费用明显不合理的，人民法院可以根据当事人的请求合理确定。

（3）当事人对技术咨询合同委托人提供的技术资料和数据或者受托人提出的咨询报告和意见未约定保密义务，当事人一方引用、发表或者向第三人提供的，不认定为违约行为，但侵害对方当事人对此享有的合法权益的，应当依法承担民事责任。

（4）当事人对技术咨询合同受托人进行调查研究、分析论证、试验测定等所需费用的负担没有约定或者约定不明确的，由受托人承担。

（5）当事人对技术服务合同受托人提供服务所需费用的负担没有约定或者约定不明确的，由受托人承担。

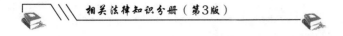

第十节　委托合同

一、概　念

委托合同，是指委托人和受托人约定，由受托人处理委托人事务的合同。

二、种　类

（1）特别委托，是指委托人特别委托受托人处理一项或者数项事务。

（2）概括委托，是指委托人通过委托合同概括地委托受托人处理一切事务。

三、当事人的权利和义务

（1）委托人应当预付处理委托事务的费用。受托人为处理委托事务垫付的必要费用，委托人应当偿还该费用及其利息。

（2）受托人完成委托事务的，委托人应当向其支付报酬。因不可归责于受托人的事由，委托合同解除或者委托事务不能完成的，委托人应当向受托人支付相应的报酬。当事人另有约定的，按照其约定。

（3）受托人应当按照委托人的指示处理委托事务。需要变更委托人指示的，应当经委托人同意；因情况紧急，难以和委托人取得联系的，受托人应当妥善处理委托事务，但事后应当将该情况及时报告委托人。

（4）受托人应当亲自处理委托事务。经委托人同意，受托人可以转委托。转委托经同意的，委托人可以就委托事务直接指示转委托的第三人，受托人仅就第三人的选任及其对第三人的指示承担责任。转委托未经同意的，受托人应当对转委托的第三人的行为承担责任，但在紧急情况下受托人为维护委托人的利益需要转委托的除外。

（5）受托人应当按照委托人的要求，报告委托事务的处理情况。委托合同终止时，受托人应当报告委托事务的结果。

（6）受托人处理委托事务取得的财产，应当转交给委托人。

四、委托人、受托人与第三人之间的法律关系

（1）受托人以自己的名义，在委托人的授权范围内与第三人订立的合同，第三人在订立合同时知道受托人与委托人之间的代理关系的，该合同直接约束委托人和第三人，但有确切证据证明该合同只约束受托人和第三人的除外。

（2）受托人以自己的名义与第三人订立合同时，第三人不知道受托人与委托人之间的代理关系的，受托人因第三人的原因对委托人不履行义务，受托人应当向委托人披露第三人，委托人因此可以行使受托人对第三人的权利，但第三人与受托人订立合同时知道该委托人就不会订立合同的除外。

（3）受托人因委托人的原因对第三人不履行义务，受托人应当向第三人披露委托人，第三人因此可以选择受托人或者委托人作为相对人主张其权利，但第三人不得变更选定的相对人。

（4）委托人行使受托人对第三人的权利的，第三人可以向委托人主张其对受托人的抗辩。第三人选定委托人作为其相对人的，委托人可以向第三人主张其对受托人的抗辩以及受托人对第三

人的抗辩。

五、违约责任

（1）有偿的委托合同，因受托人的过错给委托人造成损失的，委托人可以要求赔偿损失。

（2）无偿的委托合同，因受托人的故意或者重大过失给委托人造成损失的，委托人可以要求赔偿损失。

（3）受托人超越权限给委托人造成损失的，应当赔偿损失。

（4）受托人处理委托事务时，因不可归责于自己的事由受到损失的，可以向委托人要求赔偿损失。

（5）委托人经受托人同意，可以在受托人之外委托第三人处理委托事务。因此给受托人造成损失的，受托人可以向委托人要求赔偿损失。

（6）两个以上的受托人共同处理委托事务的，对委托人承担连带责任。

（7）委托人或者受托人可以随时解除委托合同。因解除合同给对方造成损失的，除不可归责于该当事人的事由以外，应当赔偿损失。

六、终止情形

（1）合同因履行完毕或合同期限届满的，委托合同终止。

（2）委托人或者受托人可以随时解除委托合同。因解除合同给对方造成损失的，除不可归责于该当事人的事由以外，应当赔偿损失。

（3）委托人或者受托人死亡、丧失民事行为能力或者破产的，委托合同终止，但当事人另有约定或者根据委托事务的性质不宜终止的除外。

此类情形的处理方式：

（1）因委托人死亡、丧失民事行为能力或者破产，致使委托合同终止将损害委托人利益的，在委托人的继承人、法定代理人或者清算组织承受委托事务之前，受托人应当继续处理委托事务。

（2）因受托人死亡、丧失民事行为能力或者破产，致使委托合同终止的，受托人的继承人、法定代理人或者清算组织应当及时通知委托人。因委托合同终止将损害委托人利益的，在委托人作出善后处理之前，受托人的继承人、法定代理人或者清算组织应当采取必要措施。

第三章 民事诉讼法

【提要】本章主要围绕《民事诉讼法》及相关法律法规，结合历年《民事诉讼法》考试大纲及真题考点，讲解民事诉讼的效力范围、基本原则和基本的诉讼制度，以及《民事诉讼法》中关于管辖、证据、诉讼当事人、财产保全以及执行的规定，帮助考生掌握关于一般民事审判程序和执行程序的基本规定，了解关于涉外民事诉讼的规定。

第一节 民事诉讼法概述

一、民事诉讼法的概念和效力

人类社会的存续和发展以一定的社会秩序为前提，但由于不同社会主体的利益追求不同，必然产生破坏社会秩序的各种纠纷。为了解决社会纠纷，恢复被破坏的社会秩序，人们针对不同的社会纠纷设计了不同的纠纷解决机制。民事诉讼就是解决民事纠纷的机制之一。

民事纠纷是指公民之间、法人之间、其他组织❶之间以及他们相互之间因财产关系和人身关系产生的冲突和争议。民事诉讼，是指人民法院根据当事人的请求，在当事人和其他诉讼参与人的参与下，依法审理和裁判民事纠纷的程序和制度。除民事诉讼以外，当事人还可以通过自力救济、人民调解、仲裁等方式解决民事纠纷。

民事诉讼法，是指国家制定或者认可的，规定民事诉讼程序和民事诉讼法律关系主体之间权利义务关系的法律规范的总称。民事诉讼法的效力，是指民事诉讼法在何时何地对何人何事直接发生作用。

（一）适用范围

《民事诉讼法》的适用范围，又称为民事诉讼对事的效力，即《民事诉讼法》对何事直接发生作用。根据《民事诉讼法》第3条的规定，《民事诉讼法》的适用范围是公民之间、法人之间、其他组织之间以及他们相互之间因财产关系和人身关系提起的民事诉讼。

民事诉讼仅限于当事人因民事纠纷提起的诉讼，非民事纠纷不允许提起民事诉讼。非民事纠纷，既包括非平等民事主体之间的纠纷，例如外交纠纷、军事纠纷、公民与国家机关之间的行政纠纷；还包括平等民事主体之间除财产关系和人身关系以外产生的其他纠纷，例如感情纠纷。

（二）对人的效力

《民事诉讼法》适用于中国公民、法人或其他组织，以及在中国进行诉讼的外国人、无国籍人、外国企业和组织。外国人、无国籍人、外国企业和组织在人民法院起诉、应诉，同中华人民共和国公民、法人和其他组织有同等的诉讼权利义务。外国法院对中华人民共和国公民、法人和其他组织的民事诉讼权利加以限制的，中华人民共和国人民法院对该国公民、企业和组织的民事诉讼权利实行对等原则。

---

❶ 《民法总则》第2条规定："民法调整平等主体的自然人、法人和非法人组织之间的人身关系和财产关系。"《民事诉讼法》尚未作出相应修改，本册教材沿用现行《民事诉讼法》中的表述。

（三）空间效力

根据《民事诉讼法》第 4 条规定，凡是在中华人民共和国领域内进行民事诉讼，必须遵守该法。当然，我国实行"一国两制"，香港、澳门、台湾虽属于我国领土，但不适用《民事诉讼法》。此外，民族自治地方的人民代表大会根据宪法和该法的原则，结合当地民族的具体情况，可以制定变通或者补充的规定。自治区的规定，报全国人民代表大会常务委员会批准。自治州、自治县的规定，报省或者自治区的人民代表大会常务委员会批准，并报全国人民代表大会常务委员会备案。

（四）时间效力

现行《民事诉讼法》于 2017 年 6 月 27 日修改通过，于 2017 年 7 月 1 日起施行。修改前的《民事诉讼法》于 2012 年 8 月 31 日修改通过，自 2013 年 1 月 1 日起施行。按照程序法从新的一般法理，新法不溯及既往，在新法实施之日后受理或仍在进行过程中的民事诉讼均适用新法，但之前依照旧法进行的程序活动依然有效。

二、民事诉讼法的基本原则

《民事诉讼法》的基本原则，是指贯穿民事诉讼始终，对整个民事诉讼起到指导作用的原理和准则。具体包括如下内容。

（一）独立行使审判权

《民事诉讼法》第 6 条规定，民事案件的审判权由人民法院行使。人民法院依照法律规定对民事案件独立进行审判，不受行政机关、社会团体和个人的干涉。

独立行使审判权原则的内容包括：

（1）人民法院统一行使民事案件的审判权。

（2）人民法院独立进行审判，不受行政机关、社会团体和个人的干涉。需要注意的是，人民法院审判案件，要受到国家权力机关，即人民代表大会的监督。

（3）法官在办理案件过程独立发表意见。

（二）以事实为根据、以法律为准绳原则

《民事诉讼法》第 7 条规定，人民法院审理民事案件，必须以事实为根据，以法律为准绳。以事实为根据，是指处理案件只能以客观事实作为依据，不能以主观的想象、推测或者想当然为依据。以法律为准绳，就是在查清案件事实的基础上，正确适用法律，有法必依，执法必严。

（三）平等原则

《民事诉讼法》第 8 条规定，民事诉讼当事人有平等的诉讼权利。人民法院审理民事案件，应当保障和便利当事人行使诉讼权利，对当事人在适用法律上一律平等。

平等原则的内容包括：

（1）当事人的诉讼地位平等，享有平等的诉讼权利和诉讼义务。

（2）当事人行使诉讼权利受到人民法院平等的保障。

（3）人民法院在适用法律上对所有的当事人一律平等，不存在特权和歧视。

（四）调解原则

《民事诉讼法》第 9 条规定，人民法院审理民事案件，应当根据自愿和合法的原则进行调解；调解不成的，应当及时判决。

自愿，是指双方当事人愿意在人民法院主持下调解，调解协议的内容完全出于双方当事人的意愿，不得强迫。调解未达成协议或者调解书送达前一方反悔的，人民法院应当及时判决。

合法，是指人民法院必须严格依照民事诉讼法规定的程序制度进行调解，当事人达成的调解协议内容不得违反法律和政策的规定，也不得损害国家利益、社会公共利益和第三人的合法利益。人民法院审理民事案件，根据当事人自愿的原则，在事实清楚的基础上，分清是非，进行调解。

调解程序中应当注意的有：

（1）径行调解必须经过双方当事人同意。《最高人民法院关于适用〈中华人民共和国民事诉讼法〉的解释》（以下简称《民事诉讼法解释》）第142条规定，人民法院受理案件后，经审查，认为法律关系明确、事实清楚，在征得当事人双方同意后，可以径行调解。所谓径行调解，是指受理案件后不进行开庭程序，直接主持双方当事人调解。

（2）调解涉及对当事人权利义务的处理，参加调解的代理人必须得到特别授权。《民事诉讼法解释》第147条规定，人民法院调解案件时，当事人不能出庭的，经其特别授权，可由其委托代理人参加调解，达成的调解协议，可由委托代理人签名。

（3）调解可以由一名法官主持，也可以由合议庭主持；可以邀请有关单位和个人协助。《民事诉讼法》第94条、第95条规定，人民法院进行调解，可以由审判员一人主持，也可以由合议庭主持，并尽可能就地进行。人民法院进行调解，可以用简便方式通知当事人、证人到庭。人民法院进行调解，可以邀请有关单位和个人协助。被邀请的单位和个人，应当协助人民法院进行调解。

（4）调解达成协议的，人民法院通常应当制作调解书，写明诉讼请求、案件的事实和调解结果。但是，对于部分案件可以不制作调解书。《民事诉讼法》第98条规定："下列案件调解达成协议，人民法院可以不制作调解书：（一）调解和好的离婚案件；（二）调解维持收养关系的案件；（三）能够即时履行的案件；（四）其他不需要制作调解书的案件。对不需要制作调解书的协议，应当记入笔录，由双方当事人、审判人员、书记员签名或者盖章后，即具有法律效力。"

（5）调解书只能直接送达，当事人拒绝签收的，调解书不发生法律效力。《民事诉讼法解释》第149条规定，调解书需经当事人签收后才发生法律效力的，应当以最后收到调解书的当事人签收的日期为调解书生效日期。

（6）诉讼中的调解和诉讼外的调解不同。诉讼中的调解，除无必要制作调解书的外，人民法院应当依法制作调解书，调解书具有强制执行力，当事人可以申请人民法院强制执行；诉讼外的调解，当事人达成的调解协议无强制执行力，一方当事人拒绝履行的，另一方当事人可以向人民法院提起诉讼。

（7）诉讼中的调解与执行过程中的和解也不同。在执行过程中，双方当事人自行和解达成协议的，执行员应当将协议内容记入笔录，由双方当事人签名或者盖章。一方当事人不履行和解协议的，人民法院可以根据对方当事人的申请，恢复对原生效法律文书的执行。因此，和解协议也不具有强制执行力。

（五）辩论原则

《民事诉讼法》第12条规定，人民法院审理民事案件时，当事人有权进行辩论。

辩论原则的内容包括：

（1）当事人可以通过行使辩论权来实现自己的程序利益和实体利益。辩论权是指当事人在民事诉讼过程中，针对案件的事实和法律问题，陈述各自的主张和依据，互相进行反驳和答辩的权利。辩论权是当事人的一项重要诉讼权利，因此法院应当为当事人行使辩论权提供相应的保障。

（2）当事人不仅可以对实体问题行使辩论权，也可以对程序问题行使辩论权。

（3）当事人行使辩论权，既可以采用口头的方式，又可以采用书面的方式。

（4）辩论原则适用于民事诉讼的各个重要阶段。从起诉到诉讼终结，从第一审程序到再审程序，都要贯彻辩论原则的基本要求，尊重当事人的辩论权。

（六）诚实信用原则

《民事诉讼法》第13条第1款规定，民事诉讼应当遵循诚实信用原则。

诚实信用原则的内容包括：

（1）当事人在实施诉讼行为时应当诚实和善意，不得滥用诉讼权利。

（2）人民法院在行使民事审判权的过程中应当公正、合理，善意行使自由裁量权，充分听取当事人意见，不得突袭裁判等。

（3）其他诉讼参与人应当诚实、善意地实施诉讼行为，例如证人应当如实作证，鉴定人不得作虚假鉴定，代理人不得滥用代理权或越权代理等。

（七）处分原则

《民事诉讼法》第13条第2款规定，当事人有权在法律规定的范围内处分自己的民事权利和诉讼权利。

处分原则的内容包括：

（1）当事人有权处分起诉权，有权起诉也有权不起诉，人民法院不能依职权主动启动民事诉讼程序。

（2）人民法院审理的对象以及范围，应当由当事人决定的，人民法院不能超越当事人的诉讼请求进行审理。

（3）在诉讼过程中，当事人可以承认、放弃、变更、追加诉讼请求。

（4）当事人可以自行决定是否进行和解，是否对判决、裁定提起上诉。

（八）监督原则

《民事诉讼法》第14条规定，人民检察院有权对民事诉讼实行法律监督。

监督原则的内容包括：

（1）人民检察院对人民法院的审判活动有权进行监督。就现行《民事诉讼法》而言，人民检察院不对当事人的诉讼活动进行监督，也不具体参与通常的民事诉讼活动。

（2）人民检察院对审判活动进行监督的具体方式，是对法院已生效的判决、裁定按照审判监督程序提出抗诉。

三、民事诉讼法的基本制度

民事诉讼基本制度，是指民事诉讼活动过程中的某个阶段或几个阶段对人民法院的民事审判起重要作用的行为准则，包括合议制度、回避制度、两审终审制度和公开审判制度。

（一）合议制度

合议制度是指法院组成合议庭来审理民事案件的制度。合议庭，是指由全部由审判员组成，或者由审判员、陪审员组成的审判组织。合议庭是人民法院审判案件的基本组织形式，除基层人民法院适用简易程序审判案件可以采用独任制以外，人民法院审判民事案件均应当采用合议庭的组织形式。实行合议制度有利于发挥集体智慧，集思广益，防止主观片面、个人专断和徇私舞弊。

合议庭实行投票制，少数服从多数。

（二）回避制度

回避制度是指在民事诉讼中，审判人员和其他可能会影响案件公正审理的人员，遇到法律规定的情形时，应当依法退出该案审理程序的制度。

回避方式包括两种：自行回避和申请回避。自行回避，是指审判人员和其他人员认为自己符合需要回避的法定情形，自己主动退出案件的审理、记录、翻译、鉴定和勘验。申请回避，是指当事人认为审判人员和其他人员符合需要回避的法定情形，而要求他们退出正在审理的案件。

根据《民事诉讼法》第44条的规定，申请回避的事由包括：①是本案当事人或者当事人、诉讼代理人近亲属的；②与本案有利害关系的；③与本案当事人、诉讼代理人有其他关系，可能影响对案件公正审理的；④审判人员接受当事人、诉讼代理人请客送礼，或者违反规定会见当事人、诉讼代理人的。可以申请回避的人员包括：审判人员、书记员、翻译人员、鉴定人、勘验人。需要注意的是，可以申请回避的人员，不包括证人、诉讼代理人、旁听人员、第三人等。

申请回避的有关事项如下。

1. 申请回避的提出

当事人提出回避申请，应当说明理由，可以在法庭辩论终结前提出。

2. 申请回避的后果

被申请回避的人员在人民法院作出是否回避的决定前，应当暂停参与本案的工作，但案件需要采取紧急措施的除外。

3. 决定是否回避的权限

院长担任审判长时的回避，由审判委员会决定；审判人员的回避，由院长决定；其他人员的回避，由审判长决定。需要注意的是，庭长无权决定是否回避。

4. 决定是否回避的期限、对决定的复议

人民法院对当事人提出的回避申请，应当在申请提出的3日内，以口头或者书面形式作出决定。申请人对决定不服的，可以在接到决定时申请复议一次。复议期间，被申请回避的人员，不停止参与本案的工作。人民法院对复议申请，应当在3日内作出复议决定，并通知复议申请人。

（三）两审终审制度

两审终审制度是指同一民事案件经过两级人民法院审判后，就宣告终结的制度。《民事诉讼法》第175条规定，第二审人民法院的判决、裁定，是终审的判决、裁定。我国审级制度以两审终审为原则，以一审终审为例外，例如，最高人民法院进行一审的案件实质上一审终审。

（四）公开审判制度

公开审判制度是指法院在审理民事案件时，应当将案件的审判活动向社会公开。

公开审判制度的内容如下。

1. 公开审判事项

《民事诉讼法》第136条规定，人民法院审理民事案件，应当在开庭3日前通知当事人和其他诉讼参与人。公开审理的，应当公告当事人姓名、案由和开庭的时间、地点。

2. 公开审理过程

《民事诉讼法》第134条规定，人民法院审理民事案件，除涉及国家秘密、个人隐私或者法律另有规定的以外，应当公开进行。离婚案件、涉及商业秘密的案件，当事人申请不公开审理的，可以不公开审理。公开审理过程，意味着允许公众旁听，而且经过法院的同意，新闻记者还可以录制、转播庭审活动。

需要注意的是，涉及国家秘密、个人隐私的民事案件必须不公开审理，离婚案件和涉及商业

秘密案件则以当事人提出申请为前提。

3. 公开审判结果

《民事诉讼法》第 148 条第 1 款规定，人民法院对公开审理或者不公开审理的案件，一律公开宣告判决。

第二节　民事诉讼的管辖

管辖是指各级或各地人民法院之间受理第一审民事案件的分工和权限。管辖分为法定管辖和裁定管辖。法定管辖，是指根据法律规定确定管辖法院，分为级别管辖和地域管辖。裁定管辖，是指根据人民法院的裁定确定管辖法院，分为移送管辖和指定管辖。

一、级别管辖

级别管辖，是指根据法律规定确定各级人民法院之间受理第一审民事案件的分工和权限。根据《民事诉讼法》第 17～20 条的规定，各级人民法院管辖第一审民事案件的范围如下：

（1）最高人民法院管辖在全国有重大影响的案件、认为应当由本院审理的案件。

（2）高级人民法院管辖在本辖区有重大影响的第一审民事案件。

（3）中级人民法院管辖重大涉外案件、在本辖区有重大影响的案件、最高人民法院确定由中级人民法院管辖的案件。

（4）除该法有明文规定外，由基层人民法院管辖第一审民事案件。《民事诉讼法解释》第 2 条规定，专利纠纷案件由知识产权法院、最高人民法院确定的中级人民法院和基层人民法院管辖。最高人民法院曾经先后批复浙江省义乌市人民法院、北京市海淀区人民法院、北京市朝阳区人民法院等基层人民法院审理一审实用新型和外观设计专利纠纷案件，但随着知识产权法院的成立，专利纠纷案件均集中至各知识产权法院和中级人民法院进行一审审理，基层人民法院不再审理专利纠纷案件。同时，最高人民法院知识产权法庭于 2019 年 1 月 1 日成立，集中对全国的专利纠纷案件进行二审。根据《最高人民法院关于知识产权法庭若干问题的规定》第 2 条第（1）项规定，最高人民法院知识产权法庭审理不服高级人民法院、知识产权法院、中级人民法院作出的发明专利、实用新型专利、植物新品种、集成电路布图设计、技术秘密、计算机软件、垄断第一审民事案件判决、裁定而提起上诉的案件。即除外观设计专利民事案件由各高级人民法院进行二审以外，其余专利民事案件二审均由最高人民法院知识产权法庭进行集中管辖。

二、地域管辖

地域管辖，是指根据法律规定确定同级别的各地人民法院之间受理第一审民事案件的分工和权限。

（一）一般地域管辖

一般地域管辖，又称为一般管辖或者普通管辖，是指按照当事人所在地与人民法院辖区的隶属关系确定的管辖，分被告住所地法院管辖和原告住所地法院管辖。

一般地域管辖实行"原告就被告"原则，即通常由被告住所地法院管辖，被告住所地与经常居住地不一致的，由经常居住地人民法院管辖。根据《民事诉讼法解释》的相关规定，"原告就被告"原则还体现在下列情形：

（1）双方均被注销户籍的，由被告居住地的人民法院管辖。

（2）当事人的户籍迁出后尚未落户，有经常居住地的，由该地人民法院管辖；没有经常居住地的，由其原户籍所在地人民法院管辖。

（3）双方当事人都被监禁或者被采取强制性教育措施的，由被告原住所地人民法院管辖。被告被监禁或者被采取强制性教育措施1年以上的，由被告被监禁地或者被采取强制性教育措施地人民法院管辖。

（4）不服指定监护或变更监护关系的案件，由被监护人住所地人民法院管辖。

（5）离婚诉讼双方当事人都是军人或者军队单位的民事案件由军事法院管辖。

（6）夫妻双方离开住所地超过1年，一方起诉离婚的案件，由被告经常居住地人民法院管辖。

一般地域管辖除以被告住所地法院作为管辖法院外，还有以原告住所地或经常居住地法院作为管辖法院的情形：

（1）对不在中华人民共和国领域内居住的人提起的有关身份关系的诉讼；

（2）对下落不明或者宣告失踪的人提起的有关身份关系的诉讼；

（3）对被采取强制性教育措施的人提起的诉讼；

（4）对被监禁的人提起的诉讼。

（二）特殊地域管辖

特殊地域管辖，是指不以当事人住所地法院作为管辖法院，而是以诉讼标的所在地或者引起法律关系发生、变更、消灭的法律事实所在地与特定管辖法院的关系为依据确定的管辖，也称特别管辖或特别地管辖。

根据《民事诉讼法》第23～32条、《民事诉讼法解释》第18～26条的规定，特殊地域管辖包括：

（1）因合同纠纷提起的诉讼，由被告住所地或合同履行地人民法院管辖。

（2）因保险合同纠纷提起的诉讼，由被告住所地或者保险标的物所在地的人民法院管辖。

（3）因联营合同纠纷提起的诉讼，应根据联营的不同形式确定管辖法院。

（4）因票据纠纷提起的诉讼，由票据支付地或被告住所地人民法院管辖。

（5）因铁路、公路、水上、航空运输和联合运输合同纠纷提起的诉讼，由运输始发地、目的地或被告住所地人民法院管辖。

（6）因侵权行为提起的诉讼，由侵权行为地或者被告住所地人民法院管辖。

（7）因铁路、公路、水上和航空事故请求损害赔偿提起的诉讼，由事故发生地或者车辆、船舶最先到达地，航空器最先降落地或者被告住所地的人民法院管辖。

（8）因船舶碰撞或者其他海损事故请求损害赔偿提起的诉讼，由碰撞发生地、碰撞船舶最先到达地、加害船舶被扣留地或者被告住所地人民法院管辖。

（9）因海难救助费用提起的诉讼，由救助地或者被救助船舶最先到达地人民法院管辖。

（10）因共同海损提起的诉讼，由船舶最先到达地、共同海损理算地或者航程终止地的人民法院管辖。

（三）专属管辖

专属管辖，是指法律强制规定某些类型的案件只能由特定的人民法院管辖，其他法院均无权管辖，也不允许当事人协议变更管辖。

根据《民事诉讼法》第33条的规定，我国民事诉讼专属管辖的案件有3种：

（1）因不动产纠纷提起的诉讼，由不动产所在地人民法院管辖。

（2）因港口作业中发生纠纷提起的诉讼，由港口所在地人民法院管辖。

（3）因继承遗产纠纷提起的诉讼，由被继承人死亡时住所地或主要遗产所在地人民法院管辖。

（四）协议管辖

协议管辖，是指合同纠纷或者其他财产权益纠纷的当事人在纠纷发生前或者纠纷发生后，以书面协议的方式选择第一审案件的管辖法院。协议管辖分为非涉外民事案件中的协议管辖和涉外民事案件中的协议管辖。

根据《民事诉讼法》第34条的规定，非涉外民事案件中的协议管辖应当符合下列条件：

（1）必须是合同纠纷或者其他财产权益纠纷的当事人，其他纠纷不得协议选择管辖法院。

（2）不能违反级别管辖和专属管辖的规定，只能对第一审民事案件的管辖进行协议选择，不得协议选择二审法院。

（3）必须通过书面形式进行协议选择。

（4）只能在被告住所地、合同履行地、合同签订地、原告住所地、标的物所在地等与争议有实际联系的地点的人民法院的范围内进行选择。

根据《民事诉讼法解释》第531条的规定，涉外民事案件的协议管辖应当符合下列条件：

（1）应当是涉外合同或者其他财产权益纠纷的当事人。

（2）可以选择被告住所地、合同履行地、合同签订地、原告住所地、标的物所在地、侵权行为地等与争议有实际联系地点的外国法院管辖。

（3）属于中华人民共和国法院专属管辖的案件，当事人不得协议选择外国法院管辖。

（4）必须通过书面形式进行协议选择。

（五）共同管辖和选择管辖

共同管辖是指根据法律的规定，两个以上的人民法院对同一案件都拥有管辖权。

选择管辖是指当两个以上人民法院对同一案件都有管辖权时，当事人可以从中选择一个人民法院起诉。

根据《民事诉讼法》第35条的规定，两个以上人民法院都有管辖权的诉讼，原告可以向其中一个人民法院起诉；原告向两个以上有管辖权的人民法院起诉的，由最先立案的人民法院管辖。

三、移送管辖和指定管辖

移送管辖，是指人民法院受理案件之后发现没有管辖权，根据法律的规定将该案件移送到有管辖权的人民法院审理。指定管辖，是指上级人民法院通过裁定，将某一案件指定给某一下级人民法院管辖。

人民法院发现受理的案件不属于本院管辖的，应当移送到有管辖权的人民法院，受移送的人民法院应当受理。

根据《民事诉讼法》第36条规定，移送管辖应当符合下列条件：

（1）移送法院已经受理了案件。

（2）移送法院没有对该案件的管辖权。

（3）受移送法院对案件有管辖权。

（4）移送管辖只能进行一次。受移送的人民法院认为受移送的案件依照规定不属于本院管辖的，应当报请上级人民法院指定管辖，不得再自行移送。

根据《民事诉讼法解释》第36条的规定，两个以上人民法院都有管辖权的诉讼，先立案的人民法院不得将案件移送给另一个有管辖权的人民法院。人民法院在立案前发现其他有管辖权的人民法院已先立案的，不得重复立案；立案后发现其他有管辖权的人民法院已先立案的，裁定将案件移送给先立案的人民法院。

根据《民事诉讼法》第36条、第37条的规定，指定管辖适用于以下情形：

（1）受移送人民法院对受移送案件没有管辖权。

（2）有管辖权的人民法院由于特殊原因，不能行使管辖权。

（3）人民法院之间因管辖权发生争议，由争议双方协商解决；协商解决不了的，报请它们的共同上级人民法院指定管辖。

《民事诉讼法解释》第40条规定，发生管辖权争议的两个人民法院因协商不成报请它们的共同上级人民法院指定管辖时，如双方为同属一个地、市辖区的基层人民法院，由该地、市的中级人民法院及时指定管辖；同属一个省、自治区、直辖市的两个人民法院，由该省、自治区、直辖市的高级人民法院及时指定管辖；如双方为跨省、自治区、直辖市的人民法院，高级人民法院协商不成的，由最高人民法院及时指定管辖。报请上级人民法院指定管辖时，应当逐级进行。

第三节　审判组织和诉讼参加人

一、审判组织

审判组织是指人民法院审判案件的组织形式。根据《民事诉讼法》和《中华人民共和国人民法院组织法》（以下简称《人民法院组织法》）的规定，人民法院审判民事案件的组织形式有三种，即独任审判、合议庭和审判委员会。

（一）独任审判

独任审判是由一名法官独任审判的制度。根据《民事诉讼法》第157条的规定，独任制仅限于基层人民法院适用简易程序审理的案件。

（二）合议庭

1. 合议庭的组成

合议庭，是指由全部由审判员组成，或者由审判员、陪审员组成的审判组织。合议庭是人民法院审判案件的基本组织形式，除基层人民法院适用简易程序审判案件可以采用独任制以外，人民法院审判民事案件均应当采用合议庭的组织形式。

根据《民事诉讼法》第39条、第40条的规定，第一审民事案件的审理，可以由审判员、陪审员共同组成合议庭，也可以全部由审判员组成合议庭；第二审民事案件的审理，则必须全部由审判员组成合议庭。发回重审的案件，原审人民法院应当按照第一审程序另行组成合议庭。审理再审案件，原来是第一审的，按照第一审程序另行组成合议庭；原来是第二审的或者是上级人民法院提审的，按照第二审程序另行组成合议庭。

人民陪审员，是指由法定程序产生，代表人民群众在人民法院参加合议庭审判活动的人员。陪审员在执行陪审职务时，与审判员有同等的权利义务。之所以规定人民陪审员只参加第一审民事案件，是因为第二审民事案件的审理，主要涉及的是法律适用的争议，所以由专业的审判员组成合议庭进行审理。

合议庭实行投票制，少数服从多数，为了避免出现不同意见人数均等的情形，合议庭的成员人数，必须是单数。

合议庭的审判长由院长或者庭长指定审判员一人担任；院长或者庭长参加审判的，由院长或者庭长担任。

2. 案件评议

《民事诉讼法》第42条规定，合议庭评议案件，实行少数服从多数的原则。评议应当制作笔录，由合议庭成员签名。评议中的不同意见，必须如实记入笔录。

合议庭成员进行评议的时候，应当认真负责，充分陈述意见，独立行使表决权，不得拒绝陈述意见或者仅作同意与否的简单表态。同意他人意见的，也应当提出事实根据和法律依据，进行分析论证。合议庭成员对评议结果的表决，以口头表决的形式进行。合议庭进行评议的时候，如果意见分歧，应当按多数人的意见作出决定，但是少数人的意见应当写入笔录。评议笔录由书记员制作，由合议庭的组成人员签名。合议笔录依法不对外公开。

（三）审判委员会

审判委员会，是指由人民法院内部设立的对审判工作实行集体领导的组织。根据《人民法院组织法》第36条的规定，各级人民法院均设立审判委员会。审判委员会由院长、庭长和资深审判员组成。根据《民事诉讼法》第46条、第198条的规定，人民法院院长担任审判长时的回避，由审判委员会决定；人民法院院长对本院已经发生法律效力的判决、裁定、调解书，发现确有错误，认为需要再审的，应当提交审判委员会讨论决定。根据《最高人民法院关于人民法院合议庭工作的若干规定》第12条规定，对于下列案件，合议庭应当提请院长决定提交审判委员会讨论决定：①拟判处死刑的；②疑难、复杂、重大或者新类型的案件，合议庭认为有必要提交审判委员会讨论决定的；③合议庭在适用法律方面有重大意见分歧的；④合议庭认为需要提请审判委员会讨论决定的其他案件，或者本院审判委员会确定的应当由审判委员会讨论决定的案件。

二、诉讼当事人

诉讼当事人，是指以自己的名义请求人民法院对特定的民事纠纷作出裁判的起诉方和被诉方。《民事诉讼法》第48条规定，公民、法人和其他组织可以作为民事诉讼的当事人。"其他组织"是指合法成立，有一定的组织机构和财产，但不具有法人资格的组织。所谓合法成立，是指领取营业执照或领取社会团体登记证的组织，否则仍以设立该组织的法人或自然人作为当事人。《民事诉讼法解释》第53条规定，法人非依法设立的分支机构，或者虽依法设立，但没有领取营业执照的分支机构，以设立该分支机构的法人为当事人。

（一）诉讼当事人的权利和义务

根据《民事诉讼法》第49～51条的规定，诉讼当事人的权利包括：

（1）委托代理人。

（2）提出回避申请。

（3）收集、提供证据。

（4）进行辩论。

（5）请求调解。

（6）提起上诉。

（7）申请执行。

（8）查阅本案有关材料，并可以复制本案有关材料和法律文书。

（9）双方当事人可以自行和解。

（10）原告可以放弃或者变更诉讼请求，被告可以承认或者反驳诉讼请求，有权提起反诉。

诉讼当事人的义务包括：遵守诉讼秩序，履行发生法律效力的判决书、裁定书和调解书。

（二）共同诉讼

共同诉讼是指当事人一方或者双方为二人或者二人以上的诉讼。原告为二人或二人以上的称为共同原告，被告为二人或二人以上的称为共同被告。

共同诉讼分为必要共同诉讼和普通共同诉讼。必要共同诉讼，是指诉讼标的同一的共同诉讼。普通共同诉讼，是指诉讼标的为同一种类的共同诉讼。必要共同诉讼和普通共同诉讼的区别在于：

（1）必要共同诉讼是同一个案件的一方或双方当事人为一人或二人以上的诉讼；普通共同诉讼则实际上是多个案件的合并审理，且以人民法院认为可以合并审理并经当事人同意为前提。

（2）必要共同诉讼的当事人必须参加诉讼，否则人民法院应当通知其参加诉讼，当事人亦可以申请人民法院追加；普通共同诉讼则可以合并审理，也可以分案审理，不存在追加当事人的问题。

《民事诉讼法》第52条规定，当事人一方或者双方为二人以上，其诉讼标的是共同的，或者诉讼标的是同一种类、人民法院认为可以合并审理并经当事人同意的，为共同诉讼。共同诉讼的一方当事人对诉讼标的有共同权利义务的，其中一人的诉讼行为经其他共同诉讼人承认，对其他共同诉讼人发生效力；对诉讼标的没有共同权利义务的，其中一人的诉讼行为对其他共同诉讼人不发生效力。

《民事诉讼法解释》第73条、第74条规定，必须共同进行诉讼的当事人没有参加诉讼的，人民法院应当依照《民事诉讼法》第132条的规定，通知其参加；当事人也可以向人民法院申请追加。人民法院对当事人提出的申请，应当进行审查，申请理由不成立的，裁定驳回；申请理由成立的，书面通知被追加的当事人参加诉讼。人民法院追加共同诉讼的当事人时，应通知其他当事人。应当追加的原告，已明确表示放弃实体权利的，可不予追加；既不愿意参加诉讼，又不放弃实体权利的，仍应追加为共同原告，其不参加诉讼，不影响人民法院对案件的审理和依法作出判决。

（三）代表人诉讼

诉讼代表人是指为方便诉讼的进行，由人数众多一方当事人推选出来的，代表实施诉讼的人。代表人诉讼，是指由诉讼代表人代为进行的诉讼。所谓当事人一方人数众多，一般指10人以上。

1. 诉讼代表人的推选

当事人一方人数众多在起诉时确定的，可以由全体当事人推选共同的代表人，也可以由部分当事人推选自己的代表人；推选不出代表人的当事人，在必要的共同诉讼中可由自己参加诉讼，在普通的共同诉讼中可以另行起诉。

当事人一方人数众多在起诉时不确定的，由当事人推选代表人；当事人推选不出的，可以由人民法院提出人选与当事人协商；协商不成的，也可以由人民法院在起诉的当事人中指定代表人。

诉讼标的是同一种类、当事人一方人数众多在起诉时人数尚未确定的，人民法院可以发出公告，说明案件情况和诉讼请求，通知权利人在一定期间向人民法院登记。公告期根据具体案件的情况确定，最少不得少于30日。向人民法院登记的权利人可以推选代表人进行诉讼；推选不出代表人的，人民法院可以与参加登记的权利人商定代表人。

向人民法院登记的当事人，应证明其与对方当事人的法律关系和所受到的损害。证明不了的，不予登记，当事人可以另行起诉。人民法院的裁判在登记的范围内执行。未参加登记的权利人在诉讼时效期间内提起诉讼，人民法院认定其请求成立的，裁定适用人民法院已作出的判决、裁定。

2. 诉讼代表人的人数

《民事诉讼法解释》第 78 条规定，《民事诉讼法》第 53 条和第 54 条规定的代表人为 2 至 5 人，每位代表人可以委托 1 至 2 人作为诉讼代理人。

3. 诉讼代表人诉讼行为的效力

代表人的诉讼行为对其所代表的当事人发生效力，但代表人变更、放弃诉讼请求或者承认对方当事人的诉讼请求，进行和解，必须经被代表的当事人同意。

（四）公益诉讼

公益诉讼，是指对损害社会公共利益的行为，由法律规定的机关或组织向人民法院提起诉讼的制度。

《民事诉讼法》第 55 条规定，对污染环境、侵害众多消费者合法权益等损害社会公共利益的行为，法律规定的机关和有关组织可以向人民法院提起诉讼。人民检察院在履行职责中发现破坏生态环境和资源保护、食品药品安全领域侵害众多消费者合法权益等损害社会公共利益的行为，在没有前述规定的机关和组织或者前述规定的机关和组织不提起诉讼的情况下，可以向人民法院提起诉讼。前述规定的机关或者组织提起诉讼的，人民检察院可以支持起诉。《环境保护法》第 58 条第 1 款规定，对污染环境、破坏生态，损害社会公共利益的行为，符合下列条件的社会组织可以向人民法院提起诉讼：①依法在设区的市级以上人民政府民政部门登记；②专门从事环境保护公益活动连续 5 年以上且无违法记录。

《消费者权益保护法》第 47 条规定，对侵害众多消费者合法权益的行为，中国消费者协会以及在省、自治区、直辖市设立的消费者协会，可以向人民法院提起诉讼。

（五）第三人

第三人，是指原告、被告之外的与案件有法律上利害关系的人。第三人分为有独立请求权的第三人和无独立请求权的第三人。

有独立请求权的第三人，是指第三人向原告、被告主张独立的请求权，其实质是以第三人为原告，将本诉中的原告、被告均作为被告重新提起一个诉讼。因此有独立请求权的第三人的诉讼地位相当于原告。例如，甲起诉乙，要求人民法院确认登记在乙名下的某专利权为甲所有，丙向人民法院提起诉讼，主张该专利权既非甲所有，亦非乙所有，而应为丙所有，此时丙为有独立请求权的第三人。

无独立请求权的第三人，是指虽然没有主张独立的请求权，但由于与案件处理结果有法律上的利害关系因而参加诉讼的人。无独立请求权的第三人，必然辅助一方当事人参加诉讼，其与案件的处理结果的利害关系在于，其辅助的一方当事人败诉后，其最终将承担法律责任。例如，甲起诉乙，要求人民法院确认登记在乙名下的专利权为甲所有，但是该专利权为丙签订专利转让合同转让予乙，为避免承担合同违约责任，丙作为无独立请求权的第三人辅助乙参加诉讼。

有独立请求权的第三人与无独立请求权的第三人的区别在于：

（1）前者是案件的当事人，有权提起上诉；后者则只有在人民法院判决其承担民事责任时才是当事人，否则不是当事人，无权提起上诉。

（2）前者只能主动申请参加诉讼；后者则既可以申请参加诉讼，也可以由人民法院通知诉讼。

《民事诉讼法》第 56 条规定，对当事人双方的诉讼标的，第三人认为有独立请求权的，有权提起诉讼。对当事人双方的诉讼标的，第三人虽然没有独立请求权，但案件处理结果同他有法律上的利害关系的，可以申请参加诉讼，或者由人民法院通知他参加诉讼。人民法院判决承担民事责任的第三人，有当事人的诉讼权利义务。

《民事诉讼法解释》第 81 条、第 82 条规定，有独立请求权的第三人有权向人民法院提出诉讼请求和事实、理由，成为当事人；无独立请求权的第三人，可以申请或者由人民法院通知参加诉讼。在诉讼中，人民法院判决承担民事责任的无独立请求权的第三人有权提出上诉。但该第三人在一审中无权对案件的管辖权提出异议，无权放弃、变更诉讼请求或者申请撤诉。

三、诉讼代理人

诉讼代理人是指根据法律规定或当事人的委托，代当事人进行民事诉讼活动的人，分为法定代理人和委托代理人。

（一）法定代理人

法定诉讼代理人，是指根据法律规定，代理无诉讼行为能力的当事人进行诉讼活动的人。无诉讼行为能力人，包括无民事行为能力人和限制民事行为能力人。

《民事诉讼法》第 57 条、《民事诉讼法解释》第 83 条规定，无民事行为能力人、限制民事行为能力人的监护人是他的法定代理人。法定代理人之间互相推诿代理责任的，由人民法院指定其中一人代为诉讼。事先没有确定监护人的，可以由有监护资格的人协商确定，协商不成的，由人民法院在他们之间指定诉讼中的法定代理人。当事人没有监护人的，可以指定未成年人的父、母的所在单位或者未成年人住所地的居民委员会、村民委员会或者民政部门，精神病人的所在单位或者住所地的居民委员会、村民委员会担任诉讼期间的法定代理人。

（二）委托代理人

委托诉讼代理人，是指根据当事人及其法定代理人的委托，代为进行诉讼活动的人。根据《民事诉讼法》第 58 条的规定，当事人、法定代理人可以委托 1 至 2 人作为诉讼代理人。

有资格作为诉讼代理人的包括：

（1）律师、基层法律服务工作者。

（2）当事人的近亲属或者工作人员。

（3）当事人所在社区、单位以及有关社会团体推荐的公民。

根据《民事诉讼法解释》第 84 条的规定，不得作为诉讼代理人的包括：

（1）无民事行为能力人、限制民事行为能力人。

（2）可能损害被代理人利益的人。

（3）人民法院认为不宜作为诉讼代理人的人。

专利代理师经中华全国专利代理师协会推荐，可以在专利纠纷案件中担任诉讼代理人。中华全国专利代理师协会在具体案件中向人民法院个别推荐专利代理师担任诉讼代理人的，人民法院应当对推荐手续和专利代理师资格予以审查。中华全国专利代理师协会以名单方式向最高人民法院推荐专利代理师担任诉讼代理人，经最高人民法院确认后，名单内的专利代理师在具体案件中担任诉讼代理人无须再履行个别推荐手续。各级人民法院根据最高人民法院确认的推荐名单对专利代理师资格予以审查。

（三）授权委托书

根据《民事诉讼法》第59条、《民事诉讼法解释》第89条的规定，委托他人代为诉讼，必须在开庭审理前向人民法院提交由委托人签名或者盖章的授权委托书。授权委托书必须记明委托事项和权限。侨居在国外的中华人民共和国公民从国外寄交或者托交的授权委托书，必须经中华人民共和国驻该国的使领馆证明；没有使领馆的，由与中华人民共和国有外交关系的第三国驻该国的使领馆证明，再转由中华人民共和国驻该第三国使领馆证明，或者由当地的爱国华侨团体证明。

下列事项，由于涉及委托人的实体权利，必须有委托人的特别授权，授权委托书仅写"全权代理"而无具体授权的，视为代理人无相应权限：

（1）代为承认、放弃、变更诉讼请求。

（2）进行和解。

（3）提起反诉或者上诉。

《民事诉讼法》第60条规定，诉讼代理人的权限如果变更或者解除，当事人应当书面告知人民法院，并由人民法院通知对方当事人。

（四）诉讼代理人的权利

诉讼代理人在法定或委托代理的权限范围内，以被代理人的名义参加诉讼，行使代理权，享有被代理人在诉讼中的权利。

《民事诉讼法》第61条规定，代理诉讼的律师和其他诉讼代理人有权调查收集证据，可以查阅本案有关材料。

第四节　民事诉讼证据

民事诉讼证据，是指在民事诉讼中能够证明案件真实情况的各种资料，是人民法院认定案件事实、作出裁判的依据。证据通常认为应当具备真实性、合法性和关联性。证据的真实性是指证据是否客观真实地反映了当事人主张的事实或者需要证明的事实。证据的合法性是指证据是否违反法律的禁止性规定，具体包括：提供证据的主体合法，例如出具鉴定结论的鉴定人应当具有鉴定资格；证据形式合法，例如境外形成的证据应当经当地公证机关证明并经我国驻该国使领馆认证；证据取得方式合法，例如侵犯他人隐私权偷拍、偷录的录音、录像资料不得作为定案依据；证据程序合法，例如未经质证的证据不得作为定案依据。证据的关联性是指证据与需要证明的事实之间是否存在联系。

一、证据的种类和原则要求

（一）证据的种类

根据《民事诉讼法》第63条的规定，证据分为八种。

1. 当事人的陈述

当事人的陈述，是指当事人在诉讼中就本案的事实向人民法院所作的陈述。

2. 书　证

书证，是指以文字、符号、图形等所记载的内容或者所表达的思想来证明案件事实的证据。

3. 物　证

物证，是指通过物品的自然属性、外部特征，例如物品的外形、重量、数量、体积、痕迹等来证明案件事实的证据。

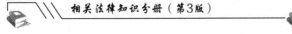

物证与书证的区别在于：物证是以物品的自然属性、外部特征来证明案件事实的证据，书证虽然以物品为载体，但是以其记载的内容或表达的思想来证明案件事实的证据；物证强调物品的自然属性，客观性较强，书证则强调记载内容或表达思想，主观性较强。同一份证据，可以同时是书证和物证，关键看是以该证据的自然属性、外部特征证明案件事实，还是以该证据记载的内容或表达的思想来证明案件事实。例如一份合同书，原告主张根据该文书双方形成合同，此时系根据文书记载内容证明案件事实，属于书证；被告主张该文书上的签字系虚假，根据该虚假的签字证明双方无合同关系，此时系以文字的外在表现形式来证明其主张的事实，属于物证。

4. 视听资料

视听资料，是指利用录音、录像等技术手段反映的声音、图像来证明案件事实的证据。

5. 电子数据

电子数据，是指通过电子邮件、电子数据交换、网上聊天记录、博客、微博客、手机短信、电子签名、域名等形成或者存储在电子介质中的信息。存储在电子介质中的录音资料和影像资料，适用电子数据的规定。

《最高人民法院关于民事诉讼证据的若干规定》（以下简称《民事诉讼证据规定》）第 14 条规定，电子数据包括下列信息、电子文件：①网页、博客、微博客等网络平台发布的信息；②手机短信、电子邮件、即时通信、通信群组等网络应用服务的通信信息；③用户注册信息、身份认证信息、电子交易记录、通信记录、登录日志等信息；④文档、图片、音频、视频、数字证书、计算机程序等电子文件；⑤其他以数字化形式存储、处理、传输的能够证明案件事实的信息。

6. 证人证言

证人证言，是指证人就其了解的案件事实向人民法院所作的陈述。需要注意的是，我国的证人证言，包括个人证言和单位证言。单位出具的证明文书，并非书证，而是证人证言。

7. 鉴定意见

鉴定意见，是指受当事人委托或者人民法院指定的鉴定人，运用其专门的知识和技能，对民事诉讼中的专门问题进行分析、鉴别和判断后所得出的结论性意见。

8. 勘验笔录

勘验笔录，是指勘验人对物证或者案件现场进行勘验后所制成的笔录。

（二）对各种证据的原则要求

1. 对书证和物证的原则要求

根据《民事诉讼法》第 70 条的规定，书证应当提交原件。物证应当提交原物。提交原件或者原物确有困难的，可以提交复制品、照片、副本、节录本。提交外文书证，必须附有中文译本。

《民事诉讼法解释》第 111 条规定，提交书证原件确有困难，人民法院应当结合其他证据和案件具体情况，审查判断书证复制品等能否作为认定案件事实的根据。

《民事诉讼证据规定》第 11 条规定，当事人向人民法院提供证据，应当提供原件或者原物。如需自己保存证据原件、原物或者提供原件、原物确有困难的，可以提供经人民法院核对无异的复制件或者复制品。

《民事诉讼证据规定》第 12 条规定，以动产作为证据的，应当将原物提交人民法院。原物不宜搬移或者不宜保存的，当事人可以提供复制品、影像资料或者其他替代品。人民法院在收到当事人提交的动产或者替代品后，应当及时通知双方当事人到人民法院或者保存现场查验。

《民事诉讼证据规定》第 13 条规定，当事人以不动产作为证据的，应当向人民法院提供该不动产的影像资料。

《民事诉讼证据规定》第16条规定，当事人向人民法院提供的公文书证系在中华人民共和国领域外形成的，该证据应当经所在国公证机关予以证明，或者履行中华人民共和国与该所在国订立的有关条约中规定的证明手续。中华人民共和国领域外形成的涉及身份关系的证据，应当经所在国公证机关证明并经中华人民共和国驻该国使领馆认证，或者履行中华人民共和国与该所在国订立的有关条约中规定的证明手续。当事人向人民法院提供的证据是在香港、澳门、台湾地区形成的，应当履行相关的证明手续。

《民事诉讼证据规定》第17条规定，当事人向人民法院提供外文书证或者外文说明资料，应当附有中文译本。

2. 对视听资料的原则要求

《民事诉讼法》第71条规定，人民法院对视听资料，应当辨别真伪，并结合本案的其他证据，审查确定能否作为认定事实的根据。

《民事诉讼证据规定》第15条规定，当事人以视听资料作为证据的，应当提供存储该视听资料的原始载体。

3. 对电子数据的原则要求

《民事诉讼证据规定》第15条规定，当事人以电子数据作为证据的，应当提供原件。电子数据的制作者制作的与原件一致的副本，或者直接来源于电子数据的打印件或其他可以显示、识别的输出介质，视为电子数据的原件。

4. 对证人证言的原则要求

《民事诉讼法》第72条规定，凡是知道案件情况的单位和个人，都有义务出庭作证。有关单位的负责人应当支持证人作证。不能正确表达意志的人，不能作证。

《民事诉讼法解释》第115规定，单位向人民法院提出的证明材料，应当由单位负责人及制作证明材料的人员签名或者盖章，并加盖单位印章。

5. 对当事人陈述的原则要求

《民事诉讼法》第75条规定，人民法院对当事人的陈述，应当结合本案的其他证据，审查确定能否作为认定事实的根据。当事人拒绝陈述的，不影响人民法院根据证据认定案件事实。

6. 对鉴定意见的原则要求

《民事诉讼法》第76条规定，当事人可以就查明事实的专门性问题向人民法院申请鉴定。当事人申请鉴定的，由双方当事人协商确定具备资格的鉴定人；协商不成的，由人民法院指定。当事人未申请鉴定，人民法院对专门性问题认为需要鉴定的，应当委托具备资格的鉴定人进行鉴定。

《民事诉讼证据规定》第30条规定，人民法院在审理案件过程中认为待证事实需要通过鉴定意见证明的，应当向当事人释明，并指定提出鉴定申请的期间。符合《民事诉讼法解释》第96条第1款规定情形的，人民法院应当依职权委托鉴定。

《民事诉讼法》第77条规定，鉴定人有权了解进行鉴定所需要的案件材料，必要时可以询问当事人、证人。鉴定人应当提出书面鉴定意见，在鉴定书上签名或者盖章。

《民事诉讼法》第78条规定，当事人对鉴定意见有异议或者人民法院认为鉴定人有必要出庭的，鉴定人应当出庭作证。经人民法院通知，鉴定人拒不出庭作证的，鉴定意见不得作为认定事实的根据；支付鉴定费用的当事人可以要求返还鉴定费用。

《民事诉讼证据规定》第37条规定，人民法院收到鉴定书后，应当及时将副本送交当事人。当事人对鉴定书的内容有异议的，应当在人民法院指定期间内以书面方式提出。对于当事人的异议，人民法院应当要求鉴定人作出解释、说明或者补充。人民法院认为有必要的，可以要求鉴定人对当事人未提出异议的内容进行解释、说明或者补充。

《民事诉讼证据规定》第38条规定，当事人在收到鉴定人的书面答复后仍有异议的，人民法院应当根据《诉讼费用交纳办法》第11条的规定，通知有异议的当事人预交鉴定人出庭费用，并通知鉴定人出庭。有异议的当事人不预交鉴定人出庭费用的，视为放弃异议。双方当事人对鉴定意见均有异议的，分摊预交鉴定人出庭费用。

《民事诉讼证据规定》第39条规定，鉴定人出庭费用按照证人出庭作证费用的标准计算，由败诉的当事人负担。因鉴定意见不明确或者有瑕疵需要鉴定人出庭的，出庭费用由其自行负担。人民法院委托鉴定时已经确定鉴定人出庭费用包含在鉴定费用中的，不再通知当事人预交。

《民事诉讼证据规定》第40条规定，当事人申请重新鉴定，存在下列情形之一的，人民法院应当准许：①鉴定人不具备相应资格的；②鉴定程序严重违法的；③鉴定意见明显依据不足的；④鉴定意见不能作为证据使用的其他情形。存在上述第①～③项情形的，鉴定人已经收取的鉴定费用应当退还。拒不退还的，依照该规定第81条第2款的规定处理。对鉴定意见的瑕疵，可以通过补正、补充鉴定或者补充质证、重新质证等方法解决的，人民法院不予准许重新鉴定的申请。重新鉴定的，原鉴定意见不得作为认定案件事实的根据。

7. 对勘验笔录的原则要求

《民事诉讼法》第80条规定，勘验物证或者现场，勘验人必须出示人民法院的证件，并邀请当地基层组织或者当事人所在单位派人参加。当事人或者当事人的成年家属应当到场，拒不到场的，不影响勘验的进行。有关单位和个人根据人民法院的通知，有义务保护现场，协助勘验工作。勘验人应当将勘验情况和结果制作笔录，由勘验人、当事人和被邀参加人签名或者盖章。

二、当事人举证

根据《民事诉讼法》第64条的规定，证据可以分为当事人举证和人民法院调查收集证据。当事人举证，是指当事人为证明其主张的事实，向人民法院提供证据的诉讼行为。

（一）当事人的举证责任

举证责任，又称为证明责任，是指当出现案件事实无法确定的情形下，对当事人产生的不利后果。《民事诉讼法》第64条第1款规定，当事人对自己提出的主张，有责任提供证据。

举证责任，分为结果意义上的举证责任和行为意义上的举证责任。结果上的举证责任，又称为客观举证责任，是指在法庭辩论终结时，由于案件事实仍然无法确定，一方当事人承担不利判决的后果。所谓案件事实无法确定，是指在法庭辩论终结前，穷尽一切证明手段之后，仍然无法确定案件事实的真伪。之所以会出现案件事实无法确定，是因为案件事实是已经发生的事实，随着时间流逝，无法通过诉讼中的证明手段彻底还原；同时，由于诉讼效率和经济的要求，客观上不允许无休止且不顾代价地发现验证案件事实。在案件事实无法确定的情况下，人民法院不能拒绝裁判，只能依据法律规定裁判由承担举证责任的一方当事人承担不利后果。《民事诉讼法解释》第91条规定，人民法院应当依照下列原则确定举证证明责任的承担，但法律另有规定的除外：①主张法律关系存在的当事人，应当对产生该法律关系的基本事实承担举证证明责任；②主张法律关系变更、消灭或者权利受到妨害的当事人，应当对该法律关系变更、消灭或者权利受到妨害的基本事实承担举证证明责任。行为意义上的举证责任，又称为主观举证责任，是指当事人为了避免败诉，向人民法院提供证据的责任。《民事诉讼法解释》第90条规定，当事人对自己提出的诉讼请求所依据的事实或者反驳对方诉讼请求所依据的事实，应当提供证据加以证明，但法律另

有规定的除外。在作出判决前，当事人未能提供证据或者证据不足以证明其事实主张的，由负有举证证明责任的当事人承担不利的后果。

（二）特殊侵权诉讼的举证责任

通常认为，我国《民事诉讼法》确定的举证责任实行"谁主张，谁举证"的分配方式，即当事人对自己主张的案件事实，有责任提供证据。《民事诉讼法》第64条第1款规定，当事人对自己提出的主张，有责任提供证据。

举证责任分配虽然原则上实行"谁主张，谁举证"，但是在某些特殊侵权诉讼中，由于对方当事人掌握相关的案件事实、举证能力较强等原因，法律规定主张事实的一方当事人不承担举证责任，由对方当事人承担举证责任。此即所谓的"举证责任倒置"。

举证责任倒置均是针对具体的事实而言的，其他未规定的事实仍然适用"谁主张，谁举证"的原则进行分配。例如，因新产品制造方法发明专利引起的专利侵权诉讼，由制造同样产品的单位或者个人对其产品制造方法不同于专利方法承担举证责任。因此，虽然主张侵权的一方当事人无须对制造同样产品的单位或者个人对其产品制造方法与专利方法相同承担举证责任，但是仍需要对损害事实等事实承担举证责任。

（三）当事人对事实的承认

当事人对事实的承认，又称为自认，是指一方当事人对另一方当事人所主张的事实加以承认。自认是当事人陈述的一种，其法律后果是免除对方当事人的举证义务。

根据《民事诉讼证据规定》第3条、第4条的规定，自认分为明示自认和默示自认。

1. 明示自认

明示自认，是指在诉讼过程中，一方当事人陈述于己不利的事实，或者对于己不利的事实明确表示承认。在证据交换、询问、调查过程中，或者在起诉状、答辩状、代理词等书面材料中，当事人明确承认于己不利的事实的，适用前述规定。

2. 默示自认

默示自认，是指对一方当事人对于另一方当事人主张的于己不利的事实既不承认也不否认，经审判人员说明并询问后，其仍然不明确表示肯定或者否定的，视为对该事实的承认。

明示自认和默示自认都产生免除对方当事人举证义务的法律后果。根据《民事诉讼证据规定》第5条的规定，当事人委托诉讼代理人参加诉讼的，除授权委托书明确排除的事项外，诉讼代理人的自认视为当事人的自认。当事人在场对诉讼代理人的自认明确否认的，不视为自认。

《民事诉讼证据规定》第6条规定了共同诉讼的自认规则。普通共同诉讼中，共同诉讼人中一人或者数人作出的自认，对作出自认的当事人发生效力。必要共同诉讼中，共同诉讼人中一人或者数人作出自认而其他共同诉讼人予以否认的，不发生自认的效力。其他共同诉讼人既不承认也不否认，经审判人员说明并询问后仍然不明确表示意见的，视为全体共同诉讼人的自认。

根据《民事诉讼证据规定》第7条、第8条、第18条规定，自认在下列情形下受到限制：

（1）一方当事人对于另一方当事人主张的于己不利的事实有所限制或者附加条件予以承认的，由人民法院综合案件情况决定是否构成自认。

（2）《民事诉讼法解释》第96条第1款规定的事实，属于法院应当依职权查明的事实，不适用有关自认的规定。自认的事实与已经查明的事实不符的，人民法院不予确认。《民事诉讼法解释》第96条第1款规定的事实包括：①涉及可能损害国家利益、社会公共利益的；②涉及身份关系的；③涉及公益诉讼的；④当事人有恶意串通损害他人合法权益可能的；⑤涉及依职权追加当事人、中止诉讼、终结诉讼、回避等程序性事项的。

（3）双方当事人无争议的事实符合《民事诉讼法解释》第96条第1款规定情形的，人民法院可以责令当事人提供有关证据。

当事人一旦作出自认，原则上不允许撤回，但是根据《民事诉讼证据规定》第9条的规定，有下列情形之一，当事人在法庭辩论终结前撤销自认的，人民法院应当准许：

（1）经对方当事人同意的；

（2）自认是在受胁迫或者重大误解情况下作出的。

人民法院准许当事人撤销自认的，应当作出口头或者书面裁定。

（四）无须举证的事实

除当事人承认的事实以外，根据《民事诉讼证据规定》第10条，下列事实，当事人无须举证证明：

（1）自然规律以及定理、定律。

（2）众所周知的事实。

众所周知的事实是指在一定时间和区域内为大多数人所知晓的事实，例如2008年北京承办奥运会等事实。

（3）根据法律规定推定的事实。

（4）根据已知的事实和日常生活经验法则推定出的另一事实。

推定分为法律上的推定和事实上的推定。法律上的推定是指根据法律规定和已知事实推定出来的事实。例如，《中华人民共和国道路交通安全法实施条例》第92条规定，发生交通事故后当事人逃逸的，逃逸的当事人承担全部责任。已知事实是逃逸，则无须对逃逸当事人具有过错的事实承担举证责任。事实上的推定是指根据日常生活经验法则和已知事实推定出来的事实。经验法则，是指人们从生活经验中归纳获得的关于事物因果关系或属性状态的法则或认识。经验法则具有高度盖然性，即"很有可能是这样的"，并非自然规律及定理。因此，根据经验法则推定出来的事实，允许对方当事人提出相反证据予以推翻。

（5）已为仲裁机构的生效裁决所确认的事实。

（6）已为人民法院发生法律效力的裁判所确认的基本事实。

（7）已为有效公证文书所证明的事实。

其中，第（2）～（5）项事实，当事人有相反证据足以反驳的除外；第6项、第7项事实，当事人有相反证据足以推翻的除外。

（五）境外证据的规定

境外证据是指在我国领域外形成的证据。需要注意的是，我国领域外形成的证据，不仅包括我国领土之外，而且包括在国内但是施行不同的法律制度的领域，即港澳台地区。当事人提供境外证据，应当提供公证认证文件以及翻译件。

《民事诉讼证据规定》第16条规定，当事人提供的公文书证系在中华人民共和国领域外形成的，该证据应当经所在国公证机关予以证明，或者履行中华人民共和国与该所在国订立的有关条约中规定的证明手续。中华人民共和国领域外形成的涉及身份关系的证据，应当经所在国公证机关证明并经中华人民共和国驻该国使领馆认证，或者履行中华人民共和国与该所在国订立的有关条约中规定的证明手续。当事人向人民法院提供的证据是在香港、澳门、台湾地区形成的，应当履行相关的证明手续。

《民事诉讼证据规定》第17条规定，当事人向人民法院提供外文书证或者外文说明资料，应当附有中文译本。

（六）当事人提交证据的形式要求

当事人提交证据，应当按对方当事人人数提交副本，并应当提交证据目录，列明证据序号，简要说明证据来源、证明对象和内容，并注明提交日期。

《民事诉讼证据规定》第19条规定，当事人应当对其提交的证据材料逐一分类编号，对证据材料的来源、证明对象和内容作简要说明，签名盖章，注明提交日期，并依照对方当事人人数提出副本。人民法院收到当事人提交的证据材料，应当出具收据，注明证据的名称、份数和页数以及收到的时间，由经办人员签名或者盖章。

三、人民法院调查收集证据

根据《民事诉讼法》第64条的规定，证据分为当事人提供的证据和人民法院调查收集的证据。人民法院调查收集证据，可分为人民法院依职权自行调查收集证据和依当事人申请调查收集证据。

（一）人民法院自行收集证据

人民法院自行收集证据，是指人民法院认为审理案件需要，主动依职权自行调查收集的证据。

根据《民事诉讼法解释》第96条规定，人民法院主动依职权收集的证据包括：

（1）涉及可能损害国家利益、社会公共利益的。

（2）涉及身份关系的。

（3）涉及公益诉讼的。

（4）当事人有恶意串通损害他人合法权益可能的。

（5）涉及依职权追加当事人、中止诉讼、终结诉讼、回避等程序性事项的。

除以上情形外，人民法院不得主动依职权调查收集证据，应当依照当事人的申请进行。

（二）当事人申请人民法院收集证据

《民事诉讼法》第64条规定，当事人及其诉讼代理人因客观原因不能自行收集的证据，人民法院应当调查收集。

根据《民事诉讼法解释》第94条和《民事诉讼证据规定》第20条的规定，当事人申请人民法院调查收集证据应当符合下列条件。

1. 实质要件，必须属于以下几种情形之一

（1）证据由国家有关部门保存，当事人及其诉讼代理人无权查阅调取的。

（2）涉及国家秘密、商业秘密或者个人隐私的。

（3）当事人及其诉讼代理人因客观原因不能自行收集的其他证据。

2. 形式要件

（1）提出申请的人必须是当事人本人或其诉讼代理人。

（2）须提交书面申请书。申请书应当载明被调查人的姓名或者单位名称、住所地等基本情况，所要调查收集的证据名称或者内容，需要由人民法院调查收集证据的原因及其要证明的事实以及明确的线索。

3. 符合申请提交的期限

当事人及其诉讼代理人申请人民法院调查收集证据，应当在举证期限届满前提交书面申请。

需要注意的是，根据《民事诉讼法》第200条第1款第5项的规定，对审理案件需要的主要证据，当事人因客观原因不能自行收集，书面申请人民法院调查收集，人民法院未调查收集的，属于法定再审的理由。

4. 当事人申请鉴定的条件

根据《民事诉讼证据规定》第31～35条规定，当事人申请鉴定应当符合下列条件：

（1）当事人申请鉴定，应当在人民法院指定期间内提出，并预交鉴定费用。逾期不提出申请或者不预交鉴定费用的，视为放弃申请。对需要鉴定的待证事实负有举证责任的当事人，在人民法院指定期间内无正当理由不提出鉴定申请或者不预交鉴定费用，或者拒不提供相关材料，致使待证事实无法查明的，应当承担举证不能的法律后果。

（2）人民法院准许鉴定申请的，应当组织双方当事人协商确定具备相应资格的鉴定人。当事人协商不成的，由人民法院指定。人民法院依职权委托鉴定的，可以在询问当事人的意见后，指定具备相应资格的鉴定人。人民法院在确定鉴定人后应当出具委托书，委托书中应当载明鉴定事项、鉴定范围、鉴定目的和鉴定期限。

（3）鉴定开始之前，人民法院应当要求鉴定人签署承诺书。承诺书中应当载明鉴定人保证客观、公正、诚实地进行鉴定，保证出庭作证，如作虚假鉴定应当承担法律责任等内容。鉴定人故意作虚假鉴定的，人民法院应当责令其退还鉴定费用，并根据情节，依照《民事诉讼法》第111条的规定进行处罚。

（4）人民法院应当组织当事人对鉴定材料进行质证。未经质证的材料，不得作为鉴定的根据。经人民法院准许，鉴定人可以调取证据、勘验物证和现场、询问当事人或者证人。

（5）鉴定人应当在人民法院确定的期限内完成鉴定，并提交鉴定书。鉴定人无正当理由未按期提交鉴定书的，当事人可以申请人民法院另行委托鉴定人进行鉴定。人民法院准许的，原鉴定人已经收取的鉴定费用应当退还；拒不退还的，依照该规定第81条第2款的规定处理。

（三）人民法院调查收集证据的规定

根据《民事诉讼证据规定》第21～25条、第36条、第43条、第44条的规定，人民法院调查收集证据应当符合相应的规定：

（1）书证：人民法院调查收集的书证，可以是原件，也可以是经核对无误的副本或者复制件。是副本或者复制件的，应当在调查笔录中说明来源和取证情况。摘录有关单位制作的与案件事实相关的文件、材料，应当注明出处，并加盖制作单位或者保管单位的印章，摘录人和其他调查人员应当在摘录件上签名或者盖章。摘录文件、材料应当保持内容相应的完整性，不得断章取义。

（2）物证：人民法院调查收集的物证应当是原物。被调查人提供原物确有困难的，可以提供复制品或者影像资料。提供复制品或者影像资料的，应当在调查笔录中说明取证情况。

（3）视听资料和电子数据：人民法院调查收集视听资料、电子数据，应当要求被调查人提供原始载体。提供原始载体确有困难的，可以提供复制件。提供复制件的，人民法院应当在调查笔录中说明其来源和制作经过。人民法院对视听资料、电子数据采取证据保全措施的，适用前述规定。

（4）鉴定意见：鉴定书应当具有下列内容：委托法院的名称，委托鉴定的内容、要求，鉴定材料，鉴定所依据的原理、方法，对鉴定过程的说明，鉴定意见，承诺书。鉴定书应当由鉴定人签名或者盖章，并附鉴定人的相应资格证明。委托机构鉴定的，鉴定书应当由鉴定机构盖章，并由从事鉴定的人员签名。

（5）勘验笔录：勘验物证或者现场，勘验人必须出示人民法院的证件，并邀请当地基层组织或者当事人所在单位派人参加。当事人或者当事人的成年家属应当到场，拒不到场的，不影响勘验的进行。有关单位和个人根据人民法院的通知，有义务保护现场，协助勘验工作。勘验人应当将勘验情况和结果制作笔录，由勘验人、当事人和被邀参加人签名或者盖章。人民法院勘验物证或者现场，应当制作笔录，记录勘验的时间、地点、勘验人、在场人、勘验的经过、勘验结果，由勘验人、在场人签名或者盖章。对于绘制的现场图应当注明绘制的时间、方位，测绘人姓名、身份等内容。

四、举证期限与证据交换

（一）举证期限及其效力

举证期限是指法律规定或人民法院指定的当事人能够有效举证的期限。

根据《民事诉讼法》第 65 条的规定，当事人逾期提供证据的，人民法院应当责令其说明理由；拒不说明理由或者理由不成立的，人民法院根据不同情形可以不予采纳该证据，或者采纳该证据但予以训诫、罚款。

需要注意的是，根据《民事诉讼证据规定》第 53 条的规定，诉讼过程中，当事人主张的法律关系性质或者民事行为效力与人民法院根据案件事实作出的认定不一致的，人民法院应当将法律关系性质或者民事行为效力作为焦点问题进行审理。但法律关系性质对裁判理由及结果没有影响，或者有关问题已经当事人充分辩论的除外。存在前述情形，当事人根据法庭审理情况变更诉讼请求的，人民法院应当准许并可以根据案件的具体情况重新指定举证期限。

（二）举证期限的确定和延长

根据《民事诉讼法》第 65 条的规定，人民法院根据当事人的主张和案件审理情况，确定当事人应当提供的证据及其期限。根据《民事诉讼证据规定》第 51 条的规定，举证期限可以由当事人协商，并经人民法院准许；也可以由人民法院指定。由人民法院指定举证期限的，适用第一审普通程序审理的案件不得少于 15 日，当事人提供新的证据的第二审案件不得少于 10 日。适用简易程序审理的案件不得超过 15 日，小额诉讼案件的举证期限一般不得超过 7 日。举证期限届满后，当事人提供反驳证据或者对已经提供的证据的来源、形式等方面的瑕疵进行补正的，人民法院可以酌情再次确定举证期限，该期限不受前述规定的期间限制。

根据《民事诉讼证据规定》第 55 条的规定，存在下列情形，举证期限按照如下方式确定：

（1）当事人依照《民事诉讼法》第 127 条规定提出管辖权异议的，举证期限中止，自驳回管辖权异议的裁定生效之日起恢复计算。

（2）追加当事人、有独立请求权的第三人参加诉讼或者无独立请求权的第三人经人民法院通知参加诉讼的，人民法院应当依照《民事诉讼证据规定》第 51 条的规定为新参加诉讼的当事人确定举证期限，该举证期限适用于其他当事人。

（3）发回重审的案件，第一审人民法院可以结合案件具体情况和发回重审的原因，酌情确定举证期限。

（4）当事人增加、变更诉讼请求或者提出反诉的，人民法院应当根据案件具体情况重新确定举证期限。

（5）公告送达的，举证期限自公告期届满之次日起计算。根据《民事诉讼法》第 65 条的规定，当事人在该期限内提供证据确有困难的，可以向人民法院申请延长期限，人民法院根据当事人的申请适当延长。根据《民事诉讼证据规定》第 52 条、第 54 条规定，当事人在举证期限内提供证据存在客观障碍，属于《民事诉讼法》第 65 条第 2 款规定的"当事人在该期限内提供证据确有困难"的情形。前述情形，人民法院应当根据当事人的举证能力、不能在举证期限内提供证据的原因等因素综合判断；必要时，可以听取对方当事人的意见。当事人申请延长举证期限的，应当在举证期限届满前向人民法院提出书面申请。申请理由成立的，人民法院应当准许，适当延长举证期限，并通知其他当事人。延长的举证期限适用于其他当事人。申请理由不成立的，人民法院不予准许，并通知申请人。

（三）证据交换及其期限

证据交换，是指在答辩期届满后，开庭审理前，人民法院组织当事人相互开示、交换证据的行为。

（1）启动方式：证据交换由人民法院主动依职权组织。

（2）证据交换时间：证据交换的时间可以由当事人协商一致并经人民法院认可，也可以由人民法院指定。当事人申请延期举证经人民法院准许的，证据交换日相应顺延。

（3）证据交换与举证期限的关系：证据交换之日举证期限届满。

（4）证据交换的内容：证据交换应当在审判人员的主持下进行。在证据交换的过程中，审判人员对当事人无异议的事实、证据应当记录在卷；对有异议的证据，按照需要证明的事实分类记录在卷，并记载异议的理由。通过证据交换，确定双方当事人争议的主要问题。

（5）证据交换的次数：当事人收到对方的证据后有反驳证据需要提交的，人民法院应当再次组织证据交换。

（6）逾期举证的后果：《民事诉讼法》第65条第2款规定，当事人逾期提供证据的，人民法院应当责令其说明理由；拒不说明理由或者理由不成立的，人民法院根据不同情形可以不予采纳该证据，或者采纳该证据但予以训诫、罚款。《民事诉讼证据规定》第59条规定，人民法院对逾期提供证据的当事人处以罚款的，可以结合当事人逾期提供证据的主观过错程度、导致诉讼迟延的情况、诉讼标的金额等因素，确定罚款数额。

（四）当事人可以在当庭提出的新证据及其要求

新证据，是指有法定理由允许超越举证期限提出的证据，其包括新发现的证据和在举证期限内因客观原因无法提供的证据。

《民事诉讼法》第139条第1款规定，当事人在法庭上可以提出新的证据。《民事诉讼法解释》第231条规定，当事人在法庭上提出新的证据的，人民法院应当依照《民事诉讼法》第65条第2款规定和该司法解释相关规定处理。

五、证据的质证

质证，是指各方当事人及其代理人在人民法院的主持下，对证据的真实性、合法性、关联性以及证据有无证明力和证明力大小相互发表意见，进行质疑、说明与辩驳的行为或过程。

质证应当按照原告、被告、第三人提供的证据依次进行；人民法院依照当事人申请调查收集的证据，作为提出申请的一方当事人提供的证据。人民法院依照职权调查收集的证据应当在庭审时出示，听取当事人意见，并可就调查收集该证据的情况予以说明。案件有两个以上独立的诉讼请求的当事人可以逐个出示证据进行质证。

（一）质证的效力

《民事诉讼法》第68条规定，证据应当在法庭上出示，并由当事人互相质证。对涉及国家秘密、商业秘密和个人隐私的证据应当保密，需要在法庭出示的，不得在公开开庭时出示。《民事诉讼法解释》第103条规定，证据应当在法庭上出示，由当事人互相质证。未经当事人质证的证据，不得作为认定案件事实的根据。当事人在审理前的准备阶段认可的证据，经审判人员在庭审中说明后，视为质证过的证据。《民事诉讼证据规定》第60条规定，当事人在审理前的准备阶段

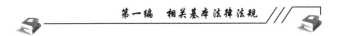

或者人民法院调查、询问过程中发表过质证意见的证据，视为质证过的证据。当事人要求以书面方式发表质证意见，人民法院在听取对方当事人意见后认为有必要的，可以准许。人民法院应当及时将书面质证意见送交对方当事人。

需要注意的是，涉及国家秘密、商业秘密和个人隐私或者法律规定的其他应当保密的证据，不得公开质证，但可以采取不公开开庭的方式进行质证。

（二）对各类证据质证的基本要求

1. 对书证、物证、视听资料进行质证的基本要求

根据《民事诉讼法》第70条的规定，书证应当提交原件，物证应当提交原物。提交原件或者原物确有困难的，可以提交复制品、照片、副本、节录本。

根据《民事诉讼证据规定》第61条的规定，当事人有权要求出示证据的原件或者原物。但有下列情况之一的除外：①出示原件或者原物确有困难并经人民法院准许出示复制件或者复制品的；②原件或者原物已不存在，但有证据证明复制件、复制品与原件或原物一致的。

2. 对证人证言进行质证的基本要求

（1）证人资格

《民事诉讼法》第72条规定，不能正确表达意思的人，不能作证。《民事诉讼证据规定》第67条规定，待证事实与其年龄、智力状况或者精神健康状况相适应的无民事行为能力人和限制民事行为能力人，可以作为证人。

（2）证人出庭作证

《民事诉讼法》第72条规定，凡是知道案件情况的单位和个人，都有义务出庭作证。

《民事诉讼证据规定》第68条规定，人民法院应当要求证人出庭作证，接受审判人员和当事人的询问。证人在审理前的准备阶段或者人民法院调查、询问等双方当事人在场时陈述证言的，视为出庭作证。双方当事人同意证人以其他方式作证并经人民法院准许的，证人可以不出庭作证。无正当理由未出庭的证人以书面等方式提供的证言，不得作为认定案件事实的根据。

《民事诉讼法》第73条规定，证人确有困难不能出庭的，经人民法院许可，可以通过书面证言、视听传输技术或者视听资料等方式作证。具体包括以下情形：①因健康原因不能出庭的；②因路途遥远，交通不便不能出庭的；③因自然灾害等不可抗力不能出庭的；④其他有正当理由不能出庭的。

《民事诉讼证据规定》第69条、第70条规定，当事人申请证人出庭作证的，应当在举证期限届满前向人民法院提交申请书。申请书应当载明证人的姓名、职业、住所、联系方式，作证的主要内容，作证内容与待证事实的关联性，以及证人出庭作证的必要性。依据《民事诉讼法解释》第96条第1款规定属于人民法院应当依职权查明事实的，人民法院应当依职权通知证人出庭作证。人民法院准许证人出庭作证申请的，应当向证人送达通知书并告知双方当事人。通知书中应当载明证人作证的时间、地点，作证的事项、要求以及作伪证的法律后果等内容。当事人申请证人出庭作证的事项与待证事实无关，或者没有通知证人出庭作证必要的，人民法院不予准许当事人的申请。

（3）证人作证方式

《民事诉讼证据规定》第71条规定，人民法院应当要求证人在作证之前签署保证书，并在法庭上宣读保证书的内容。但无民事行为能力人和限制民事行为能力人作为证人的除外。证人确有正当理由不能宣读保证书的，由书记员代为宣读并进行说明。证人拒绝签署或者宣读保证书的，不得作证，并自行承担相关费用。证人保证书的内容适用当事人保证书的规定。

《民事诉讼证据规定》第72条规定，证人应当客观陈述其亲身感知的事实，作证时不得使用猜测、推断或者评论性语言。证人作证前不得旁听法庭审理，作证时不得以宣读事先准备的书面材料的方式陈述证言。证人言辞表达有障碍的，可以通过其他表达方式作证。

《民事诉讼证据规定》第73条规定，证人应当就其作证的事项进行连续陈述。当事人及其法定代理人、诉讼代理人或者旁听人员干扰证人陈述的，人民法院应当及时制止，必要时可以依照《民事诉讼法》第110条的规定进行处罚。

《民事诉讼证据规定》第74条规定，审判人员可以对证人进行询问。当事人及其诉讼代理人经审判人员许可后可以询问证人。询问证人时，其他证人不得在场。人民法院认为有必要的，可以要求证人之间进行对质。

《民事诉讼证据规定》第75条规定，证人出庭作证后，可以向人民法院申请支付证人出庭作证费用。证人有困难需要预先支取出庭作证费用的，人民法院可以根据证人的申请在出庭作证前支付。

《民事诉讼证据规定》第76条规定，证人确有困难不能出庭作证，申请以书面证言、视听传输技术或者视听资料等方式作证的，应当向人民法院提交申请书。申请书中应当载明不能出庭的具体原因。符合《民事诉讼法》第73条规定情形的，人民法院应当准许。

《民事诉讼证据规定》第77条规定，证人经人民法院准许，以书面证言方式作证的，应当签署保证书；以视听传输技术或者视听资料方式作证的，应当签署保证书并宣读保证书的内容。

《民事诉讼证据规定》第78条规定，当事人及其诉讼代理人对证人的询问与待证事实无关，或者存在威胁、侮辱证人或不适当引导等情形的，审判人员应当及时制止。必要时可以依照《民事诉讼法》第110条、第111条的规定进行处罚。证人故意作虚假陈述，诉讼参与人或者其他人以暴力、威胁、贿买等方法妨碍证人作证，或者在证人作证后以侮辱、诽谤、诬陷、恐吓、殴打等方式对证人打击报复的，人民法院应当根据情节，依照《民事诉讼法》第111条的规定，对行为人进行处罚。

3. 对鉴定意见、勘验笔录进行质证的基本要求

当事人对鉴定意见有异议或者人民法院认为鉴定人有必要出庭的，鉴定人应当出庭作证。经人民法院通知，鉴定人拒不出庭作证的，鉴定意见不得作为认定事实的根据；支付鉴定费用的当事人可以要求返还鉴定费用。经法庭许可，当事人可以向鉴定人、勘验人发问。询问鉴定人、勘验人不得使用威胁、侮辱等不适当的言语和方式。

《民事诉讼证据规定》第79条规定，鉴定人依照《民事诉讼法》第78条的规定出庭作证的，人民法院应当在开庭审理3日前将出庭的时间、地点及要求通知鉴定人。委托机构鉴定的，应当由从事鉴定的人员代表机构出庭。

《民事诉讼证据规定》第80条规定，鉴定人应当就鉴定事项如实答复当事人的异议和审判人员的询问。当庭答复确有困难的，经人民法院准许，可以在庭审结束后书面答复。人民法院应当及时将书面答复送交当事人，并听取当事人的意见。必要时，可以再次组织质证。

《民事诉讼证据规定》第81条规定，鉴定人拒不出庭作证的，鉴定意见不得作为认定案件事实的根据。人民法院应当建议有关主管部门或者组织对拒不出庭作证的鉴定人予以处罚。当事人要求退还鉴定费用的，人民法院应当在3日内作出裁定，责令鉴定人退还；拒不退还的，由人民法院依法执行。当事人因鉴定人拒不出庭作证申请重新鉴定的，人民法院应当准许。

六、鉴　定

鉴定是指在诉讼活动中鉴定人运用科学技术或者专门知识对诉讼涉及的专门性问题进行鉴别和判断并提供鉴定意见的活动。

(一) 对专门性问题的鉴定

专门性问题，是指需要运用专门的知识和经验进行科学判断的问题。对专门性问题的鉴定包括法医鉴定、物证鉴定、声像资料鉴定、会计鉴定、建筑工程鉴定等。

《民事诉讼法》第76条规定，当事人可以就查明事实的专门性问题向人民法院申请鉴定。当事人申请鉴定的，由双方当事人协商确定具备资格的鉴定人；协商不成的，由人民法院指定。当事人未申请鉴定，人民法院对专门性问题认为需要鉴定的，应当委托具备资格的鉴定人进行鉴定。

(二) 鉴定人

鉴定人，是指受法院的委托或聘请，运用专门知识或技能对案件的专门性问题进行鉴别和判断的人。鉴定人有权了解进行鉴定所需要的案件材料，必要时可以询问当事人、证人。鉴定人应当提出书面鉴定意见，在鉴定书上签名或者盖章。《民事诉讼法》第44条规定，鉴定人与案件有利害关系，可能影响案件公正审理的，当事人有权申请鉴定人回避。

《全国人民代表大会常务委员会关于司法鉴定管理问题的决定》（以下简称《司法鉴定管理决定》）第6条规定，申请从事司法鉴定业务的个人、法人或者其他组织，由省级人民政府司法行政部门审核，对符合条件的予以登记，编入鉴定人和鉴定机构名册并公告。省级人民政府司法行政部门应当根据鉴定人或者鉴定机构的增加和撤销登记情况，定期更新所编制的鉴定人和鉴定机构名册并公告。

《司法鉴定管理决定》第4条规定，申请成为鉴定人应当具备以下条件：①具有与所申请从事的司法鉴定业务相关的高级专业技术职称；②具有与所申请从事的司法鉴定业务相关的专业执业资格或者高等院校相关专业本科以上学历，从事相关工作5年以上；③具有与所申请从事的司法鉴定业务相关工作10年以上经历，具有较强的专业技能。因故意犯罪或者职务过失犯罪受过刑事处罚的、受过开除公职处分的，以及被撤销鉴定人登记的人员，不得从事司法鉴定业务。

《司法鉴定管理决定》第5条规定，申请成为鉴定机构应当具备以下条件：①有明确的业务范围；②有在业务范围内进行司法鉴定所必需的仪器、设备；③有在业务范围内进行司法鉴定所必需的依法通过计量认证或者实验室认可的检测实验室；④每项司法鉴定业务有3名以上鉴定人。

(三) 有专门知识的人出庭

《民事诉讼法》第79条规定，当事人可以申请人民法院通知有专门知识的人出庭，就鉴定人作出的鉴定意见或者专业问题提出意见。

根据《民事诉讼法解释》第122条的规定和《民事诉讼证据规定》第83条、第84条的规定，有专门知识的人出庭程序包括以下内容：

(1) 当事人可以在举证期限届满前申请1至2名具有专门知识的人出庭，申请书中应当载明有专门知识的人的基本情况和申请的目的。

(2) 有专门知识的人出庭，可以对鉴定意见进行质证或者对专门问题提出意见。具有专门知识的人在法庭上就专业问题提出的意见，视为当事人的陈述。有专门知识的人出庭产生的费用，由提出申请的当事人负担。

(3) 审判人员可以对有专门知识的人进行询问。经法庭准许，当事人可以对有专门知识的人进行询问，当事人各自申请的有专门知识的人可以就案件中的有关问题进行对质。

（4）有专门知识的人不得参与对鉴定意见质证或者就专业问题发表意见之外的法庭审理活动。

七、证据保全

证据保全是指在证据可能灭失或以后难以取得的情况下，人民法院根据申请人的申请或依职权对证据加以固定和保护的制度。

（一）可以申请证据保全的情形

证据保全包括诉讼中的证据保全和诉前证据保全。诉讼中的保全，可以由人民法院依职权主动进行，也可以依当事人申请进行。诉前证据保全，则只能依利害关系人申请。《民事诉讼法》第81条第2款规定，因情况紧急，在证据可能灭失或者以后难以取得的情况下，利害关系人可以在提起诉讼或者申请仲裁前向证据所在地、被申请人住所地或者对案件有管辖权的人民法院申请保全证据。

（二）当事人申请证据保全的条件

当事人申请证据保全的条件包括：

（1）证据可能灭失或者以后难以取得，且当事人及其诉讼代理人因客观原因不能自行收集。

（2）当事人向人民法院申请保全证据的，应当在举证期限届满前提出。

（3）当事人申请保全证据的，人民法院可以要求其提供相应的担保。人民法院要求提供担保的，申请人必须提供担保。

（三）人民法院证据保全的方法

根据《民事诉讼证据规定》第27条、第29条的规定，人民法院进行证据保全，可以根据当事人的申请和具体情况，采取查封、扣押、拍照、录音、录像、复制、鉴定、勘验等方法，并制作笔录。在符合证据保全目的的情况下，人民法院应当选择对证据持有人利益影响最小的保全措施。人民法院进行证据保全，可以要求当事人或者诉讼代理人到场。人民法院采取诉前证据保全措施后，当事人向其他有管辖权的人民法院提起诉讼的，采取保全措施的人民法院应当根据当事人的申请，将保全的证据及时移交受理案件的人民法院。

需要注意的是，根据《民事诉讼证据规定》第28条的规定，申请证据保全错误造成财产损失，当事人请求申请人承担赔偿责任的，人民法院应予支持。

八、对当事人权益的保护

《民事诉讼法解释》第106条规定，对以严重侵害他人合法权益、违反法律禁止性规定或者严重违背公序良俗的方法形成或者获取的证据，不得作为认定案件事实的根据。之所以规定以严重侵犯他人合法权益、违反法律禁止性规定或严重违背公序良俗的方法形成或获取的证据不得采纳，是为了避免人们为赢得诉讼不择手段，不惜侵犯他人合法权益或违反法律禁止性规定。采纳非法证据，虽然有可能发现个案真实，但却损害个人权益，危害社会秩序。

第五节 保 全

保全，是指人民法院在诉讼开始前或者诉讼开始后，根据利害关系人或当事人的申请，或者人民法院依照职权对被保全人的财产采取限制其处分或者转移的各种强制措施、责令被保全人作出一定行为或者禁止其作出一定行为。根据《民事诉讼法》的规定，保全分为两种：诉讼中的保全和诉前保全。

一、诉讼中的保全

诉讼中的保全，是指人民法院对于可能因当事人一方的行为或者其他原因，使判决难以执行或者造成当事人其他损害的案件，根据对方当事人的申请，可以裁定对其财产进行保全、责令其作出一定行为或者禁止其作出一定行为；当事人没有提出申请的，人民法院在必要时也可以裁定采取保全措施。

根据《民事诉讼法》第100条的规定，采取诉讼财产保全应具备以下条件：

（1）必须由于当事人一方的行为或者其他原因，有可能使人民法院的判决将来难以执行或者造成当事人其他损害。即当事人有可能隐匿、转移财产导致判决难以执行，或者财产因为某种原因有可能毁损、灭失等。

（2）诉讼中的保全一般应由当事人提出申请，但人民法院认为有必要时，也可以依职权裁定采取诉讼保全的措施。

（3）人民法院采取诉讼中的保全措施，可以责令申请人提供担保；申请人不提供担保的，裁定驳回申请。需要注意的是，也可以不责令申请人提供担保。

人民法院接受申请后，对情况紧急的，必须在48小时内作出裁定；裁定采取保全措施的，应当立即开始执行。

二、诉前保全

诉前保全，是指在诉讼开始以前，人民法院根据利害关系人的申请，依法对被申请人的财产或行为所采取的强制性保全措施。

根据《民事诉讼法》第101条、《民事诉讼法解释》第152条的规定，采取诉前保全措施应当具备下列条件：

（1）必须是情况紧急，不立即采取保全的措施，将会使申请人的合法权益受到难以弥补的损失。情况紧急通常是债务人有可能马上要转移、处分财产，或由于某种客观原因使有关财产可能发生毁损、灭失。

（2）必须是利害关系人提出申请，人民法院不能依职权主动采取诉前保全的措施。利害关系人即对某项财产发生争议的人，此时还没有立案，不能称为原告。

（3）申请人应当提供担保。申请诉前财产保全的，应当提供相当于请求保全数额的担保；情况特殊的，人民法院可以酌情处理。申请诉前行为保全的，担保的数额由人民法院根据案件的具体情况决定。

（4）申请人应当向被保全财产所在地、被申请人住所地或者对案件有管辖权的人民法院申请采取保全措施，否则人民法院不予受理。

诉讼中的保全和诉前保全的区别在于：

（1）人民法院可以依据当事人申请，也可以主动依职权作出诉讼中的保全，可以责令当事人提供担保，也可以不责令当事人提供担保；诉前保全只能依据利害关系人的申请作出，申请人必须提供担保。

（2）诉讼中的保全，只能向审理案件的人民法院提出；诉前保全可以向被保全财产所在地、被申请人住所地或者对案件有管辖权的人民法院提出申请。

（3）诉讼中的保全，人民法院接受申请后，对情况紧急的，必须在 48 小时内作出裁定。诉前保全，人民法院必须在 48 小时内作出裁定。

（4）诉前保全，申请人在人民法院采取保全措施后 30 日内不起诉的，人民法院应当解除保全。

三、保全的范围、方式

（一）保全的范围

《民事诉讼法》第 102 条第 1 款规定，保全限于请求的范围，或者与本案有关的财物。限于请求的范围，是指被保全财产的价值，应当与利害关系人或者当事人主张的金额大体相当，对于超出部分，不得作出财产保全措施。与本案有关的财物，是指发生争议的标的物或者其他有关财物，不得包括案外人的财产，但是对方当事人对案外人的到期债权不属于案外人的财产。

《民事诉讼法解释》第 159 条规定，债务人的财产不能满足保全请求，但对他人有到期债权的，人民法院可以依债权人的申请裁定该他人不得对本案债务人清偿。该他人要求偿付的，由人民法院提存财物或者价款。

（二）保全的方式

人民法院采取保全的，应当作出裁定。当事人对保全裁定不服的，可以申请复议一次，复议期间不停止裁定的执行。对当事人不服保全提出的复议申请，人民法院经审查裁定正确的，通知驳回当事人的申请；裁定不当的，变更或者撤销原裁定。对于财产保全裁定不得上诉。

保全的方式包括：

1. 查 封

查封，即人民法院将被保全的财产检查清点后贴上封条予以封存的措施。人民法院可将查封的财产交有关单位或个人保管。

《民事诉讼法解释》第 154 条规定，人民法院在财产保全中采取查封、扣押、冻结财产措施时，应当妥善保管被查封、扣押、冻结的财产。不宜由人民法院保管的，人民法院可以指定被保全人负责保管；不宜由被保全人保管的，可以委托他人或者申请保全人保管。

2. 扣 押

扣押，即人民法院将被保全的财产或财产的产权证照予以提留的措施。

3. 冻 结

冻结，即人民法院责令有关银行、信用社不准当事人提取存款的措施。人民法院决定冻结利害关系人或当事人的存款时，应向有关银行、信用社发送协助执行通知书，有关银行、信用社有义务协助采取冻结措施。

4. 变 卖

《民事诉讼法解释》第 153 条规定，人民法院对季节性商品、鲜活、易腐烂变质以及其他不宜长期保存的物品采取保全措施时，可以责令当事人及时处理，由人民法院保存价款；必要时，人民法院可予以变卖，保存价款。

5. 限制被保全人到期应得的收益，通知有关单位协助执行

《民事诉讼法解释》第 158 条规定，人民法院对债务人到期应得的收益，可以采取财产保全措施，限制其支取，通知有关单位协助执行。

6. 裁定他人不得对被保全人清偿债权

《民事诉讼法解释》第 159 条规定，债务人的财产不能满足保全请求，但对他人有到期债权

的，人民法院可以依债权人的申请裁定该他人不得对本案债务人清偿。该他人要求偿付的，由人民法院提存财物或者价款。

7. 法律规定的其他方法

法律规定的其他方法，主要是指人民法院依据申请责令停止有关侵权行为。《专利法》第66条第1款规定，专利权人或者利害关系人有证据证明他人正在实施或者即将实施侵犯专利权的行为，如不及时制止将会使其合法权益受到难以弥补的损害的，可以在起诉前向人民法院申请采取责令停止有关行为的措施。《中华人民共和国商标法》（以下简称《商标法》）第65条规定，商标注册人或者利害关系人有证据证明他人正在实施或者即将实施侵犯其注册商标专用权的行为，如不及时制止，将会使其合法权益受到难以弥补的损害的，可以在起诉前向人民法院申请采取责令停止有关行为和财产保全的措施。《中华人民共和国著作权法》（以下简称《著作权法》）第50条第1款规定，著作权人或者与著作权有关的权利人有证据证明他人正在实施或者即将实施侵犯其权利的行为，如不及时制止将会使其合法权益受到难以弥补的损害的，可以在起诉前向人民法院申请采取责令停止有关行为和财产保全的措施。

四、申请人提供的担保和被申请人的反担保

《民事诉讼法解释》第152条第2款规定，在采取诉前保全、诉讼保全措施时，责令利害关系人或者当事人提供担保的，应当书面通知。利害关系人申请诉前保全的，应当提供担保。申请诉前财产保全的，应当提供相当于请求保全数额的担保；情况特殊的，人民法院可以酌情处理。申请诉前行为保全的，担保的数额由人民法院根据案件的具体情况决定。因此，利害关系人提出诉前保全的，必须提供担保，否则人民法院应当驳回申请。对于诉讼中的保全，人民法院可以责令申请人提供担保，也可以不责令申请人提供担保；但人民法院一旦责令申请人提供担保的，申请人就必须提供，否则人民法院应当驳回申请。

《民事诉讼法》第104条规定，财产纠纷案件，被申请人提供担保的，人民法院应当裁定解除保全。人民法院裁定采取保全措施后，被申请人提供担保，可以消除将来判决生效后难以执行的可能性，因此人民法院应当解除对被申请人的保全措施。

根据《民事诉讼法》第101条第3款、《民事诉讼法解释》第165条和第166条的规定，人民法院裁定采取保全措施后，除作出保全裁定的人民法院自行解除或者其上级人民法院决定解除外，在保全期限内，任何单位都不得解除保全措施。裁定采取保全措施后，有下列情形之一的，人民法院应当作出解除保全裁定：①保全错误的；②申请人撤回保全申请的；③申请人的起诉或者诉讼请求被生效裁判驳回的；④人民法院认为应当解除保全的其他情形。除被申请人提供担保的情形以外，申请人在人民法院采取诉前财产保全措施之后30日内未起诉的，人民法院应当解除保全措施。

五、申请错误的损害赔偿

《民事诉讼法》第105条规定，申请有错误的，申请人应当赔偿被申请人因保全所遭受的损失。

《最高人民法院关于当事人申请财产保全错误造成案外人损失应否承担赔偿责任问题的解释》规定，当事人申请财产保全错误造成案外人损失的，应当依法承担赔偿责任。

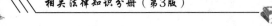

第六节　民事审判程序

一、第一审普通程序

第一审普通程序是人民法院审理第一审民事案件所通常适用的程序。第一审普通程序是整个民事诉讼程序中最基本的程序，是其他诉讼程序的基础。

（一）起诉及其条件

1. 起诉

起诉，是指当事人为解决民事纠纷，以自己的名义向人民法院提出诉讼请求，要求人民法院通过审理予以支持的行为。起诉是原告行使起诉权的具体体现，其目的在于启动诉讼程序，从而使自己的合法权益受到人民法院的保护。根据民事诉讼"不告不理"原则，起诉是人民法院审理案件的前提，未经起诉，人民法院不得主动审理案件。无起诉，即无审判。

根据《民事诉讼法》第119～121条的规定，原告起诉应当具备一定的实质条件和形式条件。

2. 起诉的实质条件

（1）原告是与本案有直接利害关系的公民、法人和其他组织

所谓"与本案有直接的利害关系"，是指公民、法人或其他组织的民事权益受到侵犯或者直接与他人发生争议。

（2）有明确的被告

明确的被告，是指原告控告侵犯其合法权益或与其发生争执的相对方，应当是确切、具体的公民、法人或其他组织。

（3）有具体的诉讼请求和事实、理由

诉讼请求是原告在诉讼中通过人民法院对被告提出的实体权利请求。原告还应说明事实和理由，即原告的诉讼请求是根据什么事实提出的，有哪些理由作为依据。

（4）属于人民法院受理民事诉讼的范围和受诉人民法院管辖

人民法院受理民事诉讼的范围，也称为主管，是人民法院行使民事司法审判职能的范围和权限。《民事诉讼法》第3条规定，人民法院受理民事诉讼的范围是公民之间、法人之间、其他组织之间以及他们相互之间因财产关系和人身关系提起的民事诉讼。原告提起的诉讼，首先必须是属于人民法院受理民事诉讼的范围，否则人民法院不得对其行使管辖权。

以上四个条件，起诉时必须同时具备。缺少其中任何一个条件，人民法院应当裁定不予受理；已经受理的，应当裁定驳回起诉。

3. 起诉的形式条件

（1）原告应当向人民法院提交书面起诉状，并按照被告人数提交副本；但提交书面起诉状确有困难的，可以口头起诉，由人民法院记入笔录，并告知对方当事人。

（2）起诉状应当记明：①原告的姓名、性别、年龄、民族、职业、工作单位、住所、联系方式，法人或者其他组织的名称、住所和法定代表人或者主要负责人的姓名、职务、联系方式；②被告的姓名、性别、工作单位、住所等信息，法人或者其他组织的名称、住所等信息；③诉讼请求和所根据的事实与理由；④证据和证据来源，证人姓名和住所。

（二）先行调解、受理和立案

先行调解，是指在立案之前对于当事人准备起诉的民事纠纷进行的调解。

《民事诉讼法》第122条规定，当事人起诉到人民法院的民事纠纷，适宜调解的，先行调解，但当事人拒绝调解的除外。

受理是法院对原告的起诉进行审查以后，对符合起诉条件的起诉予以立案的行为。立案之日起意味着诉讼程序开始，当事人和人民法院之间形成诉讼法律关系，当事人的诉讼时效中断，人民法院取得案件的审判权，并且开始计算审理期限。

根据《民事诉讼法》第123条的规定，人民法院收到起诉状或者口头起诉之后，经审查认为符合《民事诉讼法》第119条起诉条件的，必须受理。符合起诉条件的，应当在7日内立案，并通知当事人；不符合起诉条件的，应当在7日内作出裁定书，不予受理；原告对裁定不服的，可以提起上诉。

根据《民事诉讼法》第124条、《民事诉讼法解释》第214条的规定，原告起诉属于下列情形的，人民法院应分别情形，予以处理：

（1）依照《中华人民共和国行政诉讼法》（以下简称《行政诉讼法》）的规定，属于行政诉讼受案范围的，告知原告提起行政诉讼。

（2）依照法律规定，双方当事人达成书面仲裁协议申请仲裁、不得向人民法院起诉的，告知原告向仲裁机构申请仲裁。

（3）依照法律规定，应当由其他机关处理的争议，告知原告向有关机关申请解决。

（4）对于不属于本院管辖的案件，告知原告向有管辖权的人民法院起诉。

（5）对判决、裁定、调解书已经发生法律效力的案件，当事人又起诉的，告知原告申请再审，但人民法院准许撤诉的裁定除外。

（6）按照法律规定，在一定期限内不得起诉的案件，在不得起诉的期限内起诉的，不予受理。

（7）判决不准离婚和调解和好的离婚案件，原告撤诉或者人民法院按撤诉处理的离婚案件，判决、调解维持收养关系的案件，没有新情况、新理由，原告在6个月内又起诉的，不予受理；需要注意的是，上述案件的被告起诉的，不受上述期限的限制。

根据《民事诉讼法解释》第212条、第217～219条的规定，原告起诉属于下列情形的，人民法院应予受理：

（1）裁定不予受理、驳回起诉的案件，原告再次起诉的，如果符合起诉条件且不属于《民事诉讼法》第124条规定情形的，人民法院应予受理。

（2）夫妻一方下落不明，另一方诉至人民法院，只要求离婚，不申请宣告下落不明人失踪或者死亡的案件，人民法院应当受理，对下落不明人公告送达诉讼文书。

（3）赡养费、抚养费、抚育费案件，裁判发生法律效力后，因新情况、新理由，一方当事人再行起诉要求增加或者减少费用的，人民法院应作为新案受理。

（4）当事人超过诉讼时效期限起诉，人民法律应予受理。受理后对方当事人提出诉讼时效抗辩，人民法院经审理认为抗辩事由成立的，判决驳回原告的诉讼请求。

《民事诉讼法解释》第213条规定，原告应当预交而未预交案件受理费，人民法院应当通知其预交，通知后仍不预交或者申请减、缓、免未获批准而仍不预交的，裁定按撤诉处理。

（三）审理前的准备

审理前的准备，是指人民法院受理案件以后开庭审理之前，为保证庭审顺利进行而进行的一系列准备活动。

根据《民事诉讼法》第125～132条、《民事诉讼证据规定》第50条的规定，审理前的准备活动包括：

（1）人民法院受理案件时，应当向原告送达受理案件通知书和举证通知书，告知有关的诉讼权利义务、举证责任的分配原则与要求、可以向人民法院申请调查取证的情形、人民法院根据案件情况指定的举证期限以及逾期提供证据的法律后果。

（2）人民法院在立案之日起5日内将起诉状副本、应诉通知书和举证通知书发送被告，被告应当在收到之日起15日内提出答辩状。人民法院应当在收到被告答辩状之日起5日内将答辩状副本发送原告。被告不提交答辩状的，不影响人民法院审理。

（3）合议庭组成人员确定后，应当在3日内告知当事人。

（4）审判人员必须认真审核诉讼材料，调查收集必要的证据，必要时委托外地人民法院调查。

（5）人民法院可以依职权或者根据当事人申请，组织当事人在答辩期届满后、开庭审理前交换证据。

（6）通知必须共同进行诉讼的当事人参加诉讼。

（四）管辖权异议

管辖权异议，是指当事人认为受诉人民法院对该案件无管辖权，而向受诉人民法院提出的要求变更管辖法院的异议申请。

《民事诉讼法》第127条规定，人民法院受理案件后，当事人对管辖权有异议的，应当在提交答辩状期间提出。人民法院对当事人提出的异议，应当审查。异议成立的，裁定将案件移送有管辖权的人民法院；异议不成立的，裁定驳回。当事人未提出管辖异议，并应诉答辩的，视为受诉人民法院有管辖权，但违反级别管辖和专属管辖规定的除外。

一般来说，只有被告才能提起管辖权异议。《最高人民法院关于第三人能否对管辖权提出异议问题的批复》规定：①有独立请求权的第三人主动参加他人已开始的诉讼，应视为承认和接受了受诉法院的管辖，因而不发生对管辖权提出异议的问题；如果是受诉法院依职权通知他参加诉讼，则他有权选择是以有独立请求权的第三人的身份参加诉讼，还是以原告身份向其他有管辖权的法院另行起诉。②无独立请求权的第三人参加他人已开始的诉讼，是通过支持一方当事人的主张，维护自己的利益。由于他在诉讼中始终辅助一方当事人，并以一方当事人的主张为转移，因此他无权对受诉法院的管辖权提出异议。

根据《民事诉讼法》第154条第1款第2项的规定，对管辖权异议裁定不服的，当事人可以提起上诉。也就是说，如果人民法院裁定支持了被告的管辖权异议申请，原告有权上诉。

（五）开庭审理

开庭审理，是指人民法院在当事人和其他诉讼参与人的参加下，依照法定程序和形式，在法庭上听取当事人对案件事实和法律适用的意见并作出裁判的诉讼过程。

我国开庭审理以公开审理为原则，不公开审理为例外。不公开审理的情形包括：涉及国家秘密、个人隐私或者法律另有规定的，应当不公开审理；离婚案件，涉及商业秘密的案件，当事人申请不公开审理的，可以不公开审理。所有案件，无论是否公开审理，均应公开宣判。

开庭审理的地点既可以在法庭，也可以根据需要进行巡回审理，就地办案。

根据《民事诉讼法》的相关规定，开庭审理包括以下内容：

（1）开庭3日前通知当事人和其他诉讼参与人；公开审理的，应当公告当事人姓名、案由和开庭的时间、地点。

（2）开庭审理前，书记员应当查明当事人和其他诉讼参与人是否到庭，宣布法庭纪律。

（3）开庭审理时，由审判长核对当事人，宣布开庭，宣布案由，宣布审判人员、书记员名单，告知当事人有关的诉讼权利义务，询问当事人是否提出回避申请。

（4）法庭调查：当事人陈述；告知证人的权利义务，证人作证，宣读未到庭的证人证言；出示书证、物证和视听资料和电子数据；宣读鉴定结论；宣读勘验笔录。

（5）法庭辩论：原告及其诉讼代理人发言；被告及其诉讼代理人答辩；第三人及其诉讼代理人发言或者答辩；互相辩论。法庭辩论终结，由审判长按照原告、被告、第三人的先后顺序征询各方最后意见。

（6）判决前能够调解的，还可以进行调解，调解不成的，应当及时判决。

（7）原告经传票传唤，无正当理由拒不到庭的，或者未经法庭许可中途退庭的，可以按撤诉处理；被告反诉的，可以缺席判决。

（8）被告经传票传唤，无正当理由拒不到庭的，或者未经法庭许可中途退庭的，可以缺席判决。

人民法院对必须到庭的被告，经两次传票传唤，无正当理由拒不到庭的，可以拘传。《民事诉讼法解释》第174条规定，必须到庭的被告，是指负有赡养、抚育、扶养义务和不到庭就无法查清案情的被告。人民法院对必须到庭才能查清案件基本事实的原告，经两次传票传唤，无正当理由拒不到庭的，可以拘传。

（9）书记员应当将法庭审理的全部活动记入笔录，由审判人员、书记员、当事人和其他诉讼参与人签名或盖章。

（10）合议庭进行评议，作出判决。

（11）公开宣判：当庭宣判的，应当在10日内发送判决书；定期宣判的，宣判后立即发给判决书。宣告判决时，必须告知当事人上诉权利、上诉期限和上诉的法院。宣告离婚判决，必须告知当事人在判决发生法律效力前不得另行结婚。

（六）审理期限

审理期限是指某一案件从人民法院立案受理到作出裁判的法定期间。

《民事诉讼法》第149条规定，普通程序案件的审理期限是6个月。有特殊情况需要延长的，由本院院长批准，可以延长6个月；还需要延长的，报请上级人民法院批准。

《民事诉讼法解释》第243条规定，审限是指从立案之日起至裁判宣告、调解书送达之日止的期间，但下列期间不计算在内：

（1）公告期间；

（2）鉴定期间；

（3）双方当事人和解期间；

（4）审理当事人提出的管辖权异议以及处理人民法院之间的管辖争议期间。

（七）诉讼中止

诉讼中止是指在诉讼过程中，出现了导致诉讼活动无法继续进行的法定情形，人民法院作出裁定，暂时停止诉讼程序的进行，等到法定情形消失以后，再恢复诉讼程序的制度。

《民事诉讼法》第150条规定，有下列情形之一的，中止诉讼：

（1）一方当事人死亡，需要等待继承人表明是否参加诉讼的；

（2）一方当事人丧失诉讼行为能力，尚未确定法定代理人的；

（3）作为一方当事人的法人或者其他组织终止，尚未确定权利义务承受人的；

（4）一方当事人因不可抗拒的事由，不能参加诉讼的；

（5）本案必须以另一案的审理结果为依据，而另一案尚未审结的；

（6）其他应当中止诉讼的情形。

中止诉讼的原因消除后，恢复诉讼。

（八）诉讼终结

诉讼终结是指在诉讼过程中，由于出现了法定情形，诉讼已经没有必要进行或者没有可能进行，由人民法院作出裁定终结诉讼程序的制度。

《民事诉讼法》第151条规定，有下列情形之一的，终结诉讼：

（1）原告死亡，没有继承人，或者继承人放弃诉讼权利的；

（2）被告死亡，没有遗产，也没有应当承担义务的人的；

（3）离婚案件一方当事人死亡的；

（4）追索赡养费、扶养费、抚育费以及解除收养关系案件的一方当事人死亡的。

（九）判决和裁定

判决，是指人民法院在民事案件审理终结时对案件的实体问题所作的判定。裁定，则是指人民法院为处理民事诉讼中的各种程序性事项以及个别实体问题所作出的判定。

判决和裁定的区别在于：

（1）判决是对实体问题的判定，裁定则主要是针对程序问题的判定，个别实体问题例如财产保全也适用裁定。

（2）除涉及《民事诉讼法》第153条规定的就部分事实作出的部分判决以外，一个案件只有一个判决，但可以有多个裁定。

（3）裁定允许以口头方式作出，记入笔录，判决必须是书面判决。

（4）判决书的形式要求严格，内容完整，裁定则相对简单。根据《民事诉讼法》第152条的规定，判决的内容应当包括：案由、诉讼请求、争议的事实和理由；判决认定的事实和理由、适用的法律和理由；判决结果和诉讼费用的负担；上诉期间和上诉的法院。

（5）一审判决原则上均允许上诉，裁定原则上作出即发生效力，仅在3种情形下裁定允许上诉。

（6）判决的上诉期限是15日，裁定的上诉期限是10日。

根据《民事诉讼法》第154条的规定，裁定适用于下列范围：①不予受理；②对管辖权有异议的；③驳回起诉；④保全和先予执行；⑤准许或者不准许撤诉；⑥中止或者终结诉讼；⑦补正判决书中的笔误；⑧中止或者终结执行；⑨撤销或者不予执行仲裁裁决；⑩不予执行公证机关赋予强制执行效力的债权文书；⑪其他需要裁定解决的事项。

需要注意的是，只有3种裁定允许提起上诉：①不予受理；②对管辖权有异议的；③驳回起诉的。

发生法律效力的判决、裁定包括：①最高人民法院的判决、裁定；②超过上诉期没有上诉的判决、裁定；③依法不准上诉的判决、裁定；④二审人民法院作出的判决、裁定。

二、第二审程序

第二审程序，又称为上诉审程序、终审程序，是指当事人不服第一审人民法院的判决和裁定，依照法定程序和期限，提请上一级人民法院对案件进行审理的一种法律制度。

（一）上诉期间

上诉期间是指当事人自收到人民法院的判决、裁定到提起上诉的期间。

《民事诉讼法》第 164 条规定，当事人不服地方人民法院第一审判决的，有权在判决书送达之日起 15 日内向上一级人民法院提起上诉。当事人不服地方人民法院第一审裁定的，有权在裁定书送达之日起 10 日内向上一级人民法院提起上诉。

《民事诉讼法解释》第 244 条规定，可以上诉的判决书、裁定书不能同时送达双方当事人的，上诉期从各自收到判决书、裁定书之日计算。

（二）上诉的提起和受理

根据《民事诉讼法》的相关规定，上诉的提起应当符合以下条件：

（1）上诉人必须是本案的当事人。

（2）上诉的对象必须是法律允许上诉的判决、裁定。

（3）与允许口头起诉不同，上诉必须提交书面上诉状。《民事诉讼法解释》第 320 条规定，一审宣判时或者判决书、裁定书送达时，当事人口头表示上诉的，人民法院应告知其必须在法定上诉期间内递交上诉状。

（4）必须在法定的上诉期间内提起上诉。未在法定上诉期间内递交上诉状的，视为未提起上诉。

上诉提起和受理的程序包括：

（1）当事人向原审人民法院提交上诉状，并按照对方当事人或者代表人的人数提出副本。当事人直接向第二审人民法院上诉的，第二审人民法院应当在 5 日内将上诉状移交原审人民法院。

（2）上诉状的内容，应当包括当事人的姓名、法人的名称及其法定代表人的姓名或者其他组织的名称及其主要负责人的姓名；原审人民法院名称、案件的编号和案由；上诉的请求和理由。

（3）原审人民法院收到上诉状，应当在 5 日内将上诉状副本送达对方当事人，对方当事人在收到之日起 15 日内提出答辩状。人民法院应当在收到答辩状之日起 5 日内将副本送达上诉人。对方当事人不提出答辩状的，不影响人民法院审理。

（4）原审人民法院收到上诉状、答辩状，应当在 5 日内连同全部案卷和证据，报送第二审人民法院。

（三）上诉审理的范围

根据《民事诉讼法》第 168 条、《民事诉讼法解释》第 323 条的规定，原则上，上诉审理的范围限于对当事人的上诉请求的有关事实和适用法律进行审查；但一审判决违反法律禁止性规定，或者损害国家利益、社会公共利益、他人合法权益的除外。

（四）上诉审理的方式

根据《民事诉讼法》第 169 条的规定，上诉审理的方式分为两种：开庭审理和不开庭审理。以开庭审理为原则，不开庭审理为例外。经过阅卷、调查和询问当事人，对没有提出新的事实、证据或者理由，合议庭认为不需要开庭审理的，可以不开庭审理。《民事诉讼法解释》第 333 条规定，第二审人民法院对下列上诉案件，可以不开庭审理：①不服不予受理、管辖权异议和驳回起诉裁定的；②当事人提出的上诉请求明显不能成立的；③原判决、裁定认定事实清楚，但适用法律错误的；④原判决严重违反法定程序，需要发回重审的。

需要注意的是，民事诉讼第二审程序中的不开庭审理和行政诉讼第二审程序中的书面审理不同，前者必须经过阅卷、调查和询问当事人，后者只通过审查第一审案卷材料即可作出判决。

审理上诉案件的地点可以在第二审人民法院进行，也可以到案件发生地或者原审人民法院所在地进行。

（五）上诉案件的裁判

上诉案件分为对判决不服提起上诉的案件和对裁定不服提起上诉的案件。

根据《民事诉讼法》第 170 条、《民事诉讼法解释》第 326～330 条的规定，对判决、裁定不服提起上诉的案件，按照以下情形，分别处理：

（1）原判决、裁定认定事实清楚，适用法律正确的，以判决、裁定方式驳回上诉，维持原判决、裁定。

（2）原判决、裁定认定事实错误或者适用法律错误的，以判决、裁定方式依法改判、撤销或者变更。

（3）原判决认定基本事实不清的，裁定撤销原判决，发回原审人民法院重审，或者查清事实后改判。

（4）原判决遗漏当事人或者违法缺席判决等严重违反法定程序的，裁定撤销原判决，发回原审人民法院重审。原审人民法院对发回重审的案件作出判决后，当事人提起上诉的，第二审人民法院不得再次发回重审。

所谓原判决严重违反法定程序，可能影响案件正确判决的情形，根据《民事诉讼法解释》第 325 条规定，包括：①审判组织的组成不合法的；②应当回避的审判人员未回避的；③无诉讼行为能力人未经法定代理人代为诉讼的；④违法剥夺当事人辩论权利的。

（5）对当事人在第一审程序中已经提出的诉讼请求，原审人民法院未作审理、判决的，第二审人民法院可以根据当事人自愿的原则进行调解；调解不成的，发回重审。

（6）必须参加诉讼的当事人或者有独立请求权的第三人，在第一审程序中未参加诉讼，第二审人民法院可以根据当事人自愿的原则予以调解，调解不成的；发回重审。

（7）在第二审程序中，原审原告增加独立的诉讼请求或原审被告提出反诉的，第二审人民法院可以根据当事人自愿的原则就新增加的诉讼请求或反诉进行调解；调解不成的，告知当事人另行起诉。双方当事人同意由第二审人民法院一并审理的，第二审人民法院可以一并裁判。

（8）一审判决不准离婚的案件，上诉后，第二审人民法院认为应当判决离婚的，可以根据当事人自愿的原则，与子女抚养、财产问题一并调解；调解不成的，发回重审。双方当事人同意由第二审人民法院一并审理的，第二审人民法院可以一并裁判。

（9）人民法院依照第二审程序审理的案件，认为依法不应由人民法院受理的，可以由第二审人民法院直接裁定撤销原裁判，驳回起诉。

根据《民事诉讼法》第 171 条、《民事诉讼法解释》第 332 条的规定，对裁定不服提起上诉的案件，分以下情形处理：

（1）第一审人民法院作出的裁定正确的，应当裁定驳回上诉，维持一审裁定。

（2）第一审人民法院作出的不予受理裁定有错误的，应当在裁定撤销原裁定的同时，指令第一审人民法院立案受理。

（3）第一审人民法院作出的驳回起诉裁定有错误的，应当在裁定撤销原裁定的同时，指令第一审人民法院审理。

《民事诉讼法》第 172 条规定，第二审人民法院审理上诉案件，可以进行调解。调解达成协议，应当制作调解书，由审判人员、书记员署名，加盖人民法院印章。调解书送达后，原审人民法院的判决即视为撤销。

（六）审理期限

根据《民事诉讼法》第 176 条的规定，对判决的上诉案件，审理期限为 3 个月，自第二审立

第一编

案之日起算。有特殊情况需要延长的，由本院院长批准。对裁定的上诉案件，审理期限为 30 日。

（七）第二审判决、裁定的法律效力

《民事诉讼法》第 175 条规定，第二审人民法院的判决、裁定，是终审的判决、裁定。

第七节　审判监督程序

审判监督程序，又称为再审程序，是指人民法院为了纠正已经发生法律效力的判决、裁定、调解书中的错误而对案件进行再次审理的程序。审判监督程序与第一审程序、第二审程序不同，不是一个独立的审级，而是一个监督和补救的程序。根据提起再审方式的不同，审判监督程序分为人民法院基于审判监督权的再审、当事人基于诉权提出的申请再审、人民检察院基于检察监督权提出的抗诉。

一、基于审判监督权的再审

基于审判监督权的再审，是指人民法院对已经发生法律效力的判决、裁定、调解书，发现确有错误，对案件决定进行再审。

《民事诉讼法》第 198 条规定，各级人民法院院长对本院已经发生法律效力的判决、裁定、调解书，发现确有错误，认为需要再审的，应当提交审判委员会讨论决定。最高人民法院对地方各级人民法院已经发生法律效力的判决、裁定，上级人民法院对下级人民法院已经发生法律效力的判决、裁定，发现确有错误的，有权提审或者指令下级人民法院再审。

二、基于当事人诉权的申请再审

申请再审，是指当事人对已经发生法律效力的判决、裁定、调解书认为确有错误，请求人民法院对案件再次审理并加以改判的诉讼行为。

（一）申请再审的对象

根据《民事诉讼法》第 199 条、第 201 条的规定，当事人可以申请再审的对象包括：①已经发生法律效力的判决、裁定；②已经发生法律效力的调解书。需要注意的是，并非所有的生效文书都允许申请再审。根据《民事诉讼法》第 202 条、《民事诉讼法解释》第 383 条的规定，当事人不得申请再审的有：①已经发生法律效力的解除婚姻关系的判决、调解书，但对于离婚案件中的财产分割问题允许申请再审；②再审申请被驳回后再次提出申请的；③对再审判决、裁定提出申请的；④在人民检察院对当事人的申请作出不予提出再审检察建议或者抗诉决定后又提出申请的。

（二）申请再审的事由

根据《民事诉讼法》第 200 条、第 201 条的规定，当事人申请再审的事由包括：

（1）有新的证据，足以推翻原判决、裁定的；

（2）原判决、裁定认定的基本事实缺乏证据证明的；

（3）原判决、裁定认定事实的主要证据是伪造的；

（4）原判决、裁定认定事实的主要证据未经质证的；

（5）对审理案件需要的主要证据，当事人因客观原因不能自行收集，书面申请人民法院调查收集，人民法院未调查收集的；

（6）原判决、裁定适用法律确有错误的；

（7）审判组织的组成不合法或者依法应当回避的审判人员没有回避的；

（8）无诉讼行为能力人未经法定代理人代为诉讼或者应当参加诉讼的当事人，因不能归责于本人或者其诉讼代理人的事由，未参加诉讼的；

（9）违反法律规定，剥夺当事人辩论权利的；

（10）未经传票传唤，缺席判决的；

（11）原判决、裁定遗漏或者超出诉讼请求的；

（12）据以作出原判决、裁定的法律文书被撤销或者变更的；

（13）审判人员审理该案件时有贪污受贿、徇私舞弊、枉法裁判行为的；

（14）调解违反自愿原则或者调解协议的内容违反法律的。

（三）申请再审的程序

根据《民事诉讼法》第203条、第204条的规定，当事人申请再审，应当提交再审申请书等材料。人民法院应当自收到再审申请书之日起5日内将再审申请书副本发送对方当事人。对方当事人应当自收到再审申请书副本之日起15日内提交书面意见；不提交书面意见的，不影响人民法院审查。人民法院可以要求申请人和对方当事人补充有关材料，询问有关事项。人民法院应当自收到再审申请书之日起3个月内审查，裁定驳回申请或者裁定再审；有特殊情况需要延长，由本院院长批准。

再审案件的管辖分为以下情形：

（1）因当事人申请裁定再审的案件由中级人民法院以上的人民法院审理。

（2）最高人民法院、高级人民法院裁定再审的案件，由本院再审或者交其他人民法院再审，也可以交原审人民法院再审。需要注意的是，中级人民法院裁定再审的案件，只能自行审理。

（3）特殊情形根据《民事诉讼法》第199条的规定，当事人一方人数众多或者当事人双方为公民的案件，也可以向原审人民法院申请再审。

（四）申请再审的期限

根据《民事诉讼法》第205条的规定，当事人申请再审的期限为6个月，应当在判决、裁定发生法律效力之日起计算，但是有《民事诉讼法》第200条第1项、第3项、第12项、第13项规定情形的，自知道或者应当知道之日起6个月内提出。

需要注意的是：①人民法院基于审判监督权的再审和人民检察院基于检察监督权提起的抗诉均无期限限制；②《最高人民法院关于适用〈中华人民共和国民事诉讼法〉审判监督程序若干问题的解释》（以下简称《审判监督程序解释》）第2条规定，申请再审期间不适用中止、中断和延长的规定。

（五）案外人申请再审

案外人申请再审分为执行程序中的案外人申请再审和执行程序外的案外人申请再审。

案外人在执行程序中申请再审的条件是：①对执行标的提出书面异议；②对人民法院驳回执行异议裁定不服，认为原生效判决裁定错误的。

案外人在执行程序外申请再审的条件是：①对生效判决、裁定、调解书主张权利；②无法提起新的诉讼解决争议；③申请再审的期限为生效裁判文书发生法律效力2年内，或自知道或应当知道利益被损害之日起3个月内。

《民事诉讼法》第227条规定，执行过程中，案外人对执行标的提出书面异议的，人民法院应当自收到书面异议之日起15日内审查，理由成立的，裁定中止对该标的的执行；理由不成立的，裁定驳回。案外人、当事人对裁定不服，认为原判决、裁定错误的，依照审判监督程序办

理；与原判决、裁定无关的，可以自裁定送达之日起 15 日内向人民法院提起诉讼。

《审判监督程序解释》第 5 条规定，案外人对原判决、裁定、调解书确定的执行标的物主张权利，且无法提起新的诉讼解决争议的，可以在判决、裁定、调解书发生法律效力后 2 年内，或者自知道或应当知道利益被损害之日起 3 个月内，向作出原判决、裁定、调解书的人民法院的上一级人民法院申请再审。

三、基于检察监督权的抗诉、检察建议和再审

民事抗诉，是指人民检察院对人民法院已经发生法律效力的判决、裁定，认为确有错误，依法提请人民法院对案件重新审理的诉讼行为。

根据《民事诉讼法》第 208 条的规定，提出抗诉的主体包括：最高人民检察院、上级人民检察院、各级人民检察院提请上级人民检察院提出。除最高人民检察院以外，只能由上级人民检察院对下级人民法院发生法律效力的判决、裁定向同级人民法院提出抗诉。同级人民检察院可以向同级人民法院提出检察建议，并报上级人民检察院备案；也可以提请上级人民检察院向同级人民法院提出抗诉。各级人民检察院对审判监督程序以外的其他审判程序中审判人员的违法行为，有权向同级人民法院提出检察建议。根据《民事诉讼法》第 209 条的规定，有下列情形之一的，当事人可以向人民检察院申请检察建议或者抗诉：①人民法院驳回再审申请的；②人民法院逾期未对再审申请作出裁定的；③再审判决、裁定有明显错误的。

人民检察院决定提出抗诉的案件，应当制作抗诉书。接受抗诉的人民法院应当自收到抗诉书之日起 30 日内作出再审的裁定，但是有《民事诉讼法》第 200 条第 1 项至第 5 项规定情形之一的，可以交下一级人民法院再审，但经该下一级人民法院再审的除外，具体包括：①有新的证据，足以推翻原判决、裁定的；②原判决、裁定认定的基本事实缺乏证据证明的；③原判决、裁定认定事实的主要证据是伪造的；④原判决、裁定认定事实的主要证据未经质证的；⑤对审理案件需要的主要证据，当事人因客观原因不能自行收集，书面申请人民法院调查收集，人民法院未调查收集的。人民法院再审时，应当通知人民检察院派员出席法庭。

四、再审适用的程序

根据《民事诉讼法》第 207 条的规定，进行再审的程序相对简单：

（1）如果发生法律效力的判决、裁定是由第一审法院作出的，按照第一审程序审理，所作的判决、裁定，当事人可以上诉。

（2）发生法律效力的判决、裁定是由第二审法院作出的，按照第二审程序审理，所作的判决、裁定，是发生法律效力的判决、裁定。

（3）上级人民法院按照审判监督程序提审的，按照第二审程序审理，所作的判决、裁定是发生法律效力的判决、裁定。

此外，人民法院审理再审案件，应当另行组成合议庭。人民法院一旦决定再审，应当裁定中止原判决、裁定的执行，但追索赡养费、扶养费、抚育费、抚恤金、医疗费用、劳动报酬等案件，可以不中止执行。

第八节　执行程序

民事执行，又称为强制执行，是指人民法院依照法定的程序，运用国家公权力，强制义务人

履行已经发生法律效力的人民法院的判决、裁定或其他法律文书所确定的义务的活动。执行与履行相对应，履行是义务人自己主动实现生效法律文书的行为，两者的区别在于有无强制力。民事执行以义务人拒绝履行为前提，执行对象或称为执行标的只能是财物或行为，不得以义务人的人身作为执行对象。

一、一般规定

（一）执行根据

执行根据，也被称为执行名义，是指人民法院采取强制执行措施所依据的各种生效法律文书。执行根据是启动执行程序的法律依据。没有执行根据，当事人不得向人民法院申请执行，人民法院也不得依职权启动执行程序。在执行过程中，如果执行根据被撤销，执行程序必须终结。

根据《民事诉讼法》第224条、第236~238条、第250条、第251条、第281条，《民事诉讼法解释》第462条的规定，执行根据包括：

（1）人民法院制作的、发生法律效力并具有给付内容的民事判决书、裁定书、调解书和实现担保物权裁定、确认调解协议裁定、支付令和决定书。

（2）人民法院制作的、发生法律效力并有财产执行内容的刑事判决书和裁定书。

（3）仲裁机关制作的、发生法律效力并具有执行内容的裁决书和调解书。

（4）公证机构制作的、发生法律效力并依法赋予强制执行效力的债权文书。

（5）人民法院制作的承认和执行外国法院判决、裁定或者外国仲裁机构裁决的裁定书和执行令。

执行根据应当具备两个条件：①必须是发生法律效力的法律文书；②必须是具有可执行内容的法律文书。

（二）执行管辖

执行管辖，也称为执行案件的管辖，是指各级人民法院之间和同级人民法院之间受理执行案件的分工和权限。

根据《民事诉讼法》第224条、《民事诉讼法解释》第462条的规定，执行管辖分为以下情形：

（1）发生法律效力的民事判决、裁定，以及刑事判决、裁定中的财产部分，由第一审人民法院执行或者与第一审人民法院同级的被执行的财产所在地人民法院执行。法律规定由人民法院执行的其他法律文书，由被执行人住所地或者被执行的财产所在地人民法院执行。

（2）发生法律效力的实现担保物权裁定、确认调解协议裁定、支付令，由作出裁定、支付令的人民法院或者与其同级的被执行财产所在地的人民法院执行。

（三）执行异议

执行异议是指在执行过程中，当事人、利害关系人向人民法院提出的要求撤销或改正执行行为的请求，或者案外人向人民法院提出的要求中止执行的请求。执行异议制度的目的在于保护当事人或案外人的合法权益，保障执行权力的正确行使。

《民事诉讼法》第225条规定，当事人、利害关系人认为执行行为违反法律规定的，可以向负责执行的人民法院提出书面异议。当事人、利害关系人提出书面异议的，人民法院应当自收到书面异议之日起15日内审查，理由成立的，裁定撤销或者改正；理由不成立的，裁定驳回。当事人、利害关系人对裁定不服的，可以自裁定送达之日起10日内向上一级人民法院申请复议。

《民事诉讼法》第227条规定，执行过程中，案外人对执行标的提出书面异议的，人民法院应当自收到书面异议之日起 15 日内审查，理由成立的，裁定中止对该标的的执行；理由不成立的，裁定驳回。案外人、当事人对裁定不服，认为原判决、裁定错误的，依照审判监督程序办理；与原判决、裁定无关的，可以自裁定送达之日起 15 日内向人民法院提起诉讼。

（四）执行委托

执行委托，是指被执行人或者被执行的财产在外地的，负责执行的人民法院可以委托当地人民法院代为执行的一种制度。

《民事诉讼法》第 229 条规定，被执行人或者被执行的财产在外地的，可以委托当地人民法院代为执行。受委托人民法院收到委托函件后，必须在 15 日内开始执行，不得拒绝。执行完毕后，应当将执行结果及时函复委托人民法院；在 30 日内如果还未执行完毕，也应当将执行情况函告委托人民法院。受委托人民法院自收到委托函件之日起 15 日内不执行的，委托人民法院可以请求受委托人民法院的上级人民法院指令受委托人民法院执行。

（五）执行和解

执行和解，是指在执行过程中，双方当事人进行协商，自愿达成协议，结束执行程序的行为。需要注意的是，执行和解协议没有强制执行力，达成执行和解协议之后，一方当事人不履行的，人民法院根据对方当事人的申请，恢复对原生效法律文书的执行。但如果协议已经履行完毕，当事人又申请按原生效的法律文书执行的，人民法院不予准许。

《民事诉讼法》第 230 条规定，在执行中，双方当事人自行和解达成协议的，执行员应当将协议内容记入笔录，由双方当事人签名或者盖章。申请执行人因受欺诈、胁迫与被执行人达成和解协议，或者当事人不履行和解协议的，人民法院可以根据当事人的申请，恢复对原生效法律文书的执行。

《民事诉讼法解释》第 467 条规定，一方当事人不履行或者不完全履行在执行中双方自愿达成的和解协议，对方当事人申请执行原生效法律文书的，人民法院应当恢复执行，但和解协议已履行的部分应当扣除。和解协议已经履行完毕的，人民法院不予恢复执行。

（六）执行担保

执行担保，是指在执行过程中，被执行人确有暂时困难缺乏偿付能力时，经申请执行人同意，向人民法院提供担保而暂缓执行的一种制度。需要注意的是，执行担保必须经过申请执行人的同意。

《民事诉讼法》第 231 条规定，在执行中，被执行人向人民法院提供担保，并经申请执行人同意的，人民法院可以决定暂缓执行及暂缓执行的期限。被执行人逾期仍不履行的，人民法院有权执行被执行人的担保财产或者担保人的财产。

《民事诉讼法解释》第 469 条规定，人民法院依照《民事诉讼法》第 231 条的规定决定暂缓执行的，如果担保是有期限的，暂缓执行的期限应当与担保期限一致，但最长不得超过 1 年。被执行人或者担保人对担保的财产在暂缓执行期间有转移、隐藏、变卖、毁损等行为的，人民法院可以恢复强制执行。

《民事诉讼法解释》第 470 条规定，根据《民事诉讼法》第 231 条向人民法院提供执行担保的，可以由被执行人或者他人提供财产担保，也可以由他人提供保证。担保人应当具有代为履行或者代为承担赔偿责任的能力。

《民事诉讼法解释》第 471 条规定，被执行人在人民法院决定暂缓执行的期限届满后仍不履行义务的，人民法院可以直接执行担保财产，或者裁定执行担保人的财产，但执行担保人的财产以担保人应当履行义务部分的财产为限。

（七）执行承担

执行承担，是指在执行过程中，由于被执行人死亡或终止，由被执行人以外的其他公民、法人或组织履行被执行人义务的一种制度。

根据《民事诉讼法》第 232 条、《民事诉讼法解释》第 472～475 条规定。执行承担分为以下情形：

（1）作为被执行人的公民死亡，其遗产继承人没有放弃继承的，人民法院可以裁定变更被执行人，由该继承人在遗产的范围内偿还债务。继承人放弃继承的，人民法院可以直接执行被执行人的遗产。

（2）作为被执行人的法人或者其他组织终止的，由其权利义务承受人履行义务。作为被执行的法人或者其他组织分立、合并的，其权利义务由变更后的法人或者其他组织承受；被撤销的，如果依有关实体法的规定有权利义务承受人的，人民法院可以裁定该权利义务承受人为被执行人。

（3）其他组织在执行中不能履行法律文书确定的义务的，人民法院可以裁定执行对该其他组织依法承担义务的法人或者公民个人的财产。

（4）作为被执行人的法人或者其他组织名称变更的，人民法院可以裁定变更后的法人或者其他组织为被执行人。

（八）执行回转

执行回转，是指在执行完毕后，因据以执行的判决、裁定或其他法律文书被依法撤销，由执行人员采取措施，强制一方当事人将执行所得的利益退还给原被执行人，恢复到执行程序开始前的状况的一种制度。

发生执行回转的前提是已经执行完毕，原来据以执行的法律文书因确有错误而被依法撤销。

《民事诉讼法》第 233 条规定，执行完毕后，据以执行的判决、裁定和其他法律文书确有错误，被人民法院撤销的，对已被执行的财产，人民法院应当作出裁定，责令取得财产的人返还；拒不返还的，强制执行。

（九）执行的法律监督

执行的法律监督，是指人民检察院对人民法院执行生效民事判决、裁定、调解书、支付令、仲裁裁决以及公证债权文书等法律文书的活动实施法律监督。

《民事诉讼法》第 235 条规定，人民检察院有权对民事执行活动实行法律监督。

二、执行的申请和移送

（一）执行申请和执行移送

执行的申请和移送是执行开始的两种方式。执行申请，是指当事人向人民法院提交申请执行书和执行根据而开始的执行。执行移送，是指人民法院的审判组织，对于人民法院作出的生效判决、裁定，依职权直接交付执行机构而开始的执行。

需要注意的是，根据《民事诉讼法》第 236～238 条规定，人民法院制作的调解书、仲裁机构制作的裁决书、公证机关制作的依法赋予强制执行效力的债权文书均不存在执行移送，只有依据当事人申请才能启动执行程序。执行移送仅限于执行生效民事判决和裁定，通常针对的是涉及国家利益、集体利益案件，例如人民法院制作的财产保全裁定、对妨害民事诉讼行为的罚款决定书和民事制裁决定书、含有财产执行内容的刑事法律文书等。

（二）不予执行的情况

对于当事人提出的执行申请，人民法院可以裁定不予执行，其中包括以下两种情况：

第一编

（1）《民事诉讼法》第237条第2款规定，被申请人提出证据证明仲裁裁决有下列情形之一的，经人民法院组成合议庭审查核实，裁定不予执行：①当事人在合同中没有订有仲裁条款或者事后没有达成书面仲裁协议的；②裁决的事项不属于仲裁协议的范围或者仲裁机构无权仲裁的；③仲裁庭的组成或者仲裁的程序违反法定程序的；④裁决所根据的证据是伪造的；⑤对方当事人向仲裁机构隐瞒了足以影响公正裁决的证据的；⑥仲裁员在仲裁该案时有贪污受贿、徇私舞弊、枉法裁决行为的。人民法院认定执行该裁决违背社会公共利益的，裁定不予执行。

（2）《民事诉讼法》第238条第2款规定，公证债权文书确有错误的，人民法院裁定不予执行，并将裁定书送达双方当事人和公证机关。

需要注意的是，对于当事人依据人民法院制作的生效判决、裁定、决定提出的执行申请，人民法院不得裁定不予执行；裁定不予执行仅适用于当事人依据仲裁裁决书和公证债权文书提出执行申请。

（三）申请执行的期限

申请执行期限是指法律文书生效以后，义务人不履行法律文书确定的义务时，权利人依法享有的向人民法院申请强制执行的时间期限。

根据《民事诉讼法》第239条的规定，申请执行的期间为2年。申请执行时效的中止、中断，适用法律有关诉讼时效中止、中断的规定。申请执行的期间，按以下方式确定：

（1）从法律文书规定履行期间的最后一日起计算。

（2）法律文书规定分期履行的，从规定的每次履行期间的最后一日起计算。

（3）法律文书未规定履行期间的，从法律文书生效之日起计算。

（四）强制执行

强制执行，是指人民法院依照法定的程序，运用国家公权力，强制被执行人履行已经发生法律效力的人民法院的判决、裁定或其他法律文书所确定的义务的活动。

强制执行的一般程序是执行员接到申请执行书或者移交执行书后，向被执行人发出执行通知，责令其在指定的期间履行，逾期不履行的，强制执行。也就是说，原则上，强制执行的前提是被执行人拒绝在执行通知指定的期间履行；同时，《民事诉讼法》第240条规定，执行员接到申请执行书或者移交执行书，应当向被执行人发出执行通知，并可以立即采取强制执行措施。

三、执行措施

执行措施，是指人民法院根据法律的规定，按照法定程序，强制义务人履行生效法律文书所规定义务的方法和手段。与执行标的分为财物和行为相对应，执行措施分为以下两种情形。

（一）对被执行人财产、收入的强制执行措施

1. 强制被执行人报告当前以及收到执行通知之日前1年的财产情况

《民事诉讼法》第241条规定，被执行人拒绝报告或者虚假报告的，人民法院可以根据情节轻重对被执行人或者其法定代理人、有关单位的主要负责人或者直接责任人员予以罚款、拘留。

2. 查询、冻结、划拨被执行人的存款

《民事诉讼法》第242条规定，被执行人未按执行通知履行法律文书确定的义务，人民法院有权向有关单位查询被执行人的存款、债券、股票、基金份额等财产情况。人民法院有权根据不同情形扣押、冻结、划拨、变价被执行人的财产。人民法院查询、扣押、冻结、划拨、变价的财产不得超出被执行人应当履行义务的范围。人民法院决定扣押、冻结、划拨、变价财产，应当作出裁定，并发出协助执行通知书，有关单位必须办理。

3. 扣留、提取被执行人的收入

《民事诉讼法》第243条规定，被执行人未按执行通知履行法律文书确定的义务，人民法院有权扣留、提取被执行人应当履行义务部分的收入。但应当保留被执行人及其所扶养家属的生活必需费用。人民法院扣留、提取收入时，应当作出裁定，并发出协助执行通知书，被执行人所在单位、银行、信用合作社和其他有储蓄业务的单位必须办理。

4. 查封、扣押、冻结、拍卖、变卖被执行人的财产

《民事诉讼法》第244条规定，被执行人未按执行通知履行法律文书确定的义务，人民法院有权查封、扣押、冻结、拍卖、变卖被执行人应当履行义务部分的财产。但应当保留被执行人及其所扶养家属的生活必需品。

《民事诉讼法》第247条规定，财产被查封、扣押后，执行员应当责令被执行人在指定期间履行法律文书确定的义务。被执行人逾期不履行的，人民法院应当拍卖被查封、扣押的财产；不适于拍卖或者当事人双方同意不进行拍卖的，人民法院可以委托有关单位变卖或者自行变卖。国家禁止自由买卖的物品，交有关单位按照国家规定的价格收购。

5. 搜查被执行人的财产

《民事诉讼法》第248条规定，被执行人不履行法律文书确定的义务，并隐匿财产的，人民法院有权发出搜查令，对被执行人及其住所或者财产隐匿地进行搜查。

6. 强制被执行人支付迟延履行金

《民事诉讼法》第253条规定，被执行人未按判决、裁定和其他法律文书指定的期间履行给付金钱义务的，应当加倍支付迟延履行期间的债务利息。被执行人未按判决、裁定和其他法律文书指定的期间履行其他义务的，应当支付迟延履行金。

7. 继续履行

《民事诉讼法》第254条规定，人民法院采取该法第242～244条规定的执行措施后，被执行人仍不能偿还债务的，应当继续履行义务。债权人发现被执行人有其他财产的，可以随时请求人民法院执行。

（二）对被执行人行为的强制执行

1. 强制被执行人交付法律文书指定的财物或者票证

《民事诉讼法》第249条规定，法律文书指定交付的财物或者票证，由执行员传唤双方当事人当面交付，或者由执行员转交，并由被交付人签收。有关单位或有关公民持有该项财物或者票证的，应当根据人民法院的协助执行通知书转交，并由被交付人签收。

2. 强制被执行人迁出房屋或者退出土地

《民事诉讼法》第250条规定，强制迁出房屋或者强制退出土地，由院长签发公告，责令被执行人在指定期间履行。被执行人逾期不履行的，由执行员强制执行。

3. 办理财产权证照转移手续

《民事诉讼法》第251条规定，在执行中，需要办理有关财产权证照转移手续的，人民法院可以向有关单位发出协助执行通知书，有关单位必须办理。

4. 强制执行法律文书指定的行为

《民事诉讼法》第252条规定，对判决、裁定和其他法律文书指定的行为，被执行人未按执行通知履行的，人民法院可以强制执行或者委托有关单位或者其他人完成，费用由被执行人承担。

5. 限制出境、公布不良记录等

《民事诉讼法》第255条规定，被执行人不履行法律文书确定的义务的，人民法院可以对其采取或者通知有关单位协助采取限制出境，在征信系统记录、通过媒体公布不履行义务信息以及法律规定的其他措施。

四、执行中止和执行终结

（一）执行中止

执行中止，是指在执行过程中，因发生某种特殊情况而暂时停止执行程序，待特殊情况消失后恢复执行程序的制度。

根据《民事诉讼法》第256条的规定，有下列情形之一的，人民法院应当裁定中止执行：①申请人表示可以延期执行的；②案外人对执行标的提出确有理由的异议的；③作为一方当事人的公民死亡，需要等待继承人继承权利或者承担义务的；④作为一方当事人的法人或者其他组织终止，尚未确定权利义务承受人的；⑤人民法院认为应当中止执行的其他情形。中止的情形消失后，恢复执行。

（二）执行终结

执行终结，是指在执行过程中，由于某种情形，执行工作无法继续进行或者继续进行没有必要时，停止执行程序，以后也不再恢复执行的制度。

根据《民事诉讼法》第257条的规定，有下列情形之一的，人民法院裁定终结执行：①申请人撤销申请的；②据以执行的法律文书被撤销的；③作为被执行人的公民死亡，无遗产可供执行，又无义务承担人的；④追索赡养费、扶养费、抚育费案件的权利人死亡的；⑤作为被执行人的公民因生活困难无力偿还借款，无收入来源，又丧失劳动能力的；⑥人民法院认为应当终结执行的其他情形。

（三）中止和终结执行裁定的生效

人民法院中止和终结执行，应当制作裁定，送达当事人后立即生效，依法不得提起上诉。

第九节　涉外民事诉讼程序

一、涉外民事诉讼概述

涉外民事诉讼，是指人民法院根据当事人的请求，在当事人和其他诉讼参加人的参与下，审理和裁判涉外民事案件的程序和制度。

《民事诉讼法解释》第522条规定，有下列情形之一，人民法院可以认定为涉外民事案件：①当事人一方或者双方是外国人、无国籍人、外国企业或者组织的；②当事人一方或者双方的经常居所地在中华人民共和国领域外的；③标的物在中华人民共和国领域外的；④产生、变更或者消灭民事关系的法律事实发生在中华人民共和国领域外的；⑤可以认定为涉外民事案件的其他情形。

需要注意的是：

（1）涉外民事诉讼不仅包括涉及外国当事人的民事诉讼，而且还包括中国当事人之间的争议民事法律关系涉外或者诉讼标的物在外国的民事诉讼。

（2）外国企业或组织是指依据外国法律在外国设立的企业或组织。外资企业是外国投资者依

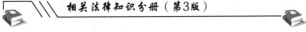
据中国法律在中国设立的中国企业，不是外国企业。华侨是指定居在国外的中国公民。

（3）涉港澳台民事诉讼，不属于涉外民事诉讼，但是参照涉外民事诉讼的相关规定办理。所谓"参照"，其前提在于认可两者存在区别，否则为"依照"。

①《最高人民法院关于如何确定涉港澳台当事人公告送达期限和答辩、上诉期限的请示的复函》规定，对港澳台当事人在内地诉讼时的公告送达期限和答辩、上诉的期限，应参照我国《民事诉讼法》涉外编的有关规定执行。

②《最高人民法院关于涉外民商事案件诉讼管辖若干问题的规定》第5条规定，涉及香港、澳门特别行政区和台湾地区当事人的民商事纠纷案件的管辖，参照该规定处理。

③《最高人民法院关于行政诉讼中台湾地区居民能否以个人名义担任诉讼代理人等有关问题的答复》规定，参照《民事诉讼法》及有关司法解释的规定，台湾地区诉讼当事人可以委托台湾地区居民以公民个人名义代理诉讼，但不得以律师身份代理。

④在有明确规定的情形下，涉港澳台民事诉讼不再参照适用涉外民事诉讼的相关规定，例如2008年4月17日公布的《最高人民法院关于涉台民事诉讼文书送达的若干规定》。

二、涉外民事诉讼的一般原则

涉外民事诉讼中，除应遵守《民事诉讼法》的一般原则外，还必须遵循涉外民事诉讼的一般原则。涉外民事诉讼的一般原则包括以下几个方面。

（一）适用我国诉讼法的原则

这一原则是指我国人民法院审理涉外民事案件，只适用我国《民事诉讼法》。具体表现为以下三点。

1. 凡在我国领域内进行民事诉讼，包括涉外民事诉讼，必须遵守我国《民事诉讼法》

《民事诉讼法》第4条规定，凡在中华人民共和国领域内进行民事诉讼，必须遵守该法。《民事诉讼法》第259条规定，在中华人民共和国领域内进行涉外民事诉讼，适用该编规定。该编没有规定的，适用该法其他有关规定。

2. 外国法院的裁判须经我国人民法院审查并承认后，才在我国发生法律效力

《民事诉讼法》第282条规定，人民法院对申请或者请求承认和执行的外国法院作出的发生法律效力的判决、裁定，依照我国缔结或者参加的国际条约，或者按照互惠原则进行审查后，认为不违反我国法律的基本原则或者国家主权、安全、社会公共利益的，裁定承认其效力，需要执行的，发出执行令，依照《民事诉讼法》的有关规定执行。违反我国法律的基本原则或者国家主权、安全、社会公共利益的，不予承认和执行。《民事诉讼法解释》第533条第2款规定，外国法院判决、裁定已经被人民法院承认，当事人就同一争议向人民法院起诉的，人民法院不予受理。

3. 我国人民法院根据我国《民事诉讼法》享有司法管辖权，不受外国法院司法管辖权的影响

《民事诉讼法解释》第533条第1款规定，我国人民法院和外国法院都有管辖权的案件，一方当事人向外国法院起诉，而另一方当事人向我国人民法院起诉的，人民法院可予受理。判决后，外国法院申请或者当事人请求人民法院承认和执行外国法院对本案作出的判决、裁定的，不予准许；但双方共同缔结或者参加的国际条约另有规定的除外。

（二）国际条约优先原则

这一原则是指我国缔结或者参加的国际条约与我国《民事诉讼法》有不同规定的，适用该国际条约的规定；但我国声明保留的条款，我国人民法院在审理涉外案件时不予适用，而适用我国法律的有关规定。

《民事诉讼法》第 260 条规定，中华人民共和国缔结或者参加的国际条约同该法有不同规定的，适用该国际条约的规定，但中华人民共和国声明保留的条款除外。

（三）司法豁免原则

司法豁免权是指一个国家根据本国法律或者参加、缔结的国际条约，对居住在本国的外国代表和组织赋予的免受司法管辖的权利。司法豁免权是从国家主权中引伸出来的权利。"平等者之间无裁判权"是公认的国际规则，外交代表作为国家或国际组织的象征，赋予其司法豁免权，不仅是表示对派遣国或国际组织的尊重，也确保其有效地执行职务。

司法豁免分为刑事司法豁免、民事司法豁免和行政司法豁免，分别对应于我国的刑事、民事和行政司法权。我国有关司法豁免权规定的法律有 1986 年制定的《中华人民共和国外交特权与豁免条约》和 1990 年通过的《中华人民共和国领事特权与豁免条例》。

《民事诉讼法》第 261 条规定，对享有外交特权与豁免的外国人、外国组织或者国际组织提起的民事诉讼，应当依照中华人民共和国有关法律和中华人民共和国缔结或者参加的国际条约的规定办理。

（1）民事上的司法豁免权和行政上的司法豁免权不同于刑事上的司法豁免权，后者是绝对豁免，前者为相对豁免，是不完全的豁免权。

《中华人民共和国外交特权与豁免条例》第 14 条规定，外交代表享有民事管辖豁免，但下列各项除外：①外交代表以私人身份进行的遗产继承的诉讼；②外交代表在中国境内从事公务范围以外的职业或者商业活动的诉讼。外交代表免受强制执行，但对前款所列情况，强制执行对其人身和寓所不构成侵犯的，不在此限。外交代表没有以证人身份作证的义务。

《中华人民共和国领事特权与豁免条例》第 14 条规定，领事官员和领馆行政技术人员执行职务的行为享有司法和行政管辖豁免。领事官员执行职务以外的行为的管辖豁免，按照中国与外国签订的双边条约、协定或者根据对等原则办理。领事官员和领馆行政技术人员享有的司法管辖豁免不适用于下列各项民事诉讼：①涉及未明示以派遣国代表身份所订的契约的诉讼；②涉及在中国境内的私有不动产的诉讼，但以派遣国代表身份所拥有的为领馆使用的不动产不在此限；③以私人身份进行的遗产继承的诉讼；④因车辆、船舶或者航空器在中国境内造成的事故涉及损害赔偿的诉讼。

《中华人民共和国领事特权与豁免条例》第 15 条规定，领馆成员可以被要求在司法或者行政程序中到场作证，但没有义务就其执行职务所涉及事项作证。领馆成员有权拒绝以鉴定人身份就派遣国的法律提出证词。领事官员拒绝作证，不得对其采取强制措施或者给予处罚。领馆行政技术人员和领馆服务人员除执行职务所涉及事项外，不得拒绝作证。

（2）民事司法豁免权包括管辖豁免、诉讼程序豁免和执行豁免。

管辖豁免是指不能对享有司法豁免权的人提起民事诉讼，即使提起，法院也不应受理。诉讼程序豁免是指享有司法豁免权的人即使同意法院受理案件，法院在诉讼过程中，也不能对其采取强制措施。执行豁免是指享有司法豁免权的人即使参加诉讼并败诉，法院也不能对其强制执行。这三种豁免是相互独立的，放弃哪一种豁免权必须明确表示。

《中华人民共和国外交特权与豁免条例》第 15 条规定，外交代表和该条例第 20 条规定享有豁免的人员的管辖豁免可以由派遣国政府明确表示放弃。外交代表和享有豁免的人员如果主动提起诉讼，对与本诉直接有关的反诉，不得援用管辖豁免。放弃民事管辖豁免或者行政管辖豁免，不包括对判决的执行也放弃豁免。放弃对判决执行的豁免须另作明确表示。

《中华人民共和国领事特权与豁免条例》第16条规定，该条例规定的有关人员所享有的管辖豁免可以由派遣国政府明确表示放弃。依照该条例规定享有管辖豁免的人员如果主动提起诉讼，对与本诉直接有关的反诉，不得援用管辖豁免。放弃民事管辖豁免或者行政管辖豁免，不包括对判决的执行也放弃豁免。放弃对判决执行的豁免须由派遣国政府另作明确表示。

（3）享有司法豁免权的主体包括：外交代表及与其共同生活的配偶和未成年子女；使馆的行政技术人员；领事官员和领馆的行政技术人员；来我国访问的外国国家元首、政府首脑、外交部长及其他具有同等身份的人；其他依照我国法律和参加的国际公约、条约享有司法豁免权的外国人、外国组织或国际组织。

（四）委托中国律师代理诉讼的原则

这一原则是指外国人、无国籍人、外国企业和组织在我国人民法院起诉、应诉，需要委托律师代理诉讼的，必须委托中国的律师。

《民事诉讼法》第263条规定，外国人、无国籍人、外国企业和组织在人民法院起诉、应诉，需要委托律师代理诉讼的，必须委托中华人民共和国的律师。

《民事诉讼法解释》第528条规定，涉外民事诉讼中的外籍当事人，可以委托本国人为诉讼代理人，也可以委托本国律师以非律师身份担任诉讼代理人；外国驻华使领馆官员，受本国公民的委托，可以以个人名义担任诉讼代理人，但在诉讼中不享有外交特权和豁免。

（五）使用我国通用的语言、文字原则

这一原则是指我国人民法院审理涉外民事案件，应当使用我国通用的语言、文字。

《民事诉讼法》第262条规定，人民法院审理涉外民事案件，应当使用中华人民共和国通用的语言、文字。当事人要求提供翻译的，可以提供，费用由当事人承担。

三、涉外民事诉讼管辖

涉外民事诉讼管辖是指我国各级人民法院之间和同级人民法院之间对一审涉外民事案件的分工和权限。涉外民事诉讼管辖除适用民事诉讼管辖的一般规定以被告住所地确定管辖为原则之外，还适用以下管辖制度。

（一）最紧密联系管辖

最紧密联系管辖，或称为实际联系管辖，是指在合同纠纷或者其他财产权益纠纷中，对在我国领域内无住所地的被告，由与争议有实际联系或最紧密联系的法院管辖。

《民事诉讼法》第265条规定，因合同纠纷或者其他财产权益纠纷，对在中华人民共和国领域内没有住所的被告提起的诉讼，如果合同在中华人民共和国领域内签订或者履行，或者诉讼标的物在中华人民共和国领域内，或者被告在中华人民共和国领域内有可供扣押的财产，或者被告在中华人民共和国领域内设有代表机构，可以由合同签订地、合同履行地、诉讼标的物所在地、可供扣押财产所在地、侵权行为地或者代表机构住所地人民法院管辖。

（二）专属管辖

专属管辖是指法律明确规定特定类型的案件只能由特定的法院管辖，其他法院均无权管辖，当事人也不得通过协议变更的管辖制度。

《民事诉讼法》第266条规定了3种专属于我国法院管辖的案件：

（1）在我国履行的中外合资经营企业合同案件；

（2）在我国履行的中外合作经营企业合同案件；

（3）在我国履行的中外合作勘探开发自然资源合同案件。

同时，需要注意的是，《民事诉讼法解释》第531条规定，根据《民事诉讼法》第33条属于中华人民共和国法院专属管辖的案件，当事人不得协议选择外国法院管辖，但协议选择仲裁的除外。因此，以下3种案件也属于我国法院专属管辖的案件：

（1）不动产所在地在我国的不动产案件；

（2）我国港口内因港口作业发生的案件；

（3）被继承人死亡时住所地或者主要遗产所在地在我国的遗产继承案件。

第四章　行政复议法

【提要】本章主要围绕行政复议法律法规，讲解行政复议的概念和基本原则，行政复议法律关系主体及其权利、义务，行政复议程序和决定等内容。

第一节　行政复议概述

一、行政复议的概念

行政复议是指公民、法人或者其他组织认为行政主体的具体行政行为侵犯其合法权益，依法向行政复议机关提出复查该具体行政行为的申请，行政复议机关依照法定程序对具体行政行为进行合法性、适当性审查，并作出行政复议决定的一种法律制度。此定义中涉及行政行为、具体行政行为、抽象行政行为、行政相对人等基本概念。所谓行政行为，是指享有行政职权的组织或个人运用行政权，对行政相对人实施的具有法律意义、产生法律后果的行为。行政行为以行政相对人是否特定为标准，可以分为抽象行政行为和具体行政行为。抽象行政行为，是行政主体针对不特定行政相对人所作的行为，例如，行政机关制定、发布具有普遍约束力的决定、命令的行为。具体行政行为，是指行政主体针对特定行政相对人所作的行政行为，例如国家知识产权局专利局复审和无效审理部宣告某项专利无效的行为。行政相对人，是指直接受行政行为影响、行政行为对其产生法律后果的公民、法人或者其他组织，例如，国家知识产权局专利局复审和无效审理部作出宣告某项专利无效的具体行政行为中，涉案专利权人及无效宣告请求人便为行政相对人。

行政复议是现代法治社会中解决行政争议的方法之一，与行政诉讼、行政赔偿同属于行政救济，是行政相对人保护自身合法权益的基本法律制度之一。❶ 行政复议是行政机关的内部监督和纠错机制。

二、行政复议的基本原则

（一）合法、公正、公开、及时、便民的原则

《中华人民共和国行政复议法》（以下简称《行政复议法》）第 4 条明确规定，行政复议机关履行行政复议职责，应当遵循合法、公正、公开、及时、便民的原则，坚持有错必纠，保障法律、法规的正确实施。

合法原则是指复议行为应当依法进行，要求行政复议主体合法，程序合法，依据合法；公正原则要求行政复议机关在行使复议权时应当公正对待复议当事人，不能有所偏袒，正当、合理行使自由裁量权；公开原则要求行政复议活动公开进行，行政复议过程公开，行政信息公开；及时原则是指行政复议机关应当在法律规定的期限内，尽快完成复议审查，并作出决定，及时救济当事人的权益；便民原则要求行政复议程序应当尽可能为当事人提供便利，比如不收取费用，允许

---

❶　姜明安. 行政法与行政诉讼法［M］. 北京：北京大学出版社，高等教育出版社，2007：415.

口头提出复议申请等。

（二）有错必纠原则

有错必纠原则是指行政复议机关发现原具体行政行为错误违法的，必须及时予以纠正，真正保护行政相对人的合法权益。

（三）合法性与合理性审查原则

合法性与合理性审查原则是指行政复议机关对被申请的具体行政行为不仅应当审查其合法性，即是否符合法律规定，还应当审查其合理性，即自由裁量权的行使是否正当合理。不仅违法的具体行政行为应当予以纠正，对明显不公正、滥用自由裁量权的具体行政行为也必须予以纠正，复议机关可以变更原具体行政行为，也可以责令被申请人重新作出具体行政行为。

第二节　行政复议法律关系主体

一、行政复议机关及管辖

（一）行政复议机关

行政复议机关是指依照法律规定，有权受理行政复议申请，依法对被申请的行政行为进行合法性、合理性审查并作出复议决定的行政机关。根据我国现行法律规定，行政复议机关主要有以下几类：

（1）作出被申请行政行为的行政机关，比如《行政复议法》第14条规定，对国务院部门或者省、自治区、直辖市人民政府的具体行政行为不服的，向作出该具体行政行为的国务院部门或者省、自治区、直辖市人民政府申请行政复议。此时复议机关与作出行政行为的机关同一，出现复议机关对自己的具体行政行为进行复议裁决的情况，容易引起行政复议申请人对行政复议公正性的怀疑，因此《行政复议法》严格控制。

（2）作出被申请行政行为的行政主体的上一级行政机关，比如《行政复议法》第12条规定，对海关、金融、国税、外汇管理等实行垂直领导的行政机关和国家安全机关的具体行政行为不服的，向上一级主管部门申请行政复议。这种情形主要针对具体的业务性工作部门。由作出被申请行政行为的行政主体的上一级行政机关作为复议机关，更多的是着重于其业务指导和监督，有利于提高行政复议的质量。

（3）作出被申请行政行为的行政主体所属的人民政府。比如《行政复议法》第12条规定，对县级以上地方各级人民政府工作部门的具体行政行为不服的，可以向该部门的本级人民政府申请行政复议。

（二）行政复议管辖

行政复议管辖，是指不同行政复议机关之间受理复议案件的权限和分工。它解决的是具体行政争议该由哪一个行政机关复议的问题。行政复议管辖与行政复议机关的确定紧密联系，在只有一个管辖机关时，管辖机关即为行政复议机关；在有多个管辖机关时，当事人选择的申请复议机关即为最终的行政复议机关。根据《行政复议法》和《中华人民共和国行政复议法实施条例》（以下简称《行政复议法实施条例》）的规定，行政复议管辖具体包括如下情况：

（1）对县级以上地方各级人民政府工作部门的具体行政行为不服的，由申请人选择，可以向该部门的本级人民政府申请行政复议，也可以向上一级主管部门申请行政复议。

（2）对海关、金融、国税、外汇管理等实行垂直领导的行政机关和国家安全机关的具体行政行为不服的，向上一级主管部门申请行政复议。

（3）对地方各级人民政府的具体行政行为不服的，向上一级地方人民政府申请行政复议。

（4）对省、自治区人民政府依法设立的派出机关所属的县级地方人民政府的具体行政行为不服的，向该派出机关申请行政复议。

（5）对国务院部门或者省、自治区、直辖市人民政府的具体行政行为不服的，向作出该具体行政行为的国务院部门或者省、自治区、直辖市人民政府申请行政复议。申请人对两个以上国务院部门共同作出的具体行政行为不服的，可以向其中任何一个国务院部门提出行政复议申请，由作出具体行政行为的国务院部门共同作出行政复议决定。

（6）对县级以上地方人民政府依法设立的派出机关的具体行政行为不服的，向设立该派出机关的人民政府申请行政复议。

（7）对政府工作部门依法设立的派出机构依照法律、法规或者规章规定，以自己的名义作出的具体行政行为不服的，向设立该派出机构的部门或者该部门的本级地方人民政府申请行政复议。

（8）对法律、法规授权的组织的具体行政行为不服的，分别向直接管理该组织的地方人民政府、地方人民政府工作部门或者国务院部门申请行政复议。

（9）对两个或者两个以上行政机关以共同的名义作出的具体行政行为不服的，向其共同上一级行政机关申请行政复议。

（10）对被撤销的行政机关在撤销前所作出的具体行政行为不服的，向继续行使其职权的行政机关的上一级行政机关申请行政复议。

（11）申请人对经国务院批准实行省以下垂直领导的部门作出的具体行政行为不服的，可以选择向该部门的本级人民政府或者上一级主管部门申请行政复议；省、自治区、直辖市另有规定的，依照省、自治区、直辖市的规定办理。

二、行政复议参加人

行政复议参加人是指作为行政复议主体，参加行政复议程序的人，一般包括行政复议申请人、被申请人和第三人。其中，申请人、第三人可以委托代理人代为参加行政复议。

（一）行政复议申请人

行政复议申请人是指认为行政主体作出的具体行政行为侵犯其合法权益，依法以自己的名义向行政复议机关提起行政复议申请，要求对该具体行政行为复查并依法作出决定的公民、法人或者其他组织。因此，行政复议申请人必须是认为具体行政行为侵犯其合法权益且具备申请复议主体资格的公民、法人或者其他组织。实践中，行政复议申请人一般是具体行政行为的行政相对人。根据《行政复议法实施条例》的规定，股份制企业的股东大会、股东代表大会、董事会认为行政机关作出的具体行政行为侵犯企业合法权益的，可以以企业的名义申请行政复议；合伙企业申请行政复议的，应当以核准登记的企业为申请人，由执行合伙事务的合伙人代表该企业参加行政复议；其他合伙组织申请行政复议的，由合伙人共同申请行政复议。不具备法人资格的其他组织申请行政复议的，由该组织的主要负责人代表该组织参加行政复议；没有主要负责人的，由共同推选的其他成员代表该组织参加行政复议。

实践中，具体行政行为直接侵害的公民、法人或者其他组织可能存在消亡等情形，这种情况下，行政复议申请人的资格就可能发生转移。其中，有权申请行政复议的公民死亡的，其近亲属，包括配偶、父母、子女、兄弟姐妹、祖父母、外祖父母、孙子女、外孙子女和其他具有扶养、赡养关系的亲属，可以申请行政复议。有权申请行政复议的法人或者其他组织终止的，承受其权利的法人或者其他组织可以申请行政复议。

如果同一行政复议案件申请人超过 5 人的，推选 1 至 5 名代表参加行政复议。

（二）行政复议被申请人

行政复议被申请人是指被行政复议申请人指控作出侵犯其合法权益的具体行政行为，并由行政复议机关通知参加行政复议的行政主体。根据《行政复议法》和《行政复议法实施条例》的规定，行政复议被申请人的确定方式如下：

（1）公民、法人或者其他组织对行政机关的具体行政行为不服申请行政复议的，作出具体行政行为的行政机关是被申请人。

（2）两个或者两个以上行政机关以共同名义作出同一具体行政行为的，共同作出具体行政行为的行政机关是被申请人。

（3）被申请复议的是法律、法规授权的组织作出的具体行政行为的，法律、法规授权的组织是被申请人。

（4）被申请复议的是行政机关委托的组织作出的具体行政行为的，委托的行政机关是被申请人。

（5）行政机关与法律、法规授权的组织以共同的名义作出具体行政行为的，行政机关和法律、法规授权的组织为共同被申请人。

（6）行政机关与其他组织以共同名义作出具体行政行为的，行政机关为被申请人。

（7）下级行政机关依照法律、法规、规章规定，经上级行政机关批准作出具体行政行为的，批准机关为被申请人。

（8）行政机关设立的派出机构、内设机构或者其他组织，未经法律、法规授权，对外以自己名义作出具体行政行为的，该行政机关为被申请人。

（9）上述被申请人被撤销的，继续行使其职权的行政机关是被申请人。

（三）行政复议第三人

《行政复议法》规定，同申请行政复议的具体行政行为有利害关系的其他公民、法人或者其他组织，可以作为第三人参加行政复议。行政复议第三人即为同申请复议的具体行政行为有利害关系，经复议机关批准参加复议的公民、法人或者其他组织。行政复议期间，行政复议机关认为申请人以外的公民、法人或者其他组织与被审查的具体行政行为有利害关系的，可以通知其作为第三人参加行政复议；申请人以外的公民、法人或者其他组织与被审查的具体行政行为有利害关系的，也可以向行政复议机关申请作为第三人参加行政复议，是否准许由行政复议机关决定。第三人不参加行政复议，不影响行政复议案件的审理。

（四）行政复议的代理人

根据《行政复议法》的规定，行政复议的申请人和第三人可以委托代理人代为参加行政复议。每个申请人或第三人可以委托的代理人限 1 至 2 名。申请人、第三人委托代理人的，应当向行政复议机关提交授权委托书。授权委托书应当载明委托事项、权限和期限。公民在特殊情况下无法书面委托的，可以口头委托。口头委托的，行政复议机关应当核实并记录在卷。申请人、第三人解除或者变更委托的，应当书面报告行政复议机关。

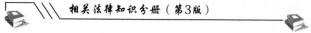

第三节　行政复议程序

一、行政复议受案范围

行政复议受案范围是指行政复议申请人依法可以向行政复议机关请求复议的行政行为的范围。并非行政机关作出的所有行政行为均可申请复议，行政复议受案范围受到诸多因素的影响。我国《行政复议法》以肯定性列举和否定性列举的方式共同确定了行政复议受案范围。

（一）可申请复议的具体行政行为

根据《行政复议法》的规定，公民、法人或者其他组织对行政机关的下列行政行为不服，可以依法申请行政复议：

（1）行政处罚。行政处罚是行政主体依法给予行政相对人的一种法律制裁。行政相对人如对行政机关作出的警告、罚款、没收违法所得、没收非法财物、责令停产停业、暂扣或者吊销许可证、暂扣或者吊销执照、行政拘留等行政处罚决定不服的，可以申请行政复议。应当注意的是可申请复议的行政处罚并不限于前述所列的种类，对于其他行政处罚，申请人也可以申请复议。

（2）行政强制措施。行政强制措施影响到行政相对人的合法权益，行政相对人如对行政机关作出的限制人身自由或者查封、扣押、冻结财产等行政强制措施决定不服的，可以申请复议。

（3）行政许可变更、中止、撤销行为。行政许可，是指行政机关根据公民、法人或者其他组织的申请，经依法审查，准予其从事特定活动的行为。变更、中止、撤销行政许可，也是一种具体行政行为，行政相对人如对行政机关作出的有关许可证、执照、资质证、资格证等证书变更、中止、撤销的决定不服的，可以申请复议。

（4）行政确权行为。行政相对人如对行政机关作出的关于确认土地、矿藏、水流、森林、山岭、草原、荒地、滩涂、海域等自然资源的所有权或者使用权的决定不服的，可以申请复议。

（5）侵犯经营自主权的具体行政行为。经营自主权是指经营主体享有的自主决定经营活动的权利。如果行政机关采用违法的行政手段，限制或者剥夺经营主体的经营自主权，经营主体可以申请复议。

（6）变更或者废止农村承包合同的行为。农村承包合同是农村集体组织与农民就承包经营集体土地、生产资料或者其他财产所达成的协议，依法受到保护。行政机关如果非法变更或者废止农业承包合同，侵犯承包人合法权益的，行政相对人可以申请复议。

（7）行政机关违法集资、征收财物、摊派费用或者违法要求履行其他义务的行为。公民、法人或者其他组织的合法财物受到保护，如果行政机关违法集资、征收财物、摊派费用或者违法要求履行其他义务的，行政相对人可以申请复议。

（8）不依法办理行政许可等不作为。办理行政许可或者登记等是相应行政机关的法定职责，行政机关应当依法履行。行政相对人如认为符合法定条件，申请行政机关颁发许可证、执照、资质证、资格证等证书，或者申请行政机关审批、登记有关事项，行政机关没有依法办理的，可以申请复议。

（9）不履行保护人身权利、财产权利、受教育权利的法定职责。根据相关法律规定，特定行政机关负有保护人身权利、财产权利、受教育权利等特定职责和义务，行政相对人如申请行政机关履行保护职责，行政机关没有依法履行的，可以申请复议。

（10）行政机关不依法发放抚恤金、社会保险金或者最低生活保障费。法定行政机关必须依法保障特定主体获得抚恤金、社会保险金或者最低生活保障费的权利，权利主体申请行政机关依法发放抚恤金、社会保险金或者最低生活保障费，行政机关没有依法发放的，可以申请复议。

（11）认为行政机关的其他具体行政行为侵犯其合法权益的。

（二）行政复议的排除范围

行政复议是行政争议的一种救济途径，根据《行政复议法》的相关规定，以下几种事项，不纳入复议范围：

（1）行政处分及其他人事处理决定。行政处分及其他人事处理决定属于内部行政行为，不服行政机关作出的行政处分或者其他人事处理决定的，不能申请复议，但被处分或者被处理的人不服的，可以依照有关法律、行政法规的规定提出申诉。

（2）调解。根据相关法律规定，行政主体可对公民、法人或者其他组织之间的民事纠纷作出调解或者其他处理，但公民、法人或者其他组织不服行政机关对民事纠纷作出的调解或者其他处理的，不能申请复议，而应当依法申请仲裁或者向人民法院提起诉讼。

（三）对部分抽象行政行为的附带审查

行政复议一般审查的是具体行政行为的合法性和合理性。实践中常常出现被审查的具体行政行为是依据法律、法规、规章以外的规范性文件作出的情形。这些规范性文件可能本身即存在违反上位法规定等问题。在这种情况下，如果仅就具体行政行为进行复议审查，治标不治本。为此，《行政复议法》在规定可以对前述具体行政行为申请复议的同时，设置了对部分抽象行政行为的附带审查制度。《行政复议法》第7条规定，公民、法人或者其他组织认为行政机关的具体行政行为所依据的下列规定不合法，在对具体行政行为申请行政复议时，可以一并向行政复议机关提出对该规定的审查申请：①国务院部门的规定；②县级以上地方各级人民政府及其工作部门的规定；③乡、镇人民政府的规定。但应当注意的是可附带审查的抽象行政行为是有限的，不包括法律、行政法规，也不包括国务院部、委规章和地方人民政府规章。规章的审查依照法律、行政法规办理。

二、行政复议的申请

（一）提出申请的期限

根据《行政复议法》的规定，公民、法人或者其他组织认为具体行政行为侵犯其合法权益的，可以自知道该具体行政行为之日起60日内提出行政复议申请，但是法律规定的申请期限超过60日的除外。对此规定，应作如下理解：

（1）申请复议的期限一般为60日。其他法律没有特别规定的，适用《行政复议法》的规定，申请复议期限为60日。

（2）法律另有规定的，要视其规定的期限的长短而区别处理。其他法律规定的申请期限超过60日的，以其他法律特别规定的申请期限为准；其他法律特别规定的申请期限短于60日的，适用《行政复议法》的规定，申请期限为60日。

（3）行政复议申请期限自公民、法人或者其他组织知道该具体行政行为之日起算。根据《行政复议法实施条例》的规定，具体而言：

① 当场作出具体行政行为的，自具体行政行为作出之日起计算；

② 载明具体行政行为的法律文书直接送达的，自受送达人签收之日起计算；

③ 载明具体行政行为的法律文书邮寄送达的，自受送达人在邮件签收单上签收之日起计算；没有邮件签收单的，自受送达人在送达回执上签名之日起计算；

④ 具体行政行为依法通过公告形式告知受送达人的，自公告规定的期限届满之日起计算；

⑤ 行政机关作出具体行政行为时未告知公民、法人或者其他组织，事后补充告知的，自该公民、法人或者其他组织收到行政机关补充告知的通知之日起计算；

⑥ 被申请人能够证明公民、法人或者其他组织知道具体行政行为的，自证据材料证明其知道具体行政行为之日起计算。

⑦ 行政机关作出具体行政行为，依法应当向有关公民、法人或者其他组织送达法律文书而未送达的，视为该公民、法人或者其他组织不知道该具体行政行为。

（4）公民、法人或者其他组织申请行政机关履行法定职责，行政机关未履行的，行政复议申请期限依照下列规定计算：①有履行期限规定的，自履行期限届满之日起计算；②没有履行期限规定的，自行政机关收到申请满 60 日起计算。公民、法人或者其他组织在紧急情况下请求行政机关履行保护人身权、财产权的法定职责，行政机关不履行的，行政复议申请期限不受前述规定的限制。

（5）因不可抗力或者其他正当理由耽误法定申请期限的，申请期限自障碍消除之日起继续计算。

（二）申请的形式

申请人申请行政复议，可以书面申请，也可以口头申请。书面申请行政复议的，应当在行政复议申请书中载明下列事项：①申请人的基本情况，包括：公民的姓名、性别、年龄、身份证号码、工作单位、住所、邮政编码；法人或者其他组织的名称、住所、邮政编码和法定代表人或者主要负责人的姓名、职务；②被申请人的名称；③行政复议请求、申请行政复议的主要事实和理由；④申请人的签名或者盖章；⑤申请行政复议的日期。口头申请的，行政复议机关应当当场记录申请人的基本情况、行政复议请求、申请行政复议的主要事实、理由和时间，并当场制作行政复议申请笔录交申请人核对或者向申请人宣读，并由申请人签字确认。

三、行政复议的受理

（一）行政复议的受理机关

行政复议的受理机关是指接受行政复议申请，并就是否受理作出处理的机关。

（二）受理期限

行政复议机关收到行政复议申请后，应当在 5 日内进行审查，并视情况作出处理：

（1）对于符合以下条件的，应当予以受理：①有明确的申请人和符合规定的被申请人；②申请人与具体行政行为有利害关系；③有具体的行政复议请求和理由；④在法定申请期限内提出；⑤属于《行政复议法》规定的行政复议范围；⑥属于收到行政复议申请的行政复议机构的职责范围；⑦其他行政复议机关尚未受理同一行政复议申请，人民法院尚未受理同一主体就同一事实提起的行政诉讼。

（2）行政复议申请材料不齐全或者表述不清楚的，行政复议机构可以自收到该行政复议申请之日起 5 日内书面通知申请人补正。补正通知应当载明需要补正的事项和合理的补正期限。无正当理由逾期不补正的，视为申请人放弃行政复议申请。补正申请材料所用时间不计入行政复议审理期限。

（3）对不符合规定的行政复议申请，比如不属于行政复议受案范围，或者超过复议申请期限，或者人民法院已经受理行政诉讼的，行政复议机关应当决定不予受理，并书面告知申请人不予受理的理由。

（4）对符合规定，但是不属于本机关受理的行政复议申请，应当告知申请人向有关行政复议机关提出。

（三）复议申请的转送

行政复议申请的转送，是指接受行政复议申请的行政机关并非行政复议机关，其在接受行政复议申请后，依照法律规定，将行政复议申请转送有关行政复议机关的制度。根据《行政复议法》第15条的规定，对县级以上地方人民政府依法设立的派出机关的具体行政行为不服的，或者对政府工作部门依法设立的派出机构依照法律、法规或者规章规定，以自己的名义作出的具体行政行为不服的，或者对法律、法规授权的组织的具体行政行为不服的，或者对两个或者两个以上行政机关以共同的名义作出的具体行政行为不服的，或者对被撤销的行政机关在撤销前所作出的具体行政行为不服的，申请人也可以向具体行政行为发生地的县级地方人民政府提出行政复议申请，接受行政复议申请的县级地方人民政府，应当自接到该行政复议申请之日起7日内，转送有关行政复议机关，并告知申请人。接受转送的行政复议机关应当在收到行政复议申请5日内进行审查，并视情况作出受理处理。

（四）具体行政行为在行政复议期间的执行力

根据《行政复议法》的规定，行政复议期间具体行政行为具有执行力，原则上不停止具体行政行为的执行。但是，有下列情形之一的，可以停止执行具体行政行为：①被申请人认为需要停止执行的；②行政复议机关认为需要停止执行的；③申请人申请停止执行，行政复议机关认为其要求合理，决定停止执行的；④法律规定停止执行的。

四、行政复议的审理

（一）审查方式

根据《行政复议法》的规定，行政复议原则上采取书面审查的办法，即行政复议机关仅就当事人提交的书面材料进行审查并作出决定。但是，申请人提出要求或者行政复议机关负责法制工作的机构认为有必要时，可以向有关组织和人员调查情况，听取申请人、被申请人和第三人的意见。

（二）举证责任

行政复议被申请人对具体行政行为的合法性和合理性负举证责任。根据《行政复议法》的规定，行政复议被申请人应当自收到申请书副本或者申请笔录复印件之日起10日内，提出书面答复，并提交当初作出具体行政行为的证据、依据和其他有关材料。而且，在行政复议过程中，被申请人不得自行向申请人和其他有关组织或者个人收集证据。如果被申请人不能完成上述举证责任，则要承担不利的法律后果。

行政复议被申请人负举证责任，并不代表申请人完全无需举证。有下列情形之一的，申请人应当提供证明材料：①认为被申请人不履行法定职责的，提供曾经要求被申请人履行法定职责而被申请人未履行的证明材料；②申请行政复议时一并提出行政赔偿请求的，提供受具体行政行为侵害而造成损害的证明材料；③法律、法规规定需要申请人提供证据材料的其他情形。

（三）复议申请的撤回

提出复议申请是行政复议申请人的权利，在符合法律规定的情况下，可以处分其权利，即在行政复议决定作出前，申请人可以说明理由，撤回行政复议申请，行政复议终止。但是应当注意的是，申请人撤回行政复议申请的，不得再以同一事实和理由提出行政复议申请。当然，如果申请人能够证明撤回行政复议申请违背其真实意思表示的，则可以再次提出复议申请。

（四）行政复议不适用调解

调解是解决纠纷的一种重要制度。调解的前提是纠纷双方当事人可以自由处分自己的权利。由于行政复议涉及公权力，公权力的享有人即行政复议被申请人无权自由处分自己的权力，因此行政复议不适用调解。行政复议机关只能依法对被申请复议的具体行政行为的合法性、合理性进行审查并作出处理，不能调解解决。但应当注意的是，《行政复议法实施条例》第40条规定：公民、法人或者其他组织对行政机关行使法律、法规规定的自由裁量权作出的具体行政行为不服申请行政复议，申请人与被申请人在行政复议决定作出前自愿达成和解的，应当向行政复议机构提交书面和解协议；和解内容不损害社会公共利益和他人合法权益的，行政复议机构应当准许。《行政复议法实施条例》第50条第1款规定：有下列情形之一的，行政复议机关可以按照自愿、合法的原则进行调解：①公民、法人或者其他组织对行政机关行使法律、法规规定的自由裁量权作出的具体行政行为不服申请行政复议的；②当事人之间的行政赔偿或者行政补偿纠纷。

（五）审理期限

行政复议机关应当自受理申请之日起60日内作出行政复议决定；但是法律规定的行政复议期限少于60日的除外。情况复杂，不能在规定期限内作出行政复议决定的，经行政复议机关的负责人批准，可以适当延长，并告知申请人和被申请人；但是延长期限最多不超过30日。

第四节　行政复议决定

一、行政复议决定

行政复议决定是指行政复议机关对复议案件进行审查后所作出的具有法律效力的决定。

（一）维持决定

维持决定是指行政复议机关作出维持被申请的具体行政行为的决定。行政复议机关经审查后认为具体行政行为认定事实清楚，证据确凿，适用依据正确，程序合法，内容适当的，应当作出维持被申请的具体行政行为的决定。

（二）责令履行职责决定

如果申请人是对被申请人不履行法定职责申请复议，复议机关经过审查认为被申请人不履行法定职责的，应当作出责令履行职责决定，要求被申请人在一定期限内履行法定职责。

（三）撤销、变更、确认违法决定及责令重新作出具体行政行为决定

复议机关经过审查，如果具体行政行为具有以下情形之一的，复议机关应当根据不同的情形作出撤销、变更或者确认该具体行政行为违法的决定：①主要事实不清、证据不足的；②适用依据错误的；③违反法定程序的；④超越或者滥用职权的；⑤具体行政行为明显不当的。其中，认定事实清楚，证据确凿，程序合法，但是明显不当或者适用依据错误的，以及认定事实不清，证据不足，但是经行政复议机关审理查明事实清楚，证据确凿的，行政复议机关可以作出变更决定。被申请人不按照《行政复议法》第23条的规定提出书面答复、提交当初作出具体行政行为的证据、依据和其他有关材料的，视为该具体行政行为没有证据、依据，行政复议机关应当决定撤销该具体行政行为。

行政复议机关决定撤销或者确认该具体行政行为违法的，如有必要，可以同时责令被申请人

在一定期限内重新作出具体行政行为。被申请人应当在法律、法规、规章规定的期限内或者行政复议机关限定的期限内重新作出具体行政行为；法律、法规、规章未规定期限的，重新作出具体行政行为的期限为 60 日。被申请人不得以同一的事实和理由作出与原具体行政行为相同或者基本相同的具体行政行为。公民、法人或者其他组织对被申请人重新作出的具体行政行为不服的，可以依法申请行政复议或者提起行政诉讼。

（四）对抽象行政行为的处理决定

根据《行政复议法》第 7 条的规定，行政复议机关可对部分抽象行政行为进行附带审查。申请人在申请行政复议时，一并提出对有关规定的审查申请的，行政复议机关对该规定有权处理的，应当在 30 日内依法处理；无权处理的，应当在 7 日内按照法定程序转送有权处理的行政机关依法处理，有权处理的行政机关应当在 60 日内依法处理。处理期间，行政复议机关中止对具体行政行为的审查。此外，行政复议机关在对被申请人作出的具体行政行为进行审查时，认为其依据不合法，本机关有权处理的，应当在 30 日内依法处理；无权处理的，应当在 7 日内按照法定程序转送有权处理的国家机关依法处理。同样，处理期间，行政复议机关中止对具体行政行为的审查。

二、附带赔偿请求

申请人在申请行政复议时可以一并提出行政赔偿请求，行政复议机关对符合《中华人民共和国国家赔偿法》（以下简称《国家赔偿法》）的有关规定应当给予赔偿的，在决定撤销、变更具体行政行为或者确认具体行政行为违法时，应当同时决定被申请人依法给予赔偿。申请人在申请行政复议时没有提出行政赔偿请求的，行政复议机关在依法决定撤销或者变更罚款，撤销违法集资、没收财物、征收财物、摊派费用以及对财产的查封、扣押、冻结等具体行政行为时，应当同时责令被申请人返还财产，解除对财产的查封、扣押、冻结措施，或者赔偿相应的价款。

三、行政复议决定的效力和执行

行政复议机关作出行政复议决定，应当制作行政复议决定书，并加盖印章。行政复议决定书一经送达，即发生法律效力。被申请人应当履行行政复议决定。被申请人不履行或者无正当理由拖延履行行政复议决定的，行政复议机关或者有关上级行政机关应当责令其限期履行，对直接负责的主管人员和其他直接责任人员依法给予警告、记过、记大过的行政处分；经责令履行仍拒不履行的，依法给予直接负责的主管人员和其他直接责任人员降级、撤职、开除的行政处分。

申请人逾期不起诉又不履行行政复议决定的，或者不履行最终裁决的行政复议决定的，按照下列规定分别处理：①维持具体行政行为的行政复议决定，由作出具体行政行为的行政机关依法强制执行，或者申请人民法院强制执行；②变更具体行政行为的行政复议决定，由行政复议机关依法强制执行，或者申请人民法院强制执行。

四、行政复议决定不服的救济

（一）向人民法院提起行政诉讼

公民、法人或者其他组织对行政复议决定不服的，可以依照《行政诉讼法》的规定向人民法院提起行政诉讼，但是法律规定行政复议决定为最终裁决的除外。比如《行政复议法》第 30 条第 2 款规定：根据国务院或者省、自治区、直辖市人民政府对行政区划的勘定、调整或者征收土地的决定，省、自治区、直辖市人民政府确认土地、矿藏、水流、森林、山岭、草原、荒地、滩涂、海域等自然资源的所有权或者使用权的行政复议决定为最终裁决。对于行政复议为最终裁决的，行政复议申请人不能向人民法院提起行政诉讼。

（二）对国务院部门或者省、自治区、直辖市人民政府的复议决定不服的救济

根据《行政复议法》第 14 条的规定，对国务院部门或者省、自治区、直辖市人民政府的具体行政行为不服的，向作出该具体行政行为的国务院部门或者省、自治区、直辖市人民政府申请行政复议。对行政复议决定不服的，可以向人民法院提起行政诉讼；也可以向国务院申请裁决，国务院依法作出最终裁决。这意味着对国务院部门或者省、自治区、直辖市人民政府的复议决定，申请人除了向人民法院提起行政诉讼外，多了一项救济途径，即可以向国务院申请裁决。申请人具有救济途径的选择权，即可以选择向人民法院起诉，也可以选择向国务院申请裁决，但二者只能择一，且应当注意的是国务院的裁决是最终裁决。

第五章 行政诉讼法

【提要】 本章主要包括行政诉讼的概念、基本原则；行政诉讼的受案范围、管辖、诉讼参加人的有关规定；行政诉讼的程序和裁判；行政赔偿基本制度和程序。主要涉及《行政诉讼法》《国家赔偿法》《最高人民法院关于适用〈中华人民共和国行政诉讼法〉的解释》（以下简称《行政诉讼解释》）和《最高人民法院关于行政诉讼证据若干问题的规定》（以下简称《行政诉讼证据规定》）的规定。

第一节 行政诉讼的基本知识

一、行政诉讼的概念

（一）行政诉讼的概念和特征

行政诉讼是指公民、法人或者其他组织对具有国家行政职权的机关和组织及其工作人员作出的行政行为不服，依法向人民法院提起诉讼，由人民法院对被诉的行政行为的合法性进行审查并作出裁判的制度。

我国的行政诉讼具有如下特征：

（1）行政诉讼是解决行政管理过程中行政主体与相对人之间发生的行政争议的一种诉讼活动。

（2）行政诉讼的原告是行政相对人，即认为行政机关的行政行为侵犯了自己合法权益的公民、法人和其他组织。

（3）行政诉讼的被告是作出被诉行政行为的行政机关或法律、法规授权的组织。

（二）行政诉讼与民事诉讼的区别

行政诉讼、民事诉讼与刑事诉讼是我国三大诉讼制度。行政诉讼是从民事诉讼中分离出来的，与民事诉讼有很多共同点。《行政诉讼法》第101条明确规定，人民法院审理行政案件，关于期间、送达、财产保全、开庭审理、调解、中止诉讼、终结诉讼、简易程序、执行等，以及人民检察院对行政案件受理、审理、裁判、执行的监督，该法没有规定的，适用《民事诉讼法》的相关规定。但是，作为两种不同属性的诉讼制度，行政诉讼与民事诉讼存在如下主要差异：①所要解决的争议性质不同。行政诉讼解决的是行政主体与相对人之间的行政争议；而民事诉讼解决的是民事争议。②当事人及相互之间的关系不同。行政诉讼发生在行使行政管理职权的行政主体与相对方之间，双方具有行政管理关系；而民事诉讼的当事人是平等的民事主体。

（三）行政诉讼法的效力

（1）空间效力。适用于我国国家主权所及的一切空间领域。但是，香港特别行政区、澳门特别行政区和台湾地区不适用《行政诉讼法》。地方性法规、自治条例和单行条例只能在制定主体所辖行政区域范围内有效。

（2）时间效力。《行政诉讼法》不具有溯及既往的效力。

（3）对人的效力。原则上采取属地主义原则。外国人、无国籍人、外国组织在我国进行行政

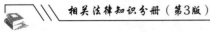

诉讼，适用《行政诉讼法》；但是中国参加或者缔结的国际条约对外国公民的权利做了特殊规定的，适用该规定。外交代表享有行政管辖豁免，除非派遣国政府明确表示放弃豁免或者外交人员从事与公务无关的活动，否则《行政诉讼法》对其没有约束力。

（4）对事的效力，是指《行政诉讼法》对行政案件的适用范围，即人民法院的受案范围。

二、行政诉讼的基本原则和制度

（一）行政诉讼的基本原则

1. 充分保障公民、法人和其他组织起诉权原则

人民法院应当依法受理行政案件，行政机关及其工作人员不得干预、阻碍。原则上被诉行政机关负责人应当出庭应诉。

2. 独立审判原则

人民法院独立审判，即独立行使审判权，是我国民事、刑事和行政诉讼共有的一项重要原则。人民法院依法对行政案件独立行使审判权，不受行政机关、社会团体和个人的干涉。

3. 以事实为依据，以法律为准绳原则

人民法院审理包括行政诉讼在内的各类案件，均应以事实为依据，以法律为准绳。

4. 合法性审查原则

合法性审查原则是指人民法院一般只审查被诉行政行为的合法性，而不审查其合理性，不代行法律法规授予行政主体的自由裁量权。当然，如果行政主体滥用自由裁量权，人民法院可以进行审查。此外，当行政主体作出的行政处罚明显不当或者其他行政行为涉及对款额的确定、认定有错误的，人民法院可以判决变更。

5. 平等原则

平等原则是指在行政诉讼中，当事人的法律地位是平等的，拥有平等的诉讼权利和诉讼义务。

6. 辩论原则

在行政诉讼中，当事人有权针对案件事实、证据、法律适用等问题进行辩论。

7. 不适用调解原则

根据《行政诉讼法》第60条第1款的规定，人民法院审理行政案件，不适用调解。但是，行政赔偿、补偿以及行政机关行使法律、法规规定的自由裁量权的案件可以调解。

8. 使用民族语言文字原则

各民族公民都有用本民族语言、文字进行行政诉讼的权利。在少数民族聚居或者多民族共同居住的地区，人民法院应当用当地民族通用的语言、文字进行审理和发布法律文书。人民法院应当对不通晓当地民族通用语言、文字的诉讼参与人提供翻译。

9. 人民检察院法律监督原则

根据我国《宪法》和《行政诉讼法》的规定，人民检察院有权对行政诉讼实行法律监督。人民检察院对人民法院已经发生法律效力的判决、裁定，发现违反法律、法规规定的，有权按照审判监督程序提出抗诉。

（二）行政诉讼的基本制度

根据《行政诉讼法》第7条规定，人民法院审理行政案件，依法实行合议、回避、公开审判和两审终审制度。

1. 合议制度

行政诉讼实行合议制度，由3人以上单数的审判员组成合议庭，或由3人以上单数的审判员和陪审员组成合议庭审理案件。合议庭实行少数服从多数原则。

2. 回避制度

根据《行政诉讼法》的规定，当事人认为审判人员与本案有利害关系或者有其他关系可能影响公正审判的，有权申请审判人员回避。审判人员认为自己与本案有利害关系或者有其他关系的，应当申请回避。

3. 公开审判制度

人民法院审理行政案件，除涉及国家秘密、个人隐私和法律另有规定的以外，均应公开审判。涉及商业秘密的案件，当事人申请不公开审理的，可以不公开审理。不公开审理的案件，宣判时也一律公开。

4. 两审终审制度

两审终审制度是案件的审级制度，即一个行政案件，经过两个审级法院运用一审和二审程序进行了审判，即宣告审判终结的制度。

第二节　行政诉讼的受案范围

行政诉讼的受案范围，是指人民法院受理行政诉讼案件的范围。行政诉讼的受案范围，决定着司法机关对行政主体行为的监督审查范围，同时也决定着公民、法人、其他组织的诉权范围。行政诉讼受案范围，是一个国家的政治、经济、文化和法治状况的综合反映。对于行政诉讼的受案范围，我国《行政诉讼法》是以概括和列举综合的方式予以确定的，其中既有正面列举，也有否定排除的列举。

一、人民法院受理的行政诉讼范围

根据《行政诉讼法》第2条的规定，公民、法人或者其他组织认为行政机关和行政机关工作人员的行政行为侵犯其合法权益，有权依照该法向人民法院提起诉讼。具体而言，人民法院受理公民、法人或者其他组织对下列行政行为不服提起的诉讼：

（1）对行政拘留、暂扣或者吊销许可证和执照、责令停产停业、没收违法所得、没收非法财物、罚款、警告等行政处罚不服的；

（2）对限制人身自由或者对财产的查封、扣押、冻结等行政强制措施和行政强制执行不服的；

（3）申请行政许可，行政机关拒绝或者在法定期限内不予答复，或者对行政机关作出的有关行政许可的其他决定不服的；

（4）对行政机关作出的关于确认土地、矿藏、水流、森林、山岭、草原、荒地、滩涂、海域等自然资源的所有权或者使用权的决定不服的；

（5）对征收、征用决定及其补偿决定不服的；

（6）申请行政机关履行保护人身权、财产权等合法权益的法定职责，行政机关拒绝履行或者不予答复的；

（7）认为行政机关侵犯其经营自主权或者农村土地承包经营权、农村土地经营权的；

（8）认为行政机关滥用行政权力排除或者限制竞争的；

（9）认为行政机关违法集资、摊派费用或者违法要求履行其他义务的；

（10）认为行政机关没有依法支付抚恤金、最低生活保障待遇或者社会保险待遇的；

（11）认为行政机关不依法履行、未按照约定履行或者违法变更、解除政府特许经营协议、土地房屋征收补偿协议等协议的；

（12）认为行政机关侵犯其他人身权、财产权等合法权益的。

除此之外，法律、法规规定可以提起行政诉讼的其他行政案件，也属于行政诉讼的受案范围。

二、行政诉讼的排除范围

人民法院不受理公民、法人或者其他组织对下列事项提起的诉讼：

（1）国防、外交等国家行为，即国务院、中央军事委员会、国防部、外交部等根据宪法和法律的授权，以国家的名义实施的有关国防和外交事务的行为，以及经宪法和法律授权的国家机关宣布紧急状态、实施戒严和总动员等行为；

（2）行政法规、规章，以及行政机关针对不特定对象制定、发布的具有普遍约束力、能反复适用的决定、命令等规范性文件；

（3）行政机关对行政机关工作人员作出的涉及该行政机关公务员权利义务的奖惩、任免等决定；

（4）全国人民代表大会及其常务委员会制定、通过的法律规定由行政机关最终裁决的行政行为；

（5）公安、国家安全等机关依照《刑事诉讼法》的明确授权实施的行为；

（6）调解行为以及法律规定的仲裁行为；

（7）不具有强制力的行政指导行为；

（8）驳回当事人对行政行为提起申诉的重复处理行为；

（9）行政机关作出的不产生外部法律效力的行为；

（10）行政机关为作出行政行为而实施的准备、论证、研究、层报、咨询等过程性行为；

（11）行政机关根据人民法院的生效裁判、协助执行通知书作出的执行行为，但行政机关扩大执行范围或者采取违法方式实施的除外；

（12）上级行政机关基于内部层级监督关系对下级行政机关作出的听取报告、执法检查、督促履责等行为；

（13）行政机关针对信访事项作出的登记、受理、交办、转送、复查、复核意见等行为；

（14）对公民、法人或者其他组织权利义务不产生实际影响的行为。

第三节　行政诉讼的管辖

行政诉讼管辖，是指人民法院之间受理第一审行政案件的职权分工。行政诉讼管辖主要涉及级别管辖和地域管辖问题，但是当管辖法院存在争议时，则需要根据规定指定管辖、移送管辖。

一、级别管辖

级别管辖，是从纵向划分上下级人民法院之间受理第一审行政案件的分工和权限。根据我国《宪法》和《人民法院组织法》的规定，我国设置基层人民法院、中级人民法院、高级人民法院和最高人民法院等四级人民法院，《行政诉讼法》规定了各级人民法院管辖第一审行政案件的权限。

（一）基层人民法院

基层人民法院管辖除了以下所述由中级人民法院、高级人民法院和最高人民法院管辖的案件之外其余所有第一审行政案件。

（二）中级人民法院

中级人民法院管辖下列第一审行政案件：

（1）对国务院部门或者县级以上地方人民政府所作的行政行为提起诉讼的案件。

（2）海关处理的案件。这些案件专业性较强，由中级人民法院管辖，有利于专业化审理，提高审判质量。

（3）本辖区内重大、复杂的案件，主要是指：社会影响重大的共同诉讼案件；涉外或者涉及香港特别行政区、澳门特别行政区、台湾地区的案件；其他重大、复杂案件。

（4）其他法律规定由中级人民法院管辖的案件。

（三）高级人民法院

高级人民法院管辖本辖区内重大、复杂的第一审行政案件，主要是指在一个省、自治区、直辖市范围内，案情重大、涉及面广并具有重大影响的案件。

（四）最高人民法院

最高人民法院管辖全国范围内重大、复杂的第一审行政案件。

二、地域管辖

地域管辖，是从横向划分同级人民法院之间受理第一审行政案件的权限。级别管辖和地域管辖分别从纵向和横向两个维度，共同决定具体行政争议的管辖法院。

（一）一般地域管辖

一般地域管辖是指地域管辖的一般标准。《行政诉讼法》第18条第1款规定，行政案件由最初作出行政行为的行政机关所在地人民法院管辖。经复议的案件，也可以由复议机关所在地人民法院管辖。这意味着经过复议的案件，可由最初作出行政行为的行政机关所在地人民法院管辖，也可以由复议机关所在地人民法院管辖。

与此同时，《行政诉讼法》第18条第2款规定，经最高人民法院批准，高级人民法院可以根据审判工作的实际情况，确定若干人民法院跨行政区域管辖行政案件。这种省内跨区划行政审判集中管辖制度，有利于提升行政审判的专业化水平。

（二）特殊地域管辖

特殊地域管辖是相对于一般地域管辖而言的。特殊地域管辖主要包括以下两种情况：

（1）对限制人身自由的行政强制措施不服提起的诉讼，由被告所在地或者原告所在地人民法院管辖。这是在一般地域管辖的基础上，增加了由原告所在地人民法院管辖的特殊管辖规定。这里所规定的"原告所在地"，包括原告的户籍所在地、经常居住地和被限制人身自由地。对行政机关基于同一事实，既采取限制公民人身自由的行政强制措施，又采取其他行政强制措施或者行政处罚不服的，由被告所在地或者原告所在地人民法院管辖。

（2）因不动产提起的行政诉讼，由不动产所在地人民法院管辖。所谓"因不动产提起的诉讼"是指因行政行为导致不动产物权变动而提起的诉讼。不动产所在地专属管辖改变了一般地域管辖以及限制人身自由等以人（被告或原告等当事人）所在地为管辖确定的标准，而以物（不动产）的所在地为管辖标准。

（三）共同管辖

共同管辖，是指对于同一行政案件，两个以上人民法院都有管辖权。共同管辖一般在以下两种情形时发生：

（1）经复议的案件，既可以由最初作出行政行为的行政机关所在地人民法院管辖，也可以由复议机关所在地人民法院管辖。

（2）对限制人身自由的行政强制措施不服提起的诉讼，可由被告所在地或者原告所在地人民法院管辖。

共同管辖是对理论管辖权的确定。实践中，某一具体行政案件只能由一个法院进行审理。因此，在上述存在共同管辖的情况下，原告可以选择其中一个人民法院提起诉讼。原告向两上以上有管辖权的人民法院提起诉讼的，由最先立案的人民法院管辖。

三、移送管辖和指定管辖

（一）移送管辖

实践中，有可能人民法院受理了没有管辖权的案件。由于案件只能由具有管辖权的人民法院审理，因此人民法院发现受理的案件不属于自己管辖时，应当移送有管辖权的人民法院。这就是所谓的移送管辖。其实，移送管辖移送的不是管辖权，而是案件，是无管辖权的人民法院受理了不属于其管辖的案件后采取的一种补救措施。应当注意的是，移送管辖只能移送一次，受移送的人民法院不得再自行移送。如果受移送的人民法院认为本院也没有管辖权，则不能再度移送管辖，而应当报请上级人民法院指定管辖。

（二）指定管辖

指定管辖是指上级人民法院将某一案件交由某个下级人民法院进行审理的制度。根据法律规定，指定管辖发生在以下两种情形中：

（1）有管辖权的人民法院由于特殊原因不能行使管辖权的，应当报请上级人民法院，并由上级人民法院指定管辖。"特殊原因"主要包括：①客观上无法行使管辖权，比如人员不够，无法组成合议庭审理案件，或者由于发生自然灾害等无法正常办公等；②不宜由有管辖权人民法院审理的案件，比如受理人民法院与被诉行政争议存在利害关系等。在这种情况下，上级人民法院经过审查认为受理的人民法院不能行使管辖权的，将以裁定的方式指定由其他人民法院进行审理。

（2）人民法院对管辖权发生争议，由争议双方协商解决。协商不成的，报它们的共同上级人民法院指定管辖。应当注意的是，这种情况下，应当报请发生争议的所有人民法院的共同上级人民法院指定管辖。比如北京市第一中级人民法院与上海市第二中级人民法院发生争议，则应当报请它们共同的上级人民法院——最高人民法院指定管辖。共同上级人民法院将以裁定的方式指定具体审理法院。

四、管辖权的转移

管辖权的转移发生在上下级人民法院之间。根据《行政诉讼法》第24条的规定，上级人民法院有权审理下级人民法院管辖的第一审行政案件。下级人民法院对其管辖的第一审行政案件，认为需要由上级人民法院审理或者指定管辖的，可以报请上级人民法院决定。

五、管辖权异议

管辖权异议，是指当事人认为受理人民法院对案件没有管辖权，对受理人民法院的管辖提出异议的制度。根据《行政诉讼解释》第 10 条的规定，人民法院受理案件后，被告提出管辖异议的，应当在收到起诉状副本之日起 15 日内提出。对当事人提出的管辖异议，人民法院应当进行审查。异议成立的，裁定将案件移送有管辖权的人民法院；异议不成立的，裁定驳回。对于该裁定不服的，当事人可以上诉。

人民法院发回重审或者按第一审程序再审的案件，当事人提出管辖异议的或者当事人在第一审程序中未按照法律规定的期限和形式提出管辖异议，在第二审程序中提出的，人民法院不予审查。

第四节 行政诉讼参加人

一、行政诉讼参加人概述

行政诉讼参加人是指依法参加行政诉讼活动，并且与诉讼争议或诉讼结果有利害关系的人，主要包括当事人和诉讼代理人。由于在行政诉讼的不同阶段中，当事人的称谓不同，当事人包括第一审程序中的原告、被告、第三人和第二审程序中的上诉人、被上诉人等。诉讼代理人包括委托代理人、法定代理人和指定代理人。

二、行政诉讼原告

公民、法人或者其他组织认为行政机关和行政机关工作人员的行政行为侵犯其合法权益，有权依照《行政诉讼法》向人民法院提起诉讼。依法提起诉讼的公民、法人或者其他组织即为行政诉讼原告。

（一）行政诉讼原告资格的认定

虽然从形式上看，凡是认为行政行为侵害其合法权益的公民、法人或者其他组织均可向人民法院提起行政诉讼，成为行政诉讼原告。但是，法律对行政诉讼原告资格有着严格的规定，并不是所有提起诉讼的公民、法人或者其他组织都具备行政诉讼原告资格。不具备行政诉讼原告资格的公民、法人或者其他组织向人民法院提起行政诉讼，人民法院不予受理；已经受理的，裁定驳回起诉。

根据《行政诉讼法》第 25 条第 1 款的规定，行政行为的相对人以及其他与行政行为有利害关系的公民、法人或者其他组织，有权提起诉讼。这是对原告资格的原则规定。一般地，行政争议的相对人具备原告资格，但具备原告资格的公民、法人或者其他组织不限于狭义的行政相对人。凡是与行政行为有利害关系的主体均具备原告资格，可以依法提起行政诉讼。对于利害关系，应当理解为切身的利害关系、现实的利害关系、直接的利害关系[1]，而不包括非切身的、间接的、可能的利害关系。

根据《行政诉讼解释》的规定，有下列情形之一的公民、法人或者其他组织虽非行政行为的相对人，但具备原告资格：

---

❶ 姜明安. 行政法与行政诉讼法［M］. 北京：北京大学出版社，高等教育出版社，2007：505.

（1）被诉的行政行为涉及其相邻权或者公平竞争权，行政主体在行使行政职权的过程中，侵犯或者影响到相邻权人的相邻权或者市场主体的公平竞争权的。

（2）在行政复议等行政程序中被追加为第三人的。

（3）要求行政机关依法追究加害人法律责任，但行政机关拒绝追究或者逾期不履行法定责任的。

（4）行政行为一旦正式生效后，即对行政主体和相对人产生法律效力，非经法定程序不得撤销或者变更，如果行政主体撤销或者变更行政行为涉及其合法权益的。

（5）为维护自身合法权益向行政机关投诉，具有处理投诉职责的行政机关作出或者未作出处理的。

（6）其他与行政行为有利害关系的情形。

此外，《行政诉讼解释》还明确了如下规则：

（1）合伙企业向人民法院提起诉讼的，应当以核准登记的字号为原告。未依法登记领取营业执照的个人合伙的全体合伙人为共同原告；全体合伙人可以推选代表人，被推选的代表人应当由全体合伙人出具推选书。

（2）个体工商户向人民法院提起诉讼的，以营业执照上登记的经营者为原告。有字号的，以营业执照上登记的字号为原告，并应当注明该字号经营者的基本信息。

（3）股份制企业的股东大会、股东会、董事会等认为行政机关作出的行政行为侵犯企业经营自主权的，可以企业名义提起诉讼。

（4）联营企业、中外合资或者合作企业的联营、合资、合作各方，认为联营、合资、合作企业权益或者自己一方合法权益受行政行为侵害的，可以自己的名义提起诉讼。

（5）非国有企业被行政机关注销、撤销、合并、强令兼并、出售、分立或者改变企业隶属关系的，该企业或者其法定代表人可以提起诉讼。

（6）事业单位、社会团体、基金会、社会服务机构等非营利法人的出资人、设立人认为行政行为损害法人合法权益的，可以自己的名义提起诉讼。

（7）业主委员会对于行政机关作出的涉及业主共有利益的行政行为，可以自己的名义提起诉讼。业主委员会不起诉的，专有部分占建筑物总面积过半数或者占总户数过半数的业主可以提起诉讼。

（二）行政诉讼原告资格的转移

原告资格的转移是指有权起诉的公民、法人或者其他组织在失去诉讼权利能力的情况下，其原告资格转移给他人的法律制度。原告资格转移主要有以下两种：

（1）有权提起诉讼的公民死亡，其近亲属可以提起诉讼。近亲属，包括配偶、父母、子女、兄弟姐妹、祖父母、外祖父母、孙子女、外孙子女和其他具有扶养、赡养关系的亲属。公民因被限制人身自由而不能提起诉讼的，其近亲属可以依其口头或者书面委托以该公民的名义提起诉讼。

（2）有权提起诉讼的法人或者其他组织终止，承受其权利的法人或者其他组织可以提起诉讼。

三、行政诉讼被告

（一）行政诉讼被告的确定

在具体的行政案件中，原告必须列明具体的被告，人民法院也将根据法律规定审查被告是否适格。被告适格是人民法院审理行政案件的前提。根据《行政诉讼法》及《行政诉讼解释》的规定，确定行政诉讼被告有如下原则和标准：

（1）公民、法人或者其他组织直接向人民法院提起诉讼的，作出行政行为的行政机关是被告。

（2）经复议的案件，复议机关决定维持原行政行为的，作出原行政行为的行政机关和复议机关是共同被告；复议机关改变原行政行为的，复议机关是被告。"复议机关改变原行政行为"，是指复议机关改变原行政行为的处理结果。复议机关改变原行政行为所认定的主要事实和证据，改变原行政行为所适用的规范依据，但未改变原行政行为处理结果的，视为复议机关维持原行政行为。复议机关确认原行政行为无效，属于改变原行政行为。复议机关确认原行政行为违法，属于改变原行政行为，但复议机关以违反法定程序为由确认原行政行为违法的除外。复议机关在法定期间内不作复议决定，当事人对原行政行为不服提起诉讼的，应当以作出原行政行为的行政机关为被告；当事人对复议机关不作为不服提起诉讼的，应当以复议机关为被告。

（3）两个以上行政机关作出同一行政行为的，共同作出行政行为的行政机关是共同被告。

（4）当事人不服经上级行政机关批准的行政行为，向人民法院提起诉讼的，以在对外发生法律效力的文书上署名的机关为被告。

（5）由行政机关委托的组织所作的行政行为，委托的行政机关是被告。

（6）行政机关组建并赋予行政管理职能但不具有独立承担法律责任能力的机构，以自己的名义作出行政行为，当事人不服提起诉讼的，应当以组建该机构的行政机关为被告。

（7）法律、法规或者规章授权行使行政职权的行政机关内设机构、派出机构或者其他组织，超出法定授权范围实施行政行为，当事人不服提起诉讼的，应当以实施该行为的机构或者组织为被告。

（8）没有法律、法规或者规章规定，行政机关授权其内设机构、派出机构或者其他组织行使行政职权的，属于行政委托。当事人不服提起诉讼的，应当以该行政机关为被告。

（9）当事人对由国务院、省级人民政府批准设立的开发区管理机构作出的行政行为不服提起诉讼的，以该开发区管理机构为被告；对由国务院、省级人民政府批准设立的开发区管理机构所属职能部门作出的行政行为不服提起诉讼的，以其职能部门为被告；对其他开发区管理机构所属职能部门作出的行政行为不服提起诉讼的，以开发区管理机构为被告；开发区管理机构没有行政主体资格的，以设立该机构的地方人民政府为被告。

（10）行政机关被撤销的，继续行使其职权的行政机关是被告。行政机关被撤销或者职权变更，没有继续行使其职权的行政机关的，以其所属的人民政府为被告；实行垂直领导的，以垂直领导的上一级行政机关为被告。

（11）当事人对村民委员会或者居民委员会依据法律、法规、规章的授权履行行政管理职责的行为不服提起诉讼的，以村民委员会或者居民委员会为被告。当事人对村民委员会、居民委员会受行政机关委托作出的行为不服提起诉讼的，以委托的行政机关为被告。

（12）当事人对高等学校等事业单位以及律师协会、注册会计师协会等行业协会依据法律、法规、规章的授权实施的行政行为不服提起诉讼的，以该事业单位、行业协会为被告。当事人对高等学校等事业单位以及律师协会、注册会计师协会等行业协会受行政机关委托作出的行为不服提起诉讼的，以委托的行政机关为被告。

（13）市、县级人民政府确定的房屋征收部门组织实施房屋征收与补偿工作过程中作出行政行为，被征收人不服提起诉讼的，以房屋征收部门为被告。征收实施单位受房屋征收部门委托，

在委托范围内从事的行为，被征收人不服提起诉讼的，应当以房屋征收部门为被告。

（二）行政诉讼被告不适格的处理

在行政诉讼中，原告所起诉的被告不适格的，人民法院应当告知原告变更被告。如果原告同意变更，以变更后的主体为被告进行审理；如果经告知，原告不同意变更的，人民法院将以被告不适格为由裁定驳回起诉。此外，原告起诉的被告存在遗漏的情况时，人民法院应当告知原告追加遗漏的主体为共同被告。原告同意追加的，以所起诉的被告和追加的主体为共同被告进行审理；原告不同意追加的，人民法院应当通知遗漏的主体以第三人的身份参加诉讼，但行政复议机关作共同被告的除外。

四、行政诉讼第三人

（一）行政诉讼第三人的范围及其特征

根据《行政诉讼法》的规定，同被诉的行政行为有利害关系或者同案件处理结果有利害关系的其他公民、法人或者其他组织，可以作为第三人申请参加诉讼，或者由人民法院通知参加诉讼。这些人即为行政诉讼第三人。行政诉讼第三人具有如下特征：

（1）同提起诉讼的行政行为有利害关系。有利害关系是第三人参加诉讼的根本原因所在。对于利害关系，应当作同原告资格一样的理解，即切身的、直接的、现实的利害关系。

（2）未以原告身份提起诉讼，或者以被告身份参加诉讼。与行政行为有利害关系的公民、法人或者其他组织，如对行政行为不服，可以以原告身份提起诉讼。实践中，并非所有与行政行为有利害关系的公民、法人或者其他组织均对行政行为不服提起诉讼，没有以原告身份提起诉讼，但与行政行为有利害关系的其他公民、法人或者组织可以以第三人的身份参加诉讼。此外，应当作为共同被告参加诉讼，但原告遗漏且不同意追加的行政主体，人民法院将通知其以第三人的身份参加诉讼。

（3）以自己的名义，作为第三人参加诉讼，维护自身的合法权益。行政诉讼第三人在诉讼中具有独立地位，既不依附于原告，也不依附于被告，其最终目的在于维护自己的合法权益。第三人有权提出与本案有关的诉讼主张，对人民法院的一审判决不服，有权提起上诉。

（二）第三人参加诉讼的途径

根据法律规定，行政诉讼第三人可以申请参加诉讼，也可能由人民法院通知参加诉讼。行政机关的同一行政行为涉及两个以上利害关系人，其中一部分利害关系人对行政行为不服提起诉讼，人民法院应当通知没有起诉的其他利害关系人作为第三人参加诉讼。应当追加被告而原告不同意追加的，人民法院应当通知其以第三人的身份参加诉讼。

五、诉讼代理人

诉讼代理人是指依照法律规定，或由人民法院指定，或受当事人委托，以当事人的名义，在代理权限范围内为当事人进行诉讼活动，但其诉讼法律后果由当事人承受的诉讼参加人。行政诉讼的诉讼代理人主要包括法定代理人、指定代理人和委托代理人。

（一）法定代理人、指定代理人

法定代理人是指根据法律的直接规定行使诉讼代理权的人。《行政诉讼法》第30条规定：没有诉讼行为能力的公民，由其法定代理人代为诉讼。法定代理人互相推诿代理责任的，由人民法院指定其中一人代为诉讼。

（二）委托代理人

委托代理人是指根据当事人、法定代理人的委托，在代理权限范围内为当事人进行诉讼活动的诉讼参加人。根据《行政诉讼法》的规定，当事人、法定代理人，可以委托 1 至 2 人代为诉讼。律师、基层法律服务工作者、当事人的近亲属或者工作人员，当事人所在社区、单位以及有关社会团体推荐的公民可以被委托为诉讼代理人。根据《行政诉讼解释》的规定，当事人委托诉讼代理人的，应当向人民法院提交由委托人签名或者盖章的授权委托书。委托书应当载明委托事项和具体权限。公民在特殊情况下无法书面委托的，也可以由他人代书，并由自己捺印等方式确认。人民法院应当核实并记录在卷；被诉机关或者其他有义务协助的机关拒绝人民法院向被限制人身自由的公民核实的，视为委托成立。当事人解除或者变更委托的，应当书面报告人民法院。

代理诉讼的律师，有权依照规定查阅、复制本案有关材料，有权向有关组织和公民调查，收集与本案有关的证据。对涉及国家秘密、商业秘密和个人隐私的材料，应当依照法律规定保密。当事人和其他诉讼代理人有权按照规定查阅、复制本案庭审材料，但涉及国家秘密、商业秘密和个人隐私的内容除外。

第五节　行政诉讼的证据

一、行政诉讼证据的概念及其种类

一般认为，证据是指用以证明案件事实的材料。相应地，用以证明行政案件事实的材料即为行政诉讼证据。

按照不同的划分标准，可对行政诉讼证据作不同分类，比如原始证据与传来证据，言词证据与实物证据，本证与反证，直接证据与间接证据，定案证据与非定案证据，法定证据与非法定证据。《行政诉讼法》第 33 条依证据的形式，列明行政诉讼的证据包括：

（1）书证，即以其内容、文字、符号、图案等来证明案件事实的书面材料。

（2）物证，即以物品的外形、性状、质地、规格等外在形式证明案件事实的证据。

（3）视听资料，即以录音、录像等技术手段反映出音响、影像或者其他信息，以证明案件事实的证据。

（4）电子数据，即以数字化形式存储、处理、传输的，能够证明案件事实的数据。电子数据包括但不限于网页、博客、微博客、朋友圈、贴吧、网盘等网络平台发布的信息；手机短信、电子邮件、即时通信、通信群组等网络应用服务的通信信息；用户注册信息、身份认证信息、电子交易记录、通信记录、登录日志等信息；文档、图片、音视频、数字证书、计算机程序等信息或电子文件。以数字化形式记载的证人证言、当事人陈述等证据，不属于电子数据。

（5）证人证言，即了解案情的证人所作的用以证明案件事实的陈述。

（6）当事人的陈述，即案件当事人在诉讼中就案件事实向人民法院所作的陈述。

（7）鉴定意见，即具有鉴定资质的鉴定人就案件涉及的专门问题作出的分析、鉴别、判断。

（8）勘验笔录和现场笔录。勘验笔录是指对现场或者物品进行勘查、检验、测量后所作的能够证明案件事实的记录。现场记录是指行政机关及其工作人员在行政管理过程中，对某些事项当场所作的能够证明案件事实的记录。

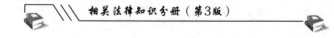

二、举证责任和举证期限

（一）行政诉讼举证责任的定义

举证责任是指法律预先规定，一方当事人应当就相应的案件事实提供证据予以证明，并在案件事实难以查清时承担不利后果的制度。举证责任包括两个方面的内容：一是由哪方当事人负责提供证据证明特定的案件事实；二是无法尽到举证责任时可能产生的法律后果。一般地，举证责任通常采用"谁主张，谁举证"的分担原则。行政诉讼具有其自身的特殊性，由此产生了特殊的行政诉讼举证责任规则。

（二）被告的举证责任

《行政诉讼法》第34条第1款规定：被告对作出的行政行为负有举证责任，应当提供作出该行政行为的证据和所依据的规范性文件。因此，行政行为合法性的举证责任在于被告。之所以如此，其根本原因在于被诉行政行为是由被告作出的，被告在作出行政行为的过程中必须有相应的证据、事实和法律依据，由被告证明其作出的行政行为合法，符合自然公正原则。这样的规则确定，也有利于保护行政相对人的合法权益，促进行政主体依法行政。

由于行政诉讼是对行政行为的合法性进行审查，因此在作出行政行为后以及诉讼过程中，被告及其诉讼代理人不得自行向原告、第三人和证人收集证据。自行收集的证据，或者严重违反法定程序收集的证据，人民法院不承认其证据效力，不能证明行政行为的合法性。例外情况是，如果原告或者第三人提出其在行政程序中没有提出的反驳理由或者证据的，经人民法院准许，被告可以在第一审程序中补充相应的证据。被告在二审过程中向法庭提交在一审过程中没有提交的证据，不能作为二审法院撤销或者变更一审裁判的根据。

（三）原告的举证责任

被告对被诉的行政行为负有举证责任，并不意味着在行政诉讼中，被告对一切事实都负有举证责任，原告和第三人不承担任何举证责任。原告的举证责任主要有以下几个方面。

（1）公民、法人或者其他组织向人民法院起诉时，应当提供其符合起诉条件的相应证据材料。比如能证明行政行为的内容以及其合法权益受到侵害的相关证据材料。但是，原告不对其起诉符合法定期限承担举证责任，被告认为原告起诉超过法定期限的，由被告承担举证责任。

（2）在起诉被告不履行法定职责的案件中，原告应当提供其在行政程序中向被告提出申请的证据材料。起诉被告不作为的案件是行政诉讼中较为特殊的一类案件，由于被告的行政行为表现为不作为，因此原告应当承担初步的举证责任，证明其曾经提出申请，需要被告作为的相关事实。但有下列情形的除外：①被告应当依职权主动履行法定职责的；②原告因被告受理申请的登记制度不完备等正当事由不能提供相关证据材料并能够作出合理说明的。

（3）在行政赔偿、补偿案件中，原告应当对被诉行政行为造成的损害提供证据。

除了上述原告承担举证责任的情形外，原告在行政诉讼中可以提供证明被诉行政行为违法的证据。原告提供的证据不成立的，不免除被告对被诉行政行为合法性的举证责任。但是，被告在行政程序中依照法定程序要求原告提供证据，原告依法应当提供而拒不提供，在诉讼程序中提供的证据，人民法院一般不予采纳。

（四）举证期限

1. 被告的举证期限

被告应当在收到起诉状副本之日起15日内，提供据以作出被诉行政行为的全部证据和所依

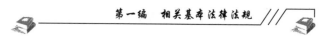

据的规范性文件。被告不提供或者无正当理由逾期提供证据的，视为被诉行政行为没有相应的证据，将承担不利的法律后果。

实践中，被告可能因不可抗力或者客观上不能控制的其他正当事由，不能在上述期限内提供证据。对此，被告应当在收到起诉状副本之日起15日内向人民法院提出延期提供证据的书面申请。人民法院将对延期提供证据的申请进行审查并作出决定。人民法院准许延期提供的，被告应当在正当事由消除后15日内提供证据。逾期提供的，视为被诉行政行为没有相应的证据。

2. 原告和第三人的举证期限

原告或者第三人应当在开庭审理前或者人民法院指定的交换证据之日提供证据。因正当事由申请延期提供证据的，经人民法院准许，可以在法庭调查中提供。逾期提供证据的，人民法院应当责令其说明理由，拒不说明理由或者理由不成立的，视为放弃举证权利。原告或者第三人在第一审程序中无正当事由未提供而在第二审程序中提供的证据，人民法院不予接纳。实践中，人民法院一般向当事人送达受理案件通知书或者应诉通知书，并告知其举证范围、举证期限和逾期提供证据的法律后果，并告知因正当事由不能按期提供证据时应当提出延期提供证据的申请。原告和第三人应当按照要求提供证据。

三、行政诉讼的证据规则

（一）各类证据的提供规则

证据的提供规则主要是指当事人向人民法院提交证据应当符合的要求。提供符合要求的证据，是人民法院进行质证和认证的基础。当事人应当按照如下要求向人民法院提交证据，并对其提交的证据材料分类编号，对证据材料的来源、证明对象和内容作简要说明，签名或者盖章，注明提交日期。证据涉及国家秘密、商业秘密或者个人隐私的，提供人应当作出明确标注，并向法庭说明，法庭予以审查确认。

1. 书证的提供规则

当事人向人民法院提供书证的，应当符合下列要求：①提供书证的原件，原本、正本和副本均属于书证的原件。提供原件确有困难的，可以提供与原件核对无误的复印件、照片、节录本。②提供由有关部门保管的书证原件的复制件、影印件或者抄录件的，应当注明出处，经该部门核对无异后加盖其印章。③提供报表、图纸、会计账册、专业技术资料、科技文献等书证的，应当附有说明材料。④被告提供的被诉行政行为所依据的询问、陈述、谈话类笔录，应当有行政执法人员、被询问人、陈述人、谈话人的签名或者盖章。⑤法律、法规、司法解释和规章对书证的制作形式另有规定的，从其规定。

2. 物证的提供规则

当事人向人民法院提供物证的，应当符合下列要求：①提供原物。提供原物确有困难的，可以提供与原物核对无误的复制件或者证明该物证的照片、录像等其他证据。②原物为数量较多的种类物的，提供其中的一部分。

3. 计算机数据及视听资料的提供规则

当事人向人民法院提供计算机数据或者录音、录像等视听资料的，应当符合下列要求：①提供有关资料的原始载体。提供原始载体确有困难的，可以提供复制件。②注明制作方法、制作时间、制作人和证明对象等。③声音资料应当附有该声音内容的文字记录。

4. 证人证言的提供规则

当事人向人民法院提供证人证言的，应当符合下列要求：①写明证人的姓名、年龄、性别、

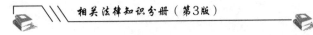

职业、住址等基本情况；②有证人的签名，不能签名的，应当以盖章等方式证明；③注明出具日期；④附有居民身份证复印件等证明证人身份的文件。

5. 鉴定结论的提供规则

被告向人民法院提供的在行政程序中采用的鉴定结论，应当载明委托人和委托鉴定的事项、向鉴定部门提交的相关材料、鉴定的依据和使用的科学技术手段、鉴定部门和鉴定人鉴定资格的说明，并应有鉴定人的签名和鉴定部门的盖章。通过分析获得的鉴定结论，应当说明分析过程。

6. 现场笔录的提供规则

被告向人民法院提供的现场笔录，应当载明时间、地点和事件等内容，并由执法人员和当事人签名。当事人拒绝签名或者不能签名的，应当注明原因。有其他人在现场的，可由其他人签名。法律、法规和规章对现场笔录的制作形式另有规定的，从其规定。

7. 域外证据的提供规则

当事人向人民法院提供的在中华人民共和国领域外形成的证据，应当说明来源，经所在国公证机关证明，并经中华人民共和国驻该国使领馆认证，或者履行中华人民共和国与证据所在国订立的有关条约中规定的证明手续。当事人提供的在中华人民共和国香港特别行政区、澳门特别行政区和台湾地区内形成的证据，应当具有按照有关规定办理的证明手续。当事人向人民法院提供外文书证或者外国语视听资料的，应当附有由具有翻译资质的机构翻译的或者其他翻译准确的中文译本，由翻译机构盖章或者翻译人员签名。

（二）调取证据

《行政诉讼法》第40条规定：人民法院有权向有关行政机关以及其他组织、公民调取证据。

1. 人民法院依职权调取证据

行政诉讼原则上由被告负举证责任，人民法院依职权调取证据受到严格的限制。有下列情形之一的，人民法院有权向有关行政机关以及其他组织、公民调取证据：①涉及国家利益、公共利益或者他人合法权益的事实认定的；②涉及依职权追加当事人、中止诉讼、终结诉讼、回避等程序性事项的。人民法院在上述情形下调取证据的目的，是维护国家利益、公共利益及他人合法权益，或者是保障诉讼程序上的公平。

2. 人民法院依申请调取证据

实践中，除了上述人民法院可依职权调取证据的情形外，确实存在与案件审理有密切关系，但当事人出于客观原因无法自行收集的证据材料。根据《行政诉讼法》第41条的规定，有下列情形之一，原告或者第三人不能自行收集的，可以申请人民法院调取下列证据材料：①由国家有关部门保存而须由人民法院调取的证据材料；②涉及国家秘密、商业秘密、个人隐私的证据材料；③确因客观原因不能自行收集的其他证据材料。应当注意的是申请的主体是原告或者第三人。人民法院不得为证明被诉行政行为的合法性，调取被告在作出行政行为时未收集的证据。

当事人申请人民法院调取证据的，应当在举证期限内提交调取证据申请书。调取证据申请书应当写明下列内容：①证据持有人的姓名或者名称、住址等基本情况；②拟调取证据的内容；③申请调取证据的原因及其要证明的案件事实。

人民法院对当事人调取证据的申请，经审查符合调取证据条件的，应当及时决定调取；不符合调取证据条件的，应当向当事人或者其诉讼代理人送达通知书，说明不准许调取的理由。当事人及其诉讼代理人可以在收到通知书之日起3日内向受理申请的人民法院书面申请复议一次。人民法院应当在收到复议申请之日起5日内作出答复。人民法院根据当事人申请，经调取未能取得相应证据的，应当告知申请人并说明原因。

（三）证据保全

《行政诉讼法》第 42 条规定：在证据可能灭失或者以后难以取得的情况下，诉讼参加人可以向人民法院申请保全证据，人民法院也可以主动采取保全措施。

当事人向人民法院申请保全证据的，应当在举证期限届满前以书面形式提出，并说明证据的名称和地点、保全的内容和范围、申请保全的理由等事项。当事人申请保全证据的，人民法院可以要求其提供相应的担保。

人民法院保全证据时，可以根据具体情况，采取查封、扣押、拍照、录音、录像、复制、鉴定、勘验、制作询问笔录等保全措施。人民法院保全证据时，可以要求当事人或者其诉讼代理人到场。

（四）鉴　定

根据《行政诉讼证据规定》第 29 条的规定，原告或者第三人有证据或者有正当理由表明被告据以认定案件事实的鉴定结论可能有错误，在举证期限内书面申请重新鉴定的，人民法院应予准许。

对需要鉴定的事项负有举证责任的当事人，在举证期限内无正当理由不提出鉴定申请、不预交鉴定费用或者拒不提供相关材料，致使对案件争议的事实无法通过鉴定结论予以认定的，应当对该事实承担举证不能的法律后果。

人民法院应对鉴定部门出具的鉴定书进行严格审查，包括是否具有下列内容：①鉴定的内容；②鉴定时提交的相关材料；③鉴定的依据和使用的科学技术手段；④鉴定的过程；⑤明确的鉴定结论；⑥鉴定部门和鉴定人鉴定资格的说明；⑦鉴定人及鉴定部门签名盖章。上述内容欠缺或者鉴定结论不明确的，人民法院可以要求鉴定部门予以说明、补充鉴定或者重新鉴定。

当事人对鉴定部门作出的鉴定结论有异议，并提出证据证明存在下列情形之一的，可以向人民法院申请重新鉴定，人民法院应予准许：①鉴定部门或者鉴定人不具有相应的鉴定资格的；②鉴定程序严重违法的；③鉴定结论明显依据不足的；④经过质证不能作为证据使用的其他情形。

（五）勘　验

人民法院可以依当事人申请或者依职权勘验现场。勘验现场时，勘验人必须出示人民法院的证件，并邀请当地基层组织或者当事人所在单位派人参加。当事人或其成年亲属应当到场，拒不到场的，不影响勘验的进行，但应当在勘验笔录中说明情况。审判人员应当制作勘验笔录，记载勘验的时间、地点、勘验人、在场人、勘验的经过和结果，由勘验人、当事人、在场人签名。勘验现场时绘制的现场图，应当注明绘制的时间、方位、绘制人姓名和身份等内容。当事人对勘验结论有异议的，可以在举证期限内申请重新勘验，是否准许由人民法院决定。

（六）质　证

1. 质证的原则

在举证的基础上，对证据进行对质辨认、质疑和核实，即为质证。质证是人民法院认证的前提。未经质证的证据，不能作为定案的依据。

证据应当在法庭上出示，并经庭审质证。当事人应当围绕证据的关联性、合法性和真实性，针对证据有无证明效力以及证明效力大小，进行质证。当事人在庭前证据交换过程中没有争议并记录在卷的证据，经审判人员在庭审中说明后，可以作为认定案件事实的依据。经合法传唤，因被告无正当理由拒不到庭而需要依法缺席判决的，被告提供的证据不能作为定案的依据，但当事人在庭前交换证据中没有争议的证据除外。涉及国家秘密、商业秘密和个人隐私或者法律规定的其他应当保密的证据，不得在开庭时公开质证。

当事人申请人民法院调取的证据，由申请调取证据的当事人在庭审中出示，并由当事人质证。人民法院依职权调取的证据，由法庭出示，并可就调取该证据的情况进行说明，听取当事人意见。

2. 具体证据的质证

（1）书证、物证和视听资料

对书证、物证和视听资料进行质证时，当事人应当出示证据的原件或者原物。出示原件或者原物确有困难并经法庭准许可以出示复制件或者复制品；原件或者原物已不存在，可以出示证明复制件、复制品与原件、原物一致的其他证据。视听资料应当当庭播放或者显示，并由当事人进行质证。

（2）证人证言

当事人提供证人证言证据的，一般都要求证人出庭作证并接受质证。当事人在行政程序或者庭前证据交换中对证人证言无异议的；证人因年迈体弱或者行动不便无法出庭的；证人因路途遥远、交通不便无法出庭的；证人因自然灾害等不可抗力或者其他意外事件无法出庭的；证人因其他特殊原因确实无法出庭的等；经人民法院准许，当事人可以提交书面证言。

当事人申请证人出庭作证的，应当在举证期限届满前提出，并经人民法院许可。人民法院准许证人出庭作证的，应当在开庭审理前通知证人出庭作证。对现场笔录的合法性或者真实性有异议的；对扣押财产的品种或者数量有异议的；对检验的物品取样或者保管有异议的；对行政执法人员的身份的合法性有异议的；存在需要出庭作证的其他情形等；原告或者第三人可以要求相关行政执法人员作为证人出庭作证。

证人出庭作证时，应当出示证明其身份的证件。法庭应当告知其诚实作证的法律义务和作伪证的法律责任。出庭作证的证人不得旁听案件的审理。法庭询问证人时，其他证人不得在场，但组织证人对质的除外。证人应当陈述其亲历的具体事实。证人根据其经历所作的判断、推测或者评论，不能作为定案的依据。不能正确表达意志的人不能作证。

（3）鉴　定

当事人要求鉴定人出庭接受询问的，鉴定人应当出庭。鉴定人因正当事由不能出庭的，经法庭准许，可以不出庭，由当事人对其书面鉴定结论进行质证。对于出庭接受询问的鉴定人，法庭应当核实其身份、与当事人及案件的关系，并告知鉴定人如实说明鉴定情况的法律义务和故意作虚假说明的法律责任。

（4）专门性问题的质证

对被诉行政行为涉及的专门性问题，当事人可以向法庭申请由专业人员出庭进行说明，法庭也可以通知专业人员出庭说明。必要时，法庭可以组织专业人员进行对质。当事人对出庭的专业人员是否具备相应专业知识、学历、资历等专业资格等有异议的，可以进行询问。由法庭决定其是否可以作为专业人员出庭。

3. 二审程序和审判监督程序中证据的质证

在第二审程序中，对当事人依法提供的新的证据，法庭应当进行质证；当事人对第一审认定的证据仍有争议的，法庭也应当进行质证。按照审判监督程序审理的案件，对当事人依法提供的新的证据，法庭应当进行质证；因原判决、裁定认定事实的证据不足而提起再审所涉及的主要证据，法庭也应当进行质证。"新的证据"是指：在一审程序中应当准予延期提供而未获准许的证据；当事人在一审程序中依法申请调取而未获准许或者未取得，人民法院在第二审程序中调取的证据；原告或者第三人提供的在举证期限届满后发现的证据。

（七）认　证

在举证、质证的基础上，人民法院应当对证据的关联性、合法性和真实性进行审查，对证据的证明力进行认定。严重违反法定程序收集的证据材料；以偷拍、偷录、窃听等手段获取侵害他人合法权益的证据材料；以利诱、欺诈、胁迫、暴力等不正当手段获取的证据材料；当事人无正当事由超出举证期限提供的证据材料；在中华人民共和国领域以外或者在中华人民共和国香港特别行政区、澳门特别行政区和台湾地区形成的未办理法定证明手续的证据材料；当事人无正当理由拒不提供原件、原物，又无其他证据印证，且对方当事人不予认可的证据的复制件或者复制品；被当事人或者他人进行技术处理而无法辨明真伪的证据材料；不能正确表达意志的证人提供的证言；不具备合法性和真实性的其他证据材料等，不能作为定案依据。

第六节　行政诉讼的起诉、审理和判决

一、起诉与受理

（一）起诉

起诉是指公民、法人或者其他组织认为自己的合法权益受到行政行为的侵害，而向人民法院提出诉讼请求，要求人民法院行使审判权，保护自己合法权益的诉讼行为。起诉是行政诉讼的开启。

1. 起诉的条件

根据《行政诉讼法》第 49 条的规定，提起诉讼应当符合下列条件：

（1）原告是行政行为的相对人以及其他与行政行为有利害关系的公民、法人或者其他组织。此外，2017 年修正的《行政诉讼法》确立了人民检察院提起行政公益诉讼制度。

（2）有明确的被告。起诉时，原告必须指明哪个或者哪些行政主体的行政行为侵犯了其合法权益，并明确列为被告。如果没有明确的被告，诉讼法律关系就无法形成。要求原告起诉时有明确的被告，并不要求列明的被告一定是适格的。被告是否适格，是否遗漏，属于人民法院的进一步审查范围。

（3）有具体的诉讼请求和事实根据。具体的诉讼请求是指原告要求人民法院予以保护的具体内容，包括具体的判决要求，比如撤销或变更行政行为，或者确认行政行为违法，或者要求行政机关履行法定职责。此外，原告还必须明确其提出该诉讼请求的权利基础以及相应的事实和理由。当然，起诉时，原告只需要有明确的请求和事实根据，能够启动诉讼即可，并不要求原告一步到位证明所有的待证事实。在受理后，原告仍可提交证据进一步证明其诉讼请求的事实根据。

（4）属于人民法院受案范围和受诉人民法院管辖。原告起诉的案件，应当属于前面所述人民法院行政诉讼的受案范围，同时，还必须符合级别管辖和地域管辖等管辖规定。

起诉应当向人民法院递交起诉状，并按照被告人数提出副本。书写起诉状确有困难的，可以口头起诉，由人民法院记入笔录，出具注明日期的书面凭证，并告知对方当事人。

2. 起诉期限

起诉期限，是指原告对行政行为不服，向人民法院提起诉讼的法定期限。超出起诉期限，原告就丧失了提起诉讼的权利。对于行政诉讼的起诉期限，《行政诉讼法》及其司法解释针对不同的情形作了具体规定。但应当注意的是，《行政诉讼法》对起诉期限的规定是一般规定，如果法

律另有特别规定的，依照其特别规定。

（1）公民、法人或者其他组织直接向人民法院提起诉讼的，应当在知道作出行政行为之日起6个月内提出。

（2）先申请复议的，如对复议决定不服，应当在收到复议决定书之日起15日内向人民法院提起诉讼。复议机关逾期不作决定的，申请人可以在复议期满之日起15日内向人民法院提起诉讼。

（3）行政机关作出行政行为或复议决定时，未告知公民、法人或者其他组织诉权或者起诉期限的，起诉期限从公民、法人或者其他组织知道或者应当知道起诉期限之日起计算，但从知道或者应当知道行政行为内容之日起最长不得超过1年。

（4）公民、法人或者其他组织不知道行政机关作出的行政行为内容的，其起诉期限从知道或者应当知道该行政行为内容之日起计算。因不动产提起诉讼的案件自行政行为作出之日起超过20年，其他案件自行政行为作出之日起超过5年提起诉讼的，人民法院不予受理。

（5）公民、法人或者其他组织申请行政机关履行保护其人身权、财产权等合法权益的法定职责，行政机关在接到申请之日起2个月内不履行的，公民、法人或者其他组织可以提起诉讼。法律、法规对行政机关履行职责的期限另有规定的，从其规定。公民、法人或者其他组织在紧急情况下请求行政机关履行保护其人身权、财产权等合法权益的法定职责，行政机关不履行的，提起诉讼不受前述期限的限制。对行政机关不履行法定职责提起诉讼的，应当在行政机关履行法定职责期限届满之日起6个月内提出。

（6）公民、法人或者其他组织因不可抗力或者其他不属于其自身的原因耽误起诉期限的，被耽误的时间不计算在起诉期限内。公民法人或者其他组织因前述规定以外的其他特殊情况耽误起诉期限的，在障碍消除后的10日内，可以申请延长期限，是否准许由人民法院决定。

（二）法院对起诉的审查

1. 审查的内容

起诉仅是原告的单方行为，能否受理，还需要人民法院审查，并进而确定是立案受理，还是裁定不予受理。人民法院对起诉是否符合受理条件的审查主要从以下几个方面进行：

（1）被诉行政行为是否存在，是否属于人民法院行政诉讼的受案范围。

（2）是否符合复议与诉讼的关系规定。行政复议与行政诉讼均属于行政争议的救济程序。对于不同类型行政争议，法律、法规设置了不同的救济体系。有些行政争议必须先经过行政复议，即复议前置，才能起诉；有些行政争议则采用复议与起诉排除选择，即选择其一排除另外救济途径，比如选择行政复议则不能诉讼；更多的则是无须复议可直接起诉。因此人民法院应当对起诉是否符合这方面规定进行审查。法律、法规规定应当先向行政机关申请复议，对复议不服再向人民法院提起诉讼的，如果公民、法人或者其他组织未申请复议直接提起诉讼的，人民法院不予受理。如果公民、法人或者其他组织申请复议，但复议机关不受理复议申请或者在法定期限内不作出复议决定，公民、法人或者其他组织则可依法向人民法院提起诉讼。法律、法规未规定行政复议为提起行政诉讼必经程序，公民、法人或者其他组织既提起诉讼又申请行政复议的，由先受理的机关管辖；同时受理的，由公民、法人或者其他组织选择。公民、法人或者其他组织已经申请行政复议，在法定复议期间内又向人民法院提起诉讼的，人民法院不予受理。法律、法规未规定行政复议为提起行政诉讼必经程序，公民、法人或者其他组织向复议机关申请行政复议后，又经复议机关同意撤回复议申请，在法定起诉期限内对原行政行为提起诉讼的，人民法院应当依法受理。

（3）起诉是否超过前述起诉期限。

（4）是否属于受诉人民法院具体管辖范围。

（5）是否是重复诉讼。已经作出生效判决、裁定的案件，不能再行起诉，否则就属于重复诉讼，不予受理。同时具有下列情形的，构成重复起诉：后诉与前诉的当事人相同；后诉与前诉的诉讼标的相同；后诉与前诉的诉讼请求相同，或者后诉的诉讼请求被前诉裁判所包含。同时，人民法院裁定准许原告撤诉后，原告以同一事实和理由重新起诉的，人民法院不予受理。但是，要区分撤诉和按撤诉处理。原告未按规定的期限预交案件受理费，又不提出缓交、减交、免交申请，或者提出申请未获批准的，按自动撤诉处理。在按撤诉处理后，原告在法定期限内再次起诉，并依法解决诉讼费预交问题的，人民法院应予受理。此外，人民法院判决撤销行政机关的行政行为后，公民、法人或者其他组织对行政机关重新作出的行政行为不服向人民法院起诉的，人民法院应当依法受理。

2. 立案受理或不予受理

人民法院经过对原告起诉的审查，根据审查的结果，作出处理。人民法院在接到起诉状时对符合法定起诉条件的，应当登记立案。对当场不能判定是否符合起诉条件的，应当接收起诉状，出具注明收到日期的书面凭证，并在 7 日内决定是否立案。7 日内仍不能作出判断的，应当先予立案。不符合起诉条件的，作出不予立案的裁定。裁定书应当载明不予立案的理由。原告对裁定不服的，可以提起上诉。起诉状内容欠缺或者有其他错误的，应当给予指导和释明，并一次性告知当事人需要补正的内容。不得未经指导和释明即以起诉不符合条件为由不接收起诉状。对于不接收起诉状、接收起诉状后不出具书面凭证，以及不一次性告知当事人需要补正的起诉状内容的，当事人可以向上级人民法院投诉，上级人民法院应当责令改正，并对直接负责的主管人员和其他直接责任人员依法给予处分。人民法院既不立案，又不作出不予立案裁定的，当事人可以向上一级人民法院起诉。上一级人民法院认为符合起诉条件的，应当立案、审理，也可以指定其他下级人民法院立案、审理。

根据《行政诉讼解释》的规定，有下列情形之一，已经立案的，应当裁定驳回起诉：①不符合《行政诉讼法》规定起诉条件的；②超过法定起诉期限且无《行政诉讼法》规定的不可抗力等情形的；③错列被告且拒绝变更的；④未按照法律规定由法定代理人、指定代理人、代表人为诉讼行为的；⑤未按照法律、法规规定先向行政机关申请复议的；⑥重复起诉的；⑦撤回起诉后无正当理由再行起诉的；⑧行政行为对其合法权益明显不产生实际影响的；⑨诉讼标的已为生效裁判或者调解书所羁束的；⑩其他不符合法定起诉条件的情形。以上情形可以补正或者更正的，人民法院应当指定期间责令补正或者更正；在指定期间已经补正或者更正的，应当依法审理。

（三）起诉不停止行政行为的执行

根据《行政诉讼法》第 56 条的规定，诉讼期间，不停止行政行为的执行。这意味着行政行为作出后，即使当事人提起了行政诉讼，行政行为仍具有执行力，不因诉讼而影响行政行为的执行。这一规定的主要目的在于保证国家行政管理的正常进行。但是，起诉不停止执行并不是绝对的，有下列情形之一的，裁定停止行政行为的执行：①被告认为需要停止执行的；②原告或者利害关系人申请停止执行，人民法院认为该行政行为的执行会造成难以弥补的损失，并且停止执行不损害国家利益、社会公共利益的；③人民法院认为该行政行为的执行会给国家利益、社会公共利益造成重大损害的；④法律、法规规定停止执行的。

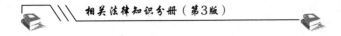

二、第一审普通程序

（一）审理前的准备

1. 确定合议庭组成

人民法院审理行政案件由审判员组成合议庭，或者由审判员、陪审员组成合议庭。合议庭的成员，应当是3人以上的单数。人民法院应当将合议庭组成人员情况告知当事人。

2. 通知被告应诉

人民法院应当审查判断原告所列明的被告是否适格，是否遗漏，并依照法律规定变更或追加被告。人民法院应当在立案之日起5日内，将起诉状副本发送被告。被告应当在收到起诉状副本之日起15日内向人民法院提交作出行政行为的证据和所依据的规范性文件，并提出答辩状。被告不提出答辩状的，不影响人民法院审理。

3. 通知第三人参加

根据《行政诉讼法》的规定，同提起诉讼的行政行为有利害关系的其他公民、法人或者其他组织，可以作为第三人申请参加诉讼，或者由人民法院通知参加诉讼。因此人民法院应当在受理行政诉讼后，通知同提起诉讼的行政行为有利害关系的主体作为第三人参加诉讼。同时，如果公民、法人或者其他组织向人民法院申请作为第三人参加诉讼，人民法院应当及时审查，并通知符合条件的主体作为第三人参加诉讼。

4. 诉讼材料和证据的交换送达

在庭审前阶段，被告一般会提交答辩状和证据材料，人民法院应当在收到答辩状之日起5日内，将答辩状副本发送原告。起诉状副本送达被告后，原告提出新的诉讼请求的，人民法院不予准许，但有正当理由的除外。原告和第三人也可能会提交相应的证据材料，人民法院也应当将相关证据材料送达给对方当事人。

5. 确定并通知开庭

经过上述环节和程序，合议庭初步审查后认为已经完成庭审前准备工作的，应当及时安排开庭。人民法院应当在开庭审理3日前，通知当事人和其他诉讼参与人。

（二）庭审程序

人民法院应当公开审理行政案件，允许公众旁听。但如果案件涉及国家秘密、商业秘密、个人隐私，或者法律另有规定的，人民法院可不公开审理，除了当事人和人民法院通知的其他诉讼参与人外，不允许其他人参加。行政诉讼庭审一般包括以下几个阶段。

1. 预备阶段

在预备阶段，先由书记员查明当事人和其他诉讼参与人到庭情况、宣布法庭纪律，然后由审判长宣布开庭，核对当事人，宣布案由和合议庭组成情况，告知当事人诉讼权利和义务，并询问当事人是否申请回避。当事人认为审判人员、书记员、翻译人员、鉴定人、勘验人等与本案有利害关系或者有其他关系可能影响公正审判，有权在此时说明理由，申请回避。当然，如果回避事由是在案件开始审理后知道的，应当在法庭辩论终结前提出。审判人员认为自己与本案有利害关系或者有其他关系，也应当主动申请回避。对当事人提出的回避申请，人民法院应当在3日内以口头或者书面形式作出决定。院长担任审判长时的回避，由审判委员会决定；审判人员的回避，由院长决定；其他人员的回避，由审判长决定。被申请回避的人员，在人民法院作出是否回避的决定前，应当暂停参与本案的工作，但案件需要采取紧急措施的除外。申请人对驳回回避申请决定不服的，可以向作出决定的人民法院申请复议一次。复议期间，被申请回避的人员不停止参与

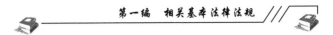

本案的工作。对申请人的复议申请,人民法院应当在3日内作出复议决定,并通知复议申请人。

2. 法庭调查阶段

法庭调查阶段主要是当事人陈述相应的诉讼请求或意见,举证、质证,查明案件事实。一般按照如下顺序进行:原告陈述提起诉讼的请求、事实和理由;被告陈述答辩意见;第三人陈述意见;各方当事人举证,对相应的证据进行质证,过程中如需要证人出庭作证的,由证人陈述其知道的情况,各方当事人进行质证。

3. 法庭辩论阶段

法庭辩论是在法庭调查的基础上,由各方当事人及其代理人对案件的事实、证据和法律适用等问题提出和陈述自己的观点。

4. 最后陈述阶段

最后陈述阶段是在法庭调查、辩论的基础上,由各方当事人就案件的处理发表最后的意见。

5. 宣 判

宣判是庭审程序的最后一步。宣判可以分为两种:一是当庭宣判,即在法庭调查、法庭辩论、最后陈述后,合议庭马上进行合议后,当庭作出判决;另一种是定期宣判,即不是在庭审当天宣判,而是由法庭另行确定日期宣告判决。宣判均公开进行。

(三)妨害行政诉讼行为的排除

在诉讼的过程中,诉讼参与人或者其他人有下列行为之一的,人民法院可以根据情节轻重,予以训诫、责令具结悔过或者处1万元以下的罚款、15日以下的拘留;构成犯罪的,依法追究刑事责任:

(1)有义务协助调查、执行的人,对人民法院的协助调查决定、协助执行通知书,无故推拖、拒绝或者妨碍调查、执行的;

(2)伪造、隐藏、毁灭证据或者提供虚假证明材料,妨碍人民法院审理案件的;

(3)指使、贿买、胁迫他人作伪证或者威胁、阻止证人作证的;

(4)隐藏、转移、变卖、毁损已被查封、扣押、冻结的财产的;

(5)以欺骗、胁迫等非法手段使原告撤诉的;

(6)以暴力、威胁或者其他方法阻碍人民法院工作人员执行职务,或者以哄闹、冲击法庭等方法扰乱人民法院工作秩序的;

(7)对人民法院审判人员或者其他工作人员、诉讼参与人、协助调查和执行的人员恐吓、侮辱、诽谤、诬陷、殴打、围攻或者打击报复的。

人民法院对有前述规定的行为之一的单位,可以对其主要负责人或者直接责任人员依照前述规定予以罚款、拘留;构成犯罪的,依法追究刑事责任。罚款、拘留须经人民法院院长批准。当事人不服的,可以向上一级人民法院申请复议一次。复议期间不停止执行。

(四)案件的移送和司法建议

人民法院在审理行政案件时,认为行政机关的主管人员、直接责任人员违法违纪的,应当将有关材料移送监察机关、该行政机关或者其上一级行政机关;认为有犯罪行为的,应当将有关材料移送公安、检察机关。

人民法院对被告经传票传唤无正当理由拒不到庭,或者未经法庭许可中途退庭的,可以将被告拒不到庭或者中途退庭的情况予以公告,并可以向监察机关或者被告的上一级行政机关提出依法给予其主要负责人或者直接责任人员处分的司法建议。

（五）财产保全

财产保全是指在行政诉讼中，因一方当事人的行为或者其他原因，可能使行政行为或者人民法院生效裁判难以执行的，人民法院可以根据对方当事人的申请作出财产保全的裁定；当事人没有提出申请的，人民法院在必要时也可以依法采取财产保全措施。当事人对财产保全的裁定不服的，可以申请复议。复议期间不停止裁定的执行。

（六）审理的期限

审理的期限是指人民法院从立案之日起至裁判宣告之日止的期间。根据《行政诉讼法》的规定，人民法院应当在立案之日起6个月内作出第一审判决。有特殊情况需要延长的，由高级人民法院批准，高级人民法院审理第一审案件需要延长的，由最高人民法院批准。应当注意的是，鉴定、处理管辖争议或者异议以及中止诉讼的时间不计算在上述期限内。

（七）法律适用

人民法院审理行政案件，以法律和行政法规、地方性法规为依据，但地方性法规仅适用于本行政区域内发生的行政案件。如果审理的是民族自治地方的行政案件，该民族自治地方的自治条例和单行条例可作为依据。对于国务院部、委制定、发布的规章以及省、自治区、直辖市和设区的市、自治州的人民政府制定、发布的规章，人民法院可予以参照。

（八）第一审判决

第一审判决，是第一审人民法院对行政案件进行实体审理后，对案件实体问题作出的裁决。根据《行政诉讼法》和《行政诉讼解释》的规定，第一审判决包括以下几种类别。

1.驳回原告诉讼请求判决

行政行为证据确凿，适用法律、法规正确，符合法定程序的，或者原告申请被告履行法定职责或者给付义务理由不成立的。

2.撤销判决

行政行为有下列情形之一的，人民法院判决撤销或者部分撤销，并可以判决被告重新作出行政行为：①主要证据不足的；②适用法律、法规错误的；③违反法定程序的；④超越职权的；⑤滥用职权的；⑥明显不当的。

人民法院判决被告重新作出行政行为的，被告不得以同一事实和理由作出与原行政行为基本相同的行政行为。如果被告重新作出的行政行为与原行政行为的结果相同，但主要事实或者主要理由有改变的，不属于以同一的事实和理由作出与原行政行为基本相同的行政行为。此外，如果人民法院是以违反法定程序为由，判决撤销被诉行政行为的，行政机关重新作出行政行为不受上述限制。如果行政机关违反上述规定，以同一事实和理由重新作出与原行政行为基本相同的行政行为，当事人不服再次起诉的，人民法院应当判决撤销或者部分撤销再次作出的行政行为，并认定行政机关的行为属于拒绝履行判决、裁定的行为，人民法院可以采取下列措施：①对应当归还的罚款或者应当给付的款额，通知银行从该行政机关的账户内划拨。②在规定期限内不履行的，从期满之日起，对该行政机关负责人按日处50元至100元的罚款。③将行政机关拒绝覆行的情况予以公告。④向监察机关或者该行政机关的上一级行政机关提出司法建议。接受司法建议的机关，根据有关规定进行处理，并将处理情况告知人民法院。⑤拒不履行判决、裁定、调解书，社会影响恶劣的，可以对该行政机关直接负责的主管人员和其他直接责任人员予以拘留；情节严重，构成犯罪的，依法追究刑事责任。

3.履行判决

履行判决一般适用于原告起诉被告不作为的案件。经过审理，如果认定被告具有履行相应职责的法定义务而不履行或者拖延履行法定职责，人民法院应当判决被告在一定期限内履行。判决被告履行法定职责，应当指定履行的期限，因情况特殊难于确定期限的除外。

4. 履行给付义务判决

人民法院查明被告依法负有支付抚恤金、最低生活保障待遇或者社会保险待遇等给付义务，被告拒绝或者拖延履行义务的，可以判决被告在一定期限内履行相应的给付义务。

5. 确认违法判决

行政行为有下列情形之一的，人民法院判决确认违法，但不撤销行政行为：①行政行为依法应当撤销，但撤销会给国家利益、社会公共利益造成重大损害的；②行政行为程序轻微违法，但对原告权利不产生实际影响的。

行政行为有下列情形之一，不需要撤销或者判决履行的，人民法院判决确认违法：①行政行为违法，但不具有可撤销内容的；②被告改变原违法行政行为，原告仍要求确认原行政行为违法的；③被告不履行或者拖延履行法定职责，判决履行没有意义的。

6. 确认无效判决

行政行为有实施主体不具有行政主体资格或者没有依据等重大且明显违法情形，原告申请确认行政行为无效的，人民法院判决确认无效。

人民法院判决确认违法或者无效的，可以同时判决责令被告采取补救措施；给原告造成损失的，依法判决被告承担赔偿责任。

7. 变更判决

行政处罚明显不当，或者其他行政行为涉及对款额的确定、认定确有错误的，人民法院可以判决变更。人民法院判决变更，不得加重原告的义务或者减损原告的权益，但利害关系人同为原告，且诉讼请求相反的除外。

8. 继续履行、采取补救措施、赔偿、补偿判决

被告不依法履行、未按照约定履行或者违法变更、解除政府特许经营、土地房屋征收补偿协议等协议的，法院判决被告承担继续履行、采取补救措施或者赔偿损失等责任。被告变更、解除上述协议合法，但未依法给予补偿的，法院判决给予补偿。

（九）裁定和决定

1. 裁　定

行政诉讼中的裁定，是人民法院在审理行政案件过程中，针对本案程序问题作出的裁判。裁定适用于下列范围：

（1）不予立案；

（2）驳回起诉；

（3）管辖异议；

（4）终结诉讼；

（5）中止诉讼；

（6）移送或者指定管辖；

（7）诉讼期间停止行政行为的执行或者驳回停止执行的申请；

（8）财产保全；

（9）先予执行；

（10）准许或者不准许撤诉；

（11）补正裁判文书中的笔误；

（12）中止或者终结执行；

（13）提审、指令再审或者发回重审；

（14）准许或者不准许执行行政机关的行政行为；

（15）其他需要裁定的事项。

其中，对于第一审人民法院作出的不予立案、驳回起诉和管辖异议裁定，当事人可以上诉。

2. 决 定

行政诉讼中的决定，是人民法院为了保证行政诉讼的顺利进行，对诉讼中发生的某些特殊事项所作出的决定。实践中，决定主要适用于：

（1）有关回避事项；

（2）对妨害行政诉讼行为采取强制措施；

（3）有关诉讼期限事项；

（4）有关执行程序事项等。

对于决定，当事人不能上诉，只能依照法律规定申请复议。

三、简易程序

人民法院审理被诉行政行为是依法当场作出的或者案件涉及款额2000元以下的或者属于政府信息公开案件的，认为事实清楚、权利义务关系明确、争议不大的，可以适用简易程序。"事实清楚"，是指当事人对争议的事实陈述基本一致，并能提供相应的证据，无须人民法院调查收集证据即可查明事实；"权利义务关系明确"，是指行政法律关系中权利和义务能够明确区分；"争议不大"，是指当事人对行政行为的合法性、责任承担等没有实质分歧。除此以外的第一审行政案件，当事人各方同意的，可以适用简易程序。发回重审、按照审判监督程序再审的案件不适用简易程序。

简易程序审理的行政案件，由审判员一人独任审理，应当在立案之日起45日内审结。

四、第二审程序

（一）上诉的提起与受理

当事人不服人民法院第一审判决的，有权在判决书送达之日起15日内向上一级人民法院提起上诉。当事人不服人民法院第一审裁定的，有权在裁定书送达之日起10日内向上一级人民法院提起上诉。逾期不提起上诉的，人民法院的第一审判决或者裁定发生法律效力。当事人提出上诉，应当按照其他当事人或者诉讼代表人的人数提出上诉状副本。应当注意的是，实践中，上诉一般向一审人民法院提出，由一审人民法院代收上诉状及办理相关上诉事宜。一审人民法院收到上诉状，应当在5日内将上诉状副本送达其他当事人，对方当事人应当在收到上诉状副本之日起15日内提出答辩状。一审人民法院在收到答辩状之日起5日内将副本发送上诉人。一审人民法院收到上诉状、答辩状后，应当在5日内连同全部案卷和证据，报送第二审人民法院。已经预收诉讼费用的，一并报送。

（二）上诉案件的审理

1. 审理方式

第二审人民法院应当组成合议庭，开庭审理。经过阅卷、调查和询问当事人，对没有提出新的事实、证据或者理由，合议庭认为不需要开庭审理的，也可以不开庭审理。

审理行政上诉案件，一并对一审人民法院的裁判、裁定和被诉行政行为是否合法进行全面审查，不受上诉人上诉范围和上诉理由的限制。

2. 审理的期限

人民法院审理上诉案件，应当在收到上诉状之日起3个月内作出终审判决。有特殊情况需要延长的，由高级人民法院批准；高级人民法院审理上诉案件需要延长的，由最高人民法院批准。其中，涉及鉴定、处理管辖争议或者异议以及中止诉讼的时间不计算在内。

（三）第二审判决和裁定

第二审人民法院经过审理，根据案情，作出如下处理。

1. 驳回上诉，维持原判决、裁定

适用于原判决、裁定认定事实清楚，适用法律、法规正确的情形。

2. 依法改判、撤销或者变更

适用于原判决、裁定认定事实错误或者适用法律、法规错误的。第二审人民法院依法改判的，应当同时对被诉行政行为作出判决。第一审人民法院作出实体判决后，第二审人民法院认为不应当立案的，在撤销第一审人民法院判决的同时，可以径行驳回起诉。

3. 裁定发回重审

主要适用于：

（1）原判决认定事实不清，证据不足，第二审人民法院一般裁定撤销原判，发回原审人民法院重审，也可以查清事实后改判。

（2）原审判决遗漏了必须参加诉讼的当事人或者诉讼请求的，或者违法缺席判决等严重违反法定程序的，第二审人民法院应当裁定撤销原审判决，发回原审法院重审。

（3）原审判决遗漏行政赔偿请求，第二审人民法院经审理认为依法应当予以赔偿的，在确认被诉行政行为违法的同时，可以就行政赔偿问题进行调解；调解不成的，应当就行政赔偿部分发回重审。

对于上述第二审人民法院裁定发回重审的，原审人民法院应当另行组成合议庭进行审理。当事人对重审案件的判决、裁定，可以上诉。原审人民法院对发回重审的案件作出判决后，当事人提起上诉的，第二审人民法院不得再次发回重审。

4. 裁定指令依法立案受理或者继续审理

当事人对第一审人民法院不予受理或者驳回起诉的裁定不服上诉，第二审人民法院经审理认为原审人民法院不予受理或者驳回起诉的裁定确有错误，且起诉符合法定条件的，应当裁定撤销原审人民法院的裁定，指令原审人民法院依法立案受理或者继续审理。

五、审判监督程序

（一）审判监督程序的提起

审判监督程序的提起主要有以下几种方式。

1. 当事人申请再审

当事人对已经发生法律效力的判决、裁定或者调解书，认为确有错误的，可以在判决、裁定、调解书发生法律效力后6个月内向上一级人民法院提出申诉，但判决、裁定不停止执行。有下列情形之一的，自知道或者应当知道之日起6个月内提出：①有新的证据，足以推翻原判决、裁定的；②原判决、裁定认定事实的主要证据是伪造的；③据以作出原判决、裁定的法律文书被撤销或者变更的；④审判人员审理该案件时有贪污受贿、徇私舞弊、枉法裁判行为的。人民法院接到当事人的再审申请后，经审查，符合再审条件的，应当裁定再审；再审事由不成立或者当事人申请再审超过法定期限、超出法定再审事由范围等不符合申请再审条件的，应当裁定驳回再审申请。

2. 人民法院提起

人民法院院长对本院已经发生法律效力的判决、裁定，发现有法定应当再审情形的，或者发现调解违反自愿原则或者调解书内容违法，认为需要再审的，应当提交审判委员会讨论决定。最高人民法院对地方各级人民法院、上级人民法院对下级人民法院已经发生法律效力的判决、裁定，发现有法定应当再审情形的，或者发现调解违反自愿原则或者调解书内容违法的，有权提审或者指令下级人民法院再审。

3. 人民检察院提起

最高人民检察院对各级人民法院、上级人民检察院对下级人民法院已经发生法律效力的判决、裁定，发现有法定应当再审情形的，或者发现调解书损害国家利益、社会公共利益的，有权按照审判监督程序提出抗诉。对人民检察院按照审判监督程序提出抗诉的案件，人民法院应当再审。

按照审判监督程序决定再审的案件，应当裁定中止原判决、裁定、调解书的执行，但支付抚恤金、最低生活保障费或者社会保险待遇的案件，可以不中止执行。

（二）应当再审的情形

符合下列情形之一的，人民法院应当再审：

（1）不予立案或者驳回起诉确有错误的；

（2）有新的证据，足以推翻原判决、裁定的；

（3）原判决、裁定认定事实的主要证据不足、未经质证或者系伪造的；

（4）原判决、裁定适用法律、法规确有错误的；

（5）违反法律规定的诉讼程序，可能影响公正审判的；

（6）原判决、裁定遗漏诉讼请求的；

（7）据以作出原判决、裁定的法律文书被撤销或者变更的；

（8）审判人员在审理该案件时有贪污受贿、徇私舞弊、枉法裁判行为的。

（三）案件的再审

1. 审理方式

人民法院审理再审案件，应当另行组成合议庭。人民法院按照审判监督程序再审的案件，发生法律效力的判决、裁定是由第一审人民法院作出的，按照第一审程序审理，所作的判决、裁定，当事人可以上诉；发生法律效力的判决、裁定是由第二审人民法院作出的，按照第二审程序审理，所作的判决、裁定是发生法律效力的判决、裁定；上级人民法院按照审判监督程序提审的，按照第二审程序审理，所作的判决、裁定是发生法律效力的判决、裁定。

2. 处理方式

人民法院审理再审案件，认为原生效判决、裁定确有错误，在撤销原生效判决或者裁定的同时，可以对生效判决、裁定的内容作出相应裁判，也可以裁定撤销生效判决或者裁定，发回作出生效判决、裁定的人民法院重新审判。需要特别指出的是，第二审人民法院维持第一审人民法院不予受理裁定错误的，再审法院应当撤销第一审、第二审人民法院裁定，指令第一审人民法院受理；第二审人民法院维持第一审人民法院驳回起诉裁定错误的，再审法院应当撤销第一审、第二审人民法院裁定，指令第一审人民法院审理。

3. 审理期限

再审案件按照第一审程序审理的，审理期限为6个月；按照第二审程序审理的，审理期限为3个月。

第七节　国　家　赔　偿

一、国家赔偿法适用的范围

国家赔偿制度是国家对公权力在行使过程中发生的侵权行为承担责任的一项法律制度。1994年5月，全国人民代表大会常务委员会审议通过了《国家赔偿法》。该法2010年4月29日第一次修正，2012年10月26日第二次修正。《国家赔偿法》第2条明确规定：国家机关和国家机关工作人员行使职权，有该法规定的侵犯公民、法人和其他组织合法权益的情形，造成损害的，受害人有依照该法取得国家赔偿的权利。《国家赔偿法》规定受害人有取得国家赔偿的权利的情形主要有以下三种：

（1）行政赔偿，即针对行政机关及其工作人员在行使行政职权时发生的侵权行为而承担的赔偿；

（2）刑事赔偿，即针对行使侦查、检察、审判职权的机关以及看守所、监狱管理机关及其工作人员在行使职权时发生的侵权行为而承担的赔偿；

（3）司法赔偿，即人民法院在民事诉讼、行政诉讼过程中，违法采取对妨害诉讼的强制措施、保全措施或者对判决、裁定及其他生效法律文书执行错误，造成损害而承担的赔偿。

二、行政赔偿的含义及范围

行政赔偿是指行政机关及其工作人员在行使行政职权的过程中给公民、法人或者其他组织造成损害，国家依法承担责任并予以赔偿。对于行政机关及其工作人员在行使行政职权的过程中给公民、法人或者其他组织造成的损害，国家并非全部承担赔偿责任，行政赔偿范围由《国家赔偿法》明确予以规定。我国《国家赔偿法》采用混合式的立法模式，既有概括式规定，又有列举式规定；列举规定中既有肯定性规定，也有否定性规定。肯定性列举中又分为对侵犯人身权的赔偿和对侵犯财产权的赔偿。

（一）对侵犯人身权的行政赔偿

人身权是公民基于其人格或者身份而依法享有的，以其人格利益或者身份利益为客体的权利。公民的人身权受到保护。根据《国家赔偿法》的规定，行政机关及其工作人员在行使行政职权时有下列侵犯人身权情形之一的，受害人有取得赔偿的权利：

（1）违法拘留或者违法采取限制公民人身自由的行政强制措施的。行政拘留是依法对违反行政法律规范的人，在短期内限制其人身自由的一种行政处罚。行政强制措施，是指行政机关在行政管理过程中，为制止违法行为、避免危害发生等，依法对公民人身自由或财产实施的暂时性控制措施。比如对醉酒的人的约束，对违反治安管理的人的强制传唤，对吸毒成瘾人员强制隔离戒毒等。行政拘留和行政强制措施涉及人身自由，行政机关应当依法行使，包括行使主体合法、对象合法、内容合法、程序合法等。如果违法拘留或者违法采取限制公民人身自由的行政强制措施，责任机关应当承担行政赔偿责任。

（2）非法拘禁或者以其他方法非法剥夺公民人身自由的。人身自由是公民最基本的权利，只有法定机关才能依照法定程序予以限制。如果不具有限制人身自由职权的机关，非法以拘禁、禁闭、隔离、关押等方式剥夺公民人身自由，则严重侵害了公民的人身权利，责任机关应当承担行政赔偿责任。

（3）以殴打、虐待等行为或者唆使、放纵他人以殴打、虐待等行为造成公民身体伤害或者死亡的。生命健康权是公民的基本权利，不受非法侵害。殴打指使用工具或者不使用工具打击公民身体的暴力行为；虐待的表现形式很多，比如罚站、罚跪、长时间强光照射、火烤、冰冻、不允许睡觉等。如果行政机关工作人员在行使职权的过程中，违法乱纪，使用殴打等暴力行为，或者虐待等方法造成公民身体伤害或者死亡的，国家应当承担赔偿责任；同时，虽然行政机关工作人员本身没有上述行为，但是唆使他人殴打、虐待公民造成其身体伤害、死亡的，或者没有尽到监管职责，放纵他人殴打、虐待公民造成其身体伤害、死亡的，国家也应当承担赔偿责任。

（4）违法使用武器、警械造成公民身体伤害或者死亡的。为了有效履行职责，法律赋予公安机关等特定行政机关在履行职责的过程中使用武器、警械的权力。但由于武器、警械具有杀伤性，使用不当，会给公民的生命健康造成重大甚至是难以挽回的损害，因此即使是有权机关对武器、警械的使用，法律也规定了严格的条件。这方面的规定主要有《中华人民共和国人民警察法》和《中华人民共和国人民警察使用警械和武器条例》等。如果相关机关工作人员违反了上述规定，使用武器、警械造成公民身体伤害或者死亡的，国家承担赔偿责任。

（5）造成公民身体伤害或者死亡的其他违法行为。

（二）对侵犯财产权的行政赔偿

财产权即公民、法人或者其他组织对财产的占有、使用、收益和处分的权利。我国《宪法》规定，公民的合法的私有财产不受侵犯。根据《国家赔偿法》的规定，行政机关及其工作人员在行使行政职权时有下列侵犯财产权情形之一的，受害人有取得赔偿的权利：

（1）违法实施罚款、吊销许可证和执照、责令停产停业、没收财物等行政处罚的。罚款、没收违法所得、没收非法财物、责令停产停业、暂扣或者吊销许可证、暂扣或者吊销执照是《中华人民共和国行政处罚法》（以下简称《行政处罚法》）规定的行政处罚种类，它们均直接或间接涉及公民、法人或者其他组织的财产的减损，因此《行政处罚法》及相关法律规范对上述行政处罚规定了明确的处罚条件和处罚程序。有权行政机关只有在法律规定情形出现时，才能依照法定程序采取相应的处罚措施。如果行政机关违法实施罚款、吊销许可证和执照、责令停产停业、没收财物，国家应当承担赔偿责任。

（2）违法对财产采取查封、扣押、冻结等行政强制措施的。为了有效履行行政职责，法律规定行政机关可以依法采取强制措施，查封、扣押、冻结公民、法人或者其他组织的财物。此外，实践中行政机关还可能对公民、法人或者其他组织的财产进行强制划拨、强制销毁、强制拆除等。行政机关采取这些强制措施应当依法进行。如果无权机关采取了相应措施，或者不存在应采取强制措施的法定情形或者采取措施没有明确的法律依据，或者采取强制措施违反法定程序，从而对公民、法人或者其他组织的财产造成损害的，国家应当承担赔偿责任。

（3）违法征收、征用财产的。根据我国《宪法》的规定，国家为了公共利益的需要，可以依照法律规定对公民的私有财产实行征收或者征用并给予补偿。征收和征用直接干涉公民、法人或者其他组织的财产权利，必须依法进行。首先，必须是为了公共利益的需要；其次，应当符合法定程序；最后，应当给予公正补偿。违法法律规定，对公民、法人或者其他组织的合法财产进行征收、征用的，受害人有取得国家赔偿的权利。

（4）造成财产损害的其他违法行为。

（三）国家不予赔偿的范围

实践中，侵害公民、法人或者其他组织人身权、财产权的行为复杂多样。属于下列情形之一的，国家不承担赔偿责任：

（1）行政机关工作人员与行使职权无关的个人行为。国家赔偿是国家对公权力在行使过程中发生的侵权行为承担责任的一项法律制度，因此国家承担赔偿责任的前提是公权力的行使，具体到行政赔偿，则是行政职权的行使。只有行政机关及其工作人员在行使行政职权的过程中给公民、法人或者其他组织造成损害的，国家才依法承担赔偿责任。虽是行政机关工作人员的行为，但其并非是在行使行政职权，而是因与行使职权无关的个人行为侵害了公民、法人或者其他组织的人身权或财产权的，国家不承担赔偿责任。实践中，个人行为和职务行为有时候是交织在一起的，在判断时，要综合考虑以下因素：是否在履行职务期间；是否以行政机关的名义作出；是否属于该工作人员的职责范围等。

（2）因公民、法人和其他组织自己的行为致使损害发生的。因受害人的过错致使损害发生或者扩大的，过错在于受害人本人，其损害后果应当由受害人自己承担。但应当注意的是，有时受害人和行政机关对损害的发生均有过错，这种情况下，应当综合考虑双方过错的大小，尤其是行政机关及其工作人员的侵权行为与损害结果之间的关联程度，确定因果关系以及赔偿责任的大小。

（3）法律规定的其他情形，主要包括不可抗力、紧急避险、意外事件、第三人过错和正当防卫等。此外，一般认为国家行为、公务员管理行为等也不属于国家赔偿的范围。

三、行政赔偿当事人

（一）赔偿请求人

行政赔偿请求人是指合法权益受到行政机关及其工作人员的侵害，依法有权请求行政赔偿的人。《国家赔偿法》第6条规定：受害的公民、法人和其他组织有权要求赔偿。因此，我国行政赔偿请求人一般为直接受害的公民、法人或者其他组织。受害的公民死亡的，其继承人和其他有扶养关系的亲属有权要求赔偿。受害的法人或者其他组织终止的，其权利承受人有权要求赔偿。

（二）赔偿义务机关

赔偿义务机关是指代表国家接受行政赔偿请求，参加行政赔偿程序，履行赔偿责任的具体机关。我国《国家赔偿法》采取的是"谁侵权，谁赔偿"的原则，行政机关及其工作人员行使行政职权侵犯公民、法人和其他组织的合法权益造成损害的，该行政机关为赔偿义务机关。两个以上行政机关共同行使行政职权时侵犯公民、法人和其他组织的合法权益造成损害的，共同行使行政职权的行政机关为共同赔偿义务机关。法律、法规授权的组织在行使授予的行政权力时侵犯公民、法人和其他组织的合法权益造成损害的，被授权的组织为赔偿义务机关。要注意以下几种特殊情况：

（1）受行政机关委托的组织或者个人在行使受委托的行政权力时侵犯公民、法人和其他组织的合法权益造成损害的，赔偿义务机关并非行使受委托的行政权力的组织或者个人，而是委托的行政机关。

（2）赔偿义务机关被撤销的，继续行使其职权的行政机关为赔偿义务机关；没有继续行使其职权的行政机关的，撤销该赔偿义务机关的行政机关为赔偿义务机关。

（3）经复议机关复议的，最初造成侵权行为的行政机关为赔偿义务机关，但复议机关的复议决定加重损害的，复议机关对加重的部分履行赔偿义务。

四、赔偿程序

（一）提 出

行政赔偿请求的提出，意味着启动行政赔偿程序。请求的提出主要涉及以下几个问题。

1. 提出时间和方式

《国家赔偿法》规定，赔偿请求人要求赔偿，应当先向赔偿义务机关提出，也可以在申请行政复议或者提起行政诉讼时一并提出。这意味着如果受害人单独提出行政赔偿请求，由于没有相应的行政复议或者行政诉讼，则受害人必须先向赔偿义务机关提出赔偿请求，只有受害人对行政机关处理决定不服或者行政机关逾期不作赔偿决定的情况下，才能提起行政赔偿诉讼。只有当当事人对行政行为不服，申请行政复议或者提起行政诉讼时，才可以一并提出。《行政复议法》第29条对此明确规定：申请人在申请行政复议时可以一并提出行政赔偿请求，行政复议机关对符合《国家赔偿法》的有关规定应当给予赔偿的，在决定撤销、变更具体行政行为或者确认具体行政行为违法时，应当同时决定被申请人依法给予赔偿。申请人在申请行政复议时没有提出行政赔偿请求的，行政复议机关在依法决定撤销或者变更罚款，撤销违法集资、没收财物、征收财物、摊派费用以及对财产的查封、扣押、冻结等具体行政行为时，应当同时责令被申请人返还财产，解除对财产的查封、扣押、冻结措施，或者赔偿相应的价款。

2. 向谁提出

根据前述内容，单独提出行政赔偿请求的，受害人只能向赔偿义务机关提出；就行政行为申请复议或者提起行政诉讼的，既可以向复议机关或人民法院一并提出赔偿请求，也可以待复议或诉讼后就赔偿问题另行向赔偿义务机关提出。此外，实践中，赔偿义务机关可能有多个，在这种情况下，赔偿请求人可以向共同赔偿义务机关中的任何一个要求赔偿，该赔偿义务机关应当先予赔偿。

3. 如何提出

受害人请求行政赔偿，应当递交申请书。申请书应当载明下列事项：①受害人的姓名、性别、年龄、工作单位和住所，法人或者其他组织的名称、住所和法定代表人或者主要负责人的姓名、职务；②具体的要求、事实根据和理由；③申请的年、月、日。赔偿请求人根据受到的不同损害，可以同时提出数项赔偿要求。赔偿请求人书写申请书确有困难的，可以委托他人代书；也可以口头申请，由赔偿义务机关记入笔录。赔偿请求人不是受害人本人的，应当说明与受害人的关系，并提供相应证明。赔偿请求人当面递交申请书的，赔偿义务机关应当当场出具加盖本行政机关专用印章并注明收讫日期的书面凭证。申请材料不齐全的，赔偿义务机关应当当场或者在5日内一次性告知赔偿请求人需要补正的全部内容。

（二）处　理

1. 赔偿义务机关的处理

赔偿义务机关应当自收到申请之日起2个月内，作出是否赔偿的决定。赔偿义务机关作出赔偿决定，应当充分听取赔偿请求人的意见，并可以与赔偿请求人就赔偿方式、赔偿项目和赔偿数额进行协商。赔偿义务机关决定赔偿的，应当制作赔偿决定书，并自作出决定之日起10日内送达赔偿请求人。赔偿义务机关决定不予赔偿的，应当自作出决定之日起10日内书面通知赔偿请求人，并说明不予赔偿的理由。

2. 诉　讼

赔偿义务机关在规定期限内未作出是否赔偿的决定，赔偿请求人可以自期限届满之日起3个月内，向人民法院提起诉讼。赔偿请求人对赔偿的方式、项目、数额有异议的，或者赔偿义务机关作出不予赔偿决定的，赔偿请求人也可以自赔偿义务机关作出赔偿或者不予赔偿决定之日起3个月内，向人民法院提起诉讼。

第六章　其他相关法律

【提要】本章主要围绕技术进出口的管理规定、对外贸易有关的知识产权保护和知识产权的刑法保护，讲解了犯罪的概念、犯罪的一般构成要件、侵犯知识产权犯罪的概念、构成要件和有关司法解释的规定。

本节内容主要涉及《中华人民共和国对外贸易法》、(以下简称《对外贸易法》)、《中华人民共和国技术进出口管理条例》、(以下简称《技术进出口管理条例》)、《中华人民共和国刑法》(以下简称《刑法》)、《最高人民法院、最高人民检察院关于办理侵犯知识产权刑事案件具体应用法律若干问题的解释》(以下简称《知识产权刑事案件解释》)、《最高人民法院、最高人民检察院关于办理侵犯知识产权刑事案件具体应用法律若干问题的解释(二)》(以下简称《知识产权刑事案件解释(二)》)的规定。

第一节　对外贸易法

一、对外贸易法适用的范围

(一)对外贸易的含义

对外贸易，是指货物进出口、技术进出口和国际服务贸易。随着人类经济社会的发展和需求的增加，贸易的对象已超出了有形货物的范围，技术、服务均可成为贸易对象。我国《对外贸易法》所规范的对外贸易，就包括货物进出口、技术进出口和国际服务贸易等三种贸易形式。

(二)对外贸易法适用的范围

《对外贸易法》适用于对外贸易以及与对外贸易有关的知识产权保护。

对外贸易的对象货物、技术及服务均可能涉及专利、商标、版权、商业秘密等知识产权的保护问题。在国际贸易领域，货物贸易中高科技含量产品的份额不断扩大，而国际技术贸易在20世纪70年代后期取得显著发展，与贸易有关的知识产权纠纷不断增多。因此，为了促进贸易自由化的发展，世界贸易组织(WTO)将知识产权纳入调整范围，以对知识产权给予充分有效的保护，保证知识产权的执法措施与程序不至于变成合法贸易的障碍。在WTO的法律框架下，与贸易有关的知识产权法律制度集中体现在《与贸易有关的知识产权协定》(TRIPS)中。从国内法的角度出发，与贸易有关的知识产权亦应得以充分的保护，因此我国《对外贸易法》规定，国家依照有关知识产权的法律、行政法规，保护与对外贸易有关的知识产权。

二、技术进出口

(一)技术进出口的基本概念

1. 技术进出口的概念及其范围

技术进出口，是指从中华人民共和国境外向中华人民共和国境内，或者从中华人民共和国境内向中华人民共和国境外，通过贸易、投资或者经济技术合作的方式转移技术的行为。

技术进出口包括专利权转让、专利申请权转让、专利实施许可、技术秘密转让、技术服务和其他方式的技术转移。

2. 可以限制或者禁止进出口的原因

国家对技术进出口实行统一的管理制度，依法维护公平、自由的技术进出口秩序。技术进出口应当符合国家的产业政策、科技政策和社会发展政策，有利于促进我国科技进步和对外经济技术合作的发展，有利于维护我国经济技术权益。

国家准许技术的自由进出口；但是，法律、行政法规另有规定的除外。根据《对外贸易法》第16条，国家基于下列原因，可以限制或者禁止有关技术的进口或者出口：

（1）为维护国家安全、社会公共利益或者公共道德，需要限制或者禁止进口或者出口的；

（2）为保护人的健康或者安全，保护动物、植物的生命或者健康，保护环境，需要限制或者禁止进口或者出口的；

（3）为实施与黄金或者白银进出口有关的措施，需要限制或者禁止进口或者出口的；

（4）国内供应短缺或者为有效保护可能用竭的自然资源，需要限制或者禁止出口的；

（5）输往国家或者地区的市场容量有限，需要限制出口的；

（6）出口经营秩序出现严重混乱，需要限制出口的；

（7）为建立或者加快建立国内特定产业，需要限制进口的；

（8）对任何形式的农业、牧业、渔业产品有必要限制进口的；

（9）为保障国家国际金融地位和国际收支平衡，需要限制进口的；

（10）依照法律、行政法规的规定，其他需要限制或者禁止进口或者出口的；

（11）根据我国缔结或者参加的国际条约、协定的规定，其他需要限制或者禁止进口或者出口的。

另外，根据《对外贸易法》第17条第2款，在战时或者为维护国际和平与安全，国家在技术进出口方面可以采取任何必要的措施。

（二）技术进出口管理

国务院对外经济贸易主管部门（以下简称"国务院外经贸主管部门"）❶ 依照《对外贸易法》和《技术进出口管理条例》的规定，负责全国的技术进出口管理工作。省、自治区、直辖市人民政府外经贸主管部门根据国务院外经贸主管部门的授权，负责本行政区域内的技术进出口管理工作。国务院有关部门按照国务院的规定，履行技术进出口项目的有关管理职责。

国家鼓励先进、适用的技术进口，鼓励成熟的产业化技术出口。

技术进出口管理涉及的技术可分为三类：禁止进出口技术、限制进出口技术和自由进出口技术。对于此三类技术，国家实行分类管理。

1. 禁止进出口技术的管理

属于禁止进出口的技术，不得进出口。

国务院外经贸主管部门会同国务院有关部门，根据《对外贸易法》第16条制定、调整并公布禁止进出口的技术目录。凡列入《中国禁止进口限制进口技术目录》中禁止进口的技术，不得进口；凡列入《中国禁止出口限制出口技术目录》中禁止出口的技术，不得出口。

国务院外经贸主管部门或者由其会同国务院其他有关部门，经国务院批准，可以在《对外贸易法》第16条规定的范围内，临时决定禁止前述规定目录以外的特定技术的进口或者出口。

---

❶ 《对外贸易法》中使用的是"国务院对外贸易主管部门"。

2. 限制进出口技术的管理

国家对限制进出口的技术，实行许可证管理；未经许可，不得进出口。

国务院外经贸主管部门会同国务院有关部门，制定、调整并公布限制进出口的技术目录。凡进口列入《中国禁止进口限制进口技术目录》中限制进口技术的，或列入《中国禁止进口限制进口技术目录》中限制出口技术的，应分别履行相应的许可手续。国务院外经贸主管部门或者由其会同国务院其他有关部门，经国务院批准，可以在《对外贸易法》第16条规定的范围内，临时决定限制前述规定目录以外的特定技术的进口或者出口。技术进出口合同自技术进出口许可证颁发之日起生效。

3. 自由进出口技术的管理

国家对属于自由进出口的技术，实行合同登记管理。❶

进出口属于自由进出口的技术，合同自依法成立时生效，不以登记为合同生效的条件。

4. 技术进出口应当办理的手续

（1）进出口属于自由进出口的技术，应当向国务院外经贸主管部门办理合同登记，并提交下列文件：技术进出口合同登记申请书；技术进出口合同副本；签约双方法律地位的证明文件。国务院外经贸主管部门应当在收到文件之日起3个工作日内，对技术进出口合同进行登记，颁发技术进出口合同登记证。申请人凭技术进出口合同登记证，办理外汇、银行、税务、海关等相关手续。

进出口属于自由进出口的技术，合同自依法成立时生效，不以登记为合同生效的条件。

已登记的自由进出口技术合同，合同的主要内容发生变更的，应当重新办理登记手续。经登记的技术进出口合同终止的，技术进出口经营者应当及时向国务院外经贸主管部门备案。

（2）进出口属于限制进出口的技术，应当向国务院外经贸主管部门提出申请。技术进出口经许可的，由国务院外经贸主管部门颁发技术进出口许可证。技术进出口合同自技术进出口许可证颁发之日起生效。

具体手续如下：

① 进出口属于限制进出口的技术，应当向国务院外经贸主管部门提出技术进出口申请并附有关文件。

技术进口项目需经有关部门批准的，还应当提交有关部门的批准文件。

② 国务院外经贸主管部门收到技术进出口申请后，应当会同国务院有关部门对申请进行审查，并自收到申请之日起30个工作日内作出批准或者不批准的决定。

出口属于限制出口的技术的，由国务院外经贸主管部门会同国务院科技管理部门对申请出口的技术进行审查，该技术需经有关部门进行保密审查的，按照国家有关规定执行。

③ 技术进出口申请经批准的，由国务院外经贸主管部门发给技术进出口许可意向书。进口经营者取得技术进口许可意向书后，可以对外签订技术进口合同。申请人取得技术出口许可意向书后，方可对外进行实质性谈判，签订技术出口合同。

④ 申请人签订技术进出口合同后，应当向国务院外经贸主管部门提交进出口合同副本及有关文件，申请技术进出口许可证。国务院外经贸主管部门对技术进出口合同的真实性进行审查，并在规定时限（进口审查时限为收到文件之日起10个工作日，出口审查时限为收到文件之日起

---

❶ 《对外贸易法》使用的是"合同备案登记"。例如第15条第3款规定："进出口属于自由进出口的技术，应当向国务院对外贸易主管部门或者其委托的机构办理合同备案登记。"

15 个工作日）内，对技术进出口作出许可或者不许可的决定。技术进出口经许可的，由国务院外经贸主管部门颁发技术进出口许可证。

申请人提出技术进口申请时，也可以一并提交已经签订的技术进口合同副本，国务院外经贸主管部门对申请及其技术进口合同的真实性一并进行审查，并在收到文件之日起 40 个工作日内，对技术进口作出许可或者不许可的决定。

技术进出口合同，自技术进出口许可证颁发之日起生效。

5. 违反技术进出口管理法律法规的法律责任

（1）进口或者出口属于禁止进出口的技术的，或者未经许可擅自进口或者出口属于限制进出口的技术的，依照《刑法》关于走私罪、非法经营罪、泄露国家秘密罪或者其他罪的规定，依法追究刑事责任；尚不够刑事处罚的，区别不同情况，依照《中华人民共和国海关法》（以下简称《海关法》）的有关规定处罚，或者由国务院外经贸主管部门给予警告，没收违法所得，处违法所得 1 倍以上 5 倍以下的罚款；国务院外经贸主管部门并可以撤销其对外贸易经营许可。

（2）擅自超出许可的范围进口或者出口属于限制进出口的技术的，依照《刑法》关于非法经营罪或者其他罪的规定，依法追究刑事责任；尚不够刑事处罚的，区别不同情况，依照《海关法》的有关规定处罚，或者由国务院外经贸主管部门给予警告，没收违法所得，处违法所得 1 倍以上 3 倍以下的罚款；国务院外经贸主管部门并可以暂停直至撤销其对外贸易经营许可。

（3）伪造、变造或者买卖技术进出口许可证或者技术进出口合同登记证的，依照《刑法》关于非法经营罪或者伪造、变造、买卖国家机关公文、证件、印章罪的规定，依法追究刑事责任；尚不够刑事处罚的，依照《海关法》的有关规定处罚；国务院外经贸主管部门并可以撤销其对外贸易经营许可。

（4）以欺骗或者其他不正当手段获取技术进出口许可的，由国务院外经贸主管部门吊销其技术进出口许可证，暂停直至撤销其对外贸易经营许可。

以欺骗或者其他不正当手段获取技术进出口合同登记的，由国务院外经贸主管部门吊销其技术进出口合同登记证，暂停直至撤销其对外贸易经营许可。

三、与对外贸易有关的知识产权的保护

（一）对进口货物中知识产权的保护

国家依照有关知识产权的法律、行政法规，保护与对外贸易有关的知识产权。

进口货物侵犯知识产权，并危害对外贸易秩序的，国务院外经贸主管部门可以采取在一定期限内禁止侵权人生产、销售的有关货物进口等措施。此种措施的采取，不影响知识产权权利人采取诸如提起民事侵权诉讼等措施维护自身的合法权益。

（二）对许可合同中滥用知识产权行为的防止

在技术进出口贸易中，进出口双方当事人通常会签订技术许可合同，对双方的权利义务关系作出约定。技术许可合同，属于技术合同的一种，其签订不得违反我国《合同法》的相关规定。例如我国《合同法》第 329 条规定："非法垄断技术、妨碍技术进步或者侵害他人技术成果的技术合同无效。"《最高人民法院关于审理技术合同纠纷案件适用法律若干问题的解释》第 10 条，对《合同法》第 329 条作出了具体解释。

许可合同若约定知识产权权利人阻止被许可人对许可合同中的知识产权的有效性提出质疑、进行强制性一揽子许可、在许可合同中规定排他性返授条件等条款的，则属于知识产权权利人滥用知识产权的行为，此种约定当属无效。如果上述行为危害对外贸易公平竞争秩序的，国务院外

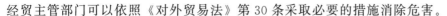

经贸主管部门可以依照《对外贸易法》第30条采取必要的措施消除危害。

《技术进出口管理条例》第24条、第25条和第27条对技术进口合同的让与人作出要求：技术进口合同的让与人应当保证自己是所提供技术的合法拥有者或者有权转让、许可者。技术进口合同的受让人按照合同约定使用让与人提供的技术，被第三方指控侵权的，受让人应当立即通知让与人；让与人接到通知后，应当协助受让人排除妨碍。技术进口合同的让与人应当保证所提供的技术完整、无误、有效，能够达到约定的技术目标。技术进口合同期满后，技术让与人和受让人可以依照公平合理的原则，就技术的继续使用进行协商。

（三）对我国国民在国外的知识产权的保护

国民待遇原则是知识产权国际公约的基础性原则，WTO的TRIPS也不例外，该协定第3条第1款规定："每一成员给予其他成员国民的待遇不得低于给予本国国民的待遇。"违反这一规定，有可能导致WTO争端解决机制的启动甚至招致贸易报复。

为了在其他国家或地区充分保护我国国民所享有的知识产权，我国《对外贸易法》第31条规定，其他国家或者地区在知识产权保护方面未给予中华人民共和国的法人、其他组织或者个人国民待遇，或者不能对来源于中华人民共和国的货物、技术或者服务提供充分有效的知识产权保护的，国务院外经贸主管部门可以依照该法和其他有关法律、行政法规的规定，并根据中华人民共和国缔结或者参加的国际条约、协定，对与该国家或者该地区的贸易采取必要的措施。

第二节　刑　　法

一、刑法的基本知识

（一）犯罪的概念

1. 犯罪的概念

犯罪的概念是对各种具体犯罪的概括，是区分罪和非罪的基本依据。

我国《刑法》第13条规定，一切危害国家主权、领土完整和安全，分裂国家、颠覆人民民主专政的政权和推翻社会主义制度，破坏社会秩序和经济秩序，侵犯国有财产或者劳动群众集体所有的财产，侵犯公民私人所有的财产，侵犯公民的人身权利、民主权利和其他权利，以及其他危害社会的行为，依照法律应当受刑罚处罚的，都是犯罪，但是情节显著轻微危害不大的，不认为是犯罪。

概言之，犯罪具有三个基本特征：①犯罪是危害社会的行为，即具有一定的社会危害性；②犯罪是触犯刑律的行为，即具有刑事违法性；③犯罪是应当受到刑罚处罚的行为，即具有应受惩罚性。

如果行为在客观上造成了损害结果，但不是出于故意或者过失，而是由于不能抗拒或者不能预见的原因所引起的，不是犯罪。

2. 故意犯罪

《刑法》第14条规定，明知自己的行为会发生危害社会的结果，并且希望或者放任这种结果发生，因而构成犯罪的，是故意犯罪。故意犯罪，应当负刑事责任。

犯罪故意分为直接故意和间接故意：直接故意，是指行为人明知自己的行为必然或者可能发生危害社会的结果，并且希望这种结果发生的心理态度；间接故意，是指行为人明知自己的行为可能发生危害社会的后果，并且放任这种结果发生的心理态度。

3. 过失犯罪

《刑法》第15条规定，应当预见自己的行为可能发生危害社会的结果，因为疏忽大意而没有预见，或者已经预见而轻信能够避免，以致发生这种结果的，是过失犯罪。过失犯罪，法律有规定的才负刑事责任。

犯罪过失分为过于自信的过失和疏忽大意的过失：过于自信的过失，是指行为人预见到自己的行为可能发生危害社会的结果，但轻信能够避免，以致发生这种结果的心理态度；疏忽大意的过失，是指行为人应当预见到自己的行为可能发生危害社会的结果，因为疏忽大意而没有预见，以致发生这种结果的心理态度。

（二）犯罪的构成要件

犯罪概念是从总体上划清罪和非罪的界限的总体标准，而犯罪构成则是划分罪与非罪、此罪与彼罪界限的具体标准。

犯罪的构成要件，是指我国《刑法》所规定的，决定某一具体行为具有社会危害性且构成犯罪所必需的一系列主客观要件。犯罪的构成要件包括犯罪的客体、犯罪的客观要件、犯罪的主体、犯罪的主观要件四个方面。

1. 犯罪的客体

犯罪的客体，是指我国《刑法》所保护而为犯罪行为所侵犯的社会关系（或法益）。

犯罪的客体分为三个层次：一般客体，是一切犯罪所共同侵犯的客体，即我国《刑法》所保护而为一切犯罪所共同侵犯的社会关系整体；同类客体，是指某一类犯罪所共同侵犯的客体，即刑法所保护而为某一类犯罪所共同侵犯的某一类社会关系；直接客体，是指我国《刑法》所保护而为某一种具体犯罪所直接侵犯的具体社会关系。它们之间是一般与特殊、共性与个性、抽象与具体、整体与部分的关系。

犯罪的客体是我国《刑法》所保护而为犯罪行为所侵犯的社会关系（或法益），犯罪对象是《刑法》分则条文规定的犯罪行为所作用的客观存在的具体人或者具体物。所以犯罪客体和犯罪对象的区别在于：犯罪客体是犯罪行为侵犯的社会关系或侵害的利益，而犯罪对象则是犯罪行为所指向或者作用的具体人或者具体物。具体而言，两者的区别体现在以下几个方面：①犯罪客体决定犯罪性质，犯罪对象则未必；②犯罪客体是任何犯罪的必要构成要件，而犯罪对象则仅仅是某些犯罪的必要构成要件；③任何犯罪都会使犯罪客体受到危害，而犯罪对象则不一定受到损害；④犯罪客体是犯罪分类的基础，犯罪对象则不是。

2. 犯罪的客观要件

犯罪的客观要件是刑法规定的成立犯罪所需要的客观事实特征，是犯罪的外在表现，包括危害行为、危害后果以及犯罪的时间、地点和方法等。

危害行为是一切犯罪构成的必要要件。危害行为的基本形式有两种，即作为和不作为：作为，是指行为人积极地实施我国《刑法》所禁止的行为，即不当为而为；不作为，是指行为人能够履行应尽的义务而消极地不实施法律要求或者期待的行为，即当为而不为。不作为的义务来源有：法律明文规定的义务；职务或业务上要求的义务；法律行为或者先行行为引起的义务。

危害结果，是指刑法规定的危害行为给我国《刑法》所保护的利益所造成的实际损害。危害结果是许多犯罪构成的必要要件，也是影响量刑轻重的重要情节。

犯罪的时间、地点、方法是某些犯罪构成的必要要件，危害行为与危害结果之间的因果关系，也是犯罪客观方面的重要内容。

3. 犯罪的主体

犯罪的主体，是指实施犯罪行为、依法应负刑事责任的自然人和单位。

自然人犯罪主体，是指具备刑事责任能力、实施危害社会的行为并依法应负刑事责任的自然人。自然人犯罪主体是我国《刑法》中最基本的、具有普遍意义的犯罪主体。

刑事责任能力，是指行为人构成犯罪和承担刑事责任所必需的《刑法》意义上辨认和控制自己行为的能力。年龄、精神状况等因素影响刑事责任能力的实际情况，我国《刑法》将刑事责任能力分为三种情况：

（1）完全刑事责任能力。《刑法》第17条第1款中规定，已满16周岁的人犯罪，应当负刑事责任。凡年满16周岁、精神和生理功能健全而智力与知识发展正常的人都具有完全刑事责任能力。

（2）限制刑事责任能力。《刑法》第17条第2款中规定，已满14周岁不满16周岁的人限制刑事责任能力，犯故意杀人、故意伤害致人重伤或者死亡、强奸、抢劫、贩卖毒品、放火、爆炸、投毒罪的，应当负刑事责任。限制刑事责任能力是指相对完全责任能力和无责任能力而言，行为人因身心发育的某些障碍，只能部分或有限制地理解自己行为的性质、后果及社会政治意义，具备部分的控制自己行为的能力。❶ 我国《刑法》规定，以下情形从轻或者减轻处罚：已满14周岁不满18周岁；又聋又哑的人；盲人；尚未完全丧失辨认或者控制自己行为能力的精神病人；过失；正当防卫过当。

（3）无刑事责任能力，指行为人没有《刑法》意义上的辨认和控制自己行为的能力。不满14周岁的人和行为时因精神疾病不能辨认或不能控制自己行为的人，为无刑事责任能力人。

单位犯罪是相对于自然人犯罪而言的，是指公司、企业、事业单位、机关、团体为本单位谋取非法利益，经单位集体研究决定或由负责人决定实施的，危害社会且被法律明确规定为单位犯罪而应受刑罚处罚的行为。

4. 犯罪的主观要件

犯罪的主观要件，是指犯罪主体对自己的行为及其危害社会的结果所抱的心理态度。犯罪的主观要件包括罪过、目的和动机等方面。其中，罪过即行为人犯罪的故意或者过失，是一切犯罪构成都必须具备的主观要件；犯罪目的是某些犯罪构成所必备的主观要件；犯罪动机不是犯罪构成必备的主观要件，一般不影响定罪，而只影响量刑。

二、侵犯知识产权犯罪

侵犯知识产权罪，是指违反知识产权保护法规的规定，未经知识产权所有人许可，非法利用其知识产权，侵犯国家对知识产权的管理秩序和知识产权所有人的合法权益，违法所得数额较大或者情节严重的行为，是《刑法》规定的一系列侵犯知识产权犯罪的总称。这些侵犯知识产权的犯罪有：假冒注册商标罪，销售假冒注册商标的商品罪，非法制造、销售非法制造的注册商标标识罪，假冒专利罪，侵犯著作权，销售侵权复制品罪及侵犯商业秘密罪。

（一）假冒注册商标罪

《刑法》第213条规定了"假冒注册商标罪"："未经注册商标所有人许可，在同一种商品上使用与其注册商标相同的商标，情节严重的，处三年以下有期徒刑或者拘役，并处或者单处罚金；情节特别严重的，处三年以上七七以下有期徒刑，并处罚金。"

---

❶ 陈瑞挺. 限制刑事责任能力的立法探讨［J］. 法学，1991（1）：18-19.

1. 假冒注册商标罪的概念

假冒注册商标罪，是指未经注册商标所有人许可，在同一种商品上使用与其注册商标相同的商标，情节严重的行为。

其中，"相同的商标"，是指与被假冒的注册商标完全相同，或者与被假冒的注册商标在视觉上基本无差别、足以对公众产生误导的商标。

"使用"，是指将注册商标或者假冒的注册商标用于商品、商品包装或者容器以及产品说明书、商品交易文书，或者将注册商标或者假冒的注册商标用于广告宣传、展览以及其他商业活动等行为。根据《知识产权刑事案件解释》第 1 条的规定，"情节严重"，是指具有下列情形之一的：

（1）非法经营数额在 5 万元以上或者违法所得数额在 3 万元以上的；

（2）假冒两种以上注册商标，非法经营数额在 3 万元以上或者违法所得数额在 2 万元以上的；

（3）其他情节严重的情形。

因此，假冒注册商标罪的构成要件如下：客体是国家的商标管理制度和他人注册商标专用权；客观方面表现为未经注册商标所有人许可，在同一种商品上使用与其注册商标相同的商标的行为；主体是一般主体，包括自然人和单位；主观方面是故意，过失不构成本罪。

2. 假冒注册商标罪的刑事责任

根据《刑法》第 213 条的规定，犯该罪的，处 3 年以下有期徒刑或者拘役，并处或者单处罚金；情节特别严重的，处 3 年以上 7 年以下有期徒刑，并处罚金。

根据《知识产权刑事案件解释》第 1 条的规定，"情节特别严重"是指具有下列情形之一的：

（1）非法经营数额在 25 万元以上或者违法所得数额在 15 万元以上的；

（2）假冒两种以上注册商标，非法经营数额在 15 万元以上或者违法所得数额在 10 万元以上的；

（3）其他情节特别严重的情形。

其中"非法经营数额"，是指行为人在实施侵犯知识产权行为过程中，制造、储存、运输、销售侵权产品的价值。已销售的侵权产品的价值，按照实际销售的价格计算。制造、储存、运输和未销售的侵权产品的价值，按照标价或者已经查清的侵权产品的实际销售平均价格计算。侵权产品没有标价或者无法查清其实际销售价格的，按照被侵权产品的市场中间价格计算。多次实施侵犯知识产权行为，未经行政处理或者刑事处罚的，非法经营数额、违法所得数额或者销售金额累计计算。

实施《刑法》第 213 条规定的假冒注册商标犯罪，又销售该假冒注册商标的商品，构成犯罪的，依照《刑法》第 213 条的规定，以假冒注册商标罪定罪处罚。实施《刑法》第 213 条规定的假冒注册商标犯罪，又销售明知是他人的假冒注册商标的商品，构成犯罪的，实行数罪并罚。

（二）销售假冒注册商标的商品罪

《刑法》第 214 条规定了"销售假冒注册商标的商品罪"："销售明知是假冒注册商标的商品，销售金额数额较大的，处三年以下有期徒刑或者拘役，并处或者单处罚金；销售金额数额巨大的，处三年以上七年以下有期徒刑，并处罚金。"

1. 销售假冒注册商标的商品罪的概念

销售假冒注册商标的商品罪，是指销售明知是假冒注册商标的商品，销售金额数额较大的行为。

"销售金额"，是指销售假冒注册商标的商品后所得和应得的全部违法收入。

"明知"，是指具有下列情形之一的：

（1）知道自己销售的商品上的注册商标被涂改、调换或者覆盖的；

（2）因销售假冒注册商标的商品受到过行政处罚或者承担过民事责任、又销售同一种假冒注册商标的商品的；

（3）伪造、涂改商标注册人授权文件或者知道该文件被伪造、涂改的；

（4）其他知道或者应当知道是假冒注册商标的商品的情形。

"数额较大"是指销售明知是假冒注册商标的商品，销售金额在 5 万元以上的。

2. 销售假冒注册商标的商品罪的刑事责任

根据《刑法》第 214 条的规定，犯该罪的，判处 3 年以下有期徒刑或者拘役，并处或者单处罚金；销售金额数额巨大的，处 3 年以上 7 年以下有期徒刑，并处罚金。

根据《知识产权刑事案件解释》第 2 条的规定，销售明知是假冒注册商标的商品，销售金额在 5 万元以上的，属于《刑法》第 214 条规定的"数额较大"；销售金额在 25 万元以上的，属于《刑法》第 214 条规定的"数额巨大"。

（三）非法制造、销售非法制造的注册商标标识罪

《刑法》第 215 条规定了"非法制造、销售非法制造的注册商标标识罪"："伪造、擅自制造他人注册商标标识或者销售伪造、擅自制造的注册商标标识，情节严重的，处三年以下有期徒刑、拘役或者管制，并处或者单处罚金；情节特别严重的，处三年以上七年以下有期徒刑，并处罚金。"

1. 非法制造、销售非法制造的注册商标标识罪的概念

非法制造、销售非法制造的注册商标标识罪，是指伪造、擅自制造他人注册商标标识或者销售伪造、擅自制造的注册商标标识，情节严重的行为。

其中，"情节严重"是指具有下列情形之一的：

（1）伪造、擅自制造或者销售伪造、擅自制造的注册商标标识数量在 2 万件以上，或者非法经营数额在 5 万元以上，或者违法所得数额在 3 万元以上的；

（2）伪造、擅自制造或者销售伪造、擅自制造两种以上注册商标标识数量在 1 万件以上，或者非法经营数额在 3 万元以上，或者违法所得数额在 2 万元以上的；

（3）其他情节严重的情形。

2. 非法制造、销售非法制造的注册商标标识罪的刑事责任

根据《刑法》第 215 条的规定，犯该罪的，处 3 年以下有期徒刑、拘役或者管制，并处或者单处罚金；情节特别严重的，处 3 年以上 7 年以下有期徒刑，并处罚金。

根据《知识产权刑事案件解释》第 3 条的规定，伪造、擅自制造他人注册商标标识或者销售伪造、擅自制造的注册商标标识，具有下列情形之一的，属于《刑法》第 215 条规定的"情节特别严重"：

（1）伪造、擅自制造或者销售伪造、擅自制造的注册商标标识数量在 10 万件以上，或者非法经营数额在 25 万元以上，或者违法所得数额在 15 万元以上的；

（2）伪造、擅自制造或者销售伪造、擅自制造两种以上注册商标标识数量在 5 万件以上，或者非法经营数额在 15 万元以上，或者违法所得数额在 10 万元以上的；

（3）其他情节特别严重的情形。

（四）假冒专利罪

《刑法》第 216 条规定了"假冒专利罪"："假冒他人专利，情节严重的，处三年以下有期徒

刑或者拘役，并处或者单处罚金。"

1. 假冒专利罪的概念

假冒专利罪，是指假冒他人专利，情节严重的行为。

其中，"假冒他人专利"的行为包括：

（1）未经许可，在其制造或者销售的产品、产品的包装上标注他人专利号的；

（2）未经许可，在广告或者其他宣传材料中使用他人的专利号，使人将所涉及的技术误认为是他人专利技术的；

（3）未经许可，在合同中使用他人的专利号，使人将合同涉及的技术误认为是他人专利技术的；

（4）伪造或者变造他人的专利证书、专利文件或者专利申请文件的。

2. 假冒专利罪的刑事责任

根据《刑法》第216条的规定，犯该罪的，应当以假冒专利罪判处3年以下有期徒刑或者拘役，并处或者单处罚金。

根据《知识产权刑事案件解释》第4条的规定，假冒他人专利，具有下列情形之一的，属于《刑法》第216条规定的"情节严重"：

（1）非法经营数额在20万元以上或者违法所得数额在10万元以上的；

（2）给专利权人造成直接经济损失50万元以上的；

（3）假冒两项以上他人专利，非法经营数额在10万元以上或者违法所得数额在5万元以上的；

（4）其他情节严重的情形。

（五）侵犯著作权罪

《刑法》第217条规定了"侵犯著作权罪"："以营利为目的，有下列侵犯著作权情形之一，违法所得数额较大或者有其他严重情节的，处三年以下有期徒刑或者拘役，并处或者单处罚金；违法所得数额巨大或者有其他特别严重情节的，处三年以上七年以下有期徒刑，并处罚金：（一）未经著作权人许可，复制发行其文字作品、音乐、电影、电视、录像作品、计算机软件及其他作品的；（二）出版他人享有专有出版权的图书的；（三）未经录音录像制作者许可，复制发行其制作的录音录像的；（四）制作、出售假冒他人署名的美术作品的。"

1. 侵犯著作权罪的概念

侵犯著作权罪，是指以营利为目的，侵犯他人著作权，违法所得数额较大或者有其他严重情节的行为。根据《刑法》第217条的规定，侵犯他人著作权的行为包括以下四种情形：

（1）未经著作权人许可，复制发行其文字作品、音乐、电影、电视、录像作品、计算机软件及其他作品的；

（2）出版他人享有专有出版权的图书的；

（3）未经录音录像制作者许可，复制发行其制作的录音录像的；

（4）制作、出售假冒他人署名的美术作品的。

其中，"以营利为目的"，包括以刊登收费广告等方式直接或者间接收取费用的情形。"未经著作权人许可"，是指没有得到著作权人授权或者伪造、涂改著作权人授权许可文件或者超出授权许可范围的情形。"复制发行"，包括复制、发行或者既复制又发行的行为。通过信息网络向公众传播他人文字作品、音乐、电影、电视、录像作品、计算机软件及其他作品的行为，应当视为该条规定的"复制发行"。侵权产品的持有人通过广告、征订等方式推销侵权产品的，属于该条规定的"发行"。

2. 侵犯著作权罪的刑事责任

根据《刑法》第217条的规定，犯该罪的，违法所得数额较大或者有其他严重情节的，处3年以下有期徒刑或者拘役，并处或者单处罚金；违法所得数额巨大或者有其他特别严重情节的，处3年以上7年以下有期徒刑，并处罚金。

根据《知识产权刑事案件解释》第5条和《知识产权刑事案件解释（二）》第1条的规定，"违法所得数额较大"，是指违法所得数额在3万元以上。"有其他严重情节"，是指具有下列情形之一：①非法经营数额在5万元以上的；②未经著作权人许可，复制发行其文字作品、音乐、电影、电视、录像作品、计算机软件及其他作品，复制品数量合计在500张（份）以上的；③其他严重情节的情形。"违法所得数额巨大"，是指违法所得数额在15万元以上。"有其他特别严重情节"，是指具有下列情形之一：①非法经营数额在25万元以上的；②未经著作权人许可，复制发行其文字作品、音乐、电影、电视、录像作品、计算机软件及其他作品，复制品数量合计在2500张（份）以上的；③其他特别严重情节的情形。

实施《刑法》第217条规定的侵犯著作权犯罪，又销售该侵权复制品，构成犯罪的，应当依照《刑法》第217条的规定，以侵犯著作权罪定罪处罚。实施《刑法》第217条规定的侵犯著作权犯罪，又销售明知是他人的侵权复制品，构成犯罪的，应当实行数罪并罚。

（六）销售侵权复制品罪

《刑法》第218条规定了"销售侵权复制品罪"："以营利为目的，销售明知是本法第二百一十七条规定的侵权复制品，违法所得数额巨大的，处三年以下有期徒刑或者拘役，并处或者单处罚金。"

1. 销售侵权复制品罪的概念

销售侵权复制品罪，是指以营利为目的，销售明知是侵权复制品，违法所得数额巨大的行为。

其中，"侵权复制品"，是指《刑法》第217条规定的侵犯他人著作权的物品，即侵权作品、侵权图书、侵权音像制品和假冒他人署名的美术作品。

根据《知识产权刑事案件解释》第6条，以营利为目的，实施《刑法》第218条规定的行为，违法所得数额在10万元以上的，属于"违法所得数额巨大"。

2. 销售侵权复制品罪的刑事责任

根据《刑法》第218条的规定，犯本罪的，处3年以下有期徒刑或者拘役，并处或者单处罚金。

（七）侵犯商业秘密罪

《刑法》第219条规定了"侵犯商业秘密罪"："有下列侵犯商业秘密行为之一，给商业秘密的权利人造成重大损失的，处三年以下有期徒刑或者拘役，并处或者单处罚金；造成特别严重后果的，处三年以上七年以下有期徒刑，并处罚金：（一）以盗窃、利诱、胁迫或者其他不正当手段获取权利人的商业秘密的；（二）披露、使用或者允许他人使用以前项手段获取的权利人的商业秘密的；（三）违反约定或者违反权利人有关保守商业秘密的要求，披露、使用或者允许他人使用其所掌握的商业秘密的。明知或者应知前款所列行为，获取、使用或者披露他人的商业秘密的，以侵犯商业秘密论。本条所称商业秘密，是指不为公众所知悉，能为权利人带来经济利益，具有实用性并经权利人采取保密措施的技术信息和经营信息。本条所称权利人，是指商业秘密的所有人和经商业秘密所有人许可的商业秘密使用人。"

1. 侵犯商业秘密罪的概念

侵犯商业秘密罪，是指以不正当手段，获取、使用、披露或者允许他人使用权利人的商业秘密，给商业秘密的权利人造成重大损失的行为。

其中，"商业秘密"，是指不为公众所知悉，能为权利人带来经济利益，具有实用性并经权利人采取保密措施的技术信息和经营信息。"权利人"，是指商业秘密的所有人和经商业秘密所有人许可的商业秘密使用人。"给权利人造成重大损失"，是指给商业秘密的权利人造成损失数额在50万元以上。

根据《刑法》第219条的规定，侵犯他人商业秘密的几种情形：①以盗窃、利诱、胁迫或者其他不正当手段获取权利人的商业秘密的；②披露、使用或者允许他人使用以前项手段获取的权利人的商业秘密的；③违反约定或者违反权利人有关保守商业秘密的要求，披露、使用或者允许他人使用其所掌握的商业秘密的。明知或者应知前述所列行为，获取、使用或者披露他人的商业秘密的，以侵犯商业秘密论。

2. 侵犯商业秘密罪的刑事责任

根据《刑法》第219条的规定的行为之一，犯该罪的，处3年以下有期徒刑或者拘役，并处或者单处罚金；造成特别严重后果的，处3年以上7年以下有期徒刑，并处罚金。

《知识产权刑事案件解释》第7条规定，给商业秘密的权利人造成损失数额在50万元以上的，属于"给商业秘密的权利人造成重大损失"；给商业秘密的权利人造成损失数额在250万元以上的，属于"造成特别严重后果"。

（八）侵犯知识产权罪的单位犯和共犯

《刑法》第220条规定，单位犯侵犯知识产权罪的，对单位判处罚金，并对其直接负责的主管人员和其他直接责任人员，依照《刑法》第213～219条的规定处罚。

《知识产权刑事案件解释》第16条规定，明知他人实施侵犯知识产权犯罪，而为其提供贷款、资金、账号、发票、证明、许可证件，或者提供生产、经营场所或者运输、储存、代理进出口等便利条件、帮助的，以侵犯知识产权犯罪的共犯论处。

（九）其他规定

1. 侵犯知识产权罪的缓刑及罚金的适用

为维护社会主义市场经济秩序，依法惩治侵犯知识产权犯罪活动，《知识产权刑事案件解释（二）》对侵犯知识产权犯罪缓刑的适用作出了限定，规定具有下列情形之一的，一般不适用缓刑：

（1）因侵犯知识产权被刑事处罚或者行政处罚后，再次侵犯知识产权构成犯罪的；

（2）不具有悔罪表现的；

（3）拒不交出违法所得的；

（4）其他不宜适用缓刑的情形。

为了加大对侵犯知识产权犯罪的打击力度，上述司法解释对罚金适用及罚金数额的计算作出了规定，即对于侵犯知识产权犯罪的，人民法院应当综合考虑犯罪的违法所得、非法经营数额、给权利人造成的损失、社会危害性等情节，依法判处罚金；罚金数额一般在违法所得的1倍以上5倍以下，或者按照非法经营数额的50％以上1倍以下确定。

2. 侵犯知识产权罪的公诉及自诉

侵犯知识产权罪，由公安机关侦查，人民检察院提供公诉。被害人有证据证明的侵犯知识产权刑事案件，直接向人民法院起诉的，人民法院应当依法受理。

第二编
相关知识产权法律法规

第一章 著 作 权 法

【提要】 本章主要围绕著作权法的一般原理和主要内容，帮助考生熟悉著作权的主体、客体和内容，理解著作权的保护期限和限制，掌握著作权的保护；了解计算机软件著作权的归属和特殊保护。本章主要涉及《著作权法》、《中华人民共和国著作权法实施条例》（以下简称《著作权法实施条例》）、《计算机软件保护条例》、《信息网络传播权保护条例》、《最高人民法院关于审理著作权民事纠纷案件适用法律若干问题的解释》（以下简称《著作权若干问题的解释》）和《最高人民法院关于审理侵害信息网络传播权民事纠纷案件适用法律若干问题的规定》（以下简称《信息网络传播权若干问题的规定》）的规定。

第一节 著作权的客体

著作权的客体，即著作权法保护的对象，是文学、艺术和科学领域内的作品。作品是著作权得以产生和存在的基础，无论是作者享有的原始性权利，还是其他著作权主体通过合同等途径享有的派生性权利，均必须通过作品来实现。著作权法只保护思想观念的表达，而不保护思想观念本身。

一、作品的概念

《著作权法实施条例》第2条规定："著作权法所称作品，是指文学、艺术和科学领域内具有独创性并能以某种有形形式复制的智力成果。"由此可见，受《著作权法》保护的作品必须是智力成果，具有独创性和可复制性。

（一）作品是智力成果

作品应当是人类的智力成果，是人类在文学、艺术和科学领域内的智力创作。大自然的风光或其他自然界存在的景象，并非著作权法所保护的作品。

作品应当以传播作者的思想、情感为主要目的，表达作者的某一思想和情感，而且能够让读者体会出其中作者要表达的意思。作品是通过一定的创作活动而产生的智力成果，而非机械记录、通用表达成果，比如机械录制下某段声音的录音制品，就不属于"作品"。

《著作权法》保护的智力成果必须是文学、艺术和科学领域内的成果。也就是说，作品必须能够传播文学、文艺或科学思想。文学作品主要是用语言来表达作者思想的作品；艺术作品是指借助于其他道具以塑造形象来表达作者思想的作品；科学作品包括自然科学、社会科学和工程技术作品，是指表述自然科学、社会科学或技术经验及生产工艺方法和技能等内容的智力创作成果。

（二）作品的独创性

独创性也称原创性或初创性，是指一个作品是作者独立创作产生的，是作者独立构思的产物，不是对已有作品的摹仿、抄袭。要求作品必须具有独创性，是各国著作权立法中通行的规则。

独创性包含独立完成和创作性两个方面的内容。所谓独立完成，是指作品源于作者，是由作者通过独立构思、创作产生的，而不是模仿、抄袭他人的作品。独立完成与专利法中的新颖性不同，著作权法不会因某个作品在内容上有新颖性而给予特殊的保护，也不会因某作品在内容上缺乏新颖性而拒绝给予保护，即使作者创作的作品与他人创作的在先作品雷同，只要该作品是作者独立创作产生的，仍不丧失独创性，两个作品可以同等地产生著作权。因此，《著作权若干问题的解释》第15条规定："由不同作者就同一题材创作的作品，作品的表达系独立完成并且有创作性的，应当认定作者各自享有独立著作权。"

所谓创作性，即作品要体现作者的个性，要有某种属于作者个人所特有的东西，或者说作品中有作者的取舍、选择、安排、设计等。创作行为被认为是作品产生的基础行为，没有创作行为就没有作品。《著作权法实施条例》第3条第1款规定："著作权法所称创作，是指直接产生文学、艺术和科学作品的智力活动。"但是，不同创作行为人的个性由于其能力或者才气的不同而各异。作者利用文字、声音、色彩、线条等媒介或符号把思想、主题、人物、情节等各种要素组合起来，在作品的体系构成、排列设计、内容取舍或者组合上体现出作者的独具匠心之处。只有真正通过创作来体现作者思想的表达形式才能成为作品，才能受到法律保护；仅独立完成，即使完成过程中付出了艰辛的劳动，如果没有体现出作者的取舍、安排，也不具有独创性。

独创性是指表达的独创性，独创性存在于作者取舍、安排的表达形式或者表达方式之中，而不是体现在思想里面。在判断是否有独创性时，应从表达中寻找，应看表达中是否有作者的取舍、选择、安排、设计，而不是离开表达看其创意、思想、情感、对象等其他方面。司法实践中经常遇到对仅以产品或设备为内容的照片主张著作权的案件，有人认为这种照片拍摄的是设备，既没有什么内容，也无艺术性，故缺乏独创性。但是，对于摄影作品而言，其独创性体现在画面上，但不局限于画面，更主要的是拍摄照片的人拍摄时对角度的选择，焦距、光圈的设定，快门和曝光的选择等各方面。

我国《著作权法》没有对独创性的标准作出规定，因此对独创性的要求是高还是低，理论上有争议，实践中也有不同的做法。一般认为，作品的独创性不要求作品必须具备较高的文学、艺术或者科学价值，只要作品中体现出了作者的取舍、选择、安排、设计，就应认为具有独创性。比如产品说明书是对机器功能、构造的客观反映，但是如何表达出机器的功能、构造、参数等，仍能体现出作者的取舍、选择、安排、设计，因此产品说明书可以作为作品予以保护。

（三）作品的可复制性

任何作者的创作活动必须以一定的成果形式体现。著作权法只保护作品的表现形式，而不延及作品所表达的思想和情感本身。如果人们仅仅在自己大脑中进行思考而没有将其思考的内容以人们可以感知的成果形式表现出来，那么这种未表达出来的纯粹的思考不构成作品。作品只有能够以某种有形形式复制，才能被人们感知，才能够再现、传播，产生经济和精神效益，从而具有保护的必要。

我国《著作权法》并不要求作品必须在创作完成时以某种物质载体固定下来，只要作品具有被复制的可能性即可，至于作品本身在创作完成时是否已经被一定物质载体固定并不重要。例如口述作品和杂技艺术作品，其创作完成时并不具有形式，但其同样属于《著作权法》保护的作品。

二、作品的种类

根据不同的标准可以将作品分为不同的类型。不同类型的作品虽有共性，但也有一些特殊性，从而决定了其相应的著作权在具体内容上有一定的差别。世界各国著作权法所列举的受保护的作品种类并不相同，但都尽可能力求全面。《著作权法》第3条列举了以九类形式创作的文学、艺术和自然科学、社会科学、工程技术等作品，包括：文字作品；口述作品；音乐、戏剧、曲艺、舞蹈、杂技艺术作品；美术、建筑作品；摄影作品；电影作品和以类似摄制电影的方法创作的作品；工程设计图、产品设计图、地图、示意图等图形作品和模型作品；计算机软件；法律、行政法规规定的其他作品。

（一）文字作品

文字作品是指小说、诗词、散文、论文等以文字形式表现的作品。文字语言是人类进行思想和情感交流的重要手段，文字作品是最普遍采用的创作方式，各国著作权法都把文字作品列为首要和基本的作品形式予以保护。文字作品的特点就是利用了语言文字本身或内部的特定含义来表达作品的内容。它区别于用符号外形来表达作品内容，例如书法作品。文字作品一般有以下几种形式：小说、诗歌、散文、剧本、论文、专著、教材、编辑作品、书信、译文、译著等。

（二）口述作品

口述作品是指即兴的演说、授课、法庭辩论等以口头语言形式表现的作品。口述作品应当是口述即兴创作产生，对于按照已有的文字作品进行口头表演的作品，如诗歌或散文的朗诵，则不属于口述作品。作为作品的一种，口述作品应该有相对的完整性，能说明一定的问题或者抒发某种情感，且具有独创性。单纯的事实陈述、日常会话因其不具有独创性而不能成为口述作品。目前世界各国对口述作品是否应当受到保护的态度并不一致，《保护文学和艺术作品伯尔尼公约》（以下简称《伯尔尼公约》）第2条之二则指出"公开发表的讲课、演说或其他同类性质的作品"的保护"属于本同盟各成员国国内立法的范围"。我国《著作权法》保护口述作品的著作权。

（三）音乐作品

音乐作品是指歌曲、交响乐等能够演唱或者演奏的带词或者不带词的作品。音乐把各种形态的声波振动作为存在的物质材料，运用一定的规则将音乐的最基本形式要素，如节奏、旋律、和声进行组合，并运用各种物质手段发出，这种物质手段既包括人类天生的器官，也包括人类创造的各种器具。音乐作品过去是以乐谱形式表达的，现在许多音乐作品有的以乐谱出现，有的固定在录音制品上，有的是歌唱或乐器的演奏。

（四）戏剧作品

戏剧作品是指话剧、歌剧、地方戏等供舞台演出的作品。在西方国家，戏剧即指话剧。在我国，戏剧是戏曲、话剧、歌剧等的总称。戏剧是由文学、导演、表演、音乐、美术等多种艺术成分组成的综合艺术，其整体构成一个作品，同时，不排斥上述组成部分中可独立存在的部分单独享有著作权。

（五）曲艺作品

曲艺作品是指相声、快书、大鼓、评书等以说唱为主要形式表演的作品。曲艺是各种说唱艺术的总称。曲艺作品是我国特有的艺术形式，主要以说、弹、唱等来表现其艺术性，由古代民间的口头文学和歌唱艺术经过长期的发展演变而形成。曲艺作品主要包括：相声、快板书、梅花大鼓、京韵大鼓、评书、评话、弹词、琴书等。

（六）舞蹈作品

舞蹈作品是指通过连续的动作、姿势、表情等表现思想情感的作品。舞蹈作为具空间性、时间性的综合艺术，往往综合了音乐、诗歌、戏剧、绘画、杂技等手段而成为独立的艺术门类。舞蹈作品是以身体语言作为表现手法的艺术，并不以书面或者录像式的固定作为保护的先决条件。

（七）杂技艺术作品

杂技艺术作品是指杂技、魔术、马戏等通过形体动作和技巧表现的作品。杂技是表演艺术的一种，包括蹬技、手技、顶技、踩技、口技、车技、爬杆、走索及各种民间杂耍，通常也把戏法、魔术、马戏、驯兽等包括在内。杂技艺术是我国的传统艺术，对其加以保护，有助于促进我国杂技艺术的繁荣与发展。

（八）美术作品

美术作品是指绘画、书法、雕塑等以线条、色彩或者其他方式构成的有审美意义的平面或者立体的造型艺术作品。绘画是指以色彩、线条等表现出一定的图形的一种平面作品，如油画、国画、版画等；书法作品是以书写汉字而使其具有文字本身含义之外的意思表达，即作者的思想感情等；雕塑作品是指通过雕、刻、塑的方法来表达作者思想的立体作品，如根雕作品。书法作品必须具有书法艺术的整体内涵，如笔画、结构、韵味等，具有艺术欣赏价值，从而区别于文字作品。

我国《著作权法》中的美术作品不仅包括绘画、书法、雕塑等纯美术作品，而且还包括实用艺术作品。所谓纯美术作品是指只能供人们观赏的一种独立作品，而实用艺术作品一般是指将美术作品的内容与具有实际使用价值的载体相结合，借助美术作品的艺术价值，使载体更具有艺术效果，从而使这一美术作品具有了实用价值，如陶瓷艺术、染织图案、艺术台灯等。《著作权法》保护的实用艺术作品，是指体现在该实用艺术作品上具有独创性的艺术造型或艺术图案，也即《著作权法》只保护实用艺术作品的艺术方面，而不保护实用艺术作品的实用方面。另外，在实用艺术作品的艺术方面与工业品的外观设计方面，不存在一条清晰的界线。实践中，对实用艺术作品的保护，可以纳入《著作权法》的范围，也可以纳入《专利法》的范围，甚至也可以由专门法律予以保护。当然，当人们使用实用艺术作品这一概念时，更多的是将其作为《著作权法》保护的作品。

（九）建筑作品

建筑作品是指以建筑物或者构筑物形式表现的有审美意义的作品。建筑作品是艺术和技术结合的产物，只有既符合建筑美学理论和美的规律，在空间和实体上构成给人以美的感受的艺术造型，又符合建筑工程技术规范的建筑，才能够成为建筑作品。建筑作品保护的是有关建筑物的艺术设计，而不包括实用性的建筑组成要件和标准建筑材料，如门窗等。《著作权法》把建筑作品与美术作品列在一起，是为了强调建筑作品的审美意义和观赏目的，也就是说，只有具有一定的独创性和审美意义的建筑作品才能获得保护，并不是所有建筑物都能获得保护。

（十）摄影作品

摄影作品是指借助器械在感光材料或者其他介质上记录客观物体形象的艺术作品。构成著作权法意义上的摄影作品，必须具有某种程度的艺术表现形式，必须反映了作者独特的审美眼光和艺术视角。因此，简单的拍照，如证件照等，因为不具有著作权所要求的独创性，所以不属于受《著作权法》保护的作品。

（十一）电影作品和以类似摄制电影的方法创作的作品

电影作品和以类似摄制电影的方法创作的作品，是指摄制在一定介质上，由一系列有伴音或者无伴音的画面组成，并且借助适当装置放映或者以其他方式传播的作品。在1991年的《著作权法》中，此类作品表述为"电影、电视、录像作品"。由于录像作品容易与受到邻接权保护的"录像制品"相混淆，且国际上通行的说法是"电影作品和以类似摄制电影的方法表现的作品"，因此我国现行《著作权法》将此类作品表述为"电影作品和以类似摄制电影的方法创作的作品"。

电影作品，是由众多作者创作的综合性艺术作品，包括作者、导演、演员、摄影、录音、剪辑等一系列创作人员和演职人员的共同创作。而类似摄制电影的方法创作的电视片、录像片，同样是一件许多作品综合而成的作品，反映了很多人的创作劳动。录像制品虽然也有可以连续播放的画面或图像，但是只是对他人表演活动的真实的、无选择的记载，因此不属于作品。

（十二）图形作品

图形作品是指为施工、生产绘制的工程设计图、产品设计图，以及反映地理现象、说明事物原理或者结构的地图、示意图等作品。

工程设计、产品设计图纸，指的是为工程施工和产品生产而绘制的图样以及对图样的文字说明。它与一般图形作品的本质区别在于其设计目的是用以施工或生产。各种工程、建筑、电路、机械设备的设计以及机械产品、电子产品、化工产品等设计图纸，均属于该类作品。如果经过施工或生产而产生的客体不属于作品，如道路、桥梁等，则《著作权法》只保护平面设计图；如果经过施工或生产而产生的客体属于文学艺术作品，如构成作品的建筑物、实用艺术作品等，则模仿建筑作品而建造的建筑物或者模仿实用艺术作品而生产的物品，属于著作权法意义上的复制行为，应当予以禁止，此时《著作权法》不仅保护平面的设计图，还保护立体的复制品。

地图、示意图等图形作品，指反映地理现象、说明事物原理或者结构的平面图形作品。地图作品是指以线条、符号、标注反映地理自然现象和地表人文事项的作品，如各种不同比例尺的普通地图和专业地图。示意图作品是指以线条、符号和标注说明事物的原理和结构的作品，如人体解剖示意图、供水管线示意图、电器结构示意图等。

（十三）模型作品

模型作品，是指为展示、试验或者观测等用途，根据物体的形状和结构，按照一定比例制成的立体作品。模型作品非常广泛，有建筑模型、地理模型、动植物模型、产品模型等。与工程设计图和产品设计图一样，模型在绝大多数情况下都可以作为作品受到《著作权法》的保护。

（十四）计算机软件

计算机软件是指计算机程序及其有关文档。所谓计算机程序，是指为了得到某种结果而可以由计算机等具有信息处理能力的装置执行的代码化指令序列，或者可以被自动转换成代码化指令序列的符号化指令序列或者符号化语句序列。同一计算机程序的源程序和目标程序为同一作品。所谓文档，是指用来描述程序的内容、组成、设计、功能规格、开发情况、测试结果及使用方法的文字资料和图表等，如程序设计说明书、流程图、用户手册等。受《著作权法》保护的软件必须由开发者独立开发，并已固定在某种有形的物体上。

（十五）民间文学艺术作品

我国《著作权法》第6条规定保护民间文学艺术作品，但同时规定保护办法由国务院另行规定。目前法律上并没有对民间文学艺术作品作出明确的定义，这与其他受法律保护的作品类型有着明显的不同，体现了立法者对民间文学艺术作品的确认采取了比较审慎的态度。大体来说，民间文学艺术作品是指某一民族或某一地区人民集体创作，经世代流传而构成传统文化遗产基本成分之一的一切文学、艺术和科学作品，如民间传说、民间诗歌、民间音乐、民间舞蹈、民间服饰、民间宗教仪式等。民间文学艺术作品的特点是世代相传、不断变化，没有固定化的有形载体，也没有明确的作者。

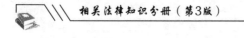

三、著作权法不予保护的客体

著作权法的保护对象非常广泛，但很多国家也把某些对象排除在外。我国《著作权法》第4条和第5条就规定了不适用于《著作权法》的作品。

（一）违禁作品

《著作权法》第4条规定："著作权人行使著作权，不得违反宪法和法律，不得损害公共利益。国家对作品的出版、传播依法进行监督管理。"因内容违反法律而被禁止出版发行的反动、淫秽作品，理论上被称为违禁作品。严格来说，违禁作品并不属于《著作权法》不予保护的客体。对违禁作品而言，其作者同样享有著作权，可以禁止他人随意使用、传播，但同时违禁作品的著作权应该受到相应的限制，不享有与作品出版、传播有关的权利。

2010年修正前的《著作权法》第4条第1款规定："依法禁止出版、传播的作品，不受本法保护。"从法理上来说，法律所保护的权利一定是合法权利，非法的权利不应该受到法律的保护，而依法禁止出版、传播的作品，其不可能通过出版、传播获得《著作权法》上的利益，在他人进行出版传播时，也就不会侵犯其合法利益。但是，该条款一直倍受争议，主要原因在于该款规定实际上为作品受保护提出了一个附加条件，即作品的内容必须合法。也就是说，从该款规定的文义来看，作品受到《著作权法》保护，必须经过一定的程序，审查其内容合法后才受到保护，这容易产生违禁作品系在内容审查合法后而并非创作完成之日起享有著作权的误解。但是，根据《伯尔尼公约》的规定，各缔约国对受公约保护的作品应自动提供保护，既不应要求履行任何手续，也不应附加其他限制条件。

2007年，美国就中国对正在审查阶段的作品的保护问题诉诸WTO争端解决机构（案件编号：DS362）。美国方面认为，中国政府对相关作品采取内容审查措施，导致很多作品在中国被侵权却无法追究。比如美国的一些影视作品，由于尚未通过中国的行政审查，正版音像制品不能进入中国市场，但大量盗版光碟等却在中国大肆流通，美国相关著作权人却无法对这些盗版侵权行为进行追究。2009年，WTO作出裁决，认为原《著作权法》第4条第1款的规定违反了相关国际公约。正是基于此，我国对该条款进行了修改。

（二）其他不适用于著作权法保护的作品

《著作权法》第5条规定："本法不适用于：（一）法律、法规，国家机关的决议、决定、命令和其他具有立法、行政、司法性质的文件，及其官方正式译文；（二）时事新闻；（三）历法、通用数表、通用表格和公式。"

（1）立法、行政、司法性质的文件，是指全国人民代表大会及其常务委员会制定的法律，国务院制定的行政法规，各省、自治区、直辖市人民代表大会及其常务委员会制定的地方性法规，民族自治区的自治条例和单行条例，国务院各部委和地方政府依法制定的行政规章，各级立法机关、行政机关、司法机关作出的决议、决定、命令和其他具有立法、行政、司法性质的文件，以及由国家机关确认的上述文件的正式译文。

立法、行政、司法性质的文件，又称政府文件或官方文件，虽然均属于作品，但是这类作品一般都具有社会规范的性质，需要迅速而广泛地传播。为提高管理的效率和透明度，世界上绝大多数国家都规定这类文件不享有著作权。至于私人或出版单位将我国或外国的法律、法规或判决加以选择、编排或者进行编辑加工而构成智力创作的作品，或者对法律、法规或其他文件加以翻译而构成智力创作的作品，则应当受到著作权法的保护。

（2）时事新闻，是指通过报纸、期刊、广播电台、电视台等媒体报道的单纯事实消息。一般而言，时事新闻只是对客观事实的反映和报道，属于著作权法不予保护的思想观念和事实。目前世界各国均将时事新闻排除在著作权法保护的范围之外，例如《伯尔尼公约》第2条第8款规定，该公约的保护不适用于日常新闻或纯属报刊消息性质的社会新闻。但是，如果一则新闻具有评论性、描述性，凝结着作者的独立的构思和创意，体现了独创性，则应当受到著作权法的保护。

（3）历法、通用数表、通用表格和公式，具备了作品的形式特征但不具备作品的实质条件。它们或者属于对自然界客观存在的现象、变化过程以及特性和规律的揭示，如历法；或者属于公有领域，如通用数表、通用表格；或者属于表达方式十分有限，甚至是唯一的规律，如公式，因此不受《著作权法》的保护。

另外，与时事新闻一样，要注意区分不受保护的历法、通用数表、通用表格和公式，以及他人在历法、通用数表、通用表格和公式基础上的创作成果。例如，任何人不得以历法不受保护为由，擅自复制他人设计创作的台历或挂历。

第二节 著作权的主体

著作权的主体，即著作权人，是指依法对文学、艺术和科学作品享有著作权的人。

一、著作权的主体范围

根据我国《著作权法》，著作权的主体包括自然人、法人、其他组织和国家。从著作权的取得方式来说，著作权的主体包括原始主体和继受主体。从著作权主体的类别来说，可以分为中国的著作权主体和外国的著作权主体，其中的外国著作权主体，包括外国的自然人、法人、其他组织和国家，无国籍人同样是著作权的主体。

（一）中国公民、法人或其他组织及其受保护的条件

《著作权法》第2条第1款规定："中国公民、法人或者其他组织的作品，不论是否发表，依照本法享有著作权。"因此，凡是具有中国国籍的公民和在中国境内依法成立的法人或者其他组织，只要创作了作品，不论其作品是否发表，从作品完成之日起就依照《著作权法》享有著作权。

根据著作权主体的所在国籍来确定给予著作权保护，通常称为国籍原则，这是国际上通行的原则。如《伯尔尼公约》第3条第1项（a）规定："作者为本同盟任何成员国的国民者，其作品无论是否已经出版，都受到保护。"

（二）外国人、无国籍人及其受保护的条件

对外国人和无国籍人的作品，主要根据国与国之间所签订的协议或者共同参加的国际条约，以及作品首先出版地来确定给予著作权保护。

（1）根据国与国之间所签订的协议或者共同参加的国际条约来确定给予著作权保护，通常称为互惠原则。只要我国与外国签订了双边协议或共同参加了某国际公约，则应相互给予著作权保护。如果我国尚未同外国签订双边协议或参加国际公约，则可以不经许可、无偿使用外国人在中国境外发表的作品。同样，外国对于中国公民、法人或者其他组织的作品，也可以不经许可、无偿使用，互相都不受本国著作权法的保护。

《著作权法》第2条第2款规定："外国人、无国籍人的作品根据其作者所属国或者经常居住地国同中国签订的协议或者共同参加的国际条约享有的著作权，受本法保护。"适用该款规定须

同时满足三个条件：第一，外国人的所属国或者经常居住地国、无国籍人的经常居住地国同中国签订了有关著作权的协议或者共同参加了有关著作权的国际条约；第二，该协议或者国际公约承认该外国人或者无国籍人的作品享有著作权；第三，该协议或者国际条约要求协议国或者参加国相互保护其承认的著作权。

（2）根据著作权主体所创作的作品的首先出版地来确定给予著作权保护，通常称为地域原则。《著作权法》第2条第3款规定："外国人、无国籍人的作品首先在中国境内出版的，依照本法享有著作权。"所谓"首先在中国境内出版"，是指外国人、无国籍人的作品的第一次出版是在中国境内。这里并不要求作品的第一次发表在中国境内，即使外国人、无国籍人的作品在中国境外已经发表，但该作品的第一次复制、发行在中国境内，同样依照《著作权法》享有著作权。另外，根据《著作权法实施条例》第7条规定，首先在中国境内出版的外国人、无国籍人的作品，其著作权自首次出版之日起受保护。

《著作权法》第2条第4款规定："未与中国签订协议或者共同参加国际条约的国家的作者以及无国籍人的作品首次在中国参加的国际条约的成员国出版的，或者在成员国和非成员国同时出版的，受本法保护。"适用该款规定有两个条件：第一，作者应当是外国人或无国籍人。该外国人的所属国未同我国签订有关著作权的双边协议，也未同我国共同加入有关著作权的某个国际公约。第二，该作者的作品首次在中国参加的国际条约的成员国出版，或者在成员国和非成员国同时出版。这里的"同时出版"并不是要求在同一时刻发生，《著作权法实施条例》第8条规定，外国人、无国籍人的作品在中国境外首先出版后，30日内在中国境内出版的，视为该作品同时在中国境内出版。

二、著作权人的确定

《著作权法》第9条规定，著作权人包括作者和其他依照《著作权法》享有著作权的公民、法人或者其他组织。前者是著作权的原始主体，后者是著作权的继受主体。

（一）一般作品的著作权人

1. 作 者

一般来说，作者是指直接创作文学、艺术和科学作品的自然人。《著作权法》第11条第2款规定："创作作品的公民是作者。"作品是人对于某种思想观念的表达，是人的思想、情感和精神状态的延伸，因此只有自然人才能够创作作品，才能够成为作品的创作者。但是，在某些特殊情况下可以将法人或其他组织视为作者，如《著作权法》第11条第3款规定："由法人或者其他组织主持，代表法人或者其他组织意志创作，并由法人或者其他组织承担责任的作品，法人或者其他组织视为作者。"无论是直接创作作品的自然人，还是被视为作者的法人或其他组织，都是著作权的原始主体，享有完整的著作权。

（1）构成要件

作者必须是直接创作作品的人。法人和其他组织并不是严格意义上的作者，只是在满足法律规定的特定情况下视为作者。创作是一种智力活动，是一种事实行为，与年龄、身份、智商等无关。另外，《著作权法实施条例》第3条第2款规定："为他人创作进行组织工作，提供咨询意见、物质条件，或者进行其他辅助工作，均不视为创作。"

（2）作者的认定

《著作权法》第11条第4款规定："如无相反证明，在作品上署名的公民、法人或者其他组织为作者。"这是对作者身份的推定，是认定作者的基本方法。署名是指以通常方式署名，以通常方式署名的自然人或法人，在没有相反证据的情况下，即推定为该作品的作者。即使作者采用的是假名，只要根据作者的假名可以毫无疑问地确定作者的身份，则同样可以认定为作者，享有有关权利并有权提起侵权诉讼。

2. 其他依法享有著作权的自然人、法人和其他组织

著作权的继受主体是指通过合同约定或法律规定获得和享有著作权的人。由于创作作品的作者是著作权的原始主体，而作者精神权利与作者的人身密切相关，因此，著作权的继受主体通过转让、继承或遗赠所获得的主要是著作权的财产权利。

著作权的继受主体可以是自然人，也可以是法人或其他组织。《著作权法》第19条第1款规定："著作权属于公民的，公民死亡后，其本法第十条第一款第（五）项至第（十七）项规定的权利在本法规定的保护期内，依照继承法的规定转移。"根据《继承法》的相关规定，公民的著作权中的财产权利属于遗产，公民可以立遗嘱将个人财产指定由法定继承人的一人或者数人继承，也可以立遗嘱将个人财产赠给国家、集体或者法定继承人以外的人。

在特定情况下，国家也可以成为著作权的继受主体。在我国，国家成为著作权人通常有三种情况：第一，著作权的原始主体将著作权中的财产权利赠给国家，国家即为著作权人；第二，作者死亡后，其著作权无人继承又无人受遗赠的，其署名权、修改权和保护作品完整权由著作权行政管理部门保护，著作权中的财产权利归国家所有；第三，法人或者其他组织变更、终止后，没有承受其权利义务的法人或者其他组织的，著作权中的财产权利归国家所有。

3. 著作权集体管理组织

著作权集体管理组织，是指为权利人的利益依法设立，根据权利人授权，对权利人的著作权或者与著作权有关的权利进行集体管理的社会团体。著作权集体管理组织被授权后，可以以自己的名义授权使用者使用作品，同时具有独立的诉讼主体资格，能够以自己的名义向侵权者提起诉讼或仲裁。目前我国著作权集体管理组织主要有中国音乐著作权协会、中国音像著作权集体管理协会、中国文字著作权协会、中国电影著作权协会等。

实践证明，著作权人和与著作权有关的权利人在行使其权利的过程中，极可能出现权利不能控制或者难以控制的情况，而作品的使用人要逐一取得作者的许可并支付相应的费用又常常极为困难，此时，采用著作权集体管理组织的形式进行管理是比较有效的办法，尤其是《著作权法》规定的表演权、放映权、广播权、出租权、信息网络传播权、复制权等权利人自己难以有效行使的权利，可以由著作权集体管理组织进行集体管理。

《著作权法》第8条第1款规定："著作权人和与著作权有关的权利人可以授权著作权集体管理组织行使著作权或者与著作权有关的权利。著作权集体管理组织被授权后，可以以自己的名义为著作权人和与著作权有关的权利人主张权利，并可以作为当事人进行涉及著作权或者与著作权有关的权利的诉讼、仲裁活动。"著作权集体管理组织经权利人授权，集中行使权利人的有关权利并以自己的名义进行下列活动：①与使用者订立著作权或者与著作权有关的权利许可使用合同；②向使用者收取使用费；③向权利人转付使用费；④进行涉及著作权或者与著作权有关的权利的诉讼、仲裁等。

著作权集体管理组织由依法享有著作权或者与著作权有关的权利的中国公民、法人或者其他组织发起设立。这是权利人自己设立的集中管理著作权的民间团体，而不是政府设立的管理著作权的行政机构。除依规定设立的著作权集体管理组织外，任何组织和个人不得从事著作权集体管理活动。另外，著作权集体管理组织是非营利性组织，著作权集体管理组织收取的使用费，在提取管理费后，应当全部转付给权利人，不得挪作他用。

（二）特殊作品的著作权人

1. 演绎作品的著作权人

演绎作品是指改编、翻译、注释、整理已有作品而产生的作品。演绎作品的著作权由改编、翻译、注释、整理人享有，但行使著作权时不得侵犯原作品的著作权。广义上的演绎不仅仅限于对已有作品的改编、翻译、注释、整理，只要是以已有作品为基础进行再创作的行为都是演绎，如给他人的诗词谱曲、给畅销书写续篇等。

演绎作品的著作权属于演绎者。但是，演绎者行使著作权时不得侵犯原作品的著作权。演绎者对原作品进行再创作时，应当获得原作品的著作权人的许可并支付报酬。如《著作权法》第35条规定："出版改编、翻译、注释、整理、汇编已有作品而产生的作品，应当取得改编、翻译、注释、整理、汇编作品的著作权人和原作品的著作权人许可，并支付报酬。"第37条第2款规定："使用改编、翻译、注释、整理已有作品而产生的作品进行演出，应当取得改编、翻译、注释、整理作品的著作权人和原作品的著作权人许可，并支付报酬。"第40条第2款规定："录音录像制作者使用改编、翻译、注释、整理已有作品而产生的作品，应当取得改编、翻译、注释、整理作品的著作权人和原作品著作权人许可，并支付报酬。"如果演绎作品的创作人是对已超过保护期的作品进行再创作，可以不征得原作者的同意，同时可以不支付报酬，但原作者的署名权不得侵犯，作品的不受歪曲、篡改权不得侵犯。

2. 合作作品的著作权人

合作作品是指两人以上共同创作的作品。一般认为，合作作品需要合作作者具有共同创作的合意，并都对作品的完成作出了直接的、实质性的贡献。判断合作作品的唯一标准是该作品作者的数量，作品不因著作权人为复数而成为合作作品，例如，演绎作品不因原有作品著作权人的授权成为合作作品。

《著作权法》第13条第1款规定："两人以上合作创作的作品，著作权由合作作者共同享有。没有参加创作的人，不能成为合作作者。"所谓"参加创作"，是指对作品的思想观点、表达形式付出了创造性的智力劳动，或者构思策划，或者执笔操作，如果没有对作品付出创造性的劳动，就不能成为合作作者。

合作作品包括可以分割使用作品和不能分割使用作品。对于可以分割使用的合作作品，作者对各自创作的部分可以单独享有著作权，但行使著作权时不得侵犯合作作品整体的著作权。对于不可以分割使用的合作作品，著作权由各合作作者共同享有，通过协商一致行使；不能协商一致，又无正当理由的，任何一方不得阻止他方行使除转让以外的其他权利，但是所得收益应当合理分配给所有合作作者。

3. 汇编作品的著作权人

汇编作品是指汇编若干作品、作品的片段或者不构成作品的数据或者其他材料，对其内容的选择或者编排体现独创性的作品。汇编作品的著作权由汇编人享有，但行使著作权时，不得侵犯原作品的著作权。

汇编作品的独创性体现在汇编者对内容的选择或者编排上，而不在于其汇编的材料本身是否受《著作权法》保护。汇编作品的构成成分既可以是受《著作权法》保护的作品及片段，如论文、诗词、图片等，也可以是不受《著作权法》保护的数据或者其他材料，如法律法规、股市信息、商品报价单等。

汇编作品作为一个整体，由汇编者享有著作权。汇编者汇编有著作权的作品，应当经过原作品著作权人的许可，并支付报酬。在行使著作权时，不得侵犯原作品的著作权。汇编已过保护期的作品，也应当尊重原作品作者的人身权。

汇编作品与可以分割使用的合作作品非常相似，但两者之间至少存在以下区别：①汇编作品常常有一个独立于各位作者的汇编者，而合作作品的作者则共同参与创作；②汇编作品以汇编者的名义发表，而合作作品以各位作者共同的名义发表；③汇编作品的各位作者之间不必具有创作合意，而合作作品要求各位作者必须具有创作合意，并共同实施创作行为。

4．影视作品的著作权人

《著作权法》第15条第1款规定："电影作品和以类似摄制电影的方法创作的作品的著作权由制片者享有，但编剧、导演、摄影、作词、作曲等作者享有署名权，并有权按照与制片者签订的合同获得报酬。"电影作品或以类似摄制电影的方法创作的作品是由编剧、导演、摄影、作词、作曲等作者创作完成的，但是考虑到制片人的巨额投资和电影作品的商业运作，所以将作品的著作权赋予制片者，而编剧、导演、摄影、作词、作曲等作者仍享有署名权，并且拥有获得报酬权。

另外，《著作权法》第15条第2款规定："电影作品和以类似摄制电影的方法创作的作品中的剧本、音乐等可以单独使用的作品的作者有权单独行使其著作权。"对于作品中的剧本、音乐等，虽然可能是专为拍摄电影所作，也可以作其他使用，只要不与影视作品著作权的行使相冲突即可。如编剧作者可以另外出版其创作的剧本，词曲作者也可以将其作品另外制作唱片。

5．职务作品的著作权人

职务作品是指公民为完成法人或者其他组织工作任务所创作的作品。这里的"工作任务"是指公民在该法人或者该组织中应当履行的职责，包括作者本职工作范围内的工作任务和单位特别指派的任务。一般而言，作者与所在工作机构应具有劳动关系，创作的作品应当属于作者的职责范围。

（1）职务作品著作权的一般归属

一般情况下，职务作品的著作权由作者享有，但法人或者其他组织有权在其业务范围内优先使用。作品完成2年内，未经单位同意，作者不得许可第三人以与单位使用的相同方式使用该作品。同时，《著作权实施条例》第12条规定："职务作品完成两年内，经单位同意，作者许可第三人以与单位使用的相同方式使用作品所获报酬，由作者与单位按约定的比例分配。作品完成两年的期限，自作者向单位交付作品之日起计算。"

（2）职务作品著作权的特殊归属

对于一些特殊的职务作品，作者享有署名权，著作权的其他权利由法人或者其他组织享有，法人或者其他组织可以给予作者奖励。一是主要是利用法人或者其他组织的物质技术条件创作，并由法人或者其他组织承担责任的工程设计图、产品设计图、地图、计算机软件等职务作品。这里的"物质技术条件"，是指该法人或者该组织为公民完成创作专门提供的资金、设备或者资料。二是法律、行政法规规定或者合同约定著作权由法人或者其他组织享有的职务作品。

6．委托作品的著作权人

委托作品是作者受委托创作的作品。委托作品著作权的归属由委托人和受托人通过合同约定。合同未作明确约定或者没有订立合同的，著作权属于受托人。

实践中，有些报告、讲话等作品，不是由本人创作的，而是由他人执笔，本人审阅定稿并以本人名义发表，司法解释规定这类作品的著作权归报告人或者讲话人享有，著作权人可以支付执笔人适当的报酬。❶ 对于当事人合意以特定人物经历为题材完成的自传体作品，当事人对著作权

---

❶ 见《最高人民法院关于审理著作权民事纠纷案件适用法律若干问题的解释》第13条。

权属有约定的，依其约定；没有约定的，著作权归该特定人物享有，执笔人或整理人对作品完成付出劳动的，著作权人可以向其支付适当的报酬。

另外，《著作权若干问题的解释》第12条规定："按照著作权法第十七条规定委托作品著作权属于受托人的情形，委托人在约定的使用范围内享有使用作品的权利；双方没有约定使用作品范围的，委托人可以在委托创作的特定目的范围内免费使用该作品。"

7. 原件所有权转移的作品著作权归属

作品所有权与作品著作权并不是一回事。《著作权法》第18条规定："美术等作品原件所有权的转移，不视为作品著作权的转移，但美术作品原件的展览权由原件所有人享有。"也就是说，作品的原件所有权人，未经作者或其他权利人的许可，不得复制、发行或以其他方式使用该作品。但是，作为美术作品的原件所有人，可以对美术作品原件进行展览或再出售。

8. 作者身份不明的作品著作权归属

作者身份不明的作品是指无法从通常途径了解作者身份的作品。《著作权法实施条例》第13条规定："作者身份不明的作品，由作品原件的所有人行使除署名权以外的著作权。作者身份确定后，由作者或者其继承人行使著作权。"可见，作者身份不明的作品原件的所有人，享有较为完整的著作权，除署名权外可以以自己的名义行使包括提起诉讼的诸多权利。当然，原件所有人的权利地位较为脆弱，一旦作者身份确定，该作品的著作权即归属于作者或者其继承人。

第三节　著作权及与著作权有关的权益的内容

著作权，又称为版权，是指自然人、法人或者其他组织对文学、艺术或科学领域内的作品依法享有的人身权利和财产权利的总称。与著作权有关的权益，又称为邻接权，是指作品传播者对其传播作品过程中所作出的创造性劳动成果所享有的权利，包括出版者权、表演者权、录音录像制作者权和广播电台、电视台播放者权。

一、著作权的内容

著作权包括人身权和财产权。《著作权法》第10条对权利内容作了较为详尽而具体的规定。

（一）著作人身权

著作人身权是指著作权人因其作品所享有的以精神利益为内容的权利，包括发表权、署名权、修改权、保护作品完整权。著作人身权与作者的身份紧密联系，专属于作者。

1. 发表权

发表权，即决定作品是否公之于众的权利。所谓"公之于众"，是指著作权人自行或经著作权人许可将作品向不特定的人公开，但不以公众知晓为构成条件。作品公之于众并不要求公众对作品实际知晓，只要存在公众知晓作品的可能性即可。著作权人有权决定发表作品的时间、地点以及发表作品的方式。如果发表是未经著作权人许可的行为，即使作品已经为许多人所知，仍应认为没有公开发表。

发表权属于一次性权利。作品的发表，应当是首次向社会公开，如果作品已经出版或者将作品展览过，说明著作权人已经行使了发表权。

通常情况下，发表权应当由作者享有，但在某些情况下，法律规定发表权可由作者以外的人行使。例如，作者身份不明的作品，作品原件的所有人可以发表该作品；作者生前未发表的作品，如果作者未明确表示不发表，作者死亡后50年内，其发表权可由继承人或者受遗赠人行使；

没有继承人又无人受遗赠的，由作品原件的所有人行使。

2. 署名权

署名权，即表明作者身份，在作品上署名的权利。作者有权署名，也有权不署名；有权决定署名的方式，如署其本名、笔名、别名或假名；合作作者还有权决定署名顺序。署名权是作者身份的一种表现形式，但不是唯一的形式，除署名之外，还可通过对作者身份的介绍等其他方式来表明作者身份。

在各项人身权利中，署名权的人身专属性最强，因此受到法律的特别保护。例如，在职务作品的著作权归法人或者其他组织的情况下，作者也享有署名权；对于作者身份不明的作品，作品原件的所有人可以行使作品著作权，但署名权除外。

对于作品的署名顺序，《著作权法若干问题的解释》第 11 条规定："因作品署名顺序发生的纠纷，人民法院按照下列原则处理：有约定的按约定确定署名顺序；没有约定的，可以按照创作作品付出的劳动、作品排列、作者姓氏笔划等确定署名顺序。"

3. 修改权

修改权，即修改或者授权他人修改作品的权利。修改作品可以是对已发表作品的修改，也可以是对未发表作品的修改。

作者可以自己修改，也可以授权他人修改。授权他人修改，是作者行使修改权，并不是他人行使修改权。一般情况下，他人未经授权而擅自修改作品是侵犯作者修改权的行为。但也有例外：报社、期刊社可以对作品作文字性修改、删节；著作权人许可他人将其作品摄制成电影作品和以类似摄制电影的方法创作的作品的，视为已同意对其作品进行必要的改动。

4. 保护作品完整权

保护作品完整权，即保护作品不受歪曲、篡改的权利。《伯尔尼公约》第 6 条之二第 1 项规定，作者保有要求其作品作者身份的权利，并有权反对对其作品的任何有损其声誉的歪曲、割裂或其他更改，或其他损害行为。保护作品完整权的设立，重点在于维护作者的声誉。也就是说，对作品的歪曲、篡改和割裂，必须达到有损作者声誉的程度才构成对作者此项权利的侵犯。

保护作品完整权与修改权实际上是一种权利的两个方面，是互相联系的，侵犯修改权往往也侵犯了作者的保护作品完整权。修改权着重在阻止他人擅自修改作者的作品，保护作品完整权则着重在禁止他人歪曲、篡改作者的作品。实践中，作者的特定行为可以推定为同意他人对作品进行修改，但是不可能得出作者同意他人对其作品进行歪曲、篡改的结论。例如《著作权法实施条例》第 10 条规定："著作权人许可他人将其作品摄制成电影作品和以类似摄制电影的方法创作的作品的，视为已同意对其作品进行必要的改动，但是这种改动不得歪曲篡改原作品。"

（二）著作财产权

著作财产权是指作者或其他著作权人所享有的利用作品并获得经济利益的权利，包括复制权、发行权、出租权、展览权、表演权、放映权、广播权、信息网络传播权、摄制权、改编权、翻译权、汇编权以及应当由著作权人享有的其他权利。著作权人可以许可他人行使、全部或者部分转让著作财产权，并依照约定或者法律规定获得报酬。

1. 复制权

复制权，即以印刷、复印、拓印、录音、录像、翻录、翻拍等方式将作品制作一份或者多份的权利。复制权是著作财产权的一项最基本的权利。复制可以是多份，也可以是一份，并且复制并不要求是对作品原件的重现，对复制件的再复制同样是一种复制行为。复制可以是有形的，也可以是无形的，前者如印刷或复印等，后者如录音录像或转为电子作品等。

第二编

2. 发行权

发行权，即以出售或者赠与方式向公众提供作品的原件或者复制件的权利。发行是传播作品和实现著作权人经济权利的重要渠道。必须明确：发行可以是有偿的，也可以是无偿的；发行是向不特定公众提供作品；发行的表征是提供了作品的原件或者复制件，不论复制件的制作方式如何，只要从这部作品的性质来看，复制件的发行方式能满足公众的合理需要；不提供作品原件或复制件的行为，如音乐作品的演奏、文学作品的公开朗诵、文学或艺术作品的有线传播或广播、美术作品的展出和建筑作品的建造等，不属于发行。

发行权受到权利用尽原则的限制，即权利人对其作品实施发行行为之后就失去了对已经发行的作品原件或者复制件的支配权。也就是说，权利人仅仅有权控制作品的首次发行，发行权一经行使，权利人不能阻止他人的再次销售。

3. 出租权

出租权，即有偿许可他人临时使用电影作品和以类似摄制电影的方法创作的作品、计算机软件的权利，计算机软件不是出租的主要标的的除外。可见，出租权的客体仅限于电影作品和以类似摄制电影的方法创作的作品、计算机软件。另外，当计算机软件随着其他设备一起出租，而软件不是出租的主要标的时，软件著作权人不能主张出租权。例如，对于运行系统装有计算机软件的汽车、飞机等被用于出租的，该计算机软件显然不是出租的主要标的，因此该软件的权利人没有收取相应租金的权利。

4. 展览权

展览权，即公开陈列美术作品、摄影作品的原件或者复制件的权利。可见，展览权的客体是美术作品和摄影作品，并且可以是原件，也可以是复制件；可以是营利性的，也可以是非营利性的；可以是在展览会上展出，也可以是在其他公共场所展出。另外，对于美术作品原件转移后的展览权，法律规定由原件所有人享有。

5. 表演权

表演权，即公开表演作品，以及用各种手段公开播送作品的表演的权利。法律并没有限定表演权的具体适用范围，通常认为广泛适用于音乐、戏剧、文学等作品，但不适用于美术、摄影、电影或以类似摄制电影的方法创作的作品等，对这类作品的公开播放属于放映权的范畴。

一般将表演权分为现场表演和机械表演。前者是指演出者直接或者借助技术设备以声音、表情、动作公开再现作品，如演奏乐曲、上演剧本、朗诵诗词等；后者是指使用各种设备和技术手段公开播送作品的表演和演奏，如通过录音、录像等设备播放视听作品，但不包括广播电台、电视台的播放，因为这属于广播权的范畴。

6. 放映权

放映权，即通过放映机、幻灯机等技术设备公开再现美术、摄影、电影和以类似摄制电影的方法创作的作品等的权利。立法曾经将放映权合并在表演权中，从理论上讲，放映权与表演权中的机械表演权的确存在竞合关系。将放映权单列一项，可以理解为是对机械表演权的强调。

7. 广播权

广播权，即以无线方式公开广播或者传播作品，以有线传播或者转播的方式向公众传播广播的作品，以及通过扩音器或者其他传送符号、声音、图像的类似工具向公众传播广播的作品的权利。可见，"广播"包含三种方式：一是通过无线电台、电视台广播或其他无线方式传播作品；二是通过有线广播或者有线电视传播或者转播"无线电台、电视台广播的作品"，注意这里不是指直接以有线的方式传播作品；三是通过扩音器等工具传播"无线电台、电视台广播的作品"，这里也不是指直接以扩音器等工具传播作品。

对于广播权的规定，源自《伯尔尼公约》。该公约第 11 条之二第 1 款有类似规定："文学艺术作品的作者享有下列专有权利：（1）授权广播其作品或以任何其他无线传送符号、声音或图像的方法向公众传播其作品；（2）授权由原广播机构以外的另一机构通过有线传播或转播的方式向公众传播广播的作品；（3）授权通过扩音器或其他任何传送符号、声音或图像的类似工具向公众传播广播的作品。"

8. 信息网络传播权

信息网络传播权，即以有线或者无线方式向公众提供作品，使公众可以在其个人选定的时间和地点获得作品的权利。与广播等不同的是，公众可以在其个人选定的时间和地点获得作品。在网络时代，明确信息网络传播权是时代发展的要求。关于信息网络传播权，另有详述。

9. 摄制权

摄制权，即以摄制电影或者以类似摄制电影的方法将作品固定在载体上的权利。摄制权的客体主要是文字作品中的小说、散文、剧本，将这些作品改编为电影、电视剧，需得到作者的授权，但并不仅仅指将小说拍成电影、电视剧等，未经许可将一部乐曲作为电影的音乐或未经许可将美术或摄影作品摄入电影、电视等也构成侵犯摄制权。严格来说，摄制权是改编权的一种。

10. 改编权

改编权，即改变作品，创作出具有独创性的新作品的权利。改编权是作者享有的一项独占权利，作者的改编权可以自己行使，也可以授权他人行使。一般认为，改编是指在不改变原作品内容的前提下，以另一种表现形式来表达原作品，如将小说改编成影视剧本等。不改变作品的原类型，通过缩写或扩写方式来表达原作品的内容，只要创作出具有独创性的作品，同样认为是改编，如将长篇小说改编成短篇小说等。

11. 翻译权

翻译权，即将作品从一种语言文字转换成另一种语言文字的权利，如将中文译成外文或者少数民族文字。翻译不能改变原作品的内容，主要涉及文字作品、口述作品、戏剧作品等。通常认为翻译权也适用于计算机软件，如将计算机源代码编译为目标代码，将一种计算机语言写成的程序改变为另一种计算机语言写成的程序等。

另外，为鼓励文化传播，我国《著作权法》规定，将中国公民、法人或者其他组织已经发表的以汉语言文字创作的作品翻译成少数民族语言文字作品在国内出版发行，可以不经著作权人许可，不向其支付报酬，但应当指明作者姓名、作品名称，并且不得侵犯著作权人依法享有的其他权利。

12. 汇编权

汇编权，即将作品或者作品的片段通过选择或者编排，汇集成新作品的权利。如果他人未经权利人许可将作品纳入汇编作品中，则构成对权利人汇编权的侵犯。各国著作权法大多承认作者对其作品汇编的权利，如《伯尔尼公约》第 2 条第 5 项规定："文学或艺术作品的汇编，诸如百科全书和选集，凡由于对材料的选择和编排而构成智力创作的，应得到相应的、但不损害汇编内每一作品的版权的保护。"

（三）著作权的保护期

著作权的保护期，是指著作权人对作品依法享有专有权的有效期间。根据著作权主体、权项和作品类型的不同，著作权的保护期亦有不同。

1. 著作人身权保护期

《著作权法》第20条规定："作者的署名权、修改权、保护作品完整权的保护期不受限制。"作者的署名权、修改权和保护作品完整权属于著作权中的人身权，前述三项权利不受时间限制。无论是作者生前还是死亡后，无论视为作者的法人或其他组织存续期间还是终止或变更后，署名权、修改权、保护作品完整权均受到法律保护。《著作权法实施条例》第15条规定："作者死亡后，其著作权中的署名权、修改权和保护作品完整权由作者的继承人或者受遗赠人保护。著作权无人继承又无人受遗赠的，其署名权、修改权和保护作品完整权由著作权行政管理部门保护。"对于视为作者的法人或其他组织终止或变更的，这三项权利则由承受其权利义务的法人或其他组织保护，对于没有承受其权利义务的法人或其他组织的，由著作权行政管理部门保护。

值得注意的是，著作人身权中的发表权同著作财产权一样，均有一定的保护期限。这主要是因为发表权是一项与财产权益直接相关的人身权利，在作者死亡或者在法人或其他组织终止或变更后，这项权利可以由其继承人、受遗赠人、承受其权利义务的法人或其他组织、作品原件所有人行使，并且由此获得相应的经济利益，因此，对发表权的保护期限，应当实行与著作财产权相类似的规定。

2. 著作财产权保护期

关于著作财产权的保护期限，我国《著作权法》主要根据著作权的不同归属以及作品的特殊种类进行相应的规定。

（1）自然人著作权的财产权保护期

根据《著作权法》第21条第1款的规定，公民的作品，其发表权及各项财产权的保护期为作者终生及其死亡后50年，截止于作者死亡后第50年的12月31日。

以作者有生之年加死后若干年，是确定著作财产权保护期限的一般原则。自然人著作权的财产权保护期的长短，与作品发表与否及何时发表无关。对于作者死后保护期的计算，死亡后第一年是作者去世的次年，应从这一年算起到第50年的12月31日截止，如某作者于2000年7月去世，对其著作财产权的保护，应截止到2050年12月31日。

（2）合作作品著作权的财产权保护期

根据《著作权法》第21条第1款的规定，如果是合作作品，公民作品的发表权及各项财产权截止于最后死亡的作者死亡后第50年的12月31日。

合作作品是指两人以上共同创作的作品，合作作品的著作权由合作作者共同享有，一般应以最后一个去世的作者为基准确定作品著作财产权的保护期。但是，对于合作作品可以分割使用的，作者对各自创作的部分可以单独享有著作权，这时应以各部分的作者的有生之年及其死后50年的方法来计算作品著作财产权的保护期。

（3）由单位享有的著作权的保护期

《著作权法》第21条第2款规定："法人或者其他组织的作品、著作权（署名权除外）由法人或者其他组织享有的职务作品，其发表权、本法第十条第一款第（五）项至第（十七）项规定的权利的保护期为五十年，截止于作品首次发表后第五十年的12月31日，但作品自创作完成后五十年内未发表的，本法不再保护。"

可见，对于法人或者其他组织的作品、著作权（署名权除外）由法人或者其他组织享有的职务作品，其著作财产权的保护期并非采用存续期间加终止或变更后若干年的计算方式，而是以作品首次发表后若干年的方法来确定。

（4）电影类作品、摄影作品著作权的保护期

《著作权法》第 21 条第 3 款规定："电影作品和以类似摄制电影的方法创作的作品、摄影作品，其发表权、本法第十条第一款第（五）项至第（十七）项规定的权利的保护期为五十年，截止于作品首次发表后第五十年的 12 月 31 日，但作品自创作完成后五十年内未发表的，本法不再保护。"将电影类作品和摄影作品著作权的保护期规定为作品首次发表后 50 年，其主要原因在于避免这类作品因主体类型不同而享有不同的保护期。

另外，对于电影作品和以类似摄制电影的方法创作的作品中的剧本、音乐等可以单独使用的作品，其作者是自然人的，著作财产权保护期同自然人著作权的财产权保护期，即"作者的有生之年及其死后 50 年"；其作者是法人或其他组织的，著作财产权保护期同由单位享有的著作权的保护期，即"作品首次发表后 50 年"。

（5）作者身份不明的作品著作权的财产权保护期

《著作权法实施条例》第 18 条规定："作者身份不明的作品，其著作权法第十条第一款第五项至第十七项规定的权利的保护期截止于作品首次发表后第 50 年的 12 月 31 日。作者身份确定后，适用著作权法第二十一条的规定。"由于作者身份不明，因而难以确定著作财产权保护期的计算方式，在此情况下，法律明确规定按照"作品首次发表后 50 年"来计算。当然，一旦作者身份确定，则按照针对著作权的不同主体类别的规定来确定财产权保护期。

（四）著作权的限制

著作权的限制，源自立法对著作权人的利益与公共利益的平衡，以实现鼓励作品传播的立法目的。根据我国《著作权法》的规定，著作权的限制可以分为合理使用、法定许可和强制许可等三类。

1. 合理使用

合理使用，是指根据法律规定，可以不经著作权人许可，不向其支付报酬而使用作品的行为。对作品的合理使用，要尊重作者的著作人身权，应当指明作者姓名、作品名称，并且不得侵犯著作权人依法享有的其他权利。根据《著作权法》第 22 条的规定，下述 12 种行为属于合理使用，而且这些使用行为同样适用于对出版者、表演者、录音录像制作者、广播电台、电视台的权利的限制。

（1）为个人学习、研究或者欣赏，使用他人已经发表的作品。符合这项规定须具备两个条件：第一，使用作品的目的，是个人学习、研究或者欣赏，不能为经营目的或大量复制传播；第二，使用的作品是著作权人已经发表的，未发表的作品即使是以个人学习、研究或者欣赏目的使用作品，也不能视为合理使用。

（2）为介绍、评论某一作品或者说明某一问题，在作品中适当引用他人已经发表的作品。符合这项规定须具备三个条件：第一，引用的目的是为介绍、评论某一作品或者说明某一问题；第二，对作品的引用限定在合理的范围；第三，引用的作品须是著作权人已经发表的作品。

（3）为报道时事新闻，在报纸、期刊、广播电台、电视台等媒体中不可避免地再现或者引用已经发表的作品。符合这项规定须具备三个条件：第一，使用作品的目的是报道时事新闻，时事新闻是指通过报纸、期刊、广播电台、电视台等媒体报道的单纯事实消息；第二，使用作品具有正当性，即属于不可避免的情形；第三，使用的作品须已经发表。

（4）报纸、期刊、广播电台、电视台等媒体刊登或者播放其他报纸、期刊、广播电台、电视台等媒体已经发表的关于政治、经济、宗教问题的时事性文章，但作者声明不许刊登、播放的除外。一般认为，时事性文章具有时效性、政策性强等特点，通常需要较大范围传播。对于时事性

文章的转载或转播，在作者声明不许刊登、播放的情况下同样是不允许的。

（5）报纸、期刊、广播电台、电视台等媒体刊登或者播放在公众集会上发表的讲话，但作者声明不许刊登、播放的除外。需要指出，公众聚会是指群众性的聚会，研讨会和论证会等在特定范围内的集会不属于公众集会。

（6）为学校课堂教学或者科学研究，翻译或者少量复制已经发表的作品，供教学或者科研人员使用，但不得出版发行。需要指出，以营利为目的开办培训班等不属于学校课堂教学。本项规定的合理使用限定在教学或科研人员为学校课堂教学或科学研究使用，且不得出版发行。

（7）国家机关为执行公务在合理范围内使用已经发表的作品。国家机关包括立法机关、司法机关和行政机关，其使用著作权人已经发表的作品应当是出于执行公务的目的，且在合理范围内进行使用。

（8）图书馆、档案馆、纪念馆、博物馆、美术馆等为陈列或者保存版本的需要，复制本馆收藏的作品。符合这项规定须具备两个条件：第一，复制他人作品的目的是陈列或者保存作品；第二，复制的作品必须是本馆收藏的，不能允许他人复制本馆所收藏的作品，也不能复制非本馆所收藏的作品。

（9）免费表演已经发表的作品，该表演未向公众收取费用，也未向表演者支付报酬。这里的免费表演与义务表演不同，后者要向公众收费，只是演员将其演出费捐献特定的对象。本项规定将免费表演明确限定为"未向公众收取费用，也未向表演者支付报酬"。

（10）对设置或者陈列在室外公共场所的艺术作品进行临摹、绘画、摄影、录像。本项规定对设置或者陈列在室外公共场所的艺术作品的使用方式仅限于临摹、绘画、摄影、录像四种，而且不得对这种方式制作的作品进行发行、传播。

（11）将中国公民、法人或者其他组织已经发表的以汉语言文字创作的作品翻译成少数民族语言文字作品在国内出版发行。符合这项规定须具备三个条件：第一，翻译的汉语言文字作品必须已经发表；第二，翻译的汉语言文字作品必须是中国公民、法人或者其他组织创作的；第三，将汉语言文字创作的作品翻译成少数民族语言文字作品的出版发行范围仅限于中国领域内。需要提醒的是，将少数民族语言文字作品翻译成汉语言文字作品，不属于本项规定的合理使用。

（12）将已经发表的作品改成盲文出版。本项规定旨在鼓励帮助盲人学习的行为。

2. 法定许可

法定许可，是指根据法律明文规定，在特定情形下可以不经著作权人许可而有偿使用作品的行为。

（1）编写出版教科书的法定许可

《著作权法》第23条第1款规定："为实施九年制义务教育和国家教育规划而编写出版教科书，除作者事先声明不许使用的外，可以不经著作权人许可，在教科书中汇编已经发表的作品片段或者短小的文字作品、音乐作品或者单幅的美术作品、摄影作品，但应当按照规定支付报酬，指明作者姓名、作品名称，并且不得侵犯著作权人依照本法享有的其他权利。"符合上述规定须具备三个条件：第一，有关教科书仅限于为实施九年制义务教育和国家教育规划而编写出版的教科书，不包括教学参考书或其他辅导书等；第二，可编入教科书的仅限于已经发表的作品片段或者短小的文字作品、音乐作品或者单幅的美术作品、摄影作品，而且作者事先声明不许使用的也不得编入教材；第三，虽然可以不经著作权人许可，但是应当按照规定支付报酬，应当尊重作者的精神权利，指明作者姓名、作品名称，并且不得侵犯著作权人依照本法享有的其他权利。另外，《著作权法》第 23 条第 2 款还规定："前款规定适用于对出版者、表演者、录音录像制作者、广播电台、电视台的权利的限制。"

（2）报刊转载或摘编的法定许可

《著作权法》第 33 条第 2 款规定："作品刊登后，除著作权人声明不得转载、摘编的外，其他报刊可以转载或者作为文摘、资料刊登，但应当按照规定向著作权人支付报酬。"符合上述规定须具备三个条件：第一，使用的作品应当是在报刊上发表的作品，不包括图书或其他方式发表的作品；第二，只有报刊才能使用有关作品，不包括图书等其他出版物；第三，著作权人未声明不得转载、摘编的，其他报刊才能使用，并且应当按照规定向著作权人支付报酬。

（3）制作录音制品的法定许可

《著作权法》第 40 条第 3 款规定："录音制作者使用他人已经合法录制为录音制品的音乐作品制作录音制品，可以不经著作权人许可，但应当按照规定支付报酬；著作权人声明不许使用的不得使用。"符合上述规定须具备三个条件：第一，使用的作品仅限于音乐作品，不包括故事、演讲等属于音乐作品之外的作品；第二，使用的音乐作品必须是他人已经合法录制为录音制品的；第三，音乐作品的著作权人未声明不许使用，且应当向著作权人支付报酬。

（4）播放作品的法定许可

《著作权法》第 43 条第 2 款规定："广播电台、电视台播放他人已发表的作品，可以不经著作权人许可，但应当支付报酬。"上述规定是对著作权人行使播放权的限制。《著作权法》第 44 条规定："广播电台、电视台播放已经出版的录音制品，可以不经著作权人许可，但应当支付报酬。当事人另有约定的除外。具体办法由国务院规定。"

（五）著作权的流转

根据我国《著作权法》的规定，著作权的流转包括著作权的许可、转让和出质等三种形式。

1. 著作权的许可

著作权的许可，是指著作权人允许他人在一定条件下行使著作权。许可的对象一般是著作财产权，但是在某些情况下也包括人身权利，如根据《著作权法》第 10 条第 1 款第（3）项的规定，作者可以授权他人修改作品。著作权的许可一般具有以下特征：第一，不改变著作权的归属；第二，被许可人的权利限定在著作权人授权的范围；第三，被许可人一般不具有诉权，除非其取得的是作品专有使用权。

许可使用合同是基于使用他人作品的目的而与著作权人订立的合同。许可使用的权利是非专有使用权的，当事人订立合同可以采用书面形式，也可以采用口头形式或者其他形式；许可使用的权利是专有使用权的，除报社、期刊社刊登作品外，应当采取书面形式。根据《著作权法》第 24 条第 2 款的规定，许可使用合同包括下列主要内容：

（1）许可使用的权利种类。当事人对许可使用的权利种类应进行明确约定。同时，《著作权法》第 27 条规定："许可使用合同和转让合同中著作权人未明确许可、转让的权利，未经著作权人同意，另一方当事人不得行使。"

（2）许可使用的权利是专有使用权或者非专有使用权。专有使用权，是指被许可人有权排除包括著作权人在内的任何人以同样的方式使用作品，此时著作权人不能发放许可，甚至自己也不能再行使有关权利。非专有使用权是指被许可人不能以独占、排他的方式使用作品，此时著作权人自己可以使用作品，也可以许可他人使用作品。另外，对于获得非专有使用权的被许可人，不得将其权利再许可或转让他人；对于获得专有使用权的被许可人，除合同另有约定外，被许可人许可第三人行使同一权利必须取得著作权人的许可。

（3）许可使用的地域范围、期间。对此，当事人可以自由约定。

（4）付酬标准和办法。《著作权法》第28条规定："使用作品的付酬标准可以由当事人约定，也可以按照国务院著作权行政管理部门会同有关部门制定的付酬标准支付报酬。当事人约定不明确的，按照国务院著作权行政管理部门会同有关部门制定的付酬标准支付报酬。"目前法定的付酬标准按照国家版权局于2014年颁布的《使用文字作品支付报酬办法》执行。

（5）违约责任。违约责任是指合同当事人一方不履行合同义务或履行合同义务不符合合同约定所应承担的民事责任。对于违约责任，当事人一般可以自由约定。

（6）双方认为需要约定的其他内容。

2. 著作权的转让

著作权的转让是指著作权人将其对作品享有的部分或者全部财产权转让给他人。鉴于著作权转让的特殊性，一般要求订立书面合同。根据《著作权法》第25条第2款的规定，权利转让合同包括下列主要内容：①作品的名称；②转让的权利种类、地域范围；③转让价金；④交付转让价金的日期和方式；⑤违约责任；⑥双方认为需要约定的其他内容。上述规定较为原则，实践中需要当事人充分协商，就著作权转让的各种事项达成公正、准确的合意。

3. 著作权的出质

著作权出质，也称著作权的质押，是指债务人或者第三人依法将其享有的著作财产权作为债权的担保。债务人不履行债务时，债权人有权依法以出质的著作财产权折价或者以拍卖、变卖著作财产权的价款优先受偿。拥有著作财产权的债务人或者第三人被称作出质人，债权人被称作质权人。

著作权质权属于权利质权，并以登记为生效要件。《著作权法》第26条规定："以著作权出质的，由出质人和质权人向国务院著作权行政管理部门办理出质登记。"该规定与《物权法》中关于著作权出质的登记相对应，《物权法》第227条第1款规定："以注册商标专用权、专利权、著作权等知识产权中的财产权出质的，当事人应当订立书面合同。质权自有关主管部门办理出质登记时设立。"

另外，《物权法》第227条第2款规定："知识产权中的财产权出质后，出质人不得转让或者许可他人使用，但经出质人与质权人协商同意的除外。出质人转让或者许可他人使用出质的知识产权中的财产权所得的价款，应当向质权人提前清偿债务或者提存。"可见，著作权出质登记后，著作权人原则上不得转让该著作权或许可他人使用该作品。

二、与著作权有关的权益

与著作权有关的权益，也称邻接权，是指出版者对其出版的图书和期刊的版式设计享有的权利，表演者对其表演享有的权利，录音录像制作者对其制作的录音录像制品享有的权利，广播电台、电视台对其播放的广播、电视节目享有的权利。另外，《著作权法实施条例》第27条规定："出版者、表演者、录音录像制作者、广播电台、电视台行使权利，不得损害被使用作品和原作品著作权人的权利。"

（一）出版者的权利和义务

1. 出版者的权利

《著作权法》第36条第1款规定："出版者有权许可或者禁止他人使用其出版的图书、期刊的版式设计。"所谓版式设计，是指印刷品的版面格式的设计，包括对版心、排式、用字、行距、标点等版面布局因素的安排。出版者对其出版的图书、期刊的版式设计享有专有使用权。另外，

《著作权法》第 31 条规定:"图书出版者对著作权人交付出版的作品,按照合同约定享有的专有出版权受法律保护,他人不得出版该作品。"图书出版合同中约定图书出版者享有专有出版权但没有明确具体内容的,视为图书出版者享有在合同有效期内和在合同约定的地域范围内以同种文字的原版、修订版出版图书的专有权利。报纸、杂志社对著作权人的投稿作品在一定期限内享有先载权。但著作权人自稿件发出之日起 15 日内未收到报社通知决定刊登的,或者自稿件发出之日起在 30 日内未收到期刊社通知决定刊登的,可以将同一作品向其他报社、期刊社投稿;双方另有约定的除外。

专有出版权与版式设计权是两种不同的权利,其区别主要在于:第一,专有出版权是依出版合同而产生的权利而非法定权利,严格来说其并不属于邻接权范畴,而版式设计权是出版者自己的权利,有其独立的客体,因而能够独立存续。第二,专有出版权的有效期取决于当事人的约定,而版式设计权的保护期为 10 年,截止于使用该版式设计的图书、期刊首次出版后第 10 年的 12 月 31 日。第三,专有出版权的法定主体只限于图书出版者,而版式设计权的主体包括图书、报刊出版者。

2. 出版者的义务

根据我国《著作权法》的规定,出版者的义务主要包括以下内容:①图书出版者出版图书应当和著作权人订立出版合同,并支付报酬。②图书出版者应当按照合同约定的出版质量、期限出版图书。③图书出版者重印、再版作品的,应当通知著作权人,并支付报酬。图书脱销后,图书出版者拒绝重印、再版的,著作权人有权终止合同。④出版改编、翻译、注释、整理、汇编已有作品而产生的作品,应当取得改编、翻译、注释、整理、汇编作品的著作权人和原作品的著作权人许可,并支付报酬。

(二) 表演者的权利和义务

表演者,是指演员、演出单位或者其他表演文学、艺术作品的人。其中,演出单位纳入表演者范畴,是指演出单位是表演者权的主体,文学艺术作品必须由演出单位中的自然人表演,只是表演者权归属于演出单位。

1. 表演者的权利

根据《著作权法》第 38 条的规定,表演者对其表演享有下列权利:

(1) 表明表演者身份。这类似于作者所享有的署名权。表演者有权要求表明身份,也有权要求不署名。另外,在有众多表演者表演的情况下,可以不表明所有表演者的身份。

(2) 保护表演形象不受歪曲。这类似于作者所享有的保护作品完整权。

(3) 许可他人从现场直播和公开传送其现场表演,并获得报酬。本项中的现场直播是指通过广播电台、电视台向公众播放表演者的现场表演,公开传送其现场表演是指通过扬声器、大屏幕等机械设备同步将表演者的现场表演向公众传播。

(4) 许可他人录音录像,并获得报酬。此项财产权利体现在表演者有权禁止他人未经其许可而对其表演进行录音录像的行为。

(5) 许可他人复制、发行录有其表演的录音录像制品,并获得报酬。

(6) 许可他人通过信息网络向公众传播其表演,并获得报酬。

被许可人以上述第 3 项至第 6 项规定的方式使用作品,还应当取得著作权人许可,并支付报酬,否则即是对被表演作品著作权人侵权。

根据《著作权法》第 39 条的规定,前述第 1 项、第 2 项两项权利属于表演者的人身权利,其保护期不受限制,而对第 3 项至第 6 项规定的权利的保护期为 50 年,截止于该表演发生后第

50年的12月31日。

2. 表演者的义务

《著作权法》第37条规定："使用他人作品演出，表演者（演员、演出单位）应当取得著作权人许可，并支付报酬。演出组织者组织演出，由该组织者取得著作权人许可，并支付报酬。使用改编、翻译、注释、整理已有作品而产生的作品进行演出，应当取得改编、翻译、注释、整理作品的著作权人和原作品的著作权人许可，并支付报酬。"实践中，演出组织者组织演出，一般是由组织者取得著作权人的许可，但严格来说，应当是谁表演谁要获得许可。对于使用演绎作品表演的情况，一般必须取得原作品著作权人及演绎作品著作权人的双重许可。

（三）录音录像制作者的权利和义务

根据《著作权法实施条例》第5条的规定，录音制品，是指任何对表演的声音和其他声音的录制品；录像制品，是指电影作品和以类似摄制电影的方法创作的作品以外的任何有伴音或者无伴音的连续相关形象、图像的录制品；录音制作者，是指录音制品的首次制作人；录像制作者，是指录像制品的首次制作人。

1. 录音录像制作者的权利

《著作权法》第42条第1款规定："录音录像制作者对其制作的录音录像制品，享有许可他人复制、发行、出租、通过信息网络向公众传播并获得报酬的权利；权利的保护期为五十年，截止于该制品首次制作完成后第五十年的12月31日。"根据该款规定，录音录像制作者享有复制权、发行权、出租权和信息网络传播权。对于录音录像制作者权的保护期，是以录制品首次制作完成之日作为起算点，而非录制品出版之日开始计算。

《著作权法》第42条第2款规定："被许可人复制、发行、通过信息网络向公众传播录音录像制品，还应当取得著作权人、表演者许可，并支付报酬。"可见，录音录像制作者许可他人使用录音录像制品，被许可人还要取得著作权人和表演者许可，并支付报酬。需要指出，该款并没有规定录音录像制作者许可他人出租录音录像制品要取得著作权人、表演者许可，其原因在于著作权人只对电影作品和以类似摄制电影的方法创作的作品、计算机软件享有出租权，对录音录像制品没有出租权，表演者也无此权利。

2. 录音录像制作者的义务

根据《著作权法》第40条和第41条的规定，录音录像制作者在实施以下行为时需要取得相关许可并支付报酬：①录音录像制作者使用他人作品制作录音录像制品，应当取得著作权人许可，并支付报酬。②录音录像制作者使用改编、翻译、注释、整理已有作品而产生的作品，应当取得改编、翻译、注释、整理作品的著作权人和原作品著作权人许可，并支付报酬。③录音制作者使用他人已经合法录制为录音制品的音乐作品制作录音制品，可以不经著作权人许可，但应当按照规定支付报酬；但是，著作权人声明不许使用的不得使用。这属于法定许可的范畴。④录音录像制作者制作录音录像制品，应当同表演者订立合同，并支付报酬。

（四）广播电台、电视台播放者的权利和义务

1. 广播电台、电视台播放者的权利

根据《著作权法》第45条的规定，广播电台、电视台播放者享有以下权利：①将其播放的广播、电视转播；②将其播放的广播、电视录制在音像载体上；③复制音像载体。上述权利的保护期为50年，截止于该广播、电视首次播放后第50年的12月31日。

2. 广播电台、电视台播放者的义务

根据《著作权法》第43条、第44条、第46条的规定，广播电台、电视台播放者须承担以下义务：①广播电台、电视台播放他人未发表的作品，应当取得著作权人许可，并支付报酬。②广播电台、电视台播放他人已发表的作品，可以不经著作权人许可，但应当支付报酬。③广播电台、电视台播放已经出版的录音制品，可以不经著作权人许可，但应当支付报酬。但是，当事人另有约定的除外。④电视台播放他人的电影作品和以类似摄制电影的方法创作的作品、录像制品，应当取得制片者或者录像制作者许可，并支付报酬；播放他人的录像制品，还应当取得著作权人许可，并支付报酬。

第四节　著作权及与著作权有关的权益的保护

一、侵犯著作权及与著作权有关的权益的行为

严格来说，侵犯著作权及与著作权有关的权益的行为是一种民事侵权行为，对权利人的人身权和财产权造成了损害，侵权行为人对其造成的损害后果应当承担相应的法律责任。《著作权法》第47条、第48条列举了一些具体的侵权行为。

（一）损害著作权人利益的侵权行为

根据《著作权法》第47条的规定，共有11种侵权行为，包括一个兜底条款，即其他侵犯著作权以及与著作权有关的权益的行为。对于这类侵权行为，应当根据情况，承担停止侵害、消除影响、赔礼道歉、赔偿损失等民事责任。

（1）未经著作权人许可，发表其作品的。这是侵犯著作权人发表权的行为。

（2）未经合作作者许可，将与他人合作创作的作品当作自己单独创作的作品发表的。合作作品的著作权由合作作者共同享有，任一合作作者无权单独行使合作作品的发表权。将与他人合作创作的作品当作自己单独创作的作品发表，不仅侵犯了其他合作作者的发表权，而且侵犯了其他合作作者的署名权及其他权利。

（3）没有参加创作，为谋取个人名利，在他人作品上署名的。这是侵犯他人署名权的行为。署名权是作者在其作品上署名的权利，没有参加创作而在他人作品上署名，无论是单独署名还是以合作作者身份署名，均属于侵犯作者署名权的行为。

（4）歪曲、篡改他人作品的。这是侵犯作者保护作品完整权的行为。只有在达到损害作者声誉的程度，才属于歪曲、篡改他人作品。仅对作品作文字性修改、删节，不构成侵权。

上述四种行为，属于侵犯作者著作人身权的行为，不仅应当承担停止侵害、赔偿损失的民事责任，而且还应当承担消除影响或赔礼道歉的民事责任。对于侵犯邻接权的行为，如下述第9项、第10项行为，应当根据情况承担停止侵害、消除影响、赔礼道歉、赔偿损失等民事责任。对于其他仅侵犯著作财产权的行为，如下述第5项至第8项行为，则仅承担停止侵权、赔偿损失的民事责任。

（5）剽窃他人作品的。剽窃他人作品，是把他人的作品据为己有的侵权行为。剽窃他人作品的行为主要体现在侵权行为人窃取原作品的著作权人的劳动成果，自身没有付出创造性的劳动而仅仅对原作品的文字略作变动或对段落略作调整等。

（6）未经著作权人许可，以展览、摄制电影和以类似摄制电影的方法使用作品，或者以改编、翻译、注释等方式使用作品的，《著作权法》另有规定的除外。根据我国《著作权法》的规定，著作权人对其作品享有展览权、摄制权、改编权和翻译权等。未经著作权人许可，不得以展览、摄制电影和以类似摄制电影的方法使用作品，或者以改编、翻译、注释等方式使用作品。但

是，对于《著作权法》明确规定的属于合理使用的除外。

（7）使用他人作品，应当支付报酬而未支付的。著作权人在许可他人行使其拥有的著作财产权时，有权获得报酬。《著作权法》第10条第2款规定："著作权人可以许可他人行使前款第（五）项至第（十七）项规定的权利，并依照约定或者本法有关规定获得报酬。"因此，除因合理使用等情形外，使用他人作品均应依照约定或者有关规定支付报酬。

（8）未经电影作品和以类似摄制电影的方法创作的作品、计算机软件、录音录像制品的著作权人或者与著作权有关的权利人许可，出租其作品或者录音录像制品的，《著作权法》另有规定的除外。这是侵犯权利人出租权的行为。

（9）未经出版者许可，使用其出版的图书、期刊的版式设计的。《著作权法》第36条第1款规定："出版者有权许可或者禁止他人使用其出版的图书、期刊的版式设计。"因此，擅自使用出版者出版的图书、期刊的版式设计的，应当承担相应的民事责任。

（10）未经表演者许可，从现场直播或者公开传送其现场表演，或者录制其表演的。根据我国《著作权法》第38条的规定，表演者对其表演享有许可他人从现场直播和公开传送其现场表演，以及许可他人录音录像，并获得报酬的权利。因此，未经表演者许可，擅自从现场直播或者公开传送其现场表演，或者录制其表演，应当承担相应的民事责任。

（11）其他侵犯著作权以及与著作权有关的权益的行为。本项属于兜底性条款。

（二）损害著作权人利益和社会公共利益的侵权行为

《著作权法》第48条列举的8种侵权行为，如果在侵害著作权人的权利以及与著作权有关的权益的同时，还损害了社会公共利益，则在性质和后果上相对第47条规定的侵权行为更为严重。对于该条列举的8种侵权行为，应当根据情况，承担停止侵害、消除影响、赔礼道歉、赔偿损失等民事责任；同时损害公共利益的，可以由著作权行政管理部门责令停止侵权行为，没收违法所得，没收、销毁侵权复制品，并可处以罚款；情节严重的，著作权行政管理部门还可以没收主要用于制作侵权复制品的材料、工具、设备等；构成犯罪的，依法追究刑事责任。需要指出，该条规定没有兜底条款，这意味着只有这8种侵权行为才可能受到行政处罚或被追究刑事责任。

（1）未经著作权人许可，复制、发行、表演、放映、广播、汇编、通过信息网络向公众传播其作品的，《著作权法》另有规定的除外。无论行为人是否以营利为目的，只要未经著作权人许可，以上述方式向公众传播其作品，就要视其侵权行为的情节，适用《著作权法》第48条规定的法律责任。但是，我国《著作权法》明确规定的合理使用及法定许可等，属于例外情形。

（2）出版他人享有专有出版权的图书的。《著作权法》第31条规定："图书出版者对著作权人交付出版的作品，按照合同约定享有的专有出版权受法律保护，他人不得出版该作品。"行为人擅自出版他人享有专有出版权的图书，不仅侵犯了图书出版者的权利，同时也侵犯了著作权人的权利，属于较为严重的侵权行为。

（3）未经表演者许可，复制、发行录有其表演的录音录像制品，或者通过信息网络向公众传播其表演的，《著作权法》另有规定的除外。根据《著作权法》第38条的规定，表演者对其表演享有许可他人复制、发行录有其表演的录音录像制品，以及许可他人通过信息网络向公众传播其表演，并获得报酬的权利。因此，未经表演者许可，擅自复制、发行录有其表演的录音录像制品，或者通过信息网络向公众传播其表演，构成侵权。但是，法律另有规定的除外，如根据《著作权法》第23条的规定，为学校课堂教学或者科学研究，少量复制录有表演者表演的录音录像制品，供教学或者科研人员使用，则不构成侵权。

（4）未经录音录像制作者许可，复制、发行、通过信息网络向公众传播其制作的录音录像制品的，《著作权法》另有规定的除外。根据《著作权法》第 42 条的规定，录音录像制作者对其制作的录音录像制品，享有许可他人复制、发行、出租、通过信息网络向公众传播并获得报酬的权利。该条还规定，被许可人复制、发行、通过信息网络向公众传播录音录像制品，还应当取得著作权人、表演者许可，并支付报酬。因此，未经录音录像制作者的许可，也未经著作权人、表演者的许可，擅自复制、发行、通过信息网络向公众传播录音录像制品，构成侵权。但是，我国《著作权法》明确规定的合理使用及法定许可等，属于例外情形。

（5）未经许可，播放或者复制广播、电视的，《著作权法》另有规定的除外。根据《著作权法》第 45 条的规定，广播电台、电视台有权禁止未经其许可，将其播放的广播、电视转播或者录制在音像载体上以及复制音像载体。因此，未经许可，擅自播放或者复制广播、电视，构成侵权。但是，我国《著作权法》明确规定的合理使用及法定许可等，属于例外情形。

（6）未经著作权人或者与著作权有关的权利人许可，故意避开或者破坏权利人为其作品、录音录像制品等采取的保护著作权或者与著作权有关的权利的技术措施的，法律、行政法规另有规定的除外。权利人对其作品、录音录像制品采取保护性的技术措施，如对计算机软件进行加密，体现了权利人对自身权利的维护。故意避开或者破坏权利人所采取的保护性措施，主观恶性较强，属于较为严重的侵权行为，应当承担相应的责任。但是，法律、行政法规为保护文化市场秩序另有规定的除外。

（7）未经著作权人或者与著作权有关的权利人许可，故意删除或者改变作品、录音录像制品等的权利管理电子信息的，法律、行政法规另有规定的除外。权利管理电子信息主要指权利人在网络上表明其对作品享有著作权的有关信息。故意删除或者改变作品、音像制品等的权利管理电子信息，主观恶性较强，属于较为严重的侵权行为，应当承担相应的责任。但是，法律、行政法规为保护市场文化秩序另有规定的除外。

（8）制作、出售假冒他人署名的作品的。主要表现形式是在自己或者第三人的作品上署他人的姓名，假冒他人的作品出售。需要指出，假冒他人署名与在他人的作品上署自己的姓名不同，后者在性质上属于剽窃他人作品。

二、侵权纠纷的解决途径

根据我国《著作权法》规定，发生侵权纠纷后，权利人可以多种方式维护自身权益，实现侵权纠纷的最终解决。

（一）调 解

调解是指双方或多方当事人就争议的实体权利、义务，在人民法院、仲裁委员会或有关组织的主持下，自愿进行协商，通过教育疏导促成各方达成协议、解决纠纷的办法。《著作权法》第 55 条明确规定，著作权纠纷可以调解。

著作权纠纷通过调解处理，是世界各国的通行做法。在《著作权法》中明确将调解作为解决侵权纠纷的一种途径，体现了我国对调解工作的高度重视。

（二）仲 裁

仲裁是指争议双方在争议发生前或争议发生后达成协议，自愿将争议交给非司法机构的第三者作出裁决。《著作权法》第 55 条规定，当事人可以根据达成的书面仲裁协议或者著作权合同中的仲裁条款，向仲裁机构申请仲裁；当事人没有书面仲裁协议，也没有在著作权合同中订立仲裁条款的，可以直接向人民法院起诉。

仲裁是由双方当事人自愿选择的解决纠纷的途径，对于著作权侵权纠纷而言，当事人经过仲裁程序后，即使对仲裁裁决不服，也不能再向人民法院提起诉讼。仲裁依法受国家监督，人民法院可以依法对仲裁协议的效力进行裁决，当事人可以对仲裁机构作出的仲裁决定申请人民法院强制执行。

（三）诉 讼

诉讼是指当事人将纠纷诉至人民法院，而人民法院依法对纠纷进行处理的法律程序。诉讼是一种有效的公力救济方式，诉讼结果的确认以及执行强制力使得诉讼成为一种最有效和最终的冲突解决手段。

（四）诉前责令停止侵权行为

根据《著作权法》第50条的规定，著作权人或者与著作权有关的权利人有证据证明他人正在实施或者即将实施侵犯其权利的行为，如不及时制止将会使其合法权益受到难以弥补的损害的，可以在起诉前向人民法院申请采取责令停止有关行为的措施。

根据相关司法解释，申请人诉前向人民法院申请采取责令停止侵犯著作权行为的措施，应当向侵权行为地或者被申请人住所地对侵犯著作权案件有管辖权的人民法院提出。同时，应当提交书面申请状，其中载明：当事人及其基本情况；申请的具体内容和范围；申请的理由，包括有关行为如不及时制止，将会使著作权人的合法权益受到难以弥补的损害的具体说明。另外，申请人还应当提交其拥有相关权利的证据，以及证明被申请人正在实施或者即将实施侵犯著作权的行为的证据。

人民法院对当事人提出的申请应当从以下方面进行审查：被申请人正在实施或者即将实施的行为是否侵犯著作权；不采取有关措施，是否会给申请人合法权益造成难以弥补的损害；申请人提供担保的情况；责令被申请人停止有关行为是否损害社会公共利益。

（五）财产保全

根据《著作权法》第50条第1款的规定，著作权人或者与著作权有关的权利人有证据证明他人正在实施或者即将实施侵犯其权利的行为，如不及时制止将会使其合法权益受到难以弥补的损害的，可以在起诉前向人民法院申请采取财产保全的措施。在著作权侵权纠纷案件中，对于财产保全措施的申请和审查，适用我国《民事诉讼法》的有关规定。

根据我国《民事诉讼法》的规定，利害关系人因情况紧急，不立即申请财产保全将会使其合法权益受到难以弥补的损害的，可以在起诉前向人民法院申请采取财产保全措施。人民法院对于可能因当事人一方的行为或者其他原因，使判决不能执行或者难以执行的案件，可以根据对方当事人的申请，作出财产保全的裁定；当事人没有提出申请的，人民法院在必要时也可以裁定采取财产保全措施。人民法院采取财产保全措施，可以责令申请人提供担保；申请人不提供担保的，驳回申请。人民法院接受申请后，必须在48小时内作出裁定；裁定采取财产保全措施的，应当立即开始执行。申请人在人民法院采取保全措施后15日内不起诉的，人民法院应当解除财产保全。

（六）证据保全

《著作权法》第51条规定："为制止侵权行为，在证据可能灭失或者以后难以取得的情况下，著作权人或者与著作权有关的权利人可以在起诉前向人民法院申请保全证据。人民法院接受申请后，必须在四十八小时内作出裁定；裁定采取保全措施的，应当立即开始执行。人民法院可以责令申请人提供担保，申请人不提供担保的，驳回申请。申请人在人民法院采取保全措施后十五日内不起诉的，人民法院应当解除保全措施。"

根据相关司法解释，保全证据的申请，应当向侵权行为地或者被申请人住所地对侵犯著作权案件有管辖权的人民法院提出。权利人向人民法院提出诉前保全证据的申请，应当递交书面申请状。申请状应当载明：当事人及其基本情况；申请保全证据的具体内容、范围、所在地点；申请保全的证据能够证明的对象；申请的理由，包括证据可能灭失或者以后难以取得，且当事人及其诉讼代理人因客观原因不能自行收集的具体说明。

三、侵权责任

根据侵权责任的严重程度，可以分为民事责任、行政责任和刑事责任等三种类型。

（一）民事责任

侵犯著作权纠纷案件中，民事责任具体有停止侵害、消除影响、赔礼道歉和赔偿损失等。除上述民事责任外，根据侵犯著作权的实际情况，还应当承担其他民事责任。上述民事责任，可以单独适用，也可以合并适用。

1. 停止侵害

停止侵害，是指侵权行为人正在实施侵害他人著作权和与著作权有关的权益时，权利人为了防止损害后果的扩大，有权制止正在实施的侵权行为，要求其停止侵害。实践中，人民法院在判决被告承担停止侵害的民事责任时，往往会明确要求被告停止具体的侵害行为，如停止违法的播放、表演、出版行为，销毁侵权复制品等。

2. 消除影响

消除影响，是指侵权行为人因其侵权行为对权利人造成了不良影响，应当采取某些必要的措施消除有关的不良影响。一般而言，侵权行为人在多大范围造成影响，仍应在多大范围内消除影响，也可以以双方当事人约定的方式消除影响。另外，侵犯著作权中的财产权、表演者权中的财产性权利以及邻接权中仅属财产性权利的出版者权利、录音录像制作者权利与广播电台及电视台权利的，均不会导致社会对相关权利人社会评价的降低，或者造成相关权利人的名誉受损，故无须承担消除影响与赔礼道歉的民事责任。

3. 赔礼道歉

赔礼道歉，是指侵权行为人因其侵权行为侵犯了权利人的人身权利，应当以适当的方式公开或不公开地向权利人表示歉意。这种民事责任承担方式，主要适用于侵权行为人的侵权行为使得作者或者表演者的名誉受损或自身人格受到屈辱的情形，因此，赔礼道歉通常适用于权利人为自然人的情形。一般而言，可以以双方当事人约定的方式表达歉意，人民法院也可以根据情况判决被告以诸如登报等适当方式向原告赔礼道歉。

4. 赔偿损失

赔偿损失，是指侵权行为人造成著作权以及与著作权有关的权益的损失时，应当以其财产赔偿权利人的经济损失。赔偿损失的基本原则是全部赔偿，即由侵权行为人赔偿被侵权人的全部损失。根据《著作权法》第 49 条的规定，赔偿数额的计算方式主要有三种，即权利人的实际损失、侵权人的违法所得和法定赔偿金。

（1）权利人的实际损失，即权利人因侵权人的侵权行为而遭受的损失或者失去的应得收益，比如稿酬收入、许可使用费等。《著作权若干问题的解释》第 24 条规定："权利人的实际损失，可以根据权利人因侵权所造成复制品发行减少量或者侵权复制品销售量与权利人发行该复制品单位利润乘积计算。发行减少量难以确定的，按照侵权复制品市场销售量确定。"计算权利人的实际损失，应当包括权利人为制止侵权行为所支付的合理开支，包括权利人或者委托代理人对侵权行为进行调查、取证的合理费用。按照权利人的实际损失来确定侵权人赔付的金额，是确定赔偿数额的首要方式，这也是通常所说的"填平原则"的具体体现。

（2）侵权人的违法所得，即侵权人因其侵权行为而获得的收益。根据我国《著作权法》的规定，实际损失难以计算的，可以按照侵权人的违法所得给予赔偿。因此，根据侵权人的违法所得来计算赔偿数额的前提是权利人的实际损失难以计算。实践中，确定侵权人的违法所得较为困难，一般要求原告举证侵权人的收入总额，然后由侵权人举证该收入中不属于违法所得或利润的部分。

（3）法定赔偿金，即人民法院根据侵权行为的情节，在法定金额内酌情确定的赔偿数额。《著作权法》第49条第2款规定："权利人的实际损失或者侵权人的违法所得不能确定的，由人民法院根据侵权行为的情节，判决给予五十万元以下的赔偿。"该款规定明确了法定赔偿原则。适用法定赔偿的前提是权利人的实际损失或者侵权人的违法所得无法确定。人民法院可以根据当事人的请求或者依职权，在考虑作品类型、合理使用费、侵权行为性质、后果等情节后综合确定赔偿数额。当然，即使权利人的实际损失或者侵权人的违法所得无法确定，但是当事人就赔偿数额达成协议的，也应当准许。

（二）行政责任

根据《著作权法》第48条的规定，实施侵权行为并损害公共利益的，根据情况可以由著作权行政管理部门责令停止侵权行为，没收违法所得，没收、销毁侵权复制品，并可处以罚款；情节严重的，著作权行政管理部门还可以没收主要用于制作侵权复制品的材料、工具、设备等。根据《著作权法实施条例》第37条的规定，有《著作权法》第48条所列侵权行为，同时损害社会公共利益的，由地方人民政府著作权行政管理部门负责查处，国务院著作权行政管理部门可以查处在全国有重大影响的侵权行为。同时，《著作权法》第56条规定："当事人对行政处罚不服的，可以自收到行政处罚决定书之日起三个月内向人民法院起诉，期满不起诉又不履行的，著作权行政管理部门可以申请人民法院执行。"著作权行政管理部门可以给予的行政处罚有以下几种：

（1）责令停止侵权行为。这类似于民事责任中的责令停止侵害。

（2）没收违法所得。即著作权行政管理部门在查处著作权侵权行为时，发现侵权人有违法所得的，可以没收其违法所得，将没收的违法所得上缴国库。

（3）没收、销毁侵权复制品。其目的在于防止侵权人继续从事侵权行为。

（4）罚款。对此，《著作权法实施条例》第36条进一步规定，有《著作权法》第48条所列侵权行为，同时损害社会公共利益，非法经营额5万元以上的，著作权行政管理部门可处非法经营额1倍以上5倍以下的罚款；没有非法经营额或者非法经营额5万元以下的，著作权行政管理部门根据情节轻重，可处25万元以下的罚款。

（5）没收制作设施。其目的在于消除侵权人继续其侵权行为的能力。对没收的主要用于制作侵权复制品的材料、工具、设备等，要予以拍卖并将此收入上缴国库。

（三）刑事责任

根据《著作权法》第48条的规定，实施侵犯著作权的行为构成犯罪的，依法追究刑事责任。

1. 侵犯著作权罪

《刑法》第217条规定："以营利为目的，有下列侵犯著作权情形之一，违法所得数额较大或者有其他严重情节的，处三年以下有期徒刑或者拘役，并处或者单处罚金；违法所得数额巨大或者有其他特别严重情节的，处三年以上七年以下有期徒刑，并处罚金：（一）未经著作权人许可，复制发行其文字作品、音乐、电影、电视、录像作品、计算机软件及其他作品的；（二）出版他人享有专有出版权的图书的；（三）未经录音录像制作者许可，复制发行其制作的录音录像的；

（四）制作、出售假冒他人署名的美术作品的。"

另外，根据《知识产权刑事案件解释》第 5 条和《知识产权刑事案件解释（二）》第 1 条的规定，以营利为目的，实施《刑法》第 217 条所列侵犯著作权行为之一，违法所得数额在 3 万元以上的，属于"违法所得数额较大"；具有下列情形之一的，属于"有其他严重情节"，应当以侵犯著作权罪判处 3 年以下有期徒刑或者拘役，并处或者单处罚金：①非法经营数额在 5 万元以上的；②未经著作权人许可，复制发行其文字作品、音乐、电影、电视、录像作品、计算机软件及其他作品，复制品数量合计在 500 张（份）以上的；③其他严重情节的情形。

以营利为目的，实施《刑法》第 217 条所列侵犯著作权行为之一，违法所得数额在 15 万元以上的，属于"违法所得数额巨大"；具有下列情形之一的，属于"有其他特别严重情节"，应当以侵犯著作权罪判处 3 年以上 7 年以下有期徒刑，并处罚金：①非法经营数额在 25 万元以上的；②未经著作权人许可，复制发行其文字作品、音乐、电影、电视、录像作品、计算机软件及其他作品，复制品数量合计在 2500 张（份）以上的；③其他特别严重情节的情形。

2. 销售侵权复制品罪

《刑法》第 218 条规定："以营利为目的，销售明知是本法第二百一十七条规定的侵权复制品，违法所得数额巨大的，处 3 年以下有期徒刑或者拘役，并处或者单处罚金。"

另外，根据《知识产权刑事案件解释》第 6 条的规定，以营利为目的，实施《刑法》第 218 条规定的行为，违法所得数额在 10 万元以上的，属于"违法所得数额巨大"，应当以销售侵权复制品罪判处 3 年以下有期徒刑或者拘役，并处或者单处罚金。

第五节 计算机软件著作权的特殊规定

由于计算机软件著作权保护的特殊性，我国《著作权法》规定计算机软件的保护办法由国务院另行规定。为此，国务院制定了《计算机软件保护条例》，以保护计算机软件著作权人的权益，调整计算机软件在开发、传播和使用中发生的利益关系，鼓励计算机软件的开发与应用，促进软件产业和国民经济信息化的发展。

一、软件著作权的客体

计算机软件著作权的客体是计算机软件。《计算机软件保护条例》第 2 条规定："本条例所称计算机软件（以下简称"软件"），是指计算机程序及其有关文档。"

（一）计算机程序

计算机程序，是指为了得到某种结果而可以由计算机等具有信息处理能力的装置执行的代码化指令序列，或者可以被自动转换成代码化指令序列的符号化指令序列或者符号化语句序列。同一计算机程序的源程序和目标程序为同一作品。

（二）计算机程序文档

文档，是指用来描述程序的内容、组成、设计、功能规格、开发情况、测试结果及使用方法的文字资料和图表等，如程序设计说明书、流程图、用户手册等。

二、软件著作权人的确定

根据《计算机软件保护条例》的规定，软件著作权人是指依照该条例的规定，对软件享有著作权的自然人、法人或者其他组织。

（一）软件开发者

软件开发者，是指实际组织开发、直接进行开发，并对开发完成的软件承担责任的法人或者其他组织；或者依靠自己具有的条件独立完成软件开发，并对软件承担责任的自然人。《计算机软件保护条例》第9条规定："软件著作权属于软件开发者，本条例另有规定的除外。如无相反证明，在软件上署名的自然人、法人或者其他组织为开发者。"

（二）合作开发软件的著作权人

《计算机软件保护条例》第10条规定："由两个以上的自然人、法人或者其他组织合作开发的软件，其著作权的归属由合作开发者签订书面合同约定。无书面合同或者合同未作明确约定，合作开发的软件可以分割使用的，开发者对各自开发的部分可以单独享有著作权；但是，行使著作权时，不得扩展到合作开发的软件整体的著作权。合作开发的软件不能分割使用的，其著作权由各合作开发者共同享有，通过协商一致行使；不能协商一致，又无正当理由的，任何一方不得阻止他方行使除转让权以外的其他权利，但是所得收益应当合理分配给所有合作开发者。"因此，合作开发软件著作权的归属，首先依合作开发者的书面合同约定确定。如果无书面合同或者合同未作明确约定，则视合作开发软件是否可以分割使用的情况确定。对于可以分割使用的，软件开发者对各自开发的部分可以单独享有著作权，但是行使著作权时，不得扩展到合作开发的软件整体的著作权；对于不能分割使用的，软件的著作权由合作开发者共同享有，并通过协商一致行使，如果不能协商一致，又无正当理由的，任何一方不得阻止他方行使除转让权以外的其他权利，但是所得收益应当合理分配给所有合作开发者。

（三）委托开发软件的著作权人

《计算机软件保护条例》第11条规定："接受他人委托开发的软件，其著作权的归属由委托人与受托人签订书面合同约定；无书面合同或者合同未作明确约定的，其著作权由受托人享有。"因此，委托开发软件著作权的归属，首先依委托人与受托人签订的书面合同约定确定。如果无书面合同或者合同未作明确约定，则委托开发软件的著作权由受托人享有，同时保障委托人对该软件的使用权。

（四）国家项目开发软件的著作权人

《计算机软件保护条例》第12条规定："由国家机关下达任务开发的软件，著作权的归属与行使由项目任务书或者合同规定；项目任务书或者合同中未作明确规定的，软件著作权由接受任务的法人或者其他组织享有。"可见，国家项目开发软件著作权的归属与委托开发软件著作权的归属原则基本相同。

（五）职务开发软件的著作权人

《计算机软件保护条例》第13条规定："自然人在法人或者其他组织中任职期间所开发的软件有下列情形之一的，该软件著作权由该法人或者其他组织享有，该法人或者其他组织可以对开发软件的自然人进行奖励：（一）针对本职工作中明确指定的开发目标所开发的软件；（二）开发的软件是从事本职工作活动所预见的结果或者自然的结果；（三）主要使用了法人或者其他组织的资金、专用设备、未公开的专门信息等物质技术条件所开发并由法人或者其他组织承担责任的软件。"只要具有该条规定的三种情形中的任何一种，则属于职务软件，由相关法人或者其他组织享有软件著作权。

三、软件著作权的内容

《计算机软件保护条例》第8条规定的软件著作权的内容，同样可分为人身权和财产权。

（一）软件著作权的人身权

人身权，是指软件著作权人基于其软件作品而享有的以人格利益为内容的专有权利。根据《计算机软件保护条例》第8条的规定，软件著作权的人身权，包括发表权、署名权和修改权。

发表权，即决定软件是否公之于众的权利。发表权是软件著作权人的人身权利中最基本的权利，软件开发完成后，如果其著作权人不行使发表权，则其他权利无从行使。另外，尽管软件著作权自软件开发完成之日起产生，但软件著作权的保护期限从软件首次发表后开始计算。

署名权，即表明开发者身份，在软件上署名的权利。开发者还有权选择署名的方式，如可以署真名、假名和笔名等。

修改权，即对软件进行增补、删节，或者改变指令、语句顺序的权利。

（二）软件著作权的财产权

财产权，是指软件开发者对其软件作品享有的占有、使用、收益和处分的权利。根据《计算机软件保护条例》第8条的规定，软件著作权的财产权，包括复制权、发行权、出租权、信息网络传播权和翻译权等。

复制权，即将软件制作一份或者多份的权利；发行权，即以出售或者赠与方式向公众提供软件的原件或者复制件的权利；出租权，即有偿许可他人临时使用软件的权利，但是软件不是出租的主要标的的除外；信息网络传播权，即以有线或者无线方式向公众提供软件，使公众可以在其个人选定的时间和地点获得软件的权利；翻译权，即将原软件从一种自然语言文字转换成另一种自然语言文字的权利。另外，根据《计算机软件保护条例》第8条的规定，软件著作权人可以许可他人行使其软件著作权，可以全部或者部分转让其软件著作权，并有权获得报酬。

（三）软件著作权的保护范围

我国《著作权法》只保护思想观念的表达，而不保护思想观念本身。同样，软件著作权保护的是表达而非思想。《计算机软件保护条例》第4条规定："受本条例保护的软件必须由开发者独立开发，并已固定在某种有形物体上。"第6条规定："本条例对软件著作权的保护不延及开发软件所用的思想、处理过程、操作方法或者数学概念等。"

软件著作权保护的是计算机程序和文档，无论是计算机程序的源程序和目标程序，还是作为软件文档的程序设计说明书、流程图、用户手册等，其表现形式与传统的文字作品近似，属于为实现软件功能的表达，属于软件著作权的保护范围。相反，软件开发过程中的思想、处理过程、操作方法或者数学概念等，则不属于软件著作权的保护范围。

另外，根据《计算机软件保护条例》第5条的规定，中国公民、法人或其他组织对其所开发的软件，不论是否发表，均享有著作权。对于外国人、无国籍人的软件，首先在中国境内发行的，享有著作权；依照其开发者所属国或者经常居住地国同中国签订的协议或者依照中国参加的国际条约享有的著作权，依对等原则予以保护。

（四）对软件著作权的限制

为平衡软件著作权人的利益与社会公共利益，促进软件开发技术的发展，《计算机软件保护条例》列举了软件著作权的限制情形。

1. 软件的合法复制品所有人的权利

《计算机软件保护条例》第16条规定："软件的合法复制品所有人享有下列权利：（一）根据使用的需要把该软件装入计算机等具有信息处理能力的装置内；（二）为了防止复制品损坏而制作备份复制品。这些备份复制品不得通过任何方式提供给他人使用，并在所有人丧失该合法复制品的所有权时，负责将备份复制品销毁；（三）为了把该软件用于实际的计算机应用环境或者改进其功能、性能而进行必要的修改；但是，除合同另有约定外，未经该软件著作权人许可，不得向任何第三方提供修改后的软件。"该条规定明确了软件最终用户的责任，其在明确规定软件合法复制品所有人享有权利的同时，也明确规定了合法复制品所有人应当遵守的法定义务。

2. 为学习、研究目的的使用

《计算机软件保护条例》第17条规定："为了学习和研究软件内含的设计思想和原理，通过安装、显示、传输或者存储软件等方式使用软件的，可以不经软件著作权人许可，不向其支付报酬。"这属于对软件的合理使用情形。由于软件开发的成本很大，而又极易被复制且复制成本很低廉，因此，相对来说，软件合理使用的范围较小。该条保护学习和研究软件内含的设计思想和原理的行为，旨在促进软件开发技术的发展。

3. 相似软件

《计算机软件保护条例》第29条规定："软件开发者开发的软件，由于可供选用的表达方式有限而与已经存在的软件相似的，不构成对已经存在的软件的著作权的侵犯。"在某些情况下，当可供选用的表达方式有限时，很难将表达与创意进行区分，此时对此种表达很难给予保护。

4. 不承担赔偿责任的使用情形

《计算机软件保护条例》第30条规定："软件的复制品持有人不知道也没有合理理由应当知道该软件是侵权复制品的，不承担赔偿责任；但是，应当停止使用、销毁该侵权复制品。如果停止使用并销毁该侵权复制品将给复制品使用人造成重大损失的，复制品使用人可以在向软件著作权人支付合理费用后继续使用。"这属于善意非法最终用户的特殊法律责任。对软件的复制品持有人，通常应当停止使用、销毁该侵权复制品。如果停止使用并销毁该侵权复制品将给复制品使用人造成重大损失的，为经济性考虑，复制品使用人可以在向软件著作权人支付合理费用后继续使用。

四、软件登记的效力

《计算机软件保护条例》第7条第1款规定："软件著作权人可以向国务院著作权行政管理部门认定的软件登记机构办理登记。软件登记机构发放的登记证明文件是登记事项的初步证明。"

软件著作权自软件开发完成之日起产生，而不以软件登记为前提条件。但是，在发生软件著作权争议时，软件登记机构发放的登记证明文件是登记事项的初步证明，在没有相反证据的情况下，一般推定软件登记人为软件著作权人。另外，国家著作权行政管理部门鼓励软件登记，并对登记的软件予以重点保护。

五、侵犯软件著作权行为

《计算机软件保护条例》第23条和第24条规定了侵犯软件著作权行为及侵权人应当承担的民事责任。

（一）损害软件著作权人利益的侵权行为

根据《计算机软件保护条例》第23条的规定，共有6种侵权行为，包括一个兜底条款，即损害软件著作权人利益的侵权行为。对于这类侵权行为，应当根据情况承担停止侵害、消除影响、赔礼道歉、赔偿损失等民事责任。

（1）未经软件著作权人许可，发表或者登记其软件的。这是侵犯软件著作权人发表权的行为。软件著作权人享有发表权，有权决定是否将软件公之于众。

（2）将他人软件作为自己的软件发表或者登记的。这是侵犯他人署名权的行为，同时属于窃取他人劳动成果的行为。

（3）未经合作者许可，将与他人合作开发的软件作为自己单独完成的软件发表或者登记的。合作开发软件的著作权由各合作开发者共同享有，任一合作作者无权单独行使合作开发软件的发表权。将与他人合作开发的软件作为自己单独完成的软件发表或者登记，不仅侵犯了其他合作开发者的发表权，而且侵犯了其他合作开发者的署名权及其他权利。

（4）在他人软件上署名或者更改他人软件上的署名的。这是侵犯他人署名权的行为。

（5）未经软件著作权人许可，修改、翻译其软件的。对软件进行修改、翻译是软件著作权人的专有权利，只有软件著作权人或其受让者或经过许可的人才有权行使。

（6）其他侵犯软件著作权的行为。本项属于兜底性条款。

（二）损害软件著作权人利益和社会公共利益的侵权行为

《计算机软件保护条例》第24条列举了5种侵权行为。①复制或者部分复制著作权人的软件的；②向公众发行、出租、通过信息网络传播著作权人的软件的；③故意避开或者破坏著作权人为保护其软件著作权而采取的技术措施的；④故意删除或者改变软件权利管理电子信息的；⑤转让或者许可他人行使著作权人的软件著作权的。如果在损害软件著作权人利益的同时，还损害了社会公共利益，则在性质和后果上相对第23条规定的侵权行为更为严重。除《著作权法》《计算机软件保护条例》或者其他法律、行政法规另有规定外，未经软件著作权人许可，对于该条列举的5种侵权行为，应当根据情况承担停止侵害、消除影响、赔礼道歉、赔偿损失等民事责任；同时损害社会公共利益的，由著作权行政管理部门责令停止侵权行为，没收违法所得，没收、销毁侵权复制品，可以并处罚款；情节严重的，著作权行政管理部门并可以没收主要用于制作侵权复制品的材料、工具、设备等；触犯刑律的，依照《刑法》关于侵犯著作权罪、销售侵权复制品罪的规定，依法追究刑事责任。

另外，《计算机软件保护条例》第24条同时规定，有前述第1项或者第2项行为的，可以并处每件100元或者货值金额1倍以上5倍以下的罚款；有前述第3项、第4项或者第5项行为的，可以并处20万元以下的罚款。

第六节　信息网络传播权的保护

由于互联网的迅猛发展及保护的复杂性，我国《著作权法》规定信息网络传播权的保护办法由国务院另行规定。为此，国务院制定了《信息网络传播权保护条例》，以保护著作权人、表演者、录音录像制作者的信息网络传播权，鼓励有益于社会主义精神文明、物质文明建设的作品的创作和传播。

一、信息网络传播权的客体

根据《信息网络传播权保护条例》第26条的规定，信息网络传播权是指以有线或者无线方式向公众提供作品、表演或者录音录像制品，使公众可以在其个人选定的时间和地点获得作品、表演或者录音录像制品的权利。可见，信息网络传播权的权利主体是著作权人、表演者和录音录像制作者，权利客体是作品、表演及录音录像制品三类，不包括其他形式的权利客体，比如图书、报刊的出版及广播电台、电视台的播放等。

《信息网络传播权保护条例》第3条第1款规定："依法禁止提供的作品、表演、录音录像制品，不受本条例保护。"该款规定强调违法作品、表演和录音录像制品不受法律保护，不享有法律赋予的相应权利，不属于信息网络传播权的权利客体。虽然在我国《著作权法》中有类似规定，但由于互联网影响力巨大，有必要对此予以强调。需要指出，对于依法禁止提供的作品、表演、录音录像制品，不仅不受法律保护，而且也不得传播；权利人行使信息网络传播权，不得违反宪法和法律、行政法规，不得损害公共利益。

二、信息网络传播权的内容

《信息网络传播权保护条例》第2条规定："权利人享有的信息网络传播权受著作权法和本条例保护。除法律、行政法规另有规定的外，任何组织或者个人将他人的作品、表演、录音录像制品通过信息网络向公众提供，应当取得权利人许可，并支付报酬。"可见，信息网络传播权包括许可权和获得报酬权。

（一）许可权

许可权，是指任何组织或者个人将他人的作品、表演、录音录像制品通过信息网络向公众提供，应当取得权利人许可。也就是说，权利人有权控制作品的使用。但是，法律、行政法规另有规定的则属除外情形，如合理使用和法定许可等。

（二）获得报酬权

获得报酬权，是指通过信息网络向公众提供他人的作品、表演、录音录像制品，应当向权利人支付报酬。获得报酬权是信息网络传播权的主要经济权利。

（三）保护技术措施

为了保护信息网络传播权，权利人可以采取技术措施。技术措施，是指用于防止、限制未经权利人许可浏览、欣赏作品、表演、录音录像制品的或者通过信息网络向公众提供作品、表演、录音录像制品的有效技术、装置或者部件。技术措施主要包括控制访问的技术措施和控制作品使用的技术措施，如防止复制措施、加密措施、追踪措施、限制阅读措施、电子水印或数字签名措施等。

《信息网络传播权保护条例》第4条第2款规定："任何组织或者个人不得故意避开或者破坏技术措施，不得故意制造、进口或者向公众提供主要用于避开或者破坏技术措施的装置或者部件，不得故意为他人避开或者破坏技术措施提供技术服务。但是，法律、行政法规规定可以避开的除外。"技术措施的使用属于权利人主动采取的自我保护举措，该条规定是对权利人自力救济的认可和保障。

对技术措施的保护存在限制和例外情形，法律、行政法规规定可以避开的即可排除在外。《信息网络传播权保护条例》第12条列举了4种可以避开技术措施的情形：①为学校课堂教学或者科学研究，通过信息网络向少数教学、科研人员提供已经发表的作品、表演、录音录像制品，而该作品、表演、录音录像制品只能通过信息网络获取；②不以营利为目的，通过信息网络以盲人能够感知的独特方式向盲人提供已经发表的文字作品，而该作品只能通过信息网络获取；③国家机关依照行政、司法程序执行公务；④在信息网络上对计算机及其系统或者网络的安全性能进行测试。需要指出，合理避开技术措施，须遵守两项义务：一是不得向他人提供避开技术措施的技术、装置或者部件；二是不得侵犯权利人依法享有的其他权利。

（四）保护权利管理电子信息

权利管理电子信息，是指说明作品及其作者、表演及其表演者、录音录像制品及其制作者的信息，作品、表演、录音录像制品权利人的信息和使用条件的信息，以及表示上述信息的数字或者代码。

根据《信息网络传播权保护条例》第5条规定，侵害权利管理电子信息的行为有两类，一是故意删除或者改变通过信息网络向公众提供的作品、表演、录音录像制品的权利管理电子信息，但由于技术上的原因无法避免删除或者改变的除外；二是通过信息网络向公众提供明知或者应知未经权利人许可被删除或者改变权利管理电子信息的作品、表演、录音录像制品。

（五）信息网络传播权的限制

《信息网络传播权保护条例》规定了对信息网络传播权的限制情形，其中包括合理使用和法定许可制度。需要指出，作者的人身权利应当受到保护，使用作品时必须指明作品的名称和作者的姓名（名称）等，同时，不得侵犯著作权人依法享有的其他权利。

1. 合理使用

《信息网络传播权保护条例》第6条和第7条规定了9种可以不经著作权人许可且不向其支付报酬而通过信息网络提供他人作品的合理使用情形。

（1）为介绍、评论某一作品或者说明某一问题，在向公众提供的作品中适当引用已经发表的作品。此种情形下，引用的作品必须是已经发表的作品，并且具有引用的合理性和适当性。

（2）为报道时事新闻，在向公众提供的作品中不可避免地再现或者引用已经发表的作品。此种情形下，再现或者引用已经发表的作品虽然没有适当性要求，但是必须限于不可避免的情况。

（3）为学校课堂教学或者科学研究，向少数教学、科研人员提供少量已经发表的作品。为教学、科研而使用已经发表的作品，应严格限制数量，限于向少数教学、科研人员提供少量作品。

（4）国家机关为执行公务，在合理范围内向公众提供已经发表的作品。此种情形下，使用主体限于国家机关，使用目的限于执行公务，使用范围要求具有合理性。

（5）将中国公民、法人或者其他组织已经发表的、以汉语言文字创作的作品翻译成的少数民族语言文字作品，向中国境内少数民族提供。

（6）不以营利为目的，以盲人能够感知的独特方式向盲人提供已经发表的文字作品。

（7）向公众提供在信息网络上已经发表的关于政治、经济问题的时事性文章。但是，作者事先声明不得提供的除外。

（8）向公众提供在公众集会上发表的讲话。但是，作者事先声明不得提供的除外。

（9）图书馆、档案馆、纪念馆、博物馆、美术馆等可以不经著作权人许可，通过信息网络向本馆馆舍内服务对象提供本馆收藏的合法出版的数字作品和依法为陈列或者保存版本的需要以数字化形式复制的作品，不向其支付报酬，但不得直接或者间接获得经济利益。当事人另有约定或作者事先声明不得提供的除外。另外，为避免合理使用制度的滥用，《信息网络传播权保护条例》第7条第2款规定，为陈列或者保存版本需要以数字化形式复制的作品，应当是已经损毁或者濒临损毁、丢失或者失窃，或者其存储格式已经过时，并且在市场上无法购买或者只能以明显高于标定的价格购买的作品。同时，还应当采取技术措施，防止上述服务对象以外的其他人获得著作权人的作品，并防止上述服务对象的复制行为对著作权人利益造成实质性损害。

2. 法定许可

《信息网络传播权保护条例》第8条和第9条规定了2种可以不经著作权人许可而通过信息网络提供他人作品的法定许可情形。法定许可使用他人作品，应当支付报酬，并且要采取技术措施，防止第8条和第9条规定的服务对象以外的其他人获得著作权人的作品。

（1）为发展教育设定的法定许可

《信息网络传播权保护条例》第8条规定："为通过信息网络实施九年制义务教育或者国家教育规划，可以不经著作权人许可，使用其已经发表作品的片断或者短小的文字作品、音乐作品或者单幅的美术作品、摄影作品制作课件，由制作课件或者依法取得课件的远程教育机构通过信息网络向注册学生提供，但应当向著作权人支付报酬。"符合上述规定须具备四个条件：第一，使用目的是实施九年制义务教育或者国家教育规划；第二，由制作课件或者依法取得课件的远程教育机构提供；第三，使用的是已发表作品的片断或者短小的文字作品、音乐作品或者单幅的美术作品、摄影作品；第四，服务对象是注册学生。

（2）为扶贫的法定许可

《信息网络传播权保护条例》第 9 条第 1 款规定："为扶助贫困，通过信息网络向农村地区的公众免费提供中国公民、法人或者其他组织已经发表的种植养殖、防病治病、防灾减灾等与扶助贫困有关的作品和适应基本文化需求的作品，网络服务提供者应当在提供前公告拟提供的作品及其作者、拟支付报酬的标准。自公告之日起 30 日内，著作权人不同意提供的，网络服务提供者不得提供其作品；自公告之日起满 30 日，著作权人没有异议的，网络服务提供者可以提供其作品，并按照公告的标准向著作权人支付报酬。网络服务提供者提供著作权人的作品后，著作权人不同意提供的，网络服务提供者应当立即删除著作权人的作品，并按照公告的标准向著作权人支付提供作品期间的报酬。"符合上述规定须具备四个条件：第一，提供的作品是中国公民、法人或者其他组织已经发表的种植养殖、防病治病、防灾减灾等与扶助贫困有关的作品和适应基本文化需求的作品；第二，通过公告的方式取得许可并支付报酬；第三，网络服务提供者提供著作权人的作品后，著作权人不同意提供的，网络服务提供者应当立即删除著作权人的作品，并按照公告的标准向著作权人支付提供作品期间的报酬；第四，服务对象是农村地区的公众。同时，该条第 2 款还规定："依照前款规定提供作品的，不得直接或者间接获得经济利益。"需要指出，该条规定并没有免除作品提供者取得许可的义务，只是把通常情况下的约定许可改变为可以通过公告的方式取得许可。

（六）网络服务提供者的义务及免责情形

1. 网络服务提供者的义务

根据《信息网络传播权保护条例》第 14 条的规定，对提供信息存储空间或者提供搜索、链接服务的网络服务提供者，权利人认为其服务所涉及的作品、表演、录音录像制品，侵犯自己的信息网络传播权或者被删除、改变了自己的权利管理电子信息的，可以向该网络服务提供者提交书面通知，要求网络服务提供者删除该作品、表演、录音录像制品，或者断开与该作品、表演、录音录像制品的链接。通知书应当包含下列内容：①权利人的姓名（名称）、联系方式和地址；②要求删除或者断开链接的侵权作品、表演、录音录像制品的名称和网络地址；③构成侵权的初步证明材料。权利人应当对通知书的真实性负责。根据第 15 条的规定，网络服务提供者接到权利人的通知书后，应当立即删除涉嫌侵权的作品、表演、录音录像制品，或者断开与涉嫌侵权的作品、表演、录音录像制品的链接，并同时将通知书转送提供作品、表演、录音录像制品的服务对象；服务对象网络地址不明、无法转送的，应当将通知书的内容同时在信息网络上公告。《信息网络传播权若干问题的规定》第 14 条规定，人民法院认定网络服务提供者采取的删除、屏蔽、断开链接等必要措施是否及时，应当根据权利人提交通知的形式，通知的准确程度，采取措施的难易程度，网络服务的性质，所涉作品、表演、录音录像制品的类型、知名度、数量等因素综合判断。

另外，著作权行政管理部门为了查处侵犯信息网络传播权的行为，可以要求网络服务提供者提供涉嫌侵权的服务对象的姓名（名称）、联系方式、网络地址等资料。网络服务提供者无正当理由拒绝提供或者拖延提供涉嫌侵权的服务对象的姓名（名称）、联系方式、网络地址等资料的，由著作权行政管理部门予以警告；情节严重的，没收主要用于提供网络服务的计算机等设备。

2. 不承担赔偿责任的情形

《信息网络传播权保护条例》对网络服务提供者规定了4种免除赔偿责任的情形：

（1）提供接入服务或者传输服务的网络服务提供者的免责事由。《信息网络传播权保护条例》第20条规定："网络服务提供者根据服务对象的指令提供网络自动接入服务，或者对服务对象提供的作品、表演、录音录像制品提供自动传输服务，并具备下列条件的，不承担赔偿责任：（一）未选择并且未改变所传输的作品、表演、录音录像制品；（二）向指定的服务对象提供该作品、表演、录音录像制品，并防止指定的服务对象以外的其他人获得。"

（2）提供自动存储服务的网络服务提供者的免责事由。第21条规定："网络服务提供者为提高网络传输效率，自动存储从其他网络服务提供者获得的作品、表演、录音录像制品，根据技术安排自动向服务对象提供，并具备下列条件的，不承担赔偿责任：（一）未改变自动存储的作品、表演、录音录像制品；（二）不影响提供作品、表演、录音录像制品的原网络服务提供者掌握服务对象获取该作品、表演、录音录像制品的情况；（三）在原网络服务提供者修改、删除或者屏蔽该作品、表演、录音录像制品时，根据技术安排自动予以修改、删除或者屏蔽。"

（3）提供信息存储空间的网络服务提供者的免责事由。第22条规定："网络服务提供者为服务对象提供信息存储空间，供服务对象通过信息网络向公众提供作品、表演、录音录像制品，并具备下列条件的，不承担赔偿责任：（一）明确标示该信息存储空间是为服务对象所提供，并公开网络服务提供者的名称、联系人、网络地址；（二）未改变服务对象所提供的作品、表演、录音录像制品；（三）不知道也没有合理的理由应当知道服务对象提供的作品、表演、录音录像制品侵权；（四）未从服务对象提供作品、表演、录音录像制品中直接获得经济利益；（五）在接到权利人的通知书后，根据本条例规定删除权利人认为侵权的作品、表演、录音录像制品。"

（4）提供搜索或者链接服务的网络服务提供者的免责事由。第23条规定："网络服务提供者为服务对象提供搜索或者链接服务，在接到权利人的通知书后，根据本条例规定断开与侵权的作品、表演、录音录像制品的链接的，不承担赔偿责任；但是，明知或者应知所链接的作品、表演、录音录像制品侵权的，应当承担共同侵权责任。"

（七）服务对象的权利和义务

《信息网络传播权保护条例》第16条规定："服务对象接到网络服务提供者转送的通知书后，认为其提供的作品、表演、录音录像制品未侵犯他人权利的，可以向网络服务提供者提交书面说明，要求恢复被删除的作品、表演、录音录像制品，或者恢复与被断开的作品、表演、录音录像制品的链接。书面说明应当包含下列内容：（一）服务对象的姓名（名称）、联系方式和地址；（二）要求恢复的作品、表演、录音录像制品的名称和网络地址；（三）不构成侵权的初步证明材料。服务对象应当对书面说明的真实性负责。"该条规定是关于服务对象接到网络服务提供者转送的权利人通知书后认为自己不侵权时如何提起"反通知"的规定。

另外，第24条还规定："因权利人的通知导致网络服务提供者错误删除作品、表演、录音录像制品，或者错误断开与作品、表演、录音录像制品的链接，给服务对象造成损失的，权利人应当承担赔偿责任。"

三、侵犯信息网络传播权的行为

《信息网络传播权保护条例》第18条列举了5种侵犯信息网络传播权的行为，并规定了相应的民事责任、行政责任和刑事责任。该条规定："违反本条例规定，有下列侵权行为之一的，根据情况承担停止侵害、消除影响、赔礼道歉、赔偿损失等民事责任；同时损害公共利益的，可以由著作权行政管理部门责令停止侵权行为，没收违法所得，非法经营额 5 万元以上的，可处非法经营额 1 倍以上 5 倍以下的罚款；没有非法经营额或者非法经营额 5 万元以下的，根据情节轻重，可处 25 万元以下的罚款；情节严重的，著作权行政管理部门可以没收主要用于提供网络服务的计算机等设备；构成犯罪的，依法追究刑事责任：（一）通过信息网络擅自向公众提供他人的作品、表演、录音录像制品的；（二）故意避开或者破坏技术措施的；（三）故意删除或者改变通过信息网络向公众提供的作品、表演、录音录像制品的权利管理电子信息，或者通过信息网络向公众提供明知或者应知未经权利人许可而被删除或者改变权利管理电子信息的作品、表演、录音录像制品的；（四）为扶助贫困通过信息网络向农村地区提供作品、表演、录音录像制品超过规定范围，或者未按照公告的标准支付报酬，或者在权利人不同意提供其作品、表演、录音录像制品后未立即删除的；（五）通过信息网络提供他人的作品、表演、录音录像制品，未指明作品、表演、录音录像制品的名称或者作者、表演者、录音录像制作者的姓名（名称），或者未支付报酬，或者未依照本条例规定采取技术措施防止服务对象以外的其他人获得他人的作品、表演、录音录像制品，或者未防止服务对象的复制行为对权利人利益造成实质性损害的。"

另外，根据《信息网络传播权若干问题的规定》的规定，网络服务提供者与他人以分工合作等方式共同提供作品、表演、录音录像制品，构成共同侵权行为的，须承担连带责任；网络服务提供者在提供网络服务时教唆或者帮助网络用户实施侵害信息网络传播权行为的，应当承担侵权责任，人民法院应当根据网络服务提供者的过错，确定其是否承担教唆、帮助侵权责任。网络服务提供者的过错包括对于网络用户侵害信息网络传播权行为的明知或者应知。

四、破坏信息网络传播权保护秩序的行为

《信息网络传播权保护条例》第 19 条列举了 3 种破坏信息网络传播权保护秩序的违法行为，并规定了相应的行政责任和刑事责任。该条规定："违反本条例规定，有下列行为之一的，由著作权行政管理部门予以警告，没收违法所得，没收主要用于避开、破坏技术措施的装置或者部件；情节严重的，可以没收主要用于提供网络服务的计算机等设备；非法经营额 5 万元以上的，可处非法经营额 1 倍以上 5 倍以下的罚款；没有非法经营额或者非法经营额 5 万元以下的，根据情节轻重，可处 25 万元以下的罚款；构成犯罪的，依法追究刑事责任：（一）故意制造、进口或者向他人提供主要用于避开、破坏技术措施的装置或者部件，或者故意为他人避开或者破坏技术措施提供技术服务的；（二）通过信息网络提供他人的作品、表演、录音录像制品，获得经济利益的；（三）为扶助贫困通过信息网络向农村地区提供作品、表演、录音录像制品，未在提供前公告作品、表演、录音录像制品的名称和作者、表演者、录音录像制作者的姓名（名称）以及报酬标准的。"

从违法行为的性质来看，与第 18 条的规定不同，这 3 种违法行为不是侵犯特定权利人信息网络传播权的行为，而是破坏信息网络传播权保护秩序的行为。需要指出，对上述 3 种违法行为追究法律责任并不以存在侵权事实为基础，如果行为人同时侵犯了特定权利人的信息网络传播权，则可以依照第 18 条的规定要求行为人承担相应的民事责任。

参考文献

[1] 吴汉东. 知识产权法［M］. 北京：法律出版社，2004.

[2] 李明德，许超. 著作权法［M］. 北京：法律出版社，2003.

[3] 刘春田. 知识产权法［M］. 2 版. 北京：高等教育出版社，北京大学出版社，2003.

第二章　商　标　法[❶]

【提要】本章主要围绕《商标法》的一般原理和主要内容，帮助学员理解立法宗旨，掌握商标的概念、商标注册申请的条件与程序，掌握注册商标的续展、变更、转让和使用许可，了解注册商标争议的处理与注册商标的使用管理，以及商标专用权的保护和驰名商标保护制度。

本章内容主要涉及《商标法》、《中华人民共和国商标法实施条例》（以下简称《商标法实施条例》）、《最高人民法院关于审理商标民事纠纷案件适用法律若干问题的解释》（以下简称《审理商标民事案件适用法律的解释》）、《最高人民法院关于诉前停止侵犯注册商标专用权行为和保全证据适用法律问题的解释》（以下简称《诉前停止商标侵权和保全证据适用法律的解释》）和《最高人民法院关于审理商标案件有关管辖和法律适用范围的解释》等。

第一节　注册商标专用权的客体

一、注册商标的概念和组成要素

（一）商标的概念

商标是商品生产经营者在其商品上使用的标志，用来区别商品的来源。商标是商品经济的产物，随着商品经济的出现而产生，随着商品经济的发展而不断完善。特别在市场经济高度发展的今天，商标在市场经济规律的作用下，促进市场公平竞争，推动商品优胜劣汰。学习《商标法》要正确理解商标概念，掌握商标的本质特征、功能和作用。商标不是一般商品，不应随意申请注册及买卖。

对于企业，商标是其权威性法律印记，是市场竞争工具。企业必须清醒认识到，商品质量是商标信誉的基础。企业管理、科技创新等一切努力都要汇聚到一点——提升商标信誉，把商标做大做强。

对于消费者，商标是快速、准确选择理想商品的标志，是联系商品生产经营者的桥梁。《商标法》保障消费者权益，消费者选择商品的主动权，也就是对商标信誉高低的裁判权。消费者理性选择、认牌购货就是做好市场优胜劣汰的裁判工作。

---

❶　根据中央机构改革部署，原国家工商行政管理总局商标局、商标评审委员会、商标审查协作中心整合为国家知识产权局商标局，不再保留商标评审委员会、商标审查协作中心。机构调整后，商标审查工作以国家知识产权局的名义开展，原国家工商行政管理总局商标局、商标评审委员会、商标审查协作中心机构名称不再使用。参见《国家知识产权局关于变更业务用章及相关表格书式的公告》（第 295 号）。

国家知识产权局，由国家市场监督管理总局管理。参见《国务院关于部委管理的国家局设置的通知》（国发〔2018〕7 号）。国家市场监督管理总局负责组织指导商标执法工作。参见《国家知识产权局职能配置、内设机构和人员编制规定》（2018 年 8 月 1 日起施行）。

但是鉴于《商标法》《商标法实施条例》以及相关司法解释中均未作出相应修改，本教材与《商标法》保持一致，沿用"商标局""商标评审委员会"的表述，仅在商标执法部分，将"工商行政管理部门"替换为"市场监督管理部门"。

对于国家，商标法律一方面保护诚信经营者公平竞争，另一方面为消费者认牌购货、理性选择创造良好环境和商标秩序，制止误导、欺骗消费者行为。国家商标立法，一是审查注册商标，防止混淆，建立公平竞争的商标秩序；二是禁止欺骗，加强行政和司法管理，惩处商标侵权，打击假冒商标，鼓励更多企业把商标做大做强。

（二）注册商标的概念

注册商标，是指经国家知识产权局商标局（以下简称"商标局"）核准注册的商标。注册商标的数据保存在商标局的《商标注册簿》中，注册商标专用权的范围"以核准注册的商标和核定使用商品为限"。注册商标的近似商标和注册商标在核定使用商品以外使用时，都不能称为"注册商标"。

1. 关于自愿注册原则

自愿注册原则，即商标使用注册与否听其自便的制度。除了法律法规规定的烟草制品外，未注册商标的使用是合法的，法律应当予以保护。

2. 关于注册原则和使用原则

注册原则，是指商标法律规定注册商标专用权由注册取得。经商标局核准注册商标为注册商标，商标注册人享有商标专用权，受法律保护。我国在改革开放初期，实行绝对的"注册原则"，只保护注册商标，不保护未注册商标。当时我国注册商标数量较少，普遍缺乏商标注册观念，该措施是为应对当时面临的特殊局面采用的措施。注册原则便于管理，节约对商标专用权的保护成本；但是绝对注册原则极易导致抢注，难以维护公平竞争。

1982年《商标法》实施3年后，抢注商标问题便出现了。1988年，《中华人民共和国商标法实施细则》第25条增加了"注册不当"的撤销条款，以纠正"申请在先原则"和"注册原则"的绝对化。《商标法》历次修改不断强化诚实信用原则。1993年《商标法》针对抢注他人未注册商标行为，规定"欺骗手段和不正当手段取得商标注册"的，商标局可依职权撤销，任何人也可以向商标评审委员会申请撤销，加强了对于已经使用的公众知晓的未注册商标的保护。

使用原则，是指商标权由使用产生，商标权归首先使用人。这是建立在尊重首创精神、尊重劳动成果的民商法精神之上，是一种公平的商标确权原则。

注册原则与使用原则两种确权制度互相借鉴，在《保护工业产权巴黎公约》（以下简称《巴黎公约》）第6条之二和TRIPS第16条中达到完美融合。我国《商标法》与时俱进，规定了注册原则与使用原则相结合的制度。

（三）商标组成的要素

商标的组成要素十分广泛，可以是能够区别商品来源的任何要素、任何形式。1966年世界知识产权组织（WIPO）起草的《发展中国家商标、商号和不正当行为示范法》中对此有完整的叙述。

我国《商标法》第8条规定："任何能够将自然人、法人或者其他组织的商品与他人的商品区别开的标志，包括文字、图形、字母、数字、三维标志、颜色组合和声音等，以及上述要素的组合，均可以作为商标申请注册。"2013年《商标法》增加了声音可作为商标申请注册的规定，广大消费者所熟知的腾讯QQ消息提示音、诺基亚、英特尔、奥迪等常见的声音标识自此可以作为商标进行注册。声音商标是非传统商标中使用最广泛的一种，主要集中在多媒体等非传统企业以及一些知名企业的广告中。对于传统行业来讲，声音商标也是较为重要的，企业可以利用法律新设置的权利，创新保护形式。

（四）商标的本质与特征

商标必须具有显著特征。商标是商品的标志，须易认、易记，便于区别，这就是对于商标显著特征的要求。商标无论使用什么样的组成要素，必须能够达到区别的目的，将不同生产经营者的商品和服务来源区别开来。

商标权利应该是"标、本、主体"的完整统一，商标是"标"，商品是"本"，加上享有商标权利的"主体"，才成为完整的商标权。离开商品的标志不是商标，更谈不上商标权。

商标法律就是要"防止混淆，禁止欺骗"。商标审查注册是建立公平竞争秩序，商标管理是维护公平竞争秩序，不得复制、摹仿或注册他人的商标，更不得禁止复制、摹仿、抢注或者使用他人已为公众知晓或公众熟知的商标。

二、不得作为商标使用的标志和不得作为商标注册的标志

商标的本质特征和基本作用决定了一些标志不得作为商标注册，甚至根本不得作为商标使用。《商标法》第9条规定，商标"应当具有显著特征，便于识别"。《商标法》第10条、第11条和第12条规定了拒绝注册和限制使用的理由，即"不得作为商标使用的标志"（禁用条款）和"不得作为商标注册的标志"（拒绝注册的绝对理由），是为了维护国家和国家间组织的尊严，维护市场自由贸易和公平竞争，维护社会的公序良俗。这些规定与《巴黎公约》和国际惯例一致。

（一）不得作为商标使用的标志

《商标法》第10条列举了不得作为商标使用的标志：

（1）同中华人民共和国的国家名称、国旗、国徽、国歌、军旗、军徽、军歌、勋章等相同或者近似的，以及同中央国家机关的名称、标志、所在地特定地点的名称或者标志性建筑的名称、图形相同的。该条中的"国家名称"包括全称、简称和缩写，我国国家名称的全称是"中华人民共和国"，简称为"中国""中华"，英文简称或者缩写为"CN""CHN""P. R. C""CHINA""P. R. CHINA""PR OF CHINA"；"国旗"是五星红旗；国徽的中间是五星照耀下的天安门，周围是谷穗和齿轮；"国歌"是《义勇军进行曲》；"军旗"是中国人民解放军军旗，图案为红底、靠旗杆上方为金黄色五角星及"八一"两字；"军歌"是中国人民解放军军歌，歌名为《中国人民解放军进行曲》；"勋章"是国家有关部门授予对国家、社会有贡献的人或者组织的表示荣誉的证章；"中央国家机关的名称、标志、所在地特定地点或者标志性建筑物"，如"全国人民代表大会""国务院"、中国人民政治协商会议的会徽、"中南海""钓鱼台""天安门""新华门""紫光阁""怀仁堂""人民大会堂"等。

China/中国　CHINAR　五★红旗　

（2）同外国的国家名称、国旗、国徽、军旗等相同或者近似的，但经该国政府同意的除外。为尊重外国国家主权，一切与外国国家名称、国旗、国徽、军旗等相同或者近似的标志，非经该国政府同意，不得作为商标使用。该条中的国家名称包括中文和外文的全称、简称和缩写；国旗是指由国家正式规定的代表本国的旗帜；国徽是指由国家正式规定的代表本国的标志；军旗是指国家正式规定的代表本国军队的旗帜。

拉脱維雅　　花旗

（3）同政府间国际组织的名称、旗帜、徽记等相同或者近似的，但经该组织同意或者不易误导公众的除外。政府间国际组织，是指由若干国家和地区的政府为了特定目的通过条约或者协议建立的有一定规章制度的团体，例如联合国、欧洲联盟、东南亚国家联盟、非洲统一组织、WTO、WIPO 等。这些机构独立于其成员，依其成员共同签订的国际条约履行职责，在国际交往中享有外交豁免。为了体现对国际组织的尊重，所有与国际组织的名称、旗帜、徽记等相同或者近似的标志不得作为商标使用，但经该组织同意或者不易误导公众的除外。国际组织的名称包括全称、简称或者缩写。例如，欧洲联盟的中文简称为欧盟，英文全称为European Union，缩写为 EU，旗帜为蓝底上由 12 枚金星组成的圆环。

（4）与表明实施控制、予以保证的官方标志、检验印记相同或者近似的，但经授权的除外。表明实施控制、予以保证的官方标志、检验印记，是政府履行职责对所监管事项作出的认可和保证，具有国家公信力，不宜作为商标使用，否则将对社会公众造成误导，使这种标志的公信力大打折扣。

（5）同"红十字""红新月"的名称、标志相同或者近似的。"红十字"是国际红十字会的标志，"红新月"是红新月会的标志。红新月会是在伊斯兰国家与国际红十字会性质相同的组织，两会都是从事人道主义活动的国际性救护救济组织。根据有关两会的国际条约的规定，"红十字""红新月"的名称和标志不得用于与两会宗旨无关的活动。

（6）带有民族歧视性的。民族歧视性，是指商标的文字、图形或者其他构成要素带有对特定民族进行丑化、贬低或者其他不平等看待该民族的内容。民族歧视性的判定，应综合考虑商标的构成及其指定使用的商品和服务。我国是统一的多民族国家，各民族一律平等，为了维护和促进民族团结，任何带有民族歧视性的标志被禁止作为商标使用。

（7）带有欺骗性，容易使公众对商品的质量等特点或者产地产生误认的。即所使用的商标故意夸大商品和服务的功能、作用，欺骗消费者，容易使公众对商品的质量等特点或者产地产生误认，如用"健康""长寿"作香烟商标，用"万能"作药品商标等。为保护消费者的权益，对夸大宣传并带有欺骗性的标志，禁止作为商标使用。

（8）有害于社会主义道德风尚或者有其他不良影响的。社会主义道德风尚，是指我国人们共同生活及其行为的准则、规范以及在一定时期内社会上流行的良好风气和习惯；其他不良影响，是指商标的文字、图形或者其他构成要素对我国政治、经济、文化、宗教、民族等社会公共利益和公共秩序产生消极的、负面的影响。有害于社会主义道德风尚或者具有其他不良影响的判定应考虑社会背景、政治背景、历史背景、文化传统、民族风俗、宗教政策等因素，并应考虑商标的构成及其指定使用的商品和服务。

（9）县级以上行政区划的地名或者公众知晓的外国地名。原则上，县级以上行政区划的地名或者公众知晓的外国地名，不得作为商标使用。其中的县级以上行政区划包括：县级的县、自治县、县级市、市辖区、旗；地级的市、自治州、地区、盟；省级的省、直辖市、自治区；两个特别行政区即香港、澳门；台湾地区。县级以上行政区划的地名以原民政部编辑出版的《中华人民共和国行政区划简册》为准，包括全称、简称以及拼音形式。公众知晓的外国地名，是指我国公众知晓的我国以外的其他国家和地区的地名，如"曼哈顿""波尔多"等。

此外，地名具有其他含义，或者作为集体商标、证明商标组成部分的，可以作为商标使用；已经注册的地名商标继续有效。"地名具有其他含义的"，如"凤凰"除了具有地域名称含义外，还有"传说中的百鸟之王"的含义，因此可以作为商标使用。集体商标和证明商标可以使用地名作为其商标的组成部分，如原产地证明商标等。已经注册的使用地名的商标继续有效，如天津生产的"北京牌"电视机等。

以上9项原则上作为商标的"禁用条款"的规定，既适用于注册商标，也适用于非注册商标。正在申请注册的商标违反上述规定的，应依法驳回申请；已经注册的，应依法宣告无效。未注册商标违反该条规定的，由有关管理部门予以制止，限期改正，并可依法予以通报或处以罚款。

（二）不得作为商标注册的标志

为了发挥商标在商业活动中区别商品来源的作用，《商标法》第 11 条、第 12 条都对于本行业特别是本商品直接叙述性、说明性的文字、图形加以限制。大体说，这些文字、图形是公共标识，作为商标注册独占有失公道，不利于自由贸易和公平竞争。

《商标法》第 11 条列举了不得作为商标注册的标志：

（1）仅有本商品的通用名称、图形、型号的。

水果　　　　　　胶水

（2）仅仅直接表示商品的质量、主要原料、功能、用途、重量、数量及其他特点的。

（3）缺乏显著特征的。国家规定的通用标志，不得作商标。一些商品上常用的警示标志不是商标，例如：小心搬运、此面朝上、请勿抛掷、易腐物品、请勿平放、请勿用钩、保持冷藏、避免日光直射、有毒物品、危险品、保持干燥、请勿堆积、易燃物、禁止潮湿、易碎、玻璃器皿、远离锅炉等。

商标设计的方向，应当是标新立异，独树一帜，大胆创新一批简洁、美观、新颖、易认、易记、便于识别的商标。《商标法》第 11 条第 2 款规定："前款所列标志经过使用取得显著特征，并便于识别的，可以作为商标注册。"虽然商标本身不够显著，但通过使用取得了显著性，且已经能够辨别商品来源，应准许其注册。不过，该项但书不要成为商标申请人追逐的对象，因为这种先天不足的商标是常说的"弱商标"，其注册商标专用权将会受到法律限制。例如《商标法》第 59 条第 1 款、第 2 款规定："注册商标中含有的本商品的通用名称、图形、型号，或者直接表示商品的质量、主要原料、功能、用途、重量、数量及其他特点，或者含有的地名，注册商标专用权人无权禁止他人正当使用。三维标志注册商标中含有的商品自身的性质产生的形状、为获得技术效果而需有的商品形状或者使商品具有实质性价值的形状，注册商标专用权人无权禁止他人正当使用。"

（4）功能性的。《商标法》第 12 条规定："以三维标志申请注册商标的，仅由商品自身的性质产生的形状、为获得技术效果而需有的商品形状或者使商品具有实质性价值的形状，不得注册。"

商标和外观设计、实用新型专利的申请目的不同，立体商标也是作为区别商品来源标志用的。商标注册使用期限越长，对于生产经营者、消费者和经济社会发展越有利；专利则完全不同，是对新的技术方案或者设计给予一段时间的保护，使得创造者在一定期限内得到投入回报，但是专利的期限不能像商标一样无限期延长，否则将使专利技术的传播受到阻碍。因此《商标法》的这项规定，实质上是禁止属于科学技术范畴的东西作为商标注册。

"商品自身的性质产生的形状"，是指为实现商品固有的功能和用途所必需采用的或者通常采用的形状。

例如：

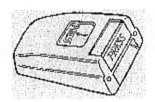

指定使用商品：安全扣

"为获得技术效果而需有的商品形状"，是指为使商品具备特定的功能，或者使商品固有的功能更容易地实现所必需使用的形状。

例如：

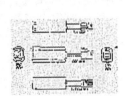　　　　

指定使用商品：电源插头　　　　指定使用商品：容器

"仅有使商品具有实质性价值的形状"，是指为使商品的外观和造型影响商品价值所使用的形状。

例如：

指定使用商品：瓷器装饰品　　　　指定使用商品：胸针（珠宝）

三、注册商标的类型

商标类型可以进行不同的划分：如以注册与否划分为注册商标和未注册商标；以使用对象划分为商品商标和服务商标；以权利人主体划分为自然人、法人、其他组织所持有的商标，以及共有商标、集体商标、证明商标等；从组成要素划分为文字商标、字母商标、图形商标、数字商标、颜色商标、声音商标、立体商标等及各种要素组合商标。随着市场经济的发展，新型的商标不断出现，如气味商标、动态商标等。以下介绍几种主要商标类型。

（一）商品商标

在商业活动中，商品生产经营者在自己的商品上使用的将自己的商品与他人的商品区别开来的标志，就是商品商标。商品商标包括工、农、林、牧、副、渔各业的商品上所使用的商标，这些商品在生产、制造、加工、拣选、经销各个环节，即作为原料、半成品、半成品组装、成品等各种具体劳动的产品，都可以使用商标，树立自己的商标信誉以招徕顾客。

指定商品：中成药　　　　　　　牙膏　　　　　　　枣、枣制品

（二）服务商标

服务商标也称服务标志，指用来将一家企业的服务与其他企业的服务区别开来的标志，即服务性的企业、事业单位在自己经营的服务项目上所使用的标志，如航空公司、保险公司、建筑公司、银行、旅店等单位使用的标志，以及电台、电视台使用的呼号、符号等。

第二次世界大战以后，美国于1946年率先在其商标法中规定保护服务商标，并办理服务商标的注册。1947年菲律宾也在其商标法中对服务商标的保护作出了规定。其后，加拿大于1953年修订其商标法时，也规定了对服务商标进行保护。20世纪80年代，保护服务商标的国家超过了60个。日本在1991年宣布保护服务商标。1993年2月22日，我国《商标法》规定"本法有关商品商标的规定，适用于服务商标"，开始对服务商标进行注册和保护。

中国铁路　　　　　　　中国民航

（三）集体商标

集体商标，是指以团体、协会或者其他组织名义注册，供该组织成员在商事活动中使用，以表明使用者在该组织中的成员资格的标志。集体商标的主要特点为：①其所有权属于一个集体，以团体、协会或者其他组织的名义注册；②集体商标由这个集体的成员共同使用，不是该集体的成员不能使用；③该集体的成员只能在商事活动中使用该集体商标；④集体商标的作用在于表明使用该商标的商品或者服务来源于该集体的成员，以便于与非这个集体的成员的商品或者服务相区别。一般来说，集体商标由其成员使用，使用人较多，覆盖面较宽，有利于形成市场优势。在使用集体商标时，并不排除使用集体成员自身所拥有的商标，可以将集体商标与集体成员自己的商标同时使用。

我国是《巴黎公约》《商标国际注册马德里协定》（以下简称《马德里协定》）及《商标国际注册马德里协定有关议定书》（以下简称《马德里议定书》）的成员国，这些条约都规定了集体商标的注册和保护。我国关于集体商标的前述规定和相关国际条约相适应。

注：位于苏北黄海之滨的射阳县以出产优质大米著称。由于知名度高，射阳大米未能逃过被假冒的命运。某地粮食批发市场内，假冒"射阳大米"的销售窗口一度超过正宗的射阳大米。

（四）证明商标

证明商标，是指由对某种商品或者服务具有监督能力的组织所控制，而由该组织以外的单位或者个人使用于其商品或者服务，用以证明该商品或者服务的原产地、原料、制造方法、质量或者其他特定品质的标志。证明商标的主要特点是：①证明商标是由对某些商品或者服务在所欲证明的事项上具有监督能力的组织申请注册的，这种监督能力是一种保证能力、检验能力，只有这样才能发挥证明商标的证明功能，保护消费者的利益。②证明商标持有人不得使用该商标，而只能由被该组织认定的单位或者个人使用。符合证明商标章程规定的生产者，应当允许其加入，注册人不得拒绝。《商标法实施条例》第 4 条第 2 款规定，以地理标志作为证明商标注册的，其商品符合使用该地理标志条件的自然人、法人或者其他组织可以要求使用该证明商标，控制该证明商标的组织应当允许。③证明商标的作用是证明该商品或者服务的原产地、原料、制造方法、质量或者其他特定品质，而非仅指示来源，这是其与集体商标的另一个明显区别。

地理标志可选择适用《商标法》保护或原产地名称保护。我国地理标志制度选择适用《商标法》证明商标和集体商标保护。

集体商标和证明商标与其他商标有共同性，因此《商标法》中关于商标专用权的基本规定对其是适用的；但是在注册与管理方面有其特殊性，相关的特殊事项由国务院有关部门规定。

（五）共有商标

共有商标，是指两个以上的主体共同享有和行使一个注册商标专用权的商标。商标是在生产经营活动中用于识别商品或者服务来源的标志，代表商品或者服务质量以及生产经营者的信誉。

我国有广阔的市场，许多商品供不应求。从战略上讲，共有商标使用便于形成拳头商品，进行批量供应，更好地创立商标声誉，提升竞争地位。在特殊情况下（例如，老字号的继承），可能存在两个以上的主体共同拥有一个商标，以解决矛盾。

共有商标具有以下基本特征：①主体是两个以上的权利人。这里所指的主体，可以是自然人，也可以是法人或者其他组织，并且他们之间可以在申请共有商标时，交叉组合，不受限制。商标局应当将共有商标的所有共有人都记录在册。②客体是一个注册商标，即数个权利人共同拥有一项法定权利。③共有商标的数个主体共同享有和行使该商标专用权，具体办法原则上适用民事共有的有关规则。

需要注意的是，共有商标几个主体之间应当订立共有协议，确定相互之间的权利义务关系；共有商标的商标注册人共同享有和行使商标专用权是经过商标局核准的，注册后不得自行更换；有变动的，也须经过法定程序。共有商标在《商标法》中产生于商标注册，这里所指的注册可以是初始创立的商标注册，也可以是由商标转让、主体变换而形成的变更注册。

共有商标的特殊性集中体现在主体之间的共有关系上，而在商标的权利确定、权利行使、使用管理等方面和普通商标没有区别，都适用《商标法》的规定。

四、商标注册的条件

申请注册的商标要具有显著特征，不能使用法律禁止使用或者禁止注册的标志，立体商标不能具有技术功能性和经济价值，不能与在先商标权利发生冲突。

（一）不存在拒绝商标注册的绝对理由

《商标法》第10条、第11条、第12条规定了拒绝商标注册的绝对理由，即作为商标构成要素不符合商标注册的基本要求。所以商标注册应具备以下条件：

（1）必须具有显著性，商标必须具有将不同商品生产经营者和服务提供者的商品或者服务来源区别开来的作用。

（2）组成商标要素必须具有合法性，不得违背宪法、法律。如果构成商标的要素违反《商标法》规定，或有伤国体、有损国威和国家尊严，或有损外国或国家间国际组织的尊严，或有损种族、民族尊严和民族团结，或有害公序良俗等，不仅不予注册，且禁止作为商标使用。

（3）不得不公平地占有公共资源，如本行业的通用标志以及本行业惯用术语。对于本商品具有直接的叙述性和说明性的标志，缺乏商标的区别作用。但是，通过使用产生了商标的显著特征的，准许其注册。

（4）不得具有功能性。三维标志（立体商标）注册，依据《商标法》第12条规定，仅由商品自身的性质产生的形状、为获得技术效果而需有的商品形状或者使商品具有实质性价值的形状，不得作为商标注册，否则将会妨碍科技的发展和传播，阻碍经济社会的进步，从而影响社会公共利益。

（二）不存在拒绝商标注册的相对理由

我国《商标法》实行申请在先原则。申请注册的商标在同一种或者类似商品上，不得与他人在先申请的商标发生相同或者近似的情形。因此，《商标法》规定，两个或者两个以上的申请人在同一种或者类似商品上以相同或者近似商标申请注册的，商标局初步审定并公告申请在先的商标，驳回在后的申请；同一天申请的，初步审定并公告使用在先的商标，驳回其他人的申请，不予公告。

《商标法》规定，申请注册的商标，不得与他人合法的在先权利相冲突。这是由于商标权常常和著作权、外观设计权相交叉，与企业字号、域名等相冲突。由于商标局没有其他在先权利的数据库资料，无法主动进行审查，因此其他在先权利的保护，只能留给权利人在《商标法》规定的时限内提出异议或者注册无效来解决。《商标法》规定了5年的无效时限。有人提出，著作权保护期为作者有生之年和死后 50 年，为什么《商标法》只给 5 年无效期限呢？这是因为规定 5 年时限可以敦促相关权利人及时行使权利，同时也是为了平衡商标注册人与其他权利人之间的利益。注册商标使用，必然要进行市场投入。规定 5 年内申请无效是适当的，可兼顾双方利益。

依照《商标法》规定，不以使用为目的的恶意商标注册申请，予以驳回。商标注册申请和使用，都应当遵循诚实信用原则。

第二节 注册商标专用权的主体

一、注册商标专用权的概念

注册商标专用权，是指商标注册人在其核准注册的商标和核定使用的商品上享有的独占、使用、收益和处分的权利。注册商标专用权以核准注册的商标和核定使用的商品为限，不得任意改变或者扩大保护范围。注册商标专用权注册内容如需改变，须向商标局办理相应的手续。

注册商标专用权的基本内容与《民法通则》确定的民事财产权利的行使内容基本相同，主要指商标权利人对该商标享有占有、使用、收益和处分的权利。鉴于商标权是无形财产，上述权利的获得以及使用，与一般民事权利有所不同。商标权具有对世权特征，是权威性印记和身份象征，包含权利人心血汗水凝聚的信誉以及权利人对消费者和社会的承诺，不应像其他财产一样随意作为商品进行买卖。

二、注册商标专用权的主体

商标权主体是商标权利义务主体的简称，存在于商标法律关系中。享有权利者称为权利人，承担义务者称为义务人。在一定条件下，权利和义务并存于同一个主体之中。如商标权人许可他人使用其注册商标的，既享有商标权利，又承担监督被许可使用商品的质量一致，并在合同期内保持该权利持续有效等义务。

商标法律关系是根据商标法律规范产生的、以主体之间的权利义务关系的形式表现出来的一种社会关系。凡已经在自己的商品上使用或者意图在自己商品上使用商标的人，都可以向商标局申请商标注册。根据《商标法》规定，自然人、法人或者其他组织❶，以及外国人或外国企业，都可以向商标局申请商标注册，成为该注册商标的权利主体。

（一）自然人

自然人是人在法律上的称谓，能够以自然人名义申请商标注册，主要包括个体工商户、个人合伙企业的全体合伙人、农村承包经营户的承包合同签约人和其他意图从事工商业经营活动的自然人。自然人享有知识产权，是《民法通则》赋予我国公民的神圣权利。

（二）法 人

法人指具有民事权利能力和民事行为能力，依法独立享有民事权利和承担民事义务的组织，包括营利法人、非营利法人和特别法人等。根据有关规定，我国的党政机关不能从事工商业的经

---

❶ 依照《民法总则》第 2 条"民法调整平等主体的自然人、法人和非法人组织之间的人身关系和财产关系"的规定，作为注册商标专用权主体的"其他组织"应为"非法人组织"。非法人组织是不具有法人资格，但是能够依法以自己的名义从事民事活动的组织。非法人组织包括个人独资企业、合伙企业、不具有法人资格的专业服务机构等。此处沿用《商标法》的表述，下同。

营活动，不得作为商标注册申请人。

（三）其他组织

其他组织是指不具有法人资格的企业、事业单位和社会团体等组织。

（四）外国人或外国企业

外国人或者外国企业按照其所属国和我国签订的协议或者共同参加的国际条约，或者按对等原则，可以在我国申请商标注册。现在，世界上绝大多数国家或者单独关税区基本上都参加了《巴黎公约》或者 WTO，国际间的商标注册已经不存在障碍。对于在中国有经常居所或者营业所的外国人或者外国企业，办理申请手续时与我国申请人享有同等的待遇；对在中国没有经常居所或者营业所的外国人或者外国企业，则应当委托国家认可的具有商标代理资格的组织代理。

（五）商标代理

《商标法》所称商标代理，是指接受委托人的委托，以委托人的名义办理商标注册申请、商标评审或者其他商标事宜。《商标法》所称商标代理机构，包括经市场监督管理部门登记从事商标代理业务的服务机构和从事商标代理业务的律师事务所。商标代理机构从事商标局、商标评审委员会主管的商标事宜代理业务的，应当按照规定向商标局备案。

商标代理机构应当遵循诚实信用原则，遵守法律、行政法规，按照被代理人的委托办理商标注册申请或者其他商标事宜；对在代理过程中知悉的被代理人的商业秘密，负有保密义务。

委托人申请注册的商标可能存在《商标法》规定不得注册情形的，商标代理机构应当明确告知委托人。商标代理机构知道或者应当知道委托人申请注册的商标属于《商标法》第 4 条、第 15 条和第 32 条规定情形的，不得接受其委托。

商标代理机构除对其代理服务申请商标注册外，不得申请注册其他商标。

第三节　注册商标专用权的取得

我国《商标法》规定，商标专用权通过注册取得。商品生产经营者要想取得注册商标专用权，可依照《商标法》规定的商标注册申请程序，经过申请、审查、初步审定（公告）和注册四个必经的程序（有的商标在商标审查过程中，还可能经过驳回、驳回复审、异议，甚至经过司法审查等程序），才能取得商标注册。

我国《商标法》采用自愿注册原则，未注册商标使用是合法的，满足特定条件也可获得法律保护。《商标法》规定，对复制、摹仿、翻译的抢注和傍名牌等不正当竞争行为，不予注册，并禁止使用。未注册商标显然没有注册商标的法律地位和受保护的力度，及时申请注册是未注册商标使用人的明智之举。

一、商标注册的申请

商标注册申请是商品生产经营者需要取得商标专用权的，将自己已经使用或意图使用的商标，向商标局提出商标注册申请的一整套法律程序。按照《商标法》等法律规定和国际惯例，商标注册申请是自然人、法人和其他组织的权利，商标管理机关不得以商标是否使用为前提拒绝商标注册申请。

在 2013 年《商标法》第 7 条第 1 款增加了"申请注册和使用商标，应当遵循诚实信用原则"。为进一步规制恶意申请和囤积注册商标等行为，2019 年《商标法》第 4 条增加了"不以使用为目的的恶意商标注册申请，应当予以驳回"。此项规制的作用如下：①增强注册商标使用义务，首先在审查阶段予以适用，实现打击恶意注册的关口前移；②规范商标代理行为；③对申请人、商标代理机构的恶意申请、恶意诉讼行为规定处罚措施，提高恶意申请等行为的违法成本，震慑商标恶意申请等行为。

（一）关于商标注册申请人的规定

《商标法》第4条第1款规定："自然人、法人或者其他组织在生产经营活动中，对其商品或者服务需要取得商标专用权的，应当向商标局申请商标注册。"下面简单介绍两类特殊的商标注册申请人。

1. 外国商标注册申请人

《商标法》第17条和第18条第2款规定，外国人或者外国企业在中国申请商标注册的，应当按其所属国和中华人民共和国签订的协议或者共同参加的国际条约办理，或者按对等原则办理。外国人或者外国企业在中国申请商标注册和办理其他商标事宜的，应当委托依法设立的商标代理机构办理。

实践中，在我国申请注册商标和办理其他相关事宜时，我国香港、澳门特别行政区和台湾地区的申请人，参照"外国申请人"办理。

强调外国人和外国企业须经依法设立的商标代理机构代理是国际惯例，主要是基于商标注册申请工作的需要，有利于外国申请人在语言、法律和通讯等方面问题的解决。

2. 共同申请人

《商标法》第5条规定，两个以上的自然人、法人或者其他组织可以共同向商标局申请注册同一商标，共同享有和行使该注册商标专用权。

（二）商标注册申请文件、证明文件

《商标法》第22条规定，商标注册申请人应当按规定的商品分类表填报使用商标的商品类别和商品名称，提出注册申请。商标注册申请人可以通过一份申请就多个类别的商品申请注册同一商标。商标注册申请等有关文件，可以以书面方式或者数据电文方式提出。《商标法》第23条和第24条规定，注册商标需要在核定使用范围之外的商品上取得商标专用权的，应当另行提出注册申请。注册商标需要改变其标志的，应当重新提出注册申请。

《商标法实施条例》第5条规定，当事人委托商标代理机构申请商标注册或者办理其他商标事宜，应当提交代理委托书，代理委托书应当载明代理内容及权限，外国人或者外国企业的代理委托书还应当载明委托人的国籍。外国人或者外国企业的代理委托书及与其有关的证明文件的公证、认证手续，按照对等原则办理。申请商标注册或者转让商标，商标注册申请人或者商标转让受让人为外国人或者外国企业的，应当在申请书中指定中国境内接收人负责接收商标局、商标评审委员会后继商标业务的法律文件。商标局、商标评审委员会后继商标业务的法律文件向中国境内接收人送达。《商标法》所称外国人或者外国企业，是指在中国没有经常居所或者营业所的外国人或者外国企业。

1. 商品名称、商品类别填写的要求

商品和服务项目的填写是否具体、规范，分类是否准确，是商标注册申请过程中的一个重要环节。它不仅决定申请能否被顺利受理并进入实质审查程序，而且关系到所申请商标专用权保护范围的准确性。

我国现在采用第11版《商标注册用商品和服务国际分类》（尼斯分类），同时商标局根据上述分类表修改了《类似商品和服务区分表》。申请人应当依照前述分类表和区分表填写商品和服务项目，在填写商品或服务名称时，应按照所填商品、服务的编码填写顺序号。

商品名称或者服务项目未列入商品和服务分类表的，应当附送对该商品或者服务的说明。

商标注册申请（以及办理变更、转让、续展、异议、撤销等其他商标申请事宜）有关文件，可以以书面方式或者数据电文方式提出。以纸质方式提出的，应当打字或者印刷。以数据电文方式提交商标注册申请等有关文件，应当按照商标局或者商标评审委员会的规定通过互联网提交。

2. 商标图样的要求

每一件商标注册申请应当向商标局提交《商标注册申请书》一份、商标图样一份；以颜色组合及其他着色图样申请注册商标的，应当提交着色图样，并提交黑白稿一份；不指定颜色的，应当提交黑白图样。

商标图样应当清晰，便于粘贴，用光洁耐用的纸张印制或者用照片代替，长和宽应当不大于10厘米，不小于5厘米。

申请卷烟、雪茄烟商标注册的，提交的商标图样可以与烟标实物同等大小。

3. 特殊商标的要求

以三维标志申请注册商标的，应当在申请书中予以声明，说明商标的使用方式，并提交能够确定三维形状的图样，提交的商标图样应至少包含三面视图。

以颜色组合申请注册商标的，应当在申请书中予以声明，并说明商标的使用方式。

以声音标志申请注册商标的，应当在申请书中予以声明，报送符合要求的声音样本，并应说明商标的使用方式。申请注册声音商标，应以五线谱或简谱加以描述，并附加文字说明；无法以五线谱或简谱描述的，应该使用文字进行描述。商标描述应当与声音样本一致。

申请注册集体商标、证明商标的，应当在申请书中予以声明，并提交主体资格证明文件和使用管理规则。

4. 语言文字的要求

《商标法实施条例》第6条规定，申请商标注册或者办理其他商标事宜，应当使用中文。

依照《商标法》和《商标法实施条例》规定提交的各种证件、证明文件和证据材料是外文的，应当附送中文译文；未附送的，视为未提交该证件、证明文件或者证据材料。

商标为少数民族语言文字、外文或者包含外文的，应当说明含义。

5. 申请人主体资格证明的要求

申请商标注册，申请人应当提交其身份证明文件，申请人名义须与所提交的证明文件相一致。上述规定适用于办理变更、转让、续展、异议、撤销等其他商标申请事宜。

6. 申请日期的规定

商标注册的申请日期以商标局收到申请文件的日期为准。

商标申请手续齐备、按照规定填写申请文件并缴纳费用的，商标局予以受理并通知申请人；申请手续不齐备、未按照规定填写申请文件或者未缴纳费用的，商标局不予受理，书面通知申请人并说明理由。申请手续基本齐备或者申请文件基本符合规定，但是需要补正的，商标局通知申请人予以补正，限其自收到通知之日起30日内，按照指定内容补正并交回商标局。在规定期限内补正并交回商标局的，保留申请日期；期满未补正的或未按照要求进行补正的，商标局不予受理并书面通知申请人。上述规定适用于办理其他商标申请事宜。

7. 文件送达的规定

商标局或者商标评审委员会的各种文件，可以通过邮寄、直接递交、数据电文或者其他方式送达当事人；以数据电文方式送达当事人的，应当经当事人同意。当事人委托商标代理机构的，文件送达商标代理机构视为送达当事人。

商标局或者商标评审委员会向当事人送达各种文件的日期，邮寄的，以当事人收到的邮戳日为准，邮戳日不清晰或者没有邮戳的，自文件发出之日起满 15 日视为送达当事人，但是当事人能够证明实际收到日的除外；直接递交的，以递交日为准；以数据电文方式送达的，自文件发出之日起满 15 日视为送达当事人，但是当事人能够证明文件进入其电子系统日期的除外。文件通过上述方式无法送达的，可以通过公告方式送达，自公告发布之日起满 30 日，该文件视为送达当事人。

（三）优先权

《巴黎公约》对优先权的规定为：任何人或其权利继承人，已经在本联盟某一成员国正式提出专利、实用新型、工业品外观设计或商标注册申请的，在规定的期间内，享有在本联盟其他成员国家提出申请的优先权。优先权的期限，对于专利和实用新型为 12 个月，对于工业品外观设计和商标为 6 个月。

我国《商标法》第 25 条和第 26 条规定了商标注册申请的优先权。

1. 申请优先权

《商标法》第 25 条第 1 款规定，商标注册申请人自其商标在外国第一次提出商标注册申请之日起 6 个月内，又在中国就相同商品以同一商标提出商标注册申请的，依照该外国同中国签订的协议或者共同参加的国际公约，或者按照相互承认优先权的原则，可以享有优先权。

《商标法》第 26 条第 1 款规定，商标在中国政府主办的或者承认的国际展览会展出的商品上首次使用的，自该商品展出之日起 6 个月内，该商标的注册申请人可以享有优先权。

2. 证明文件

依照《商标法》第 25 条要求优先权的，应当在提出商标注册申请的时候提出书面声明，并且在 3 个月内提交第一次提出的商标注册申请文件的副本；未提出书面声明或者逾期未提交商标注册申请文件副本的，视为未要求优先权。申请人提交的第一次提出商标注册申请文件的副本应当经受理该申请的商标主管机关证明，并注明申请日期和申请号。

依照《商标法》第 26 条要求优先权的，商标注册申请人应该在提出商标注册申请的时候提出书面声明，并且在 3 个月内提交展出其商品的展览会名称、在展出商品上使用该商标的证据、展出日期等证明文件。该证明文件应当经规定的机构认证；展出其商品的国际展览会是在中国境内举办的除外。未提出书面声明或者超过 3 个月未提交证明文件的，视为未要求优先权。

提交的优先权证明文件应当附送中文译本，代理人应如实翻译优先权文件，做到申请的商标与优先权文件所附的商标一致，要求优先权的商标注册申请中申报的商品或服务项目不得超出首次申请中的商品或者服务项目的范围。

多份申请要求优先权而只附送一份优先权证明文件的，可以提交一份原件，其他的提交相应份数的复印件，并应指明原件附在哪份申请文件上。

如要求优先权的申请人与首次申请的申请人名义或地址不一致，还应提交相关的变更、转让证明文件。

我国申请人到国外申请商标注册的，同样可以要求优先权。如以在我的首次申请为基础申请，则应向商标局申请提供相关证明。申请时，应提交提供优先权证明文件申请书。共有商标申请证明的，需由代表人提出申请，并被视为已经得到其他共有人的授权。

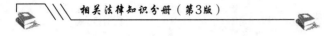

（四）商标注册用商品或者服务的分类

1. 商品的分类原则

（1）制成品原则上按其功能、用途进行分类，同时兼顾商品使用的原材料或其操作方式进行分类；

（2）原料、未加工品或半成品原则上按其组成的原料进行分类（例如，金属建筑材料6类，非金属建筑材料19类）；

（3）成品或半成品按其组成的原材料分类时，如果由几种不同原材料制成，原则上按其主要原材料进行分类（例如加鱼米饭在30类）；

（4）商品构成其他商品的一部分，且该商品在正常情况下不能用于其他用途，则该商品原则上与其所构成的商品分在同一类；

（5）多功能的组合制成品可以根据产品中各组成部分的功能和用途，把该产品分在与这些功能或用途相应的不同类别里；

（6）专用于盛放商品的盒、箱之类的容器，原则上与该商品分在同一类（例如高尔夫球专用球袋与高尔夫球均分在28类）。

2. 服务项目的分类原则

（1）服务原则上按照服务分类类名及其注释所划分的行业进行分类；

（2）出租业的服务，原则上与通过出租物所实现的服务分在一类（如出租电话机，分在38类）；

（3）提供建议、信息或咨询的服务原则上与提供服务所涉及的事务归于同一类别，例如运输咨询39类，商业管理咨询35类，金融咨询36类，美容咨询44类。以电子方式（例如电话、计算机）提供建议、信息或咨询，不影响这种服务的分类。

3. 商品或服务分类的说明

一些国内外的新产品、复杂商品难以分类的，一定要附送商品说明书，包括该商品的主要组成部分、功能、用途等，并尽可能附送商品的实物照片。

对商品或服务名称的翻译应当准确、简单、明了，特别是专业性较强的商品或服务名称，用词应当尽量规范并符合我国习惯。国外的一些商品名称往往冠以很长的定语或修饰语，很容易出现不规范、不具体甚至跨类现象。对于这种情况，代理人不能仅仅起一个翻译的作用，而应当认真研究商品，使其能划分在合适的类别，并且规范、具体。

对于没有列在分类表中的商品名称或者服务项目，要避免使用含糊不清、过于宽泛且不足以划分其类别的商品或服务名称，并参照上述原则填写。

二、商标注册申请的审查和核准

（一）形式审查

商标局收到商标注册申请书件后，首先进行形式审查。形式审查主要分三部分：申请书件的审查（文件是否齐全，填写是否规范，签字、印章是否缺少，申请人名义与证件是否一致）；商标图样规格、清晰程度及必要说明的审查；分类审查（对填报的商品、服务项目的审查）。

1. 通知书

在形式审查过程中，商标局主要发出三种通知书：《受理通知书》《补正通知书》与《不予受理通知书》。

（1）《受理通知书》

经商标局审查认为申请手续齐备并依规定填写申请文件的，予以受理，确定申请日期、申请号，并发给《受理通知书》。

（2）《不予受理通知书》

申请手续不齐备或者未按照规定填写申请文件的，或者没有缴纳规费的，商标局不予受理，申请日期不予保留，发出《不予受理通知书》。商标局不予受理的，原申请文件不予退回。申请人需要继续申请的，须重新提交申请书件。

（3）《补正通知书》

商标注册申请内容需要说明或者修正的，发出《补正通过书》，申请人应当自收到商标局通知之日起 30 日内予以说明或者修正。在规定期限内补正并交回商标局的，保留申请日期；期满未补正的，视为放弃申请，商标局书面通知申请人，申请日期不予保留。

2. 商标注册申请的撤回

商标注册申请人在其申请的商标未核准注册之前，可以要求撤回。申请人要求撤回商标注册申请的，应当向商标局提交《撤回商标注册申请申请书》，同时缴回《受理通知书》。委托代理的，还应提交《商标代理委托书》。

共有商标的撤回，需由代表人提出申请，并将被视为已经得到其他共有人的授权。

如申请人要求撤回部分商品，则必须提交《删减商品、服务项目申请》。撤回全部商品、服务项目的，无须填写申请书上"撤回商品、服务项目"一栏。

（二）实质审查

商标注册申请的实质审查，是指商标局依照我国《商标法》《商标法实施条例》规定，对符合形式要件的商标注册申请，按其申请日期的先后，通过检索、对比，对其合法性进行分析研究，从而作出予以初步审定或者驳回的决定。实质审查的内容包括：申请注册的商标是否使用了法律禁止使用或者禁止注册的标志；是否具有显著特征及立体商标是否具有技术功能性和经济价值；是否与在先商标权利发生冲突等。实质审查是建立商标使用公平竞争秩序的关键性程序。

在实质审查中发现两个或者两个以上的申请人，在同一种商品或者类似商品上，以相同或者近似的商标申请注册的，初步审定并公告申请在先的商标。同一天申请的，由商标局通知各申请人提交最先使用的证据。各申请人应当自收到商标局通知之日起 30 日内，提交其申请注册前在先使用该商标的证据，由商标局初步审定并公告使用在先的商标，驳回其他人的申请，不予公告。商标局经审查使用证据认为，各申请人使用日期相同或者都没有使用的，商标局将该事实通知各申请人。各申请人可以自收到商标局通知之日起 30 日内自行协商，并将书面协议报送商标局，商标局依照协议作出初步审定；不愿协商或者协商不成的，商标局通知各申请人以抽签的方式确定初步审定商标，驳回其他人的注册申请。商标局已经通知但申请人未参加抽签的，视为放弃申请，驳回其商标注册申请。

商标注册申请实质审查中的基本概念如下。

1. 同一种商品或者服务

同一种商品或者服务，是指名称相同以及名称不同但指同一事物或者内容的商品或者服务。如自行车，男车、女车，24、26、28 不同型号等，都是自行车，是同一种商品。日常生活中把自行车称为"单车""脚踏车"等，称谓虽然不同，但所指是同一事物，也是同一种商品。

同一种商品的概念既有绝对性，又有相对性。如牛黄上清丸是一种商品，不管哪家生产的牛黄上清丸，都是同一种商品。而六味地黄丸就是另一种商品，和牛黄上清丸不是同一种商品，可以称为类似商品。这是商标注册申请人在指定使用商品时，指定的商品非常具体，牛黄上清丸和六味地黄丸的同一种商品概念就非常绝对化。假如申请人申请指定某商标用于中成药，在中成药的概念之下，牛黄上清丸与六味地黄丸便为同一种商品——中成药，这种概念便具有相对性。

2. 类似商品或者服务

类似商品是指在功能、用途、生产部门、销售渠道、消费对象等方面相同或基本相同的商品，或者相关公众一般认为其存在特定联系、容易造成混淆的商品。类似服务是指在服务的目的、内容、方式、对象等方面相同或基本相同的服务，或者相关公众一般认为存在特定联系、容易造成混淆的服务。商品与服务类似，是指商品和服务之间存在特定联系，容易使相关公众混淆。

《商标法新加坡条约》第9条二［同一类别或不同类别的商品或服务］规定："（一）商品或服务，不得因为商标主管机关在任何注册或公告中将其列入《尼斯分类》的同一类别，而被认为互相类似。（二）商品或服务，不得因为商标主管机关在任何注册或公告中将其列入《尼斯分类》的不同类别，而被认为互相不类似。"

我国相关规定与之一致。《商标审查及审理标准（2017）》和《审理商标民事案件适用法律的解释》均规定，同一种或者类似商品或者服务的认定，应当以相关公众对商品或者服务的一般认识综合判断；以《商标注册用商品和服务分类表》《类似商品和服务区分表》作为参考。我国《类似商品和服务区分表》前言中也指出："《类似商品和服务区分表》是商标审查人员、商标代理人和商标注册申请人判断商品和服务类似与否的参考书，而不是法规性文件。商品和服务项目是否类似，应具体分析，结合商品的生产及销售渠道、服务方式及对象等实际情况进行判断。《区分表》不能穷尽所有的类似商品和服务项目。认定商品和服务是否类似，应以相关公众对商品或服务的一般认识综合判断。"例如，枣制品在商品分类表中，"枣制品、枣片"分在第29类，"枣粉"分在第30类，而"枣饮料"却分在第32类。相关公众认为枣制品、枣片、枣粉、枣饮料等的功能用途、主要原料、生产工艺、销售场所、消费对象等是相同的，是同一厂家生产的，应当是同一种商品或者类似商品。

由于《商标注册用商品和服务分类表》的类别划分采用了多标准，不是按照逻辑同一律划分的，因此必然有一些同一种或者类似商品或者服务在不同类别中交叉出现的现象。另外，由于商品和服务项目不断更新、发展，市场交易的状况也不断变化并且商标案件的个案不同，类似商品或者服务的判定也会随之调整。

商标专用权以核准注册的商标和核定使用的商品为限，注册商标需要在核定使用范围之外的商品上取得商标专用权的，应当另行提出注册申请。在注册商标核定使用商品以外的商品上擅自使用注册标记的，构成冒充注册商标行为。

3. 相同商标

商标相同，是指两商标在视觉上基本无差别，使用在同一种或者类似商品或者服务上易使相关公众对商品或者服务的来源产生混淆。《审理商标民事案件适用法律的解释》第9条第1款规定："商标相同，是指被控侵权的商标与原告的注册商标相比较，二者在视觉上基本无差别。"

商标相同与否，必须放在一定的商品范围内比较。商标的判断以"形、音、意"完全相同，视为相同。但商标的相同也是相对的，不是一点差异也没有。只要两商标基本相同，差异比较微小，一般消费者以普通注意力，在隔离观察的情况下容易误认为同一商标的，就可以判为相同商标。如"凤凰"自行车的"凤凰"商标，注册商标的图样中尾巴是12根羽毛，假冒商标用的是11根羽毛，一般消费者施以普通注意力无法辨别，在实践中判定为相同商标。

例如：

4. 近似商标

商标近似，是指商标文字的字形、读音、含义近似，商标图形的构图、着色、外观近似，或者文字和图形组合的整体排列组合方式和外观近似，立体商标的三维标志的形状和外观近似，颜色商标的颜色或者颜色组合近似，声音商标的听觉感知或整体音乐形象近似，使用在同一种或者类似商品或者服务上易使相关公众对商品或者服务的来源产生混淆。《审理商标民事案件适用法律的解释》第9条第2款规定，商标近似是指被控侵权的商标与原告的注册商标相比较，其文字的字形、读音、含义或者图形的构图及颜色，或者其各要素组合后的整体结构相似，或者其立体形状、颜色组合近似，易使相关公众对商品的来源产生误认或者认为其来源与原告注册商标的商品有特定的联系。

一般情况下，商标所使用的文字、图形或者其组合，在读音、含义或者整体结构上的一个方面易使消费者造成误认，即可判为近似商标。文字商标的近似，一般指商标所使用文字的读音、字体、含义、排列顺序等虽然不完全相同，但某些方面容易引起误认。图形商标的近似，一般指商标的整体结构或者外观近似，视觉上容易引起混淆误认。组合商标的近似，是指商标的文字、图形有某种不同，但构思或整体上近似，容易使消费者混淆误认。

商标的近似判断是一大难题，不仅需要考虑商标的组成，还要考虑商标的知名度，同时兼顾市场状况和消费者习惯等多方面情况。在判断时还要掌握是在核定使用商品上的商标近似，还是在类似商品上的商标近似。

例如：

　　两商标均为颜色组合商标，当其组合的颜色和排列的方式相同或近似，易使相关公众对商品或者服务的来源产生混淆误认的，判定为相同或者近似商标。

　　（三）商标注册的初步审定和驳回申请

　　1. 初步审定和公告

　　《商标法》第28条规定："对申请注册的商标，商标局应当自收到商标注册申请文件之日起九个月内审查完毕，符合本法有关规定的，予以初步审定公告。"

　　初步审定，是指商标局经实质审查认为商标注册申请符合《商标法》《商标法实施条例》等法律规定，作出的准予该商标注册的初步决定。对获初步审定的商标，商标局在《商标公告》上刊登初步审定公告。初步审定公告的内容包括商标初步审定号、申请日期、商标图样、是否是立体商标、是否指定颜色、是否是颜色商标、是否有放弃专用权部分、指定商品或者服务的类别、指定商品或者服务的名称、申请人名义、申请人地址以及商标代理组织的名称。

　　2. 驳回申请

　　驳回申请，是指商标局经实质审查认为商标注册申请不符合《商标法》《商标法实施条例》

有关法律规定，或者申请注册的商标与他人在同一种商品或者类似商品上已经注册的或者初步审定的商标相同或者近似的，作出的予以驳回决定。商标注册申请的驳回包括部分驳回，即对在部分指定商品上的注册申请不符合有关规定的，驳回该部分指定商品上的注册申请。商标局驳回商标注册申请的，应当书面通知申请人并说明理由。

（1）先申请原则

先申请原则是指一般情况下商标权授予先提出商标注册申请人的原则。《商标法》第 31 条规定："两个或者两个以上的商标注册申请人，在同一种商品或者类似商品上，以相同或者近似的商标申请注册的，初步审定并公告申请在先的商标；同一天申请的，初步审定并公告使用在先的商标，驳回其他人的申请，不予公告。"

（2）驳回申请的情形

对不符合规定的商标注册申请予以驳回，驳回申请的情形包括：

① 不以使用为目的的恶意商标注册申请，予以驳回。

② 没有显著特征，不便于识别，或者与他人在先取得的合法权利相冲突的，予以驳回。

③ 以不得作为商标使用的标志申请注册商标的，予以驳回。比如同中华人民共和国的国家名称、国旗、国徽、国歌、军旗、军徽、军歌、勋章等相同或者近似的，以及同中央国家机关的名称、标志、所在地特定地点的名称或者标志性建筑物的名称、图形相同的；同外国的国家名称、国旗、国徽、军旗等相同或者近似的，但经该国政府同意的除外；同政府间国际组织的名称、旗帜、徽记等相同或者近似的，但经该组织同意或者不易误导公众的除外；与表明实施控制、予以保证的官方标志、检验印记相同或者近似的，但经授权的除外；同"红十字""红新月"的名称、标志相同或者近似的；带有民族歧视性的；带有欺骗性，容易使公众对商品的质量等特点或者产地产生误认的；有害于社会主义道德风尚或者有其他不良影响的；县级以上行政区划的地名或者公众知晓的外国地名，不得作为商标，但是，地名具有其他含义或者作为集体商标、证明商标组成部分的除外；已经注册的使用地名的商标继续有效。

④ 以不得作为商标注册的标志申请注册商标的，予以驳回，例如仅有本商品的通用名称、图形、型号的；仅直接表示商品的质量、主要原料、功能、用途、重量、数量及其他特点的；其他缺乏显著特征的。前述所列标志经过使用取得显著特征，并便于识别的，可以作为商标注册。

⑤ 以三维标志申请注册商标的，仅由商品自身的性质产生的形状、为获得技术效果而需有的商品形状或者使商品具有实质性价值的形状，不得注册。

⑥ 两个或者两个以上的商标注册申请人，同一天在同一种商品或者类似商品上，以相同或者近似的商标申请注册的，初步审定并公告使用在先的商标，其他人的申请予以驳回。

⑦ 申请注册的商标，同他人在同一种商品或者类似商品上已经注册的或者初步审定的商标相同或者近似的，驳回申请。

⑧ 就同一种商品或者类似商品申请注册的商标与他人在先使用的未注册商标相同或者近似，申请人与该他人具有前述规定以外的合同、业务往来关系或者其他关系而明知该他人商标存在，该他人提出异议的，不予注册。

⑨ 商标中有商品的地理标志，而该商品并非来源于该标志所标示的地区，误导公众的，不予注册并禁止使用；但是，已经善意取得注册的继续有效。

⑩ 就相同或者类似商品申请注册的商标是复制、摹仿或者翻译他人未在中国注册的驰名商标，容易导致混淆的，不予注册并禁止使用。就不相同或者不相类似商品申请注册的商标是复制、摹仿或者翻译他人已经在中国注册的驰名商标，误导公众，致使该驰名商标注册人的利益可

能受到损害的，不予注册并禁止使用。

概言之，申请注册的商标，凡不符合《商标法》有关规定或者同他人在同一种商品或者类似商品上已经注册的或者初步审定的商标相同或者近似的，由商标局驳回申请。对在部分指定商品上使用商标的注册申请不符合规定的，予以驳回在部分指定商品上使用商标的注册申请。

商标注册申请获得初步审定公告后，进入异议期间。商标获初步审定不等于商标获得核准注册，只有在异议期内没有异议或者虽有异议但经裁定异议不成立的，初步审定的商标始予注册，成为注册商标。

（四）注册申请的复审

《商标法》第34条规定，对驳回申请、不予公告的商标，商标局应当书面通知商标注册申请人。商标注册申请人不服的，可以自收到通知之日起15日内向商标评审委员会申请复审。商标评审委员会应当自收到申请之日起9个月内作出决定，并书面通知申请人。有特殊情况需要延长的，经批准可以延长3个月。当事人对商标评审委员会的决定不服的，可以自收到通知之日起30日内向人民法院起诉。

1. 注册申请的复审机构

依据《商标法》的规定，注册申请的复审机构是商标评审委员会。商标注册申请人不服商标局驳回决定的，可以自收到通知之日起15日内向商标评审委员会申请复审。

2. 注册申请的复审期限

商标评审委员会应当自收到申请之日起9个月内作出决定，并书面通知申请人。有特殊情况需要延长的，经批准可以延长3个月。

3. 对复审决定不服的救济

当事人对商标评审委员会的决定不服的，可以自收到通知之日起30日内向法院起诉。

（五）商标异议

《商标法》第33条规定，对初步审定公告的商标，自公告之日起3个月内，在先权利人、利害关系人认为违反《商标法》第13条第2款和第3款、第15条、第16条第1款、第30条、第31条、第32条规定的，或者任何人认为违反《商标法》第4条、第10条、第11条、第12条、第19条第4款规定的，可以向商标局提出异议。公告期满无异议的，予以核准注册，发给商标注册证，并予公告。

1. 商标异议的期限

对初步审定公告的商标，可以在公告之日起的3个月内，向商标局提出异议。

2. 商标异议的主体

商标异议包括两类主体：一是在先权利人、利害关系人，二是任何人。两类主体提起异议依据的理由不同。

3. 商标异议的理由

（1）在先权利人、利害关系人可提起异议的理由包括：认为该商标注册申请违反《商标法》第13条第2款和第3款、第15条、第16条第1款、第30条、第31条、第32条规定。

（2）任何人可提起异议的理由包括：认为该商标注册申请违反《商标法》第4条、第10条、第11条、第12条、第19条第4款规定的，可以向商标局提出异议。

4. 商标异议的程序

（1）对商标局初步审定予以公告的商标提出异议的，异议人应当向商标局提交下列商标异议材料一式两份并标明正、副本：

① 商标异议申请书；

② 异议人的身份证明；

③ 异议人作为在先权利人或者利害关系人的，要提供相关证明。商标异议申请书应当有明确的请求和事实依据，并附送有关证据材料。

（2）商标局收到商标异议申请书后，经审查符合受理条件的，予以受理，向申请人发出受理通知书。商标异议申请有下列情形的，商标局不予受理，书面通知申请人并说明理由：

① 未在法定期限内提出的；

② 申请人主体资格、异议理由不符合《商标法》第33条规定的；

③ 无明确的异议理由、事实和法律依据的；

④ 同一异议人以相同的理由、事实和法律依据针对同一商标再次提出异议申请的。

（3）商标局应当将商标异议材料副本及时送交被异议人，限其自收到商标异议材料副本之日起30日内答辩。被异议人不答辩的，不影响商标局作出决定。当事人需要在提出异议申请或者答辩后补充有关证据材料的，应当在商标异议申请书或者答辩书中声明，并自提交商标异议申请书或者答辩书之日起3个月内提交；期满未提交的，视为当事人放弃补充有关证据材料。但是，在期满后生成或者当事人有其他正当理由未能在期满前提交的证据，在期满后提交的，商标局将证据交对方当事人并质证后可以采信。

（4）商标局应当听取异议人和被异议人陈述事实和理由，经调查核实后，自公告期满之日起12个月内作出是否准予注册的决定，并书面通知异议人和被异议人。有特殊情况需要延长的，经批准可以延长6个月。

（5）商标局认为异议理由成立的，撤销初步审定，驳回商标注册申请；异议理由部分成立的，部分驳回。商标局认为异议理由不能成立的，裁定该商标予以注册。初步审定公告期满无异议的商标，予以注册。

5. 异议复审及司法救济

商标局裁定异议理由不成立、准予注册，异议人不服商标局异议裁定的，可以依照《商标法》的规定向商标评审委员会请求宣告该注册商标无效。

商标局裁定异议理由成立、不予注册，被异议人不服商标局异议裁定的，可以在收到商标局异议裁定通知书之日起15天内，向商标评审委员会申请复审。商标评审委员会受理异议复审申请书，发给对方当事人，限期作出答辩。

商标评审委员会在收到申请之日起12个月内作出复审决定，并书面通知异议人和被异议人。有特殊情况需要延长的，经批准可以延长6个月。被异议人对于商标评审委员会的决定不服的，可以在收到书面通知之日起30天内向人民法院起诉。人民法院应当通知异议人作为第三人参加诉讼。

在复审进程中，所涉及在先权利的确定必须以法院正在审理或者行政机关正在处理的另一案件的结果为依据的，可以中止审查。中止审查原因消除后，应当恢复审查程序。

被异议商标在商标局作出准予注册决定或者不予注册决定前已经刊发注册公告的，撤销该注册公告。经审查异议不成立而准予注册的，在准予注册决定生效后重新公告。

6. 错误更正

由于商标数据库信息错误或者其他原因，商标局的驳回或部分驳回决定有时会出现错误。为了维护申请人的利益，最大限度地避免审查中出现的错误给申请人造成不必要的损失。根据《商标法》第38条规定，商标局可以在不损害其他申请人的合法权益的前提下，对《商标驳回通知书》和《商标部分驳回通知书》决定中的错误进行纠正。

商标注册申请人或者商标注册人依照《商标法》第38条规定提出更正申请的，应当向商标局提交更正申请书。符合更正条件的，商标局核准后更正相关内容；不符合更正条件的，商标局不予核准，书面通知申请人并说明理由。

商标局为此在《商标实质审查工作手册》中专门规定了"商标实质审查纠错规程"。根据规定，商标局纠正驳回或部分驳回决定中的错误，可依申请人申请进行，也可以依职权进行。但纠错的时限为驳回或部分驳回通知书发出之后至复审期届满之前。复审期届满之后，不得适用该规程进行纠错。已经申请复审的，驳回或部分驳回决定中的错误通过复审程序予以纠正。纠错限于以下情形：

（1）驳回或部分驳回通知书中所引证的在先商标的所有人与商标注册申请人为同一人的；

（2）被驳回或部分驳回商标的申请日期早于引证商标申请日期或与引证商标同日申请的；

（3）在驳回或部分驳回通知书发出之日，通知书所引证的在先权利商标已经因撤销或者注销等原因不存在的；

（4）被驳回或部分驳回商标的信息（申请内容）存在录入错误，且正是此错误导致该申请被驳回的；

（5）所引证的在先商标的信息（申请内容或者注册内容）存在录入错误，且正是此错误导致该申请被驳回的；

（6）在驳回或部分驳回通知书发出之日前，通知书引证的在先权利商标已被提出注销申请，或已申请转让、变更，且受让人或变更后的所有人与商标申请人为同一人的。

7. 商标注册申请的核准注册

商标注册申请的核准注册，是指商标局依照法定程序核准申请人的商标注册申请，经商标局依法审查核准，在商标局设置的《商标注册簿》上予以登记的法律程序。为证明其商标为注册商标，商标局在《商标注册簿》上登记的同时，颁发该商标注册的法律凭证——《商标注册证》。商标注册申请经核准注册后，申请人方成为商标注册人，申请注册的商标方为注册商标，商标注册人享有商标专用权。

（1）《商标注册簿》是指商标注册的原始法律凭证，是确定商标专用权期限、范围等事项的法律依据。它完整、准确地记载了各注册商标的图样、注册号、核定使用的商品或者服务项目、注册人名义、注册人的地址、注册人的委托代理人，以及商标注册事项的变更、转让、续展、注销、撤销等全部内容。《商标注册簿》由商标局设置并保存。

（2）《商标注册证》是商标局颁发给商标注册人的有关商标注册事项的证明文件。其登记内容包括商标注册号、商标图样、核定使用商品的类别、核定使用商品或者服务项目的名称、注册人名义、注册人地址、注册的有效期限等。它是商标注册人所持的主张权利最直接、最有效的法律凭证。商标注册人主张商标权利时，向行政或者司法机关或者相对人出示的证件。如在印制商标标识、侵犯商标权案件的行政查处和民事诉讼中都需要出示《商标注册证》。

8. 商标评审

（1）商标评审机构

《商标法》第2条第2款规定："国务院工商行政管理部门设立商标评审委员会，负责处理商标争议事宜。"

商标评审委员会是负责处理商标争议事宜的法定机构，它与商标局是平行的。商标评审委员会的职责、与商标局的关系以及在处理商标争议中的法律地位，都有明确的法律规定，这就确立了商标争议的处理机制。

（2）商标评审委员会的任务

商标评审是指商标评审委员会依照《商标法》第 34 条、第 35 条、第 44 条、第 45 条、第 54 条的规定审理有关商标争议事宜。

① 驳回商标注册申请复审申请。《商标法》第 34 条规定，对驳回申请、不予公告的商标，商标局应当书面通知商标注册申请人。商标注册申请人不服的，可以自收到通知之日起 15 日内向商标评审委员会申请复审。

② 商标异议复审申请。《商标法》第 35 条规定，对初步审定、予以公告的商标提出异议的，商标局须在 12 个月内作出裁定。如商标局裁定异议理由不成立，被异议商标即予注册，并予以公告。异议人不服商标局裁定的，可依《商标法》第 44 条、第 45 条的规定向商标评审委员会请求宣告该注册商标无效。商标局认为异议理由成立的，即作出不予注册决定。被异议人不服的，可以自收到通知之日起 15 日内向商标评审委员会申请复审。商标评审委员会应当在收到申请之日起 12 个月内作出复审决定，并书面通知异议人和被异议人。被异议人对商标评审委员会的决定不服的，可以自收到通知之日起 30 日内向人民法院起诉。人民法院应当通知异议人作为第三人参加诉讼。

③ 撤销注册商标复审申请。《商标法》第 54 条规定，对商标局撤销或者不予撤销注册商标的决定，当事人不服的，可以自收到通知之日起 15 日内向商标评审委员会申请复审。商标评审委员会在 9 个月内作出决定。有特殊情况需要延长的，经批准可以延长 3 个月。当事人对商标评审委员会的决定不服的，可以在收到通知 15 日内向人民法院起诉。

三、商标国际注册

《商标法》第 21 条规定，商标国际注册遵循中华人民共和国缔结或者参加的有关国际条约确立的制度，具体办法由国务院规定。

《商标法实施条例》第 34～48 条以及第 50 条是在《商标法》2013 年修改后，新增加的解决商标国际注册法律适用问题的条款，是与商标国际注册相关的国内立法。

（一）马德里商标国际注册体系

1. 商标国际注册体系的产生

贸易全球化要求商标所有人在越来越多的国家寻求商标注册保护。如果在每个国家逐一进行申请注册，由于各国商标法律、注册制度、官方语言不同，十分低效、不便且昂贵。于是，产生了马德里商标国际注册（体系）制度。

采用马德里商标国际注册，申请人只需用一种语言，交一份申请，向一个局（即 WIPO 国际局，以下简称"国际局"）缴费，就可以向多个国家或地区申请商标注册。申请人办理商标国际注册后，有关的后续业务也只需在国际局办理即可完成登记。因此，商标国际注册为商标申请人提供了低成本、高效率、易操作的申请途径。

我国分别于 1989 年和 1995 年加入了《马德里协定》和《马德里议定书》。因此，在我国通过马德里体系进行商标国际注册，遵循上述两个国际条约确立的制度。

2. 商标国际注册马德里体系简介

《马德里协定》缔结于 1891 年，1892 年正式施行。《马德里协定》历经多次修改，但由于其固有的一些不足，比如较短的驳回期限、较低的收费、语言单一等，美国、日本、英国、澳大利亚等国一直没有加入。1989 年召开的马德里联盟会议在兼顾各国利益的前提下，通过了《马德里议定书》。《马德里议定书》是平行于《马德里协定》的一个国际条约，于 1996 年正式施行。

它在一定程度上弥补了《马德里协定》的不足，如延长了驳回期限、增加了语种等，为吸引更多的国家加入马德里体系创造了条件。《巴黎公约》的成员国可成为《马德里协定》或《马德里议定书》的成员；符合条件的政府间组织可以向 WIPO 总干事交存加入书，成为《马德里议定书》的成员。马德里体系的"缔约方"包括《马德里协定》的成员国和加入《马德里议定书》的国家或政府间组织。截至 2020 年 1 月 15 日，马德里联盟的成员达到了 106 个，覆盖122 个国家。

（二）马德里商标国际注册的程序

1. 商标国际注册申请的提交

提交商标国际注册申请，是指符合申请资格的自然人或者法人通过其商标主管部门向国际局申请办理商标国际注册。只有在《马德里协定》或《马德里议定书》成员设有真实有效的工商营业场所，或者有住所，或者为该成员国民，或者在作为《马德里议定书》成员的政府间组织的领土上有真实有效的工商营业场所，或者有住所，或者是该组织的成员的国民，才可以提交商标国际注册申请。向其申请或注册基础商标的缔约方商标主管部门称为"原属局"。

商标国际注册申请人的商标已在原属局获得注册的，可根据《马德里协定》申请办理该商标的国际注册；其商标已在原属局获得注册或提出注册申请的，可以根据《马德里议定书》申请办理该商标的国际注册。国际注册申请可以指定一个或多个缔约方，国际注册申请指定的商品或服务不能超出基础申请或基础注册的商品或服务的范围。

商标国际注册申请必须通过原属局提交，并由原属局对国际注册申请进行形式审查。

2. 商标国际注册

广义的商标国际注册包括与商标国际注册申请及后续程序相关的所有事务。这里商标国际注册是指狭义的商标国际注册，即指商标在国际局获得的注册。

国际局对原属局转交的商标国际注册申请进行审查，对符合要求的商标国际注册申请在《国际注册簿》上就申请的有关内容进行注册登记，并在国际局网站上发布公告。国际注册日通常为原属局收到商标国际注册申请的日期。国际局未在规定的期限内收到原属局转交的商标国际注册申请，则国际注册日为国际局实际收到申请的日期。商标在国际局获得注册后，国际局负责向申请人发放注册证，并通知各个被指定缔约方的主管局有关国际注册的内容。

3. 被指定缔约方的审查

国际注册的效力延伸至申请人在国际申请中明确指定的缔约方，自国际注册日起，商标在各被指定缔约方的保护，与直接向该缔约方主管局提出该商标的申请相同。被指定缔约方在收到国际领土延伸申请后，在《马德里协定》（12 个月）或《马德里议定书》（18 个月）规定的时限内依据其域内的法律规定进行审查。

经审查，被指定缔约方对符合其域内法规定的领土延伸申请予以保护，该国际注册商标自国际注册日起获得的保护与该商标在被指定缔约方主管局取得注册相同。领土延伸申请不符合或部分不符合被指定缔约方域内法规定的，被指定缔约方主管局予以全部驳回或部分驳回，并在驳回期限内通知国际局。商标国际注册申请人在收到驳回通知后，可依据该指定缔约方的相关法律规定申请复审或提起诉讼。在规定的驳回期限内，被指定缔约方主管局未通知国际局驳回的，即使领土延伸申请违反被指定缔约方域内法不应该获得保护，也将因"超过审限"自动获得保护。

4. 商标国际注册的后期指定

符合商标国际注册申请人条件的国际注册商标所有人，可以根据《马德里协定》或《马

第二编

德里议定书》提出后期指定申请，即在提出国际注册申请时未要求在某一缔约方得到保护，或者国际注册商标在该缔约方因终局驳回决定、无效宣告或放弃，不再受保护的，可以申请后期指定，将保护延伸至该缔约方。申请后期指定的另一个原因可能是在提交商标国际注册申请时，部分缔约方还不是《马德里协定》或《马德里议定书》的成员，或者与国际注册商标所有人所在的缔约方不受同一部条约的约束。后期指定可以只对《国际注册簿》中登记的部分商品或服务提出。

后期指定由注册人直接向国际局提交的，后期指定日为国际局收到的日期。后期指定由主管局向国际局提交的，如果符合有关要求且国际局在规定的期限内收到主管局转交的后期指定申请的，后期指定日为主管局收到的日期；国际局在规定的期限届满后收到后期指定申请的，后期指定日为国际局收到的日期。

后期指定申请在被指定缔约方获得保护的，自后期指定日起视同于该国际注册商标在被指定缔约方主管局取得注册。后期指定申请被驳回或部分驳回的，申请人在收到驳回通知后同样可依据被指定缔约方的域内法申请复审或提起诉讼。

5. 商标国际注册的有效期和续展

《马德里协定》规定的商标国际注册有效期为 20 年，从国际注册日起算，有效期届满前可以缴纳规费续展 20 年。但 1996 年生效的《商标国际注册马德里协定及该协定有关议定书的共同实施细则》（以下简称《共同实施细则》）规定，受《马德里协定》约束的国际注册，申请续展的规费必须以 10 年为期分两期进行缴纳，并且在缴纳第二期规费时适用续展的程序和要求。《马德里议定书》规定的商标国际注册有效期为 10 年，从国际注册日起算，以 10 年为期进行续展。因此，在目前的商标国际注册实务中，所有的国际注册均应从国际注册日开始计算有效期，并以 10 年为期进行续展，在有效期内未能申请续展的，可以给予 6 个月的宽展期，但需缴纳宽展费。未申请办理续展并缴费的商标国际注册在有效期届满后失效，国际局将通知各个被指定缔约方的主管局未续展的情况并进行公告。

6. 商标国际注册相关的后续程序

与商标国际注册相关的后续程序，包括注册人或代理人名称或地址的变更，商标国际注册的删减、放弃和注销、转让等。根据《马德里协定》申请办理商标国际注册的放弃和注销，应当通过主管局向国际局提交申请；根据《马德里协定》申请办理注册人或代理人名称或地址的变更、商标国际注册的删减或转让，可以通过主管局向国际局提交申请，也可以直接向国际局提交申请。根据《马德里议定书》申请办理商标国际注册的注册人或代理人名称或地址的变更，商标国际注册的删减、放弃和注销、转让等事项，既可以通过主管局向国际局提交申请，也可以直接向国际局提交申请。国际局对申请进行审查，将符合要求的申请内容在《国际注册簿》上进行登记，予以公告，并通知相关缔约方主管局。相关缔约方主管局对申请依法进行审查后，对不符合其法律规定的转让和删减申请，可以在国际局通知之日起 18 个月内向国际局作出该转让或删减在该缔约方无效的声明；对其他申请应根据国际局通知的内容进行登记。

（三）商标国际注册的费用和语言

商标国际注册申请及其他有关的后续申请应缴纳的规费由《共同实施细则》中规定的国际局规费和一些缔约方规定的单独规费组成，上述规费可以由申请人或注册人直接向国际局缴纳，也可以在原属局或主管局同意代收的前提下，通过上述机关向国际局转交。

《马德里协定》要求申请人必须以法语作为申请语言。《马德里议定书》则规定了英语、法语和西班牙语三种申请语言。在《共同实施细则》中规定，原属局可以对申请的语言进行规定，即原属局可以对申请语言的选择作出限定，可以将申请人的选择限制为英语、法语或西班牙语中的某一种语言，或限制为其中两种语言，也可以允许申请人在三种语言中任选。

（四）商标国际注册有关规定的修改情况说明

在《商标法》2013年修改前，与商标国际注册相关的国内规范性文件是原国家工商行政管理总局令第7号，即《马德里商标国际注册实施办法》。由于其是国务院直属机构制定的规范性文件，其法律效力层级较低，法院审理案件时也不能直接适用。

《商标法》2013年修改后，《商标法实施条例》中增设商标国际注册一章，对马德里商标国际注册的相关内容作出了规定。该规定以《马德里商标国际注册实施办法》为基础，删除了部分过时的条款，并根据国际条约的发展趋势和修改后的《商标法》对条款进行了修改和完善，主要包括以下内容：

（1）明确调整对象是以中国为原属国的商标国际注册和指定中国的领土延伸申请以及其他有关申请。

（2）明确了以中国为原属国的商标国际注册申请人资格，提出商标国际注册申请以及后续申请的条件和基本程序，主要涉及的是国际条约的适用问题。

（3）对指定中国的领土延伸申请的审查程序进行了规定。对于要将三维标志、颜色组合、声音标志作为商标进行保护或者要求保护集体商标、证明商标的，应自该商标在国际局《国际注册簿》登记之日起3个月内，通过依法设立的商标代理机构，向商标局提交相关材料。未在规定期限内提交相关材料的，商标局将驳回该领土延伸申请。

（4）对指定中国的领土延伸申请的异议程序进行了规定。由于商标局对指定中国的领土延伸申请依职权进行审查后，并不对审查结论另行公告，因此对国际注册商标提出异议的时间也与《商标法》第33条的规定不同。对指定中国的领土延伸申请，自WIPO《国际商标公告》出版的次月1日起的3个月内，符合《商标法》第33条规定条件的异议人可以向商标局提出异议。

（5）对指定中国的领土延伸申请相关的后续程序进行了规定，包括续展、转让和删减，主要涉及的是国内法与国际条约的衔接。在中国获得保护的国际注册商标，有效期自国际注册日或者后期指定日起算，在有效期届满前，注册人可以向国际局申请续展。在有效期内未申请续展的，可以给予6个月的宽展期。转让国际注册商标的，受让人应符合国际条约的规定，同时根据《商标法》的规定，转让人应将其在相同或类似商品或服务上的相同或近似商标一并转让。对删减申请的规定，主要涉及删减后的商品或服务的范围应符合的要求。

（6）鉴于商标国际注册马德里体系对国际注册商标的制度设计和具体规定与我国《商标法》存在差异，国际注册商标相对于国内注册商标而言有其特殊性，因此商标国际注册在适用《商标法》《商标法实施条例》时存在排除适用的情形。指定中国的领土延伸申请的审查不适用《商标法》第28条规定的审限，也不适用《商标法实施条例》第22条关于分割的规定。商标局审理被异议的国际注册商标不适用《商标法》第35条第1款关于异议审理期限的规定。《商标法实施条例》第30条第2款关于商标注册人变更注册人名义或者地址应当将其全部注册商标一并变更的规定以及《商标法》第42条和《商标法实施条例》第31条关于商标转让由转让人和受让人共同申请并办理手续的规定，不适用于办理商标国际注册变更、转让事宜。

第四节　注册商标专用权的内容

一、商标注册专用权的内容

注册商标专用权的内容，是指商标注册人依法对注册商标所享有的独占、使用、收益和处分的权利。

（一）独占权

独占权，是指商标注册人所享有的，禁止他人未经其许可在其注册商标核定使用商品的同一种商品或者类似商品上，使用与其注册商标相同或者近似的商标的权利。独占权也称排他权或者禁止权。

（二）使用权

使用是商标注册人的主要目的。《商标法》所称商标的使用，是指将商标用于商品、商品包装或者容器以及商品交易文书上，或者将商标用于广告宣传、展览以及其他商业活动中，用于识别商品来源的行为。商标使用是实现商标区分商品来源等功能的前提，不经使用的商标，不会产生和实现指示商品来源的效果，也无从区分商品来源。权利人可以在核定使用的商品或服务上使用其注册的商标。

商标使用也是维持注册商标有效的条件。《商标法》规定，注册商标没有正当理由连续 3 年不使用的，任何单位或者个人可以申请商标局撤销该注册商标。商标使用也是商标专用权得以保护的基础。使用包括许可他人使用，被许可人的使用可以视为商标注册人使用，可以作为对抗他人提出"连续 3 年不使用撤销注册商标"的使用证据。商标使用许可是重要的现代化商标制度。许多成功的商标使用许可，实现商品生产经营的横向联合，扩大商标使用范围和使用规模，形成拳头商品和规模化经营。商标使用许可成为国家和企业商标战略的重要组成部分。

商标使用在确定侵权赔偿时也很重要。注册商标专用权人不能证明此前 3 年实际使用过该注册商标，被控侵权人不承担赔偿责任。商标的有效使用还是使商标获得识别性、显著特征的重要途径。

我国商标法律对商标的使用有严格规定，注册人应当按照核准注册的商标图样在核定的商品或者服务项目范围内进行使用，不能擅自改变注册商标的文字、图形或者其组合，不能在未予核定的商品或服务上作为注册商标使用，否则，构成冒充注册商标的违法行为。

（三）收益权

收益权，是指商标注册人对其注册商标带来的经济效益所享有的权利。

正确使用注册商标，可以树立商标的良好声誉，增加商品的附加值，获得良好经济效益。注册人可以通过自己对商标的使用，确立该商标商品的市场占有份额，实现品牌经济效益最大化。

许可他人使用其注册商标，可以收取商标使用许可费。随着资本投资形式的多样化，将注册商标专用权作为无形财产作价入股，融资经营，也正在成为一种低成本、高收益的经营方式。

（四）处分权

处分权指权利人可以按照自己的意志对所拥有的注册商标作出处置和安排，包括转让、赠与、放弃（撤销或注销）以及继承等。转让和赠与是商标的积极处分行为，通常情况下，转让为有偿转让，赠与是无偿给予；放弃是消极的商标处分行为，注册商标有效期满不再续展或连续 3

年不使用注册商标的行为，都可能视为对商标权的放弃。《商标法》第9条、第42条和第43条中具体规定了权利人标明"注册商标"或者注册标记的权利、转让商标的权利和许可使用商标的权利。

二、注册商标的有效期和期限起算日

时效性是知识产权的特性之一，商标权也有其时效性。各国商标法律对于时效性的规定并不完全一样。我国《商标法》第39条规定，注册商标的有效期为10年，自核准注册之日起计算。

三、注册商标的续展、变更、转让和使用许可

（一）续展的期限、宽展期和注销

1. 续　展

注册商标的续展，是指依《商标法》的规定，注册商标有效期满，需要继续延展其有效期的，可以依照法律程序申请延展有效期限。

《商标法》第40条第1款规定，注册商标有效期满，需要继续使用的，应当在期满前12个月内申请续展注册。商标注册人应当按照规定的《注册商标续展申请书》和有关程序性规定，向商标局申请办理续展手续。

申请续展的注册商标已经注册使用了10年甚至更长时间，早就成为不可争议商标了。因此，商标注册机关对于续展商标申请不再进行实质审查。

注册商标的续展是指原注册商标权利的延续，不得改变注册商标的图样和扩大指定商品的范围。

商标每次续展注册的有效期仍为10年。续展注册经核准后，商标局发给续展注册证明，并予以公告。注册商标不间断续展，可以保持注册商标永久有效，这是商标专用权和其他知识产权的不同之处。

一般说来，商标注册时间越长，商标声誉越高。这就是我们常说的时间考验。有的商标注册人不进行续展，而选择新申请，这是失策的。

2. 宽展期

注册商标有效期满前的12个月称为注册商标的续展期。商标注册人在续展期间未能提出注册商标续展申请的，该注册商标有效期满后，法律给予6个月期限，以弥补商标注册人可能出现的遗忘或者疏忽。商标注册人在此期限内仍然可以办理该商标的续展申请，这6个月的期限称为宽展期。

在宽展期间提出的续展申请，需要缴纳宽展费（或称迟延费）。迟延费带有一定的惩罚和教育意义。

3. 注　销

《商标法》第40条第1款规定，注册商标期满未办理续展手续的，注销该注册商标。注册商标期满不再续展的，自注销之日起1年内，商标局对与该商标相同或者近似的商标注册申请，不予核准。

商标注册人也可以申请注销注册商标。《商标法实施条例》第73条规定，商标注册人申请注销其注册商标或者注销其商标在部分指定商品上的注册的，应当向商标局提交商标注销申请书，并交回原《商标注册证》。商标注册人申请注销其注册商标或者注销其商标在部分指定商品上的注册，经商标局核准注销的，该注册商标专用权或者该注册商标专用权在该部分指定商品上的效

力自商标局收到其注销申请之日起终止。

（二）变　更

《商标法》第 41 条规定："注册商标需要变更注册人的名义、地址或者其他注册事项的，应当提出变更申请。"《商标法实施条例》第 17 条第 1 款规定："申请人变更其名义、地址、代理人、文件接收人或者删减指定的商品的，应当向商标局办理变更手续。"

申请商标变更的，申请人应当提交其身份证明文件，商标注册申请人的名义与所提交的证明文件应当一致。变更商标注册人名义、地址或者其他注册事项的，应当向商标局提交变更申请书。变更商标注册人名义的，还应当提交有关登记机关出具的变更证明文件。商标局核准的，发给商标注册人相应证明，并予以公告；不予核准的，应当书面通知申请人并说明理由。变更商标注册人名义或者地址的，商标注册人应当将其全部注册商标一并变更；未一并变更的，由商标局通知其限期改正；期满未改正的，视为放弃变更申请，商标局应当书面通知申请人。

（三）转　让

1. 转　让

注册商标的转让，即依照法定程序将其注册商标转让给他人的法律行为。商标专用权是私权，是一种财产权，转让注册商标是商标注册人对其财产权的一种处分权利。原商标注册人称为转让人，接受这一商标专用权的一方称为受让人。

《商标法》第 42 条规定："转让注册商标的，转让人和受让人应当签订转让协议，并共同向商标局提出申请。受让人应当保证使用该注册商标的商品质量。转让注册商标的，商标注册人对其在同一种商品上注册的近似的商标，或者在类似商品上注册的相同或者近似的商标，应当一并转让。对容易导致混淆或者有其他不良影响的转让，商标局不予核准，书面通知申请人并说明理由。转让注册商标经核准后，予以公告。受让人自公告之日起享有商标专用权。"

注册商标的转让，转让人与受让人应当向商标局提交《转让注册商标申请书》。《商标法实施条例》修改了"转让注册商标申请手续由受让人办理"的规定，要求转让人和受让人共同办理。商标局核准转让注册商标后，发给受让人相应证明，并予以公告。

《商标法》要求商标转让双方当事人应当像其他民事权利的转让一样，签订转让合同，以免发生纠纷而难以处理。

为了避免商标权利交叉，商标注册人对其在同一种或者类似商品上注册的相同或者近似商标，应当一并转让。商标局检索到注册人未将其同一种或者类似商品上注册的相同或者近似商标一并转让的，会通知其限期改正，逾期不改正的，商标局将书面通知申请人，视为其放弃转让该注册商标的申请。

转让注册商标在一般情况下不进行实质审查。但是，因商标转让可能导致消费者对于商品来源产生误认、混淆或者其他不良影响的，商标局不予核准转让，书面通知申请人并说明理由。

2. 移　转

商标转让包括商标注册人的合法继承人依据法律规定将商标注册人的商标专用权移转到自己名下。

《商标法实施条例》第 32 条规定："注册商标专用权因转让以外的继承等其他事由发生移转的，接受该注册商标专用权的当事人应当凭有关证明文件或者法律文书到商标局办理注册商标专用权移转手续。注册商标专用权移转的，注册商标专用权人在同一种或者类似商品上注册的相同或者近似的商标，应当一并移转；未一并移转的，由商标局通知其限期改正；期满未改正的，视为放弃该移转注册商标的申请，商标局应当书面通知申请人。商标移转申请经核准的，予以公告。接受该注册商标专用权移转的当事人自公告之日起享有商标专用权。"

作为自然人的商标注册人死亡之后，商标注册人不可能再和受让人共同向商标局提交《转让注册商标申请书》，只有受让人单方面申请。这就要求受让人提供合法证明，商标局才能核准转让。

移转同样要求将注册在同一种或者类似商品上的相同或者近似商标一并移转。

3. 受让人的义务

《商标法》要求受让人"应当保证使用该注册商标的商品质量"，保证该商标的商品质量与转让前一致。该规定主要是为了保护消费者的利益。

4. 转让公告

注册商标转让公告是商标公告的一种。商标权是一种对世权，转让注册商标经核准后，商标局要发布注册商标转让公告，晓谕公众。受让人自转让注册商标公告之日起享有该注册商标专用权。

（四）使用许可

1. 商标使用许可

《商标法》第43条第1款规定："商标注册人可以通过签订商标使用许可合同，许可他人使用其注册商标。"商标使用许可合同，是指商标注册人准许他人使用其注册商标的契约形式。商标注册人称为许可人，接受许可使用商标的一方称为被许可人。

商标使用许可制度是一项现代化的商标制度，实施得当可以取得许可人和被许可人互利双赢的结果，推动商品生产经营者之间横向联合，发挥竞争优势，占有广大市场，满足更大范围的消费者需求，提高企业和全社会的经济效益。

2. 商标使用许可的类型

商标使用许可可以根据许可人和被许可人双方意愿，采取灵活的合作方式，签订不同条件的契约。双方当事人根据达成的合同，享有不同的权利，承担不同的义务。根据我国当前的实际，商标使用许可分为以下三种类型：

（1）独占使用许可

独占使用许可，是指商标注册人在约定的期间、地域和以约定的方式，将该注册商标专用权仅许可一个被许可人使用，商标注册人依约定亦不得使用该注册商标。

独占使用许可的被许可人仅仅没有对该注册商标享有所有权，商标的所有权仍然归商标注册人所有。但是，商标的使用权和收益权完全由被许可人所独占，商标注册人非但不得再许可其他人使用，就连自己亦不得使用。

（2）排他使用许可

排他使用许可，是指商标注册人在约定的期间、地域和以约定的方式，将该注册商标仅许可一个被许可人使用，商标注册人依约定可以使用该注册商标，但不得另行许可他人使用该注册商标。

排他使用许可和独占使用许可所不同的是，该注册商标可以由被许可人和商标注册人共同使用，但排除第三方使用——依据约定，商标注册人除许可此一家被许可人以外，不得再许可其他任何人使用。

（3）普通使用许可

普通使用许可，是指商标注册人在约定的期间、地域和以约定的方式，许可他人使用其注册商标，并可自行使用该注册商标以及许可第三方使用其注册商标。

普通使用许可是当前普遍采用的使用许可方式。这种方式比较灵活，相对于独占使用许可和排他使用许可的方式来说，被许可人付出的费用较少，所取得的权利也相对较少。商标注册人还可以许可多家被许可人使用。

3. 被许可人的权利

商标被许可人根据商标使用许可协议的约定，除对注册商标享有使用、收益等权利外，可以在该商标专用权受到侵害时，依据合同规定，作为利害关系人参与维权的诉讼活动。《审理商标民事案件适用法律的解释》明确规定，利害关系人包括注册商标使用许可合同的被许可人、注册商标财产权利的合法继承人等。在注册商标专用权被侵害发生时，独占使用许可合同的被许可人可以向人民法院提起诉讼；排他使用许可合同的被许可人可以和商标注册人共同起诉，也可以在商标注册人不起诉的情况下，自行提起诉讼；普通使用许可合同的被许可人经商标注册人明确授权，可以提起诉讼。

4. 商标使用许可合同的备案

《商标法》第43条第3款规定，许可他人使用其注册商标的，许可人应当将其商标使用许可报商标局备案，由商标局公告。商标使用许可未经备案不得对抗善意第三人。《商标法实施条例》第69条规定，许可人应当在许可合同有效期内向商标局备案并报送备案材料，备案材料应当说明注册商标使用许可人、被许可人、许可期限、许可使用的商品或者服务范围等事项。商标使用许可合同符合规定的，商标局准予备案，并予公告；不符合规定的，许可人必须限期改正。根据《审理商标民事案件适用法律的解释》的规定，商标使用许可合同未经备案的，不影响该许可合同的效力，但当事人另有约定的除外；商标使用许可合同未在商标局备案的，不得对抗善意第三人。实践中，商标使用许可是大量存在的，但是进行备案的仅仅是极少数。《商标法新加坡条约》指出，商标使用许可合同不备案，不影响合同的效力。

商标局在审查商标使用许可合同时，要求被许可对象必须符合商标注册申请人的条件。商标使用许可合同的商标和商品，不能超过该注册商标的专用权范围。

5. 许可人和被许可人的义务

由于商标权是对世权，商标客观上凝聚着一定的商品质量和商誉。如果被许可人商品质量低于许可人，可能对消费者产生欺骗。因此，法律规定商标许可人应当约定并监督被许可人使用其注册商标的商品质量，被许可人应当保证使用该注册商标的商品质量。

由于商标使用许可合同的实施，消费者可能弄不清楚商品的真实来源，因此《商标法》规定，经许可使用他人注册商标的，必须在使用该注册商标的商品上标明被许可人的名称和商品产地。

第五节　注册商标的无效宣告

注册商标宣告无效，是指商标注册申请违反《商标法》第4条、第10条、第11条、第12条、第13条第2款和第3款、第15条、第16条第1款、第19条第4款规定、第30条、第31条、第32条或者是第44条第1款"以欺骗手段或者其他不正当手段取得注册的"，商标注册机关予以纠正，宣布该注册商标注册无效的法律程序。

从商标法律规定看，适用宣告注册商标无效的法律条款和事实理由，包括了商标禁用和禁止注册的条款，违反诚实信用原则申请注册条款，欺骗、不正当手段取得注册条款等主观动机恶意的情形。

一、注册商标无效宣告的立法演变

现行 2019 年《商标法》第 5 章"注册商标的无效宣告"相较 2001 年《商标法》第 5 章"注册商标争议的裁定"，是修改最大的一章。相关立法的演变过程如下：

（1）1982 年《商标法》第 27 条规定："对已经注册的商标有争议的，可以自该商标经核准注册之日起一年内，向商标评审委员会申请裁定。"当时《商标法》规定的注册商标争议，仅指注册商标之间所发生的权利之争，概念十分单一。

（2）1988 年《商标法实施细则》第 25 条增加撤销"注册不当"商标条款。

（3）1993 年《商标法》第 27 条修改为："已经注册的商标，违反本法第八条规定的，或者是以欺骗手段或者其他不正当手段取得注册的，由商标局撤销该注册商标；其他单位或者个人可以请求商标评审委员会裁定撤销该注册商标。除前款规定的情形外，对已经注册的商标有争议的，可以自该商标经核准注册之日起一年内，向商标评审委员会申请裁定。商标评审委员会收到裁定申请后，应当通知有关当事人，并限期提出答辩。"

1993 年《商标法实施细则》对"欺骗手段或者其他不正当手段取得注册的行为"作出了五项解释："（1）虚构、隐瞒事实真相或者伪造申请书件及有关文件进行注册的；（2）违反诚实信用原则，以复制、模仿、翻译等方式，将他人已为公众熟知的商标进行注册的；（3）未经授权，代理人以其名义将被代理人的商标进行注册的；（4）侵犯他人合法在先权利进行注册的；（5）以其他不正当手段取得注册的。"

（4）2001 年《商标法》将 1993 年《商标法》第 27 条进行了分解，将《商标法实施条例》"欺骗手段或者不正当手段"五项解释的第 2 项、第 3 项、第 4 项，分别单列为第 13 条、第 15 条、第 31 条，而第 1 项和兜底条款第 5 项作为第 41 条第 1 款。

（5）2013 年《商标法》只作序号修改，将第 41 条修改为第 44 条。2019 年《商标法》增加了"不以使用为目的"恶意申请取得的注册商标和商标代理机构除对其代理服务外取得的其他注册商标无效。

《商标法》第 44 条、第 45 条确立了注册商标的无效宣告制度，弥补了商标审查注册程序遗漏的失误，维护注册商标秩序的稳定性和市场交易的安全性；同时，将注册商标的无效和撤销两个性质不同的概念区别开来，明确各自的理由和法律效力，使商标立法更加完善和科学。

二、商标局依职权宣告注册商标无效

（一）事　由

《商标法》第 44 条第 1 款规定，已经注册的商标，违反《商标法》第 4 条、第 10 条、第 11 条、第 12 条、第 19 条第 4 款，或者是以欺骗手段或者其他不正当手段取得注册的，商标局依职权宣告该注册商标无效。

（二）程　序

商标局依职权宣告注册无效，是商标局的自查自纠程序。但由于涉及商标注册人的权益，商标局作出宣告注册商标无效的决定，应当书面通知当事人。

（三）救　济

当事人对被商标局宣告其注册商标无效不服的，可以自收到通知之日起 15 日内向商标评审委员会申请复审。商标评审委员会应当自收到申请之日起 9 个月内作出决定，并书面通知当事人。有特殊情况需要延长的，经批准可以延长 3 个月。当事人对商标评审委员会的决定不服的，

可以自收到通知之日起 30 日内向人民法院起诉。

三、当事人请求宣告注册商标无效

（一）事由和无效机构

《商标法》第 44 条第 1 款规定，已经注册的商标违反《商标法》第 4 条、第 10 条、第 11 条、第 12 条、第 19 条第 4 款，或者是以欺骗手段或者其他不正当手段取得注册的，除商标局依职权宣告该注册商标无效外，其他单位或者个人也可以请求商标评审委员会宣告该注册商标无效。

《商标法》第 45 条第 1 款规定，已经注册的商标，违反《商标法》第 13 条第 2 款和第 3 款、第 15 条、第 16 条第 1 款、第 30 条、第 31 条、第 32 条规定的，自商标注册之日起 5 年内，在先权利人或者利害关系人可以请求商标评审委员会宣告该注册商标无效。对恶意注册的，驰名商标所有人不受 5 年的时间限制。

（二）程　序

任何单位或者个人依据《商标法》第 44 条第 1 款，主张注册商标违反了《商标法》第 4 条、第 10 条、第 11 条、第 12 条、第 19 条第 4 款，或者是以欺骗手段或者其他不正当手段取得注册，请求商标评审委员会宣告注册商标无效的，商标评审委员会收到申请后，应当书面通知有关当事人，并限期提出答辩。商标评审委员会应当自收到申请之日起 9 个月内作出维持注册商标或者宣告注册商标无效的裁定，并书面通知当事人。有特殊情况需要延长的，经批准可以延长 3 个月。

在先权利人或者利害关系人依据《商标法》第 45 条，主张注册商标违反《商标法》第 13 条第 2 款和第 3 款、第 15 条、第 16 条第 1 款、第 30 条、第 31 条、第 32 条规定，请求商标评审委员会宣告注册商标无效的，商标评审委员会收到宣告注册商标无效的申请后，应当书面通知有关当事人，并限期提出答辩。商标评审委员会应当自收到申请之日起 12 个月内作出维持注册商标或者宣告注册商标无效的裁定，并书面通知当事人。有特殊情况需要延长的，经批准可以延长 6 个月。商标评审委员会在依照前述规定对无效宣告请求进行审查的过程中，所涉及的在先权利的确定必须以人民法院正在审理或者行政机关正在处理的另一案件的结果为依据的，可以中止审查。中止原因消除后，应当恢复审查程序。

（三）救　济

当事人对商标评审委员会的裁定不服的，可以自收到通知之日起 30 日内向人民法院起诉。人民法院应当通知商标裁定程序的对方当事人作为第三人参加诉讼。

四、商标无效的法律效力

法定期限届满，当事人对商标局宣告注册商标无效的决定不申请复审或者对商标评审委员会的复审决定、维持注册商标或者宣告注册商标无效的裁定不向人民法院起诉的，商标局的决定或者商标评审委员会的复审决定、裁定生效。在规定限期内向人民法院提起诉讼的决定或者裁定，由司法判决生效之日起发生法律效力。

依照《商标法》规定宣告无效的注册商标，由商标局予以公告，该注册商标专用权视为自始即不存在。

宣告注册商标无效的决定或者裁定，对宣告无效前人民法院作出并已执行的商标侵权案件的判决、裁定、调解书和市场监督管理部门作出并已执行的商标侵权案件的处理决定以及已经履行的商标转让或者使用许可合同不具有追溯力。但是，因商标注册人的恶意给他人造成的损失，应当给予赔偿。依照前述规定不返还商标侵权赔偿金、商标转让费、商标使用费，明显违反公平原则的，应当全部或者部分返还。

第六节　商标使用的管理

一、注册商标的使用

（一）注册商标的使用规定及违反规定的法律后果

1. 注册商标使用的概念

注册商标的使用，是指将注册商标用于商品、商品包装或者容器以及商品交易文书上，或者将注册商标用于广告宣传、展览以及其他商业活动中，用于识别商品来源的行为。

商标使用于商品，是指商品生产经营者将其生产、制造、加工、拣选或者经销的商品上标注商标与他人的商品加以区别的行为，可采取商品上印有、铸有、挂有、刻有、烙有、织有、绘有商标等方式。商标使用于包装，是指商品的包装物或者包装容器上标注有商标的情况。商品交易文书上使用商标，是指商品的说明书、发票、收据、标签、交易合同、订货单等标注商标的情况。商标使用于广告，是指在电视、广播、报纸、杂志、宣传册、标语、路牌等传统媒介中使用，以及使用于互联网、短信等新形式的媒介中的情况。商标使用于展览或者陈列，是指在展览会或者陈列室、橱窗等陈列商品商标及各种商标使用方式。还有其他的商标使用方式，如公益赞助文化、体育、娱乐活动场所显示等，以促销为目的的宣传活动。这些都是广义上的商标使用行为。

"用于识别商品来源的行为"是对于商标使用概念界定的充实和完善。《商标法》对使用的列举难以尽善，只能从商标的基本功能方面来说明，产生这样作用的行为都可以认定为商标的使用。

反过来说，不是"用于识别商品来源的行为"，不属于商标法意义上的商标使用。比如，商标公告是为了晓谕公众该商标权利的存在，该商标已经初步审定或者已经注册或者变更、转让、续展或者权利状况发生变化，并非商业中用于识别商品来源的行为。

2. 注册商标的使用规定及违反规定的法律后果

商标注册人有权使用注册标记。注册标记的使用对于商标注册人是有益的：第一，它向市场消费者表明该商标已经注册，提升消费者的信任程度；第二，警告侵权者，如果侵权要承担法律责任。

商标注册人在使用注册商标时，可以在商品、商品包装、说明书或者其他附属物上标明"注册商标"字样或者"注册标记"即Ⓡ或®。使用注册标记，应当标注在商标的右上角或者右下角。我们在市场上常常看到在商标的右上角或者右下角标注"TM"标记，这是代表未注册商标（unregistered trademark）之意。现行法律将注册商标标明注册标记是作为商标注册人权利规定的，可以标明，也可以不标。

《商标法》规定商标注册人有依法使用注册商标的如下义务。为了维持注册商标的法律效力，商标注册人应当认真执行，并注意保留商业中使用注册商标的证据。

（1）注册商标应当原样使用，不得自行改变

注册商标需要改变其标志的，应当重新提出商标注册申请。注册人将其注册商标图样改变

后，仍然作为注册商标使用（加注"注册商标"或者标注⑲或®），即构成自行改变注册商标的行为。需要指出的是，对注册商标的改变，主要指商标本质特征改变已经构成一个新商标了。如，组合商标的拆分使用，或者组合要素位置的随意改变；文字图形的组合商标，单独使用文字，或单独使用图形；文字商标字体的改变等；都属于自行改变注册商标。

（2）注册事项变化，应及时向商标局办理变更

商标注册人是法律保护的主体，注册人的名义、地址等注册事项发生改变，如不及时变更就会影响到商标管理机关的正常管理。如以改变后的名义、地址作近似商标申请，商标局就会不予注册；发生商标侵权案件，行政或者司法比对商标注册证，就可能不承认其主体资格等。

违反上述（1）（2）两项规定的，由地方商标管理机关责令限期改正；期满不改正的，由商标局撤销其注册商标。

（3）注册商标应维持显著性，防止变为商品通用名称

商标注册人要经常注意维护其注册商标的法律效力，防止注册商标失去显著性变为本商品的通用名称而遭遇撤销。

注册商标建立商标声誉之后，人们常常以商标指代其指定商品，渐渐地消费者和商品经销人员就直接将该商标当作商品通用名称呼叫，或直接作为本商品通用名称使用。比如"富强"曾经是一个企业指定在面粉上的注册商标，后来因为人们直接将高档面粉呼叫为"富强粉"，使之成为面粉中的一种通用名称，该"富强"商标被撤销。"THERMOS"商标曾经是美国 THERMOS 公司自 1910 年注册使用在真空绝缘保温瓶上的注册商标，因为注册人直接使用"THERMOS-BOTTLE"作广告，在公众中就直接成为暖水瓶的通用名称，法院也判为本商品的通用名称。THERMOS 公司失去了这个商标。

（4）注册商标要坚持使用，防止连续 3 年不使用

《商标法》规定注册商标无正当理由连续 3 年不使用的情形，由商标局撤销其注册商标。此项立法目的是敦促注册商标的使用，使注册商标更有效运用。注册商标不使用对于经济建设发挥不了作用。特别是商标档案中大量存在的"死商标"或者称"垃圾商标"，成为阻止他人新商标注册申请的障碍。这种状况对经济建设是有害的，有必要加以清理。

违反上述（3）（4）两项规定的，任何人可以向商标局提出撤销申请。商标局收到申请，书面通知注册人答辩或/和提交使用证据。商标局须在 9 个月内作出决定。有特殊情况需要延长的，经国务院有关管理部门批准，可以延长 3 个月。

（5）使用许可应备案

许可他人使用其注册商标的，许可人应当将其商标使用许可报商标局备案，由商标局公告。商标使用许可未经备案不得对抗善意第三人。经许可使用他人注册商标的，必须在使用该注册商标的商品上标明被许可人的名称和商品产地。

以注册商标专用权出质的，出质人与质权人应当签订书面质权合同，并共同向商标局提出质权登记申请，由商标局公告。

（6）不得将"驰名商标"用于商品上或商业活动

生产、经营者不得将"驰名商标"字样用于商品、商品包装或者容器上，或者用于广告宣传、展览以及其他商业活动中。违反规定的，由地方市场监督管理部门责令改正，处 10 万元罚款。

（二）注册商标的撤销

1. 注册商标撤销的事由

商标注册人在使用注册商标的过程中，自行改变注册商标，注册人名义、地址或者其他注册

事项，由地方市场监督管理部门责令限期改正，期满不改正的，由商标局撤销其注册商标。

注册商标成为其核定使用商品的通用名称或者没有正当理由连续3年不使用的，任何单位或者个人可以向商标局申请撤销该注册商标。

2. 注册商标撤销的程序

注册商标成为其核定使用的商品的通用名称或者没有正当理由连续3年不使用的，任何单位或者个人向商标局申请撤销该注册商标的，商标局应当自收到申请之日起9个月内作出决定。有特殊情况需要延长的，经批准可以延长3个月。

3. 注册商标撤销的救济

对商标局撤销或者不予撤销注册商标的决定，当事人不服的，可以在收到撤销通知之日起15日内向商标评审委员会申请复审。商标评审委员会自收到申请之日起9个月内作出决定，并书面通知当事人。有特殊情况需要延长的，经批准可以延长3个月。当事人对商标评审委员会的决定不服的，可以自收到通知之日起30日内向人民法院起诉。

法定期限届满，当事人对商标局作出的撤销注册商标的决定不申请复审或者对商标评审委员会作出的复审决定不向人民法院起诉的，撤销注册商标的决定、复审决定生效。

4. 注册商标撤销的法律效力

被撤销的注册商标，由商标局予以公告，该注册商标专用权自公告之日起终止。

5. 注册商标撤销和无效的区别

注册商标撤销和无效有五个方面的区别：一是适用对象，撤销针对注册商标使用中违反法律规定所导致的法律后果，无效是针对注册商标先天不足，标志本身不符合法律规定的情形；二是立法目的，撤销是规范注册商标的使用行为，无效是为纠正商标局、商标评审委员会注册不当出现的失误；三是程序不同，撤销是商标管理工作中的行政处罚，无效是对商标局确权程序中的自我纠偏；四是时间点不同，撤销是发生在注册商标使用过程中的事实状态，无效是商标注册申请中的事实状态；五是法律效力，撤销是注册商标专用权自撤销决定公告之日起生效，无效是该商标专用权自始无效。

二、违反强制注册规定的法律责任

（一）强制注册商标的规定

《商标法》第6条规定："法律、行政法规规定必须使用注册商标的商品，必须申请商标注册，未经核准注册的，不得在市场销售。"现在《中华人民共和国烟草专卖法》规定烟草制品为强制注册商品。

自愿注册原则是我国在《商标法》立法中采取的一条重要原则。商标权作为私权，《商标法》使用商标注册与否听其自便的方式。但在改革开放之初，许多人主张坚持强制注册，认为全国有效商标只有3万多件，如果实行自愿注册原则，企业都不来注册，商标管理工作将无法开展。最后协调产生一个妥协方案，就是将"强制注册原则"作为保障性的原则，国家可以规定一些商品必须使用注册商标——如果企业商标注册热情高，少规定一些；如果注册商标过少，就多规定一些商品。于是，《商标法》规定了"国家规定必须使用注册商标的商品，必须申请商标注册，未经核准注册的，不得在市场销售。"2013年，规定中的"国家规定"被修改为"法律、法规规定"。

（二）违反强制注册规定的法律责任

《商标法》第51条规定，违反《商标法》第6条规定的，由地方市场监督管理部门责令限期申请注册，违法经营额 5 万元以上的，可以处违法经营额 20％以下的罚款，没有违法经营额或者违法经营额不足 5 万元的，可以处 1 万元以下的罚款。

三、未注册商标的使用

（一）未注册商标可合法使用

我国《商标法》实行"自愿注册原则"，除了法律、法规规定的极少数商品以外，市场上的其他商品使用商标注册与否听其自便。合法使用商标的权利是受《商标法》保护的。《商标法》第 9 条、第 13 条、第 15 条、第 32 条、第 44 条等的规定，都涉及对于未注册商标合法使用的充分保护。如《商标法》第 9 条规定，申请注册的商标，应当有显著特征，便于识别，并不得与他人在先取得的合法权利相冲突。《商标法》第 13 条规定，就相同或者类似商品申请注册的商标是复制、摹仿或者翻译他人未在中国注册的驰名商标，容易导致混淆的，不予注册并禁止使用；就不相同或者不相类似商品申请注册的商标复制、摹仿或者翻译他人已经在中国注册的驰名商标，误导公众，致使该驰名商标注册人的利益可能受到损害的，不予注册并禁止使用。《商标法》第 15 条第 1 款规定，未经授权，代理人或者代表人以自己的名义将被代理人或者被代表人的商标进行注册，被代理人或者被代表人提出异议的，不予注册并禁止使用。《商标法》第 32 条规定，申请商标注册不得损害他人现有的在先权利，也不得以不正当手段抢先注册他人已经使用并有一定影响的商标。《商标法》第 44 条第 1 款规定，已经注册的商标，违反《商标法》第 4 条、第 10 条、第 11 条、第 12 条、第 19 条第 4 款规定的，或者是以欺骗手段或者其他不正当手段取得注册的，由商标局宣告该注册商标无效；其他单位或者个人可以请求商标评审委员会宣告该注册商标无效。

（二）未注册商标使用的规定

《商标法》赋予未注册商标合法使用的权利，并进行了公平的保护；同时，对于未注册商标的使用也进行必要的法律约束。

（1）不得冒充注册商标

以未注册商标冒充注册商标是不诚信行为，是欺骗行为。《商标法》规定标注注册标记是商标注册人的权利，只有商标注册人才可以在其注册商标上标注注册标记。未注册商标使用时如果标注"注册商标"或者Ⓡ或®，则构成冒充注册商标行为。这种行为是欺骗社会公众、破坏商标管理秩序的行为。

（2）不得违反《商标法》第 10 条规定

《商标法》第 10 条是商标禁止性条款，因为《商标法》第 10 条规定的内容，一部分涉及国家标志、政府标志、国际组织标志等，作为商标使用不严肃甚至有损国威、有伤国体，有害于国际间交往；一部分是维护民族团结、维护社会秩序和善良习俗的，未注册商标的使用也不得违反《商标法》规定。

（3）不得侵犯注册商标专用权

《商标法》明确规定，注册商标享有商标专用权，他人未经许可在同一种或者类似商品上使用与注册商标相同或近似商标的，属于侵权行为。

（三）未注册商标使用违反规定的法律责任

如果未注册商标的使用违反上述（1）（2）两项规定，市场监督管理部门有权予以禁止，制止附有该种商标的商品在市场上出售，封存或者收缴其商标标识，限期予以改正，并可予以通报或者视情节轻重处以违法经营额 5 万元以上的，20％ 以下的罚款，没有违法经营额或者违法经营额不足 5 万元的，可以处 1 万元以下的罚款。

未注册商标使用侵犯注册商标专用权的，市场监督管理部门有权制止，并进行处罚。此外，行为人还要承担损害赔偿责任。

第七节　注册商标专用权的保护

一、侵犯注册商标专用权的行为

《商标法》第 57 条规定："有下列行为之一的，均属侵犯注册商标专用权：（一）未经商标注册人的许可，在同一种商品上使用与其注册商标相同的商标的；（二）未经商标注册人的许可，在同一种商品上使用与其注册商标近似的商标，或者在类似商品上使用与其注册商标相同或者近似的商标，容易导致混淆的；（三）销售侵犯注册商标专用权的商品的；（四）伪造、擅自制造他人注册商标标识或者销售伪造、擅自制造的注册商标标识的；（五）未经商标注册人同意，更换其注册商标并将该更换商标的商品又投入市场的；（六）故意为侵犯他人商标专用权行为提供便利条件，帮助他人实施侵犯商标专用权行为的；（七）给他人的注册商标专用权造成其他损害的。"

《商标法实施条例》第 75 条规定："为侵犯他人商标专用权提供仓储、运输、邮寄、印制、隐匿、经营场所、网络商品交易平台等，属于商标法第五十七条第六项规定的提供便利条件。"

《商标法实施条例》第 76 条规定："在同一种商品或者类似商品上将与他人注册商标相同或者近似的标志作为商品名称或者商品装潢使用，误导公众的，属于商标法第五十七条第二项规定的侵犯注册商标专用权的行为。"

《审理商标民事案件适用法律的解释》明确规定，下列行为属于《商标法》给他人注册商标专用权造成其他损害的行为：（1）将与他人注册商标相同或者相近似的文字作为企业的字号在相同或者类似商品上突出使用，容易使相关公众产生误认的；（2）复制、摹仿、翻译他人注册的驰名商标或其主要部分在不相同或者不相类似商品上作为商标使用，误导公众，致使该驰名商标注册人的利益可能受到损害的；（3）将与他人注册商标相同或者相近似的文字注册为域名，并且通过该域名进行相关商品交易的电子商务，容易使相关公众产生误认的。什么是侵犯注册商标专用权行为呢？从上述法律规定可以看出，侵犯注册商标专用权是指未经注册人许可使用其注册商标，利用该商标创立的声誉，占有他人商标市场，造成消费者的混淆误认，从中不当得利的行为。

二、注册商标专用权的限制

《商标法》第 9 条第 1 款规定，申请注册的商标，应当有显著特征，便于识别，并不得与他人在先取得的合法权利相冲突。这一条规定贯彻于《商标法》的始终，非常重要。在商标法律纠纷中，"打擦边球"常常会占小便宜吃大亏。

（一）缺乏显著性的注册商标权利将受到限制

《商标法》要求注册商标必须具有显著特征，但同时又开辟了一个灵活的通道：对于本来不具有显著特征的标志，通过使用确实产生了显著性，起到了商标的区别商品来源作用，成为事实上的商标，在这种情况下，准许予以注册。正如 TRIPS 第 17 条的规定，各成员可对商标所赋予的权利规定作有限制的例外，如描述性术语的适当使用，只要这些例外考虑到了商标所有人和第三方的合法利益。这些本来不具有显著特征的商标虽然获准注册了，但是，由于它们"先天不足"，可能涉及第三者的合法权益，在对商标权利进行保护时，应当掌握公平公正和诚实信用原则，对于第三人的善意、合理、正当使用的权利，予以维护。

《商标法》第59条第1款和第2款规定，注册商标中含有的本商品的通用名称、图形、型号，或者直接表示商品的质量、主要原料、功能、用途、重量、数量及其他特点，或者含有的地名，注册商标专用权人无权禁止他人正当使用。三维标志注册商标中含有的商品自身的性质产生的形状、为获得技术效果而需有的商品形状或者使商品具有实质性价值的形状，注册商标专用权人无权禁止他人正当使用。

（二）与在先权利冲突的注册商标权利将受到限制

《商标法》第59条第3款规定，商标注册人申请商标注册前，他人已经在同一种商品或者类似商品上先于商标注册人使用与注册商标相同或者近似并有一定影响的商标的，注册商标专用权人无权禁止该使用人在原使用范围内继续使用该商标，但可以要求其附加适当区别标识。

缺乏商标显著特征的标志常常涉及公共利益，与他人在先权利相冲突的商标也常常侵犯他人利益。对此，商标注册申请人早就应当考虑到，但是某些申请人和商标注册人怀着占便宜或侥幸的心理，将这些不够显著或者说是缺乏显著性的标志注册为商标，往往在商标成名之后面临麻烦。因此，商标代理人要向申请人陈明利害，引导申请人避免申请注册缺乏显著性的商标。

三、侵权纠纷的解决途径

侵犯注册商标专用权行为属于民事侵权行为，引起的侵权纠纷，可以由当事人双方协商解决；不愿意协商或者协商不成的，商标注册人或者利害关系人可以选择行政途径或者司法途径解决。

（一）协　商

商标侵权纠纷是民事纠纷，涉案双方当事人可以通过平等协商，合情合理合法地解决纠纷，签订一个互利共赢协议。这是应当优先选择的解决纠纷途径。

协商途径有利于双方当事人心平气和地交换意见，解决问题；也是省事、省钱、省时，给行政、司法减轻负担的最好途径。商标代理人应当对双方当事人陈明案件性质，说明协商途径的好处。

（二）行政途径

市场监督管理部门负有保护商标权和消费者利益的职责，在市场检查中发现侵权行为，有权依法查处；涉嫌犯罪的，应当及时移送司法机关依法处理。商标注册人和利害关系人协商不成，或者不愿意协商的，也可以请求市场监督管理部门处理。

县级以上市场监督管理部门根据已经取得的违法嫌疑证据或者举报，对涉嫌侵犯他人注册商标专用权的行为进行查处时，可以行使下列职权：

（1）询问有关当事人，调查与侵犯他人注册商标专用权有关的情况；

（2）查阅、复制当事人与侵权活动有关的合同、发票、账簿以及其他有关资料；

（3）对当事人涉嫌从事侵犯他人注册商标专用权活动的场所实施现场检查；

（4）检查与侵权活动有关的物品；对有证据证明是侵犯他人注册商标专用权的物品，可以查封或者扣押。

市场监督管理部门依法行使前述规定的职权时，当事人应当予以协助、配合，不得拒绝、阻挠。在查处商标侵权案件过程中，对商标权属存在争议或者权利人同时向人民法院提起商标侵权诉讼的，市场监督管理部门可以中止案件的查处。中止原因消除后，应当恢复或者终结案件查处程序。

市场监督管理部门处理时，认定侵权行为成立的，责令立即停止侵权行为，没收、销毁侵权商品和主要用于制造侵权商品、伪造注册商标标识的工具，违法经营额5万元以上的，可以处违法经营额5倍以下的罚款，没有违法经营额或者违法经营额不足5万元的，可以处25万元以下的罚款。对5年内实施两次以上商标侵权行为或者有其他严重情节的，应当从重处罚。对销售不知道是侵犯注册商标专用权的商品，能证明该商品是自己合法取得并说明提供者的，由市场监督管理部门责令停止销售。

（三）司法途径

为了正确审理商标纠纷案件，最高人民法院就审理商标民事纠纷案件适用法律问题作出司法解释，为公平解决商标侵权案件提供了司法保障。

1. 侵犯注册商标专用权行为的诉讼

对侵犯注册商标专用权行为引起的纠纷，商标注册人或者利害关系人可以向人民法院起诉。《商标法》规定的利害关系人，包括注册商标使用许可合同的被许可人、注册商标财产权利的合法继承人等。在发生注册商标专用权被侵害时，独占使用许可合同的被许可人可以向人民法院提起诉讼；排他使用许可合同的被许可人可以和商标注册人共同起诉，也可以在商标注册人不起诉的情况下，自行提起诉讼；普通使用许可合同的被许可人经商标注册人明确授权，可以提起诉讼。

侵犯注册商标专用权的诉讼时效为3年❶，自商标注册人或者利害关系人知道或者应当知道侵权行为之日起计算。商标注册人或者利害关系人超过3年起诉的，如果侵权行为在起诉时仍在持续，在该注册商标专用权有效期限内，人民法院应当判决被告停止侵权行为，侵权损害赔偿数额应当自权利人向人民法院起诉之日起向前推算3年计算。

商标注册人或者利害关系人在注册商标续展宽展期内提出续展申请，未获核准前，以他人侵犯其注册商标专用权提起诉讼的，人民法院应当受理。

2. 侵犯注册商标专用权行为的司法管辖

因侵犯注册商标专用权行为提起的民事诉讼，由《商标法》的规定侵权行为的实施地、侵权商品的储藏地或者查封扣押地、被告住所地人民法院管辖。前述规定的侵权商品的储藏地，是指大量或者经常性储存、隐匿侵权商品所在地；查封扣押地，是指海关、工商等行政机关依法查封、扣押侵权商品所在地。

（四）诉前责令停止有关行为、财产保全和证据保全

为了迅速地制止侵权行为，保护商标注册人的合法利益，商标注册人在提起侵权诉讼之前，可以申请法院采取临时措施。临时措施包括诉前责令停止有关行为、财产保全和证据保全等三种形式。

1. 诉前责令停止有关行为

诉前责令停止侵权行为，又称诉前行为保全，类似于英美法中的诉前禁令。依据《商标法》

---

❶ 《审理商标民事案件适用法律的解释》第18条规定侵犯注册商标专用权的诉讼时效为2年，但是《民法总则》（2017年10月1日起施行）第188条第1款规定："向人民法院请求保护民事权利的诉讼时效期间为三年。法律另有规定的，依照其规定。"本书依据《民法总则》，将侵犯注册商标专用权的诉讼时效修改为3年。

第65条之规定，商标注册人或者利害关系人有证据证明他人正在实施或者即将实施侵犯其注册商标专用权的行为，如不及时制止将会使其合法权益受到难以弥补的损害的，可以依法在起诉前向法院申请采取责令停止有关行为和财产保全的措施。

《诉前停止商标侵权和保全证据适用法律的解释》规定，诉前责令停止侵犯注册商标专用权行为或者保全证据的申请，应当向侵权行为地或者被申请人住所地对商标案件有管辖权的人民法院提出。申请人提出诉前停止侵犯注册商标专用权行为的申请时，应当提交证据及相应担保，用以赔偿因申请错误可能给被申请人造成的损失。人民法院作出诉前停止侵犯注册商标专用权行为或者保全证据的裁定事项，应当限于商标注册人或者利害关系人申请的范围。法院接受商标注册人或者利害关系人提出责令停止侵犯注册商标专用权行为的申请后，经审查符合相关规定的，应当在48小时内作出书面裁定；裁定责令被申请人停止侵犯注册商标专用权行为的，应当立即开始执行。法院作出诉前责令停止有关行为的裁定，应当及时通知被申请人，至迟不得超过5日。当事人对诉前责令停止侵犯注册商标专用权行为裁定不服的，可以在收到裁定之日起10日内申请复议一次。复议期间不停止裁定的执行。商标注册人或者利害关系人在法院采取停止有关行为或者保全证据的措施后15日内不起诉的，法院应当解除裁定采取的措施。

2. 财产保全

商标注册人或者利害关系人有证据证明他人正在实施或者即将实施侵犯其注册商标专用权的行为，如不及时制止，将会使其合法权益受到难以弥补的损害的，可以依照《商标法》第65条之规定，在起诉前向法院申请采取财产保全措施。法院处理财产保全的申请时，适用《民事诉讼法》的相关规定（略，详见本书民事诉讼法部分）。

《最高人民法院关于人民法院对注册商标权进行财产保全的解释》规定，人民法院根据《民事诉讼法》有关规定采取财产保全措施时，需要对注册商标权进行保全的，应当向商标局发出协助执行通知书。对注册商标权保全的期限一次不得超过6个月，自商标局收到协助执行通知书之日起计算。

3. 证据保全

《商标法》第66条规定，为制止侵权行为，在证据可能灭失或者以后难以取得的情况下，商标注册人或者利害关系人可以依法在起诉前向法院申请保全证据。

《诉前停止商标侵权和保全证据适用法律的解释》规定，商标注册人或者利害关系人向人民法院提出诉前保全证据的申请，应当递交书面申请状。人民法院作出诉前停止侵犯注册商标专用权行为或者保全证据的裁定事项，应当限于商标注册人或者利害关系人申请的范围。申请人申请诉前保全证据可能涉及被申请人财产损失的，人民法院可以责令申请人提供相应的担保。商标注册人或者利害关系人在人民法院采取停止有关行为或者保全证据的措施后15日内不起诉的，人民法院应当解除裁定采取的措施。

四、侵犯注册商标专用权的法律责任

商标侵权人必须承担的法律责任主要有民事责任、行政责任，如果触犯刑律，还应承担刑事责任。

（一）民事责任

侵犯他人注册商标专用权应当负民事责任，人民法院可依《商标法》第63条确定侵犯商标专用权的赔偿数额：按照权利人因被侵权所受到的实际损失确定；实际损失难以确定的，可以按照侵权人因侵权所获得的利益确定；权利人的损失或者侵权人获得的利益难以确定的，参照该商

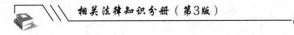

标许可使用费的倍数合理确定。对恶意侵犯商标专用权，情节严重的，可以在按照上述方法确定数额的1倍以上5倍以下确定赔偿数额。赔偿数额应当包括权利人为制止侵权行为所支付的合理开支。

法院为确定赔偿数额，在权利人已经尽力举证，而与侵权行为相关的账簿、资料主要由侵权人掌握的情况下，可以责令侵权人提供与侵权行为相关的账簿、资料；侵权人不提供或者提供虚假的账簿、资料的，人民法院可以参考权利人的主张和提供的证据判定赔偿数额。

权利人因被侵权所受到的实际损失、侵权人因侵权所获得的利益、注册商标许可使用费难以确定的，由人民法院根据侵权行为的情节判决给予500万元以下的赔偿。

人民法院审理商标纠纷案件，应权利人请求，对属于假冒注册商标的商品，除特殊情况外，责令销毁；对主要用于制造假冒注册商标的商品的材料、工具，责令销毁，且不予补偿；或者在特殊情况下，责令禁止前述材料、工具进入商业渠道，且不予补偿。假冒注册商标的商品不得在仅去除假冒注册商标后进入商业渠道。

注册商标专用权人请求赔偿，被控侵权人以注册商标专用权人未使用注册商标提出抗辩的，人民法院可以要求注册商标专用权人提供此前3年内实际使用该注册商标的证据。注册商标专用权人不能证明此前3年内实际使用过该注册商标，也不能证明因侵权行为受到其他损失的，被控侵权人不承担赔偿责任。销售不知道是侵犯注册商标专用权的商品，且能证明该商品是自己合法取得并说明提供者的，不承担赔偿责任。

（二）行政责任

市场监督管理部门经查证核实，认定侵权行为成立的，责令立即停止侵权行为，没收、销毁侵权商品和专门用于制造侵权商品、伪造注册商标标识的工具，并可以处以罚款。

（三）刑事责任（关于假冒商标罪见刑法教材部分）

侵犯注册商标专用权行为情节严重，危害很大，构成犯罪的行为的，依法承担刑事责任：

（1）未经商标注册人许可，在同一种商品上使用与其注册商标相同的商标，构成犯罪的，除赔偿被侵权人的损失外，依法追究刑事责任。

（2）伪造、擅自制造他人注册商标标识或者销售伪造、擅自制造的注册商标标识，构成犯罪的，除赔偿被侵权人的损失外，依法追究刑事责任。

（3）销售明知是假冒注册商标的商品，构成犯罪的，除赔偿被侵权人的损失外，依法追究刑事责任。

（4）商标代理机构在办理商标事宜过程中，伪造、变造或者使用伪造、变造的法律文件、印章、签名，或以诋毁其他商标代理机构等手段招徕商标代理业务或者以其他不正当手段扰乱商标代理市场秩序，或者违反《商标法》第4条、第19条第3款和第4款规定，构成犯罪的，依法追究刑事责任。

第八节 驰 名 商 标

一、驰名商标制度的历史渊源

（一）巴黎公约驰名商标制度的历史渊源

驰名商标制度是为了协调注册原则和使用原则两种法律制度而产生的。对未注册商标的保护，《巴黎公约》成员国经过多年讨论，1925年在海牙外交会议上达成对于公众知晓的未注册商标的保护。

《巴黎公约》第 6 条之二规定：联盟各国承诺，如本国法律允许，应依职权，或依有关当事人的请求，对商标注册国或使用国主管机关认为在该国已经属于有权享受该公约利益的人所有而驰名，并且用于相同或类似商品的商标构成复制、仿制或翻译，易于产生混淆的商标，拒绝或撤销其注册，并禁止其使用。在商标的主要部分构成对驰名商标的复制或仿制，易于产生混淆时，也应适用这些规定。自注册之日起至少 5 年的期间内，应允许提出取消这种商标注册的请求。联盟各国可以规定一个期间，在这期间内必须提出禁止使用的请求。对于依恶意取得注册或使用的商标所提出的撤销或禁止使用的请求，不应规定时间限制。

（二）TRIPS 驰名商标制度的渊源

1994 年 TRIPS 第 16 条规定将《巴黎公约》只对于商品商标的保护，扩大到服务商标。对于注册驰名商标的保护范围，可以扩大到非类似商品上相关联商品或服务，其前提是误导公众，致使权利人的利益可能受到损害。我国《商标法》第 13 条第 3 款，体现了上述精神。

（三）认定驰名商标参考因素的渊源

我国《商标法》第 14 条"认定驰名商标应当考虑的因素"是参考保护工业产权巴黎联盟大会和世界知识产权组织大会《关于驰名商标保护规定的联合建议》及《注释》（以下分别简称《联合建议》《注释》）而来的。

二、驰名商标保护制度的概念

（一）驰名商标概念

"驰名商标"（well-known mark）是指"为相关公众熟知的商标"。全国人民代表大会法制工作委员会释义中说，"认定商标是否驰名，主要应当考虑其在相关公众中的知晓程度，而非所有公众中的知晓程度。这是因为，不同商品或者服务的受众差别较大，例如，生活消费品上使用的商标，应当要求其在广大消费者中驰名；但如果要求仅在特定行业（例如精密机械制造）中使用的商标也在全体消费者中驰名，则失之过严，这些商标只要在该行业中众所周知，即可认定为驰名商标。"

根据《联合建议》的解释，驰名商标就是已为相关公众知晓或者熟知的未注册商标。"well-known"即知晓程度高之意。认定驰名商标实质上是认定商标的知晓程度，知晓程度的高低决定对该商标保护的范围或者力度的大小。

"well-known trademark"的中文曾被译为"世（人）所共知"商标，20 世纪 70 年代翻译为"驰名商标"之后，造成了很大的误解。我国台湾地区 1983 年"商标法"称之为"著名标章"。

（二）驰名商标保护制度的立法宗旨

《联合建议》及《注释》明确阐述了保护驰名商标制度的宗旨——制止任何人未经许可以假冒驰名商标真正所有人的商品或服务或将权利卖给驰名商标所有人为目的，使用或注册该驰名商标。

这说明保护驰名商标制度完全是反对抢注和傍名牌的禁止性规定。当未注册商标被人复制、摹仿、翻译拿去申请注册或者被人傍名牌使用时，相关公众知晓或者相关公众熟知的未注册商标权利人提出请求保护。商标管理机关或者司法机关立案后，在审查认定其知晓程度是否符合相关公众知晓或者相关公众熟知商标的标准。认定合乎保护条件的，予以驰名商标保护。对于复制、摹仿、翻译者"不予注册，禁止使用"，仅仅是恢复原状。

（三）驰名商标保护制度的原则

《商标法》第14条第4款规定，驰名商标应当根据当事人的请求，作为处理涉及商标案件需要认定的事实进行认定。驰名商标制度是被动保护制度，只有当不正当行为出现，根据当事人的请求，作为处理涉及商标案件需要认定的事实时，才启动保护程序。

驰名商标保护实行个案有效或者个案处理原则，即驰名商标的认定和保护只对于个案有效。在每个案件中认定某商标符合驰名商标的保护条件和具体案情是不同的，则其保护范围和程度也不同，因此驰名商标的认定和处理不能针对第三者。在处理具体案件时，只能以该案的事实、证据，个案认定其知晓程度是否符合相关公众知晓或者相关公众熟知的情况。

（四）保护驰名商标制度的性质

保护驰名商标制度实质上是反不正当竞争，将不公平的竞争秩序恢复到原状。

三、驰名商标的认定

（一）程序的启动

《商标法》第13条规定，为相关公众所熟知的商标，持有人认为其权利受到侵害时，可以依照该法规定请求驰名商标保护。就相同或者类似商品申请注册的商标是复制、摹仿或者翻译他人未在中国注册的驰名商标，容易导致混淆的，不予注册并禁止使用。就不相同或者不相类似商品申请注册的商标是复制、摹仿或者翻译他人已经在中国注册的驰名商标，误导公众，致使该驰名商标注册人的利益可能受到损害的，不予注册并禁止使用。

依据《商标法》规定，上述复制、摹仿、翻译而来的商标被初步审定公告的，原商标持有人（或者注册人）利用异议程序规定，向商标局提出异议；被注册的，原商标持有人（或者注册人）利用无效审定程序，向商标评审委员会申请注册无效。当事人不服的，可依照规定程序，向人民法院起诉。

在商标注册审查、市场监督管理部门查处商标违法案件过程中，当事人依照《商标法》第13条规定主张权利的，商标局根据审查、处理案件的需要，可以对商标驰名情况作出认定。

在商标争议处理过程中，当事人依照《商标法》第13条规定主张权利的，商标评审委员会根据处理案件的需要，可以对商标驰名情况作出认定。

在商标民事、行政案件审理过程中，当事人依照《商标法》第13条规定主张权利的，人民法院根据审理案件的需要，可以对商标驰名情况作出认定。

（二）认定驰名事实

商标驰名事实认定，是指被复制、摹仿、翻译的商标是否为相关公众所知晓（熟知），是客观存在的事实状态，主张权利的当事人应当向商标局、商标评审委员会、法院提供证据。认定机关对商标驰名情况作出的认定，是对这种事实状态的确认（而非对商标持有人授权"中国驰名商标"称号）。商标本身达到驰名商标保护条件，复制、摹仿、翻译商标则依法不予注册（或者无效）并禁止使用。

（三）认定驰名情况的参考因素

关于认定驰名情况需要考虑的因素，我国《商标法》第14条第1款根据《联合建议》规定了五项：

（1）相关公众对该商标的知晓程度；

（2）该商标使用的持续时间；

（3）该商标的任何宣传工作的持续时间、程度和地理范围；

（4）该商标作为驰名商标受保护的记录；

（5）该商标驰名的其他因素。

商标持有人依照《商标法》第13条规定请求驰名商标保护的，应当提交其商标构成驰名商标的证据材料。商标局、商标评审委员会应当依照《商标法》第14条的规定，根据审查、处理案件的需要以及当事人提交的证据材料，对其商标驰名情况作出认定。

在认定商标是否驰名时，对能据以推断该商标是否驰名的任何因素（包括但不限于上述列出的因素），主管机关均应予以考虑。以上列举的标准因素是用以帮助主管机关认定商标是否驰名的指导性因素，而非作出认定的前提条件。更确切地说，在个案中，驰名商标的认定取决于该案例的特殊情况：可能以上因素都相关，也可能仅部分因素相关，甚至可能一个因素也不相关，而据以作出认定的是列举之外的其他因素——此种其他因素，可能会单独地或与列举的一或多个因素一起，具有相关性。

四、对驰名商标的特别保护

《商标法》第13条规定，为相关公众所熟知的商标，持有人认为其权利受到侵害时，可以依照该法规定请求驰名商标保护。就相同或者类似商品申请注册的商标是复制、摹仿或者翻译他人未在中国注册的驰名商标，容易导致混淆的，不予注册并禁止使用。就不相同或者不相类似商品申请注册的商标是复制、摹仿或者翻译他人已经在中国注册的驰名商标，误导公众，致使该驰名商标注册人的利益可能受到损害的，不予注册并禁止使用。

《商标法》第45条中规定，已经注册的商标，违反该法第13条第2款和第3款的，自商标注册之日起5年内，在先权利人或者利害关系人可以请求商标评审委员会宣告该注册商标无效。对恶意注册的，驰名商标所有人不受5年的时间限制。

《商标法》第58条规定，将他人注册商标、未注册的驰名商标作为企业名称中的字号使用，误导公众，构成不正当竞争行为的，依照《反不正当竞争法》处理。

五、禁止将"驰名商标"用于广告宣传

（一）驰名商标保护制度的异化

驰名商标制度在执行中某种程度上异化成了表彰性制度。我国《商标法》在2013年修订时增加了"禁止驰名商标用于广告宣传"的规定，就是要解决驰名商标的异化问题。

（二）禁止用"驰名商标"做广告

《商标法》规定，生产、经营者不得将"驰名商标"用于商品、商品包装或者容器上，或者用于广告宣传、展览以及其他商业活动中。违者由地方市场监督管理部门责令改正，处10万元罚款。

第三章　反不正当竞争法

【提要】 本章主要涉及《反不正当竞争法》、《最高人民法院关于审理不正当竞争民事案件应用法律若干问题的解释》（以下简称《反不正当竞争司法解释》）的规定。第一节讲述《反不正当竞争法》的适用范围和基本原则，第二节讲述《反不正当竞争法》所保护的一类重要客体，即商业秘密及其保护的问题。

《反不正当竞争法》是规范市场竞争关系、保障公平竞争的一项基本法律，可在知识产权法提供的保护之外，为知识产权人提供附加或者兜底的保护。因此，在规制与知识产权有关的不正当竞争行为方面，《反不正当竞争法》和知识产权法的关系是一般法与特殊法的关系。凡是知识产权法已经规范的侵权行为，应当直接适用知识产权法的规定处理；只有对那些缺乏特别法规范的行为，才需要依据《反不正当竞争法》进行处理。

第一节　反不正当竞争法的适用范围和基本原则

一、反不正当竞争法的适用范围

我国实行社会主义市场经济。市场经济最根本的规律是价值规律。在市场环境下，市场主体为了角逐市场、追求自身利益的最大化，必然进行竞争，而价值规律正是通过竞争机制的运作来发挥其作用的。市场经济呼唤体面的、合法的、正当的竞争，即公平竞争。公平竞争有利于促进市场的活力，有利于消费者的利益。因此，为促进社会主义市场经济健康发展，国家鼓励和保护公平竞争，制止不正当竞争行为，保护经营者和消费者的合法权益。这是我国《反不正当竞争法》的立法宗旨。

（一）不正当竞争行为的概念和种类

1. 不正当竞争行为的概念

《反不正当竞争法》第2条规定："经营者在生产经营活动中，应当遵循自愿、平等、公平、诚信的原则，遵守法律和商业道德。本法所称的不正当竞争行为，是指经营者在生产经营活动中，违反本法规定，扰乱市场竞争秩序，损害其他经营者或者消费者的合法权益的行为。本法所称的经营者，是指从事商品生产、经营或者提供服务（以下所称商品包括服务）的自然人、法人和非法人组织。"

根据上述规定，不正当竞争行为的主体是"经营者"，即从事商品生产、经营或者提供服务的自然人、法人和非法人组织。不正当竞争行为的表现形式，是经营者在生产经营活动中实施了违反"违反本法规定，扰乱市场竞争秩序"的行为。其中"本法规定"，既包括《反不正当竞争法》第2条关于竞争原则和不正当竞争行为的定义（一般条款）的规定，也包括第二章第6～12条关于各种不正当竞争行为的具体规定。不正当竞争行为的后果，是"损害了其他经营者或者消费者的合法权益"。经营者实施的损害消费者的合法权益但不涉及竞争关系、竞争秩序的行为，不属于不正当竞争行为。❶

---

❶　王瑞贺. 中华人民共和国反不正当竞争法释义［M］. 北京：法律出版社，2018：7.

不正当竞争为有关国际公约和各国竞争法律所规制。《巴黎公约》是反不正当竞争国际保护的主要规范，早在1900年就将反不正当竞争列入其保护范围。《巴黎公约》第10条之二对不正当竞争作出规定："（一）本同盟成员国必须对各该国国民保证予以取缔不正当竞争的有效保护。（二）凡在工商业活动中违反诚实经营的竞争行为即构成不正当竞争的行为。（三）特别禁止下列情况：（1）采用任何手段对竞争对方的企业、商品或工商业活动造成混淆的一切行为；（2）在经营商业中利用谎言损害竞争对方的企业、商品或工商业活动的信誉的；（3）在经营商业中使用会使公众对商品的性质、制造方法、特点、使用目的或数量发生混淆的表示或说法。"该条"特别禁止"的不正当竞争行为，即为我国《反不正当竞争法》第6条、第11条、第8条规定的混淆行为、商业诋毁行为、虚假宣传行为。

TRIPS第7节第39条对商业秘密保护作出规定："在保证针对《巴黎公约》（1967）第10条之二规定的不公平竞争而采取有效保护的过程中，各成员应依照第2款对未披露信息和依照第3款提交政府或政府机构的数据进行保护。自然人和法人应有可能防止其合法控制的信息在未经其同意的情况下以违反诚实商业行为的方式向他人披露，或被他人取得或使用"，"只要此类信息：（a）属秘密，即作为一个整体或就其各部分的精确排列和组合而言，该信息尚不为通常处理所涉信息范围内的人所普遍知道，或不易被他们获得；（b）因属秘密而具有商业价值；并且（c）由该信息的合法控制人，在此种情况下采取合理的步骤以保持其秘密性质。"该条除明确了商业秘密的三个构成要件外，还对"违反诚实商业行为的方式"（即不正当方式）作出解释。

2. 不正当竞争行为的种类

我国《反不正当竞争法》对不正当竞争行为采取了概括加列举式的立法模式。该法第2条对不正当竞争行为作出了概括性规定，而第二章第6～12条则列举了7种典型不正当竞争行为。《反不正当竞争法》具体规定的7种不正当竞争行为如下。

（1）混淆行为

《反不正当竞争法》第6条规定："经营者不得实施下列混淆行为，引人误认为是他人商品或者与他人存在特定联系：（一）擅自使用与他人有一定影响的商品名称、包装、装潢等相同或者近似的标识；（二）擅自使用他人有一定影响的企业名称（包括简称、字号等）、社会组织名称（包括简称等）、姓名（包括笔名、艺名、译名等）；（三）擅自使用他人有一定影响的域名主体部分、网站名称、网页等；（四）其他足以引人误认为是他人商品或者与他人存在特定联系的混淆行为。"

根据上述规定，实施混淆行为的主体是"经营者"。混淆行为的对象是"有一定影响"的标识。该条中的"标识"主要包括三类：①商品标识，即商品名称、包装、装潢等；②主体标识，即企业名称（包括简称、字号等）、社会组织名称（包括简称等）、姓名（包括笔名、艺名、译名等）；③网络活动中的特定标识，即域名主体部分、网站名称、网页等。此外，该条还设置了兜底条款，以适应实践发展的需要，规范可能出现的新混淆行为。作为被混淆对象的标识，并不要求必须是商业标识，但必须在相关领域"有一定影响"。2007年2月1日施行的《反不正当竞争司法解释》第4条第1款规定："足以使相关公众对商品的来源产生误认，包括误认为与知名商品的经营者具有许可使用、关联企业关系等特定联系的，应当认定为反不正当竞争法第五条第（二）项规定的'造成和他人的知名商品相混淆，使购买者误认为是该知名商品'。"《反不正当竞争法》2017年修订后，删除关于"知名商品"的规定，将混淆对象限定为"有一定影响的"标识。

混淆行为实施方式是"擅自使用"。"擅自使用"，是指未经权利人允许的使用，包括但不限于以相同或者近似的方式使用。擅自使用，意味着经营者的主观状态是"故意"。相较而言，《巴黎公约》第 10 条之二中对混淆行为的规定"禁止采用任何手段对竞争对方的企业、商品或工商业活动造成混淆的一切行为"，以及 WIPO 的相应解释"任何商业标识，对来源或出处产生或者可能产生混淆的任何行为常常构成不正当竞争行为"，都没有明确"故意"为混淆行为的构成要件，同时也没有将混淆对象限定于"有一定影响的"标识。

混淆行为的结果和判断标准是"足以引人误认为是他人商品或者与他人存在特定联系"。其中"足以"表达了对于"引人误认为"程度上的要求，即需要达到较高盖然性的程度。混淆结果包括两种情形：①商品来源混淆，即使相关公众将经营者的商品误认为是被混淆对象的商品。商品来源混淆是最常见、最基本的混淆形式。②特定联系混淆，即使相关公众误认为经营者与被混淆对象存在特定联系，比如关联关系（包括母子公司关系、连锁关系等）、许可关系等。

（2）商业贿赂行为

《反不正当竞争法》第 7 条规定："经营者不得采用财物或者其他手段贿赂下列单位或者个人，以谋取交易机会或者竞争优势：（一）交易相对方的工作人员；（二）受交易相对方委托办理相关事务的单位或者个人；（三）利用职权或者影响力影响交易的单位或者个人。经营者在交易活动中，可以以明示方式向交易相对方支付折扣，或者向中间人支付佣金。经营者向交易相对方支付折扣、向中间人支付佣金的，应当如实入账。接受折扣、佣金的经营者也应当如实入账。经营者的工作人员进行贿赂的，应当认定为经营者的行为；但是，经营者有证据证明该工作人员的行为与为经营者谋取交易机会或者竞争优势无关的除外。"

根据上述规定，商业贿赂行为的主体是经营者。经营者的工作人员进行贿赂的，应当认定为经营者的行为；但是经营者有证据证明该工作人员的行为与为经营者谋取交易机会或者竞争优势无关的除外。

商业贿赂的对象是"下列单位或者个人"：交易相对方的工作人员、受交易相对方委托办理相关事务的单位或者个人，以及利用职权或者影响力影响交易的单位或者个人。显然，商业贿赂的对象范围广泛，并不限于交易相对方及工作人员。

商业贿赂的目的是"谋取交易机会或者竞争优势"。谋取交易机会是指经营者通过商业贿赂，取得或者增加与交易相对方达成交易的可能性，既包括完成交易事项的可能性，也包括达成交易意向的可能性。谋取竞争优势是指经营者通过商业贿赂，取得相对于其竞争者（包括直接竞争者和潜在竞争者）的优势地位，竞争优势的表现形式既可以是促成行贿人的特定交易，也可以是阻碍其竞争者的特定交易，还可以是在特定领域形成行贿人的排他权、优先权、市场优势地位等。❶

商业贿赂的手段是"财物或者其他手段"，不限于财物，只要对受贿者有价值都可以作为贿赂手段。在实践中存在折扣和佣金的商业惯例，折扣是经营者在销售商品时给予价格优惠，佣金是指中间人在商业活动中因代买、代卖或者介绍买卖而收取的劳务报酬。❷ 该条规定，经营者在交易活动中，可以向交易相对方支付折扣或者向中间人支付佣金，但须以明示方式进行，且如实入账。合法的折扣和佣金必须满足"明示方式""如实入账"两个条件，才能和商业贿赂行为区分。

（3）虚假宣传行为

《反不正当竞争法》第 8 条规定："经营者不得对其商品的性能、功能、质量、销售状况、用

---

❶　王瑞贺. 中华人民共和国反不正当竞争法释义［M］. 北京：法律出版社，2018：20.

❷　王瑞贺. 中华人民共和国反不正当竞争法释义［M］. 北京：法律出版社，2018：22.

户评价、曾获荣誉等作虚假或者引人误解的商业宣传，欺骗、误导消费者。经营者不得通过组织虚假交易等方式，帮助其他经营者进行虚假或者引人误解的商业宣传。"

根据上述规定，虚假宣传行为的主体是经营者。第 2 款关于"经营者不得通过组织虚假交易等方式，帮助其他经营者进行虚假或者引人误解的商业宣传"的规定，规制的是有帮助行为的特定经营者，即组织者。

虚假宣传行为的对象是"商品的性能、功能、质量、销售状况、用户评价、曾获荣誉"等经营者的商品或者服务的相关信息，用"等"字兜底，以保证虚假宣传对象的广泛性。

虚假宣传行为的形式是"虚假或者引人误解的商业宣传"。虚假，是指商业宣传内容与实际情况不符。引人误解，是指商业宣传的表述含糊不清、有多重语义，或者仅陈述了部分事实，让人引发错误联想。禁止虚假宣传行为规范的是经营者的"商业宣传"，但商业广告除外。依据《反不正当竞争法》第 20 条第 2 款规定，经营者发布虚假广告的，应依照《广告法》的规定处罚。

虚假宣传的效果是"欺骗、误导消费者"。这里的"消费者"，既包括实际消费者，也包括潜在消费者；"欺骗、误导"既包括欺骗、误导消费者的实际后果，也包括欺骗、误导消费者的可能性。

虚假宣传也是国际条约明确禁止的不正当竞争行为。《巴黎公约》第 10 条之二中规定："在经营商业中使用会使公众对商品的性质、制造方法、特点、使用目的或数量发生误解的表示或说法"属于特别禁止的情形。WIPO 对此的相应解释是：凡在工商业活动中对企业或其活动，尤其对由此种企业所提供的产品或服务，作出的误导或可能误导公众的行为或做法，应构成不正当竞争的行为。

（4）侵犯商业秘密行为

《反不正当竞争法》第 9 条规定："经营者不得实施下列侵犯商业秘密的行为：（一）以盗窃、贿赂、欺诈、胁迫、电子侵入或者其他不正当手段获取权利人的商业秘密；（二）披露、使用或者允许他人使用以前项手段获取的权利人的商业秘密；（三）违反保密义务或者违反权利人有关保守商业秘密的要求，披露、使用或者允许他人使用其所掌握的商业秘密；（四）教唆、引诱、帮助他人违反保密义务或者违反权利人有关保守商业秘密的要求，获取、披露、使用或者允许他人使用权利人的商业秘密。经营者以外的其他自然人、法人和非法人组织实施前款所列违法行为的，视为侵犯商业秘密。第三人明知或者应知商业秘密权利人的员工、前员工或者其他单位、个人实施本条第一款所列违法行为，仍获取、披露、使用或者允许他人使用该商业秘密的，视为侵犯商业秘密。本法所称的商业秘密，是指不为公众所知悉、具有商业价值并经权利人采取相应保密措施的技术信息、经营信息等商业信息。"

关于侵犯商业秘密行为的内容，详见本章第二节。

（5）违法有奖销售行为

《反不正当竞争法》第 10 条规定："经营者进行有奖销售不得存在下列情形：（一）所设奖的种类、兑奖条件、奖金金额或者奖品等有奖销售信息不明确，影响兑奖；（二）采用谎称有奖或者故意让内定人员中奖的欺骗方式进行有奖销售；（三）抽奖式的有奖销售，最高奖的金额超过五万元。"

"有奖销售"，是指经营者销售商品或者提供服务，附带性地向购买者提供物品、金钱或者其他经济上的利益的行为。❶ 有奖销售是常用的市场销售手段，但是以下情形属于不正当竞争行为：有奖销售信息不明确，影响兑奖的；采用欺骗方式的；抽奖的最高奖金额超过5万元的。

（6）商业诋毁行为

《反不正当竞争法》第11条规定："经营者不得编造、传播虚假信息或者误导性信息，损害竞争对手的商业信誉、商品声誉。"

商业诋毁的主体是经营者，对象是经营者的竞争对手。竞争对手包括：生产、销售相同或相似商品或服务的经营者；生产、销售的商品或者服务虽然不相同、不相似，但具备相似功能、可以相互替代的经营者；存在争夺消费者注意力、购买力等商业利益冲突的经营者。

商业诋毁的方式是"经营者编造、传播虚假信息或者误导性信息。"未经传播的虚假信息或者误导性信息不会对竞争产生影响，故"传播"是虚假信息或者误导性信息对竞争产生影响的必要环节。商业诋毁的后果是"损害竞争对手的商业信誉、商品声誉"。"商业信誉""商品声誉"是经营者及其提供的商品（包含服务）所得到的社会评价。"损害"，既包括个体损害，也包括群体损害；既包括实际损害，也包括损害可能性。❷

《巴黎公约》第10条之二中规定："在经营商业中利用谎言损害竞争对方的企业、商品或工商业活动的信誉"的，应当特别禁止。世界知识产权组织的相应解释为：在工商业活动中，任何虚假的或者不合理的说法，损害或者可能损害其他企业或者其活动的信誉，特别是损害此类企业提供的商品或者服务的信誉的，构成不正当竞争行为。

（7）网络领域不正当竞争行为

《反不正当竞争法》第12条规定："经营者利用网络从事生产经营活动，应当遵守本法的各项规定。经营者不得利用技术手段，通过影响用户选择或者其他方式，实施下列妨碍、破坏其他经营者合法提供的网络产品或者服务正常运行的行为：（一）未经其他经营者同意，在其合法提供的网络产品或者服务中，插入链接、强制进行目标跳转；（二）误导、欺骗、强迫用户修改、关闭、卸载其他经营者合法提供的网络产品或者服务；（三）恶意对其他经营者合法提供的网络产品或者服务实施不兼容；（四）其他妨碍、破坏其他经营者合法提供的网络产品或者服务正常运行的行为。"

网络并非法外之地，故该条第1款概括性强调"经营者利用网络从事生产经营活动，应当遵守本法的各项规定"。"本法的各项规定"，既包括《反不正当竞争法》第2条的总则性规定、第6～11条关于传统不正当竞争行为的规定，也包括该条第2款针对网络领域特有的、利用技术手段实施的不正当竞争行为的规定。该条第2款除列举三种网络领域不正当竞争行为之外，还规定了兜底条款"其他妨碍、破坏其他经营者合法提供的网络产品或者服务正常运行的行为"。

需要说明一点，《反不正当竞争法》在2017年修订后，保留了关于混淆、商业贿赂、虚假宣传、侵犯商业秘密、不当有奖销售和商业诋毁6种不正当竞争行为的规定，增加了关于网络领域不正当竞争行为的规定，而删除了关于"具有独占地位的经营者排除、限制竞争""行政机关滥用行政权力排除、限制竞争""经营者以排挤竞争对手为目的的倾销商品""经营者违背购买者意愿附加不合理交易条件""串通投标"等禁止排除、限制竞争的规定，实现了《反不正当竞争法》与《中华人民共和国反垄断法》（以下简称《反垄断法》）的真正分立。《反不正当竞争法》旨在维护公平竞争，《反垄断法》旨在维护自由竞争，两者既有共性，又有差异。

---

❶ 王瑞贺. 中华人民共和国反不正当竞争法释义 [M]. 北京：法律出版社，2018：35.
❷ 王瑞贺. 中华人民共和国反不正当竞争法释义 [M]. 北京：法律出版社，2018：40-41.

（8）违反一般条款的不正当竞争行为

经营者虽然未从事上述列举的 7 种行为，但是在生产经营中违反了《反不正当竞争法》第 2 条一般条款的规定，即违反了自愿、平等、公平、诚信的原则，违背了法律或商业道德，扰乱了市场竞争秩序，损害了其他经营者或者消费者的合法权益的，同样构成不正当竞争。《最高人民法院关于当前经济形势下知识产权审判服务大局若干问题的意见》中强调，对于其未作特别规定的竞争行为，只有按照公认的商业标准和普遍认识能够认定违反原则规定时，才可以认定构成不正当竞争行为，防止因不恰当地扩大不正当竞争范围而妨碍自由、公平竞争。最高人民法院在"山东省食品进出口公司、山东山孚集团有限公司等与青岛圣克达诚贸易有限公司、马达庆不正当竞争纠纷案"中指出，适用《反不正当竞争法》第 2 条认定构成不正当竞争应当同时具备以下条件：一是法律对该种竞争行为未作出特别规定，二是其他经营者的合法权益确因该竞争行为而受到了实际损害，三是该种竞争行为因确属违反诚实信用原则和公认的商业道德而具有不正当性或者说可责性。❶

（二）经营者的概念

市场的主体是经营者，从事不正当竞争的主体亦是经营者。《反不正当竞争法》所规定的经营者，是指从事商品生产、经营或者提供服务的自然人、法人和非法人组织。经营者是独立参与市场活动的各类主体：从主体性质上看，经营者包括自然人、法人和非法人组织；从营业性质上看，经营者包括生产者、经销者和服务提供者。

二、反不正当竞争法的基本原则

《反不正当竞争法》的基本原则是指经营者在生产经营行为中必须遵循的竞争准则。《反不正当竞争法》第 2 条第 1 款规定："经营者在生产经营活动中，应当遵循自愿、平等、公平、诚信的原则，遵守法律和商业道德。"上述基本原则既是民法基本原则在生产经营领域的体现，也反映了商品经济社会对经营者的必然要求，是衡量一切生产经营行为的道德标准，也是判定其竞争行为正当与否的法律准则。

（一）自愿原则

自愿原则，是指经营者能够根据自己内心的真实意愿来参与特定的生产经营活动，设立、变更和终止特定的法律关系。自愿原则之所以被《反不正当竞争法》作为基本原则规定下来，在于自愿原则是包括生产经营在内的一切民事活动的主要前提。

自愿原则包括三层含义：一是经营者可以自主决定是否参与某一生产经营活动，这是经营者的权利和自由，他人无权干预；二是经营者可以根据自己的意愿自主地选择交易对象、交易内容和交易条件以及终止或变更交易的条件；三是经营者之间的交易关系反映了双方真实的意思表示。因此，只要进行的生产经营活动不违反法律规定，其他任何机关、团体、个人等第三方都不能干涉。以欺诈、强迫、威胁等方式违背交易主体意志的不正当竞争行为，都与《反不正当竞争法》的自愿原则相背离。

自愿原则要求经营者尊重交易相对方按照自己的意思行事的权利，不得采取不正当手段迫使交易相对方接受违背自己意愿的交易。❷

---

❶ 参见最高人民法院（2009）民申字第 1065 号民事裁定书。

❷ 王瑞贺. 中华人民共和国反不正当竞争法释义［M］. 北京：法律出版社，2018：5.

（二）平等原则

平等原则，是指任何参与生产经营活动的经营者的法律地位平等，享有平等的权利能力，在平等的基础上平等协商，任何一方都不得将自己的意志强加给对方。

平等原则与自愿原则一样，都是经营者主体性的体现，只有平等才有真正的自愿，而自愿往往是主体平等的表现。平等原则是指当事人之间在从事生产经营等民事活动中的法律地位平等。经营者一旦进入市场，不论其规模大小、所有制形式如何，在法律上都应该是平等的。

平等原则要求经营者尊重交易相对方的平等地位，在平等协商的基础上达成交易条款，不得利用自己的优势地位施加不当压力。❶

（三）公平原则

公平原则，是指在生产经营中应当公平合理、权利义务相一致。公平原则强调在市场经济中，对任何经营者都只能以生产经营规则为准则，公平合理地对待，任何人既不享有特权，也不承担任何不公平的义务。

《反不正当竞争法》的公平原则主要有两个方面的含义：第一，交易条件的公平。交易条件应该是真实的并且交易机会是对等的，反对任何采取非法的或不道德的手段获取竞争优势的行为。第二，交易结果的公平。交易双方交易以后对权利和义务的设定大致相当，不能显失公平，更不能一方只享有权利，另一方只承担义务。形成这种不公平的结果，往往是由于无自愿可谈，至多也只是形式上的自愿，因此就没有公平。

公平原则要求经营者公正、平允地确定自身及交易相对方的权利、义务和责任。❷

（四）诚信原则

诚信原则，是指经营者在经营活动中，应当以诚待人，恪守信用，不得弄虚作假、为所欲为。在市场经济活动中，凡是正当经营的经营者，必然是诚实的、讲信用的；凡是不正当竞争的行为，必然违反诚信原则。

（五）遵守法律和商业道德原则

遵守法律，要求经营者尊法、信法、守法，依法从事生产经营活动，依法维护自身的合法权益。

遵守商业道德，是《反不正当竞争法》规定的一项特定原则，它要求经营者应当遵守市场经济的商业道德进行经营运作。商业道德，是指在长期的生产经营活动中形成的，为社会所普遍承认和遵守的商业行为准则，是以公平和诚实信用等观念为基础而发展起来的具体商业惯例。任何违反商业道德、约定俗成的行业规则和国际惯例的行为都会导致侵害社会公共利益和社会经济秩序的结果。尽管《反不正当竞争法》立法吸收了一些重要的商业惯例，使之成为法律规范，但有限的法律条文不可能涵盖商业道德的全部内容，"遵守商业道德"原则对于发挥市场自身的调节功能、弥补制定法的不足具有重要意义。

第二节　商业秘密及其保护

《反不正当竞争法》2019年修正时，对商业秘密的概念、侵犯商业秘密的主体、行为类型、举证责任分配以及法律责任等方面的规定作出了重要修改。主要涉及《反不正当竞争法》第9

---

❶❷ 王瑞贺. 中华人民共和国反不正当竞争法释义［M］. 北京：法律出版社，2018：5.

条、第 17 条和第 32 条。

一、商业秘密的概念

《反不正当竞争法》第 9 条规定："经营者不得实施下列侵犯商业秘密的行为：（一）以盗窃、贿赂、欺诈、胁迫、电子侵入或者其他不正当手段获取权利人的商业秘密；（二）披露、使用或者允许他人使用以前项手段获取的权利人的商业秘密；（三）违反保密义务或者违反权利人有关保守商业秘密的要求，披露、使用或者允许他人使用其所掌握的商业秘密；（四）教唆、引诱、帮助他人违反保密义务或者违反权利人有关保守商业秘密的要求，获取、披露、使用或者允许他人使用权利人的商业秘密。经营者以外的其他自然人、法人和非法人组织实施前款所列违法行为的，视为侵犯商业秘密。第三人明知或者应知商业秘密权利人的员工、前员工或者其他单位、个人实施本条第一款所列违法行为，仍获取、披露、使用或者允许他人使用该商业秘密的，视为侵犯商业秘密。本法所称的商业秘密，是指不为公众所知悉、具有商业价值并经权利人采取相应保密措施的技术信息、经营信息等商业信息。"

依据上述规定，商业秘密，是指不为公众所知悉、具有商业价值并经权利人采取相应保密措施的技术信息、经营信息等商业信息。"技术信息"包括设计方案（含草图）、试验记录、制作工艺、制作方法、产品配方、操作手法、控制程序等。"经营信息"包括客户信息、货源情报、产销策略、招投标中的标底及标书内容等。其中"客户信息"，一般是指客户的名称、地址、联系方式以及交易的记录、习惯、意向、内容等构成的区别于相关公知信息的特殊客户信息，包括汇集众多客户的客户名册，以及保持长期稳定交易关系的特定客户。

以前的立法将商业秘密定义为"不为公众所知悉、具有商业价值并经权利人采取相应保密措施的技术信息、经营信息"，即商业秘密仅限于技术信息与经营信息两大类。虽然技术信息与经营信息基本涵盖了商业活动中的大部分信息，但不能排除技术信息与经营信息之外的商业信息存在。2019 年修法，在商业秘密的定义中增加了"等商业信息"的兜底性规定，将符合规定的技术信息或者经营信息之外的商业信息纳入商业秘密，扩大了商业秘密的保护范围。

另外从字面上看，"商业秘密""商业信息"均是偏正词组，本身为能够作为秘密保护的信息作出了限定，即该信息必须是来源于商业或者能够在商业中利用的信息，这就使得技术诀窍（know-how）可以受到保护，而将日常生活中的一些小窍门（show-how）排除在了保护范围之外。这一概念同样将商业秘密和其他具有法律保护正当性及必要性的秘密信息，如个人秘密（隐私）、审判机密等区分开来。

商业秘密保护的重要性亦为相关知识产权国际公约所明确。TRIPS 第 7 节规定了"未公开信息的保护"（The Protection of Undisclosed Information）。该节所称的未公开信息，主要是指商业秘密。TRIPS 第 7 节第 39 条规定："自然人和法人应有可能防止其合法控制的信息在未经其同意的情况下以违反诚实商业行为的方式向他人披露，或被他人取得或使用"，"只要此类信息：（a）属秘密，即作为一个整体或就其各部分的精确排列和组合而言，该信息尚不为通常处理所涉信息范围内的人所普遍知道，或不易被他们获得；（b）因属秘密而具有商业价值；并且（c）由该信息的合法控制人，在此种情况下采取合理的步骤以保持其秘密性质。"

商业信息是否构成商业秘密，取决于是否具备以下三个要件。

（一）秘密性

秘密性，意指主张作为商业秘密保护的信息须"不为公众所知悉"。依据《反不正当竞争司法解释》第 9 条的规定，不为公众所知悉，是指有关信息不为其所属领域的相关人员普遍知悉和容易获得。如果具有下列情形之一的，可以认定有关信息不构成不为公众所知悉：

（1）该信息为其所属技术或者经济领域的人的一般常识或者行业惯例；

（2）该信息仅涉及产品的尺寸、结构、材料、部件的简单组合等内容，进入市场后相关公众通过观察产品即可直接获得；

（3）该信息已经在公开出版物或者其他媒体上公开披露；

（4）该信息已通过公开的报告会、展览等方式公开；

（5）该信息从其他公开渠道可以获得；

（6）该信息无须付出一定的代价而容易获得。

（二）商业价值性

商业价值性，意为主张作为商业秘密保护的信息具有现实的或者潜在的商业价值，能为权利人带来竞争优势。竞争优势包含两方面的含义：一是财富的增加，如某一技术秘密使得其所有者的产品在市场上性能更优、价格更低；二是避免了财富的减少或浪费，如某些消极的信息或者失败的信息，即通过某种方式、方法做某事一定不会成功的信息，可以避免资金的浪费。

（三）保密性

保密性，即权利人对该信息采取了保密措施。依据《反不正当竞争司法解释》第11条的规定，保密措施，是指权利人为防止信息泄露所采取的与其商业价值等具体情况相适应的合理保护措施。在发生纠纷时，人民法院或行政执法部门应当根据所涉信息载体的特性、权利人保密的意愿、保密措施的可识别程度、他人通过正当方式获得的难易程度等因素，认定权利人是否采取了相应的保密措施。具有下列情形之一，在正常情况下足以防止涉密信息泄露的，应当认定权利人采取了相应的保密措施：

（1）限定涉密信息的知悉范围，只对必须知悉的相关人员告知其内容；

（2）对于涉密信息载体采取加锁等防范措施；

（3）在涉密信息的载体上标有保密标志；

（4）对于涉密信息采用密码或者代码等；

（5）签订保密协议；

（6）对于涉密的机器、厂房、车间等场所限制来访者或者提出保密要求；

（7）确保信息秘密的其他合理措施。

二、商业秘密的保护

（一）侵犯商业秘密的主体

《反不正当竞争法》第9条中规定"经营者不得实施下列侵犯商业秘密的行为""经营者以外的其他自然人、法人和非法人组织实施前款所列违法行为的，视为侵犯商业秘密"。

根据上述规定，侵犯商业秘密的主体是经营者，但是经营者以外的其他自然人、法人和非法人组织实施前述所列违法行为的，视为侵犯商业秘密。

2017年《反不正当竞争法》的修订说明中曾明确指出：《反不正当竞争法》规范的主体是经营者，商业秘密权利人的员工、前员工不属于经营者，对于其侵犯商业秘密的行为，权利人可通过其他法律途径获得救济。2019年修法，则将经营者以外的其他自然人、法人和非法人组织明确纳入侵犯商业秘密责任主体的范围。这一修改有助于解决现实中员工跳槽引发的商业秘密纠纷。另外，《刑法》第219条规定的侵犯商业秘密罪并未将主体限定为经营者，此次修改实现了民事侵权主体和刑事犯罪主体的统一。

（二）侵犯商业秘密的行为

侵犯商业秘密行为，是指行为人采取不正当手段获取，或者违反保密协议，披露、使用或者允许别人使用权利人商业秘密的行为。我国《反不正当竞争法》第9条中规定了4种侵犯商业秘密行为。

1. 以盗窃、贿赂、欺诈、胁迫、电子侵入或者其他不正当手段获取权利人的商业秘密

此种侵权行为的实质在于经营者以不正当手段获取他人商业秘密。例如，盗窃是以非法占有为目的，采取破门而入、破坏信息所有者的物理保密措施（如保险柜），或者趁人不备获取、复制他人商业秘密的行为。利诱是以非法占有为目的，以给予利益或者许诺给予利益为手段，从有关人员处获取商业秘密。胁迫，是指通过暴力或以暴力、其他不利后果相威胁，迫使商业秘密的知悉者披露商业秘密等。2019年修法，在盗窃、贿赂、欺诈、胁迫等获取权利人商业秘密的传统不正当手段的基础上，适时增加了电子侵入侵权手段，扩大了侵犯商业秘密行为的范围。

2. 披露、使用或者允许他人使用以盗窃、贿赂、欺诈、胁迫、电子侵入或者其他不正当手段获取的权利人的商业秘密

非法获取他人的商业秘密通常并非侵权人的目的，非法使用，包括将非法获取的商业秘密进行披露、自己使用或者允许他人使用，方为其获取他人商业秘密的根本目的。披露商业秘密，是指将商业秘密向他人公开，包括三种情况：一是向特定人公开，尚未导致商业秘密的公开；二是向少部分人公开，如在公共场合谈论其获取的商业秘密，在此种情况下有可能导致商业秘密的公开；三是向社会公众公开，导致了商业秘密的彻底公开。

3. 违反保密义务或者违反权利人有关保守商业秘密的要求，披露、使用或者允许他人使用其所掌握的商业秘密

这一行为和上述两种行为的区别在于，经营者获取权利人商业秘密本身是合法的，但是经营者违反保密义务或者权利人的保密要求，披露、使用或者允许他人使用其所掌握的商业秘密，构成了侵犯商业秘密的行为。

2019年修法，将原法条中的"违反约定"修改为"违反保密义务"。违反约定，主要是从《合同法》的角度对负有保密义务者违反保密义务行为的一种法律评价，通常要求有明确的合同约定。如在雇主与雇员签订的保守商业秘密合同中明确规定雇员保守商业秘密的义务和范围，在此情况下，雇员仍违背该保密合同，披露、使用或者允许他人使用其所掌握的商业秘密的，其行为构成侵权。但生产经营中存在大量没有约定但应负有保密义务的情形：一种情形存在于雇主与雇员的关系上。为了生产经营之目的，雇主将商业秘密向雇员进行披露的，即使双方之间未签署保守商业秘密的协议，雇员在任职期间甚至在离职之后，仍对其掌握的商业秘密负有保密的义务，因为雇主向雇员披露商业秘密是一种有限定目的的许可，即许可其在雇佣期间为完成雇主交给的工作而使用。违背该限定目的的使用行为即构成违约，同样也构成侵权。另一种情形存在于具有特定商务关系的当事人之间。例如，出于商务合作、许可等目的，商业秘密权利人将其掌握的商业秘密向相对人进行披露，以方便其对双方之合作、许可进行评估，即使双方当事人没有签订书面的保守商业秘密协议书，以及双方因无法达成一致意见而未达成合作、许可的合同，接受信息披露者仍负有保守披露者商业秘密的义务。以前上述两种情形通过理解为默示的合同约定，才能适用商业秘密保护。2019年修法后，《反不正当竞争法》明确规定违反保密义务或者违反权利人有关保守商业秘密的要求披露、使用或者允许他人使用其所掌握的商业秘密的，均构成侵犯商业秘密行为，其中"保密义务"既包括约定义务，也包括法定义务，实质上进一步明确并扩大了打击商业秘密侵权行为的范围。

4. 教唆、引诱、帮助他人违反保密义务或者违反权利人有关保守商业秘密的要求，获取、披露、使用或者允许他人使用权利人的商业秘密

2019年修法，《反不正当竞争法》将教唆、引诱、帮助他人获取、披露、使用或者允许他人使用权利人商业秘密的行为也纳入到侵犯商业秘密的情形中，增加了侵犯商业秘密的行为种类，扩大了商业秘密的保护范围。

《反不正当竞争法》第9条中还规定："第三人明知或者应知商业秘密权利人的员工、前员工或者其他单位、个人实施本条第一款所列违法行为，仍获取、披露、使用或者允许他人使用该商业秘密的，视为侵犯商业秘密。"这是针对非法获取商业秘密者以及违反保守商业秘密义务者之外的第三人所规定的侵权行为，尤其是实践中商业秘密权利人的员工、前员工通过非法手段获取商业秘密后，有的经营者明知或者应知上述情况，仍将该商业秘密用于生产经营活动的问题，要求第三人对他人商业秘密的保护负有善意及谨慎的注意义务。在因雇员"跳槽"引发的商业秘密纠纷中，"跳槽"雇员的新雇主也往往成为被告。面对主动"跳槽"而来的应聘者，新雇主应保持一种警醒的态度，应主动了解该人员在原单位所承担的保密义务，并自觉予以尊重。否则，明知该人员承担原单位保密义务，并以获取有关商业秘密为目的而故意聘用的，将承担较大的法律风险。对于那些利诱该雇员"携密跳槽"的雇主而言，其实施的是第一种侵权行为，即其为他人商业秘密的不当获取者，而不是本项所称的第三人。

（三）侵犯商业秘密的抗辩事由

在侵犯商业秘密纠纷中，被控侵权行为人可以提出以下抗辩事由，主张自己的行为不构成对商业秘密的侵犯。

1. 权利人所主张的信息不构成商业秘密

如上文所述，商业秘密的构成有三个要件，被控侵权人只要证明权利人所主张的信息不具备其中的任一要件，则该信息便不构成商业秘密。实践中，被控侵权人经常提出的理由为主张保护的信息不具有秘密性，或权利人未对该信息采取相应的保密措施。

2. 信息不相同或实质上不相近似

如果商业秘密的主张者能够证明其信息构成了商业秘密，且被控侵权人实施了不正当地获取、披露、使用等行为，被控侵权人仍可以提出的抗辩事由为其所获取、披露或使用的信息与商业秘密主张者的信息不相同或者不构成实质性相似。

3. 没有采取不正当手段获取商业秘密主张者的商业秘密，或者对其商业秘密不负有保密义务

如果证据表明，被控侵权的信息确实与涉案商业秘密相同或实质性相似，若被控侵权者能够证明其并没有实施不正当的获取行为，也没有违反保守商业秘密的义务，则其行为不构成侵权。

4. 反向工程

反向工程，是指通过技术手段对从公开渠道取得的产品进行拆卸、测绘、分析等而获得该产品的有关技术信息。反向工程是被控侵权人主张其合法获得有关信息的抗辩理由。商业秘密权利人无权禁止他人从事相同信息的开发，任何人皆可以对通过合法渠道获得的产品进行反向工程，获得相关的信息。

5. 独立研发

独立开发，是指通过自己的开发、研究，获得相关技术信息的行为。如反向工程抗辩一样，独立研发也是主张合法获得有关信息的抗辩理由。但此抗辩理由成立的前提是参与研发的所有人在研发之前均没有接触、也不知悉他人的商业秘密。

（四）侵犯商业秘密的举证责任分配

《反不正当竞争司法解释》第 14 条规定："当事人指称他人侵犯其商业秘密的，应当对其拥有的商业秘密符合法定条件、对方当事人的信息与其商业秘密相同或者实质相同以及对方当事人采取不正当手段的事实负举证责任。其中，商业秘密符合法定条件的证据，包括商业秘密的载体、具体内容、商业价值和对该项商业秘密所采取的具体保密措施等。"

《反不正当竞争法》2019 年修正后，新增的第 32 条调整了商业秘密民事侵权案件司法实践中的举证规则："在侵犯商业秘密的民事审判程序中，商业秘密权利人提供初步证据，证明其已经对所主张的商业秘密采取保密措施，且合理表明商业秘密被侵犯，涉嫌侵权人应当证明权利人所主张的商业秘密不属于本法规定的商业秘密。商业秘密权利人提供初步证据合理表明商业秘密被侵犯，且提供以下证据之一的，涉嫌侵权人应当证明其不存在侵犯商业秘密的行为：（一）有证据表明涉嫌侵权人有渠道或者机会获取商业秘密，且其使用的信息与该商业秘密实质上相同；（二）有证据表明商业秘密已经被涉嫌侵权人披露、使用或者有被披露、使用的风险；（三）有其他证据表明商业秘密被涉嫌侵权人侵犯。"

该条规定明确，商业秘密权利人针对其侵权主张承担初步举证责任，涉嫌侵权人针对其不侵权抗辩亦负有提供证据加以证明的责任。这极大地降低了商业秘密侵权案件中权利人的举证责任，对实质地解决"举证难、维权难"问题具有重大意义。

（五）侵犯商业秘密的法律责任

《反不正当竞争法》第 17 条规定："经营者违反本法规定，给他人造成损害的，应当依法承担民事责任。经营者的合法权益受到不正当竞争行为损害的，可以向人民法院提起诉讼。因不正当竞争行为受到损害的经营者的赔偿数额，按照其因被侵权所受到的实际损失确定；实际损失难以计算的，按照侵权人因侵权所获得的利益确定。经营者恶意实施侵犯商业秘密行为，情节严重的，可以在按照上述方法确定数额的一倍以上五倍以下确定赔偿数额。赔偿数额还应当包括经营者为制止侵权行为所支付的合理开支。经营者违反本法第六条、第九条规定，权利人因被侵权所受到的实际损失、侵权人因侵权所获得的利益难以确定的，由人民法院根据侵权行为的情节判决给予权利人五百万元以下的赔偿。"

依照上述规定，经营者的商业秘密受到侵害的，可以向人民法院提起诉讼。在人民法院判决被告的行为构成侵犯商业秘密行为的情形下，被告应承担相应的民事责任。当然，被侵害的经营者也可申请县级以上监督检查部门对侵害商业秘密行为进行查处；监督检查部门亦可依职权对于侵犯商业秘密行为进行监督检查，在侵权成立的情形下，商业秘密侵权行为人应承担相应的行政责任。侵犯商业秘密行为情节严重构成犯罪的，侵权行为人将承担刑事责任。

1. 民事责任

侵犯商业秘密属于侵权行为，侵权行为人应承担停止侵害、赔偿损失的责任。

（1）停止侵害

在人民法院认定侵犯商业秘密成立，且在作出判决时侵犯商业秘密行为仍在继续，或者该行为虽然停止但有再次发生的可能时，应判决侵权行为人承担停止侵害的民事责任。《反不正当竞争司法解释》第 16 条规定："人民法院对于侵犯商业秘密行为判决停止侵害的民事责任时，停止侵害的时间一般持续到该项商业秘密已为公众知悉时为止。依据前款规定判决停止侵害的时间如果明显不合理的，可以在依法保护权利人该项商业秘密竞争优势的情况下，判决侵权人在一定期限或者范围内停止使用该项商业秘密。"

（2）损害赔偿

侵害商业秘密行为给权利人造成经济损害的，侵权人一般按照填平原则，承担损害赔偿的民事责任。因侵权行为导致商业秘密已为公众所知悉的，应当根据该项商业秘密的商业价值确定损害赔偿额。商业秘密的商业价值，根据其研究开发成本、实施该项商业秘密的收益、可得利益、可保持竞争优势的时间等因素确定。

损害赔偿额的计算方法，按照权利人因被侵权所受到的实际损失确定；实际损失难以计算的，按照侵权人因侵权所获得的利益确定；权利人因被侵权所受到的实际损失、侵权人因侵权所获得的利益难以确定的，由人民法院根据侵权行为的情节判决给予权利人500万元以下的法定赔偿。赔偿数额还应当包括权利人为制止侵权行为所支付的合理开支。

《反不正当竞争法》在2019年修正时增加了关于惩罚性赔偿的规定：经营者恶意实施侵犯商业秘密行为，情节严重的，可以在按照上述方法确定数额的1倍以上5倍以下确定赔偿数额。将侵犯商业秘密的案件适用惩罚性赔偿，进一步了加大商业秘密的保护力度。

2. 行政责任

《反不正当竞争法》第21条规定："经营者以及其他自然人、法人和非法人组织违反本法第九条规定侵犯商业秘密的，由监督检查部门责令停止违法行为，没收违法所得，处十万元以上一百万元以下的罚款；情节严重的，处五十万元以上五百万元以下的罚款。"

2019年修法，不但将责任主体从"经营者"扩大到"经营者以及其他自然人、法人和非法人组织"，而且增加了"没收违法所得"的处罚，以及将罚款上限分别从50万元、300万元提高到100万元、500万元。

当事人对监督检查部门作出的处罚决定不服的，可以依法申请行政复议或者提起行政诉讼。

3. 刑事责任

《反不正当竞争法》第31条规定，违反该法规定，构成犯罪的，依法追究刑事责任。我国《刑法》第219条规定，侵犯商业秘密行为，给商业秘密的权利人造成重大损失的，处3年以下有期徒刑或者拘役，并处或者单处罚金；造成特别严重后果的，处3年以上7年以下有期徒刑，并处罚金。单位犯侵犯商业秘密罪的，对单位判处罚金，并依照《刑法》规定，追究直接负责的主管人员和其他直接责任人员的刑事责任。

依照《知识产权刑事案件解释》第7条的规定，侵犯商业秘密行为，给权利人造成损失数额在50万元以上的，属于《刑法》第219条规定的"给权利人造成重大损失"；给商业秘密的权利人造成损失数额在250万元以上的，属于《刑法》第219条规定的"造成特别严重后果"。

第四章　植物新品种保护条例

【提要】 本章围绕《中华人民共和国植物新品种保护条例》（以下简称《植物新品种保护条例》）的主要内容，帮助学员掌握植物新品种的概念，植物新品种权的取得、保护期限、终止和无效以及植物新品种的保护。本章内容主要涉及《植物新品种保护条例》及其实施细则、《最高人民法院关于审理侵犯植物新品种权纠纷案件具体应用法律问题的若干规定》的规定。

第一节　品种权的保护客体

一、植物新品种

（一）植物新品种的概念

育种学意义上的植物品种，是指人类在一定的生态条件和经济条件下，根据人类的需要选育的某种作物的某种群体。《中华人民共和国种子法》（以下简称《种子法》）第92条规定，该法所称的品种，是指经过人工选育或者发现并经过改良，形态特征和生物学特性一致，遗传性状相对稳定的植物群体。

关于植物新品种的概念，根据《植物新品种保护条例》第2条的规定，植物新品种是指经过人工选育的或者对发现的野生植物加以开发，具备新颖性、特异性、一致性、稳定性并有适当命名的植物品种。正因为人类智力活动介入品种的产生过程，为植物品种或者植物新品种成为专有权的标的提供了法源基础。

植物新品种包括农业植物新品种和林业植物新品种两大类。农业植物新品种包括粮食、棉花、油料、麻类、糖料、蔬菜（含西甜瓜）、烟草、桑树、茶树、果树（干果除外）、观赏植物（木本除外）、草类、绿肥、草本药材、食用菌、藻类和橡胶树等植物的新品种。林业植物新品种包括林木、竹、木质藤本、木本观赏植物（包括木本花卉）、果树（干果部分）及木本油料、饮料、调料、木本药材等植物品种。

（二）植物新品种权的概念

所谓植物新品种权（以下简称"品种权"），是指育种人对植物新品种所享有的专有权利。完成育种的单位或者个人对其授权品种，享有排他的独占权。任何单位或者个人未经品种权所有人许可，不得为商业目的生产或者销售该授权品种的繁殖材料，不得为商业目的将该授权品种的繁殖材料重复使用于生产另一品种的繁殖材料。

（三）植物新品种保护制度的历史沿革

随着农业科技的不断进步，植物育种为农林、园艺业带来了巨大的经济效益，植物育种者的贡献愈来愈突出。但育种者由于无法防止他人无偿繁殖自己的植物新品种，也不能制止那些未经其同意即以商业目的进行的品种销售行为，以致培育品种所投入的大量资金、人力和时间无法得到相应的经济补偿，品种培育活动的积极性受到削弱，直接影响到农业生产的发展。在这种情况下，要求对植物新品种提供法律保护的呼声日益高涨。19世纪二三十年代，育种者曾经主张应该在一定的时间范围内对其培育的品种拥有排他性的独占权利，他人在使用这些品种时必须征得他们的同意，并以支付使用费为同意的条件。目的是为植物新品种提供类似专利的保护，如同专利为工业技术产品提供保护一样。但由于新植物材料具有活性和自我繁殖性，且性状特征常因生长环境而异，无法实现工业品般的可重复再现的要求，故创设针对植物新品种技术创造的保护制度存在不少技术困难。尽管如此，在欧美等植物育种技术较为发达的国家的推动下，植物新品种法律保护制度得以建立并不断完善。

1930年，美国通过植物专利法，在原来专利法的基础上，增加规定植物专利的章节，对于突变种、杂交种给予专利，但野生种和块茎植物不在保护之列。美国因此成为世界上第一个授予植物育种者专利权的国家。荷兰于1941年通过植物育种者法令，赋予育种者以育种者权。德国早在1920年就设立农林品种登记局，对农作物实行品种登记，但没有作为一项权利进行保护。直至1953年，德国植物品种及种子保护法颁布施行，才赋予育种者生产、销售植物品种的专有权利。荷兰、德国这两部法律中的一些法律原则构成了后来《国际植物新品种保护公约》（以下简称《UPOV公约》）1961文本的基础。

随着国际贸易的发展，新品种的种子贸易经常超出一国的范围。为了在国际市场上扩大对本国新品种的保护，使得育种者在其他国家也享有同样的权益，国际保护工业产权协会（AIPPI）1952年的维也纳会议和1954年的布鲁塞尔会议均通过决议，要求各成员国平等对待农业、林业等领域的发明创造，像保护工业发明那样给植物新品种以法律保护。1955年，国际植物新品种育种者协会在巴黎召开会议讨论植物新品种的保护，并向法国政府建议召开国际会议。在上述两个国际组织的推动下，1957年在法国巴黎召开了第一次植物新品种保护外交大会，形成了决议，规定了起草条约等事项。此后的4年间，经过多次专家会议，拟定了《UPOV公约》的草案。1961年，第二次植物新品种保护外交会议通过了《UPOV公约》。该公约于1968年8月10日生效。后经1972年、1978年及1991年在日内瓦的三次修正，形成三个不同的公约文本。《UPOV公约》是保护育种者权益的重要的国际协定，它通过协调各成员国在植物新品种保护方面的政策、法律和技术，确保各成员国以一整套清晰、明确的原则为基础，对符合品种权授权要件的育种者赋予专有权。《UPOV公约》的生效同时标志着国际植物新品种保护联盟（UPOV）的正式成立。从此，国际植物新品种保护制度进入了一个新的历史时期。我国于1997年颁布《植物新品种保护条例》，1999年正式加入《UPOV公约》（1978年文本），成为《UPOV公约》的第39个成员国。目前，关于植物新品种的保护，在世界范围内存在三种立法模式：一是以专门法实施保护，如德国、英国、荷兰等；二是利用专利法实施保护，如意大利、匈牙利；三是以专门法和专利法相结合进行保护，如美国。在诸立法模式中，实行第一种保护模式的国家居多。

二、授予品种权的条件

植物新品种权的取得必须具备以下条件。

（一）属于国家植物品种保护范围之内

申请品种权的植物新品种应当在国家植物品种保护名录中列举的植物的属或者种的范围之内，不在国家植物品种保护名录之列的不具备申请品种权的资格。植物品种保护名录由审批机关确定和公布。

（二）新颖性

根据《种子法》第92条的规定，新颖性是指申请植物新品种权的品种在申请日前，经申请权人自行或者同意销售、推广其种子，在中国境内未超过1年；在境外，木本或者藤本植物未超过6年，其他植物未超过4年。除销售、推广行为丧失新颖性外，下列情形视为已丧失新颖性：

①品种经省、自治区、直辖市人民政府农业、林业主管部门依据播种面积确认已经形成事实扩散的；②农作物品种已审定或者登记2年以上未申请植物新品种权的。

（三）特异性

特异性是指一个植物品种有一种以上性状明显区别于已知品种。特异性条件主要考虑申请品种与现有品种之间的差异。如申请品种具有抗病能力、早熟，这些质量特征、特性与现有品种相比，特点明显，即具备特异性条件。

（四）一致性

一致性是指一个植物品种的特性除可预期的自然变异外，群体内个体间相关的特征或特性表现一致。可以预见的变异主要是受外界环境因素的影响，有的特征、特性会发生一定变化，如植物的株高和生育期等，这些变化是允许的。

（五）稳定性

稳定性是指一个植物品种经过反复繁殖后或者在特定繁殖周期结束时，其主要性状保持不变。这要求植物新品种的特异性是稳定的，在一定的繁殖世代中它们相对稳定，没有发生变化。

（六）具备适当的名称

授予品种权的植物新品种应当具备适当的名称，并与相同或者相近的植物属或种中已知品种的名称相区别。该名称经注册登记后即为该植物新品种的通用名称。下列名称不得用于品种命名：①仅以数字组成的；②违反社会公德的；③对植物新品种的特征、特性或育种者的身份等容易引起误解的。

第二节 品种权的主体

一、中国单位或者个人

植物新品种权一般归育种者享有。育种者是指完成育种的单位和个人，即育种人可以是自然人，也可以是法人或其他组织。品种权的归属原则与其他知识产权归属的一般原则是一致的，即权利一般由智力劳动成果的创造者或者完成者享有。但在一般归属原则之外，同样会发生权利人与创造者或者完成者的分离，在某些情形下，权利归属于育种者以外的其他人。这种分离主要包括以下几种情形。

（一）职务育种

职务育种，是指执行本单位的任务或主要是利用本单位的物质条件所完成的植物新品种。对于职务育种，其申请权属于单位。申请被批准后，品种权属于申请人，即单位对职务育种享有品种权。职务育种分为执行本单位的任务所完成的育种和主要是利用本单位的物质条件所完成的育种两类。其中，执行本单位的任务所完成的职务育种是指：①在本职工作中完成的育种；②履行本单位交付的本职工作之外的任务所完成的育种；③退职、退休或者调动工作后3年内完成的与其在原单位承担的工作或者原单位分配的任务有关的育种。利用本单位的物质条件所完成的育种，是指利用本单位的资金、仪器设备、试验场地以及单位所有或者持有的尚未允许公开的育种材料和技术资料等完成的育种。

（二）委托育种

委托育种是指受托人按照委托人的委托而培育的植物新品种。委托育种的品种权的归属由当事人在合同中约定；没有约定的，品种权属于受委托人。

（三）合作育种

合作育种是指两个以上的单位或个人共同提供物质、技术条件培育的植物新品种。合作育种的品种权的归属由当事人在合同中约定；没有约定的，品种权属于共同完成育种的单位或者个人。

二、外国人、外国企业或者外国其他组织

外国人、外国企业或者外国其他组织在中国申请品种权的，应当按其所属国和我国签订的协议或者共同参加的国际条约办理，或者根据互惠原则，依照《植物新品种保护条例》办理。

第三节　获得品种权的程序

一、品种权的申请和受理

完成育种的单位或者个人需要取得植物新品种权的，必须向审批机关申请，经审批机关审查和批准后，才能取得植物新品种权。一个植物新品种只能授予一项品种权。一个植物新品种由两个以上申请人分别于同一日内提出品种权申请的，由申请人自行协商确定申请权的归属；协商不能达成一致意见的，品种保护办公室可以要求申请人在指定期限内提供证据，证明自己是最先完成该新品种育种的人。逾期未提供证据的，视为撤回或放弃申请；所提供证据不足以作为判定依据的，驳回申请。

我国的单位和个人申请品种权的，可以直接或者委托代理机构向审批机关提出申请。我国的单位和个人申请品种权的植物新品种涉及国家安全或者重大利益需要保密的，应当按照国家有关规定办理。外国人、外国企业或者外国其他组织在我国申请品种权的，应当按其所属国和我国签订的协议或者共同参加的国际条约办理，或者根据互惠原则办理。

申请品种权应当按照规定向品种权审批机关提交符合格式要求的请求书、说明书和该品种的照片，并且应当使用中文。

受理植物品种权申请的机关为国务院农业农村、林业和草原主管部门。前述部门按照职责分工负责农业、林业植物新品种权申请的受理、审查和授权工作。

审批机关收到品种权申请文件之日为申请日；申请文件是邮寄的，以寄出的邮戳日为申请日。对符合规定的品种权申请，审批机关应当予以受理，明确申请日，给予申请号，并自收到申请之日起1个月内通知申请人缴纳申请费。对不符合或者经修改仍不符合规定的品种权申请，审批机关不予受理，并通知申请人。

植物品种权申请可以享有优先权。申请人自在外国第一次提出品种权申请之日起12个月内，又在我国就该植物新品种提出品种权申请的，依照该外国同我国签订的协议或者共同参加的国际条约，或者根据相互承认优先权的原则，可以享有优先权。申请人要求优先权的，应当在申请时提出书面说明，并在3个月内提交经原受理机关确认的第一次提出的品种权申请文件的副本；未依照《植物新品种保护条例》规定提出书面说明或者提交申请文件副本的，视为未要求优先权。

申请人可以在品种权授予前修改或者撤回品种权申请。

我国的单位或者个人将国内培育的植物新品种向国外申请品种权的，应当向审批机关登记。

二、品种权的审查和批准

（一）初步审查

申请人缴纳申请费后，审批机关对品种权申请进行初步审查。审查的内容主要包括：该新品种是否属于植物品种保护名录列举的植物属或者种的范围；申请人是否具备申请资格；该新品种是否符合新颖性的规定；该新品种的命名是否适当。审批机关应当自受理品种权申请之日起6个月内完成初步审查。对经初步审查合格的品种权申请，审批机关予以公告，并通知申请人在3个月内缴纳审查费。对经初步审查不合格的品种权申请，审批机关应当通知申请人在3个月内陈述意见或者予以修正；逾期未答复或者修正后仍然不合格的，驳回申请。

（二）实质审查

申请人按照规定缴纳审查费后，审批机关对品种权申请的特异性、一致性和稳定性进行实质审查。申请人未按照规定缴纳审查费的，品种权申请视为撤回。审批机关主要依据申请文件和其他有关书面材料进行实质审查。审批机关认为必要时，可以委托指定的测试机构进行测试或者考察业已完成的种植或者其他试验的结果。因审查需要，申请人应当根据审批机关的要求提供必要的资料和该植物新品种的繁殖材料。

（三）批准与驳回

对经实质审查符合《植物新品种保护条例》规定的品种权申请，审批机关应当作出授予品种权的决定，颁发品种权证书，并予以登记和公告。对经实质审查不符合《植物新品种保护条例》规定的品种权申请，审批机关予以驳回，并通知申请人。

（四）复　　审

审批机关设立植物新品种复审委员会。对审批机关驳回品种权申请的决定不服的，申请人可以自收到通知之日起3个月内向植物新品种复审委员会请求复审。植物新品种复审委员会应当自收到复审请求书之日起6个月内作出决定，并通知申请人。请求复审时，申请人可以修改申请文件，但是仅限于驳回涉及的部分。对复审决定不服的，可以自收到通知之日起15日内向北京市第二中级人民法院提起诉讼。

第四节　品种权的内容

一、植物新品种权的内容

《植物新品种保护条例》规定，完成育种的单位或者个人对其授权品种享有排他的独占权。任何单位或者个人未经品种权所有人许可，不得为商业目的生产或者销售该授权品种的繁殖材料，不得为商业目的将该授权品种的繁殖材料重复使用于生产另一品种的繁殖材料。由此可见，品种权本质上是一种排他权，即禁止他人未经许可利用其授权品种的权利。具体而言，品种权人享有的权利主要有以下6种。

（一）生产权

品种权人有权禁止他人未经其许可，为商业目的生产该授权品种的繁殖材料。品种的繁殖材料是该品种的全部生物学信息的载体，品种的繁殖正是通过这些繁殖材料来进行的。培育新品种的目的之一，就是为该品种繁殖材料的生产提供便捷的生物学技术条件。因此，一种有价值的新品种一旦培育成功后，该品种繁殖材料的生产就变得非常简单。为此，立法机关将品种繁殖材料的生产权作为品种权的重要内容予以保护。根据这种权利，品种权人不但有权自己生产获利，也可禁止他人未经其许可生产相同的繁殖材料。

根据《植物新品种保护条例实施细则（农业部分）》的规定，繁殖材料是指可繁殖植物的种植材料或植物体的其他部分，包括籽粒、果实和根、茎、苗、芽、叶等。《植物新品种保护条例实施细则（林业部分）》第4条对繁殖材料的定义是，整株植物（包括苗木）、种子（包括根、茎、叶、花、果实等）以及构成植物体的任何部分（包括组织、细胞）。

因繁殖方式的不同，繁殖材料的具体指向亦有所不同。无性繁殖作物的繁殖材料就是整株植物及其构成植物体的任何部分。而在有性繁殖作物中，又区分常规种和杂交种。常规种系指采用自花授粉的繁殖方式培育的品种。因为自身保持遗传特性的一致和稳定，所以常规种的子代也可以继续作为繁殖材料使用。因此，常规种本身就是繁殖材料。而杂交种是通过不同亲本，即父本、母本经过特定的组合方式得到的，而且杂交种的第二代会发生遗传变异，在特征特性上与F1杂交种都有不同。因此，杂交种本身不具有育种学上的可繁殖性，它的繁殖材料是父本和母本。

（二）销售权

销售授权品种的繁殖材料也是品种权人享有的一种排他的独占权利，任何人销售授权品种的繁殖材料都要经过品种权人的许可。根据《植物新品种保护条例实施细则（农业部分）》的规定，具有下列情形之一的，属于《植物新品种保护条例》第14条规定的销售：①以买卖方式将申请品种的繁殖材料转移他人；②以易货方式将申请品种的繁殖材料转移他人；③以入股方式将申请品种的繁殖材料转移他人；④以申请品种的繁殖材料签订生产协议；⑤以其他方式销售的情形。具有下列情形之一的，视为《植物新品种保护条例》第14条规定的育种者许可销售：①育种者自己销售；②育种者内部机构销售；③育种者的全资或者参股企业销售；④农业部规定的其他情形。

（三）使用权

品种的繁殖材料不仅具有自身繁殖的功能，而且具有与其他品种的繁殖材料结合（比如杂交）生产另一品种的繁殖材料的功能。如果利用这种功能而不加以制止，品种权人的利益将会受损。因此，《植物新品种保护条例》赋予品种权人使用授权品种繁殖材料的独占权，有权禁止他人未经许可，为商业目的将该授权品种的繁殖材料重复用于生产另一品种的繁殖材料的行为。

（四）许可权

尽管《植物新品种保护条例》没有明确规定，但根据知识产权制度的一般原理和《植物新品种保护条例》关于品种权内容的明文规定，品种权人不仅自己可以实施品种权，还有权许可他人实施。品种权人和被许可人应订立书面合同，明确规定双方的权利和义务，如许可的方式、内容、数量、区域范围以及利益分配等。因被许可人的权限不同，又可以分为独占实施许可、排他实施许可和普通实施许可。

（五）转让权

品种权人可依法转让品种权的申请权，也可依法转让品种权。转让实际上是品种权人对自己拥有的品种申请权和品种权的处分方式之一。我国的单位或者个人就其在国内培育的植物新品种向外国人转让品种权的，应当经审批机关批准。国有单位在国内转让品种权的，应当按照国家有关规定报经有关行政主管部门批准。转让品种权的，当事人应当订立书面合同，向审批机关登记，由审批机关予以公告。

（六）标记权

尽管《植物新品种保护条例》没有明确规定，但根据知识产权制度的一般原理和《植物新品种保护条例实施细则（农业部分）》《植物新品种保护条例实施细则（林业部分）》的有关规定，品种权人有权在自己的授权品种包装上标明品种权标记。如注明某年某月某日某国授权品种、品种权申请号、品种权号以及品种的名称、品种权人名称等。

二、对植物新品种权的限制

研发出新的植物品种必然以已有品种为基础，大多数现代品种也是经过长期的积累之后逐渐形成的，而且植物资源的流通是育种活动进步的前提。因此，在赋予育种者独占权的同时，有必要加以适当的限制。对权利的限制一般包含两个层面：一是对权利内容的限制，二是对权利行使的限制。品种权制度下的育种者免责和农民免责主要属于对权利内容的限制；强制许可，则是为了防止品种权人滥用权利或者不实施权利而对品种权的行使进行的一种限制。

（一）育种者免责

由于大多数品种的培育都必须以亲本为基础，如果限制其使用已有品种的繁殖材料进行新的育种，则育种空间将因可选择亲本的有限而受到极大影响。因此，《UPOV公约》（1978年文本）规定，利用授权品种作为变异来源而培育其他品种或这些品种的销售，均无须征得育种者同意，但若为另一品种的商业生产重复使用该品种，则必须征得育种者同意。换言之，如果利用某一授权品种进行再次研发获得的另一新品种本身是可以独自繁殖的，则再次研发者可以申请获得独立的品种权。学理上称之为育种者免责（breeder's exemption）。《UPOV公约》（1991年文本）将育种者免责进一步明确为"育种者权利不适用于下列各项：试验性活动以及培育其他新品种的活动"。我国《植物新品种保护条例》规定，利用授权品种进行育种及其他科研活动，可以不经品种权人许可，不向其支付使用费。

（二）农民免责

如果说育种者免责源于专利制度下的研究免责，那么农民免责则是植物新品种制度特有的设计。由于农作物本身可能会有自我繁殖的情形，因此农民在第一次购买新品种的种苗后，在其收获的作物中留出供次年种植的种子，无须再向品种权人或者种子公司购买相同的种子，此即为农民留种。各国立法多沿袭农业种植的习惯，允许农民自行留种，而不认为是对品种权的侵犯，故又称之为"农民免责"（farmer's exemption）。我国《植物新品种保护条例》规定，农民自繁自用授权品种的繁殖材料，可以不经品种权人许可，不向其支付使用费。

（三）强制许可

品种权在性质上是一种私权，权利人可自由行使。然而，当出现权利滥用或者消极懈怠，影响公共利益时，国家公权力可以介入，于是出现了强制许可制度。《植物新品种保护条例》第11条第1款规定："为了国家利益或者公共利益，审批机关可以作出实施植物新品种强制许可的决定，并予以登记和公告。"《植物新品种保护条例实施细则（农业部分）》第12条第1款又进一步细化规定："有下列情形之一的，农业部可以作出实施品种权的强制许可决定：（一）为了国家利益或者公共利益的需要；（二）品种权人无正当理由自己不实施，又不许可他人以合理条件实施的；（三）对重要农作物品种，品种权人虽已实施，但明显不能满足国内市场需求，又不许可他人以合理条件实施的。"《植物新品种保护条例》第 11 条第 2 款、第 3 款规定："取得实施强制许可的单位或者个人应当付给品种权人合理的使用费，其数额由双方商定；双方不能达成协议的，由审批机关裁决。品种权人对强制许可决定或者强制许可使用费的裁决不服的，可以自收到通知之日起 3 个月内向人民法院提起诉讼。"

第五节　品种权的期限、终止和无效

一、期　限

对于品种权的期限，各国规定不尽一致。我国对品种权期限的规定视不同植物而定。《植物新品种保护条例》第 34 条规定，品种权的保护期限，自授权之日起，藤本植物、林木、果树和观赏树木为 20 年，其他植物为 15 年。

二、终　止

一般而言，品种权在法定保护期限届满后即归于消灭，但也有品种权在期限届满前便提前归于消灭的情形，此即为品种权的终止。从时间角度来看，品种权的终止是向将来的消灭，而非自始的不存在，即品种权的终止是没有溯及力的。根据《植物新品种保护条例》的规定，有下列情形之一的，品种权终止：①品种权人以书面声明放弃品种权；②品种权人未按照规定缴纳年费；③品种权人未按照审批机关的要求提供检测所需的该授权品种的繁殖材料；④经检测该授权品种不再符合被授予品种权时的特征和特性。品种权的终止，由审批机关登记和公告。

三、无　效

尽管立法机关从程序上、实体上设置了很多授予品种权的条件，但任何审批机关都无法确保授权行为完全不出差错。为纠正可能出现的授权错误，立法上设置了品种权的无效宣告程序。

自审批机关公告授予品种权之日起，任何单位和个人认为授权品种不符合新颖性、特异性、一致性和稳定性条件的，可以向植物新品种复审委员会提出书面申请，请求宣告品种权无效；对不符合名称规定的请求予以更名。宣告品种权无效程序或者更名程序的启动，既可以由任何单位或者个人书面请求而提起，也可以由植物新品种复审委员会依据职权提起。宣告品种权无效或者更名的决定，由审批机关登记和公告并通知当事人。当事人对植物新品种复审委员会的决定不服的，可以自收到通知之日起 3 个月内向人民法院提起诉讼。

被宣告无效的品种权视为自始不存在。宣告品种权无效的决定，对在宣告前人民法院作出并已执行的植物新品种侵权的判决、裁定，省级以上人民政府农业、林业行政部门作出并已执行的植物新品种侵权处理决定，以及已经履行的植物新品种实施许可合同和植物新品种权转让合同，不具有追溯力；但是，因品种权人恶意给他人造成损失的，应当给予合理赔偿。依前述规定，品种权人或者品种权转让人不向被许可实施人或受让人返还使用费或者转让费，明显违反公平原则的，品种权人或者品种权转让人应当向被许可实施人或者受让人返还全部或者部分使用费或者转让费。

第六节　品种权的保护

一、申请期间的临时保护

由于品种权的授予需经审批机关的审查、批准，其间颇费时日，尤其是在初步审查合格进行公告后，公众就可能从公告中获知该品种而予以实施，这便产生了对申请中的植物新品种在授予品种权之前的保护问题。对此，立法上规定了临时保护或者追偿制度，即在品种权被授予后，在自初步审查合格公告之日起至被授予品种权之日止的期间，对未经申请人许可，为商业目的生产或者销售该授权品种的繁殖材料的单位和个人，品种权人享有追偿的权利。植物新品种自初步审查合格之日起至被授权之日止的期间内，品种权申请正在审批过程中，申请人无法以享有品种权为由制止他人未经许可为商业目的生产或销售该授权品种繁殖材料的行为；但在授权以后，品种权人对于在上述期间内未经其许可以商业目的生产或销售该授权品种繁殖材料的单位和个人，有权要求支付使用费。

二、侵权行为、救济途径和法律责任

（一）侵权行为

根据《植物新品种保护条例》第6条的规定，侵犯品种权的行为包括两类：一是未经品种权所有人许可，为商业目的生产或者销售该授权品种的繁殖材料；二是未经品种权所有人许可，为商业目的将该授权品种的繁殖材料重复使用于生产另一品种的繁殖材料。由此可见，对授权品种的保护实质上是对授权品种的繁殖材料的保护，即使在授权品种与繁殖材料出现分离的情况下，品种权针对的仍是授权品种的繁殖材料。

需要明确的是，《植物新品种保护条例》所称的"将该授权品种的繁殖材料重复使用于生产另一品种的繁殖材料"，是指重复以授权品种的繁殖材料为亲本与其他亲本另行繁殖的情形。需要强调的是，必须是"重复"地另行繁殖的行为，才可能构成对品种权的侵犯。相反，如果以授权品种的繁殖材料为亲本与其他亲本繁殖出的品种可以独立繁衍，不需要每次都重复地使用授权品种的繁殖材料，则不属于该条所称的侵犯品种权的行为。此条规定源于《UPOV公约》（1978年文本），即品种权人不得限制他人利用其品种培育新的品种，除非该后续培育出的品种的繁殖或者使用本身必须利用在先品种，须征得原品种权人的授权，并支付使用费。换言之，如果利用某一授权品种而进行再次育种获得的另一新品种本身是可以独自繁殖的，则再次育种者可以申请获得独立的品种权。

（二）侵权纠纷的解决途径

诉讼救济是公力救济中最通常的方式，也是当今各国通行的惯例。然而，处在转型期的中国，行政执法涉及社会生活的多个方面，行政执法与司法救济之间存在交叉关系。这里有个问题：对未经品种权所有人许可，为商业目的将该授权品种的繁殖材料重复使用于生产另一品种的繁殖材料的行为，是否可以寻求司法救济？根据《植物新品种保护条例》第6条的规定，前述行为仍然是对品种权的侵犯，但《植物新品种保护条例》第39条却没有规定对此类侵权行为的救济途径。既然品种权是一种民事权利，权利人或者被侵权人理应可以寻求司法救济，这正是由司法救济的性质决定的。因此，《最高人民法院关于审理侵犯植物新品种权纠纷案件具体应用法律问题的若干规定》第2条将此类行为列入案件受理的范围。

关于原告主体资格问题，根据《最高人民法院关于审理侵犯植物新品种权纠纷案件具体应用法律问题的若干规定》第1条规定，品种权人或者利害关系人认为植物新品种权受到侵犯的，可以依法向人民法院提起诉讼。利害关系人，包括植物新品种实施许可合同的被许可人、品种权财产权利的合法继承人等。独占实施许可合同的被许可人可以单独向人民法院提起诉讼；排他实施许可合同的被许可人可以和品种权人共同起诉，也可以在品种权人不起诉时，自行提起诉讼；普通实施许可合同的被许可人经品种权人明确授权，可以提起诉讼。

（三）侵权的法律责任

根据《植物新品种保护条例》的规定，省级以上人民政府农业、林业行政部门依据各自的职权，根据当事人自愿的原则，对侵权所造成的损害赔偿可以进行调解。调解达成协议的，当事人应当履行；调解未达成协议的，品种权人或者利害关系人可以依照民事诉讼程序向人民法院提起诉讼。因此，侵犯品种权首先需要承担的是赔偿责任。

此外，《植物新品种保护条例》第39条还规定，省级以上人民政府农业、林业行政部门依据各自的职权处理品种权侵权案件时，为维护社会公共利益，可以责令侵权人停止侵权行为，没收违法所得和植物品种繁殖材料；货值金额5万元以上的，可处货值金额1倍以上5倍以下的罚款；没有货值金额或者货值金额5万元以下的，根据情节轻重，可处25万元以下的罚款。所以，如果是由行政机关处理的侵权案件，侵权人可能还需要承担没收违法所得、植物品种繁殖材料或者/和罚款的行政处罚。

根据《最高人民法院关于审理侵犯植物新品种权纠纷案件具体应用法律问题的若干规定》的规定，人民法院审理侵犯植物新品种权纠纷案件，应当依照《民法通则》第134条的规定，结合案件具体情况，判决侵权人承担停止侵害、赔偿损失等民事责任。人民法院可以根据被侵权人的请求，按照被侵权人因侵权所受损失或者侵权人因侵权所得利益确定赔偿数额。被侵权人请求按照植物新品种实施许可费确定赔偿数额的，人民法院可以根据植物新品种实施许可的种类、时间、范围等因素，参照该植物新品种实施许可费合理确定赔偿数额。赔偿数额难以确定的，人民法院可以综合考虑侵权的性质、期间、后果，植物新品种实施许可费的数额，植物新品种实施许可的种类、时间、范围及被侵权人调查、制止侵权所支付的合理费用等因素，在50万元以下确定赔偿数额。

由于植物新品种侵权案件中的侵权物是授权品种的繁殖材料，且大多繁殖材料具有自我繁殖的特性，一旦占有侵权物，就可以很容易实施侵犯品种权的育种行为，因此销毁侵权物在植物新品种侵权责任中具有重要的作用。关于植物新品种侵权案件中的销毁侵权物问题，《植物新品种保护条例》没有规定，《最高人民法院关于审理侵犯植物新品种权纠纷案件具体应用法律问题的若干规定》第7条对此作了明确规定："被侵权人和侵权人均同意将侵权物折价抵扣被侵权人所受损失的，人民法院应当准许。被侵权人或者侵权人不同意折价抵扣的，人民法院依照当事人的请求，责令侵权人对侵权物作消灭活性等使其不能再被用作繁殖材料的处理。侵权物正处于生长期或者销毁侵权物将导致重大不利后果的，人民法院可以不采取责令销毁侵权物的方法，但法律、行政法规另有规定的除外。"

销毁侵权品种的目的，无非是不能将种苗再作为繁殖材料使用。但是有些繁殖材料本身即可作为粮食，所以不能简单地套用销毁侵权物的一般处理方法。本着既避免资源浪费、维护农村稳定，又防止侵权物再扩散的处理原则，当事人可以合意将侵权物折抵品种权人的受损。如果侵权物尚处于生长期，是否只要侵权物持有人同意折抵，法院就可以准许？这种情况下，应受到《最高人民法院关于审理侵犯植物新品种权纠纷案例具体应用法律问题的若干规定》第7条第2款的限制，即"侵权物正处于生长期或者销毁侵权物将导致重大不利后果的，人民法院一般不责令销毁侵权物"。该规定旨在避免铲除青苗等销毁侵权物的做法可能产生伤害农民感情、影响农村稳定等负面影响。此处的"重大不利后果"，应认为包括因已过播种期仍销毁侵权物导致的撂荒、销毁侵权物可能引起农村不稳定等情形。但是，如果侵权物的存在可能危及生态安全，则仍然可以销毁侵权物。如果当事人对于侵权物折抵损失不能形成合意，为防止侵权物的再扩散，人民法院应责令侵权人将侵权物作适当处理，比如，消灭活性、混入粮食等。

关于农民赔偿责任的豁免，根据《最高人民法院关于审理侵犯植物新品种权纠纷案件具体应用法律问题的若干规定》第8条规定，以农业或者林业种植为业的个人、农村承包经营户接受他人委托代为繁殖侵犯品种权的繁殖材料，不知道代繁物是侵犯品种权的繁殖材料并说明委托人的，不承担赔偿责任。

三、假冒品种权及其法律责任

《植物新品种保护条例》第40条、第41条分别规定："假冒授权品种的，由县级以上人民政府农业、林业行政部门依据各自的职权责令停止假冒行为，没收违法所得和植物品种繁殖材料；货值金额5万元以上的，处货值金额1倍以上5倍以下的罚款；没有货值金额或者货值金额5万元以下的，根据情节轻重，处25万元以下的罚款；情节严重，构成犯罪，依法追究刑事责任。""省级以上人民政府农业、林业行政部门依据各自的职权在查处品种权侵权案件和县级以上人民政府农业、林业行政部门依据各自的职权在查处假冒授权品种案件时，根据需要，可以封存或者扣押与案件有关的植物品种的繁殖材料，查阅、复制或者封存与案件有关的合同、账册及有关文件。"

根据《植物新品种保护条例实施细则（农业部分）》第57条的规定，假冒授权品种行为是指下列情况之一：①印制或者使用伪造的品种权证书、品种权申请号、品种权号或者其他品种权申请标记、品种权标记；②印制或者使用已经被驳回、视为撤回或者撤回的品种权申请的申请号或者其他品种权申请标记；③印制或者使用已经被终止或者被宣告无效的品种权的品种权证书、品种权号或者其他品种权标记；④生产或者销售前三项所标记的品种；⑤生产或销售冒充品种权申请或者授权品种名称的品种；⑥其他足以使他人将非品种权申请或者非授权品种误认为品种权申请或者授权品种的行为。根据《植物新品种保护条例实施细则（林业部分）》第64条的规定，假冒林业授权品种包括下列情形：①使用伪造的品种权证书、品种权号的；②使用已经被终止或者被宣告无效品种权的品种权证书、品种权号的；③以非授权品种冒充授权品种的；④以此种授权品种冒充他种授权品种的；⑤其他足以使他人将非授权品种误认为授权品种的。

四、销售授权品种未使用其注册登记的名称

为了加强对品种流通领域的管理，根据《植物新品种保护条例》的规定，销售授权品种未使用其注册登记的名称的，由县级以上人民政府农业、林业行政部门依据各自的职权责令限期改正，可以处1000元以下的罚款。

第二编

第五章　集成电路布图设计保护条例

【提要】本章内容主要涉及《集成电路布图设计保护条例》（以下简称《条例》）、《集成电路布图设计保护条例实施细则》、《集成电路布图设计行政执法办法》的规定，❶ 具体包括集成电路布图设计专有权的客体、集成电路布图设计专有权的申请和登记程序、集成电路布图设计专有权的内容和保护。

第一节　集成电路布图设计专有权的客体

一般来说，集成电路技术包括集成电路设计、布图设计和集成电路芯片制造三个主要方面。在集成电路的研制过程中，布图设计水平的高低直接影响到集成电路的功能、质量、制造成本和售价，因此其是集成电路研制过程中最为重要的一环。而集成电路布图设计正是《条例》所保护的客体。至于与集成电路制造工艺、材料及电路设计有关的发明创造，则属于《专利法》的保护对象范畴。本节将会介绍集成电路布图设计的相关概念以及申请保护的实质性条件。

一、集成电路布图设计

《条例》保护的客体或者说集成电路布图设计专有权的客体就是集成电路布图设计（以下简称"布图设计"）。作为一种新兴的知识产权保护客体，集成电路布图设计具有工业实用性，而且对技术水平有一定的要求，但不要求对现有技术有实质性的改变。❷

布图设计在不同的国家有不同的称呼，美国称之为"mask works"（掩膜作品），日本称之为集成电路的线路布局（circuit layout），而欧盟国家则把它叫作"topography"，即我们所熟知的拓扑图。为了统一起见，《关于集成电路知识产权的华盛顿条约》（以下简称《华盛顿条约》）使用了"layout design"，即布图设计。为了与国际条约一致，我国沿用了布图设计这一称呼，在《条例》中明确规定了集成电路及集成电路布图设计的含义。

（一）集成电路

集成电路，是指半导体集成电路，即以半导体材料为基片，将至少有一个是有源元件的两个以上元件和部分或者全部互连线路集成在基片之中或者基片之上，以执行某种电子功能的中间产品或者最终产品。

（二）布图设计

布图设计，是指集成电路中至少有一个是有源元件的两个以上元件和部分或者全部互连线路

---

❶　2001 年 4 月 2 日，国务院总理朱镕基签署国务院令第 300 号，公布《集成电路布图设计保护条例》，自 2001 年 10 月 1 日起施行。该条例的实施细则于 2001 年 9 月 18 日由国家知识产权局局长令第 11 号颁布，与条例同日实施。《集成电路布图设计行政执法办法》于 2001 年 11 月 28 日由国家知识产权局局长令第 17 号颁布。条例及相关规章的颁布和实施标志着我国保护知识产权的法律制度更加完备。

❷　张耀明. 中国知识产权保护的新视点：《集成电路布图设计保护条例》立法简介 [J]. 科技与法律，2001（2）：108-112.

的三维配置，或者为制造集成电路而准备的上述三维配置。

二、其他相关概念

除集成电路布图设计的含义之外，《条例》中还规定了一些其他概念，如复制、商业利用等。

（一）复　　制

复制是指重复制作布图设计或者含有该布图设计的集成电路的行为。

（二）商业利用

商业利用是指为商业目的进口、销售或者以其他方式提供受保护的布图设计、含有该布图设计的集成电路或者含有该集成电路的物品的行为。

三、申请保护的实质性条件

制定《条例》的宗旨在于调动布图设计创作者进行创作的积极性，促进集成电路的发展。为此，应当赋予创作者一定的专有权或者独占权。而作为对价，受《条例》保护的布图设计也应当具备一定的条件，即独创性。下面将对独创性作进一步的阐述。

（一）独创性

受保护的布图设计应当具有独创性，即该布图设计是创作者自己的智力劳动成果，并且在其创作时该布图设计在布图设计创作者和集成电路制造者中不是公认的常规设计。受保护的由常规设计组成的布图设计，其组合作为整体也应当具有独创性。独创性是构成受《著作权法》保护的作品的条件，创造性是发明或者实用新型受《专利法》保护的条件。对布图设计而言，只须具备独创性即可享有专有权，并不要求该布图设计应当具备创造性，或者对现有技术有实质性的改进。所以，从受保护的条件上，布图设计专有权类似于著作权。有学者认为布图设计专有权是一种"工业版权"。

（二）非常规设计

非常规设计是指创作的布图设计在布图设计创作者和集成电路制造中不是公认的常规设计，这种非常规设计只要求一定的比常规设计进步的差异性。这类似专利新颖性的要求，但在创造高度上尚未达到专利新颖性的标准。

（三）保护范围

对布图设计的保护而言，不延及思想、处理过程、操作方法或者数学概念等。只作为创作者的意念或思想的设计不受法律保护。只有这种存在于大脑中的意念或思想由主观变成为客观的时候，才有可能受法律保护。

另外，布图设计是一种立体的设计，就是说它的形式是三维的，而不是二维（平面）的。所以当布图设计以立体的形式表现时，才可能受保护。只有表现为半导体集成电路的涂层上的立体结构才是布图设计，才能受到《条例》的保护。在布图设计中，受保护的是元件布局的设计，而不是元件本身。并且，受保护的布图设计必须能够在产业中应用。

第二节　集成电路布图设计专有权的主体

《条例》的宗旨不仅是保护我国布图设计创作者的利益，还在于鼓励外国先进布图设计在中国境内进行商业利用。对于布图设计专有权的主体，《条例》作了明确的规定。

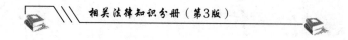

一、主体范围

中国自然人、法人或其他组织创作的布图设计，享有布图设计专有权；外国人创作的布图设计首先在中国境内投入商业利用的，享有布图设计专有权；外国人创作的布图设计，其创作者所属国同中国签订有关布图设计保护协议或者与中国共同参加有关布图设计保护国际条约的，享有布图设计专有权。

二、专有权人的确定

（一）创作者

除合作布图设计和委托布图设计外，布图设计专有权属于布图设计创作者。与《著作权法》保护的作品主要由自然人创作不同，布图设计往往是由法人或者其他组织投入大量人力、物力而进行创作的。因此，《条例》首先规定，由法人或者其他组织主持，依据法人或者其他组织的意志而创作，并由法人或者其他组织承担责任的布图设计，该法人或者其他组织是创作者。同时，《条例》还规定，由自然人创作的布图设计，该自然人是创作者。

（二）合作布图设计

两个以上自然人、法人或者其他组织合作创作的布图设计，其专有权的归属由合作者约定；未作约定或者约定不明的，其专有权由合作者共同享有。布图设计是两个以上单位或者个人合作创作的，创作者应当共同申请布图设计登记；有合同约定的，从其约定。

（三）委托布图设计

受委托创作的布图设计，其专有权的归属由委托人和受托人双方约定；未作约定或者约定不明的，其专有权由受托人享有。

第三节 集成电路布图设计专有权的取得程序

布图设计专有权的产生方式既不是像作品一样自创作完成之日起便自动享有著作权，也不必像发明专利权一样经过申请、初步审查和实质审查并由主管机关批准之后方能享有权利，而是经过国家知识产权局登记产生。未经登记的布图设计不受《条例》的保护。另外，布图设计自其在世界上任何地方首次商业利用之日起2年内，未向国家知识产权局提出登记申请的，国家知识产权局不再予以登记。这样就把国外在世界上投入商业利用满2年而在我国未登记的布图设计排除在保护之外。

一、登记申请

国家知识产权局负责布图设计登记工作，受理布图设计登记申请。

（一）申请应提交的材料

向国家知识产权局申请布图设计登记的，应当提交以下材料：①布图设计登记申请表一式两份；②1份布图设计的复制件或者图样；③布图设计在申请日以前已投入商业利用的，还应当提交4件含有该布图设计的集成电路样品；④国家知识产权局规定的其他材料。

（二）保密信息的处理

布图设计在申请日之前没有投入商业利用的，该布图设计登记申请可以有保密信息，其比例最多不得超过该布图设计总面积的 50%。布图设计登记申请有保密信息的，含有该保密信息的图层的复制件或者图样纸件应当置于在另一个保密文档袋中提交。含有保密信息的图层的复制件或者图样页码编号及总页数应当与布图设计登记申请表中所填写的一致。除侵权诉讼或者行政处理程序需要外，任何人不得查阅或者复制该保密信息。

（三）申请文件的语言

申请人提交的各种文件应当使用中文。国家有统一规定的科技术语的，应当采用规范词；外国人名、地名和科技术语没有统一中文译文的，应当注明原文。如果提交的各种证件和证明文件是外文的，国家知识产权局认为必要时，可以要求当事人在指定期限内附送中文译文；期满未附送的，视为未提交该证件和证明文件。

（四）提出申请的时间

布图设计创作完成之后，就可以向国家知识产权局提出登记申请。但是，布图设计最迟应当自其在世界任何地方首次商业利用之日起 2 年内，向国家知识产权局提出登记申请。未在该期限内向国家知识产权局提出登记申请的，国家知识产权局不再予以登记。

（五）代　理

中国单位或者个人在国内申请布图设计登记和办理其他与布图设计有关的事务的，可以委托专利代理机构办理。在中国没有经常居所或者营业所的外国人、外国企业或者外国其他组织在中国申请布图设计登记和办理其他与布图设计有关的事务的，应当委托专利代理机构办理。申请人委托专利代理机构向国家知识产权局申请布图设计登记和办理其他手续的，应当同时提交委托书，写明委托权限。

（六）申请日的确定

国家知识产权局收到布图设计申请文件之日为申请日。如果申请文件是邮寄的，以寄出的邮戳日为申请日。

（七）不予受理的情形

布图设计登记申请有下列情形之一的，国家知识产权局不予受理，并通知申请人：

（1）未提交布图设计登记申请表或者布图设计的复制件或者图样的，已投入商业利用而未提交集成电路样品的，或者提交的上述各项不一致的；

（2）外国申请人的所属国未与中国签订有关布图设计保护协议且未与中国共同参加有关国际条约；

（3）所涉及的布图设计自创作完成日起已满 15 年的；

（4）所涉及的布图设计自其在世界任何地方首次商业利用之日起满 2 年后才向国家知识产权局提出登记申请的；

（5）申请文件未使用中文的；

（6）申请类别不明确或者难以确定其属于布图设计的；

（7）未按规定委托代理机构的；

（8）布图设计登记申请表填写不完整的。

（八）文件的补正和修改

除不予受理的情形外，申请文件不符合规定条件的，申请人应当在收到国家知识产权局的审查意见通知之日起 2 个月内进行补正。补正应当按照审查意见通知书的要求进行。逾期未答复的，该申请视为撤回。申请人按照国家知识产权局的审查意见补正后，申请文件仍不符合规定的，国家知识产权局应当作出驳回决定。国家知识产权局可以自行修改布图设计申请文件中文字和符号的明显错误。国家知识产权局自行修改的，应当通知申请人。

二、申请的审查和登记

（一）审查的内容

集成电路布图设计申请材料的审查制度是初步审查制，主要包括申请材料的审查和是否明显符合保护范围的审查。申请文件的审查包括对布图设计登记申请表的审查、布图设计复制件或者图样的审查、集成电路样品的审查、代理事项的审查及其他文件的审查等。是否明显符合保护范围的审查包括对是否明显符合集成电路和集成电路布图设计的定义的审查，以及是否明显延及思想、处理过程、操作方法或者数学概念等的审查。

1. 申请表的内容和填写要求

布图设计登记申请表应当写明下列各项：①布图设计的名称；②布图设计所用于的集成电路的分类；③申请人的姓名或者名称、地址或者居住地；④申请人的国籍；⑤布图设计创作者的姓名或者名称；⑥布图设计的创作完成日期；⑦申请人委托专利代理机构的，应当注明的有关事项；申请人未委托专利代理机构的，其联系人的姓名、地址、邮政编码及联系电话；⑧布图设计有商业利用行为的，该行为的发生日；⑨布图设计登记申请有保密信息的，含有该保密信息的图层的复制件或者图样页码编号及总页数；⑩申请人或者专利代理机构的签字或者盖章；⑪申请文件清单；⑫附加文件及样品清单；⑬其他需要注明的事项。

2. 对复制件或者图样的要求

复制件或者图样的纸件应当至少放大到用该布图设计生产的集成电路的 20 倍以上。申请人可以同时提供该复制件或者图样的电子版本；提交电子版本的复制件或者图样的，应当包含该布图设计的全部信息，并注明文件的数据格式。复制件或者图样有多张纸的，应当顺序编号并附具目录。复制件或者图样的纸件应当使用 A4 纸格式；如果大于 A4 纸的，应当折叠成 A4 纸大小。复制件或者图样可以附具简单的文字说明，说明该集成电路布图设计的结构、技术、功能和其他需要说明的事项。

3. 对样品的要求

布图设计在申请日之前已投入商业利用的，申请登记时应当提交 4 件含有该布图设计的集成电路样品，并应当符合下列要求：①所提交的 4 件集成电路样品应当置于能保证其不受损坏的专用器具中，并附具填写好的国家知识产权局统一编制的表格；②器具表面应当写明申请人的姓名、申请号和集成电路名称；③器具中的集成电路样品应当采用适当的方式固定，不得有损坏，并能够在干燥器中至少存放 10 年。

（二）权利的恢复和期限的延长

当事人因不可抗拒的事由而耽误规定的期限或者国家知识产权局指定的期限，造成其权利丧失的，自障碍消除之日起 2 个月内，但是最迟自期限届满之日起 2 年内，可以向国家知识产权局说明理由并附具有关证明文件，请求恢复其权利。

当事人因正当理由而耽误规定的期限或者国家知识产权局指定的期限，造成其权利丧失的，可以自收到国家知识产权局的通知之日起 2 个月内向国家知识产权局说明理由，请求恢复其权利。

当事人请求延长国家知识产权局指定的期限的，应当在期限届满前，向国家知识产权局说明理由并办理有关手续。《条例》规定的期限不得请求延长。

（三）申请的驳回

申请人按照国家知识产权局的审查意见补正后，申请文件仍不符合规定的，国家知识产权局应当作出驳回决定。除前述情形外，国家知识产权局对布图设计登记申请进行初步审查后，发现申请登记的布图设计有下列情形之一的，应当作出驳回决定，写明所依据的理由：①申请登记的布图设计明显不符合集成电路和布图设计的定义的；②申请登记的布图设计明显延及思想、处理过程、操作方法、数学概念的。

（四）申请的登记和登记证书

布图设计登记申请经初步审查，未发现驳回理由的，由国家知识产权局予以登记，颁发登记证书，并在国家知识产权局官方网站和《中国知识产权报》上予以公告。布图设计专有权自申请日起生效。

国家知识产权局颁发的布图设计登记证书包括下列 7 项内容：①布图设计权利人的姓名或者名称和地址；②布图设计的名称；③布图设计在申请日之前已经投入商业利用的，其首次商业利用的时间；④布图设计的申请日及创作完成日；⑤布图设计的颁证日期；⑥布图设计的登记号；⑦国家知识产权局的印章及负责人签字。

（五）更　正

国家知识产权局对布图设计公告中出现的错误，一经发现，应当及时更正，并对所作更正予以公告。

三、查阅和复制

（一）登记簿的查阅

国家知识产权局设置布图设计登记簿，登记下列事项：①布图设计权利人的姓名或者名称、国籍和地址及其变更；②布图设计的登记；③布图设计专有权的转移和继承；④布图设计专有权的放弃；⑤布图设计专有权的质押、保全及其解除；⑥布图设计专有权的撤销；⑦布图设计专有权的终止；⑧布图设计专有权的恢复；⑨布图设计专有权实施的非自愿许可。

布图设计登记公告后，公众可以请求查阅该布图设计登记簿。

（二）登记簿副本

集成电路布图设计登记簿副本内容包括：布图设计登记号、申请日、权利人、权利人国籍/省市、权利人地址、权利人邮编、布图设计名称、创作完成日、首次商业利用时间、登记日、公告日、权利人变更、专有权的转移、专有权的无效、专有权的终止、专有权的恢复和专有权的质押、保全及其解除等其他变更登记事项。

布图设计登记公告后，公众可以请求查阅该布图设计登记簿或者请求国家知识产权局提供该登记簿的副本。

（三）复制件或者图样的查阅

布图设计登记公告后，公众可以请求查阅该布图设计的复制件或者图样的纸件。电子版本的复制件或者图样，除侵权诉讼或者行政处理程序需要外，任何人不得查阅或者复制。布图设计审查过程中及布图设计登记公告后，若该布图设计涉及侵权诉讼或者行政处理，允许处理案件的人民法院或者国家知识产权局的工作人员查阅、复制该布图设计的复制件或者图样的纸件和电子件、集成电路样品。

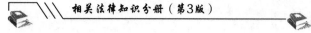

四、费　用

向国家知识产权局申请布图设计登记和办理其他手续时，应当缴纳的费用有：①布图设计登记费；②著录事项变更手续费、延长期限请求费、恢复权利请求费；③复审请求费；④非自愿许可请求费、非自愿许可使用费的裁决请求费。

因为布图设计专有权的取得程序较为简单，所以其获得权利的费用的规定不宜过于烦琐。为了简化手续，《条例》将申请费、登记公告费和维持费合并为登记费一次缴纳，相应降低收费标准，其目的是鼓励申请人的积极性。对于布图设计专有权进行一次性收费，也是世界上许多国家采取的收费方式。

（一）登记申请程序中的费用

向国家知识产权局申请布图设计登记和办理其他手续时，应当缴纳的费用种类及金额如下：布图设计登记费每件 1000 元；印花税每件 5 元；著录事项变更手续费每件每次 50 元；延长期限请求费每件每次 150 元；恢复权利请求费每件 500 元；非自愿许可使用请求费每件 150 元。

（二）复审程序中的费用

复审请求费每件 1000 元。

（三）撤销程序中的费用

撤销程序中不需要缴纳费用。

（四）缴纳费用的期限

申请人应当在收到受理通知书后 2 个月内缴纳布图设计登记费；期满未缴纳或者未缴足的，其申请视为撤回。

当事人请求恢复权利或者复审的，应当在规定的相关期限内缴纳费用；期满未缴纳或者未缴足的，视为未提出请求。延长期限请求费应当在相应期限届满前缴纳；期满未缴纳或者未缴足的，视为未提出请求。

著录事项变更手续费、非自愿许可请求费、非自愿许可使用费的裁决请求费应当在自提出请求之日起 1 个月内缴纳。

第四节　布图设计登记申请的复审、复议和专有权的撤销

一、复　审

布图设计登记申请人对国家知识产权局驳回其登记申请的决定不服的，可以自收到通知之日起 3 个月内，向国家知识产权局请求复审。国家知识产权局复审后，作出决定，并通知布图设计登记申请人。布图设计登记申请人对国家知识产权局的复审决定仍不服的，可以自收到通知之日起 3 个月内向人民法院起诉。

（一）复审机构

国家知识产权局专利局复审和无效审理部（以下简称"复审和无效审理部"）负责对国家知识产权局驳回布图设计登记申请决定不服而提出的复审请求的审查。

（二）复审请求

向复审和无效审理部请求复审的，应当提交复审请求书，说明理由，必要时还应当附具有关

证据。复审请求未在规定的期限内提出的，复审和无效审理部不予受理。复审请求不符合规定格式的，复审请求人应当在复审和无效审理部指定的期限内补正；期满未补正的，该复审请求视为未提出。

（三）复审请求的撤回

复审请求人在复审和无效审理部作出决定前，可以撤回其复审请求。复审请求人在复审和无效审理部作出决定前撤回其复审请求的，复审程序终止。

（四）复审程序中文件的修改

复审请求人在提出复审请求或者在对复审和无效审理部的复审通知书作出答复时，可以修改布图设计申请文件；但是修改应当仅限于消除驳回决定或者复审通知书指出的缺陷。修改的申请文件应当提交一式两份。

（五）复审决定

复审和无效审理部进行审查后，认为布图设计登记申请的复审请求不符合规定的，应当通知复审请求人，要求其在指定期限内陈述意见。期满未答复的，该复审请求视为撤回；经陈述意见或者进行修改后，复审和无效审理部认为该申请仍不符《条例》及其实施细则有关规定的，应当作出维持原驳回决定的复审决定。

复审和无效审理部进行复审后，认为原驳回决定不符合规定的，或者认为经过修改的申请文件消除了原驳回决定指出的缺陷的，应当撤销原驳回决定，通知原审查部门对该申请予以登记和公告。

复审和无效审理部的复审决定，应当写明复审决定的理由，并通知布图设计登记申请人。

二、复　议

当事人对国家知识产权局作出的下列 4 种具体行政行为不服或者有争议的，可以向国家知识产权局行政复议部门申请复议：①不予受理布图设计申请的；②将布图设计申请视为撤回的；③不允许恢复有关权利的请求的；④其他侵犯当事人合法权益的具体行政行为。

三、撤　销

布图设计获准登记后，国家知识产权局发现该登记不符合规定的，应当予以撤销，通知布图设计权利人，并予以公告。

（一）撤销机构

复审和无效审理部负责对布图设计专有权撤销案件的审查并有权作出撤销决定。

（二）撤销程序的启动

布图设计专有权的撤销是国家知识产权局依职权的主动行为。国家知识产权局发现该登记不符合规定的，应当启动撤销程序，撤销该布图设计专有权。

（三）撤销的理由和程序

布图设计登记公告后，发现登记的布图设计专有权有以下情形的，由复审和无效审理部撤销该布图设计专有权：①不符合集成电路及布图设计的定义的；②专有权的主体不具有在我国获得保护的资格的；③登记的布图设计不具有独创性的；④申请时布图设计创作完成已超过 15 年的；⑤申请时布图设计首次商业利用已超过 2 年的。

撤销布图设计专有权的，应当首先通知该布图设计权利人，要求其在指定期限内陈述意见。

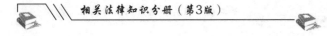

期满未答复的，不影响复审和无效审理部作出撤销布图设计专有权的决定。复审和无效审理部撤销布图设计专有权的决定应当写明所依据的理由，并通知该布图设计权利人。

布图设计权利人对国家知识产权局撤销布图设计登记的决定不服的，可以自收到通知之日起3个月内向人民法院起诉。

（四）撤销决定的公告及其效力

对复审和无效审理部撤销布图设计专有权的决定未在规定期限内向人民法院起诉，或者在人民法院维持复审和无效审理部撤销布图设计专有权决定的判决生效后，国家知识产权局应当将撤销该布图设计专有权的决定在国家知识产权局官方网站和《中国知识产权报》上公告。

被撤销的布图设计专有权视为自始即不存在。

第五节　集成电路布图设计专有权的内容

布图设计权利人享有两种专有权：一是对保护的布图设计的全部或者其中任何具有独创性的部分进行复制，即复制权；二是将受保护的布图设计、含有该布图设计的集成电路或者含有该集成电路的物品投入商业利用，即商业利用权。

一、复制权的内容及其范围

复制权是指布图设计权利人有权复制或许可他人复制其布图设计的全部或其中一部分，复制的形式可包括光学、电子或者其他手段。第三人未经许可而复制该受保护的布图设计，无论是复制局部或全部，均属非法行为。复制权的含义实质上与《著作权法》规定的复制权的含义是相同的。

规定布图设计的复制权，是为了适应集成电路产业化分工越来越细的发展趋势。集成电路产业发展到今天，已逐渐分化成三大组成部分，即设计业、芯片制造业和后道封装业。这导致集成电路设计逐渐独立出来成为专门的一个行业。这种分化是集成电路产业走向成熟的表现。为了充分地保护设计人的权益，有必要专门规定布图设计的复制权。❶

在集成电路产业界，各厂商为了了解其他厂商的技术发展水平，以便在他人基础上开发更新更完美的产品，无不采用反向剖析的方法，即从产品入手分析其功能、逻辑、结构等，从而了解最新技术动态，这一方法对集成电路产业的发展确实起到了重要的促进作用。单纯为分析、研究或者教学目的而复制他人受保护的布图设计不视为侵权。不仅如此，为了鼓励技术改进，可以在此基础上根据分析、研究结果再设计出具有独创性的布图设计，取得布图设计专有权。❷

二、商业利用权的内容及其范围

商业利用权是指布图设计权利人可以自己或者授权他人将其受保护的布图设计、含有该布图设计的集成电路或者含有该集成电路的物品投入商业利用的独占权。由于布图设计的真正价值只能通过商业实施来实现，如果布图设计人不享有这一权利，就难以充分保护其权益。

商业利用权的范围包含了为了商业目的进口、销售或以其他形式发行受保护的布图设计、含有该布图设计的集成电路或者含有该集成电路的物品。具体而言，布图设计权利人有权为商业目

---

❶ 郭禾. 半导体集成电路知识产权的法律保护［J］. 中国人民大学学报，2004（1）：103-111.

❷ 郭禾. 我国集成电路知识产权的法律保护［J］. 法学家，1995（4）：42-46.

的进口、销售、出租、许可实施，或者为进口、销售、出租、许可实施而展示以及以其他方式扩散受保护的布图设计，或者禁止他人未经其许可而有前述行为。这就是说，布图设计权利人可以享有进口权、销售权、出租权、许可权、展示权等权利。

商业利用权的效力不仅延及该布图设计本身，还延及含有该布图设计的集成电路，以及包含该集成电路的物品。商业实施权的效力原则上可以延伸到直接使用布图设计的物品，比如集成电路产品或者含有布图设计的磁盘、磁带、掩膜板等物质载体。但是，这一权利的效力不能无限制地延伸至使用了包含有受保护的布图设计的集成电路的所有物品，只能延伸到直接使用受保护的布图设计的集成电路产品上。

三、权利的行使

布图设计权利人可以以转让或者许可的方式行使自己的权利。

（一）专有权的转让

所谓布图设计专有权的转让，是指权利人将其全部权利转让给受让人享有。转让布图设计专有权的，当事人应当订立书面合同，并向国家知识产权局登记，由国家知识产权局予以公告。布图设计专有权的转让自登记之日起生效。布图设计专有权转让后，受让人成为该布图设计专有权的所有者，实际上就是布图设计专有权的主体发生了变化。布图设计专有权的转让，只能就全部权利进行转让，不能只转让部分权利，而保留另一部分权利。

（二）专有权的许可

所谓布图设计专有权的许可，是指权利人通过许可合同，将其权利的一部分或全部授予他人行使。布图设计权利人可以许可他人使用其布图设计。许可使用布图设计的，当事人应当订立书面合同。与布图设计专有权的转让不同的是，布图设计专有权许可的被许可人只享有使用权和其他有关权利，但不享有布图设计的所有权。

四、专有权的保护期限和放弃

（一）保护期限

对于布图设计专有权的期限，各国规定大致相同，都是 10 年。对于没有进行商业利用的，各国都规定，从布图设计固定或者创作完成之日起 15 年内没有进行商业利用的，布图设计专有权将终止。

我国布图设计专有权的保护期为 10 年，但是，无论是否登记或者投入商业利用，布图设计自创作完成之日起 15 年后，不再受《条例》的保护。

（二）期限的起算点

布图设计的保护从何时开始，各国规定有所不同。主要有三种方式：

（1）从获得登记之日开始。目前只有日本采用这种方式。

（2）从首次商业利用或者登记之日生效，以先发生者为准。大多数国家都采用这种方式。

（3）从布图设计创作完成时生效。像英国、瑞典等实行布图设计权自然取得制度的国家采用的是这种方式。

我国采用的是第二种方式，即布图设计专有权的保护期自布图设计登记申请之日或者在世界任何地方首次投入商业利用之日起计算，以较前日期为准。

（三）专有权的放弃

布图设计权利人在其布图设计专有权保护期届满之前，可以向国家知识产权局提交书面声明

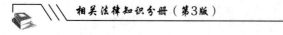

放弃该专有权。布图设计专有权的放弃由国家知识产权局登记和公告。布图设计专有权已许可他人实施或者已经出质的，该布图设计专有权的放弃应当征得被许可人或质权人的同意。

五、对布图设计专有权的限制

布图设计保护应当考虑创作人和投资者的利益，也得考虑使整个社会受益，实现创作人和投资者的利益与整个国家和社会利益的平衡。因而，授予创作人的这种专有权不能是绝对的垄断权利，也不能是没有限制的永恒权利。

《华盛顿条约》、各国法律都对布图设计专有权作了多方面的限制。除时间限制、保护范围的限制等外，还为使集成电路技术得以迅速而广泛的传播规定了合理使用等。这是为了充分发挥知识产权保护制度对集成电路产业发展的促进作用，既对布图设计专有权提供足够的保护，又不阻碍新的布图设计的推广使用。

为此，从发展我国集成电路产业的实际需要出发，在相关国际条约允许的范围内，《条例》对布图设计专有权加以限制。❶ 主要有以下五方面。

（一）合理使用与反向工程

下列行为视为合理使用，可以不经布图设计权利人许可，不向其支付报酬：

（1）为个人目的或者单纯为评价、分析、研究、教学等目的而复制受保护的布图设计的；

（2）在依据前项评价、分析受保护的布图设计的基础上，创作出具有独创性的布图设计的；

（3）对自己独立创作的与他人相同的布图设计进行复制或者将其投入商业利用的。

合理使用中还有一个重要的内容是明确规定允许"反向工程"。这就是上述（1）和（2）两方面内容。实施反向工程只要不是为商业目的而复制他人布图设计，而是通过解剖、分析了解他人产品的设计思想、设计方法，以便设计出与之兼容的产品，或者在他人产品的基础上作进一步的改进，从而制造出在技术上更加先进的集成电路，应当认为这种行为是合理的。在一定条件下给予实施反向工程的特许，这是对复制权的一种限制，也是鼓励技术进步的一种手段，在于鼓励人们设计出功能相似但集成度更高、速度更快、成本低廉的集成电路产品。如果将反向工程视为侵权，必将扼制集成电路布图设计技术的发展。❷

（二）独创布图设计的使用

对自己独立创作的与他人相同的布图设计进行复制或者将其投入商业利用的，不需要取得权利人的许可，并且不向其支付报酬。由于各种条件的限制，能够独立创作出与受保护的布图设计相同的布图设计是完全有可能的。为了保护创作人的积极性，对该独立创作人的权利也给予保护。但该布图设计人要有充足的证据证明自己未接触过受保护的布图设计，是其独立创作出来的。独立创作是指未抄袭他人创作而自行独立研究而得，此时即使与他人作品构成实质相似，亦不构成侵权。

（三）权利用尽

权利用尽是指受保护的布图设计、含有该布图设计的集成电路或者含有该集成电路的物品，由布图设计权利人或者经其许可投放市场后，他人再次商业利用的，可以不经布图设计权利人许可，并不向其支付报酬。这是因为专有权人的权利，在相关产品首次销售后已经用尽。

---

❶ 文希凯. 中国集成电路布图设计保护制度概述［G］//国家知识产权局条法司. 专利法研究2001. 北京：知识产权出版社，2002：222-234.

❷ 吴汉东. 知识产权法［M］. 北京：中国政法大学出版社，1999：410.

集成电路布图设计保护中的"权利用尽"是指商业利用权的权利用尽。即经权利人自己或经其许可投放市场的布图设计，或含有该布图设计的集成电路，或含有该集成电路的物品，再次投入商业利用时，无须取得权利人的许可，也无须支付报酬。

法律规定此原则的目的在于限制布图设计权利人对其布图设计产品的控制权，防止其滥用权利形成垄断，消除其专有性与商品自由流通的矛盾，从而便利产品的购买者自由处理所购买的产品，进而有利于市场中布图设计产品的正常流通。但是，权利用尽仅是商业利用权在含有布图设计的产品投放市场后穷尽，在其投放市场之前，商业利用权仍为布图设计权利人所有。而且，权利人用尽的只是部分权利，而不是全部权利。比如权利用尽不涉及复制权，复制权永远在布图设计权利人手中，除非保护期届满或发生其他权利转移的事情。另外，权利用尽不适用于未经权利人许可制造的布图设计、集成电路和集成电路产品。❶

（四）善意商业利用

善意商业利用是指，在获得含有受保护的布图设计的集成电路或者含有该集成电路的物品时，不知道也没有合理理由应当知道其中含有非法复制的布图设计，而将其投入商业利用的，不视为侵权。前述行为人得到其中含有非法复制的布图设计的明确通知后，可以继续将现有的存货或者此前的订货投入商业利用，但应当向布图设计权利人支付合理的报酬。

布图设计的"善意商业利用"可以不视为侵权，在得到明确通知，由"不知"变为"知道"后，仍可以将存货或者此前已订的货投入商业利用，只要向权利人支付合理报酬即可。布图设计保护对善意商业利用作出如此宽松的待遇，主要原因在于，一般商品流通者很难事前知道或判断（比软件难得多）集成电路芯片内是否含有非法复制的布图设计。

善意商业利用免责仅适用于商业利用权，不适用于复制权，而且仅适用于含有非法复制的集成电路或者含有该集成电路的物品，不适用布图设计本身。因为在对复制或对布图设计本身商业利用时，利用者应该而且有可能知道其是否构成侵权。❷

（五）非自愿许可

在国家出现紧急状态或者非常情况时，或者为了公共利益，或者经人民法院、不正当竞争行为监督检查部门依法认定布图设计权利人有不正当竞争行为而需要给予补救时，国家知识产权局可以给予使用其布图设计的非自愿许可。国家知识产权局作出给予使用布图设计非自愿许可的决定，应当及时通知布图设计权利人。给予使用布图设计非自愿许可的决定，应当根据非自愿许可的理由，规定使用的范围和时间，其范围应当限于为公共目的非商业性使用，或者限于经人民法院、不正当竞争行为监督检查部门依法认定布图设计权利人有不正当竞争行为而需要给予的补救。

非自愿许可的理由消除并不再发生时，国家知识产权局应当根据布图设计权利人的请求，经审查后作出终止使用布图设计非自愿许可的决定。

取得使用布图设计非自愿许可的自然人、法人或者其他组织不享有独占的使用权，并且无权允许他人使用。取得使用布图设计非自愿许可的自然人、法人或者其他组织应当向布图设计权利人支付合理的报酬，其数额由双方协商；双方不能达成协议的，由国家知识产权局裁决。

布图设计权利人对国家知识产权局关于使用布图设计非自愿许可的决定不服的，布图设计权利人和取得非自愿许可的自然人、法人或者其他组织对国家知识产权局关于使用布图设计非自愿许可的报酬的裁决不服的，可以自收到通知之日起3个月内向人民法院起诉。

---

❶ 刘春晓. 集成电路布图设计权及其保护研究［D］. 南京：南京师范大学，2008.

❷ 邹忭. 集成电路与计算机软件保护的比较分析［J］. 电子知识产权，2002（3）：53-56.

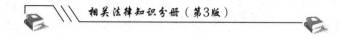

六、集成电路布图设计专有权的保护

（一）侵权行为

所谓侵犯布图设计专有权的行为，是指行为人由于过错侵害他人享有专有权的布图设计，依法应当承担法律责任的行为。具体说来是指未经布图设计权利人许可，又无法律依据，出于商业目的擅自对受到法律保护的布图设计进行复制和商业利用，依法应当承担法律责任的行为。侵犯布图设计专有权的行为主要有两类。

1. 侵犯复制权的行为

侵犯复制权的行为，是指未经布图设计权利人许可，行为人主观上以营利为目的，以翻拍、拷贝等方式复制他人受保护的布图设计的全部或者其中任何具有独创性的部分的行为。由于布图设计很容易复制，因此非法复制行为是一种比较普遍的行为。客观上实施了非法复制行为，就构成侵犯布图设计权的行为。至于复制的数量多少，是司法中作为计算受害人损失的标准之一。

对布图设计专有权的侵犯的复制，主要有两种情况：一是完全的复制，二是部分复制。完全的复制就是将受保护的布图设计作为一个整体全部复制在集成电路产品中，没有任何改动。这种情况认定侵权没有太大困难。但是，实践中更多的是在复制的时候对受保护的布图设计作一些必要的或者不必要的修改，从而使人不易判断是复制他人受保护的布图设计。这就是部分复制。

对布图设计的部分复制，实际上就是仿制。这种侵权方式比较隐密，不易被发觉，即使被发觉，在对其认定上也有很大的困难。原因有两方面：一是在布图设计中，有一些共同遵循的规则，不可避免地在各个布图设计中有一些相同的地方；二是受布图设计功能的限制，不同的创作人所创的布图设计可能基本相似。这就增加了对这种复制认定的难度。❶

2. 侵犯商业利用权的行为

侵犯商业利用权的行为，是指未经布图设计权利人许可，为商业目的擅自进口、销售或以其他方式提供受保护的布图设计、含有该布图设计的集成电路或者含有该集成电路的物品的行为。具体来说，可以分为以下几种侵权情形：

（1）未经权利人许可，为商业目的进口、销售、提供受保护的布图设计。

（2）非法进口、销售、提供含有受保护的布图设计的集成电路同样也是侵权行为。集成电路是融布图设计和工艺技术为一体的综合性技术成果，布图设计包含在集成电路之中。为了商业目的，未经权利人许可，直接将他人的布图设计用于制作集成电路，并且进口、销售或者提供该集成电路，是一种较为隐蔽的侵权行为。

（3）非法进口、销售或提供含有受保护的布图设计的产品。此类侵权的隐蔽性更强。它一般表现为：侵权人出于商业目的，不经权利人许可，直接将含有受保护的布图设计的集成电路用于某些产品之中，并将这些产品投入商业经营。所涉集成电路可能是侵权人自己制造的，也可能是侵权人从别处非法购入的。

但无论何种形式，其中均含有受保护的布图设计，都视为侵权。❷

（二）侵权纠纷的解决途径

权利不能没有救济，一种无法诉诸法律保护的权利，实际上根本就不是什么法律权利。对侵

---

❶　汪娣娣，丁辉文. 浅析我国集成电路布图设计的知识产权保护：我国集成电路企业应注意的相关问题[J]. 半导体技术，2003（5）：14-17.

❷　张成立. 论集成电路布图设计的民法保护[J]. 前沿，2006（7）：138.

犯布图设计专有权的解决途径，我国采取了行政救济与司法救济相结合的双轨制。

1. 协　商

侵犯其布图设计专有权，引起纠纷的，当事人可以协商解决。

2. 请求国家知识产权局处理

对于侵犯布图设计专有权纠纷，当事人不愿协商或者协商不成的，布图设计权利人或者利害关系人可以请求国家知识产权局处理。国家知识产权局处理时，认定侵权行为成立的，可以责令侵权人立即停止侵权行为，没收、销毁侵权产品或者物品。侵权人期满不起诉又不停止侵权行为的，国家知识产权局可以请求人民法院强制执行。当事人不服国家知识产权局处理决定的，可以自收到处理通知之日起 15 日内依照《行政诉讼法》向人民法院起诉。

请求国家知识产权局处理布图设计专有权侵权纠纷的，应当符合下列条件：①该布图设计已登记、公告；②请求人是布图设计权利人或者与该侵权纠纷有直接利害关系的单位或者个人；③有明确的被请求人；④有明确的请求事项和具体的事实、理由；⑤当事人任何一方均未就该侵权纠纷向人民法院起诉。

3. 诉　讼

对于侵犯布图设计专有权纠纷，当事人不愿协商或者协商不成的，布图设计权利人或者利害关系人可以直接向人民法院起诉。

4. 赔偿数额的调解

在处理侵犯布图设计专有权纠纷的程序中，应当事人的请求，国家知识产权局可以就侵犯布图设计专有权的赔偿数额进行调解；调解不成的，当事人可以依照《民事诉讼法》向人民法院起诉。

（三）侵权责任及其承担方式

从最终承担的法律责任上看，侵犯布图设计专有权的行为需要承担两种责任，即停止侵权和赔偿损失。

权利人或者利害关系人请求国家知识产权局处理侵权纠纷，国家知识产权局处理时认定侵权行为成立的，可以责令侵权人立即停止侵权行为，同时侵权人还需要承担被没收、销毁侵权产品或者物品的责任。权利人或者利害关系人直接就侵权纠纷向人民法院起诉，受理案件的法院判决认定侵权行为成立的，可以依照《民法通则》责令侵权人停止侵权行为，并判决侵权人承担赔偿责任。

此外，布图设计权利人或者利害关系人发现侵权人正在实施或者将要实施侵权行为，如不及时制止将会使其合法权益受到难以弥补的损害的，权利人或者利害关系人可以在起诉前依法向人民法院申请采取责令停止有关行为和财产保全的措施。

侵犯布图设计专有权的赔偿数额，为侵权人所获得的利益或者被侵权人所受到的损失，包括被侵权人为制止侵权行为所支付的合理开支。

第六章　其他知识产权法规和规章

【提要】本章主要围绕知识产权海关保护和展会知识产权保护，讲述知识产权的海关保护备案、侵权嫌疑货物的扣留及其处理、海关的调查和处理及侵权的法律责任，以及展会知识产权侵权案件的投诉处理、展会知识产权的保护及侵权的法律责任。

本章主要涉及《中华人民共和国知识产权海关保护条例》（以下简称《知识产权海关保护条例》）、《中华人民共和国海关关于〈中华人民共和国知识产权海关保护条例〉的实施办法》（以下简称《知识产权海关保护条例实施办法》）和《展会知识产权保护办法》。

第一节　知识产权海关保护

《知识产权海关保护条例》第2条规定，知识产权海关保护，是指海关对与进出口货物有关并受中国法律、行政法规保护的商标专用权、著作权和与著作权有关的权利、专利权（以下统称知识产权）实施的保护。依照《知识产权海关保护条例实施办法》第37条规定，海关参照该办法对奥林匹克标志和世界博览会标志实施保护。

国家禁止侵犯知识产权的货物进出口。海关依照有关法律和《知识产权海关保护条例》的规定，实施知识产权保护。海关知识产权保护主要涉及知识产权的备案、侵权嫌疑货物的扣留与处理、海关的调查和处理以及侵权的法律责任等问题。

知识产权权利人可以向海关总署办理知识产权海关保护备案，或者请求海关采取知识产权保护措施。知识产权权利人向海关总署办理知识产权海关保护备案，或者请求海关采取知识产权保护措施的，应当提出申请。境内知识产权权利人可以直接或者委托境内代理人提出申请，境外知识产权权利人应当由其在境内设立的办事机构或者委托境内代理人提出申请。知识产权权利人委托境内代理人提出申请的，应当出具规定格式的授权委托书。

一、知识产权的备案

（一）备案申请

知识产权权利人可以依照《知识产权海关保护条例》的规定，将其知识产权向海关总署申请备案。

1. 申请书的主要内容

知识产权权利人向海关总署申请知识产权海关保护备案的，应当向海关总署提交申请书。依据《知识产权海关保护条例》第7条和《知识产权海关保护条例实施办法》第6条，申请书应当包括以下内容：

（1）知识产权权利人的名称或者姓名、注册地或者国籍、通信地址、联系人姓名、电话和传真号码、电子邮箱地址等。

（2）知识产权的名称、内容及其相关信息。包括注册商标的名称，核定使用商品的类别和商品名称，商标图形，注册有效期，注册商标的转让、变更、续展情况等；作品的名称，创作完成的时间，作品的类别，作品图片，作品转让、变更情况等；专利权的名称、类型、申请日期，专利权转让、变更情况等。

（3）知识产权许可行使状况。包括被许可人的名称、许可使用商品、许可期限等。

（4）知识产权权利人合法行使知识产权的货物的名称、产地、进出境地海关、进出口商、主要特征、价格等。

（5）已知的侵犯知识产权货物的制造商、进出口商、进出境地海关、主要特征、价格等。

就申请备案的每一项知识产权，知识产权权利人应当单独提交一份申请书。知识产权权利人申请国际注册商标备案的，应当就其申请的每一类商品单独提交一份申请书。前述规定的申请书内容有证明文件的，知识产权权利人应当附送证明文件。

2.申请文件附件

知识产权权利人向海关总署提交备案申请书，应当随附以下文件、证据：

（1）知识产权权利人的身份证明文件。

（2）商标注册证的复印件。申请人经核准变更商标注册事项、续展商标注册、转让注册商标或者申请国际注册商标备案的，还应当提交主管机关出具的有关商标注册的证明。

著作权登记部门签发的著作权自愿登记证明的复印件和经著作权登记部门认证的作品照片；申请人未进行著作权自愿登记的，提交可以证明申请人为著作权人的作品样品以及其他有关著作权的证据。

国务院专利行政部门签发的专利证书的复印件。专利授权自公告之日起超过1年的，还应当提交国务院专利行政部门在申请人提出备案申请前6个月内出具的专利登记簿副本；申请实用新型专利或者外观设计专利备案的，还应当提交由国务院专利行政部门作出的专利权评价报告。

（3）知识产权权利人许可他人使用注册商标、作品或者实施专利，签订许可合同的，提供许可合同的复印件；未签订许可合同的，提交有关被许可人、许可范围和许可期间等情况的书面说明。

（4）知识产权权利人合法行使知识产权的货物及其包装的照片。

（5）已知的侵权货物进出口的证据。知识产权权利人与他人之间的侵权纠纷已经由法院或者知识产权主管部门处理的，还应当提交有关法律文书的复印件。

知识产权权利人向海关总署提交的文件和证据应当齐全、真实和有效。有关文件和证据为外文的，应当另附中文译本。海关总署认为必要时，可以要求知识产权权利人提交有关文件或者证据的公证、认证文书。

3.不予备案的情形

海关总署自收到全部申请文件之日起30个工作日内作出是否准予备案的决定，并书面通知申请人。有下列情形之一的，海关总署不予备案：

（1）申请文件不齐全或者无效的；

（2）申请人不是知识产权权利人的；

（3）知识产权不再受法律、行政法规保护的。

4.备案的撤销

海关发现知识产权权利人申请知识产权备案未如实提供有关情况或者文件的，海关总署可以撤销其备案。

知识产权备案情况发生改变的，知识产权权利人应当自发生改变之日起30个工作日内，向海关总署办理备案变更或者注销手续。知识产权权利人未依照前述规定办理变更或者注销手续，给他人合法进出口或者海关依法履行监管职责造成严重影响的，海关总署可以根据有关利害关系

第二编

人的申请撤销有关备案，也可以主动撤销有关备案。

海关总署撤销备案的，知识产权权利人自备案被撤销之日起1年内就被撤销备案的知识产权再次申请备案的，海关总署可以不予受理。

（二）备案的有效期及其续展

1. 备案的有效期

知识产权海关保护备案自海关总署准予备案之日起生效，有效期为10年。自备案生效之日起知识产权的有效期不足10年的，备案的有效期以知识产权的有效期为准。

2. 备案的续展

对于已经备案的知识产权，在备案有效期届满后继续有效的，知识产权权利人可以在该备案有效期届满前6个月内，向海关总署申请续展备案。每次续展备案的有效期为10年，自上一届备案有效期满次日起算。知识产权的有效期自上一届备案有效期满次日起不足10年的，续展备案的有效期以知识产权的有效期为准。

（三）备案的变更和失效

1. 备案的变更

知识产权备案情况发生改变的，知识产权权利人应当自发生改变之日起30个工作日内，向海关总署办理备案变更手续。

知识产权权利人未依照规定办理变更手续，给他人合法进出口或者海关依法履行监管职责造成严重影响的，海关总署可以根据有关利害关系人的申请撤销有关备案，也可以主动撤销有关备案。❶

2. 备案的注销

知识产权在备案有效期届满前不再受法律、行政法规保护，或者备案的知识产权发生转让的，原知识产权权利人应当自备案的知识产权不再受法律、行政法规保护或者转让生效之日起30个工作日内向海关总署提出注销知识产权海关保护备案的申请并随附有关文件。

知识产权权利人未依照规定办理注销手续，给他人合法进出口或者海关依法履行监管职责造成严重影响的，海关总署可以根据有关利害关系人的申请撤销有关备案，也可以主动撤销有关备案。❷

知识产权权利人在备案有效期内放弃备案的，可以向海关总署申请注销备案。

3. 备案的失效

知识产权海关保护备案有效期届满而不申请续展，或者知识产权不再受法律、行政法规保护的，知识产权海关保护备案随即失效。

海关总署撤销或注销备案的，备案自海关总署撤销或注销之日起失效。

二、侵权嫌疑货物的扣留及其处理

（一）扣　留

知识产权权利人发现侵权嫌疑货物即将进出口的，可以向货物进出境地海关提出扣留侵权嫌疑货物的申请。

---

❶❷ 《知识产权海关保护条例实施办法》第12条中使用的是"注销"：未依据规定向海关总署申请变更或者注销备案，给他人合法进出口造成严重影响的，海关总署可以主动或者根据有关利害关系人的申请注销有关知识产权的备案。

知识产权权利人请求海关扣留侵权嫌疑货物的，应当提交申请书及相关证明文件，并提供足以证明侵权事实明显存在的证据。

1. 扣留申请书的主要内容

扣留申请书应当包括下列主要内容：

(1) 知识产权权利人的名称或者姓名、注册地或者国籍等；

(2) 知识产权的名称、内容及其相关信息；

(3) 侵权嫌疑货物收货人和发货人的名称；

(4) 侵权嫌疑货物名称、规格等；

(5) 侵权嫌疑货物可能进出境的口岸、时间、运输工具等。

侵权嫌疑货物涉嫌侵犯备案知识产权的，申请书还应当包括海关备案号。涉案知识产权未在海关总署备案的，知识产权权利人还应当随附《知识产权海关保护条例实施办法》第7条第1款前两项所规定的知识产权权利人的身份证明文件和涉案知识产权的权利证明文件。

知识产权权利人提交的证据，应当能够证明以下事实：

(1) 请求海关扣留的货物即将进出口；

(2) 在货物上未经许可使用了侵犯其商标专用权的商标标识、作品或者实施了其专利。

2. 扣留担保

知识产权权利人请求海关扣留侵权嫌疑货物的，应当在海关规定的期限内向海关提供不超过货物等值的担保，用于赔偿可能因申请不当给收货人、发货人造成的损失，以及支付货物由海关扣留后的仓储、保管和处置等费用；知识产权权利人直接向仓储商支付仓储、保管费用的，从担保中扣除。

海关对进出口货物实施监管，发现进出口货物涉及备案的知识产权且进出口商或者制造商使用有关知识产权的情况未备案的，可以要求收发货人在规定期限内申报货物的知识产权状况和提交相关证明文件。收发货人未按照前述规定申报货物知识产权状况、提交相关证明文件或者海关有理由认为货物涉嫌侵犯在海关总署备案的知识产权的，海关应当中止放行货物并书面通知知识产权权利人。知识产权权利人认为有关货物侵犯其在海关总署备案的知识产权并要求海关扣留侵权嫌疑货物的，应当按照以下规定向海关提供担保：①货物价值不足人民币2万元的，提供相当于货物价值的担保；②货物价值为人民币2万元至20万元的，提供相当于货物价值50%的担保，但担保金额不得少于人民币2万元；③货物价值超过人民币20万元的，提供人民币10万元的担保。在海关总署备案的商标专用权的权利人，经核准可以向海关总署提交银行或者非银行金融机构出具的保函，为其向海关申请商标专用权海关保护措施提供总担保。总担保的担保金额应当相当于知识产权权利人上一年度向海关申请扣留侵权嫌疑货物后发生的仓储、保管和处置等费用之和；知识产权权利人上一年度未向海关申请扣留侵权嫌疑货物或者仓储、保管和处置等费用不足人民币20万元的，总担保的担保金额为人民币20万元。

知识产权权利人申请扣留侵权嫌疑货物，提交了申请书及相关证明文件，提供了足以证明侵权事实明显存在的证据，并依照《知识产权海关保护条例》的规定提供担保的，海关应当扣留侵权嫌疑货物。知识产权权利人申请扣留侵权嫌疑货物，却未依照规定提供担保的，海关将驳回申请书面通知知识产权权利人。海关扣留侵权嫌疑货物的，应当将货物的名称、数量、价值，收发货人名称，申报进出口日期，海关扣留日期等情况书面通知知识产权权利人，将扣留侵权嫌疑货物的扣留凭单送达收发货人。

知识产权权利人逾期未提出申请或者未提供担保的，海关不得扣留货物。

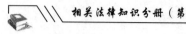

经海关同意，知识产权权利人、收发货人可以查看海关扣留的货物。

收货人或者发货人认为其货物未侵犯知识产权权利人的知识产权的，应当向海关提出书面说明并附送相关证据。

3. 扣留物品的放行条件

依照《知识产权海关保护条例》第24条，有下列情形之一的，海关应当放行被扣留的侵权嫌疑货物：

（1）海关依照《知识产权海关保护条例》第15条的规定扣留侵权嫌疑货物，但自扣留之日起20个工作日内未收到人民法院协助执行通知的；

（2）海关依照《知识产权海关保护条例》第16条的规定扣留侵权嫌疑货物，但自扣留之日起50个工作日内未收到人民法院协助执行通知，并且经调查不能认定被扣留的侵权嫌疑货物侵犯知识产权的；

（3）涉嫌侵犯专利权货物的收货人或者发货人在向海关提供与货物等值的担保金后，请求海关放行其货物的；

（4）海关认为收货人或者发货人有充分的证据证明其货物未侵犯知识产权权利人的知识产权的；

（5）在海关认定被扣留的侵权嫌疑货物为侵权货物之前，知识产权权利人撤回扣留侵权嫌疑货物的申请的。

（二）调查和认定

海关发现进出口货物有侵犯备案知识产权嫌疑并通知知识产权权利人后，知识产权权利人应当在海关书面通知送达之日起3个工作日内按照下列规定予以回复：

（1）认为有关货物侵犯其在海关总署备案的知识产权并要求海关予以扣留的，向海关提出扣留侵权嫌疑货物的书面申请并按照《知识产权海关保护条例实施办法》第23条或者第24条的规定提供担保。

（2）认为有关货物未侵犯其在海关总署备案的知识产权或者不要求海关扣留侵权嫌疑货物的，向海关书面说明理由。经海关同意，知识产权权利人可以查看有关货物。

知识产权权利人请求海关扣留侵权嫌疑货物的，海关应当自扣留之日起30个工作日内对被扣留的侵权嫌疑货物是否侵犯知识产权进行调查、认定；不能认定的，应当立即书面通知知识产权权利人。

海关对被扣留的侵权嫌疑货物及有关情况进行调查时，知识产权权利人和收发货人应当予以配合。海关对被扣留的侵权嫌疑货物进行调查，请求知识产权主管部门提供协助的，有关知识产权主管部门应当予以协助。知识产权主管部门或者法院处理涉及进出口货物的侵权案件请求海关提供协助的，海关应当予以协助。

知识产权权利人在向海关提出采取保护措施的申请后，可以依照《商标法》《著作权法》《专利法》或者其他有关法律的规定，就被扣留的侵权嫌疑货物向法院申请采取责令停止侵权行为或者财产保全的措施。海关收到法院有关责令停止侵权行为或者财产保全的协助执行通知的，应当予以协助。海关实施知识产权保护发现涉嫌犯罪案件的，应当将案件依法移送公安机关处理。

知识产权权利人就有关专利侵权纠纷向法院起诉的，应当在前述规定的海关书面通知送达之日起30个工作日内向海关提交法院受理案件通知书的复印件。

海关不能认定货物是否侵犯有关专利权的，收发货人向海关提供相当于货物价值的担保后，可以请求海关放行货物。符合规定的，海关应当放行货物并书面通知知识产权权利人。

第二编

知识产权权利人与收发货人就海关扣留的侵权嫌疑货物达成协议，向海关提出书面申请并随附相关协议，要求海关解除扣留侵权嫌疑货物的，海关除认为涉嫌构成犯罪外，可以终止调查。

三、法律责任

（一）收货人或发货人的责任

1. 没收侵权货物

被扣留的侵权嫌疑货物，经海关调查后认定侵犯知识产权的，由海关予以没收。海关没收侵犯知识产权货物后，应当将侵犯知识产权货物的有关情况书面通知知识产权权利人。当事人无法查清的，自海关制发有关公告之日起满3个月后可由海关予以收缴。

个人携带或者邮寄进出境的物品，超出自用、合理数量，并侵犯《知识产权海关保护条例》第2条规定的知识产权的，按照侵权货物处理。

2. 对没收的侵权货物的处理

对没收的侵权货物，海关应当按照下列规定处置：

（1）用于公益事业或者有偿转让

被没收的侵犯知识产权货物可以用于社会公益事业的，海关应当转交给有关公益机构用于社会公益事业；知识产权权利人有收购意愿的，海关可以有偿转让给知识产权权利人。有关公益机构将海关没收的侵权货物用于社会公益事业的，海关应当进行必要的监督。

（2）拍　卖

被没收的侵犯知识产权货物无法用于社会公益事业且知识产权权利人无收购意愿的，海关可以在消除侵权特征后依法拍卖。但对进口假冒商标货物，除特殊情况外，不能仅清除货物上的商标标识即允许其进入商业渠道。海关拍卖侵权货物，应当事先征求有关知识产权权利人的意见。拍卖货物所得款项上交国库。

（3）销　毁

被没收的侵犯知识产权货物无法用于社会公益事业、知识产权权利人无收购意愿，且侵权特征无法消除的，海关应当予以销毁。海关销毁侵权货物的，知识产权权利人应当提供必要的协助。知识产权权利人接受海关委托销毁侵权货物的，海关应当进行必要的监督。

3. 刑事责任

进口或者出口侵犯知识产权货物，构成犯罪的，依法追究刑事责任。

（二）知识产权权利人的责任

（1）海关接受知识产权保护备案和采取知识产权保护措施的申请后，因知识产权权利人未提供确切情况而未能发现侵权货物、未能及时采取保护措施或者采取保护措施不力的，由知识产权权利人自行承担责任。

（2）知识产权权利人请求海关扣留侵权嫌疑货物后，海关不能认定被扣留的侵权嫌疑货物侵犯知识产权权利人的知识产权，或者人民法院法院判定不侵犯知识产权权利人的知识产权的，知识产权权利人应当依法承担赔偿责任。

第二节　展会知识产权的保护

展会知识产权保护，是指在展会期间，投诉机构、展会举办地知识产权行政管理部门对知识产权所给予的临时保护。

为加强展会期间知识产权保护，维护会展业秩序，推动会展业的健康发展，制定《展会知识产权保护办法》。该办法于 2006 年 3 月 1 日起实施。该办法对投诉机构、展会期间知识产权的保护以及侵权的法律责任等作出了规定，适用于在我国境内举办的各类经济技术贸易展览会、展销会、博览会、交易会、展示会等活动中有关专利、商标、著作权的保护。

一、投诉机构

（一）投诉机构的设立及人员组成

展会时间在 3 天以上（含 3 天），展会管理部门认为有必要的，展会主办方应在展会期间设立知识产权投诉机构。展会知识产权投诉机构应由展会主办方，展会管理部门，专利、商标、著作权等知识产权行政管理部门的人员组成。

设立投诉机构的，展会举办地知识产权行政管理部门应当派员进驻，并依法对侵权案件进行处理；未设立投诉机构的，展会举办地知识产权行政管理部门应当加强对展会知识产权保护的指导、监督和有关案件的处理，展会主办方应当将展会举办地的相关知识产权行政管理部门的联系方式等在展会场馆的显著位置予以公示。

（二）投诉机构的职责

投诉机构是展会期间临时性的投诉窗口，并不具有行政职能。其主要职责包括：

（1）接受知识产权权利人的投诉，暂停涉嫌侵犯知识产权的展品在展会期间展出；

（2）将有关投诉材料移交相关知识产权行政管理部门；

（3）协调和督促投诉的处理；

（4）对展会知识产权保护信息进行统计和分析；

（5）其他相关事项。

二、展会知识产权保护

展会知识产权保护主要涉及在我国境内举办的各类经济技术贸易展览会、展销会、博览会、交易会、展示会等活动中有关专利、商标、著作权的保护。

知识产权权利人可以向展会知识产权投诉机构投诉，也可直接向知识产权行政管理部门投诉。权利人向投诉机构投诉的，应当提交以下材料：合法有效的知识产权权属证明；涉嫌侵权当事人的基本信息；涉嫌侵权的理由和证据；委托代理人投诉的，应提交授权委托书。

展会知识产权投诉机构在收到符合规定的投诉材料后，应于 24 小时内将其移交有关知识产权行政管理部门。地方知识产权行政管理部门受理投诉或者处理请求的，应当通知展会主办方，并及时通知被投诉人或者被请求人。

在处理侵犯知识产权的投诉或者请求程序中，地方知识产权行政管理部门可以根据展会的展期指定被投诉人或者被请求人的答辩期限。被投诉人或者被请求人提交答辩书后，除非有必要作进一步调查，地方知识产权行政管理部门应当及时作出决定并送交双方当事人。被投诉人或者被请求人逾期未提交答辩书的，不影响地方知识产权行政管理部门作出决定。

（一）展会期间专利保护

1. 投诉机构的专利保护工作

投诉机构接受投诉和进行临时性处理（暂停涉嫌侵犯知识产权的展品在展会期间展出），并同时将有关投诉材料移送。投诉机构需要地方知识产权行政管理部门❶协助的，地方知识产权行政管理部门应当积极配合，参与展会知识产权保护工作。

2. 地方知识产权行政管理部门在展会期间的专利保护工作

地方知识产权行政管理部门在展会期间的专利保护工作可以包括：

（1）接受展会投诉机构移交的关于涉嫌侵犯专利权的投诉，依照专利法律法规的有关规定进行处理；

（2）受理展出项目涉嫌侵犯专利权的专利侵权纠纷处理请求，依照《专利法》的规定进行处理；

（3）受理展出项目涉嫌假冒他人专利和冒充专利的举报，或者依职权查处展出项目中假冒他人专利和冒充专利的行为，依据《专利法》的规定进行处罚。

概而言之，地方知识产权行政管理部门在展会期间专利保护的工作内容，一方面可以接受展会投诉机构移交的涉嫌侵犯专利权的投诉，并根据专利法律法规的有关规定进行处理；另一方面，地方知识产权行政管理部门也可以直接受理有关权利人关于展出项目涉嫌侵犯专利权或者涉嫌假冒他人专利和冒充专利的投诉，并根据《专利法》的有关规定予以处理。

3. 地方知识产权行政管理部门对投诉不予受理的情形

有下列情形之一的，地方知识产权行政管理部门对侵犯专利权的投诉或者处理请求不予受理：

（1）投诉人或者请求人已经向法院提起专利侵权诉讼的；

（2）专利权正处于无效宣告请求程序之中的；

（3）专利权存在权属纠纷，正处于法院的审理程序或者管理专利工作的部门的调解程序之中的；

（4）专利权已经终止，专利权人正在办理权利恢复的。

在上述情况下，专利权的权属不明确，地方知识产权行政管理部门对是否构成侵犯专利权无法作出判断和处理。

4. 地方知识产权行政管理部门在展会期间的调查职能

地方知识产权行政管理部门在展会期间对于涉嫌侵犯专利权的投诉有进行调查的权利。在通知被投诉人或者被请求人时，可以即行调查取证，查阅、复制与案件有关的文件，询问当事人，采用拍照、摄像等方式进行现场勘验，也可以抽样取证。地方知识产权行政管理部门收集证据应当制作笔录，由承办人员、被调查取证的当事人签名盖章。被调查取证的当事人拒绝签名盖章的，应当在笔录上注明原因；有其他人在现场的，也可同时由其他人签名。

（二）展会期间商标保护

1. 投诉机构的商标保护工作

投诉机构接受投诉和进行临时性处理（暂停涉嫌侵犯知识产权的展品在展会期间展出），并同时将有关投诉材料移送。投诉机构需要地方知识产权行政管理部门协助的，地方知识产权行政管理部门应当积极配合，参与展会知识产权保护工作。

2. 地方知识产权行政管理部门在展会期间的商标保护工作

地方知识产权行政管理部门在展会期间的工作可以包括：

（1）接受展会投诉机构移交的关于涉嫌侵犯商标权的投诉，依照商标法律法规的有关规定进行处理；

---

❶　2018年国务院机构改革组建了国家知识产权行政管理总局，整合原工商行政管理、质量监督、知识产权执法、反垄断执法等职责。《展会知识产权保护办法》尚未修改，其中专利保护的投诉机构为"地方知识产权局"，商标保护的投诉机构为"地方工商行政管理部门"。本书中统称为"地方知识产权行政管理部门"。

（2）受理符合《商标法》规定的侵犯商标专用权的投诉；

（3）依职权查处商标违法案件。

3. 地方知识产权行政管理部门对投诉不予受理的情形

有下列情形之一的，地方知识产权行政管理部门对侵犯商标专用权的投诉或者处理请求不予受理：

（1）投诉人或者请求人已经向法院提起商标侵权诉讼的；

（2）商标权已经被宣告无效或者被撤销的。

概而言之，地方知识产权行政管理部门对侵犯商标专用权投诉不予受理的情形，一种是权利人已向法院主张权利，侵权诉讼程序尚未结束；另一种是商标权已被无效或者撤销，投诉人或者请求人已失去商标权基础。

4. 地方知识产权行政管理部门在展会期间的调查职能

地方知识产权行政管理部门决定受理后，可以根据商标法律法规等相关规定进行调查和处理。

（三）展会期间著作权保护

1. 投诉机构的著作权保护工作

投诉机构接受投诉和进行临时性处理（暂停涉嫌侵犯知识产权的展品在展会期间展出），并同时将有关投诉材料移送。投诉机构需要地方著作权行政管理部门协助的，地方著作权行政管理部门应当积极配合，参与展会知识产权保护工作。

2. 地方著作权行政管理部门在展会期间的著作权保护工作

地方著作权行政管理部门在展会期间的工作可以包括：

（1）接受展会投诉机构移交的关于涉嫌侵犯著作权的投诉，依照著作权法律法规的有关规定进行处理；

（2）受理符合《著作权法》规定的侵犯著作权的投诉，根据《著作权法》的有关规定进行处罚。

3. 地方著作权行政管理部门在展会期间的调查职能

地方著作权行政管理部门在受理投诉或请求后，可以采取以下手段收集证据：

（1）查阅、复制与涉嫌侵权行为有关的文件档案、账簿和其他书面材料；

（2）对涉嫌侵权复制品进行抽样取证；

（3）对涉嫌侵权复制品进行登记保存。

（四）其他情形

经调查，被投诉或者被请求的展出项目已经由法院或者知识产权行政管理部门作出判定侵权成立的判决或者决定并发生法律效力的，地方知识产权行政管理部门可以直接进行处理作出处罚而无须再次作出侵权认定。

请求人除请求制止被请求人的侵权展出行为之外，还请求制止同一被请求人的其他侵犯知识产权行为的，地方知识产权行政管理部门对发生在其管辖地域之内的涉嫌侵权行为，可以依照相关知识产权法律法规以及规章的规定进行处理。

三、展会期间侵犯知识产权行为的法律责任

对涉嫌侵犯知识产权的投诉，地方知识产权行政管理部门认定侵权成立的，应会同会展管理部门依法对参展方进行处理。

（一）侵犯专利权的法律责任

1. 停止侵权行为

在展会期间侵犯发明或者实用新型专利权行为属于一种许诺销售的侵权行为。对涉嫌侵犯发明或者实用新型专利权的处理请求，地方知识产权行政管理部门认定侵权成立的，应当依据《专利法》关于禁止许诺销售行为的规定以及责令侵权人立即停止侵权行为的规定作出处理决定，责令被请求人从展会上撤出侵权展品，销毁介绍侵权展品的宣传材料，更换介绍侵权项目的展板。

对涉嫌侵犯外观设计专利权的处理请求，被请求人在展会上销售其展品且地方知识产权行政管理部门认定侵权成立的，应当依据《专利法》关于禁止销售行为的规定以及责令侵权人立即停止侵权行为的规定作出处理决定，责令被请求人从展会上撤出侵权展品。

2. 假冒专利的法律责任

在展会期间假冒他人专利或以非专利产品冒充专利产品，以非专利方法冒充专利方法的，地方知识产权行政管理部门应当依据《专利法》的规定进行处罚。

假冒专利是指在非专利产品上或者在产品的广告宣传中，标明专利权人的专利标记或者专利号，使公众误认为是他人的专利产品的行为。假冒他人专利行为，其情节比一般的侵权行为的危害性更大，应当给予严厉的处罚。所以，我国《专利法》第63条规定："假冒专利的，除依法承担民事责任外，由管理专利工作的部门责令改正并予公告，没收违法所得，可以并处违法所得四倍以下的罚款；没有违法所得的，可以处二十万元以下的罚款；构成犯罪的，依法追究刑事责任。"即对于假冒专利行为，不但规定了假冒者应当承担民事责任和行政责任，而且还规定，构成犯罪的依法追究其刑事责任。

（二）侵犯商标权的法律责任

对有关商标案件的处理请求，地方知识产权行政管理部门认定侵权成立的，根据《商标法》《商标法实施条例》等相关规定进行处罚。《商标法》和《商标法实施条例》对有关商标侵权案件的处理，包括冒充注册商标、不符合《商标法》第10条规定的行为以及侵犯商标专用权的行为，均规定了相应的处罚。对于展会期间商标案件的处理应当依据商标法律法规的相关规定。

（三）侵犯著作权的法律责任

对侵犯著作权及相关权利的处理请求，地方著作权行政管理部门认定侵权成立的，应当根据《著作权法》的规定进行处罚。《著作权法》第48条规定，对于侵犯著作权的行为，"应当根据情况，承担停止侵害、消除影响、赔礼道歉、赔偿损失等民事责任；同时损害公共利益的，可以由著作权行政管理部门责令停止侵权行为，没收违法所得，没收、销毁侵权复制品，并可处以罚款；情节严重的，著作权行政管理部门还可以没收主要用于制作侵权复制品的材料、工具、设备等；构成犯罪的，依法追究刑事责任"。这一规定包括了侵犯著作权的民事、行政和刑事责任。

（四）展会期间侵权人承担的其他法律责任以及参展方、主办方的责任

对于展会期间的知识产权侵权行为，除了根据现有的知识产权相关法律予以处罚之外，《展会知识产权保护办法》还根据展会的特点规定了相应的法律责任，如责令从展会上撤出侵权展品、销毁介绍侵权展品的宣传材料、更换介绍侵权项目的展板。

参展方侵权成立的，展会管理部门可依法对有关参展方予以公告；参展方连续两次以上侵权行为成立的，展会主办方应禁止有关参展方参加下一届展会。

主办方对展会知识产权保护不力的，展会管理部门应对主办方给予警告，并视情节依法对其再次举办相关展会的申请不予批准。这一规定主要是为了避免展会主办方出于经济利益懈怠对于知识产权的保护。

第三编

相关国际公约

第一章　保护工业产权巴黎公约

【提要】 本章内容主要涉及《巴黎公约》的规定，介绍了《巴黎公约》的基本背景知识，公约的签署、起草和中国加入《巴黎公约》的情况，以及工业产权的范围；详细阐述了《巴黎公约》确立的专利国际保护的基本原则和基本制度，包括国民待遇原则、专利独立性原则、优先权制度、国际展览会的临时保护制度、对专利权的限制性规定以及成员国签订专门协定的规定。

第一节　巴黎公约基本知识

一、巴黎公约的签署

（一）巴黎公约的缔结背景

知识产权法律制度从建立到完善经过了发达国家三百多年的演进，这其中也伴随着由各国单独立法、相互借鉴、各自为政向协调各国法律、确立基本原则、缔结国际条约的发展过程。《巴黎公约》的签署过程非常好地诠释了这一发展趋势。

作为工业产权主要组成部分的专利权与商标权都起源于欧洲国家封建社会晚期。以专利制度为例，1474 年威尼斯专利法的颁布标志着世界上第一部具有现代专利法特点的法律的诞生。1623 年通过的英国垄断法是专利制度发展史上的第二个里程碑，奠定了现代专利法的基础。此后，美国、法国、荷兰、奥地利、德国、日本等国相继制定和颁布了专利法。

在 17、18 世纪，各国建立的专利制度所授予的专利权都具有严格的地域性，一个国家授予的专利权，只在该国法律管辖范围内才有效，出了该国的领域就不发生效力，并且也不承认在外国所取得的专利权；有些国家还仅限于保护本国发明人的专利权，不给予外国人同等的待遇。随着国际交往的加强，发明人面临着两难的境地，如果其在本国申请了专利并且技术方案被公开以后他人抢先在外国就同样的发明创造申请专利，真正的发明人今后就无法在这个国家获得专利权，而且将来如果向该国出口专利产品还有可能会面临侵权指控；如果放弃申请专利，那么辛苦完成的技术成果又得不到法律的承认和保护。因此，一项发明创造要在几个国家得到保护，申请人就必须同时在这些国家分别递交申请并取得专利权才行，这在当时是不可能实现的。商标保护的情况大致也是如此，由于法律地域性的限制，商品生产者如果不能将其商标同时在产品正在销售或者计划销售的国家都申请获得注册商标，那么就存在被别人捷足先登的危险。到了 19 世纪后半叶，随着国际商品贸易和技术转让的发展以及国家间科技文化交流的加强，在外国获得工业产权保护的需求越来越多，知识产权制度的地域性特点与商品、技术跨国界流动之间的矛盾越来越突出，希望在世界范围内协调各国的工业产权法律逐渐成为一种普遍的要求和呼声。

（二）巴黎公约的起草、签署和修改

1873 年，奥匈帝国政府在维也纳举办国际发明展览会，并邀请其他国家参加。智力劳动成果跨国保护的问题再次凸显，许多国家因为担心本国先进的技术、精良的产品一旦进行了公开展览，就可能被外国人抢先拿去申请专利，自己的发明将来反而得不到法律保护，而不愿意参加，展览会面临取消。为了避免这种尴尬的局面出现，奥匈帝国在当年就为该届展览会通过了一项特别法律，向

参展的外国人所展出的发明、商标和外观设计提供特殊的临时保护；并且也决定了 1873 年展览会开幕的同时在维也纳召开第一次国际专利会议，寻求从规则层面解决上述冲突的方案，希望确定各国统一遵守的专利制度的基本原则，并尽快就专利保护问题达成国际谅解、缔结多边国际条约。然而各国立法上的差异和利益诉求的不一致导致第一次会议并没有取得预期效果。

但是，各国并没有放弃制定统一国际保护规则的努力，法国、比利时、巴西、危地马拉、意大利、荷兰、葡萄牙、西班牙、萨尔瓦多、瑞士、塞尔维亚等 11 个国家，经过多次磋商，于 1883 年 3 月 20 日正式通过了《巴黎公约》，并成立了保护工业产权巴黎联盟（以下简称"巴黎联盟"）。1884 年经过这些国家的批准，在批准书交存一个月以后，《巴黎公约》于 1884 年 7 月 7 日生效。生效时，英国、突尼斯、厄瓜多尔也加入了该《巴黎公约》，缔约国增加到 14 个。之后，成员国逐年增加，截至 2020 年 4 月 30 日，巴黎联盟的成员国已有 177 个。

从制定之初，《巴黎公约》就规定了定期的修订会议，以便不断修改和完善这一制度。《巴黎公约》签署后共进行了六次修订，先后有布鲁塞尔文本（1900 年 12 月 14 日）、华盛顿文本（1911 年 6 月 2 日）、海牙文本（1925 年 11 月 6 日）、伦敦文本（1934 年 6 月 2 日）、里斯本文本（1958 年 10 月 31 日）和斯德哥尔摩文本（1967 年 7 月 14 日），其中布鲁塞尔文本和华盛顿文本对各成员国已经没有约束力了。目前，绝大多数成员国批准的是最新的斯德哥尔摩文本，因为文本本身规定，修改议定书全部发生效力以后，新加入巴黎联盟的国家不得加入以前的议定书，并且要对所有的成员国适用该文本。

关于修订的内容，举个例子，1925 年海牙修订大会上写入了关于国徽、官方检验印章和政府间组织徽记的保护规定（第 6 条之三）。1958 年里斯本修订大会又对其作了全面的修订，将这一规定延伸适用于至少有一个成员国参加巴黎联盟的国际政府间组织的徽章、旗帜、其他徽记、缩写和名称。这条规定也成为各成员国履行官方标志保护义务的依据。

《巴黎公约》之后国际社会也依然在寻求知识产权规则的统一和协调。WIPO 1998 年成立了专利法常设委员会（Standing Committee on the Law of Patents）。2000 年通过、2005 年生效的《专利法条约》（*Patent Law Treaty*），从便利申请人角度协调各国专利法中有关专利申请的形式、手续和程序性规定。截止到 2020 年 4 月 30 日，该条约已有 42 个成员国。此后，专利法常设委员会还进行了旨在协调各国专利法实体性规定的《实体专利法条约》（*Substantive Patent Law Treaty*）的谈判，但因成员国间分歧较大而陷入停滞。

二、中国与巴黎公约

1978 年，党中央作出了我国应当尽早建立专利制度的决策。在我国筹建专利制度与起草专利法的过程中，就认识到"实行专利制度必须加入《巴黎公约》"，《专利法》草案从一开始就注意与《巴黎公约》规定的原则相一致，为中国日后加入《巴黎公约》打下了重要的法律基础。

我国《专利法》于 1984 年 3 月 12 日颁布后，关于我国加入《巴黎公约》的问题很快就被提上了议事日程。1984 年 12 月 19 日，我国正式向 WIPO 递交《巴黎公约》加入书，请求批准中华人民共和国加入《巴黎公约》（1967 年斯德哥尔摩文本），同时声明：中华人民共和国不受《巴黎公约》第 28 条第 1 款❶的约束。在《专利法》施行前的 12 天，也就是 1985 年 3 月 19 日，

---

❶ 《巴黎公约》第 28 条第 1 款："本联盟两个或两个以上国家之间对本公约的解释或适用有争议不能靠谈判解决时，有关国家之一可以按照国际法院规约将争议提交该法院，除非有关国家就某一其他解决办法达成协议。将争议提交该法院的国家应通知国际局；国际局应将此事提请本联盟其他国家注意。"

我国正式成为巴黎联盟成员国，是该联盟的第 96 个成员国。目前，包括我国在内的大多数国家适用的都是 1967 年斯德哥尔摩文本。❶

三、工业产权的范围

从《巴黎公约》的名称上就清楚地写明了这是一部就工业产权保护确定基本原则、统一标准的国际公约。因此，《巴黎公约》的第 1 条就明确了"工业产权的保护对象"包括"专利❷、实用新型、工业品外观设计、商标、服务标记、厂商名称、货源标记或原产地名称，和制止不正当竞争"。

同时，《巴黎公约》还指出，对"工业产权"应作最广义的理解，它不仅应适用于工业和商业本身，而且也应同样适用于农业和采掘业，适用于一切制成品或天然产品，例如酒类、谷物、烟叶、水果、牲畜、矿产品、矿泉水、啤酒、花卉和谷类的粉等。作出这样的规定是为了避免上述产品被排除在工业产权之外，它们如果符合某项工业产权的保护条件同样可以得到承认。鉴于各国专利制度的差异性，《巴黎公约》也规定了"专利应包括本联盟国家的法律所承认的各种工业专利，如输入专利❸、改进专利、增补专利和增补证书"等。

《巴黎公约》以列举的方式规定了工业产权的范围，但是成员国并没有义务保护或者通过国内立法规定上述范围内的所有对象。例如，《巴黎公约》虽然规定了实用新型属于工业产权的范围，但并没有强制要求成员国立法予以保护，在《巴黎公约》具体的条文中也没有就此设定最低的保护标准。但是对于在《巴黎公约》中有明文规定的工业产权保护对象，专利、商标、工业品外观设计、厂商名称、制止不正当竞争等，给予法律保护依然是巴黎联盟各成员国必须履行的义务。

第二节　巴黎公约确立的核心原则和内容

《巴黎公约》是知识产权领域缔结最早、成员国最多的国际公约，其签署和生效的重要意义在于为知识产权的国际保护奠定了基础，建立了一套各国自愿协调国内工业产权相关立法的机制。明确了工业产权的范围、确立了国民待遇原则、建立了优先权制度，并通过共同规则设定了《巴黎公约》所列举的有关工业产权的最低保护标准，内容涉及专利和商标的独立性、发明人的署名权、法律禁止销售的产品的可专利性、国际展览会的临时保护、强制许可、临时过境交通工具使用的侵权豁免、在商品上标明专利、缴纳专利维持费的宽限期、对驰名商标的特别保护、禁止当作商标使用的标记、反不正当竞争等工业产权制度中最重要的规定。《巴黎公约》的要求是工业产权保护的最低水平，其并不禁止成员国在国内法中设定比《巴黎公约》规定更宽泛和更高水平的保护标准，当然这种扩展保护是不能损害《巴黎公约》所授予的权利的。

《巴黎公约》总共 30 条，大致可以分为三大类：第一类是与工业产权各类保护对象相关的实

---

❶　如未特别说明，本章中《巴黎公约》的文本即为 1967 年斯德哥尔摩文本。

❷　《巴黎公约》中的"专利"与我国《专利法》规定的"专利"不同，仅指"发明专利"，实用新型和工业品外观设计是两项独立的工业产权。

❸　亦称"引进专利""确认专利"或者"重新生效专利"，即对于在外国已经取得专利从而丧失新颖性的发明授予相对期限较短的专利，主要是为了鼓励专利权人在本国实施专利。阿根廷、比利时、伊朗、西班牙、乌拉圭等国的专利法中曾有对此类专利的规定，一些英属和前英属殖民地有英国专利的确认或者注册制度。

体权利义务条款，其中还包括了对成员国立法的授权性条款（第1～12条）；第二类是有关巴黎联盟的建立、组织机构、运行机制等行政性规定（第13～16条）；第三类是规定《巴黎公约》的修订、专门协定的缔结、《巴黎公约》的执行、争议解决等有国际公法性质的条款（第17～30条）。

以下将逐一介绍《巴黎公约》确立的核心原则和内容。

一、国民待遇原则

（一）国民待遇的含义

对于外国人的工业产权给予平等的保护是缔结《巴黎公约》的初衷，因此国民待遇原则是《巴黎公约》首先就明确的原则，包含在1883年签署的原始文本中。"国民待遇"的含义从字面上理解就是赋予外国国民如同本国国民一样的待遇；具体到《巴黎公约》中的规定，就是符合一定条件的外国国民，在每一个《巴黎公约》成员国境内，享有各成员国法律现在或者今后可能授予其国民的各种工业产权保护方面的权益，外国国民和本国国民享有同等的保护，在其权利受到侵犯时能够获得同样的法律救济，即对外国人不得有任何歧视。

（二）享有国民待遇的条件

1. 主体条件

根据《巴黎公约》的规定，有两类外国人有权在巴黎联盟成员国享受与其本国国民同样的待遇：

一是《巴黎公约》成员国的国民，包括自然人和法人。对自然人而言，就是成员国的国籍法所承认的具有该国国籍的自然人，如果其具有两个或者两个以上的国籍（双重国籍或者多重国籍），那么只要其中有一个国籍是《巴黎公约》成员国的国籍，就符合享有国民待遇的条件。对法人来说，通常可以依据法人设立地或者实际总部所在地的法律来确定法人的"国籍"。1988年，《最高人民法院关于贯彻执行〈中华人民共和国民法通则〉若干问题的意见（试行）》第184条规定："外国法人以其注册登记地国家的法律为其本国法……"这可以表明我国在司法实践中是以法人登记成立地国为其国籍国的。如果据此确定了该法人是巴黎联盟成员国的法人，那么其就有权享有国民待遇。

二是非成员国的国民，尽管其国籍国没有加入巴黎联盟，但是只要其在巴黎联盟的任何一个国家的领土内设有住所或者有真实有效的工商业营业所，也能够享有与巴黎联盟国家国民同样的待遇。对于"住所"，《巴黎公约》是做宽泛解释的，并没有要求必须是法定的或者经过官方认可的住所，而可以理解为是对一种事实居住状况的认可，外国人只要在成员国有惯常居所，是可以得到承认的。在《巴黎公约》成员国设有"工商业营业所"，是非成员国国民在成员国中享有国民待遇的另一条途径。《巴黎公约》关于"营业所"应当"真实""有效"的要求是指实际从事工商业活动的处所，不能是虚构捏造的、临时的，或者仅做联络用而不开展实际经营活动的。需要注意的是，"住所或者有营业所在巴黎联盟成员国境内"的要求仅限于非《巴黎公约》成员国的国民，对于成员国的国民来说是不能强制规定其必须在请求保护的国家有住所或者营业所才能享有工业产权的，也就是说，即便是由居住在非成员国的中国公民完成的发明创造也可以依据国民待遇原则在所有的《巴黎公约》成员国中得到保护。对于成员国的国民来说，享有国民待遇的判断标准与住所或者营业所在哪里是没有关系的，只同他的国籍有关。还有一点是，外国人如果在其拥有住所或者营业所的国家请求工业产权保护，在很多情况下被视为本国国民对待。例如，我国《专利法》第18条就规定："在中国没有经常居所或者营业所的外国人、外国企业或者外国其他组织在中国申请专利的，依照其所属国同中国签订的协议或者共同参加的国际公约，或者依照互惠原则，根据本法办理。"这条规定的另一层含义就是在中国有经常居所或者营业所的外国人、外国企业或者外国其他组织在中国申请专利就直接适用《专利法》的规定，而不需要依据《巴黎公约》的规定，符合一定条件之后才能享受国民待遇。

2. 权利内容

根据《巴黎公约》的规定，国民待遇针对的是各国法律现在授予或者今后可能授予其国民的工业产权保护方面的各种利益。首先，就是《巴黎公约》第1条所列举的各类工业产权，只要本国法律给予保护的，就必须将这种利益同样给予有权享受国民待遇的外国人，除了请求国的成文法之外，在判例法国家的"法律"还包括有拘束力的司法判决。国民待遇的前提是不能损害《巴黎公约》特别规定的权利，在这种情况下外国人依据《巴黎公约》直接享有的保护可能会比本国国民依据本国法享有的保护水平更高。其次，国民待遇适用于成员国法律授予其国民的工业产权方面的一切利益，包括获得各种工业产权的权利内容、范围和期限、行使权利的方式等。最后，在工业产权保护方面，权利人提起诉讼或者利用其他法律手段维护权利，国家法律为保护这些权利所采取的制裁手段等都要平等地适用于符合《巴黎公约》规定的条件的外国人。

《巴黎公约》强调的是在《巴黎公约》规定的基础上给予外国人国民待遇，而不是原先各国之间基于互惠保护原则而给予的对等保护。因此，同一个人的同一项知识产权在其本国和其他成员国得到的保护程度可能是不同的。例如，某一成员国对于药品给予专利保护，而另一成员国不给予保护，则前一成员国国民在后一成员国中就无权要求对其发明的药品授予专利权。

3. 程序条件

外国人要在巴黎联盟成员国就工业产权保护享有国民待遇，除了具备前述的主体资格外，还必须遵守其请求国法律对本国国民获得工业产权保护所规定的条件和手续、履行相应的程序法上的义务。

（三）国民待遇原则的例外

《巴黎公约》对国民待遇原则也规定了例外。这一例外不是针对实体权利义务方面的，而是为了保障外国人在巴黎联盟其他成员国更好地享有工业产权保护在程序法方面专门作出的有别于本国国民的规定。

《巴黎公约》第2条第3款规定："本联盟每一国家法律中关于司法和行政程序管辖权、以及指定送达地址或委派代理人的规定，工业产权法律中可能有要求的，均明确地予以保留。""保留"的含义就是联盟成员国法律中关于上述事项的规定，对外国人可以进行特别要求，也就是不给予外国人国民待遇。以我国《专利法》的规定为例，《专利法》第19条在中国申请专利和办理其他专利事务是否要求委托专利代理机构这一问题上，对于在中国没有经常居所或者营业所的外国人相对于中国人就采取了差别待遇，前者必须委托专利代理机构，而后者则是自愿选择是否委托专利代理机构办理。这样区分的原因是在专利申请审查等程序中，专利管理机关需要向当事人送达各种各样的文件，如果其在我国境内没有居所或者营业所，那么直接送达文件就会非常困难，还有可能遗失；建立了委托代理关系之后，相关文件就可以直接送达其在中国境内的代理人，再由代理人转交委托人。这一规定有利于在行政程序中维护当事人的利益。《商标法》第18条的规定应当说比《专利法》更为严格，"外国人或者外国企业在中国申请商标注册和办理其他商标事宜的，应当委托依法设立的商标代理机构办理"。

因此，在司法或者行政程序上对外国人的特殊要求是符合《巴黎公约》的规定的，大多数国家的工业产权立法中都有这方面的规定。

第三编

二、专利的独立性

根据《巴黎公约》，符合条件的外国人可以就其工业产权在巴黎联盟成员国享有国民待遇，那么不同成员国对同一个申请人的同样的发明创造是否都必须授予专利权，或者是必须得出一致的结论呢？答案显然是否定的。《巴黎公约》成员国国民向巴黎联盟各成员国（包括其本国在内）申请的专利，与在其他国家（包括非巴黎联盟成员国）就同一发明所获得的专利，彼此间是相互独立、互不影响的，这就是专利的独立性。具体而言，专利的独立性包含以下三层含义：首先，一个成员国就该发明授予了专利权，其他成员国没有义务对同一发明授予专利权；其次，即便是一个成员国驳回了该发明的专利申请，其他成员国仍然可以依据本国专利法授予该发明专利权；最后，如果一个成员国宣告专利权无效或者专利权的效力在该国终止，其他成员国不能因此就宣告本国就同一发明取得的专利权无效或者终止该专利权在本国的效力。换句话说，在任何国家中一项发明专利的结局对其他国家的同一发明专利的结局没有任何影响。在确定授予专利权的条件、程序和手续上，在规定驳回专利申请或者宣告专利权无效的理由上，在给予专利权人权利的保护上，各国都有根据本国国情自由立法的空间，这就使得针对同一发明创造在不同国家提出的专利申请最终的结果会有所不同，这种差异是合法合理的，也是国家主权的体现。专利独立性的例外是《巴黎公约》第1条第4款中规定的"输入专利"，对它的保护是以作为其授权基础的外国专利的保护为前提的，如果在先的外国专利权终止了，输入专利所享有的权利也应当同时终止。

《巴黎公约》第4条之二的第2款和第5款还特别强调了专利独立性与优先权之间的关系：第一，在优先权期限内申请的各项专利之间，以及与作为优先权基础的第一次申请之间，即便是优先权得到了承认，在无效和丧失权利的理由以及保护期限方面这些申请都是相互独立的，第一次申请和以之为基础要求优先权的在后申请之间仅仅具有确定是否能够享有优先权、取得优先权日方面的联系，并不能破坏不同国家间专利的独立性；第二，在同一个成员国，享有优先权的申请与没有享有优先权的申请在专利权保护期限上应当依据相同的起算日，通常情况下，各国专利制度中都将一件专利申请在本国的实际申请日作为授权后专利权保护期限的起算点，优先权日（早于实际申请日）的存在不会缩短这一期限。例如，根据我国《专利法》第42条的规定，发明专利权20年的期限，自申请日起计算；《专利法实施细则》第11条又进一步明确了《专利法》第42条规定的保护期限，有优先权日的也不能从优先权日起计算，而必须依实际申请日确定。

三、优先权

解决外国人在其他国家获得工业产权保护的问题是缔结《巴黎公约》的主要动因，国民待遇原则的适用赋予了外国人得到平等保护的资格，而对优先权的规定则确立了一项有关工业产权申请、审批、授权等操作程序的关键制度，对申请人的实体权利会产生重要影响。

《巴黎公约》缔结之前，除了极个别的国家，各国对专利、商标等经国家授权方能得到认可的工业产权都采取了先申请制，对同样的发明创造或者商标，专利权和注册商标专用权只授予最先递交申请的人。在专利立法上，各国又都要求申请专利的发明创造必须是一项有别于现有技术的新的技术方案，要具备新颖性、创造性和实用性才能获得授权。正如前文所述，这就使得外国申请人只有同时在多个国家递交申请，才能得到授权，否则就很有可能会因为本国的在先申请破坏在其他国家的在后申请的新颖性而丧失授权机会，或者被他人抢先申请，但是同时申请的要求在当时几乎是无法满足的。优先权制度就是为了克服工业产权国际保护上的这个缺陷而设立的。

根据《巴黎公约》第4条的规定，已经在巴黎联盟的一个国家正式提出专利、实用新型注册、外观设计注册或商标注册申请的任何人，或其权利的继受人，在规定的期间内又就同样的对象在其他成员国提出申请的，应当享有优先权，即在成员国的第一次申请与在其他成员国的在后申请之间建立了一种关联机制，当然该机制不能破坏各成员国授予专利的独立性。除了便利申请人向不同国家递交申请之外，对在后申请优先权的承认，也使得申请人在首次递交申请之后有一定的期限对于是否向其他国家以及向哪些国家再递交申请进行统筹考虑并作出决策，同时对于申请人在巴黎联盟成员国办理委托代理手续等也提供充裕的时间。《巴黎公约》第4条A～F款都是有关优先权的详细规定。

（一）优先权的含义

基于建立优先权制度的目的，"优先权"在《巴黎公约》中的含义就是申请人在某个《巴黎公约》的成员国第一次提出有关工业产权的申请之后，可以在一定期限内就同一主题在其他成员国请求保护，成员国的主管机关在进行审查的时候，就会将这些在后申请认为是在外国第一次递交申请的申请日提出的一样对待；而对于其他人在此期间就该主题提出的申请来说，尽管这些在后申请的实际申请日要晚于他人申请的申请日，但仍然会处于优先的地位，原因就在于申请人在其他巴黎联盟成员国已经在先提出过申请。这种"优先权"在我国《专利法》中被称为"外国优先权"，规定在《专利法》的第29条第1款。

（二）享受优先权的条件

1. 对优先权主体的要求

有资格享有优先权的人与享有国民待遇的主体是一致的，即《巴黎公约》成员国的国民和在各成员国领域内有住所或者有真实和有效的工商业营业所的非成员国国民。除此之外，《巴黎公约》还要求申请人在成员国正式提出了工业产权的注册申请。

2. 对作为优先权基础的在先申请的要求

通过《巴黎公约》确立的外国优先权制度并不适用于《巴黎公约》第1条列举的所有工业产权类型，其要求在先申请必须是专利、实用新型注册、工业品外观设计注册和商标注册中的一种，对服务标记❶、厂商名称、货源标记或原产地名称这些工业产权就没有必须赋予优先权的要求。

在成员国递交的第一次申请还必须是法律意义上的"正规国家申请"，即该申请应当是符合受理国的法律规定，足以确定在该国申请日的申请。此外，依照联盟任何成员国的本国立法，或者依照联盟各国之间缔结的双边或多边条约，与正规的国家申请相当的任何申请，都应当被承认为产生了优先权，实践中包括了地区申请（例如欧洲专利申请）、国际申请（通过《专利合作条约》途径递交的专利国际申请）以及某些国家的临时申请（例如美国专利法规定的临时申请）。对于第一次申请的要求仅仅是就申请本身的成立而言的，至于该申请在进入成员国审查程序以后的结局如何，是否能够在该国得到授权，则在所不问；也就是说，只要是在任何成员国取得了申请日的申请，即使不久以后被撤回或者被驳回，仍然可以作为在其他成员国的在后申请要求优先权的基础。

而且作为优先权基础的外国申请必须是同一主题的第一次申请。优先权只能以在第一个成员

---

❶ 根据《巴黎公约》第6条之六的规定，成员国应当承诺保护服务标记，但并不强制性要求对该项标记进行注册，如果没有设立注册制度，也就不需要规定优先权；当然对服务标记采用注册保护制度或者将其纳入已有的商标注册体系，那成员国可以自行决定对其适用优先权。

国的第一次申请为基础，而不能以经过改进了内容的第二次申请为基础。这项规定是为了避免在对同一主题提出前后相继的一连串申请的情形下，申请人通过反复要求优先权变相延长优先权的期限；当规定作为优先权基础的申请必须是第一次申请时，就以该申请的申请日来计算优先权期限，优先权期限的届满日和在其他国家提出的在后申请的优先权日都能够据此确定下来。

对作为优先权基础的申请，《巴黎公约》还有一条例外规定，在某些情况下，尽管不是严格意义上的第一次申请，仍然可以被视为第一次申请而允许作为优先权的基础。例如，以与第一次申请同样的主题所提出的在后申请，如果在提出该申请时在先申请已被撤回、放弃或者驳回，也没有提供公众阅览或者遗留任何权利，并且该在先申请还没有成为要求优先权的基础，那么这份在后申请就应当被认为是第一次申请，其申请日就应当作为优先权期限的开始日。一旦重新确定这份在后申请为第一次申请，即便对在先申请的权利最终得到恢复，其也不能再作为要求优先权的基础了。

3. 对先后两次申请申请人的要求

在优先权制度下要求在后申请的申请人应当与作为优先权基础的、在先申请的申请人是同一个人。这里所说的"同一个人"，实际是包括了申请人的继承人或者受让人在内的。优先权作为一项独立的权利可以依法继承也可以转让。关于优先权的转让，在先申请的申请人既可以连同在先申请一起，也可以脱离在先申请单独转让优先权；既可以将该申请主题在外国的所有优先权转让给同一个人，也可以分别在不同国家转让给不同的人。当然，这些权利继受人或者受让人要求优先权所要满足的条件与申请人是一样的，即他们自身也必须是有权享受《巴黎公约》规定的利益的人。

4. 对先后两次申请主题的要求

享有优先权的条件中还包括先后两次申请的主题必须是相同的，即在后申请涉及的主题应当与作为优先权基础的在先申请一样，针对的是同样的专利、实用新型、外观设计或者商标。在单独转让优先权的情形下，受让人要真正享有优先权也必须要符合相同主题的要求，其受让的在先申请应当与自己提出的在后申请是同样的内容。

当然，对相同主题的理解并不是机械和僵化的，以专利为例，如果申请人在提出第一次申请以后又对申请的主题做了进一步的改进和完善，在之后的申请中增加了在先申请中没有的权利要求。这些新增加的权利要求并不妨碍本申请以在先申请为基础要求优先权，只不过在后申请权利要求书包含的、在第一次申请中已有明确记载的权利要求才可以享有优先权，其余的权利要求因为在在先申请中没有出现，是新增内容，当然也就不能享有优先权了。在同一个申请的权利要求书中既包括可以享有优先权的内容，又包括不能享有优先权的内容，此时的优先权就被称为"部分优先权"。还有一种情形是，申请人在后提出的申请是合并了其在一个或者几个成员国提出的几个第一次申请中明确记载的内容，并要求以所有这些外国的第一次申请作为该份新申请的优先权基础，前提是合并的技术方案符合发明的单一性条件。同一个申请的权利要求中包含有不同的优先权分别有不同的优先权日，这就是"多项优先权"。

需要注意的是，主题相同并不意味在后申请与在先申请的申请类别必须一致，申请人可以根据请求保护国工业产权制度的特点重新作出选择。在先申请是专利的，在后申请可以是专利也可以是实用新型；在先申请是实用新型的，在后申请可以是实用新型也可以是专利，这种类别的转换是双向的，因为从本质上来说这两种类型的工业产权的保护对象都是技术方案。当在先申请是实用新型的时候，其还可以作为在后的外观设计申请的优先权基础；但是对于在先申请是外观设计的，是否可以作为在后的实用新型或者专利申请的优先权基础，虽然《巴黎公约》没有明确规

第三编

定，但是通常认为是不可以的，在实践中也无法实现，这种类别的转换只能是单向的。因为，一般来说，"实用新型"主要是对产品的形状、构造等提出的新的技术方案，"外观设计"则是产品的形状、图案或者其结合所作出的在工业产品上应用的新设计。其中就产品的形状而言既可以申请实用新型也可以申请外观设计，只是保护的侧重点有所不同，实用新型更注重形状变化带来的功能性作用，而外观设计关注的仅仅在于视觉效果的改变。在先实用新型申请所涉及的产品形状方面的内容，在其他国家请求保护时可以就该形状单独申请外观设计，这仍然是同一个主题；但是在先申请是外观设计的话，仅仅针对的是产品形状的外在表现，通过提交的图片和照片无法描述该形状的技术功能和作用，不能满足实用新型的申请条件，因而也就无法作为其他成员国的在后实用新型申请的优先权基础了。这也就是在实用新型和外观设计申请之间要求优先权，只开放从实用新型到外观设计的单向要求优先权通道的原因。

（三）享受优先权的手续

在享受优先权的手续方面，《巴黎公约》第4条D款也作了明确规定，这一条款属于程序性要求：第一，申请人必须提出书面声明，表明其希望以之前提出的一项申请作为享有优先权的基础，并且要求说明提出该申请的日期、受理该申请的国家和申请号，作出这项声明的最后日期由成员国自行规定，有关优先权请求的事项还应当在主管机关的出版物中，特别是应当在专利和有关专利的说明书中予以载明；第二，成员国可以要求作出优先权声明的申请人提交以前提出的申请的副本，包括申请时提交的必备文件（权利要求书、说明书、附图，外观设计的图片和照片等）。该副本应当是经过原申请受理机关证实无误的，但不需要任何额外的认证程序。对于提交副本的期限，应当允许申请人可以在提出在后申请后3个月内随时提交，并且不需要缴纳费用。成员国可以要求在副本附有上述机关出具的载明在先申请申请日的证明书和译文。

如果申请人未履行上述手续，《巴黎公约》允许成员国对此规定相应的法律后果，但是规定的后果不能比丧失优先权更加严厉，即不能就此驳回申请人的在后申请。对申请人而言，丧失优先权最直接的损失就是他人在优先权期限内就同一主题提出的申请或者将其公之于众会使申请人的在后申请因为丧失新颖性而无法获得授权。

（四）优先权的期限

要享受优先权，在后申请必须在规定的期间内提出。这个期间自在外国的第一次申请的申请日起计算，至可以提出第二次申请的截止日为止，被称为优先权的期限。在外国的第一次申请的申请日称为优先权日，这个申请日是不计入期限之内的。

《巴黎公约》规定，对于发明专利和实用新型，优先权的期限为12个月；对于外观设计和商标，优先权的期限为6个月。我国《专利法》第29条第1款和《商标法》第25条第1款规定优先权期限与公约的要求完全一致。申请人要求多项优先权的，其申请的优先权期间自最早的优先权日起算。如果期限的最后一日在请求保护地国家是法定假日或者是主管局不接受申请的日子，就延至其后的第一个工作日。此外，以在先实用新型申请为在一个国家提出工业品外观设计申请的优先权基础，优先权的期间与对工业品外观设计规定的优先权期间一样，为6个月，而不是12月。

（五）优先权的效力

优先权的存在，使得申请人在其他成员国提出的在后申请就如同是在第一次申请的同一日提出的，比他人就同一主题所提出的其他申请处于更加优先的地位。在工业产权保护上采用先申请制的国家，申请的先后顺序是由申请人正式向主管机关递交申请的日期来确定的；如果要求了优先权，那么外国第一次申请的申请日，即优先权日将替代在本国的实际申请日作为确定申请次序的依据。在专利申请的授权条件中，新颖性和创造性的判断需要同申请日前的现有技术做比较从而得出结论。申请日前公众所知的技术都属于现有技术，如果要求了优先权，那么现有技术的界限就以优先权日为准，而不是实际申请日了。换句话说，根据《巴黎公约》的规定，在优先权期限内，申请人在巴黎联盟其他成员国在后提出申请，不会由于在这期间其他人的任何行为而造成该申请被驳回或者被宣告无效的后果，特别是他人提出另外一项相同内容的申请、公布或者利用发明、出售外观设计复制品、使用商标等；而且这些行为不能产生任何第三人的权利或者个人占有的任何权利，其中就包括了各国专利法普遍承认的先用权。但是第三人在作为优先权基础的第一次申请的申请日以前所取得的权利，依照联盟每个国家的国内法是可以予以保留。

综上所述，优先权起到了提前实际申请日的作用，所以尽早提出第一次申请，尽早确立优先权日，对于申请人来说无疑是非常有利的。

四、国际展览会上的临时保护

（一）临时保护的含义

因在国际展览会上的展出使得自己拥有的工业产权无法获得保护是缔结《巴黎公约》的主要动因，所以奥匈帝国当年为使国际发明展览会如期举办，而向参展的外国人所展出的发明、商标和外观设计提供特殊临时保护的制度也被《巴黎公约》吸收进来了。

《巴黎公约》第11条规定，联盟成员国应当按其本国法律对在联盟任何国家领土内举办的官方的或经官方承认的国际展览会展出的商品中可以取得专利的发明、实用新型、工业品外观设计和商标，给予临时保护。很显然，成员国有义务通过本国法律对某些国际展览会展品所涉及的工业产权保护对象给予临时保护，但是选择何种保护方式仍然属于成员国主权范围内的事项，《巴黎公约》对此没有强制性的规定。主要的保护方式有以下几种：第一种是类似于优先权的模式，也可以称为"特别优先权"，即从展览会开幕之日或者从物品展出之日起一定期间内提出工业产权保护申请的，该申请就被认为是在开幕日或者展出日提出的，产生类似优先权日的效力❶，在确定申请先后和判断专利申请的新颖性、创造性时可以取代实际申请日；第二种是他人先于展出人就展品工业产权提出了申请并获得授权（通常是在采用混合新颖性标准的国家，即不认为国外的公开展览构成现有技术），展出人的在后申请虽然不能获得授权，但其还可以享有在先使用的权利，以对抗第三人获得的权利；第三种是规定在展出之日起一定期间内提出申请的，可以认为该工业产权保护对象没有因为公开展出而丧失新颖性。目前，选择前两种方式的国家已经非常少了，包括我国在内的大部分国家在专利制度中都采用了第三种方式，并将不丧失新颖性的期间称为"宽限期"。我国《专利法》第24条第1项将"在中国政府主办或者承认的国际展览会上首次展出"作为不丧失新颖性公开行为之一对待。而且现在各国专利法规定的宽限期制度比起《巴黎公约》的要求都有了很大的拓展，在能够享受宽限期的行为上并不限于国际展览会上的展出，还包括在学术会议上的发表、他人未经同意的泄露等，甚至有的国家规定发明人自申请日之前一定期限内进行的任何公开行为，包括公开出版、公开销售等，都不会破坏其专利申请的新颖性（《美国专利法》第102（a）条）。

需要强调的是，各国不仅对本国境内举办的符合条件的国际展览会上展出的产品，而且对任何成员国领土上举办的此类国际展览会上展出的展品都要给予临时保护。

---

❶ 我国《商标法》第26条第1款规定："商标在中国政府主办的或者承认的国际展览会展出的商品上首次使用的，自该商品展出之日起六个月内，该商标的注册申请人可以享有优先权。"

（二）临时保护制度与优先权制度

临时保护制度与优先权制度在本质上有共同点，即它们的目的都是更好地保护真正应当获得授权的申请人的利益，在一定程度上避免他人不合理地抢先取得本应属于该申请人的工业产权。它们的区别就在于产生的依据不同，宽限期针对的是在特定的国际展览会上的展出行为，而优先权制度的基础是在成员国递交的第一次正规申请。如果采用宽限期方式给予临时保护，那么只是在宽限期内给予提出的申请一定优惠，在先的公开行为不会影响该申请的新颖性；但是在确定申请先后顺序，以及在进行新颖性、创造性判断时并不能以展出日为依据。这与优先权的效力是不同的，也就是说宽限期内他人的申请行为、公开行为仍然会使申请人的在后申请无法得到授权，他人在该期限内的制造、使用行为或者为之所作的相关准备在日后还能够享有先用权。由此可见，宽限期的保护是非常有限的，在效力上要弱于优先权，仅仅是对申请人无意或者不可避免的公开行为的一种临时性的补救措施；而且《巴黎公约》对优先权的要求是强制性的义务，临时保护的规定留给成员国的自主立法空间更为宽松。各国在临时保护制度的设计上，特别是在适用范围和期限方面存在一定差异，这使得同一个在国际展览会上公开的工业产权保护对象在不同国家请求保护时得到的结果会有所不同。在临时保护制度下，申请人面临的丧失权利的风险依然很大，所以最好的方法仍然是在公开展出之前先提出申请。

（三）国际展览会

《巴黎公约》对国际展览会只限定是官方举办的或者经官方承认的国际展览会，各国可以在这个范围内认定国际展览会的范围。有的国家认为如果展览会是由国家或者地方行政机关或者其他公共机构举办的，就是官方的展览会；其他组织在国内外举办的获得这些机构承认的展览会就是官方承认的展览会。也有的国家对"官方承认的展览会"限定了明确的范围，例如我国《专利法实施细则》第30条对《专利法》宽限期规定中"中国政府承认的国际展览会"的解释就是，"国际展览会公约规定的在国际展览局注册或者由其认可的国际展览会"。在很多欧洲大陆国家的专利法中，对官方承认的国际展览会也采取了这种狭义的规定。

另外，《巴黎公约》还要求展览会必须是国际性的，即在展览会上应当有外国商品参展。

（四）临时保护的期限

《巴黎公约》对临时保护的期限并没有作出规定，这也属于成员国自主确定的范围。在我国《专利法》的规定中对发明创造国际展览会展出享有不丧失新颖性的宽限期为一律为6个月，不区分发明、实用新型和外观设计专利申请；我国《商标法》规定的国际展览会优先权的期限也是6个月。

虽然《巴黎公约》对于临时保护期限没有具体的规定，但是《巴黎公约》规定了适用临时保护期限时的一项基本要求，即该项临时保护不能延长《巴黎公约》第4条规定优先权的期限，特别是对于那些选择"特别优先权"方式给予临时保护的国家来说遵守该项规定就更为重要。当申请人在不丧失新颖性宽限期或者国际展览会优先权期限内提出了工业产权保护申请，随后依据前述第4条的规定以该第一次申请为基础在其他国家请求保护的时候，是否能够享有自展出之日起计算的宽限期或者特别优先权期限加上自实际第一次申请之日起计算的优先权期限的双重优惠呢？根据《巴黎公约》的规定，答案应当是否定的。针对这种情形，《巴黎公约》认为，任何国家的主管机关可以规定优先权的期限应当自该商品在展览会展出之日开始计算，而不是在后的第一次申请的申请日。

（五）临时保护的产生

临时保护并不是自动产生的，每一个国家认为必要时可以要求申请人在一定期限内提供国际展览会举办地国家有关主管机关或者展览会组织者出具的书面证明，证实展出的物品及其在展览会上展出的日期。对此，我国《专利法实施细则》的规定是，申请人应当在提出专利申请时声明，并自申请日起2个月内提交有关国际展览会的组织单位出具的有关发明创造已经展出或者发表，以及展出或者发表日期的证明文件；《商标法》的要求是，应当在提出商标注册申请的时候提出书面声明，并且在3个月内提交展出其商品的展览会名称、在展出商品上使用该商标的证据、展出日期等证明文件。

五、对专利权的限制

权利行使的例外和限制是知识产权法律制度下一项重要的内容，是为了防止知识产权权利人滥用自己手中的权利、损害社会公共利益，在权利人的独占权与知识产权使用人利益之间保持平衡，以此实现推动社会进步的终极目标。《巴黎公约》除了保护权利人权利的条款之外，也规定了权利限制方面的内容。

（一）强制许可

1. 强制许可的意义

《巴黎公约》认为在加强专利保护的同时，还需要防止因专利权的不当行使而损害社会公众的正当利益。因此，《巴黎公约》第5条A款第2项规定，为了防止由于行使专利所赋予的专有权而可能产生的滥用，各成员国有权采取立法措施规定颁发强制许可，以发挥专利保护的积极作用，消除权利滥用带来的负面影响，促进专利保护与维护公共利益之间的和谐与平衡。简单来说，强制许可就是在符合法定条件的前提下，由国家的政府部门依法允许第三方实施某项专利技术，而不必征得专利权人的同意。《巴黎公约》明确了强制许可的对象包括专利和实用新型，但没有表态是否适用于工业品外观设计，大部分国家的立法和实践中都将外观设计排除在可以颁发强制许可的工业产权类型之外，外观设计并不会涉及重大的公共利益，没有必要通过强制许可这一严厉措施来限制所有人的权利，应当说各国对此是有共识的。

2. 请求给予强制许可的理由

对于请求给予强制许可的理由，《巴黎公约》只规定了可以以专利权人自己不实施或者不充分实施专利为由请求给予强制许可。各成员国对"不实施"（或者"实施"）以及"不充分实施"可以有自己的理解，并规定在本国专利法中。在《巴黎公约》的框架下，对于"实施"专利的理解通常是指在工业上的实施，主要是制造专利产品和使用专利方法，进口或者销售往往不认为是"实施"专利，这在实践中也引起了一些争议。因此，之后缔结的TRIPS特别指出，专利权的享有不因产品是进口还是本国生产的而受到歧视，这也可以说是从另一个侧面承认了进口也是一种实施专利的行为。目前，规定对不实施专利可以给予强制许可的国家一般都明确将"进口"或者是特定范围内的"进口"认为是实施专利的行为之一。但是，即便专利权人通过进口专利产品或者依照专利法方法直接获得的产品方式实施其专利，也需要进一步判断是否构成"未充分实施专利"。我国《专利法》的规定是"专利权人自专利权被授予之日起满3年，且自提出专利申请之日起满4年，无正当理由未实施或者未充分实施其专利的"，"国务院专利行政部门根据具备实施条件的单位或者个人的申请，可以给予实施发明专利或者实用新型专利的强制许可"；对于"实施"的理解与《专利法》第11条所规定的专利权人可以禁止他人未经许可实施其专利中的"实施"的含义是一致的，包括制造、使用、许诺销售、销售、进口等行为；什么是"未充分实施其专利"在《专利法实施细则》中有规定，即"专利权人及其被许可人实施其专利的方式或者规模不能满足国内对专利产品或者专利方法的需求"。

《巴黎公约》只是列举了"不实施"是滥用专利权的情形之一，其他滥用的情形还可能包括垄断高价、拒绝合理条件的许可从而阻碍工业发展等，这些能否成为请求给予强制许可的理由取决于成员国法律的规定。当然，在成员国的专利法中还可以规定专利权滥用之外的其他给予强制许可的理由，例如从属专利强制许可、公共利益需要、国家紧急状态等，这并不违反《巴黎公约》的规定。

3. 给予强制许可的条件

成员国以专利权人不实施或者不充分实施其专利为由给予强制许可还应当符合一定的条件：第一，必须是专利权被授予后满3年或者自申请专利之日起满4年，以后届满的期限为准，他人才能够以专利权人未实施或者未充分实施专利为由申请强制许可，规定两个期限中以后届满的为准是考虑到了各国专利制度在审查方式上的差异，因为有些采用登记制的国家可能在提出申请后1年之内就授予了专利，此时就适用申请之日起满4年的条件，在采用实质审查制的国家，通常自申请之日起1年以上才可能授予专利权，那么就以授予专利满3年为条件；第二，如果专利权人不实施专利有正当的理由，是不能给予强制许可的；第三，强制许可只能是非独占许可，管理机关颁发了强制许可之后，专利权人自己仍旧有权许可他人实施其专利；第四，除了与实施该许可的企业或商誉一起转让外，强制许可是不得转让的；第五，强制许可的被许可人也不得再许可其他人实施专利。

4. 强制许可与专利权的撤销

专利权的取消或者撤销其实是《巴黎公约》所允许的除强制许可之外的另一项防止权利滥用的措施。有关强制许可与专利权的取消或者撤销之间的关系，《巴黎公约》还作出了专门规定，即只有在给予强制许可仍然不足以防止专利权的滥用时，成员国才可以规定取消专利，实际是将剥夺专利权作为颁发强制许可之后更严厉的一项措施；而且自授予第一个强制许可之日起2年届满前，是不得要求专利管理机关取消或撤销专利的。

（二）临时过境交通工具的使用

对"临时过境交通工具上使用专利"的侵权豁免是《巴黎公约》规定的另一项有关权利限制的措施。其具体含义是：第一，必须是在属于巴黎联盟成员国的船舶进入其他成员国的领水时，在属于联盟成员国的飞机或者陆上车辆进入其他成员国领空、领陆时对专利对象的使用；第二，上述交通工具是暂时或者偶然进入其他成员国的领土，"暂时进入"也包括定期进入，"偶然进入"则有可能是因为突发事件而进入，例如避风、迫降、维修等；第三，"专利对象"指取得专利权的产品或者依照专利方法直接获得的产品；第四，对船舶而言，限于在该船的船身、机器、船具、装备及其他附件上使用构成专利保护对象的器械，对飞机或者路上车辆而言，是在该飞机或者陆上车辆的构造或者操作中，或者在该飞机或陆上车辆附件的构造或者操作中使用构成专利对象的器械，即必须是专门为了实现运输工具的功能需要而使用属于保证自身航行和运转不可缺少、不可分割的设备，但不涉及设备的制造和销售。

六、成员国签订专门协定的规定

虽然《巴黎公约》是工业产权领域比较全面的、包含了诸多实体性规定的国际公约，但是《巴黎公约》的规定只是涉及工业产权国际保护的基本原则和对各类工业产权的最低保护标准，在国内立法和实践中满足这些要求是成员国必须履行的国际义务；同时考虑到成员国之间在经济和科技发展水平以及法律制度方面的差异，在《巴黎公约》最初的文本中就允许"本联盟国家在与公约的规定不相抵触的范围内，保留有相互间分别签订关于保护工业产权的专门协定的权利"，通过这种方式对《巴黎公约》的规定进行补充或者设定高于《巴黎公约》要求的保护标准。另外，《巴黎公约》本身也不可能包括工业产权国际保护方面的所有实体和程序性规定，从应对工业产品保护的发展变化和推进国际合作角度考虑也需要保留在《巴黎公约》之外另行制定专门协定的立法空间。

对于"专门协定"应当作广义的理解，从《巴黎公约》签订之后的实践看，这些专门协定既包括了目前由 WIPO 负责管理的与《巴黎公约》相关的 14 个多边协定，也包括了个别成员国之间缔结的其他多边或者双边协定，例如以《欧洲专利公约》为代表的欧洲地区性知识产权条约、《北美自由贸易协定》中有关知识产权保护的条款、建立非洲知识产权组织的《班吉协定》等。前一类的专门协定中有在实体规范方面对《巴黎公约》进行补充的协定，例如《UPOV 公约》《制止商品产地虚假或欺骗性标记马德里协定》等；有依据《巴黎公约》为便利取得工业产权保护而进行国际合作的程序性协定，例如《专利合作条约》《马德里协定》《国际承认用于专利程序的微生物保存布达佩斯条约》等；还有为《巴黎公约》规定的工业产权提供统一分类标准的协定，例如《国际专利分类斯特拉斯堡协定》《建立工业品外国设计国际分类洛迦诺协定》《建立商标图形要素国际分类的维也纳协定》等。与成员国自行缔结的多边或者双边协定不同，这些专门协定的成员国必须首先是《巴黎公约》的成员国；在内容方面要遵循《巴黎公约》的基本原则和精神，不得与之相抵触；而且专门协定由巴黎联盟的国际局起草，并由巴黎联盟成员国外交会议通过，专门协定成员国间的联盟要接受国际局的行政领导。公约与协定相辅相成，形成了以《巴黎公约》为"基础公约"，以其他工业产权专门协定为"辅助条约"的国际工业产权保护体系，也称为"巴黎公约体系"。

参考文献

[1] 博登浩森. 保护工业产权巴黎公约指南 [M]. 汤宗舜，段瑞林，译. 北京：中国人民大学出版社，2003.

[2] 汤宗舜. 专利法教程 [M]. 3 版. 北京：法律出版社，2003.

[3] 郑成思. 知识产权法 [M]. 2 版. 北京：法律出版社，2003.

[4] 郑成思. 知识产权论 [M]. 3 版. 北京：法律出版社，2007.

[5] 赵元果. 中国专利法的孕育与诞生 [M]. 北京：知识产权出版社，2003.

[6] 赵元果. 中国加入《保护工业产权巴黎公约》回眸 [N]. 中国知识产权报，2010-03-19（3）.

[7] 古祖雪. 国际知识产权法 [M]. 北京：法律出版社，2002.

[8] 尹新天. 专利权的保护 [M]. 2 版. 北京：知识产权出版社，2005.

[9] 国家保护知识产权工作组. 领导干部知识产权读本 [M]. 北京：人民出版社，2006.

[10] 国家知识产权局条法司. 新专利法详解 [M]. 北京：知识产权出版社，2001.

[11] 国家知识产权局条法司.《专利法》第三次修改导读 [M]. 北京：知识产权出版社，2009.

第二章　与贸易有关的知识产权协定

【提要】 本章内容主要涉及 TRIPS 的规定，首先从协定签署的背景、知识产权的性质、协定的目标和基本原则、与贸易有关的知识产权的范围等方面介绍了与协定相关的基本知识，随后逐一阐述了协定对版权和有关权利、商标、地理标志、工业品外观设计、专利、集成电路布图设计、未公开信息等知识产权保护以及对协议许可中限制竞争行为进行控制的基本要求，最后分析了 TRIPS 关于知识产权执法、争端的防止和解决方面的规定。

第一节　TRIPS 的基本知识

一、TRIPS 的签署

（一）背景

1. 知识产权国际保护的发展

在知识产权国际保护历史上，1883 年缔结《巴黎公约》和 1886 年缔结《伯尔尼公约》是两个重要的标志性事件。这两个国际条约的签署和实施标志着知识产权保护从国家间的双边小范围合作进入了多边的国际协调阶段，它们分别为工业产权和著作权的保护确立了基本原则和统一的国际标准，对知识产权国际保护、各国的立法和实践产生了深远的影响。随后围绕这两个基础公约又签订了一系列实体和程序方面的专门协定，由此构建起了知识产权国际保护的框架。

与缔结多边实体规范相随相伴的是知识产权保护国际组织的建立，《巴黎公约》成员国组成的"巴黎联盟"和《伯尔尼公约》成员国组成的"伯尔尼联盟"可以说初具国际组织的雏形，但它们还不算是真正意义上的国际组织。随着知识产权国际事务的日益复杂、国家间交往的加强，很多国家都意识到在知识产权领域应当建立一个独立的政府间国际组织。1967 年借在斯德哥尔摩召开国际外交会议、修订《巴黎公约》和《伯尔尼公约》及其专门协定之际，签订了一个新的国际公约，即《建立世界知识产权组织公约》，该公约在 1970 年 4 月 26 日生效的同时也宣告了 WIPO 的正式成立。1974 年 12 月 WIPO 成为联合国组织系统的专门机构之一，截至 2020 年 5 月 11 日共有 193 个成员国。在 WTO 涉足知识产权领域之前，WIPO 是在知识产权国际保护方面最具影响力的国际组织，它所管理的以《巴黎公约》和《伯尔尼公约》为首的两大国际条约体系构成了知识产权国际保护的主要国际法依据。但是，20 世纪 70 年代以后，由于发达国家和发展中国家之间在知识产权国际规则制定方面对立的观点、立场，WIPO 在修订其所管辖的国际公约的时候遇到了诸多困难，对《巴黎公约》等公约的修订始终无法取得实质性进展，发达国家开始尝试另辟途径达成其强化保护的目标。

2. 国际贸易的发展和 WTO 的诞生

第二次世界大战结束之后，各国都希望尽快恢复国际交往和贸易活动。作为第二次世界大战最大受益国的美国更是建立国际贸易新秩序的积极倡导者，提出了"自由贸易原则"，要求西方国家之间降低关税，开放市场，并倡议成立国际性的贸易组织。在 1946 年至 1947 年举行的创始成员会议上，通过了《国际贸易组织宪章（草案）》（以下简称《宪章》），另将《宪章》中与关税有关的条款汇编成《关税与贸易总协定》（General Agreement on Tariffs and Trade，GATT，以下简称《关贸总协定》），在《宪章》生效前从 1948 年 1 月 1 日起临时适用，一旦《宪章》生效、国际贸易组织成立就结束其使命。然而各国国会出于战后复兴和保护本国新兴产业的原因都没有接受《宪章》，《关贸总协定》这一临时性的文件以及为保证其执行而形成的一个准国际机构，在 WTO 正式成立之前运转了 47 年。

在《关贸总协定》运行期间，各缔约方通过多次的多边谈判对协定内容进行完善，习惯上将各次谈判称为"回合"（round）。1947 年缔结协定的谈判为第一回合，到 1993 年一共经历了 8 个回合的谈判，内容主要是降低关税。《关贸总协定》还是国际法意义上一个非常特殊的对象，本质上是一个不完整的国际条约，发挥了国际谈判场所和国际机构的作用。第一回谈判之后的 40 多年间，国际贸易形势和世界格局都发生了巨大的变化，除了传统的货物贸易之外，服务贸易发展迅猛，海外直接和间接投资日趋活跃；与此同时，关税壁垒也不再是阻碍国际自由贸易的主要障碍，保障措施、技术标准、政府采购、关税估价、补贴等非贸易壁垒的出现已经开始影响贸易自由化。针对上述新现象形成的一些新的贸易规则和争端解决程序涉及缔约方权利义务的变化。1986 年发起的"乌拉圭回合"谈判中正式把设立世界贸易组织作为议题讨论；1994 年 4 月 15 日，乌拉圭回合正式签订《建立世界贸易组织协定》，通过了《马拉喀什宣言》。WTO 于 1995 年 1 月 1 日成立，统领全球贸易，也宣告《关贸总协定》临时适用状态的终止。截至 2016 年 7 月 29 日，WTO 共有 164 个成员。

3. 与贸易有关的知识产权问题引发关注

《关贸总协定》关注的是消除货物贸易中的关税壁垒，实现贸易自由化，知识产权保护问题应当说最初并未在《关贸总协定》（1947）直接管辖的范围内，只是在具体条款中零星涉及与知识产权相关的内容，对于各类知识产权的授权标准和缔约方应当达到的保护水平更是丝毫没有提及。因此，在乌拉圭回合谈判之前，知识产权保护与国际贸易发展是由两套不同的法律体系分别处理、两个不同的国际组织分头管理协调的，相互之间并不存在关联机制。1973～1979 年举行的东京回合谈判涉及非关税壁垒的议题时，发达成员第一次在多边贸易体制下提及了假冒商品问题。全球范围内假冒、仿冒商品贸易对正常贸易秩序的损害也引起了《关贸总协定》缔约方的重视。

发达国家认为知识产权实体规范方面，专利、商标、著作权领域的新问题和出现的新兴知识产权保护客体，包括专利和商标的保护对象以及保护期限，作品的出租权以及对计算机程序、集成电路布图设计、商业秘密的保护等都需要通过国际规则的制定来统一各成员的立法、扩大保护范围；程序规范方面，保证国际公约得到执行的措施在效力上是比较弱的，也没有规定专门的解决成员方争端的机制；而且各成员参加的国际公约不尽一致，参加同一个公约的成员所适用的版本有所区别。但是这种建立更高标准、更广范围、集实施保护和争端解决运行机制为一体的新的保护制度的主张并未成为当时国际知识产权制度改革的方向，对现行体制不满，又无法在原有框架内实现突破，使得以美国为首的发达国家成员极力主张要将知识产权问题作为《关贸总协定》乌拉圭回合谈判的重要内容之一。

知识产权保护问题被纳入《关贸总协定》的新一轮谈判，除了发达国家主导的因素之外，也是新技术革命影响国际贸易发展这一背景下不可避免的趋势。随着科技的飞速发展，技术贸易在国际贸易中所占的比重越来越高，有形商品贸易中技术以及其他无形资产的含量也在迅速增加。对智力劳动成果这一无形财产的保护凸显出它的重要作用，知识产权制度正是为此建立的一项专门法律制度，其与国际贸易之间的联系也因为经贸和科技领域的这些变化而紧密起来。过去单纯就"知识产权"言"知识产权"的方式，已经难以适应这种需求了，迫切需要以更有效的方式向前推进，即在《关贸总协定》的多边贸易体制下寻求包括提高保护水平、完善执法和争端处理程序的一揽子解决方案。

（二）TRIPS 的起草、签署和修改

将知识产权保护作为《关贸总协定》的谈判议题之一符合发达成员的意愿，但是会增加引进技术、转化、吸收和利用先进技术的成本，巩固发达国家的技术垄断地位，进一步拉大"南北"距离，这在很大程度上会损害广大发展中成员的利益。因此，在《关贸总协定》有关知识产权议题的谈判中，发展中成员一直持抵制态度。由于《关贸总协定》的谈判涉及了国际贸易的所有方面，关系到各成员的经济利益，如果能够最终达成协议对于发达成员和发展中成员都将具有重要意义。作为一种妥协和交换，发展中成员重点关注的农业、服装和纺织品以及发达成员要求增加的知识产权一同列入乌拉圭回合的谈判议题。1991 年 12 月《关贸总协定》总干事提出了乌拉圭回合最后文本草案框架，其中对于 TRIPS 基本达成了一致。1994 年 4 月正式签定了《建立世界贸易组织公约》，TRIPS 被列为协定的附录 1C 与附录 1A 所列的有关货物贸易的 13 个协定、作为附录 1B 的《服务贸易协定》，以及附录 2 的《争端解决规则和程序规定》和附录 3 的《贸易政策评审制度》一起成为 WTO 体制下要求成员一揽子接受的协定，实现成员间权利义务统一的目的。在组织机构方面，多边贸易体制下所有事项的最高决策由所有成员代表组成的部长级会议作出，至少每两年召开一次；在部长级会议休会期间，其职能由总理事会行使；根据 WTO 管辖范围内的主要协定，在总理事会下相应设立了货物贸易理事会、服务贸易理事会和与贸易有关的知识产权理事会（以下简称"TRIPS 理事会"）；TRIPS 理事会主要负责监督 TRIPS 的执行情况。在"一揽子接受"原则之下，成员只能选择全盘接受或者完全退出，无法就各自喜好各取所需；而且这些协定涉及了国际贸易及与之相关的方方面面，对发展中成员来说其中既有其关注的农产品和纺织品服装协定，又有其不愿意接受的 TRIPS，面对市场准入机会和更大的经济利益，许多成员是很难说不的——知识产权保护实际是作为交换利益之一被纳入 WTO 管辖范围内的。自此之后，知识产权的国际保护也进入了一个新的发展时期。

2001 年开始的多哈回合谈判是 WTO 机制下进行的新一轮多边谈判，也称为"发展回合"，旨在促进成员削减贸易壁垒，通过更公平的贸易环境促进全球特别是较贫穷国家和地区的经济发展，谈判包括农业、非农产品市场准入、服务贸易、规则谈判、争端解决机制、知识产权、贸易与发展以及贸易与环境等 8 个主要议题。原计划在 2005 年 1 月 1 日前结束，但因涉及各方利益的进退取舍，至今仍然没有结束。在知识产权谈判中仅就"TRIPS 与公共健康问题"成员通过了一系列决议和文件。2005 年 12 月，WTO 总理事会通过《关于〈与贸易有关的知识产权协定〉修正案议定书》并于 2017 年 1 月取得了 2/3 成员同意后正式生效。除此之外，多哈回合谈判中有关 TRIPS 与《生物多样性公约》的关系、传统知识和民间文艺保护、地理标志的扩大保护与多边注册等问题，到目前为止还没有形成有约束力的法律文件或者通过对 TRIPS 的修改。经济全球化和多边贸易体制的发展使得 WTO 本身也面临着新一轮的改革。

（三）TRIPS 的特点

TRIPS 被称为 WTO 的三大支柱之一，除了突出技术贸易和知识经济的重要性外，其本身与传统的知识产权国际公约相比，也具有非常鲜明的特点，主要表现在：第一，TRIPS 第一次将知识产权保护制度与国际贸易协调机制联系在一起，并作为《关贸总协定》乌拉圭回合谈判达成的一揽子协定之一，得到了 WTO 成员的广泛接受，国际贸易领域中的最惠国待遇等基本原则将适用于知识产权制度；第二，TRIPS 在已有知识产权国际公约的基础之上全面提升了知识产权的保护水平，无论是受保护的知识产权的范围还是知识产权的权利内容以及保护期限，无论是授予知识产权的实体标准还是对知识产权执法和司法的要求，在协定中都作了详尽规定；第三，协定引入 WTO 强有力的争端解决机制，大大提高了其条款的执行力度，促使各成员方积极履行承诺。有学者评价该协定为当今世界范围内知识产权保护领域中涉及面广、保护水平高、保护力度大、制约力强的一个国际公约。

（四）中国与 TRIPS

中国曾经是《关贸总协定》（1947）的 23 个原始缔约国之一，后于 1950 年由台湾当局宣布退出。1986 年 7 月，中国政府代表照会《关贸总协定》总干事，正式提出了中国政府恢复《关贸总协定》缔约方地位的要求，《关贸总协定》为此成立"中国复关工作组"并召开多次会议。但是由于美国、欧共体等发达国家、地区的不同意见，中国未能在《关贸总协定》（1947）向 WTO 过渡的 1 年期限内（1995 年）达成中国复关协议，也就不能以缔约方的身份成为 WTO 的原始成员。从 1996 年起，中国又开始了历时 5 年多、涵盖《建立世界贸易组织公约》附录所含所有协定内容、与 WTO 所有成员分别进行的艰难"入世"谈判，最终在 2001 年 12 月 11 日正式成为 WTO 成员，并承诺履行《建立世界贸易组织协定》所附包括 TRIPS 在内的各多边贸易协定规定的义务，接受 WTO 各下属机构为期 10 年的过渡期审议。

在中国加入 WTO 之前，分别在 2000 年和 2001 年按照 TRIPS 的各项规定全面修订了《专利法》《著作权法》《商标法》等主要知识产权法律，制定和修改了《集成电路布图设计保护条例》《专利法实施细则》《计算机软件保护条例》等行政法规，使中国的知识产权保护制度符合 TRIPS 的要求，为中国加入 WTO、履行承诺奠定了法律基础。之后又陆续对相关部门规章进行了修改，保证法律条款的实施。

二、知识产权的性质

TRIPS 在序言中就开宗明义地表态"各成员承认知识产权是私权"，这也确定了 TRIPS 对知识产权性质的基本态度，将其作为一项私人拥有的权利对待并给予保护。个人拥有的私权是与国家通过政府机构行使的公权力相对而言的，强调这一点的原因一方面在于，虽然时至今日，承认知识产权是一项专属于特定主体的财产权已经成为各国普遍的共识并反映在国内法中，但在过去，很多国家在实践中并没有完全将知识产权作为普通的财产权来对待，对于其取得和行使规定了附加的限制性条件。中国也是在改革开放以后才承认知识产权的私权性质，允许其作为设立企业的投资财产之一。TRIPS 的规定针对的就是当时各国在实践中的做法。另一方面，也许是与建立知识产权制度的历史有关，其最初是从国王授予的"特权"发展而来的，与其他民事财产权利自然产生的理论基础有很大区别，工业产权中的很多保护客体都需要经过政府主管部门批准授予才能享有权利，与国家公权力有着紧密的联系，但并不能就此否定知识产权的私权属性。WTO 成员经过磋商后认为，有必要在 TRIPS 的序言中将这项原则性的共识表述出来。承认其私权性质也就认同对于知识产权的保护不能因为权利主体的不同而有所歧视，也不能像关税、配额等国际贸易中常用的调控手段那样，根据国家政策需要对知识产权的保护标准和适用对象进行自由调节，知识产权是受国家法律保护的私人权利。

当然，我们在学习知识产权法律知识、了解知识产权保护制度的时候，也不能忽略其作为一项特殊私人权利所包含的公共因素，寻求私人利益与公共利益的合理平衡是贯彻整个知识产权制度建设始终的目标。

三、TRIPS 的目标和基本原则

（一）TRIPS 的目标

"渴望减少国际贸易中的扭曲和障碍""促进对知识产权的有效和充分的保护"和"保证知识产权执法的措施和程序本身不致成为合法贸易的障碍"是 WTO 成员写在 TRIPS 序言中的总目标，带有鲜明的贸易主导色彩，并且提出为了达到此目的，需要制订新的有关下列内容的规则和纪律：

第一，1994 年《关贸总协定》的基本原则以及有关知识产权国际协定或公约的基本原则的可适用程度（TRIPS 第一部分）；

第二，规定与贸易有关的知识产权的备有、范围和使用的适当的标准和原则（TRIPS 第二部分）；

第三，规定有效和适当的方法，以执行与贸易有关的知识产权，但应顾及各成员法律制度的差异（TRIPS 第三部分）；

第四，规定有效和迅速的程序，以多边的方法防止和解决政府间的争议（TRIPS 第五部分）；

第五，规定过渡安排，目的在于使各成员尽可能地接受谈判的结果（TRIPS 第六部分）。

这五个方面的规则可以说概括了 TRIPS 总共 73 个条款的核心内容。除此之外，TRIPS 的序言中还逐一表达了各成员就知识产权保护所达成的共识，这些内容也应当认为是签订 TRIPS 所要实现的目标，包括：承认为处理国际间假冒货物的贸易，需要建立一个包含原则、规则和纪律的多边框架；承认知识产权是私权；承认各成员保护知识产权制度中作为基础的公共政策目标，包括发展和技术的目标；承认最不发达成员在其境内实施法律和规章时，特别需要有最高度的灵活性，以便使它们能建立健全和有活力的技术基础；强调达成有力的承诺，通过多边程序解决与贸易有关的知识产权争端，以缓和紧张局势的重要性；渴望在 WTO 和 WIPO 以及其他有关国际组织之间建立相互支持的关系。

（二）TRIPS 的基本原则

1. 国民待遇原则

国民待遇原则是几乎所有的知识产权国际公约都要规定的基本原则之一，TRIPS 在总则部分第 1 条第 3 款就规定了"各成员应当将本协议规定的待遇给予其他成员的国民"，这一含义与《巴黎公约》《伯尔尼公约》这些已经签署的国际公约没有本质区别。就有关的知识产权而言，"其他成员的国民"应当理解为符合《巴黎公约》(1967)、《伯尔尼公约》(1971)、《保护表演者、录音制品制作和广播组织罗马公约》（以下简称《罗马公约》）和《华盛顿条约》规定有资格享受保护的标准的自然人和法人，因为 WTO 的所有成员就如同是这些公约的成员一样。另外，需要注意的是，WTO 的成员除了独立的主权国家之外还包括单独关税区，例如中国台湾、中国香港和中国澳门都是以单独关税区身份加入 WTO 的。因此，在 WTO 框架下"国民待遇"所适用的主体范围扩展到了在这些单独关税区内有住所或者真实有效的工商业营业所的自然人或者法人。

TRIPS 第 3 条是专门针对国民待遇的规定，重申了每一成员给予其他成员国民的待遇不应比其给予本成员国民的待遇较为不利，并在国民待遇原则的适用范围和例外方面作了强调：

首先，TRIPS 承认在知识产权保护方面，《巴黎公约》《伯尔尼公约》《罗马公约》和《华盛顿条约》这四个国际公约已经分别规定的国民待遇原则的例外对协议仍然是适用的。

其次，就表演者、录音制品制作者和广播组织而言，成员遵守国民待遇原则的义务只适用于

TRIPS 规定的权利，包括对表演加以固定、许可或者禁止复制录音制品、禁止未经许可向公众传播广播电视节目等，这些权利规定在 TRIPS 的第 14 条。

再次，任何成员想要适用《伯尔尼公约》第 6 条或者《罗马公约》第 16 条第 1 款（b）项的规定，应当通知 TRIPS 理事会。这两个条款都是允许成员在特殊场合以"互惠原则"取代国民待遇原则，本质上属于对国民待遇的例外规定。《伯尔尼公约》第 6 条规定的主要内容是，成员国可以不保护首次在成员国出版的非成员国国民且在成员国也没有惯常居所的作者的作品。作出这一规定是因为作者的国籍国没有参加《伯尔尼公约》，而且可能连保护著作权的立法都没有，成员国国民的作品在这些国家是得不到保护的，那也就没有理由要求成员国对这些作者首先在成员国出版的作品给予国民待遇了。《罗马公约》第 16 条第 1 款（b）项的核心内容与《伯尔尼公约》第 6 条第 3 款相同，只是受限制的享有国民待遇的主体不是非成员国国民而是广播组织，受限制的权利也不是保护作品的权利而是"电视广播权"。WTO 仍旧允许成员对是否适用这两项规定作出选择，在程序方面成员需要通知 TRIPS 理事会，而不只是管理《伯尔尼公约》和《罗马公约》的 WIPO 了。

然后，各成员仍然可以利用前述四个国际公约所允许的司法和行政程序方面的例外，包括在成员管辖范围内指定送达文件的地址或者委托代理人，只要这些例外是为了确保遵守与 TRIPS 不相抵触的法律和规章所必须的，而且这些做法的实施方式对贸易不会构成变相的限制。国民待遇原则并不是绝对的，至少在司法和行政程序中，对外国人和本国国民无法做到完全的平等对待，这已经被各国所认同，也反映在了成员立法和已经签订的国际公约中，而且某些时候的区别待遇恰恰是为了更好地维护外国当事人的利益。

最后，关于"国民待遇原则"中的某些概念，TRIPS 也作出了解释。第 3 条国民待遇和第 4 条最惠国待遇中所用的"保护"一词，TRIPS 认为应当作广义理解，既包括影响该协定特别述及影响知识产权使用的事项，例如授权条件、保护期限，也包括影响知识产权的备有、获得、范围、维持和执法的事项。

当然，由于 TRIPS 规定的内容比已有的国际公约都要宽泛，设定的知识产权保护标准也更高，成员的国内法必须遵守公约提出的最低要求。因此，实际上依据 TRIPS 所能享有的国民待遇比依据其他国际公约所能享有的国民待遇要高得多。

2. 最惠国待遇原则

在签署 TRIPS 之前，最惠国待遇并没有出现在知识产权保护领域。最惠国待遇最早是《关贸总协定》的基本原则之一。《关贸总协定》（1947）第 1 条就是关于"普遍最惠国待遇"的规定，要求任何缔约方给予来自或者运往任何其他国家的产品的利益、优惠、特权或者豁免应当立即无条件的给予来自或者运往所有其他缔约方领土的同类产品。这是为了保证公平竞争的国际贸易秩序而专门规定的原则，被认为是《关贸总协定》的基石。乌拉圭回合谈判修改后的《关贸总协定》（1994）也继续要求 WTO 成员遵守该原则，而且将该原则的适用从货物贸易领域拓展到服务贸易和与贸易有关的知识产权保护中，成为 WTO 管辖下各主要多边协定的一项基本原则。

知识产权保护领域的最惠国待遇的含义就是，WTO 成员对任何其他国家的国民授予的任何利益、优惠、特权或豁免，应当立即无条件地给予所有其他成员的国民。除了因为最惠国待遇是国际贸易的一项基本原则，作为《建立世界贸易组织公约》附件之一的 TRIPS 自然应当遵守之外，另一个在知识产权领域实行最惠国待遇的原因是，修改《巴黎公约》等知识产权国际公约的谈判迟迟没有结果，某些发达国家为了为其国民拥有的知识产权在其他国家争取到更高水平、更充分的保护，通过与其他国家缔结双边协议的途径获得优惠待遇，而这些优惠非缔约方国民是享受不到的，因而也引起了其他国家的不满。TRIPS 包含最惠国待遇原则，就可以使未获得优惠安排的成员也自动享受这一待遇。

对最惠国待遇原则的例外，TRIPS 也作了明确规定，成员在下列四种情形下授予的任何利益、优惠、特权或者豁免，不受最惠国待遇的限制：

第一种情形：根据一般性的司法协助或法律实施方面的国际协定产生的优惠，并且不是特别限于知识产权保护的，可以不适用于其他成员，例如《承认及执行外国仲裁裁决条约》（以下简称《纽约仲裁公约》）（1958）、《关于向国外送达民事或商事司法文书和司法外文书公约》（以下简称《海牙送达公约》）（1965）以及国家间签署的"民商事司法协助双边协定"等；

第二种情形：《伯尔尼公约》或者《罗马公约》规定允许成员国作出选择只给予某些成员国的待遇，其不属于国民待遇，而是对应另一国给予的待遇的一种互惠性质的保护；

第三种情形：TRIPS 未规定的表演者、录音制品制作者和广播组织的权利，如果两个 WTO 成员基于各自国内法律都承认的协议规定以外的权利而同意相互给予对方保护，其他成员不能依据最惠国待遇要求同等待遇，例如表演者的精神权利和某些具体的经济权利等；

第四种情形：在《建立世界贸易组织协定》生效以前，根据有关知识产权保护的国际协定而得到的优惠或者特权。例如，在美国同其他成员签署的双边知识产权保护协议中特别赋予了一项版权的"进口权"，但是应当将这些协定通知 TRIPS 理事会，并且不得对其他成员的国民构成任意或者不正当的歧视。

而且 TRIPS 还规定最惠国待遇以及国民待遇原则不适用于在 WIPO 主持下缔结的有关获得或者维持知识产权的多边协定中规定的程序。也就是说，这些国际协定所赋予其缔约国国民在程序方面的优惠待遇，非其缔约国的 WTO 成员的国民就不能要求享受最惠国待遇和国民待遇。例如《国际承认用于专利程序的微生物保存布达佩斯条约》的缔约国相互承认在符合条约规定的"国际保藏单位"保藏微生物样品的效力，递交专利申请时提交该机构出具的保藏证明即可，但是对于未加入该条约的国家的国民来说，即便其国籍国是 WTO 成员也不能依据最惠国待遇要求上述程序方面的优惠，而需要遵守申请国法律对涉及微生物发明的一般规定。

3. 最低保护标准原则

该项原则应当说并不是 TRIPS 首创的，《巴黎公约》中也有类似的规定。TRIPS 第 1 条第 1 款首先明确，各成员应当实施该协议的规定，即国内法不能低于协议所要求的保护水平。当然，TRIPS 的规定只是最低标准，各成员在其法律中完全可以规定比协议要求更为广泛的保护，但是这种保护不能违反 TRIPS 的规定；而且各成员也有在其法律制度和实践中确定实施协议规定的适当方法的自由。根据自身的实际情况，为知识产权保护设定更高的保护标准是成员的权利，并不是义务。举例来说，关于商标保护期限，TRIPS 的要求是商标的首次注册和每次续展的期间不应少于 7 年；而我国《商标法》规定的注册商标的有效期和每次续展注册的有效期均为 10 年，都比协议规定的期限要长，这是完全符合协议要求的。

4. 公共利益原则

公共利益原则体现在 TRIPS 的第 7 条和第 8 条。第 7 条是"目标"条款，阐明"知识产权的保护和执法应当有助于促进技术的革新以及技术的转让和传播，有助于使技术知识的创作者和使用者互相受益，而且是以增进社会和经济福利的方式以及有助于权利和义务的平衡"。应当说第 7 条是对序言中确立的目标所作的进一步阐述，规定了知识产权作为一种私人专有的权利如何与公共利益进行平衡的问题，在一定程度上反映了发展中成员的主张。

第 8 条则是对各成员立法和采取措施的原则性要求，核心含义是要防止由国内立法和实施的保护措施而导致知识产权被滥用。TRIPS 指出，各成员在制订或者修正其法律和规章时，可以采取必要的措施，保护公共卫生和营养，促进对其社会经济和技术发展极关重要的部分的公共利益；为了防止权利持有人滥用知识产权，或者采用不合理地限制贸易或不利于国际技术转让的做法，也可以采取适当措施，但是这些措施都必须符合 TRIPS 的规定。从另一个侧面解读该条，就是允许成员为了维护公共利益、防止权利滥用，可以对知识产权的行使进行一定的限制。

5. 有关权利用尽问题

权利用尽或者权利穷竭是知识产权国际保护中一个非常重要也是非常敏感的问题，针对不同的知识产权保护客体，各国的立法和实践对权利用尽问题的态度也不尽一致。例如，各国对于权利用尽是否有地域限制的态度，即是否允许平行进口，在法律规定上就有很大不同。正是因为这些差异的存在，TRIPS 第 6 条就规定，为了根据该协定解决争端的目的，在符合第 3 条（国民待遇）和第 4 条（最惠国待遇）规定的前提下，该协定的任何规定不得用以处理知识产权的用尽问题。TRIPS 本身对权利用尽既不作肯定表态也没有予以否认，实际上间接表达了允许成员在权利用尽问题上根据其需要采取灵活立场的含义，但是适用国民待遇和最惠国待遇原则仍然是成员应当履行的义务。

6. 与其他知识产权国际公约的关系

TRIPS 是一个起点非常高的知识产权国际公约，突出表现在它是以知识产权国际保护领域已经签署的最重要的四个实体性公约为基础的，在其条款中明文规定了其与四个国际公约的关系：就该协定第二、第三和第四部分（依次是关于知识产权的备有、范围和使用的标准，知识产权执法、知识产权的获得和维持及有关的当事人间程序）而言，各成员应当遵守《巴黎公约》第 1～12 条和第 19 条（第 1～12 条是公约的实体条款，第 19 条是对联盟成员缔结专门协定的规定）的规定；该协定第一至第四部分的任何规定均不应减损各成员之间根据《巴黎公约》《伯尔尼公约》《罗马公约》和《华盛顿条约》可能已经相互承担的义务，即 TRIPS 要求 WTO 成员履行上述四个国际公约的义务，不论该成员是否是上述四个公约的成员国。

有关《巴黎公约》的核心原则和内容本编第一章已有详细的介绍，在此简述一下另外三个国际公约的主要内容。

《伯尔尼公约》是《保护文学艺术作品伯尔尼公约》的简称，1886 年在瑞士伯尔尼缔结。经过多次修改和增补以后的最新文本是 1971 年的巴黎文本，截至 2020 年 6 月 2 日有 179 个成员国。《伯尔尼公约》以《巴黎公约》为模板，确立版权国际保护领域的三大基本原则，即国民待遇原则、版权自动保护原则和版权独立性原则；在权利内容方面，《伯尔尼公约》要求成员国既要保护作者的经济权利，也要保护作者的精神权利；关于权利的保护期限，《伯尔尼公约》要求对一般作品经济权利的保护期不少于作者有生之年加死后 50 年，精神权利的保护期至少要与经济权利的保护期相等，也可以提供无限期保护。另外，《伯尔尼公约》还规定，成员国对其参加《伯尔尼公约》前已经存在于其他成员国但在来源国未进入公有领域的作品要给予追溯保护，以及对发展中国家的优惠条款。

《罗马公约》是《保护表演者、录音制品制作者和广播组织罗马公约》的简称，该公约作为邻接权保护方面的第一个国际公约，是 1961 年由联合国国际劳工组织、教科文组织以及 WIPO 共同发起在罗马缔结的，截至 2020 年 3 月 9 日有 95 个缔约国。《罗马公约》规定了邻接权保护方面的国民待遇原则、邻接权的内容、权利的保护期限、对权利的限制、邻接权的主体范围、允许缔约国在国内法中对公约条款作出的保留，还有追溯力和版权保护条款。

《华盛顿条约》是由 WIPO 支持于 1989 年 5 月在华盛顿缔结的涉及半导体芯片保护方面的专

项国际条约，但是由于签字国很少，并没有生效。其核心内容是要求建立集成电路布图设计的保护制度，对集成电路布图设计所有人的禁止他人未经许可的复制、进口、销售等行为的权利给予至少 8 年的保护，同时也规定了与《巴黎公约》类似的国民待遇原则。

四、与贸易有关的知识产权的范围

TRIPS 通过引用的方式划定了所包含的知识产权的范围，"知识产权"一词是指协定第二部分第 1～7 节所述的一切类别的知识产权，即著作权与邻接权、商标权、地理标志权、工业品外观设计权、专利权、集成电路布图设计权、未公开信息专有权共 7 类权利。从这一范围中我们可以看出，TRIPS 对"知识产权"的理解仅限于其认为与贸易有密切关系的范围内，与《建立世界知识产权组织公约》所规定的广义的"知识产权"不同，是从国际贸易实践出发作出的规定。《建立世界知识产权组织公约》（1967）第 2 条定义条款规定，"知识产权"包括下列项目的权利：①与文学、艺术和科学作品有关的权利；②与表演艺术家的表演活动以及唱片和广播节目有关的权利；③与人类一切活动领域内的发明有关的权利；④与科学发现有关的权利；⑤与工业品外观设计有关的权利；⑥与商标、商号及其他标记以及商业名称和标志标记有关的权利；⑦与制止与防止不正当竞争有关的权利；⑧在一切其他来自工业、科学、文学或艺术领域内由于智力创作活动所产生的一切其他权利。

还需要指出的是，尽管 TRIPS 明确划定的知识产权范围只涉及上述 7 类权利，但 WTO 成员应该给予保护的知识产权并不是只有这 7 类，在第二部分的具体条款中还包括了对其他一些知识产权客体的保护要求。例如，TRIPS 虽然没有将植物新品种列为独立的知识产权保护方式，但是在第 27 条"可享专利的主题"中规定，成员应当以专利或者一种有效的专门制度，或者两者的结合对植物品种给予保护。由此可见，TRIPS 只是要求各成员应当保护植物品种，但对于采取何种方式予以保护，并没有强制性规定，而是由各成员自行选择。选择的范围包括：专利制度、有效的专门制度或者专利制度与专门制度的结合。对植物新品种给予保护是成员必须履行的义务，而且还要接受 TRIPS 理事会的审查。

第二节　知识产权保护的基本要求

TRIPS 的第二部分是关于知识产权的备有、范围和使用的标准，对各种类型的知识产权分别提出了成员给予保护的基本要求。本节将逐一进行介绍。

一、著作权和有关权利

（一）TRIPS 与伯尔尼公约的关系

TRIPS 在就著作权和与著作权相关的权利作出规定前，先明确了其与著作权领域最重要的《伯尔尼公约》的关系，在 TRIPS 协定第 2 条提出了"本协定的任何规定均不应减损各成员之间根据《伯尔尼公约》可能已经相互承担的义务"这一总体原则的基础上，第 9 条又重申各成员应当遵守《伯尔尼公约》第 1～21 条关于著作权保护的实体性规定以及该公约的附录（附录的内容是给予发展中国家在条款适用、颁发强制许可证方面的优惠），除此之外还有两个与《伯尔尼公约》相关的问题需要注意。

1. 有关作者的身份权

TRIPS 第 9 条特别指出，就《伯尔尼公约》第 6 条之二授予的权利和由该条款而取得的权

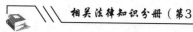

利，各成员根据协议既不享有权利，也不负担义务。《伯尔尼公约》第6条之二规定了"作者对其作品享有精神权利"，主要内容是作者对其作品享有保留作者身份的权利，并且有权反对对其作品的任何有损声誉的歪曲、割裂或者其他更改、损害行为，这项权利是独立于作者的经济权利而存在的；权利的保护期在作者死后至少保留到作者经济权利期满为止；国内法还应当对保障该项权利规定相应的补救方法。TRIPS排除适用这一条款的法律后果就是，成员无权要求其他成员保护作者的精神权利（在有些国家也称为"作者的身份权"），而且成员自身也没有义务给予保护。TRIPS谈判的主导方认为"与贸易有关的知识产权"应当关注的是知识产权中的经济权利，对精神权利的保护并不是协定所要解决问题，因而坚持将《伯尔尼公约》中有关作者精神权利的规定排除在外。

2. 著作权保护的范围

《伯尔尼公约》第2条规定，作为著作权保护对象的"文学艺术作品"包括科学和文学艺术领域内的一切作品，不论其表达方式或者形式如何，书籍、演讲、戏剧、电影、建筑、摄影、实用美术作品、设计图等都是作品，这些作品应在联盟所有成员国内受到保护。《伯尔尼公约》还指出，成员国法律有权规定保护表现于一定物质形式的文学艺术作品或者其中的一种或数种。这就说明了，只有思想内容而没有以一定形式表现出来的作品还不能得到著作权法的保护。对于著作权法不保护的客体，《伯尔尼公约》规定其所提供的保护不得适用于日常新闻或纯属报刊消息性质的社会新闻。TRIPS第9条第2款对《伯尔尼公约》的上述规定又进行了补充说明，即协定所指的著作权的保护应当及于表达，而不及于思想、工艺、操作方法或者数学概念本身，从而将操作方法、数学概念等也明确排除在著作权保护的客体范围之外。

（二）计算机程序和数据汇编

1. 对计算机程序的保护

计算机程序是伴随科学技术发展而出现的新的知识产权保护客体，在签署和修订《伯尔尼公约》的时候，它们没有也不可能被列为保护对象，因为其作为新生事物在现实中的应用还非常少，也没有作为市场流通中的商品出现，更别说是参与国际贸易了。大多数国家对计算机程序的法律保护是在20世纪80年代以后才提上议事日程的，但是国际上并没有形成统一的认识。有的国家主张，计算机程序只是用一种新的技术手段解决某个技术问题，符合专利授权条件的可以取得专利权；以美国为代表的一些国家则主张，要将计算机程序纳入著作权保护轨道，利用其自动保护原则，方便快捷地得到保护，这些国家往往在计算机软件产业中拥有较大的研发优势和市场份额。乌拉圭回合谈判中，在美国的力推之下，后一种观点占据了上风，最终在TRIPS第10条第1款规定："计算机程序，不论是以源代码还是以目标代码表达，应当根据《伯尔尼公约》作为文字作品加以保护。"

2. 对数据汇编的保护

在对数据汇编（亦称"数据库"）的保护方面，与《伯尔尼公约》第2条第5款有关汇编仅限于对已有文学艺术作品进行选择和编排的规定相比，TRIPS第10条第2款规定的可供汇编的素材更加宽泛，既包括享有著作权的作品也可以是不构成作品的数据、材料，而且不论是用机器可读形式还是其他形式，只要对其内容的选择或者安排构成一种智力创作，都应当加以保护。当然，这种保护不涉及数据或者资料本身，汇编作者仅仅就其汇编作品享有著作权，而且在行使权利的时候，不应损害数据或者资料本身拥有的著作权。

（三）出租权

对于受著作权保护的文学艺术作品能否享有"出租权"（向公众商业性出租享有著作权的作品

的原件或者复制件的权利），各国的国内立法存在分歧。有的国家根据"权利用尽"理论，认为作品或者其复制件合法售出后的行为不再受到权利人的限制，因而不承认出租权；有的国家则认为作品或者其复制件的商业性出租，在性质上更接近于不断多次商业性复制作品从中获利的行为，应当取得权利人的许可。针对实践中的不同认识，TRIPS 提出了一个折中的方案，并没有要求成员对所有的作品给予出租权的保护，而是至少对计算机程序和电影作品，成员应当向作者及其权利继受人提供许可或者禁止将其享有著作权的作品的原件或者复制品向公众商业性出租的权利。

就电影和计算机程序这两种作品的出租权，TRIPS 还分别规定了不同的保护条件。对于电影作品，如果向公众商业性出租已经导致这种作品的广泛复制，大大地损害了该成员授予作者及其权利继受人的复制排他权，成员才需要在著作权法中规定出租权；如果成员给予电影作品的保护足够完善，现实中并没有出现上述情况，那么就可以免除该项义务。对于计算机程序，虽然程序的作者及其权利继受人享有出租权没有任何前提条件，但是如果程序本身不是出租的主要客体，那么这项义务就不适用于程序的出租。比如出租的标的物是预装了享有著作权的程序的计算机，程序的作者就不能主张出租权。

（四）保护期

TRIPS 规定的作品的保护期计算方式与《伯尔尼公约》第 7 条规定的"作者有生之年加死后 50 年"的计算方式有所不同。TRIPS 的要求是，除摄影作品或者实用艺术作品外，作品的保护期间不是以自然人的一生作为计算的基础，该期间应当自授权出版之年年终起不得少于 50 年；如果自作品完成起 50 年内没有授权出版，则自作品完成之年年终起不得少于 50 年。但是 TRIPS 第 9 条"与《伯尔尼公约》的关系"条款中没有排除《伯尔尼公约》第 7 条在成员间的适用，而且从 TRIPS 有关保护期规定的措辞中也可以看出，上述规定并不是要改变《伯尔尼公约》以作者的生死时间为依据计算著作权保护期的方式，而是在此之外又提供了一种以作品的出版和完成为标志的计算方式，供成员自由选择。我国《著作权法》第 21 条有关权利保护期的规定，可以说一定程度上就是融合了上述两种计算方式。而欧洲许多国家著作权的保护期都要长于上述两个国际公约规定的标准，分别是作者有生之年加死后 70 年或者在不以自然人有生之年计算时，自作品合法出版之年年终起 70 年。

（五）对权利的限制和例外

TRIPS 没有规定著作权的内容，这在《伯尔尼公约》中已经有所要求了，协定在公约有关限制和例外方面条款的基础上对各成员适用这些限制和例外提出了进一步的条件。《伯尔尼公约》第 9 条第 2 款规定，成员国法律有权允许在某些特殊情况下复制受著作权保护的作品，但是这种复制不能损害作品的正常使用和作者的合法权益。TRIPS 第 13 条要求各成员应当将对各种排他权的限制或例外局限于某些特殊情形，而且这些情形没有与作品的正常利用相冲突，不会不合理地损害权利持有人的合法利益。这与《伯尔尼公约》第 9 条的原则性规定基本一致。上述条款表达了三层含义：首先，允许各成员在著作权制度中规定对权利的限制和例外；其次，成员的著作权法应当明确规定权利限制和例外适用的情形，只有在法律规定的情形下，才可以限制依法享有的排他权的行使；最后，法律规定的限制和例外情形不能影响作品的正常使用，也不能损害权利人的合法权益。《伯尔尼公约》第 10 条和第 10 条之二还明文规定了为教学解说而使用作品、在报刊上引用公开发表作品等可以自由使用作品的情形，并要求使用人应当指明出处。TRIPS 并没有规定著作权保护方面权利限制和例外的具体情形，应当理解为成员可以在协定确立的基本原则之下自行规定适用情形。我国《著作权法》第二章第四节就是有关权利限制的规定，其中第 22 条列举了 12 种属于合理使用他人已发表作品的情形，即可以不经著作权人许可，不向其支付报酬而使用作品，但应当指明作者姓名、作品名称，并且不得侵犯著作权人依法享有的其他权利；第 23 条为九年制义务教育和国家教育规划而编写出版教科书规定了一项汇编他人已发表作品或者作品片段的法定许可。

（六）对表演者、录音制品制作者和广播组织的保护

TRIPS 在与著作权相关的权利（邻接权）方面规定的保护要求并不高，第 4 条最惠国待遇条款中也仅要求成员就该条所规定的权利给予其他成员最惠国待遇。这其实是因为有些成员的著作权法中并不保护邻接权，而且很多成员也并没有加入《罗马公约》，因此协定很难就此设定一个较高的保护标准。TRIPS 第 14 条规定应当给予保护的权利如下。

1. 表演者的权利

TRIPS 规定的表演者享有的权利包括：对将其表演固定于录音制品而言，表演者有权制止未经其许可对其未曾固定过的表演加以固定和复制这种固定品的行为；表演者还有权制止未经其许可以无线方法将其现场表演进行广播和向公众传播的行为。"固定"主要指录音或者录像，但也不限于这两种方式，个别成员认为为表演形象拍摄照片也属于一种固定的方式。

2. 录音制品制作者的权利

录音制品制作者依据 TRIPS 可以享有许可或者禁止直接或间接复制其录音制品的权利。另外，TRIPS 第 11 条关于计算机程序出租权的规定也应当比照适用于录音制品制作者以及成员法律规定的录音制品的任何其他权利持有人。例外情形是，如果在 1994 年 4 月 15 日（该日期是签署乌拉圭回合最后文本的日期）前，成员在录音制品的出租方面已经实施了对权利持有人给予公平报酬的制度，该成员就可以继续维持这种制度而不再规定出租权，但前提条件是录音制品的商业性出租对权利持有人的复制排他权并未造成重大的损害。

3. 广播组织的权利

TRIPS 规定，广播组织应当有权禁止未经其许可将广播予以固定、复制固定品、以无线方法转播广播以及将广播组织的电视广播向公众传播的行为。对广播组织的上述权利成员并没有必须给予保护的义务，如果成员未将这些权利授予广播组织，那么只要在符合《伯尔尼公约》规定的前提下，允许由广播题材的著作权所有人制止上述未经许可的行为即可。

4. 权利的保护期间

在表演者和录音制品制作者权利的保护期间上，与《罗马公约》规定的 20 年相比，TRIPS 规定了更长的保护期间，这两类主体根据协定可以享有的权利保护期间自固定品制作或表演举行之年年终起计算至少应当持续 50 年；广播组织权的保护期间自广播播出之年年终起至少应当持续 20 年，这与《罗马公约》的规定一致。

5. 权利的限制和例外

TRIPS 对邻接权的限制和例外也作出了原则性的规定，任何成员可以在《罗马公约》允许的限度内，对 TRIPS 授予表演者、录音制品制作者和广播组织的权利规定条件、限制、例外作出保留；而且《伯尔尼公约》第 18 条的规定应比照适用于表演者和录音制品制作者就录音制品所享有的权利。《伯尔尼公约》第 18 条是有关公约追溯效力的规定，要求新参加公约的成员国对于在作品来源国尚处于专有领域的作品给予追溯保护。TRIPS 第 14 条第 6 款的规定将对作品追溯保护的要求扩展到了邻接权保护领域。在此之前，根据《保护录音制品制作者禁止未经许可复制其制品公约》（1971 年缔结于日内瓦）第 7 条的规定，新参加公约的成员国可以不保护在来源国尚处于专有领域的录音制品。TRIPS 签署之后，WTO 成员就不能再援引该公约的"无追溯力"条款而必须适用《伯尔尼公约》的"追溯力"原则，保护表演者和录音制品制作者在来源国

仍享有专有权的录音制品。

二、商　标

《巴黎公约》规定的标识类工业产权除了商标，还有服务标记、厂商名称、货源标记或原产地名称等，TRIPS 中只对与贸易有更直接关系的商标和地理标志作出了规定。

（一）可保护的客体

很多国家的商标制度都规定商标使用人只有向国家商标主管部门提出商标注册申请，经过审查予以核准之后才能取得商标专用权，得到法律保护。因此，在统一国际标准中，首先需要明确的是哪些标记可以成为商标保护的主题获得注册。TRIPS 在商标一节中的第一个条款就对可保护的客体作了详细说明。协定指出，任何标记或标记的组合都能构成商标，只要其能将一个企业的商品或服务与其他企业的商品或服务区别开来。这是一项概括性的规定，其中商标的区别作用即显著性要求是获得注册的重要条件。随后，协定列举了构成商标的要素，文字（包括人名）、字母、数字、图形要素和色彩的组合，以及这些内容的任意组合，均适合作为商标予以注册；另外，如果标记本身缺乏区别有关商品或服务的能力，并不是完全不可能被注册为商标，各成员可以根据该标记使用后是否获得了显著性决定其能否获得注册。各成员也可以要求将视觉可以感知的标记作为注册的条件，这就排除了声音、气味等非视觉感知的内容作为商标保护的客体；但是这并不是强制性的规定，各成员仍然可以根据自身情况允许将此类标记注册为商标。我国《商标法》在总则中用多个条款从正反两方面规定了商标保护的客体，对照 TRIPS 的上述规定，《商标法》的规定符合通行的国际标准。

TRIPS 第 15 条还对成员拒绝商标注册申请规定了一系列条件：协定对商标保护客体的要求，不妨碍成员依据其他理由拒绝商标的注册，但是这些理由应当符合《巴黎公约》的规定，包括侵犯第三人的既得利益、缺乏显著特征、违反道德或者公共秩序尤其是具有欺骗公众的性质（上述内容规定在《巴黎公约》的第 6 条之五）；各成员可以将"是否使用"作为商标注册的条件，因为有些国家不是以注册为条件，而是将是否在贸易活动中实际使用商标作为取得商标专用权的途径，但是不应将商标的实际使用作为提交注册申请的条件，即申请人是否具有申请资格以及国家主管机关是否受理注册申请不以该商标的实际使用为判断依据。

TRIPS 对商标注册程序也有基本要求，即各成员应当在商标注册以前或者在注册以后迅速公布每一个商标，并且应当向公众提供请求取消商标注册的合理机会；此外，各成员也可以提供对商标注册提出异议的机会。成员授予注册商标专用权应当向社会进行公示，接受公众监督，并且应当给予救济途径方面的程序保障。在我国的商标注册程序中，申请注册的商标符合法律规定的，由商标局初步审定，予以公告；对初步审定的商标，自公告之日起 3 个月内，任何人均可以提出异议，公告期满无异议的，予以核准注册，发给商标注册证，并予公告；已经注册的商标，违反法律规定的，其他单位或者个人可以请求撤销该注册商标。根据上述规定，在商标注册前和注册后都有公告的过程，对相关公众而言，在商标获得注册前可以对其提出异议，在商标获得注册后可以启动撤销程序，这些规定是完全符合 TRIPS 要求的。

（二）权利的范围

1. 注册商标所有人的排他权

在很多国家的商标法中都将注册商标专用权定义为一种排他性的权利，TRIPS 也是从这一角度划定商标权范围的，注册商标所有人应当享有排他权，以制止第三方未经所有人同意而在贸易中将与注册商标相同或类似的标记使用在与该商标所注册的商品或服务相同或类似的商品或服

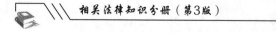

务上，而这种使用有可能造成公众的混淆；将相同的标记使用在相同的商品或服务上，就应当推定有混淆的可能；上述权利不应损害任何已有的在先权利，也不应当影响各成员根据使用而确认权利效力的可能性。但是，应当注意的是商标权人自行使用或者许可他人使用注册商标仅限于批准的标志和商品或者服务类别，而不能擅自将与注册商标近似的商标使用在其他商品包括类似商品上，其使用权和排他权（禁用权）的范围是不同的。另外，关于"造成公众混淆"这一条件各国在立法和司法实践中掌握的标准也有所不同，在中国商标法律及司法解释中并没有要求所有侵犯商标专用权的行为都必须以误导公众或者容易使公众产生误认为后果。

2. 驰名商标的保护

对驰名商标的保护在《巴黎公约》第 6 条之二中已经有规定，要求成员国对驰名商标应当采取比普通商标更强的保护措施：①在成员国申请注册的商标是对在外国已经驰名、用于相同或类似商品的商标构成复制、仿制或翻译，或者商标的主要部分构成对上述驰名商标的复制或仿制，并且易于产生混淆的商标，主管机关应当依职权或者依利害关系人的请求，拒绝申请或撤销注册，并禁止使用；②如果上述商标已经获得注册，那么自注册之日起至少 5 年的期间内，应允许提出撤销请求；③对于恶意取得注册或使用的上述商标提出撤销注册或禁止使用的请求，不应规定时间限制。

但是《巴黎公约》所指的"驰名商标"中的"商标"主要还是在商品商标的范畴内，对于服务标记只是要求成员国承诺给予保护，而且也没有规定必须建立注册制度，所以《巴黎公约》对驰名商标的规定应当认为针对的是驰名的商品商标。只是在各国的实践中，越来越多的服务标记被作为商标进行注册，不同的服务种类也逐渐成为商标注册的重要类别。TRIPS 要求将《巴黎公约》所确立的对驰名商标的特殊保护制度比照适用于驰名的服务商标，在适用范围上比《巴黎公约》有所扩展；在确定一项商标是否驰名时，各成员应当考虑相关公众对该商标的知晓程度，包括该商标因宣传结果而在商标注册国/地区或者使用国/地区等有关成员获得公众知晓的程度，这是对驰名商标认定方面的规定；对于已经注册的驰名商标，TRIPS 还将《巴黎公约》规定的"相同或者类似商标"的要求扩大为"与商标注册的商品或服务不相类似的商品或服务"，但条件是该商标使用在商品或服务上时会暗示这些商品或服务与注册商标所有人之间存在联系，而且注册商标所有人的利益很可能因为这种使用而受到损害，应当说是进一步提高了对驰名商标的保护水平。

我国《商标法》中对驰名商标的保护，按照上述两个国际公约的要求区分为未在我国注册的驰名商标和已经在我国注册的驰名商标，并为其划定了不同的保护范围，《商标法》第 14 条还对认定驰名商标应当考虑的因素作出了规定。

（三）权利的例外

对商标权的限制 TRIPS 也规定了专门条款，各成员可以对商标所授予的权利规定有限的例外，例如对说明性词语的合理使用，在某种产品的通用名称由于所有人的使用具有显著性从而获得商标注册的情形下，商标权人就不能阻止生产和销售相同产品的第三方在介绍产品时将该注册商标作为产品的通用名称使用，但是在规定这些例外时应当考虑对商标所有人和第三方合法利益的保护，在两者之间要进行适当平衡。

（四）保护期

TRIPS 要求商标的首次注册和注册的每次续展的期间不应少于 7 年，商标的注册可以无限制地续展，只要商标所有人希望继续维持注册商标与其生产的商品或者提供的服务之间的关联性，就可以通过这种方式不断延长商标的保护期。当然，注册商标最终能否获得续展还需要满足成员国内法规定的其他条件，例如使用方面的要求等。我国《商标法》规定的注册商标的有效期比 TRIPS 的要求更长，自核准注册之日起 10 年；有效期满，需要继续使用的，应当在期满前 6 个月内申请续展注册，每次续展注册的有效期为 10 年。

（五）使用的要求

在商业活动中使用获得注册的商标是商标所有人的义务之一，也是维持其商标专用权持续有效的必备要件。TRIPS 第 19 条规定，如果成员商标制度中将使用作为维持注册的必要条件，只有在至少连续 3 年不使用，商标所有人又没有说明存在妨碍使用的正当理由的情况下，才可以取消其注册；某些并非出于商标所有人的意愿而构成商标使用障碍的情况，例如商标注册国对使用该商标的商品或服务施加进口限制或者当地政府提出其他要求的，应当承认属于"不使用"的正当理由，就不能因此撤销该注册商标。协定认为，他人在商标所有人的控制下使用商标，也应当承认是为维持注册目的而使用商标，这里主要指的是商标的合法被许可人实施的使用行为，各成员还可以规定其他符合使用条件的情形。我国《商标法实施条例》中对"商标的使用"的界定是比较宽泛的，包括将商标用于商品、商品包装或者容器以及商品交易文书上，或者将商标用于广告宣传、展览以及其他商业活动中都属于使用行为，而且没有限定使用的主体，商标所有人以及经其许可的被许可人实施的上述行为都可以认为是使用了商标。对于"连续 3 年停止使用的注册商标"，商标局是可以予以撤销的。

（六）许可和转让

将商标许可其他人使用和转让给其他人是商标所有人行使权利的重要方式，TRIPS 允许各成员自行规定商标许可和转让的条件，但是不允许对一件商标颁发强制许可，并且注册商标所有人有权选择是否单独转让商标或者将商标连同该商标所属的企业经营内容一并转让。商标权不存在强制许可是绝大多数国家的共识，TRIPS 只是进行了重申。对于商标转让的条件作出新的规定是对《巴黎公约》第 6 条之四商标转让规定的修改。《巴黎公约》认可成员国法律关于"商标的转让只有在与其所属工农业或商誉同时移转时才具有法律效力"的规定，只是要求位于商标受保护国的工农业或者在该国取得的商誉连同在该国制造或销售标有被转让商标的商品的专有权一起移转给受让人，就足以承认这种转让的效力了，并不要求商标所有人在其他国家与该商标相关的产业和商誉也要一并转让。某些成员的商标法中也曾规定商标只有同商标所属的企业经营内容一并转让才是具有法律效力的商标转让，这并没有违反《巴黎公约》；但是在 TRIPS 通过之后，这些国家就要修改其商标法中这项强制性规定，将以何种方式转让商标权的选择权赋予商标所有人。对于注册商标的转让和许可，我国《商标法》及其实施条例中也有相应的实体和程序要求，而且没有将商标必须与其所属的企业经营内容一并转让作为转让生效的限制性条件，但是如果商标注册人对其在同一种或者类似商品上注册的相同或者近似的商标，应当一并转让；对可能产生误认、混淆或者其他不良影响的转让注册商标申请，商标局可以不予核准。

三、地理标志

（一）地理标志的保护

1. 地理标志的含义

"地理标志"的称谓是在 TRIPS 签署之后才被大家熟悉和广泛使用的，它是表明一种商品来源于某一成员的领土内或者该领土内的一个地区或地方的标志，而且要求该商品的特定品质、信誉或其他特征主要是由其地理来源所致。地理标志将商品的内在特性等与特定地区的地理条件、人文因素相联系，来自不同地区的同一种商品因此就会有不同的质量，享有不同的信誉。

与"地理标志"相关的概念有"货源标记"和"原产地名称"，这两种标记在《巴黎公约》中都有涉及。"货源标记"也称为"产地标记"，根据1891年缔结的《制止商品产地虚假或欺骗性标记马德里协定》，是用来表明产品或服务来自一个国家或一组国家、地区或者地方而使用的一种标志或者表达方式，例如"中国制造"，对这种标记进行虚假或者使人产生误解的使用通常是禁止的。根据1958年缔结的《保护原产地名称及其国际注册里斯本协定》，"原产地名称"是指一个国家、地区或者地方的地理名称，用于表明一项产品来源于该地，其质量或者特征完全或者主要取决于该地的地理环境，包括自然和人文因素。也有认为"原产地名称"是"货源标记"中的一种的，其标志的商品具有从来源地获得的品质或者特点。TRIPS规定的"地理标志"的含义显然更接近于"原产地名称"。也许是为了避免与WTO框架下《原产地规则协议》中涉及的"原产地"相混淆，在TRIPS中没有使用"原产地名称"，而是用了"地理标志"的称谓，通过地理标志保护商品与其来源地之间这种无形的联系。这种联系不再限于某个特定的商品生产者（这是通过普通商标进行保护的），而是将其扩展到这一特定地区所有生产该商品的生产者。我国在2001年修改《商标法》时增加了有关地理标志的条款，其中"地理标志"的含义与TRIPS的规定基本一致，是指标示某商品来源于某地区，该商品的特定质量、信誉或者其他特征，主要由该地区的自然因素或者人文因素所决定的标志。

2. 侵害地理标志权利的行为

TRIPS规定了几种应当予以制止的侵害地理标志权利的行为，各成员需要为有利害关系的各方提供救济权利的法律手段：

（1）在商品的名称或外表上使用任何方法，以明示或暗示有关商品来源于真实原产地以外的一个地理区域，在某种意义上对商品的地理来源误导公众；

（2）构成《巴黎公约》第10条之二所称的不正当竞争行为的任何使用。

《巴黎公约》第10条之二要求缔约国应当制止不正当竞争。该条规定了不正当竞争的定义，并列举了不正当竞争的行为模式，包括采用任何手段对竞争者的营业所、商品或工商业活动产生混淆性质的一切行为，在经营商业中具有损害竞争者的营业所、商品或工商业活动的信用性质的虚假陈述，在经营商业中使用会使公众对商品的性质、制造方法、特点、用途或数量易于产生误解的表述或者陈述。这些都属于在工商业事务中违反诚实的习惯做法的不正当竞争行为，如果涉及地理标志，TRIPS同样要求成员采取措施制止，并为受损害方提供救济途径。

3. 地理标志保护与商标注册

地理标志与商标同属于标记性权利，地理标志的保护与商标制度有着密切联系。我国《商标法实施条例》第4条规定，地理标志可以作为证明商标或者集体商标申请注册。其他国家的法律和实践中也规定了两项制度之间的协调机制。TRIPS在总结各国经验的基础上，对如何处理两者之间的关系规定了成员应当遵循的准则：如果一项商标含有商品的地理标志，或由商品的地理标志组成，但该商品并非来源于该标志所表明的领土，而且如果在成员内在该商品的商标中使用该标志具有对其真实产地误导公众的性质，只要法律允许，该成员就应当依职权或者依利害关系方的请求，拒绝该商标的注册或者撤销该注册商标。这里的关键点是在商标中使用某个地理标志，会使公众相信或者联想到该商品来源于影响其品质和特性的特定地区，但实际上该商品原产地并不是上述特定地区，例如"帕尔玛火腿"是意大利的地理标志产品，如果其他国家的肉类加工企业将"帕尔玛"申请注册为商标并使用在本企业生产的火腿上，市场销售过程中就会暗示消费者该火腿是来自意大利帕尔玛、使用当地的传统工艺制作而成，就具有TRIPS所说的误导公众的性质，该商标就不应当获得注册，即便获得注册也应当被撤销。

第三编

4. 对特定情形的规定

还有一种情形是，虽然地理标志在字面上真实地表明商品来源的地区，但是却向公众虚假地表明该商品来源于另一地区，前述地理标志保护措施也应当是适用的。还是以"帕尔玛火腿"为例，假设另一个国家也有一个叫帕尔玛的地区，该地区的一家肉食加工厂在其生产的火腿上标注了"帕尔玛火腿"的字样并销往其他国家，客观上来说生产者对商品来源的说明是真实的，但是这一商品并非来源于与该商品的特定品质、信誉真正密切相关的意大利帕尔玛，该加工厂想要在产品销售国将"帕尔玛"注册为商标使用在肉制品上是不可能的，并且可能会面临真正权利人有关不正当竞争方面的指控。

(二) 对葡萄酒和烈酒地理标志的补充保护

酒类产品一般与其产地的地理、气候条件以及制造工艺水平有非常大的关系，这就是虽然都是带气泡的白葡萄酒，法国香槟地区生产的和非该地区生产的价格就会相差悬殊的原因。而且在很多国家酒都是一种销售利润非常高的产品，其在国际贸易中所占的比重也相当可观。欧洲国家是推动 TRIPS 对葡萄酒和烈酒地理标志给予特殊保护的主导力量，这是因为其在葡萄酒和烈酒的生产销售方面具有积累多年的产业优势和历史传统。

TRIPS 对葡萄酒和烈酒地理标志的强化保护要求规定得非常具体：

第一，每一成员应当为有利害关系的各方提供法律手段，用于制止将识别葡萄酒或者烈酒的地理标志用于标示不是来源于该地理标志所指明的地方的葡萄酒或者烈酒，即便同时标示了商品的真实来源地，或者使用的是该地理标志的翻译文字，或者伴有"类""式""仿"或者类似的表述也是不允许的。例如使用"类法国香槟白葡萄酒"就违反了上述规定，成员既可以通过司法程序也可以采用行政手段制止酒类商品地理标志对公众产生的误导。

第二，如果葡萄酒或者烈酒商标中包含或组合有识别葡萄酒或者烈酒的地理标志，而该葡萄酒或烈酒并非来源于该地，只要法律允许，成员应当依职权，或者依利害关系方的请求，拒绝该商标的注册或者撤销该注册商标。与 TRIPS 对其他商品的地理标志保护要求相比，对此并没有规定"具有对其真实产地误导公众的性质"的条件。

第三，当出现葡萄酒有多个同音或同形的地理标志的情况时，在都属于真实表明商品来源的领土、地区或地方的前提下，应当对每一个标志给予保护，每一成员应当在顾及确保对有关生产者给予公平待遇，并使消费者不致受到误导的情况下，确定实际可行的条件，以便这些同音或同形的标志能够相互区别，指向不同的生产者。例如在多个国家都有"ORANGE"这个地名，而且在澳大利亚和法国都作为葡萄酒的地理标志获得了保护，根据 TRIPS 的要求，澳大利亚分别制定了这两个地理标志的使用条件，在市场上区分来源于不同地区的"ORANGE"葡萄酒。

第四，为了便利对葡萄酒地理标志的保护，TRIPS 还授权 TRIPS 理事会就建立葡萄酒地理标志通知和注册的多边体系举行谈判，保护加入该体系的成员在地理标志方面的利益。应当说这正是多哈回合谈判要努力实现的目标之一。

TRIPS 在第 24 条中还明确要求各成员同意就"对葡萄酒和烈酒地理标志的补充保护"进行谈判，以便加强对此类地理标志的保护；成员不应援引协定第 24 条有关保护例外的规定拒绝参加谈判，或者拒绝签订双边或多边的协议。

(三) 保护的例外

1. 在先使用或者善意使用例外

一个成员的国民或居民在该成员的领土内，在商品或服务方面已经连续使用另一成员用以识别葡萄酒或烈酒的某一地理标志，在 1994 年 4 月 15 日以前至少已有 10 年，或者在该日以前的使用是善意的，就不要求该成员制止其国民或居民在相同或有关的商品或服务方面继续以同样方式使用该地理标志，即可以享有先用权。

2. 在先注册或者善意使用获得商标权

在某一成员按照 TRIPS 第六部分的要求（对发达成员、发展中成员和最不发达成员适用 TRIPS 的期限的不同规定）适用地理标志保护方面的规定以前，或者在地理标志在其来源国/地区获得保护以前，某一商标已经被善意地提出申请或者获得注册，或者已经通过善意使用而获得商标权，则在为保护地理标志而采取措施时，不得因该商标与某一地理标志相同或类似，而否定商标注册的合法性和有效性，或者限制使用该商标的权利。

3. 通用名称例外

成员使用于商品或服务的某一地理标志，与另一成员在其领土内以普通语言中惯用的词语作为此类商品或服务的通用名称相同，就不要求该成员保护这一地理标志了。例如，某些英国的地理标志可能在澳大利亚等英联邦国家已经成为此种商品的通用名称了，如果再要求这些国家仍然给予其地理标志保护就不合理了。协定对葡萄酒地理标志成为通用名称还有特殊的时间规定，只有在《建立世界贸易组织协定》生效前（1995 年 1 月 1 日前），任何其他成员关于葡萄酒的某一地理标志，与某一成员在其领土内存在的一种葡萄品种的通用名称相同，该成员才能免除保护该地理标志的义务。

4. 善意取得例外

成员可以规定，地理标志所有人提出的与商标的使用或注册有关的请求，必须在未经许可的使用该地理标志的行为在该成员内为一般公众所知以后 5 年内提出，如果商标在该成员的注册日期比上述未经许可的使用行为在该成员内为一般公众所知的日期更早，并且该商标在其注册之日已经公布，那么必须在该成员获得商标注册之日起 5 年内提出，否则商标使用人就取得继续使用的权利，注册商标所有人就能继续享有商标权，前提条件是使用人或者注册商标所有人对地理标志的使用或者提出注册申请必须是善意的。我国《商标法》的规定与之类似，已经注册的商标，违反《商标法》对地理标志保护方面的规定的，自商标注册之日起 5 年内，在先权利人或者利害关系人可以请求商标评审委员会宣告该注册商标无效，对恶意注册的驰名商标所有人不受五年的时间限制；如果是以欺骗手段或者其他不正当手段取得注册的，不但商标局可以直接宣告该注册商标无效，其他单位或者个人也可以请求商标评审委员会宣告该注册商标无效，对此没有时间的限制。

5. 姓名权和营业名称权例外

在贸易活动中个人或者企业有权使用其姓名或者继承获得的营业名称，这是商业主体应受保护的正当权利。即便是姓名或者企业名称与某个受保护的地理标志相同，权利人仍然可以继续使用，对地理标志的保护不应损害任何人的姓名权或者名称权。但是如果姓名和名称所有人以误导公众的方式使用姓名和名称，例如故意将自己的企业名称注册为外国某个著名的地理标志并以显著方式使用在与该地理标志产品同类的产品上，仍然应当被制止。

6. 来源国/地区不受保护或者已经停止保护的例外

在来源国/地区被作为地理标志保护是该地理标志在其他 WTO 成员享有协议规定的权利的前提条件。如果一个地理标志在其来源国/地区没有获得保护（例如根据法律不认为是本国/地区的地理标志）或者曾经受到保护但目前已经不再给予保护（例如地理标志被撤销），或者在来源国/地区已经不再使用该地理标志了（例如因地理名称变更或者工艺失传不再生产此类产品），即该地理标志在来源国/地区已经进入公有领域，任何人都可以使用，那么其他成员对其也没有保护的义务。

TRIPS 还要求成员在履行地理标志保护方面的义务时，不应减少在临近 WTO 协定生效日之前该成员对地理标志已有的保护，从中可以看出 WTO 对地理标志保护的重视程度。

四、工业品外观设计

一般理解，工业品外观设计是对工业产品的装饰性外表或者其组成部分的外在形状、图案、色彩等作出的平面或者立体的设计。早在《巴黎公约》中就将工业品外观设计列为工业产权的一种，要求各成员国都要给予保护，但是其对保护的形式和标准并没有提出具体要求，这些属于成员国的主权范围。因此，有些国家有外观设计的专门立法，有些国家是将外观设计同实用新型以及发明一起纳入专利法的保护对象，有些国家在工业产权法中规定对外观设计的保护要求，还有个别国家就直接适用版权法的规定。TRIPS 在第二部分对工业品外观设计单独规定了一节，对保护条件和权利内容、保护期限等内容作出了要求，但是并没有限定保护的方式，各成员有自由通过外观设计法或者版权法履行这一义务。

（一）保护的条件

按照 TRIPS 的规定，工业品外观设计要获得保护必须满足两个条件：第一，该设计必须是独立创作完成的，这有点接近作品受著作权保护的独创性要求；第二，该设计必须是新颖的或者原创的。各成员可以规定，外观设计如果与已知的外观设计或者已知的外观设计特征的组合相比没有显著区别的，就不符合新颖性或者原创性的要求。我国 2008 年修订的《专利法》第 23 条重新规定了外观设计的授权标准，在文字上就参考了上述表达方式。TRIPS 还特别指出，对于主要是根据技术或功能的考虑而作出的外观设计，或者说某个产品的外观是由其技术特征或者实现产品功能决定的，那么这项设计是不能获得保护的。这符合大部分国家对外观设计的定义。每一成员应当保证其为保护纺织品外观设计而规定的要求，尤其是关于费用、审查或公布的要求，不应不合理地损害寻求和获得外观设计保护的机会。强调成员保护纺织品外观设计的义务，是因为在 WTO 下还有专门针对纺织品贸易的《纺织品服装协定》，对纺织品作为商品本身制定的贸易规则要与对纺织品的外观设计给予保护的要求区分开来，不能相互干扰和影响。

（二）权利人的权利

TRIPS 赋予的外观设计权利人的权利主要是工业产权保护方面的内容，同时也兼顾了一些著作权保护方面的特点。协定第 26 条规定，受保护的工业品外观设计的所有人有权制止第三方未经所有人同意而为商业目的制造、销售或者进口载有或体现受保护的外观设计的复制品或者实质上是复制品的物品。"制造""销售""进口"这三种行为方式都是实施专利技术的典型行为，外观设计所有人同样也可以禁止他人未经许可的上述行为。"载有或体现受保护的外观设计的复制品或者实质上是复制品的物品"这一表述中的"复制品"更接近著作权领域对作品复制权的保护。我国《专利法》中对外观设计专利增加了许诺销售权，应当说是超越了 TRIPS 要求的保护水平的。这主要是为了解决实践中存在的问题而作出的修改。

（三）保护期

协定对工业品外观设计保护期间的规定是至少为 10 年。有些国家外观设计的保护期是可以通过续展延长的，比如德国的外观设计法律就规定，保护期为自申请日次日起算 5 年，每次可以延长 5 年，并可以多次延长，最多可以延长到 20 年。对此，TRIPS 没有强制性要求，只要最长保护期满足其要求的 10 年即是履行了义务。

（四）保护的例外

在外观设计权利限制或者保护的例外方面，TRIPS 允许各成员自行规定，但是这些有限的

第三编

例外必须是在顾及第三方合法利益的前提下，以不能对受保护的工业品外观设计的正常利用造成不合理的冲突，也不能不合理地损害受保护的外观设计所有人的合法利益为条件。这三方面是审查成员立法权利限制方面的规定是否符合 TRIPS 要求所依据的主要原则。各成员普遍认为强制许可这种严厉的权利限制手段是不适用于外观设计的。我国《专利法》及其实施细则中所有关于强制许可的规定针对的都是发明和实用新型专利，从未提及外观设计专利；而关于侵权例外的规定是适用于外观设计专利权的，包括权利用尽、先用权、临时过境交通工具的使用等。

五、专　利

TRIPS 第二部分对各项知识产权的保护标准中条款数目最多、内容最为具体、要求最为详细的就是第五节"专利"，其中第 31 条对"未经专利持有人许可的其他使用"的条件限制可以说是整个 TRIPS 中最长的一个条款。专利在所有与贸易有关的知识产权中的重要地位以及 WTO 成员对专利权的权利限制问题的高度关注由此可见一斑。

（一）可获得专利的客体

除了 TRIPS 明确排除的客体，所有技术领域的任何发明，只要是新颖的，包含创造性，并且能在产业上应用的，不论是产品还是方法，都可以获得专利。这种正面的表述方式类似美国专利法的规定，对任何新颖而适用的制法、机器、制造品、物质组分的发明或者发现，或对上述发明或者发现的改进，都可以按照规定的条件和要求取得专利权。我国《专利法》是通过定义的方式规定"发明"是对产品、方法或者其改进所提出的新的技术方案，除法律另有规定之外，符合该定义的客体都可以获得发明专利。

TRIPS 还要求，不能因为发明地点、技术领域以及产品是进口还是本成员生产的这些不同而受到歧视，影响到发明人获得专利和专利权人享有专利权。这一规定针对的是某些成员立法中对专利权人有当地实施的要求，不承认进口行为属于实施方式之一，从而影响其享有专利权。该项义务是在符合 TRIPS 第 65 条第 4 款、第 70 条第 8 款和第 27 条第 3 款规定的前提下需要履行的。第 65 条是关于过渡安排的规定，要求任何成员在《建立世界贸易组织协定》生效之日（1995 年 1 月 1 日）后 1 年的期间届满后履行 TRIPS 规定的义务，任何发展中成员有权将协议的适用日期再推迟 4 年；第 4 款是对专门针对发展中成员执行专利保护的过渡期规定，发展中成员按协议规定有义务将产品专利保护延伸至上述推迟的期限前在其领土内尚未受保护的技术领域，则其在该技术领域使用 TRIPS 第二部分第 5 节关于产品专利的规定可以再推迟 5 年，即有关专利保护的义务对发展中成员而言在新纳入保护范围的客体方面最多可以享有 9 年的过渡期，来适应 TRIPS 确定的高水平保护要求。第 70 条第 8 款是对药品和农业化学产品提供专利保护的特殊规定，主要内容是即便在《建立世界贸易组织协定》生效之日没有对此类产品提供专利保护，也应当允许发明人提交专利申请，TRIPS 规定的可获得专利的标准在 TRIPS 对该成员生效时可以追溯适用于上述申请，该申请授权后，在自申请递交日起计算 20 年保护期的剩余时间内获得专利保护。这种追溯保护已有客体的规定体现了对药品和农业化学产品的更强保护，该产业也是发达国家的优势领域和核心关注，而很多发展中国家包括中国建立专利制度之初对药品都是不授予专利权的。第 27 条第 3 款是关于排除在可享专利性之外的主题的规定。

（二）授予专利权的条件

在 TRIPS 第 27 条第 1 款对可获得专利的客体的规定中包含了授予专利权的三项实质性条件，只要是新颖的，包含创造性，并且能在产业上应用的，都可以获得专利。鉴于各成员专利法的不同规定，协定指出"创造性"与"非显而易见性"、"能在产业上应用"与"实用性"是同义

第三编

的。这是因为各成员专利法大多都规定了这三方面的授权条件，具体使用的措辞却不尽一致。例如，我国《专利法》中的表述是"新颖性""创造性"和"实用性"，美国专利法中使用的就是"非显而易见性"，而欧洲国家就有"能在产业上应用"的要求。

TRIPS 虽然规定了"三性"条件，但是并没有对其具体内容进行解释，也没有设定统一的审查标准。主要原因是从立法规定的"三性"的含义到专利审查实践对"三性"标准的掌握各成员间是存在差异的。如果说对于"创造性"和"实用性"各成员还有相对比较统一的认识的话，那么对于如何判断一项发明是"新颖的"就有根本性的差别了。有些成员采用的是绝对新颖性标准，而有些成员则奉行相对新颖性标准或者称为混合新颖性标准。我国在 2008 年修改《专利法》时是将混合新颖性标准修改为绝对新颖性标准。但"新颖性"判断中涉及的问题还远远不止上面谈到的标准问题，各成员对公开到何种程度可以认定已经为公众所知，对口头披露、实验使用等方式是否会导致丧失新颖性也有着不同理解并反映在立法和实践中，在相当长一段时期内都很难统一。因此，TRIPS 并没有试图在这些授权条件上作进一步的国际协调。

（三）可以不给予专利保护的客体

除了对可以获得专利的客体进行规定外，TRIPS 还对成员在专利法中可以不给予专利保护的客体作了原则性加列举性的规定。总体要求是，各成员为了保护公共秩序或道德，包括保护人、动物或植物的生命或健康，或者为了避免对环境造成严重损害，有必要制止某些发明在其领土内进行商业上实施的，可以将这些发明排除在可享专利性以外，前提条件是不能仅仅因为国内法禁止该发明的自由实施就将其排除在可以授予专利权的客体之外。在这个范围内，成员可以自由规定其专利制度不予保护的客体。TRIPS 还列举了各成员可以排除在可专利性以外的客体：①医治人或动物的诊断、治疗和手术方法；②植物和动物（微生物除外），以及生产植物或动物的主要是生物学的方法（非生物学方法和微生物学方法除外）。我国《专利法》第 5 条和第 25 条都是有关不给予专利保护的客体的内容，前一个条款是概括性的规定，后一个条款是对不授予专利权的主题的列举性规定。

对于植物品种，根据 TRIPS，各成员应当依专利或者依其他有效的特别制度，或依二者的结合给予保护，成员可以自由选择不通过专利法保护植物品种而是通过专门立法的形式履行义务，无论采用何种方式，只要给予植物品种有效的保护即可。TRIPS 还规定，对植物品种的保护在《建立世界贸易组织协定》生效之日以后 4 年（1999 年）应予以审查。目前该条款的执行仍然是 TRIPS 理事会进行审查的内容之一。国务院 1997 年公布的《植物新品种保护条例》就是中国落实保护植物品种义务的一部专门行政法规，与之相配套的部门规章是《植物新品种保护条例实施细则（农业部分）》和《植物新品种保护条例实施细则（林业部分）》，分别由原农业部和原国家林业局在 1999 年颁布。

（四）专利申请应满足的条件

TRIPS 第 29 条对专利申请人递交申请规定了相应的条件：首先，专利申请人要以足够清楚和完整的方式公开发明，使熟悉有关技术的人能实施该发明，这项要求又被称为"充分公开"要求；其次，可以要求申请人说明在申请日，如果要求享有优先权，则在申请的优先权日，发明人所知的实施该发明的最好方式；最后，各成员还可以要求专利申请人提供关于其相应的外国申请及授予专利的信息，以帮助其审查机构更好地开展审查工作。

（五）权利人的权利

专利权的内容在《巴黎公约》中并未规定，在 TRIPS 作出统一要求之前各成员都是自行规定的。TRIPS 第一次在国际层面全面规定了专利权人所享有的排他权，并且区分了产品专利和方法专利的不同情形：当专利的主题是产品时，专利权人有权制止第三方未经其同意而实施的制造、使用、许诺销售、销售或者为这些目的而进口该产品的行为；当专利的主题是方法时，专利权人有权制止第三方未经其同意而使用该方法，以及使用、许诺销售、销售或者为这些目的而进口依照该方法直接所获得的产品的行为。特别需要注意的是，TRIPS 所指的"进口权"是对于在本成员已经获得专利的产品或者依照享有专利保护的方法直接获得的产品而言的，可以禁止他人未经许可从另一个成员将这些产品进口到本国的行为，并不以另一个成员也授予该发明专利权为条件。专利权人禁止权的范围与自己实施权的范围在大部分情况下是重合的，但是当其专利的实施必须依赖于他人所有的在先专利，即为从属专利时，专利权人实施自己专利的行为还需要取得在先专利权人的许可。我国《专利法》第 11 条的规定也是从禁止他人未经许可实施专利的角度规定专利权人享有的权利的。

除了上述禁止权之外专利所有人还拥有转让或者依继承而转移该专利、就该专利的实施缔结许可合同等自由处分其专利的权利，这在各国的法律中也都规定了相应的程序和手续方面的要求。

（六）专利权的例外

依法授予的专利权并不是绝对的。在某些特定情形下，专利权人行使权利将受到限制。此类限制中有一部分就是关于侵权例外的内容。TRIPS 的态度很明确，其第 30 条规定，允许各成员在顾及第三方合法利益的情况下，对专利所授予的排他权规定有限的例外，条件是这些例外规定不能与专利的正常利用产生不合理的冲突，而且也不能不合理地损害专利所有人的合法利益。这其实是对"权利限制的限制性规定"，表达了成员可以出于公共利益等目的对授予的权利进行限制，但是这种限制仍然要符合一定的条件。类似著作权制度中对合理使用规定的要求，在TRIPS 第 26 条对工业品外观设计的权利限制规定中也有同样的内容。早在《巴黎公约》中就将"临时过境交通工具使用"作为专利权的例外予以规定，除此之外各国所认可的不视为侵犯专利权的情形还有先用权人享有的在原有规模下继续实施的权利（先用权）、为科学研究和实验目的使用专利（科学研究例外）、专利产品或者依照专利方法直接获得的产品售出后专利权人的权利用尽（权利用尽例外）等。2008 年修改后的我国《专利法》第 69 条还特别增加了药品和医疗器械的行政审批例外，以使广大民众在专利药品保护期限届满后更快获得价格低廉的仿制药。

（七）专利的强制许可的条件

TRIPS 中并没有直接出现"强制许可"这个词，而是表述为"未经权利持有人许可的其他使用"，这是相对于第 28 条专利权人有权制止的第三方未经许可的使用而言的。这种"使用"虽然不是出于专利权人的本意，但却是专利权人行使权利时不能干预的行为。TRIPS 规定，如果成员的法律允许，未经权利持有人许可即可以对专利的主题作其他的使用，包括政府使用或经政府许可的第三方使用。在此，所谓"其他的使用"同第 30 条中允许的使用具有同样的性质和目的，也属于对权利的限制和例外。《巴黎公约》中所规定的强制许可是此类"使用"中的一种。TRIPS 第 31 条的规定并不在于规定给予和执行未经权利持有人许可的使用的理由和程序，而在于对成员的主管机关颁发此类许可附加一定的条件，不能任意允许他人使用专利所覆盖的内容，本质上仍然是对权利限制的限制。

成员在作出未经权利持有人同意而许可使用其专利的决定时需要遵守的条件包括：

（1）这种使用的许可应当根据个案情况予以考虑，不能将某个强制许可决定作为有普遍约束力的法律规范适用于以后的申请，而是必须对每个使用请求单独进行审查后得出结论。

（2）在使用前，意图使用的人曾经努力向权利持有人请求按合理的商业条款和条件给予许可，但在合理的期间内这种努力没有成功，即对于强制许可请求人有事先与专利权人谈判的要求，在成员处于紧急状态或有其他极端紧急的情形，或者在公共的非商业性使用的情形下，可以不受这一要求约束。然而在成员处于紧急状态或有其他极端紧急的情况，只要合理可行，仍应尽快通知权利持有人，在公共的非商业性使用的情形下，如果政府或者合同缔约方不需要经过专利检索就已经知悉或有明显的理由应当知悉政府将要使用或者将为政府而使用某项有效专利，则应当迅速通知权利持有人。

（3）这种使用的范围和期间应受许可使用的目的的限制，并不是无期限永久许可，并且在被许可的专利涉及半导体技术时，只能限于为公共的非商业性使用，或者用于经司法或行政程序确定为反竞争行为而给予的补救，基于除此之外的其他理由不能作出强制许可实施半导体技术方面专利的决定。TRIPS的该项规定对于半导体技术的专利权人给予了比其他专利权人更强的保护。

（4）这种使用应当是非独占性的，成员政府在许可第三方实施专利之后，专利权人仍然有自行实施和许可其他人实施的正当权利。

（5）这种使用不得转让，除非是与享有这种使用的企业或者商誉一起转让。

（6）这种使用的许可通常情况下应当主要是为了供应给予许可的成员的市场，而不能大量出口，但是实践中该项限制对不具有制药能力或者能力不足的成员利用强制许可制度解决所面临的公共健康问题带来了极大的法律障碍。2003年WTO总理事会通过的《关于实施TRIPS与公共健康宣言第6段的决议》以及2005年通过的《修改TRIPS议定书》都允许WTO成员为解决上述基本健康用药方面的困难而颁发强制许可，制造有关药品并将其出口到这些成员，在一定范围内打破了协定该条款对强制许可的限制，包括中国在内的许多WTO成员，如加拿大、挪威、荷兰、印度、欧盟等都通过修改专利法或者通过专门法案的形式将该项特别机制纳入本成员的强制许可制度中。

（7）在对被许可人的合法利益给予足够保护的前提下，如果导致这种许可的情况已不存在，并且不太可能再发生时，应当立即终止该项许可，被许可人应当停止实施专利，主管机关接到终止许可的请求后，有权对给予该项许可的理由是否继续存在进行审查。

（8）被许可人要向权利持有人支付足够的报酬，许可使用费的数额应当根据个案的情况并考虑许可的经济价值确定。

（9）这种使用的许可决定的法律有效性，应当受到司法审查，或者受成员内明显更高一级机关的独立审查，即行政决定并不是终局决定，要为专利权人提供救济途径，可以由法院也可以由作出决定机关的上级机关进行审查。

（10）对这种使用支付报酬的决定也应当受到司法审查，或者受到该成员内明显更高一级机关的其他独立审查。

（11）如果允许这种使用是对经过司法或行政程序确定为反竞争行为给予的补救，成员没有义务适用前述第2项"与权利持有人事先协商"和第6项"主要供应本成员市场"的条件。在这种情形下，在确定报酬的数额时可以将纠正反竞争行为的需要考虑在内。如果在导致这种许可的情况可能再发生时，主管机关有权拒绝终止这种许可。

（12）如果这种使用的许可是为了允许利用一项专利（第二专利），因为利用该项专利就不得不侵犯另一项专利（第一专利），则应适用以下附加条件：①与第一专利的权利要求中声称的发明相比，第二专利的权利要求中声称的发明应当包含具有相当大的经济意义的重要技术进步；②第一专利的所有人应有权以合理的条件依交叉许可使用第二专利的权利要求中声称的发明；③就第一专利获得的许可使用只能与第二专利一起转让，而不能单独转让。

《关于〈与贸易有关的知识产权协定〉修正案议定书》在 TRIPS 中第 31 条之后又增加了第 31 条之二，核心规定是放宽对专利强制许可生产的药品的出口限制，允许 WTO 成员为解决缺乏制药能力或在能力不足而颁发强制许可，制造有关药品并可将其出口到其他面临公共健康问题的成员。该条款的实质内容包括：为向合格的进口方出口药品的，出口颁发强制许可不受第 31 条第 6 项的约束；颁发强制许可的，出口方应当对专利权人给予补偿，但进口方已对同一产品给予补偿的，可不再补偿。在附件中还对"药品""合格进口方""合格出口方"进行了定义，并详细规定了出口方和进口方颁发强制许可应履行的通报、防止贸易转移等义务。

TRIPS 对未经权利持有人同意而许可使用其专利规定了上述诸多限制条件，这也成为各成员在构建其专利强制许可制度时必须履行的义务，我国《专利法》及其实施细则中有关强制许可的规定逐一落实了上述要求，2012 年 3 月国家知识产权局又对《专利实施强制许可办法》进行了修改，明确了请求和给予强制许可的相关程序性规定。

（八）专利权的撤销或丧失

TRIPS 没有对撤销或者取消专利的实质理由再作出任何规定，而是从程序上要求成员对此提供司法审查的机会。司法审查是 TRIPS 非常强调的程序正义的重要机制，专利、商标等工业产权的授予、撤销和无效都是由行政机关作出决定的，对当事人而言如果只能接受行政终局的结果是不公平也是不合理的，因而对成员提出了给予独立司法救济的强制性要求，以切实保障当事人的程序性权利。我国专利制度下专利申请人或者专利权人对驳回专利申请、宣告专利权无效相关的行政决定不服都可以要求进行司法审查。

（九）专利的保护期

在《巴黎公约》中没有对专利的保护期设定最短期限，各成员国可以自行在国内法中作出规定。TRIPS 对专利权可享有的保护期作出了明确规定，要求自提交专利申请之日起计算 20 年期间届满以前专利权不应终止；对于没有建立原始授予专利制度的成员而言，可以规定，保护期间自其承认的原始授予制度下提交专利申请之日起计算。后一种情形出现在一些原来的殖民地成员，其通常承认原属国授予的专利，在本成员仅进行登记即给予专利保护，保护的期限不是从本成员的登记日而是从原始国提交专利申请之日起计算。TRIPS 对专利的保护期提出最低要求后，不符合该规定的成员在 TRIPS 对其生效前后都陆续修改了它们的专利法。我国在 1992 年修改《专利法》时将发明专利的保护期从原来的 15 年提高到了 20 年。美国在 1994 年将原来的自授权之日起 17 年修改为自申请日起 20 年。

（十）侵犯方法专利权的举证责任

方法专利是相对于产品专利而言的，属于专利所保护的技术方案之一。但是相对于产品专利的专利权人来说，方法专利权人在主张自己的专利权时面临着更多的困难。即便涉嫌侵犯专利权的产品在市场上可以公开购买获得，但对于被控侵权人是否实施了自己受专利保护的方法，专利权人是很难进入被控侵权人的生产场所取得确实有利的证据。如果适用民事诉讼"谁主张，谁举证"的举证责任分配原则，方法专利权人就很可能会因为举证不能而承担败诉的后果。TRIPS 也关注到了这个问题，专门就侵犯方法专利权的举证责任倒置规则作出了规定。

TRIPS 从"实施方法专利""举证责任倒置"和"采取保密措施"三个层次进行了阐述。首先，如果一项专利的主题是获得一种产品的方法，各成员应当规定，至少在遇到下列两种情形之一时，任何未经专利所有人同意而生产的相同产品，如无相反证明，应当视为是依专利方法所获得①如果依专利方法所获得的产品是新产品；②如果相同产品有相当大的可能性是依该方法所制造，专利所有人经过适当的努力仍未能确定被控侵权人实际使用的方法。其次，任何成员可以自由规定，只有符合上述第①项或者第②项所述的条件，就侵犯 TRIPS 第 28 条第 1 款 (b) 项所列的所有人权利（包括制止第三方未经其同意而使用该方法，以及使用、许诺销售、销售或者为这些目的而进口依照该方法直接获得的产品的行为）。就专利权人提起的民事诉讼而言，司法当局应当有权责令被告证明其获得相同产品的方法不同于该专利方法，即举证责任应当由被控侵权人承担。最后，在引用被控侵权人提出的相反证明时，应当考虑到被告在保护其制造秘密和商业秘密方面的合法利益，如果被告实施的确实是自行研究开发的不同技术，不能因为案件审理损害被告就其正当拥有的商业秘密的权利。我国专利和民事诉讼法律制度中都对此种情形下举证责任的倒置作出了规定：《专利法》第 61 条第 1 款选择适用的是 TRIPS 规定的第一种情形，在司法实践中被告只要能够证明产品或者制造产品的技术方案在专利申请日以前已经为国内外公众所知，就应当认定该产品不属于《专利法》规定的新产品；反之，对于"新产品"，制造同样产品的单位或者个人应当提供其产品制造方法不同于专利方法的证明。

六、集成电路布图设计

前面已经提到过《华盛顿条约》虽然至今都没有生效，并且也不太可能再生效。但是因为有了 TRIPS 第 2 条的原则性规定（协定的任何规定均不应减损各成员之间根据《华盛顿条约》可能已经相互承担的义务）和第 35 条的具体适用性规定［各成员同意，按照《华盛顿条约》第 2～7 条（第 6 条第 3 款关于非自愿许可的条件的规定除外）、第 12 条和第 16 条第 3 款对集成电路的布图设计（拓扑图）提供保护］使得该条约的大部分实体性义务规范都适用于 WTO 成员，可以说条约是间接生效了。除此之外，TRIPS 对集成电路布图设计的保护范围、非自愿许可的条件、保护期提出了比《华盛顿条约》规定更高的要求。

（一）集成电路布图设计的保护范围

集成电路布图设计权利人享有的也是排他性的权利，其有权禁止他人未经其许可，为商业目的进口、销售或者以其他方式发行受保护的布图设计，为商业目的进口、销售或者以其他方式发行包含受保护的布图设计的集成电路，或者为商业目的进口、销售或者以其他方式发行包含这样的集成电路的物品，前提是该物品应当继续包含非法复制的布图设计。从上述保护范围或者权利内容中可以发现，TRIPS 并没有明确提出"复制权"（这在《华盛顿条约》中是权利持有人的一项重要权利），只是在规定包含集成电路的物品时要求该物品所包含的集成电路也应当包含非法复制的布图设计，应当说是暗示了不得非法复制他人享有权利的布图设计。作为与贸易有关的一项知识产权协定，显然它的关注点在与贸易直接相关的进口权、销售权和发行权上。而且 TRIPS 对集成电路布图设计的保护包含三个层次：布图设计本身、包含布图设计的集成电路以及包含前述集成电路的物品。我国的《集成电路布图设计保护条例》在规定布图设计权利人享有的专有权时也是区分了这三个层次的，同时也明确了布图设计权利人享有对受保护的布图设计的全部或者其中任何具有独创性的部分进行复制的权利。

此外，TRIPS 还规定了保护范围的例外。如果从事或者命令从事上述行为的人在获得该集成电路或获得包含这种集成电路的物品时，不知道并且也没有合理的根据应当知道其包含了非法复制的布图设计，任何成员均不应认为从事包含非法复制的布图设计的集成电路或包含这种电路的任何物品的行为是非法的；在上述行为人接到该布图设计是非法复制品的明确通知后，仍可以就库存物品或者在此以前的预订的物品继续从事上述行为，但是应当向权利持有人支付一笔费用，其数额应相当于就该布图设计按照自由谈判取得许可所应支付的使用费。这是关于善意侵权的免责条款，并且对库存或者预订物品规定了相对比较合理的处置方式，既考虑到避免善意行为人的损失，也照顾到了权利人的合法权益。我国在 2001 年制定《集成电路布图设计保护条例》时关于善意侵权免责的条款就借鉴了 TRIPS 的表述方式。

（二）非自愿许可

与《华盛顿条约》一样，TRIPS 也将无需权利持有人许可使用集成电路布图设计的行为称为"非自愿许可"，但是要求 WTO 成员在颁发此类非自愿许可或者未经权利持有人许可而由政府使用或者为政府使用时要比照适用的是 TRIPS 第 31 条（a）～（k）项规定的有关未经权利持有人许可使用专利时的条件，这比《华盛顿条约》第 6 条第 3 款的规定更为严格和详细。我国的《集成电路布图设计保护条例》在对非自愿许可作出规定时也是参考了《专利法》及其实施细则中有关专利实施强制许可的章节，规定了非自愿许可的理由、作出决定的主要程序、对非自愿许可的限制以及当事人的救济途径等。

（三）集成电路布图设计的保护期

TRIPS 对保护期的规定比《华盛顿条约》第 8 条规定的 8 年保护期更长，在计算方式上也赋予了成员更多的选择，以适应不同成员的法律制度：

第一，在以登记作为保护条件的成员中，布图设计的保护期间自登记申请提交之日算起，或者自其在世界上任何地方第一次商业利用算起 10 年期间届满前不应终止；

第二，在不以登记作为保护条件的成员中，布图设计的保护期间自其在世界上任何地方第一次商业利用之日起不少于 10 年；

第三，成员也可以规定，布图设计自创作以后 15 年，保护应当终止。

我国以登记作为取得布图设计专有权的条件，因此《集成电路布图设计保护条例》第 12 条规定："布图设计专有权的保护期为 10 年，自布图设计登记申请之日或者在世界任何地方首次投入商业利用之日起计算，以较前日期为准。但是，无论是否登记或者投入商业利用，布图设计自创作完成之日起 15 年后，不再受本条例保护。"这是严格按照 TRIPS 要求制定的。

七、未公开信息的保护

对于未公开信息的保护通过乌拉圭回合谈判第一次在国际场合引起各国的注意，并最终反映在 TRIPS 中。在此之前，虽然很多成员的法律已经将属于未公开信息之一的商业秘密纳入了反不正当竞争法保护的对象之一，但是《巴黎公约》要求各成员国履行制止不正当竞争的义务，重点还是在于打击与商品或者商誉相关的假冒、虚假标记、混淆、欺骗、误认等不正当竞争行为，尚未涉及未公开信息或者商业秘密保护。

TRIPS 对未公开信息的保护虽然只有第 39 条一个条款，但包含的内容却很丰富。在该条第 1 款的总体规则方面，明确了其所指的未公开信息主要包含两部分，一部分是"商业秘密"，另一部分是在特定程序中"向政府或政府机构提交的数据"；并且要求各成员保证依照《巴黎公约》第 10 条之二的规定对上述两类未公开信息提供反不正当竞争方面的有效保护。

（一）获得保护的条件

并不是任何未对外公开的信息都可以获得 TRIPS 所要求的保护。未公开信息要获得保护还需要符合以下条件：第一，信息应当是保密的，即该信息作为整体或其各部分内容的确切排列和组合对从事此类信息相关领域工作的人来说，不是通常能够普遍了解或者容易获得的；第二，由于信息是保密的因而具有商业上的价值；第三，合法控制该信息的人已经根据情况针对该信息采取了合理措施予以保密。我国《反不正当竞争法》对商业秘密的定义就包含了这三项要素："本法所称的商业秘密，是指不为公众所知悉、具有商业价值并经权利人采取相应保密措施的技术信息、经营信息等商业信息。"

（二）权利的内容

根据 TRIPS 的规定，合法控制符合上述条件的未公开信息的自然人和法人，可以制止他人未经其同意，以违反诚实商业做法的方式，将其合法控制下的信息向他人公开，或者获得或使用此种信息。所谓的"以违反诚实商业做法的方式"，TRIPS 认为至少包括违反合同、破坏信任（泄密）以及引诱他人违反合同、泄密，以及通过第三方获得未公开的信息，并且该第三方是明知或者因重大过失而不知道该信息是通过违反诚实商业做法的方式获得的。信息合法控制人的权利既可以及于与之有合同或者信任关系的相对方，也可以限制以非法方式得到或者获知该信息的人的行为。

从我国《反不正当竞争法》中所列举的侵犯商业秘密的行为，我们可以更好地理解 TRIPS 的上述规定该法第 9 条中规定："经营者不得实施下列侵犯商业秘密的行为：（一）以盗窃、贿赂、欺诈、胁迫、电子侵入或者其他不正当手段获取权利人的商业秘密；（二）披露、使用或者允许他人使用以前项手段获取的权利人的商业秘密；（三）违反保密义务或者违反权利人有关保守商业秘密的要求，披露、使用或者允许他人使用其所掌握的商业秘密；（四）教唆、引诱、帮助他人违反保密义务或者违反权利人有关保守商业秘密的要求，获取、披露、使用或者允许他人使用权利人的商业秘密。经营者以外的其他自然人、法人和非法人组织实施前款所列违法行为的，视为侵犯商业秘密。第三人明知或者应知商业秘密权利人的员工、前员工或者其他单位、个人实施本条第一款所列违法行为，仍获取、披露、使用或者允许他人使用该商业秘密，视为侵犯商业秘密。"商业秘密所有人的第一项权利是制止他人非法获取商业秘密，第二项权利是制止他人对非法获取的商业秘密的披露、使用或者许可他人使用的行为，第三项权利是对负有保密义务的人的禁止权；另外，对于明知或者应知存在违法行为仍然获取、使用或者披露其商业秘密的非善意第三人，商业秘密所有人也享有禁止权。

（三）试验数据的保护

对于药品和农业化学产品这些关系到生命健康和安全的特殊产品，很多国家都规定了严格的上市审批制度，由生产者向国家主管机关提出申请；为了获得市场销售的许可证，申请人还需要按规定提供各方面的数据和信息，而这些信息很多都是未曾公开过的，并且具有一定的商业价值。因此，TRIPS 规定，各成员在要求提交未公开的试验数据或其他数据作为批准利用新化学成分的药品或农业化学产品上市销售的条件时，如果该数据的创作包含了申请人相当的努力，则该成员应当保护这些数据，以防止不正当的商业使用；此外，除非出于保护公众利益的需要，或者已经采取措施保证对该数据进行保护，以免被不正当地进行商业使用，各成员应当保护这种数据以防止其被公开。这是要求承担审批职责的政府或者政府机构承担的保密义务。我国的《药品管理法实施条例》第 34 条就是对上述义务的落实，其中规定："国家对获得生产或者销售含有新型化学成份（分）药品许可的生产者或者销售者提交的自行取得且未披露的试验数据和其他数据实施保护，任何人不得对该未披露的试验数据和其他数据进行不正当的商业利用。"除为了公共利益需要或者已采取措施确保该类数据不会被不正当地进行商业利用，药品监督管理部门不得披露上述数据。

第三节 对协议许可中限制竞争行为的控制

在 WTO 建立之前，技术转让和许可已经成为国际贸易的重要组成部分，但是在技术贸易尤其是许可证贸易中存在知识产权权利人倚仗谈判中的优势地位，滥用权利，限制竞争，迫使受让方接受不平等或者明显不合理合同条款的情形。为此，联合国贸易和发展会议、WIPO 等国际机构在 20 世纪 70 年代到 80 年代就提出要对国际技术转让和许可行为制订规则，也形成了一些非约束力的文件。当《关贸总协定》开始乌拉圭回合谈判时，将控制协议许可中的限制竞争行为也纳入了知识产权议题的磋商范围。经过讨论后，各成员一致认为，在有关知识产权的许可中的某些限制竞争的做法或条件，对贸易可能有不利影响，并且可能阻碍技术的转让和传播，TRIPS 的任何规定都不应阻止成员在其立法中明确规定哪些特定情形下的许可活动或者许可条件可能构成对知识产权的滥用，进而在有关市场上对竞争产生不利影响；并且成员可以在与 TRIPS 其他规定相符的情况下，依据该成员的有关法律和规章，采取适当措施制止或控制上述做法。

一、TRIPS 列举的限制竞争的行为

在成员达成的共识之下，TRIPS 第 40 条对于可能构成对知识产权的滥用，进而在有关市场上对竞争产生不利影响的许可活动或者许可条件作出了非封闭式的列举性规定，可以包括排他性的返授条件、制止对知识产权有效性提出质疑的条件以及强迫性的一揽子授予许可等行为。在许可合同中规定"排他性返授条件"，一般是指许可方要求被许可方将基于引进技术自行开发获得的新技术成果要无条件地反馈给许可方，并且不得授予其他人；"制止对知识产权有效性提出质疑"则是限制被许可人依据法律规定的程序挑战作为许可合同标的的知识产权权利的有效性；"强迫性一揽子许可"则类似于一种搭售行为，许可人强迫被许可人在获得所需目标技术的同时还必须接受其不需要的许可内容，并为此支付使用费。这三项应当是较为明显的滥用权利排除限制自由竞争的做法，TRIPS 的列举也为各国自主立法提供了参考和借鉴。我国《对外贸易法》第 30 条规定，知识产权权利人实施上述三种行为之一并危害对外贸易公平竞争秩序的，国务院对外贸易主管部门可以采取必要的措施消除危害。此外，《技术进出口管理条例》和 2004 年通过的《最高人民法院关于审理技术合同纠纷案件适用法律若干问题的解释》中又对《对外贸易法》的规定进行了补充，例如在技术进口合同中不得含有"限制技术改进""限制产品数量、品种、价格以及出口渠道"等限制性条款。

二、成员之间的协商

TRIPS 第 40 条还规定了成员之间可以就涉及双方国民的协议许可中的限制竞争行为进行协商的两种情形。第一，如果某个成员有理由相信，另一成员的国民或者居民的知识产权所有人正在采取的做法违反前一成员有关规制限制竞争行为的法律和规章，而前一成员希望在不干涉任何合法行为，也不损害其自身或者后一成员作出最终决定的完全自由的前提下，确保其有关立法得到该知识产权所有人的遵守，则后一成员应当根据前一成员的请求，与之进行协商。在符合自身法律规定，以及就提出协商请求的成员保守秘密的事项达成双方满意的协议的前提下，被请求成员应当对与提出协商请求的成员进行协商给予充分、认真的考虑，并且提供适当的机会，在提供公开可以得到的与协商事项有关的非机密信息，以及该成员能得到的其他信息方面给予合作。第二，如果某个成员的国民或者居民因在另一成员内有违反前一成员有关规制限制竞争行为的法律和规章而受到起诉的，该另一成员应当根据请求，按照上述条件，给予与前一成员进行协商的机会。作出上述规定的目的应当是希望在这个问题上能够通过成员之间的友好协商避免贸易摩擦升级。

第四节　知识产权执法

与以往的知识产权国际公约不同，TRIPS 对成员执行知识产权法律规定的总义务、行政和民事的程序及其司法救济途径、采取的临时措施和边境措施，甚至是刑事程序都提出了很具体的要求。这些规定集中在 TRIPS 的第三部分"知识产权执法"中，包括了 21 个条款（第 41～61 条），分为 5 节，是 TRIPS 程序法部分最核心的内容。

一、成员的总义务

TRIPS 第 41 条规定的成员在知识产权执法环节应当履行的总体性义务包括：

第一，各成员应当保证在其法律中提供 TRIPS 所规定的执法程序，以便能采取有效行动，制止任何侵犯 TRIPS 所规定的知识产权的行为；这些措施包括迅速制止侵权以及对进一步侵权构成威慑的救济手段，并且适用这些程序的方式应当避免对合法贸易造成障碍，并应当为防止有关程序的滥用提供保障。

第二，知识产权的执法程序应当公平和公正，这些程序不应过于复杂或者花费过高，也不应规定不合理的期限或者导致不应有的拖延。

第三，就案件的是非作出的裁决最好应采取书面形式，并说明理由；这些裁决至少应当向参与程序的双方当事人提供，不得无故拖延；上述裁决应当根据证据而定，并且在作出裁决前应当向当事人提供就该证据陈述意见的机会。

第四，参与程序的双方当事人应当有机会要求司法机关对终局的行政决定进行审查，并且在符合成员法律中关于案件重要性的司法管辖规定的前提下，至少对案件的是非所作的初审司法裁决中的法律问题应当有要求司法机关进行复审的机会。但是，对刑事案件中的无罪宣告判决，成员没有义务提供复审的机会。

第五，TRIPS 第 41 条还特别强调了，其有关知识产权执法的要求并没有规定各成员必须建立一种与一般法律执行的司法制度不同的知识产权执法的司法制度，也不影响各成员执行其一般法律的能力，成员不承担这方面的义务；而且就知识产权执法和一般法律执行之间的资源分配问题，TRIPS 也没有为任何成员规定任何义务。实践中，各成员对知识产权执法或者知识产权保护所适用的程序与执行一般法律或者其他民事权利保护所适用的程序都是一致的，在司法救济途径中根据争议和纠纷的不同类型分别纳入民事、行政或者刑事诉讼程序之下，并没有仅仅适用于知识产权案件的特殊程序。我国的情况也是如此。TRIPS 的该款规定是对国际通行做法的一种确认。

二、民事和行政程序及救济

（一）程序正当的要求

TRIPS 在程序正当方面提出了公平和公正的要求。TRIPS 第 42 条规定，各成员应当向权利持有人提供 TRIPS 所规定的知识产权执法的民事司法程序；被告应当有权得到及时和足够详细的包括诉讼主张的依据的书面通知；应当允许当事人聘请独立的法律顾问作为其代理人，程序中不应强制要求当事人本人出庭而增加其负担；参与程序的所有当事人都应当有证明其主张、提供一切有关的证据的权利；在不违反现行宪法要求的前提下，程序中应当采取措施鉴别和保护机密信息。在 TRIPS 有关知识产权执法的规定中，"权利持有人"的概念包括具有主张这类权利的法律地位的联合会和协会在内，即可以包括经权利人授权的知识产权集体管理组织等。

（二）证据规则

TRIPS 对民事和行政程序中的证据规则也有所规定：首先，如果一方当事人已经提供了可以合理地得到并且足以支持其主张的证据，并指出了在对方控制之下的有关证实其主张的证据，司法机关在确保机密信息受到保护的适当情形下应当有权责令对方提交该证据，简单来说就是诉讼中法院经一方当事人请求可以依职权要求对方提供证据；其次，如果诉讼的一方当事人自动而且毫无正当理由地拒绝提供必要的信息，或者在合理期间内不提供必要的信息，或者明显地阻碍与涉及执法的诉讼有关的程序，成员可以授权司法机关在向其提供的信息、包括由于另一方当事人拒绝提供信息而受到不利影响的当事人提出的申诉或陈述的基础上，作出肯定或者否定的初步和最终的决定，但必须向双方当事人提供对提出的主张或者证据陈述意见的机会，也就是说当事人可能会由于自己的拒绝举证等行为而承担败诉的后果。

（三）救济措施

1. 禁止令

停止侵权行为是知识产权侵权诉讼中最常见的责任承担方式。TRIPS 第 44 条规定，认定被告构成侵权的，司法机关应当有权命令当事人停止侵权，特别是在海关放行后有权立即阻止那些涉及侵犯知识产权的进口货物进入其管辖范围内的商业渠道。对于在知道或者有合理的理由应当知道经营有关商品会导致侵犯知识产权之前就已经获得或者订购了侵犯知识产权的商品的当事人，各成员没有义务授予司法机关责令停止侵权的权力。也就是说，对于无过错的善意销售商来说，其虽然构成了侵权行为，但法院并不当然颁发禁止令，而是可以通过损害赔偿等方式对权利人给予救济。在符合 TRIPS 第二部分关于未经权利持有人许可的政府使用或者经政府许可的第三方使用的规定时，各成员可以将权利人针对这种使用可以得到的救济方式局限于按照 TRIPS 第 31 条 （h）项所支付的报酬，而不能要求法院颁发禁止令。在其他情形下，则应当适用 TRIPS 执法部分所规定的救济方式；如果这些救济方式与成员的法律不一致，则可以作出宣告判决并给予足够的补偿。TRIPS 规定的救济方式除了禁止令、损害赔偿之外，还包括销毁侵权商品等。我国的各部知识产权法律中都规定了法院认定侵权成立的，可以责令侵权人立即停止侵权行为。

2. 损害赔偿

对于明知或有合理的理由应知其从事了侵权活动的行为人，TRIPS 认为司法机关应当有权责令其向权利持有人支付足以补偿权利持有人由于侵权人侵犯其知识产权而受到的损失的损害赔偿金。除此之外，司法机关还有权责令侵权人向权利持有人支付其他费用，其中可以包括适当的律师费。在某些情形下，即使侵权人并非明知或者有合理的理由应当知道其从事的是侵权活动，各成员仍然可以授权司法机关责令侵权人返还利润或者支付法律规定的损害赔偿金，或者两者并处。我国《专利法》第 65 条中既包括了赔偿额的计算方式和顺序，也明确了可以包括权利人的合理开支，还有对法定赔偿额上下限的规定。《商标法》和《著作权法》中也有类似的规定。

3. 其他救济

TRIPS 第 46 条规定了禁止令和损害赔偿之外的一些特定的救济措施，包括为了对侵权人产生有效的威慑力量，司法机关应当有权在不给予任何补偿的情况下，责令将已经发现正处于侵权状态的货物，以避免对权利持有人造成任何损害的方式排除出商业渠道；或者在不违反现行宪法要求的前提下，责令予以销毁。司法机关还应当有权在不给予任何补偿的情况下，责令将属于侵权人的主要用于制作侵权产品的材料和工具，以尽可能减少进一步侵权危险的方式，排除出商业渠道。在考虑采取上述特殊救济措施时，仍然应当顾及第三方的利益，所采取的救济方式应当与侵权的严重程度相协调，不能明显不相称。但是一般情况下，如果仅仅是除去非法附着在货物上的商标，尚不足以允许将货物放行，使其进入商业渠道，也就是说对于假冒商标的商品，如果只是简单地责令侵权人揭下假冒的商标就允许继续销售侵权商品，这种救济是不充分的，将损害权利人的利益。

我国《商标法》第60条，规定工商行政管理部门处理注册商标专用权纠纷，认定侵权行为成立的，除了责令立即停止侵权行为外，可以没收、销毁侵权商品和主要用于制造侵权商品、伪造注册商标标识的工具，并可处以罚款。2002年通过的《审理商标民事案件适用法律的解释》第21条也规定，人民法院在审理侵犯注册商标专用权纠纷案件中，依据《民法通则》和《商标法》的规定和案件具体情况，可以判决侵权人承担停止侵害、排除妨碍、消除危险、赔偿损失、消除影响等民事责任，还可以作出罚款、收缴侵权商品、伪造的商标标识和专门用于生产侵权商品的材料、工具、设备等财物的民事制裁决定。上述规定中就涵盖了TRIPS所规定的各项救济措施。

（四）信息权

TRIPS第47条规定，各成员可以规定在审理知识产权侵权案件时，司法机关应当有权责令侵权人将参与生产和销售侵权货物或者提供侵权服务的第三方的身份及其销售渠道告知权利持有人，即权利人有获得上述信息的权利，除非要求侵权人提供信息与其侵权行为的严重程度是不相称的。

（五）对被告的赔偿

TRIPS在对民事和行政程序中对权利人利益给予的救济措施作出规定的同时也关注到了被告的合法利益。如果应一方当事人请求司法机关采取了救济措施，而事后证明该当事人滥用了执法程序，司法机关应当有权责令该当事人向受到错误禁止或限制的另一方当事人由于这种滥用而遭受的损害提供足够的补偿；而且司法机关还应当有权责令申请人向被告支付相关费用，其中可以包括适当的律师费用。TRIPS的第48条规定与第45条第2款对原告获得损害赔偿的要求是一致的。

TRIPS还对司法机关执行有关知识产权的保护或者执法方面的法律责任进行了规定。只有在执法过程中采取的或者拟采取的行动是出于善意的，各成员才能免除政府机关和官员由于采取适当的救济措施而应当承担的责任。换句话说，司法机关的执法行为是出于非正当目的而造成人身、财产损失的，应当依法向因错误执法而受到损害的当事人承担赔偿责任。在我国的法律制度下，当事人可以依照《国家赔偿法》提起司法或者行政赔偿之诉。

（六）行政程序

TRIPS第三部分第2节的标题虽然是"民事与行政程序及救济"，但是第42～48条的规定主要都是规范在司法机关进行的民事诉讼程序，对于"行政程序"并没有提出单独的要求。而且对于TRIPS所指的"行政程序"也不能简单地理解为我国法律制度中的"行政诉讼程序"，诉讼仍然是在司法机关中进行的程序。这里的"行政程序"更广泛地包含了知识产权权利人请求行政机关采取措施保护自己拥有的知识产权或者承担相应职责的行政机关依法查处知识产权违法行为，维护市场秩序和权利人权利的程序，应当说是行政机关的执法程序。TRIPS是允许行政机关启动执法程序、处理知识产权侵权案件的，并且可以采取上述的民事救济措施保护权利人的权利，还要求行政执法程序应当遵循与TRIPS对民事程序所规定的原则实质上相同的原则，也就是说TRIPS第42～48条的规定可以参照适用于行政程序。

第三编

三、临时措施

TRIPS 在第三部分第 3 节（第 50 条）规定的临时措施不以权利人在司法机关正式提起知识产权侵权诉讼为条件，司法机关依申请就可以裁定制止侵权或者保全证据，体现了加强保护的意图。在我国《专利法》《商标法》和《著作权法》中对临时措施都作出了明确的规定，最高人民法院还颁布了专门的司法解释规范申请人提出申请、法院审查并作出裁定的程序。

（一）采取临时措施的目的

允许司法机关命令采取迅速而有效的临时措施是为了制止任何侵犯知识产权行为的发生，尤其是制止有关货物（包括刚由海关放行的进口货物）进入其管辖下的商业渠道，从而导致损害后果的扩大，或者保存与被指控的侵权行为有关的证据。临时措施，间接表明了当事人可以要求司法机关采取措施制止侵权行为或者保全证据，这与一般民事纠纷处理中必须当事人先行起诉，法院才会介入案件有很大区别，实际是将司法程序前移了。

（二）采取临时措施的条件

司法机关有权在适当的情况下依据权利人的申请、不听取另一方的意见即采取临时措施，尤其是在任何迟延可能对权利持有人造成不可弥补损害的情况下，或者在证据显然有被毁灭危险的情况下。前一种情形下司法机关可以责令停止有关行为，后一种情形下则是对相关证据进行保全。

（三）申请人的义务

司法机关应当有权要求申请人提供可以合理地获得的任何证据，使该机关足以确认申请人是权利持有人，并且申请人的权利正在受到侵犯或者这种侵犯即将发生；有权要求申请人提供足以保护被告和防止滥用此种措施的保证金或相当的担保。对请求采取临时措施的申请人来说，证明自己是权利持有人且自己的权利正在受到侵犯或者即将受到侵犯是其应当履行的义务，而且还要根据要求提供担保。

（四）被申请人的权利

如果临时措施是在没有听取另一方意见的情况下采取的，最迟应在执行该措施后毫不迟延地通知受到影响的各方。根据被申请人的请求，应当对这些措施进行审查，包括给被告以陈述权，以便在进行通知后的合理期间内决定是否修正、撤销或确认这些措施。因情况紧急，TRIPS 允许司法机关在决定采取临时措施时不需要听取被请求人意见的，被申请人有及时获得通知、请求司法机进行审查并陈述意见的权利，促使司法机关可以对已经执行的措施进行重新考量。

（五）临时措施的撤销

临时措施的临时性体现在：如果在合理的期间内权利持有人没有提起诉讼，司法机关就应当依据被申请人的请求撤销所采取的措施，或者以其他方式使该措施停止生效。关于"合理期间"，成员的法律可以规定由命令采取临时措施的司法机关确定，如果该机关没有确定，那么上述期限不得超过 20 个工作日或 31 个日历日，以两者中的较长者为准。我国是由法律直接规定该期限的，申请人自人民法院采取相关措施之日起 15 日内不起诉的，人民法院就应当解除该措施。

（六）其他规定

除上述要求外，TRIPS 还规定，如果临时措施被撤销或者由于申请人的任何行为或者疏忽而失效，或者事后发现实际上始终不存在对知识产权的侵犯或侵犯威胁，司法机关根据被告的请求，应当有权命令申请人向由于执行这些措施而受到损害的被申请人提供适当的补偿；执行临时措施的机关可以要求申请人提供其他必要的信息，以辨认有关的货物；如果依据行政程序的结果也能够采取任何临时措施的，那么该程序也应当遵循与 TRIPS 对司法机关采取临时措施所规定的原则实质上相同的原则。

四、有关边境措施的专门要求

海关作为国家主管进出口事务的机关，其对进出口货物采取的边境措施在维护国际贸易正常秩序、保护知识产权方面发挥着重要作用。TRIPS 在第二部分第 4 节（第 51～60 条）对边境措施的执行也提出了很多项特别要求，但是如果任何成员与另一成员均已成为关税同盟的一部分，在其与该另一成员的边境之间已经基本上取消对货物流通的一切控制，则不要求该成员在该边境上适用这些特殊规定。我国主要是通过《知识产权海关保护条例》来落实 TRIPS 有关边境措施的要求的。以下是 TRIPS 中对海关边境措施的规定。

（一）中止放行

中止放行是海关当局最主要的手段，本质上是一种保护知识产权的临时措施，针对的是进口的"假冒商标货物"和"盗版货物"。在 TRIPS 的注释里有对这两种货物的定义："假冒商标货物"是指未经授权而载有与这种货物有效注册的商标相同的商标，或者载有与这样的注册商标的主要方面不能区别的商标，因此根据进口国的法律该商标侵犯了有关商标所有人的权利的货物（包括包装）；"盗版货物"是指未经权利持有人同意或者在生产国未经权利持有人正式授权的人同意而制作的复制品，以及直接或间接由一物品制成的货物，而该物品的复制根据进口国的法律将会构成对版权或有关权利的侵犯的货物。

TRIPS 第 51 条要求各成员应当规定相应的程序，以便权利持有人在有确实根据的理由怀疑有假冒商标货物或盗版货物可能进口时，能向行政或司法主管机关提出书面申请，要求海关当局对这种货物中止放行，以免进入自由流通领域；对涉及侵犯其他知识产权的货物，在符合 TRIPS 对边境措施的专门要求的前提下，成员也可以规定同样的申请程序；各成员还可以规定相应的程序，对预定从其境内出口的侵权货物由海关当局中止放行；但是对权利持有人或者经其同意投放另一国家市场上的货物的进口，或者对转运中的货物，成员的海关没有义务适用这些程序。从上述规定中可以发现，提供权利人申请海关中止放行进口到本成员的假冒商标货物或盗版货物的程序，是 WTO 成员的强制性义务；而对于是否就侵犯其他知识产权的货物以及出口的侵权货物也设立相应的程序则是成员可以选择的。我国《知识产权海关保护条例》第 2 条规定的知识产权海关保护范围包括了进出口货物，涉及的知识产权类型既包括商标专用权、著作权，还有邻接权和专利权，我国履行的义务实际是高于 TRIPS 的强制性要求的。

（二）申请的提出

对申请海关中止放行货物的权利持有人而言，应当提供足够的证据使主管机关确信，根据进口方的法律，权利持有人的知识产权初步看来已经受到侵犯，并应提交有关货物的足够详细的说明，以便海关当局容易辨认。主管机关应当在合理期间内将申请是否已经受理告知申请人，如果采取行动的期间由主管机关决定，应告知海关当局将采取行动的期间。

（三）提供担保的要求

TRIPS 第 53 条规定，主管机关应当有权要求申请人提供足够的保证金或相当的担保，以保护被申请人和主管机关利益，并防止程序的滥用，并且这类保证金或相当的担保不应不合理地阻碍中止放行程序的进行。如果提出了中止放行的申请，海关根据非司法机关或其他非独立机关的决定，中止了对含有工业品外观设计、专利、布图设计或未公开信息的货物放行，以免其进入自由流通，而规定的中止期间已经届满，享有正式授权的机关并未给予临时救济，则只要进口所需的其他条件均已符合，货物的所有人、进口人或收货人在提交足以保护权利持有人可能受到的任何侵犯的保证金以后，有权获得货物的放行，即通过反担保来解除边境措施。这种保证金的支付不应损害权利持有人可以得到的任何其他救济，而且如果权利持有人未能在合理期间内行使其诉讼权利，该保证金应当予以返还。

（四）中止放行的期间

海关中止对货物放行的，应当迅速通知进口人和申请人。关于中止放行的期间，TRIPS 在第 55 条有明确的规定，即如果在向申请人送达中止放行的通知后不超过 10 个工作日的期间内，海关当局未被告知除被申请人以外的一方当事人已经就案件的是非提起诉讼，也未被告知享有正式授权的机关已经采取临时措施延长中止放行的期间，则该货物应当予以放行，但以进口或出口所需的其他一切条件均已符合为前提条件。在适当情形下，这一期间可以再延长 10 个工作日。如果已经提起判断案件是非的诉讼，则根据被告的请求，应当对中止放行的措施进行复审，包括给被告以陈述意见的权利，以便在合理的期间内决定是否应当修改、撤销或确认该项措施。如果货物的中止放行是根据临时司法措施执行或继续执行的，则应当适用 TRIPS 第 50 条第 6 款有关权利持有人提起诉讼的期限规定。

（五）对进口人和货物所有人的赔偿

TRIPS 第 56 条规定，如果货物由于被错误地扣留或者依据前述中止放行期间方面的规定已经放行的货物因被扣留而造成损害，有关当局应当有权命令申请人向进口人、收货人和货物所有人支付适当的赔偿。

（六）检查和信息权

在不妨碍对机密信息给予保护的情况下，各成员应当授权主管机关向权利持有人提供足够的机会请人检查海关扣留的任何货物，以便证实其权利主张。主管机关还应当有权向进口人提供同等的机会请人对这类货物进行检查。双方当事人都有请求检查的权利。

如果对案件的侵权事实作出了认定，各成员可以授权主管机关将发货人、进口人和收货人的姓名和地址以及有关货物的数量告知权利持有人。这就是权利人获得信息的权利。

（七）依职权的行为

如果各成员要求主管机关在获得初步证据证明知识产权正受到有关货物的侵犯时，即应主动采取行动中止该货物的放行，主管机关可以在任何时候向权利持有人索取有助于其行使这些权力的任何信息；主管机关还应当将中止放行迅速通知进口人和权利持有人，如果进口人已就中止放行一事向主管机关提出申诉，该中止放行必须比照适用 TRIPS 第 55 条对中止放行期间规定的条件；只有在政府机关和官员采取或意图采取的行动是出于善意的情况下，成员才能免除其由于采取适当的救济措施而应承担的责任。

（八）救　济

在不妨碍权利持有人的其他诉讼权利并在被告有权寻求司法机关进行复审的前提下，主管机关有权根据 TRIPS 第 46 条规定的救济原则，命令销毁或者处理侵权货物。对于假冒商标货物，除例外情况外，主管机关不得允许侵权货物原封不动地重新出口，或者依据不同的海关程序处理该货物。我国《知识产权海关保护条例》第 27 条第 3 款规定："被没收的侵犯知识产权货物可以用于社会公益事业的，海关应当转交给有关公益机构用于社会公益事业；知识产权权利人有收购意愿的，海关可以有偿转让给知识产权权利人。被没收的侵犯知识产权货物无法用于社会公益事

第三编

业且知识产权权利人无收购意愿的，海关可以在消除侵权特征后依法拍卖，但对进口假冒商标货物，除特殊情况外，不能仅清除货物上的商标标识即允许其进入商业渠道；侵权特征无法消除的，海关应当予以销毁。"

（九）豁　免

对旅客个人行李中携带或者小件托运中运送的少量非商业性货物，各成员可以不适用上述各项规定，即可以将此类物品排除在边境措施的执行范围之外。这也是一个选择性的条款。这个豁免条款也有例外。《知识产权海关保护条例》第 31 条规定："个人携带或者邮寄进出境的物品，超出自用、合理数量，并侵犯本条例第二条规定的知识产权的，按照侵权货物处理。"

五、刑事程序

与其他执法程序相比，TRIPS 关于刑事程序的规定只有第 61 条一个条文。该条要求各成员至少应当对故意的具有商业规模的假冒商标或者盗版案件规定刑事程序和刑罚；可以采用的救济应当包括足以起威慑作用的监禁、单处或者并处罚金，其处罚水准应当与同样严重的犯罪所适用的处罚水准相一致；在适当情形下，可以采用的救济还应当包括扣押、没收和销毁侵权货物以及主要用于犯罪的任何材料和工具；各成员还可以规定，刑事程序和刑罚应当适用于其他侵犯知识产权的案件，尤其是故意侵权并且具有商业规模的案件。TRIPS 的这一条款也区分了不同的行为并作出了强制性和选择性的规定，假冒商标和盗版行为是必须给予刑事制裁的，而其他知识产权侵权行为则由成员自行决定是否构成犯罪。我国《刑法》第二篇第三章"破坏社会主义市场经济秩序罪"的第七节就是有关侵犯知识产权罪的规定，第 213～220 条规定了实施假冒注册商标、假冒他人专利、侵犯著作权、侵犯商业秘密等行为情节严重的将构成犯罪，并依法追究刑事责任。

第五节　争端的防止和解决

一、透明度

透明度原则也是 WTO 的一项基本原则，其作用在于防止各成员就 TRIPS 所规定的事项产生争议进而引发争端。TRIPS 第 63 条对成员的相关法律信息提出了必须公开、透明的要求：

首先，任何成员已经生效的与 TRIPS 内容（知识产权的备有、范围、获得、执法和防止滥用）有关的法律和规章，以及普遍适用的终局司法判决和终局行政决定，都应当以本成员语言文字公布；如果公布实际上不可行，则应以本成员语言文字向公众提供，以便各成员政府和权利持有人能够知悉。任何成员的政府或政府机构和另一成员的政府或政府机构之间有关 TRIPS 内容的有效协定，也应当予以公布。这里的"法律"通常指成员立法机关颁布的法律、法令等，"规章"则包括行政机关颁布的法规、规章等。倘若成员没有公布或者没有向公众提供上述法律或者具有法律性质的文件，而事实上又适用其约束当事人的权利义务，那么就会被视为违反了TRIPS 的透明度原则。

其次，各成员应当将 TRIPS 所述的法律和规章通知 TRIPS 理事会，以便协助理事会审查TRIPS 的实施情况。理事会应当尽量设法减轻各成员履行这一义务的负担。如果与 WIPO 关于建立这类法律和规章共同登记制度的磋商获得成功，则可能决定放弃要求成员直接向理事会通知此类法律和规章的义务。在这方面，理事会还应当考虑关于依照《巴黎公约》第 6 条之三并符合

TRIPS 规定而产生的通知义务所应采取的任何措施。关于此项义务的履行，WIPO 和 WTO 已于 1995 年 12 月 22 日缔结合作协定，其中第 2 条规定，WTO 成员及其国民或居民和 WTO 秘书处都可以按照规定的条件向 WIPO 索取后者所收集的此类法律、规章及其译文，以及利用 WIPO 国际局关于法律和规章的计算机化数据库；同样地，WTO 秘书处也应当将其收到的成员送交的法律和规章送交 WIPO。《巴黎公约》第 6 条之三规定"未经许可不得将缔约国的国徽、国旗和其他国家徽记、各该国用以表明监督和保证的官方符号和检验印章以及其各种仿制用作商标或商标的组成部分"，并规定"缔约国应将希望得到保护的国家徽记和官方符号、印章的清单经由国际局相互通知"；"各缔约国如有异议，也经由国际局转送有关国家办理"。在前述合作协定的第 3 条中规定，根据 TRIPS 关于徽记等的通知和异议的转送由 WIPO 国际局按照《巴黎公约》第 6 条之三适用的程序执行，可以视为对 TRIPS 上述规定的补充和说明。

再次，每一成员应当应另一成员的书面请求，提供 TRIPS 透明度要求中所列举的信息。成员如果有理由相信另一成员在知识产权领域有特殊的司法判决、行政决定或双边协定影响其在 TRIPS 下的权利，也可以以书面请求该另一成员提供查阅或者告知该司法判决、行政决定或双边协定的详细内容。这是成员依请求提供法律信息的义务。

最后，TRIPS 也兼顾了成员的利益，对透明度原则作出了一定的限制，不要求各成员公开那些会妨碍法律执行或者违反公共利益的机密信息，以及损害特定的公有或私有企业的合法商业利益的机密信息。

二、争端的解决

与通常理解不同，WTO 范畴内的争端都是指成员之间的争端，并不涉及权利人与被控侵权人之间或者权利人之间的争议；而且对于成员之间的争端，《关贸总协定》乌拉圭回合谈判通过《关于争端解决规则与程序的谅解》为 WTO 建立了一套更迅速、更规范、更有效、更强大的争端解决机制。该项机制适用于包括知识产权保护在内的《建立世界贸易组织协定》管辖的所有领域，TRIPS 第 63 条争端解决条款首先就明确了该项原则。也就是说，知识产权方面的争端与货物或者服务贸易中发生的争端的解决途径是完全一样的。

TRIPS 规定，就 1994 年《关贸总协定》第 22 条和第 23 条所作解释和适用而达成的"争端解决谅解"，应当适用于按照 TRIPS 进行的磋商和争端的解决；但是协议也作出了排除性的特别规定，即 1994 年《关贸总协定》第 23 条第 1 款（b）项和（c）项的规定，在自《建立世界贸易组织协定》生效之日起的 5 年内，不适用于 TRIPS 下争端的解决；在该期间内，TRIPS 理事会应当审查依照 TRIPS 提出的、属于 1994 年《关贸总协定》第 23 条第 1 款（b）项和（c）项规定类型的申诉的范围和模式，并将其建议提交部长会议批准。部长会议批准这些建议或者延展上述期间的任何决定均应一致通过，批准的建议应对所有成员生效，无需其他正式的接受手续。《关贸总协定》第 23 条第 1 款规定，如果一个成员基于以下原因认为其在协定项下直接或者间接获得的利益正在损失或者减损，或者协定任何目标的实现正在受到阻碍，那么其为了使该事项得到满意的调整，可向其认为有关的另一成员提出书面交涉或者建议：（a）项规定的是"违反之诉"，即一成员未能履行其在《关贸总协定》项下的义务；（b）项规定的是"非违反之诉"，即一成员实施的任何措施，无论该项措施是否与《关贸总协定》的规定相抵触；（c）项规定的是"情景之诉"，即上述两种情形之外造成利益减损或者阻碍目标的情形。目前，就在知识产权领域对于"非违反之诉"和"情景之诉"仍然不能启动争端解决程序。

《关于争端解决规则与程序的谅解》创立的争端处理机制主要程序包括：

（1）协商阶段：被请求方应自接到协商请求之日起 10 日内答复，未答复或者 30 日内未进行协商的，请求方可以直接要求成立专家组，60 日内未能解决争端的可以要求成立专家组。

（2）专家组工作阶段：WTO 争端解决机构接到成员正式书面请求后由 3 名专家组成专家组对争端进行调查。6 个月内、最长不超过 9 个月提出专家组报告，该报告将在分发后 60 日内由争端解决机构会议讨论，只要不是全体一致否定，该报告就予以通过，成员就应当执行报告的建议或者支付相应的赔偿。

（3）上诉阶段：争端的任何一方对报告有不同意见，可以在争端解决机构通过报告之前向上诉机构提出上诉，由上诉机构 7 名成员中的 3 名负责审理，在 60 日内、最长不超过 90 日提交报告，争端解决机构应在报告作出后 30 日内进行讨论，只要不是全体一致否定，该报告也将获得通过，成员就要履行裁决结果。

（4）履行阶段，成员应在专家组或者上诉机构报告通过后 30 日内通知争端解决机构其执行裁决的意向，不能立即实施的，最晚也必须在 15 个月内执行。

参考文献

[1] 郑成思. WTO 知识产权协议逐条详解 [M]. 北京：中国方正出版社，2001.

[2] 郑成思. 知识产权法 [M]. 2 版. 北京：法律出版社，2003.

[3] 郑成思. 知识产权论 [M]. 3 版. 北京：法律出版社，2007.

[4] 汤宗舜. 专利法教程 [M]. 3 版. 北京：法律出版社，2003.

[5] 李顺德. WTO 的 TRIPS 协定解析 [M]. 北京：知识产权出版社，2006.

[6] 李顺德. 知识产权概论 [M]. 北京：知识产权出版社，2006.

[7] 古祖雪. 国际知识产权法 [M]. 北京：法律出版社，2002.

[8] 对外贸易经济合作部国际经贸关系司. 世界贸易组织乌拉圭回合多边贸易谈判结果法律文本 [M]. 北京：法律出版社，2002.

[9] 尤先达. 世界贸易组织法 [M]. 上海：立信会计出版社，1997.

[10] 国家知识产权局条法司. 新专利法详解 [M]. 北京：知识产权出版社，2001.

[11] 国家知识产权局条法司.《专利法》第三次修改导读 [M]. 北京：知识产权出版社，2009.

[12] 博登浩森. 保护工业产权巴黎公约指南 [M]. 汤宗舜，段瑞林，译. 北京：中国人民大学出版社，2003.

[13] 尹新天. 专利权的保护 [M]. 2 版. 北京：知识产权出版社，2005.

[14] 全国干部培训教材编审指导委员会. 知识产权基础知识 [M]. 北京：人民出版社，2004.

[15] 国家保护知识产权工作组. 领导干部知识产权读本 [M]. 北京：人民出版社，2006.

[16] 卞耀武. 中华人民共和国商标法释义 [M]. 北京：法律出版社，2002.

[17] 董涛. 中华人民共和国商标法实施条例释义 [M]. 北京：法律出版社，2003.

后　记

专利代理在我国是个仅有二十余年历史的行业。专利代理师需具备理工科背景，然而专利代理并非纯技术的"工种"。专利代理师的所有工作无不以《专利法》《专利审查指南2010》以及其他法律法规为依据及指引。因此，专利代理是项法律服务工作，专利代理师是法律人。

毋庸多言，专利代理师日常使用最多的是《专利法》《专利法实施细则》及《专利审查指南2010》等法律、法规及规章。不过要成为一名合格的专利代理师，仅仅掌握上述法律知识尚为不够。专利申请是专利代理中的基础性工作。专利无效、专利许可及转让、专利诉讼以及专利战略的制订等后续性工作，无不对专利代理师的法律素养提出了更高的要求。这也是"相关法律知识"作为专利代理师资格考试科目之一的原因。

专利代理不仅涉及民法，而且涉及刑法及行政法；不仅涉及实体法，而且涉及民事诉讼法、刑事诉讼法及行政诉讼法等程序法；不仅涉及国内法，而且涉及《巴黎公约》、TRIPS等国际条约。

本教材的宗旨是帮助参加专利代理师资格考试的广大考生学习、了解专利代理相关法律的基本知识，帮助其掌握考试的重点及难点。我们希望考生们在研习本教材后能够顺利过关，同时在备考过程中，可以领略法律及专利代理工作所具有的魅力，在愉悦与憧憬中实现工程师向法律人的转变。

本册教材的作者均为从事知识产权工作的法官、知识产权行政管理部门官员及学者。理论知识与实践技能兼备，是他们共同的特点。本册教材各编章作者如下：

第一编/第一章：刘晓军；第一编/第二章：彭文毅；

第一编/第三章：蒋利玮；第一编/第四章：迟晓燕；

第一编/第五章：周云川；第一编/第六章：张广良；

第二编/第一章：陈　勇；第二编/第二章：董葆霖；

第二编/第三章：张广良；第二编/第四章：李　剑；

第二编/第五章：郭　琛；第二编/第六章：张广良；

第三编/第一章：胡安琪；第三编/第二章：胡安琪。

本册教材审稿组成员为：张广良、姜丹明、李剑、刘晓军、武汉、余刚、林柏楠、杨梧、陈文平。全书最终由张广良定稿。本册教材编写组协调人为邓一凡、李勋、潘威。在教材付梓之际，作为本册教材主编，本人对全体作者、审稿组成员及协调人致以诚挚的谢意。

受作者水平的限制，本册教材中定会存在不足乃至错误之处，敬请读者批评指正。

张广良
2020 年 5 月